AF799014

Protokolle

der

Kommission für die Reform des Strafprozesses.

Herausgegeben vom Reichs-Justizamte.

Erster Band.

Erste Lesung.

Berlin 1905.

J. Guttentag, Verlagsbuchhandlung,

G. m. b. H.

Druck der Norddeutschen Buchdruckerei, Berlin SW.

Vorwort.

Die Strafprozeßordnung vom 1. Februar 1877 hat schon bald nach ihrem Inkrafttreten lebhafte Angriffe sowohl aus fachmännischen wie aus Laienkreisen erfahren. Vor allem bezeichnete man es damals schon als eine unhaltbare Einrichtung, daß gegen die von den Strafkammern in erster Instanz erlassenen Urteile nur das Rechtsmittel der Revision und nicht die Berufung zugelassen sei. Im Jahre 1894 nahmen die verbündeten Regierungen diesen Gedanken auf und leiteten auf Grund desselben eine Revision des Strafprozeßrechts ein. Allein ihre Versuche scheiterten, nachdem der Reichstag zu der Frage, wie die Strafkammern nach Einführung der Berufung zu besetzen sein würden, Beschlüsse gefaßt hatte, die den verbündeten Regierungen unannehmbar erschienen. In den folgenden Jahren wurden wiederholt, im Anhalt an die gescheiterten Vorschläge der verbündeten Regierungen, Gesetzesvorschläge aus der Mitte des Reichstags zur Verhandlung gestellt. Indessen führten auch diese Versuche nicht zu dem gewünschten Ergebnisse. Vielmehr faßte der Reichstag in der Sitzung vom 19. April 1902 (Verhandlungen des Reichstags 1900/03 Bd. 6 S. 4933) den einstimmigen Beschluß, über die ihm vorliegenden Anträge zur Tagesordnung überzugehen und die verbündeten Regierungen zu ersuchen, baldmöglichst dem Reichstag einen Entwurf zur Änderung des Gerichtsverfassungsgesetzes und der Strafprozeßordnung im Sinne der Wiedereinführung der Berufung vorzulegen.

Die Reichsverwaltung hat in Verfolg dieses Beschlusses die Reform des Strafprozesses von neuem in Angriff genommen. Aus den langjährigen parlamentarischen Verhandlungen hatte sich klar ergeben, daß ein Vorgehen auf der bisher festgehaltenen Grundlage nicht zum Ziele führen würde, eine abermalige gesetzgeberische Aktion vielmehr nur dann mit Aussicht auf Erfolg eingeleitet werden könne, wenn sie über den Rahmen der früheren Vorschläge hinaus eine allgemeine Revision des Strafprozesses ins Auge fasse. Um eine solche Reform vorzubereiten, hielt es die Reichsverwaltung für geboten, zunächst die gesamten in Betracht kommenden wichtigeren Fragen einer Beratung durch eine Kommission von Sachverständigen unterziehen zu lassen.

Dabei konnte selbstverständlich nicht in Frage kommen, den Ergebnissen dieser Beratung von vornherein eine bindende Bedeutung für die verbündeten Regierungen oder auch nur für die Reichsverwaltung beizulegen. Vielmehr war die Auffassung maßgebend, daß einerseits die Mitglieder der Kommission, ohne an amtliche Instruktionen gebunden zu sein, ihre Beschlüsse nach ihrer freien wissenschaftlichen Überzeugung und auf Grund ihrer eigenen praktischen Erfahrung zu fassen hätten, andererseits aber diese Beschlüsse für die weiteren gesetzgeberischen Vorarbeiten nur als gutachtliche Vorschläge in Betracht kommen könnten.

Bei der Auswahl der in die Kommission zu berufenden Mitglieder war darauf Bedacht genommen, daß neben der Rechtswissenschaft namentlich die einzelnen Zweige der strafrechtlichen Praxis, wie sie in den verschiedenen Teilen des Reichs sich entwickelt hat, eine möglichst gleichmäßige Vertretung fänden. Auch erschien es erwünscht, einige auf dem Gebiete des Strafprozesses erfahrene Mitglieder des Reichstags, insbesondere diejenigen, welche durch selbständige Anträge nach dem Scheitern der Regierungsvorlagen die Reformversuche im Reichstage weiter verfolgt hatten, zu den Verhandlungen heranzuziehen.

Mit Allerhöchster Genehmigung Seiner Majestät des Kaisers und Königs wurde demgemäß die Kommission berufen. Zur Zeit ihrer Berufung gehörten ihr als Mitglieder an:

1. Bassermann, Rechtsanwalt in Mannheim, Mitglied des Reichstags;
2. Baumbach, Oberjustizrat, Königlich Sächsischer Oberlandesgerichtsrat in Dresden;
3. Baumstark, Rechtsanwalt und Fiskalanwalt in Karlsruhe;
4. Behringer, Königlich Bayerischer Landgerichtsdirektor in München;
5. Dr. Buff, Großherzoglich Hessischer Landgerichtsrat in Darmstadt;
6. Dr. van Calker, ordentlicher Professor der Rechte an der Kaiser Wilhelms-Universität in Straßburg i. E.;
7. Gammersbach, Rechtsanwalt in Cöln;
8. Gröber, Königlich Württembergischer Landgerichtsrat in Heilbronn, Mitglied des Reichstags;
9. von Hecker, Königlich Württembergischer Oberstaatsanwalt in Ulm;
10. Himburg, Königlich Preußischer Amtsgerichtsrat in Osterburg, Mitglied des Reichstags;
11. Kaufmann, Reichsgerichtsrat in Leipzig;
12. Dr. Kronecker, Königlich Preußischer Kammergerichtsrat in Berlin;
13. Lenzmann, Justizrat, Rechtsanwalt in Lüdenscheid, Mitglied des Reichstags;
14. Dr. Nagel, Reichsanwalt in Leipzig;
15. Dr. Opfergelt, Königlich Preußischer Amtsgerichtsrat in Geilenkirchen, Mitglied des Reichstags;
16. Dr. Oppermann, Königlich Preußischer Landgerichtsdirektor in Berlin;

17. Dr. Rintelen, Geheimer Oberjustizrat, Königlich Preußischer Kammergerichtsrat in Berlin, Mitglied des Reichstags;
18. Tauchert, Königlich Bayerischer Erster Staatsanwalt in Nürnberg;
19. Dr. Wach, Königlich Sächsischer Geheimer Rat, ordentlicher Professor der Rechte in Leipzig;
20. Wachler, Geheimer Oberjustizrat, Königlich Preußischer Oberstaatsanwalt in Berlin;
21. Dr. Wolffson, Rechtsanwalt in Hamburg.

Die Zusammensetzung der Kommission erfuhr im Laufe der Beratungen mehrfache Veränderungen. Ende Oktober 1903 schied der Königlich Württembergische Oberstaatsanwalt von Hecker aus; an seine Stelle trat der Königlich Württembergische Oberlandesgerichtsrat Dr. Rupp in Stuttgart. Im November 1903 schied der Königlich Bayerische Landgerichtsdirektor Behringer aus und wurde durch den Königlich Bayerischen Oberlandesgerichtsrat Pfannschmidt in München ersetzt. Endlich trat an die Stelle des Königlich Sächsischen Oberlandesgerichtsrats Oberjustizrat Baumbach im Januar 1905 der Königlich Sächsische Landgerichtsdirektor Dr. Becker in Dresden.

Von seiten der Reichs-Justizverwaltung wohnte den Beratungen der Kommission in ihrem größeren Teile der Staatssekretär des Reichs-Justizamts, Wirkliche Geheime Rat Dr. Nieberding bei; als Kommissare nahmen an den Beratungen teil der Geheime Ober-Regierungsrat und vortragende Rat im Reichs-Justizamte Dr. von Tischendorf und der Geheime Ober-Regierungsrat und vortragende Rat im Reichs-Justizamte Grzywacz, an dessen Stelle später der Geheime Regierungsrat und vortragende Rat im Reichs-Justizamte Filbry trat.

Als Schriftführer sind bei der Kommission tätig gewesen: die Königlich Preußischen Gerichtsassessoren Dr. Volmer, Dr. Klee und Dr. von Simson.

Vom Reichs-Justizamte war der Kommission eine größere Anzahl von Fragen vorgelegt worden (zu vergl. Bd. 1 S. 1 flg.), an deren Reihenfolge die erste Lesung sich anschloß. Für die zweite Lesung wurde den Beratungen ein von der Kommission selbst aufgestelltes Programm (zu vergl. Bd. 1 S. 517) zugrunde gelegt.

Die Geschäftsordnung, welche für die Verhandlungen der Kommission maßgebend war, ist in der Anlage beigefügt.

Am 10. Febrnar 1903 vereinigte sich die Kommission zu ihrer ersten Sitzung. Der Staatssekretär des Reichs-Justizamts eröffnete die Beratungen und übertrug den Vorsitz dem Reichsgerichtsrate Kaufmann mit dem Vorbehalte, die Leitung zeitweise selbst zu übernehmen. Auf Ersuchen des Staatssekretärs erklärte sich der Geheime Rat Professor Dr. Wach bereit, den ordentlichen Vorsitzenden im Falle einer vorübergehenden Behinderung zu vertreten.

Die erste Lesung nahm die Zeit vom 10. Februar 1903 bis zum 8. Juli 1904 in Anspruch; es wurden 56 Sitzungen auf sie verwendet. Die zweite Lesung begann am 4. Oktober 1904 und wurde am 1. April 1905 in der 86. Sitzung geschlossen. Die Kommission erklärte sich am Schlusse der Verhandlungen damit einverstanden, daß die Protokolle der letzten Tagung nur von den beiden Referenten und dem Vorsitzenden geprüft und genehmigt würden.

Die Protokolle sind, unter Weglassung rein geschäftlicher Bemerkungen, grundsätzlich in der von der Kommission genehmigten Fassung wiedergegeben. Der besseren Übersichtlichkeit wegen sind Seitenüberschriften und Anmerkungen, welche den Wortlaut angezogener Gesetzesbestimmungen enthalten, hinzugefügt worden.

Die den Protokollen beigegebene vergleichende Zusammenstellung des gegenwärtig geltenden Gesetzes und des Inhalts der Kommissionsbeschlüsse sowie das Sachregister sind im Reichs-Justizamt angefertigt worden.

Anlage.

Geschäftsordnung

für die

zum Zwecke einer Reform des Strafprozesses berufene Kommission.

§. 1.

Die Kommission tritt in angemessenen Zwischenräumen zusammen, um jedes Mal einen vorher bestimmten Teil der ihr vorgelegten Fragen zu erledigen.

§. 2.

Der Vorsitzende beraumt die Sitzungen an und beruft die Mitglieder ein. Die Einberufung erfolgt spätestens eine Woche vor Beginn der Sitzungen.

§. 3.

Die Beratungsgegenstände werden für jeden Abschnitt der Beratungen durch den Vorsitzenden bezeichnet. Die Bezeichnung erfolgt für den ersten Abschnitt bei der Einberufung der Mitglieder, für jeden späteren Abschnitt am Schlusse des vorhergehenden.

Der Zeitraum zwischen der Bezeichnung der Beratungsgegenstände und dem für deren Erledigung bestimmten Abschnitt ist so zu bemessen, wie es zur sorgfältigen Vorbereitung für die Beratungen angemessen erscheint; er soll mindestens vier Wochen betragen.

§. 4.

Für jeden Beratungsgegenstand benennt der Vorsitzende einen Referenten und einen Korreferenten.

§. 5.

Die der Kommission vorgelegten Fragen werden in zwei Lesungen beraten. Die erste Lesung findet in der Reihenfolge des Programms statt.

Auf Antrag kann die Kommission beschließen, auch andere Fragen des Strafprozeßrechts zum Gegenstande der Beratung zu machen.

§. 6.

Der Vorsitzende eröffnet und schließt die Sitzung; er leitet die Beratung und Abstimmung. Nach den mündlichen Vorträgen des Referenten und des Korreferenten wird die Debatte durch den Vorsitzenden eröffnet.

§. 7.

Der Vorsitzende erteilt das Wort in der Reihenfolge, in welcher die Meldung zum Worte erfolgt. Der Referent und der Korreferent erhalten auf ihr Verlangen das Wort nach Schluß der Debatte.

Den vom Staatssekretär des Reichs-Justizamts entsendeten Kommissaren ist auf ihren Wunsch jederzeit das Wort zu erteilen.

§. 8.

Anträge zu den Beratungsgegenständen sind in schriftlicher Form dem Vorsitzenden mitzuteilen; sie werden vervielfältigt und in je zwei Abzügen den Mitgliedern sowie den Kommissaren zugestellt. Die Anträge können schon vor Beginn des Beratungsabschnitts eingebracht werden.

§. 9.

Die Beschlüsse der Kommission werden von den in der Sitzung anwesenden Mitgliedern nach Stimmenmehrheit gefaßt; bei Stimmengleichheit gibt die Stimme des Vorsitzenden den Ausschlag.

Der Referent und der Korreferent geben zuerst, der Vorsitzende gibt zuletzt die Stimme ab.

§. 10.

Über jede Sitzung wird ein Protokoll durch einen von dem Staatssekretär des Reichs-Justizamts berufenen Schriftführer aufgenommen.

Das Protokoll soll enthalten:

1. die Bezeichnung der in der Sitzung anwesenden Mitglieder, der Kommissare und des Schriftführers;
2. geschäftliche Mitteilungen;
3. die gestellten Anträge nebst der ihnen etwa beigefügten schriftlichen Begründung;
4. die Beschlüsse nebst dem Stimmenverhältnisse, mit welchem sie gefaßt sind, und eine kurze Begründung der Beschlüsse.

Die Namen der Redner, der Antragsteller und der Abstimmenden werden im Protokolle nicht vermerkt.

§. 11.

Das Protokoll unterliegt der Prüfung durch die Berichterstatter und den Vorsitzenden.

Das fertiggestellte Protokoll wird von dem Schriftführer dem Referenten, von diesem dem Korreferenten und von letzterem dem Vorsitzenden übersandt.

Das geprüfte Protokoll wird in dem nachfolgenden Beratungsabschnitte zur Einsicht ausgelegt; es gilt als genehmigt, wenn nicht vor Schluß des Abschnitts Erinnerung erfolgt. Über eine erhobene Erinnerung entscheidet die Kommission.

Das Protokoll wird, sobald es als genehmigt gilt oder die erhobenen Erinnerungen erledigt sind, von dem Schriftführer, im Falle der Behinderung desselben von dem Vorsitzenden unterzeichnet und den Mitgliedern sowie den Kommissaren in zwei Abzügen zugestellt.

§. 12.

Die Verhandlungen der Kommission sind nicht öffentlich.

Fragen zur Reform des Strafprozesses.

A. Gerichtsstand:

Bedürfen die Vorschriften über den Gerichtsstand einer Änderung?
(Str.Pr.O. §§. 7 bis 21.)

Ist namentlich der Gerichtsstand der Ergreifung als regelmäßiger Gerichtsstand einzuführen?

B. Ablehnung von Gerichtspersonen:

Welche Maßnahmen sind zu treffen, um einem Mißbrauche des Ablehnungsrechts vorzubeugen?
(Str.Pr.O. §§. 24 bis 31.)

C. Zeugen und Sachverständige:

I. Soll das Recht der Zeugnisverweigerung erweitert werden?
(Str.Pr.O. §§. 51, 52, 54, 55.)

Insbesondere:

1. Besteht ein praktisches Bedürfnis, dem Beichtgeheimnis einen noch wirksameren Schutz zu sichern?
2. Ist das Verlangen gerechtfertigt, den Redakteuren und dem übrigen Personale der periodischen Presse die Befugnis zur Verweigerung des Zeugnisses über Verfasser und Einsender von Preßartikeln einzuräumen?

II. Erscheint es nach den praktischen Erfahrungen geboten, die Vorschriften über die Beeidigung der Zeugen und Sachverständigen im Sinne der gesetzgeberischen Versuche von 1895 (Reichstagsdrucks. 1895/96 Nr. 73) und von 1899 (Reichstagsdrucks. 1898/99 Nr. 203) einer Änderung zu unterwerfen?
(Str.Pr.O. §§. 56 bis 66, 72, 79.)

Wie ist bejahenden Falles das Verfahren auszugestalten?

1. Ist die Beeidigung der Zeugen einzuschränken:
   a) bei unglaubwürdigen Aussagen?
   b) bei unerheblichen Aussagen?
   c) in geringfügigen Sachen?
   d) bei Zustimmung der Parteien und des Gerichts?
2. Sind für das Verfahren vor den Schwurgerichten Abweichungen von den Bestimmungen zu 1 erforderlich?

3. Ist der Voreid zu beseitigen?
4. Empfiehlt sich eine Umgestaltung der Eidesformel und des Verfahrens bei Abnahme von Eiden?
5. In welchem Abschnitte des Verfahrens ist die Beeidigung der Zeugen zu bewirken?
6. Soll im Zusammenhange mit der Einschränkung der Zeugeneide (zu 1) die Strafbarkeit uneidlicher falscher Aussagen eingeführt und wie soll sie im einzelnen gestaltet werden?
   a) Abgrenzung hinsichtlich der Behörden, vor denen die Aussage abgegeben wird?
   b) Bestrafung fahrlässiger falscher Aussagen?
   c) Strafmaß?
   d) Straflosigkeit bei Widerruf?

D. Beschlagnahme:

Ist eine besondere Regelung der Frage geboten, ob bei der Untersuchung solcher strafbaren Handlungen, deren Verfolgung nur auf Antrag eintritt, die Beschlagnahme vor Stellung des Strafantrags stattfinden kann?

Wie ist das Verfahren zu regeln?

(Str.Pr.O. §§. 94 bis 101.)

E. Durchsuchung von Personen:

Bedarf es einer besonderen Regelung der Frage, ob behufs Verfolgung von Spuren einer Straftat die körperliche Untersuchung unverdächtiger Personen gegen deren Willen angeordnet werden kann?

Wie sind die Voraussetzungen für die Zulässigkeit einer solchen Anordnung zu bestimmen?

(Str.Pr.O. §. 103.)

F. Untersuchungshaft:

Sind die Voraussetzungen für die Erlassung und die Aufhebung des Haftbefehls zu ändern?

(Str.Pr.O. §§. 112 bis 115, 117, 123 bis 126.)

Erscheint namentlich geboten:

I. eine Bestimmung dahin, daß die Tatsachen, welche den Fluchtverdacht begründen, aktenkundig zu machen seien?

II. eine Aufhebung der Sondervorschrift, nach welcher bei Verbrechen der Verdacht der Flucht keiner weiteren Begründung bedarf?

III. eine Verlängerung der Fristen, innerhalb deren, falls die Haft aufrecht erhalten werden soll, die Erhebung der öffentlichen Klage erfolgen muß?

G. Verteidigung:

I. Empfiehlt es sich, die notwendige Verteidigung zu erweitern?

(Str.Pr.O. §. 140.)

Soll sie etwa in den vor dem Landgericht in erster Instanz zu verhandelnden Sachen eintreten:

1. wenn der Angeschuldigte das achtzehnte Lebensjahr noch nicht vollendet hat?
2. bei Verbrechen, auch wenn ein Antrag des Beschuldigten oder seines gesetzlichen Vertreters nicht vorliegt?

II. Inwieweit kann von den Maßnahmen zu I im Falle der Ausdehnung der Berufung (zu vergl. U I) abgesehen werden?

III. Sollen die Befugnisse des Verteidigers erweitert werden:

1. hinsichtlich der Akteneinsicht?
(Str.Pr.O. §. 147.)
2. hinsichtlich des Verkehrs mit dem verhafteten Beschuldigten?
(Str.Pr.O. §. 148.)

H. Öffentliche Klage:

I. Soll das Legalitätsprinzip beseitigt oder soll es wenigstens eingeschränkt werden, um Strafverfolgungen entgegenzuwirken, die durch das öffentliche Interesse nicht geboten sind?

II. Empfiehlt es sich im Falle einer Bejahung der Frage zu I, die subsidiäre Privatklage zu gewähren, und zwar:

1. allgemein?
2. dem Verletzten:
a) bei Antragsdelikten?
b) bei sonstigen Straftaten?

III. Welche Maßnahmen sind gegebenen Falles zum Schutze gegen einen Mißbrauch der Privatklage zu treffen?
(Str.Pr.O. §§. 152, 169 bis 175.)
Zu vergl. auch N.

J. Vorverfahren:

I. Bedarf das Vorverfahren, insbesondere im Interesse des Beschuldigten, einer Umgestaltung?
(Str.Pr.O. §§. 156 bis 211.)

1. Ist etwa für das Vorverfahren:
a) eine beschränkte Öffentlichkeit und Mündlichkeit einzuführen, namentlich den Beteiligten die Berechtigung zur Anwesenheit bei gerichtlichen Handlungen in erweitertem Umfange zu gewähren?
b) eine kontradiktorische Schlußverhandlung vorzuschreiben?
2. Sollen die Vorschriften über den das Hauptverfahren eröffnenden Beschluß geändert werden?
Insbesondere:
a) Ist eine genauere Prüfung der Frage der hinreichenden Belastung des Angeschuldigten nach der tatsächlichen und nach der rechtlichen Seite hin durch eine Änderung des Verfahrens zu sichern?
(Str.Pr.O. §. 201.)
b) Ist eine genauere Bezeichnung (Individualisierung) der dem Angeklagten zur Last gelegten Tat zu verlangen?
(Str.Pr.O. §. 205.)
c) Ist der Eröffnungsbeschluß einer Anfechtung durch den Angeklagten zu unterwerfen?
(Str.Pr.O. §. 209.)
d) Soll, wenn sich in der Hauptverhandlung der tatsächliche Inhalt des Beschlusses als mangelhaft oder unvollständig ergibt, auf Antrag des Angeklagten die Aussetzung zu erfolgen haben?
(Str.Pr.O. §§. 263, 265.)

II. Inwieweit würde von solchen Maßnahmen im Falle der Ausdehnung der Berufung (zu vergl. U I) abgesehen werden können?

K. Abgekürztes Verfahren:

I. Inwieweit erscheint es unbedenklich, über den Rahmen des bestehenden Gesetzes hinaus nach dem Vorgange des Entwurfs von 1895 ein abgekürztes Verfahren einzuführen:

1. in kleineren Sachen (zu vergl. S II)?
2. im Falle des Geständnisses des Beschuldigten?
3. bei Ergreifung auf frischer Tat?

II. Wie ist dieses Verfahren näher auszugestalten?
(Str.Pr.O. §. 211.)

L. Hauptverhandlung:

Bedürfen die Vorschriften über die Hauptverhandlung einer Änderung?
(Str.Pr.O. §§. 225 bis 275, 318 bis 327.)

Insbesondere:

I. Empfiehlt sich eine Ausdehnung des Kontumazialverfahrens?

1. Bestehen Bedenken dagegen, daß, in Anlehnung an die Vorschläge des Entwurfs von 1895, in erweitertem Umfange die Hauptverhandlung zugelassen wird:
   a) gegen ausbleibende Angeklagte?
   b) gegen Personen, deren Aufenthalt unbekannt ist oder die sich im Ausland aufhalten?
2. Unter welchen Voraussetzungen soll dies geschehen?
(Str.Pr.O. §§. 229 bis 234, 318 bis 327.)

II. Sollen die Vorschriften über das Kreuzverhör geändert werden?

1. Kann auf diese Einrichtung überhaupt verzichtet werden, oder
2. sind die Voraussetzungen, unter denen das Kreuzverhör stattzufinden hat, zu erweitern?
(Str.Pr.O. §§. 238, 240.)

III. Sind infolge der bisherigen Vorschriften Unzuträglichkeiten in bezug auf eine übermäßige Ausdehnung der Verhandlungen, ihre Erstreckung auf unerhebliche Umstände und die Ermöglichung von Verdächtigungen und kränkenden Angriffen gegenüber Zeugen und Sachverständigen hervorgetreten?

Wie ist diesen Unzuträglichkeiten zu begegnen:

1. wenn die Berufung ausgedehnt wird (zu vergl. U I)?
2. wenn die Berufung nicht ausgedehnt wird?
(Str.Pr.O. §§. 239, 240, 244.)

IV. Empfiehlt es sich, vorzuschreiben, daß die Urteilsgründe die nähere Darlegung zu enthalten haben, weshalb diejenigen Tatsachen, in welchen die gesetzlichen Merkmale der strafbaren Handlung gefunden werden, für erwiesen erachtet worden sind?
(Str.Pr.O. §. 266.)

V. Ist gegen den die Förmlichkeiten der Hauptverhandlung betreffenden Inhalt des Protokolls der Nachweis der Unrichtigkeit zuzulassen?
(Str.Pr.O. §. 274.)

M. Wiederaufnahme des Verfahrens:

I. Ist für das die Wiederaufnahme betreffende Verfahren die eidliche Vernehmung der Zeugen und Sachverständigen vorzuschreiben?
(Str.Pr.O. §. 409.)

II. Empfiehlt es sich:

1. zu bestimmen, daß nicht nur hinsichtlich der verstorbenen, sondern auch hinsichtlich der in Geisteskrankheit verfallenen Verurteilten das Gericht ohne Erneuerung der Hauptverhandlung auf Freisprechung zu erkennen oder den Antrag auf Wiederaufnahme abzulehnen hat?
2. für alle anderen Fälle die Freisprechung ohne Erneuerung der Hauptverhandlung auszuschließen?
(Str.Pr.O. §. 411.)

N. Privatklage:

I. Soll für den Fall, daß im allgemeinen an dem Legalitätsprinzipe festgehalten wird (zu vergl. H I), die prinzipale Privatklage nach dem Vorgange des Entwurfs von 1895 auf einzelne Straftaten, welche für die öffentliche Ordnung von geringer Bedeutung sind, — unter entsprechender Einschränkung des Legalitätsprinzips — ausgedehnt oder

II. die subsidiäre Privatklage für solche Fälle zugelassen werden?
(Str.Pr.O. §§. 152, 414 bis 434.)

O. Strafbefehl:

I. Empfiehlt es sich, die Voraussetzungen, unter denen ein amtsrichterlicher Strafbefehl erlassen werden kann, zu erweitern?

II. In welcher Weise würde dies zu geschehen haben?
(Str.Pr.O. §§. 447 bis 452.)

P. Strafverfügungen und Strafbescheide:

Sind Vorschriften darüber erforderlich, bis zu welchem Zeitpunkte die Polizeibehörde ihre Strafverfügung und die Verwaltungsbehörde ihren Strafbescheid zurücknehmen darf?
(Str.Pr.O. §§. 454, 460.)

Q. Strafvollstreckung:

Bedürfen die Vorschriften der Strafprozeßordnung über die Strafvollstreckung einer Änderung?
(Str.Pr.O. §§. 481 bis 495.)

Insbesondere:

I. Sollen die bezeichneten Vorschriften durch Bestimmungen über den Vollzug der einzelnen Strafarten ergänzt werden? oder

II. empfiehlt es sich, mit Rücksicht auf die Revision des Strafgesetzbuchs von einer gesetzlichen Regelung des Strafvollzugs zur Zeit abzusehen?

III. Welche Bestimmungen werden für den Fall, daß die Frage zu I von der Kommission bejaht wird, zur Aufnahme in die Strafprozeßordnung in Vorschlag gebracht?

R. Öffentlichkeit:

I. Weisen Erfahrungen darauf hin, die Öffentlichkeit auszuschließen oder einzuschränken:

1. im Verfahren vor dem Amtsrichter ohne Zuziehung von Schöffen (zu vergl. K I 1, S II)?
2. im Verfahren wegen Beleidigungen?
3. im Verfahren gegen jugendliche Personen, insbesondere gegen schulpflichtige Kinder?

II. Welche Vorschriften wären zu diesem Zwecke geboten?
(G.V.G. §§. 170, 173 bis 176.)

S. Zuziehung von Laien zur Rechtsprechung:

I. Empfiehlt es sich, die Ständigkeit der Schöffengerichte in der Art herzustellen, daß für einen längeren Zeitraum dieselben Schöffen an allen Sitzungen teilnehmen, und welche Einrichtungen wären zu diesem Zwecke zu treffen?
(G.V.G. §§. 43, 45.)

II. Soll der Amtsrichter in erweitertem Umfang ohne Zuziehung von Schöffen entscheiden (G.V.G. §. 30, Str.Pr.O. §. 211 Abs. 2), etwa:
1. bei Übertretungen ohne Einschränkung?
2. im Falle des Geständnisses des Angeklagten auch bei Vergehen?
3. oder empfiehlt es sich, in allen jetzt vor die Schöffengerichte gehörenden Sachen den Amtsrichter zunächst allein entscheiden und nur die Berufung gegen seine Entscheidung an ein beim Amtsgericht oder beim Landgerichte zu bildendes Schöffengericht gelangen zu lassen?

III. Empfiehlt es sich, an Stelle der Strafkammern Schöffengerichte einzuführen, und zwar:
1. für sämtliche jetzt vor die Strafkammern gehörenden Sachen, oder
2. für einen Teil dieser Sachen?
3. sollen die Schöffen in der Art mitwirken, daß sie
   a) das Richteramt während der Hauptverhandlung in vollem Umfang ausüben, oder
   b) nur an der Entscheidung über die Tat- und Schuldfrage teilnehmen?
4. wie sind diese Schöffengerichte zusammenzusetzen:
   a) als Gerichte erster Instanz?
   b) als Berufungsgerichte?
   (G.V.G. §§. 30 bis 57, 77.)

IV. Ist es nach den praktischen Erfahrungen, welche mit den Schwurgerichten gemacht worden sind, angezeigt, an dieser Einrichtung festzuhalten, oder wäre es für die Rechtspflege etwa ein Gewinn an Stelle der Schwurgerichte Schöffengerichte einzuführen, und zwar:
1. für sämtliche jetzt vor die Schwurgerichte gehörenden Sachen, oder
2. für einen Teil dieser Sachen?
3. wie sind gegebenen Falles diese Schöffengerichte zusammenzusetzen?
(G.V.G. §§. 30 bis 57, 79 bis 99.)

V. Bedürfen für den Fall der Beibehaltung der Schwurgerichte die Vorschriften über deren Zusammensetzung und über die Bildung der Geschworenenbank einer Änderung? Soll namentlich

1. die Zahl der Geschworenen herabgesetzt,
2. das Ablehnungsrecht der Parteien eingeschränkt werden?
(G.V.G. §§. 81 bis 99, Str.Pr.O. §§. 277 bis 289.)

T. Abgrenzung der sachlichen Zuständigkeit der Gerichte:

I. Im Falle der Beibehaltung der bisherigen Gerichte:
1. Lassen sich Bedenken erheben gegen die Regelung der Zuständigkeit nach Maßgabe des Gesetzentwurfs von 1895?
2. Inwieweit erscheint bejahenden Falles eine Änderung der damals in Aussicht genommenen Vorschriften angezeigt:
a) hinsichtlich der kraft Gesetzes zur Zuständigkeit der Schöffengerichte gehörenden Straftaten?
b) hinsichtlich der Straftaten, welche den Schöffengerichten überwiesen werden können?
c) hinsichtlich der zur Zuständigkeit der Strafkammern gehörenden Verbrechen?
3. Ist die ausschließliche Zuständigkeit der Strafkammern auf weitere Vergehen auszudehnen, und auf welche?
4. Empfiehlt es sich, die Bestimmung darüber, ob im einzelnen Falle die Aburteilung dem Schöffengericht überwiesen werden soll, ausschließlich der Staatsanwaltschaft zu übertragen.

II. In welcher Weise ist bei Umgestaltung der bisherigen Gerichte die sachliche Zuständigkeit zu bestimmen?
(G.V.G. §§. 27 bis 29, 73 bis 75, 80, E.G. z. G.V.G. §. 6.)

U. Berufung:

I. Empfiehlt es sich, von der Ausdehnung der Berufung auf die in erster Instanz ergehenden Urteile der Strafkammern oder der etwa neu zu schaffenden Schöffengerichte (zu vergl. S III, IV) abzusehen, insbesondere im Hinblick auf die Schwierigkeiten, welche mit einer Durchführung der Mündlichkeit in der Berufungsinstanz verknüpft sind, und mit Rücksicht darauf, daß die bisherigen gesetzgeberischen Maßnahmen zu einem befriedigenden Ergebnisse nicht geführt haben?

Oder sprechen überwiegende Gründe dafür, an einer Ausdehnung der Berufung im Sinne des Gesetzentwurfs von 1895 festzuhalten?

II. Inwieweit erscheinen gegebenen Falles Abweichungen von der in dem Entwurfe von 1895 in Aussicht genommenen Regelung des Berufungsverfahrens angezeigt?

Wie ist namentlich:
1. die Berufungsinstanz zu bilden?
a) bei den Landgerichten?
b) bei den Oberlandesgerichten?
Abgezweigte Senate?
c) Besetzung der Gerichte?
Mitwirkung von Laien?
2. das Verfahren in der Berufungsinstanz auszugestalten?
a) Rechtfertigung der Berufung durch Aufstellung bestimmter Beschwerdepunkte?

b) Umfang und Art der Beweisaufnahme? Verlesung der Zeugenaussagen erster Instanz?

c) Folgen des Ausbleibens des Angeklagten?

(Str.Pr.O. §§. 244, 354 bis 373.)

III. Können für den Fall der Einführung der Berufung Garantien des Verfahrens, welche gegenwärtig in erster Instanz zum Ersatze für die mangelnde Berufung bestehen, wegfallen?

Erscheint es angängig:

1. die Zahl der Mitglieder der Strafkammern für die Hauptverhandlung herabzusetzen?
(G.V.G. §. 77.)

2. den Richter, welcher bei der Entscheidung über die Eröffnung des Hauptverfahrens als Berichterstatter mitgewirkt hat, zur Teilnahme an dem Hauptverfahren zuzulassen?
(Str.Pr.O. §. 23 Abs. 3.)

3. die Mitteilung der Anklageschrift an den Angeschuldigten vor der Entscheidung über die Eröffnung des Hauptverfahrens zu beseitigen?
(Str.Pr.O. §. 199.)

4. die Wiederaufnahme des Verfahrens auf Grund neuer Tatsachen oder Beweismittel einzuschränken?
(Str.Pr.O. §. 399 Nr. 5.)

V. Revision:

I. Empfiehlt es sich für den Fall, daß von der Ausdehnung der Berufung (zu vergl. U I) abgesehen wird, die Vorschriften, betreffend die Zuständigkeit für die Verhandlung und Entscheidung über die Revision gegen die in erster Instanz ergehenden Urteile der Strafkammern, in der Weise zu ändern, daß diejenigen Sachen, in denen es sich wesentlich um Verletzung von Landesrecht handelt, den Oberlandesgerichten auch dann überwiesen werden, wenn die Revision nicht ausschließlich auf eine solche Verletzung gestützt ist?
(G.V.G. §. 123 Nr. 3, §. 136 Nr. 2, Str.Pr.O. §. 388.)

II. Bedarf es einer Änderung der Vorschrift, nach welcher die Revision gegen die in der Berufungsinstanz erlassenen Urteile der Landgerichte regelmäßig auf die Verletzung einer Rechtsnorm über das Verfahren nicht gestützt werden kann?
(Str.Pr.O. §. 380.)

1. Sitzung.

10. Februar 1903.

Einleitung. Gerichtsstand.

Der Staatssekretär des Reichs-Justizamts eröffnete die Beratungen mit einer Ansprache, in welcher er nach Begrüßung der Erschienenen eine kurze Übersicht über den Verlauf der bisherigen Reformversuche gab und im Anschlusse daran die Gründe für die Berufung der gegenwärtigen Kommission auseinandersetzte. Es sei im Reichstage bei den langjährigen parlamentarischen Verhandlungen über die in den Jahren 1894 und 1895 vorgelegten Gesetzentwürfe und über die aus dem Hause hervorgegangenen Initiativ-Anträge nicht möglich gewesen, die vielfach bestehenden erheblichen Meinungsverschiedenheiten, insbesondere über die Regelung des Berufungsverfahrens und die Besetzung der Gerichte, auszugleichen. Damit sei der Beweis erbracht, daß bei einem weiteren Vorgehen auf der bisherigen Grundlage keine Aussicht vorhanden sei, zu der von allen Seiten für notwendig erachteten Reform zu gelangen. Vielmehr werde eine abermalige Vorlage mit Aussicht auf Erfolg im Reichstage nur dann eingebracht werden können, wenn sie, über den Rahmen der früheren Vorschläge hinausgehend, eine umfassende Revision des gesamten Strafprozeßrechts zum Gegenstande habe. Zur Vorbereitung einer solchen Revision habe die Reichsverwaltung im Einvernehmen mit den Justizverwaltungen der größeren Bundesstaaten es für geboten erachtet, zunächst eine Kommission von bewährten Praktikern und von Vertretern der Wissenschaft zu berufen, deren Aufgabe es sein solle, auf Grund ihrer eigenen Überzeugung und ohne an amtliche Instruktionen gebunden zu sein, die bisher als streitig erwiesenen Grundsätze und im Anschlusse daran auch andere wichtige Fragen aus dem Gebiete des Strafprozesses an der Hand eines gestellten Programms und gegebenen Falles auch über den Rahmen desselben hinaus, einer eingehenden Beratung zu unterziehen, um dadurch die Grundlage für die Ausarbeitung eines neuen Gesetzentwurfs zu schaffen. Dabei dürften aber die bisherigen Reformversuche nicht unberücksichtigt bleiben. Deshalb seien zu den Beratungen diejenigen Mitglieder des Reichstags eingeladen worden, durch deren Anträge die Angelegenheit auch nach dem Scheitern der Regierungsvorlagen im Reichstage weiter verfolgt worden sei. Weitere Mitglieder des Reichstags seien zugezogen, um dem Reichstag eine Gewähr dafür zu bieten, daß die Reform mit Ernst und

Gründlichkeit verfolgt werde, und um den parlamentarischen Parteien Gelegenheit zu geben, den bisher von ihnen verfolgten Anschauungen gegenüber den Sachverständigen Ausdruck zu geben. Andererseits werde die Kommission infolge der Anwesenheit der aus dem Reichs-Justizamt entsendeten Kommissare auch jederzeit in der Lage sein, sich über die Grundsätze zu unterrichten, von welchen die verbündeten Regierungen bei den früheren Gesetzesvorlagen ausgegangen seien.

Der Staatssekretär teilte sodann mit, daß er den Vorsitz in den Beratungen dem Reichsgerichtsrate Kaufmann übertragen habe, sich aber die Befugnis vorbehalten müsse, die Leitung zeitweise selbst zu übernehmen. Auf Ersuchen des Staatssekretärs erklärte sich der Geheime Rat Professor Dr. Wach bereit, den ordentlichen Vorsitzenden im Falle einer vorübergehenden Behinderung zu vertreten.

Hierauf gab der Staatssekretär die Leitung der weiteren Verhandlung an den Reichsgerichtsrat Kaufmann ab.

I. Von diesem wurden zunächst einige geschäftliche Angelegenheiten zur Sprache gebracht:

Was die Zeit der täglichen Beratungen betrifft, so erschien es der Mehrheit der Kommission als das zweckmäßigste, daß die Beratung in der Regel um 10 Uhr beginnen und mit Unterbrechung durch eine kurze Pause bis 4 Uhr fortgesetzt werden solle.

In Ansehung der Form der zu stellenden Anträge kam man dahin überein, daß es zwar jedem Mitgliede der Kommission unbenommen bleiben müsse, Anträge auch in der Gestalt von formulierten Gesetzesparagraphen zu stellen, daß es aber wegen der Gefahr, hierbei in Diskussionen über Fragen rein redaktioneller Natur zu geraten, im allgemeinen vorzuziehen sein werde, in den Anträgen nur den zur Beschlußfassung gestellten Rechtssatz ohne Rücksicht auf eine gesetzliche Formulierung präzise zu fassen, zumal es die Aufgabe der Kommission nur sei, die für die Aufnahme in einen künftigen Gesetzentwurf empfehlenswerten Rechtssätze in Beantwortung der im Fragebogen gestellten Fragen zu finden, nicht aber einen Gesetzentwurf selbst aufzustellen.

II. Die sachliche Beratung wurde bei der Frage A des Fragebogens begonnen:

> Bedürfen die Vorschriften über den Gerichtsstand einer Änderung?
>
> (Str.Pr.O. §§. 7 bis 21.)
>
> Ist namentlich der Gerichtsstand der Ergreifung als regelmäßiger Gerichtsstand einzuführen?

Betreffend den Gerichtsstand des Ergreifungsorts lagen die Anträge vor,

1. hinter §. 8 der Str.Pr.O. folgenden §. 8a einzuschalten:

   Der Gerichtsstand ist auch bei demjenigen Gerichte begründet, in dessen Bezirke der Beschuldigte ergriffen worden ist.

2. dem unter 1 vorgeschlagenen §. 8a hinzuzufügen:

   falls derselbe die ihm zur Last gelegte Tat zugesteht.

3. den §. 8a dahin zu fassen:

Der Gerichtsstand ist auch bei demjenigen Gerichte begründet, in dessen Bezirke der Beschuldigte ergriffen worden ist, falls derselbe die ihm zur Last gelegte Tat bei seiner gerichtlichen Vernehmung zugesteht und nach den Umständen des Falles anzunehmen ist, daß auf keine andere und höhere Strafe als Gefängnisstrafe von höchstens sechs Monaten, Haft- oder Geldstrafe, allein oder in Verbindung mit einander oder in Verbindung mit Einziehung oder einer Buße, zu erkennen sein werde.

4. auszusprechen,

daß der Gerichtsstand der Ergreifung nur unter der doppelten Beschränkung einzuführen sei, daß

a) der Angeklagte der Zuständigkeit des Gerichts nicht widerspricht,

b) ein qualifiziertes richterliches Geständnis vorliegt;

5. zu beschließen:

Das forum deprehensionis als ordentliches forum soll eingeführt werden, jedoch mit der Maßgabe, daß jeder der Prozeßbeteiligten das Recht hat, bis zum Schlusse der Voruntersuchung oder, wenn solche nicht stattgefunden hat, bis zur Verlesung des Eröffnungsbeschlusses zu beantragen, daß das Gericht seine Unzuständigkeit ausspreche. Diesem Antrag ist zu entsprechen; eine Bezeichnung des zuständigen Gerichts findet nicht statt.

6. den Gerichtsstand der Ergreifung konkurrierend mit den Gerichtsständen in den §§. 7 und 8 aufzunehmen unter der Beschränkung, daß die Verweisung an einen dieser Gerichtsstände auf ausreichend begründeten Antrag des Staatsanwalts, Privatklägers oder Beschuldigten zu erfolgen hat.

Die Anträge 1 bis 5 wurden abgelehnt und zwar der Antrag 1 mit 16 gegen 4 Stimmen, die Anträge 2 und 3 mit 14 gegen 6 Stimmen, der Antrag 4 mit 12 gegen 8 Stimmen, der Antrag 5 mit 13 gegen 7 Stimmen. Dagegen wurde der Antrag 6 mit 11 gegen 9 Stimmen angenommen.

Die weiteren Anträge,

7. hinter §. 8 der Str.Pr.O. folgenden §. 8a einzufügen:

Das Gericht, in dessen Bezirke die Ergreifung erfolgt, ist auch dann zuständig, wenn der Beschuldigte bei der ersten Vernehmung die ihm zur Last gelegte Tat eingesteht.

und den §. 9 der Str.Pr.O. dahin zu fassen:

Ist der Ort, an welchem die strafbare Handlung begangen ist, im Auslande gelegen oder nicht ermittelt und ein Gerichtsstand in Gemäßheit der §§. 8 und 8a nicht begründet, so wird das zuständige Gericht vom Reichsgerichte bestimmt.

8. den §. 9 der Str.Pr.O. dahin abzuändern:

Der Gerichtsstand ist auch bei demjenigen Gerichte begründet, in dessen Bezirke die Ergreifung erfolgt, wenn der Beschuldigte die ihm zur Last gelegte Tat eingesteht, oder wenn die strafbare Handlung im Auslande begangen und ein Gerichtsstand in Gemäßheit des §. 8 nicht begründet ist, oder wenn die strafbare Handlung im Inlande begangen und ein Gerichtsstand in Gemäßheit des §. 7 oder des §. 8 nicht ermittelt ist.

und hinter §. 13 folgenden §. 13a einzuschalten:

Ist der Ort, an welchem die strafbare Handlung begangen ist, im Auslande gelegen oder nicht ermittelt, auch ein Gerichtsstand in Gemäßheit der §§. 7 bis 13 nicht begründet, so wird das zuständige Gericht vom Reichsgerichte bestimmt.

wurden während der Beratung zurückgezogen.

Für die Beschlüsse zu den Anträgen 1 bis 6 waren folgende Gründe maßgebend:

Die Mehrheit erkannte an, daß ein Bedürfnis für die Erweiterung des Gerichtsstandes des Ergreifungsorts über den Rahmen des §. 9 der Str.Pr.O. hinaus in der Praxis hervorgetreten sei. Es seien Fälle nicht selten, in denen ein Beschuldigter in weiter Entfernung vom Tat- und Wohnort ergriffen werde und ein umfassendes Geständnis ablege, das eine weitere Beweisaufnahme überflüssig mache. Der Transport des Beschuldigten zum Tat- oder Wohnorte führe in solchen Fällen zu Mißständen: er verzögere das Verfahren, erhöhe die Kosten und stelle oft auch eine Härte für den Beschuldigten dar.

Eine völlige Gleichstellung des Gerichtsstandes des Ergreifungsorts mit den Gerichtsständen der begangenen Tat und des Wohnsitzes erscheine indessen nicht angezeigt. Die letzteren Gerichtsstände beruhten auf einem Zusammenhange mit der Tat und der Person des Täters. Für den Gerichtsstand des Ergreifungsorts sei dagegen nur ein zufälliger Umstand maßgebend. Daher sei das Gericht der begangenen Tat oder das des Wohnsitzes in der Regel besser geeignet zur vollständigen und zutreffenden Beurteilung der in Betracht kommenden Umstände. Regelmäßig seien dort auch die Beweise zu finden. Für den Gerichtsstand des Ergreifungsorts bestehe ein Bedürfnis lediglich aus praktischen Gründen und nur für besondere Ausnahmefälle, insbesondere wenn alle erforderlichen Beweise zur Stelle seien und der Transport Übelstände mit sich bringe.

Die Gleichstellung der drei Gerichtsstände würde überdies die Zahl der der Staatsanwaltschaft zur Auswahl stehenden Gerichtsstände vermehren und damit leicht den Verdacht einer Auswahl mit Rücksicht auf die leichtere Verurteilung begründen, insbesondere wenn es sich um Delikte handele, für welche in dem einen Gerichtsstande das Schwurgericht, in den anderen die Strafkammer zuständig sei. Dieser Verdacht müsse, auch wenn er völlig unbegründet sei, im Interesse des Vertrauens auf eine unparteiische Rechtspflege vermieden werden.

Die Übernahme einer zunächst am Ergreifungsort anhängig gewordenen Sache seitens der Gerichte der begangenen Tat oder des Wohnorts könne selbst in Fällen, wo die Aburteilung am Ergreifungsorte nicht geboten sei, aus fiskalischen Gründen auf Schwierigkeiten stoßen, wenn es sich um verschiedene Bundesstaaten handele.

Es empfehle sich auch nicht, etwa für die Fälle, wo ein Geständnis vorliege, die drei Gerichtsstände gleichzustellen. Das Geständnis mache nicht immer jede weitere Beweisaufnahme überflüssig; insbesondere für die Strafzumessung, für die Feststellung der Zurechnungsfähigkeit, bei Jugendlichen für die Feststellung der zur Erkenntnis der Strafbarkeit erforderlichen Einsicht, ferner im Hinblick auf einen etwaigen bedingten Strafaufschub oder eine bedingte Begnadigung könne die Erhebung von Beweisen nötig werden. Dies werde um so mehr der Fall sein, wenn eine Revision des Strafgesetzbuchs die Strafwürdigkeit in höherem Grade von der Persönlichkeit des Täters abhängig machen sollte. Also könne auch beim Vorliegen eines Geständnisses die Herbeischaffung der noch erforderlichen Beweise mehr Umstände machen als der Transport des Beschuldigten. Auf die den Zeugen erwachsenden Unannehmlichkeiten sei mehr Rücksicht zu nehmen, als auf die Unannehmlichkeiten für den Beschuldigten. Übrigens sei nicht außer acht zu lassen, daß im Falle des Widerrufs eines Geständnisses sich nachträglich die Notwendigkeit ergeben könne, eine umfangreiche Beweisaufnahme vorzunehmen.

In der Beschränkung auf leichte Fälle sei die Gleichstellung der Gerichtsstände ebenfalls nicht gerechtfertigt. Für solche Fälle werde die Vorschrift des §. 232 der Str.Pr.O. genügen, wonach der Angeklagte auf seinen Antrag wegen großer Entfernung von der Verpflichtung zum Erscheinen in der Hauptverhandlung entbunden werden könne. Die Ausdehnung der Anwendbarkeit dieser Vorschrift bleibe vorbehalten. Überdies habe die Schwere des Falles mit der Zweckmäßigkeit einer Aburteilung am Ergreifungsorte nichts zu tun. In schweren Fällen, z. B. bei Rückfallsdiebstahl, könne völlige Beweisbereitschaft vorliegen; dagegen sei zuweilen in leichten Fällen eine umfangreiche Beweiserhebung nötig.

Die Zulässigkeit des Gerichtsstandes von der Zustimmung des Beschuldigten abhängig zu machen, empfehle sich nicht, da der Beschuldigte Interessen zur Geltung bringen könnte, die eine Beachtung nicht verdienten; er werde widersprechen oder nicht, je nachdem er am Ergreifungsort oder am Tat- oder Wohnort eine mildere Beurteilung erwarte.

Geringer seien die Bedenken, wenn man nicht nur dem Beschuldigten, sondern jedem Prozeßbeteiligten das Recht geben würde, der Aburteilung am Ergreifungsorte zu widersprechen.[1]) Vorzuziehen sei jedoch eine Vorschrift, nach welcher dem Antrage des Prozeßbeteiligten nicht Folge gegeben werden müsse, sondern das Gericht darüber nach freiem Ermessen zu entscheiden habe. Das Gericht werde die Unzuständigkeit des Ergreifungsorts nur dann aussprechen, wenn der Antrag ausreichend begründet sei. Dabei sei die sicherste Gewähr dafür gegeben, daß bei einer Auswahl des Gerichtsstandes des Ergreifungsorts sowohl die allgemeinen Interessen einer geordneten Strafrechtspflege als auch etwa vorhandene berechtigte Interessen des Beschuldigten gebührend berücksichtigt würden.

---

[1]) Zu vergl. Österreichische Strafprozeßordnung §. 52 Abs. 1, welcher lautet:
Wird die Anzeige wegen einer strafbaren Handlung bei dem Gerichte gemacht, in dessen Sprengel der Beschuldigte seinen Wohnsitz oder Aufenthalt hat oder betreten wird, so ist dasselbe zuständig, soferne nicht das Gericht des Bezirkes der begangenen Tat bereits zuvorgekommen ist. Doch ist die Sache an dieses letztere Gericht abzugeben, wenn es der Staatsanwalt des einen oder des anderen Sprengels, der Privatkläger oder der Beschuldigte, und falls deren mehrere sind, wenn auch nur einer derselben es verlangt.

III. Der Antrag,

den §. 16 der Str.Pr.O. dahin abzuändern:

Der Angeschuldigte muß den Einwand der Unzuständigkeit bei Verlust desselben bis zum Schlusse der Voruntersuchung, falls aber eine solche nicht stattgefunden hat, im Verfahren spätestens bis zur Verlesung des Beschlusses über die Eröffnung des Hauptverfahrens geltend machen.

wurde einstimmig angenommen. Man erachtete es für zweckmäßig, durch eine Änderung des Wortlauts der Annahme entgegenzutreten, daß der Einwand der Unzuständigkeit, falls eine Voruntersuchung nicht stattgefunden hat, nur in der Hauptverhandlung und nicht schon vor derselben geltend gemacht werden könnte.

IV. Endlich war noch zu §. 8 der Str.Pr.O. der Antrag gestellt worden:

Es empfiehlt sich, dem Wohnsitze den gewöhnlichen Aufenthaltsort gleichzustellen und dementsprechend den Abs. 2 zu ändern und als Eventualforum konkurrierend den letzten Wohnsitz und letzten gewöhnlichen Aufenthaltsort zu bestimmen.

Der Antrag wurde mit 10 gegen 9 Stimmen angenommen. Es wurde davon ausgegangen, daß der Ausdruck Wohnsitz einen formalen Rechtsbegriff darstelle, der sich nach dem bürgerlichen Rechte, jetzt nach den §§. 7 flg. des Bürgerlichen Gesetzbuchs, bestimme und sich im Einzelfalle, insbesondere dann, wenn ein domicilium necessarium vorliege, mit dem Wohnorte, dem gewöhnlichen Aufenthaltsorte des Beschuldigten nicht zu decken brauche. In solchen Fällen sei aber der Ort, wo sich der Beschuldigte gewöhnlich aufhalte, in der Regel besser geeignet, einen Gerichtsstand zu begründen, als der Ort des Wohnsitzes, an welchem sich vielleicht weder der Beschuldigte noch die Personen, in deren Umgebung er lebe und welche für die Beweisaufnahme in Betracht kommen könnten, jemals befänden. Außerdem sei es im Einzelfalle nicht immer klar, ob jemand an einem Orte seinen Wohnsitz oder nur seinen Aufenthaltsort habe. Erhebungen über diese dem bürgerlichen Rechte angehörende Frage müßten aber im Strafprozesse ferngehalten werden. Aus diesen Gründen hielt die Mehrheit die beantragte Gesetzesänderung für wünschenswert, obwohl sie der dagegen stimmenden Minderheit darin beipflichtete, daß in der Praxis sich auch bei der bisherigen Vorschrift erhebliche Schwierigkeiten nicht ergeben hätten und insofern ein dringendes Bedürfnis für die Änderung nicht vorhanden sei.

Weitere Vorschläge auf Abänderung der Bestimmungen über den Gerichtsstand wurden nicht gemacht.

2. Sitzung.

11. Februar 1903.

Ablehnung von Gerichtspersonen.

Es wurde zur Beratung der Frage B des Fragebogens geschritten:

Welche Maßnahmen sind zu treffen, um einem Mißbrauche des Ablehnungsrechts vorzubeugen?

(Str.Pr.O. §§. 24 bis 31.)

Hierzu lagen folgende Anträge vor,

1. hinter §. 26 der Str.Pr.O. als §. 26a einzuschalten: [1])

   Ist das Ablehnungsgesuch verspätet oder nicht unter Angabe und Glaubhaftmachung des Ablehnungsgrundes eingebracht worden, so hat das Gericht mit Einschluß des abgelehnten Richters das Ablehnungsgesuch als unzulässig zu verwerfen. Das Gesuch kann auch verworfen werden, wenn das Gericht einstimmig der Ansicht ist, daß dasselbe offenbar nur in der Absicht, das Verfahren zu verschleppen, eingebracht ist.

   Die Vorschrift findet, wenn das Ablehnungsgesuch gegen einen Untersuchungsrichter oder einen Amtsrichter gerichtet ist, auf diesen entsprechende Anwendung;

2. für den Fall der Annahme des Antrags 1 den Beschluß, durch welchen ein Ablehnungsgesuch als unzulässig verworfen wird, der Anfechtung zu entziehen;

3. dem §. 25 der Str.Pr.O., nach welchem die Ablehnung eines Richters nur bis zur Verlesung des Eröffnungsbeschlusses und in den höheren Instanzen nur bis zum Beginne der Berichterstattung zulässig ist, folgenden Abs. 2 anzufügen: [2])

   Nur wenn die Tatsachen, auf welche das Ablehnungsgesuch gegründet ist, sich erst später ereignet haben oder ohne Verschulden des Antragstellers erst später zu seiner Kenntnis gekommen sind, kann das Ablehnungsgesuch auch später geltend gemacht werden. Diese Tatsache ist glaubhaft zu machen;

---

[1]) Der Vorschlag entspricht dem §. 127 der Militärstrafgerichtsordnung und dem Antrage des Abgeordneten Dr. Rintelen (Reichstagsdrucks. 1900/1901 Nr. 35), im wesentlichen auch dem Gesetzentwurfe von 1895 (Reichstagsdrucks. 1895/96 Nr. 73).

[2]) Dieser Vorschlag schließt sich dem Antrage der Abgeordneten Lenzmann-Munckel (Reichstagsdrucks. 1900/1901 Nr. 30) an.

4. für den Fall der Annahme des Antrags 3 die Bestimmung beizufügen, daß das Ablehnungsgesuch nicht auf das Verhalten des Richters in der Hauptverhandlung gestützt werden darf;
5. die Vorschriften über die Ablehnung der Gerichtspersonen nach Maßgabe folgender Grundsätze zu ändern:
   a) Der Zeitpunkt, bis zu welchem Ablehnungsgesuche gegen in der Hauptverhandlung mitwirkende Richter zulässig sind, ist auf den dritten Tag vor derselben zu verlegen unter Aufrechterhaltung des bisherigen Rechtszustandes für den Fall, daß der Richter erst nach diesem Zeitpunkt eintritt oder der Ablehnungsgrund sich erst nach diesem Zeitpunkt ereignet, und unter gleichzeitiger Zulassung der Bekanntmachung der ergangenen Entscheidung durch Verkündung.
   b) Gegen einen bereits erfolglos abgelehnten Richter ist in demselben Verfahren ein weiteres von derselben Person angebrachtes Ablehnungsgesuch nur auf Grund von Tatsachen zulässig, welche sich erst nach Anbringung des früheren Gesuchs ereignet haben oder welche der Ablehnungsberechtigte bis zu dem unter a erwähnten Zeitpunkt ohne sein Verschulden nicht gekannt hat. Diese Tatsache ist glaubhaft zu machen.
   c) Bei Entscheidungen, durch welche Ablehnungsgesuche aus dem unter b erwähnten Gesichtspunkt oder wegen formeller Mängel — verspätete Anbringung, unterlassene Angabe oder Glaubhaftmachung eines Ablehnungsgrundes — als unzulässig zu verwerfen sind, ist die Mitwirkung des abgelehnten Richters zu gestatten;
6. für den Fall der Annahme des Vorschlags unter 5a den letzten Satz des §. 24 Abs. 3 der Str.Pr.O. dahin abzuändern:

   Mit der Zustellung der Ladung zur Hauptverhandlung sind dem Privatkläger und dem Beschuldigten die zur Mitwirkung bei der Entscheidung in der Hauptverhandlung berufenen Gerichtspersonen und ihre Stellvertreter namhaft zu machen.

Der Antrag 1 wurde angenommen. Es wurde über die beiden Sätze des vorgeschlagenen §. 26a Abs. 1 getrennt abgestimmt. Satz 1 wurde mit 18 gegen 2 Stimmen, Satz 2 mit 12 gegen 8 Stimmen angenommen. Über § 26a Abs. 2 fand dann eine besondere Abstimmung nicht mehr statt. Es wurde die Annahme dieses Absatzes als selbstverständliche Folge der Annahme des Abs. 1 angesehen.

Die übrigen Anträge wurden abgelehnt. Der Antrag 2 fiel mit 19 gegen 1 Stimme und der Antrag 3 mit 11 gegen 9 Stimmen, womit auch der Unterantrag 4 erledigt war. Von dem Antrage 5 wurde der Vorschlag unter a mit 11 gegen 4, der Vorschlag unter b mit 11 gegen 9 Stimmen abgelehnt; durch die Ablehnung des Vorschlags unter a war auch der dazu gestellte Unterantrag 6 erledigt. Der im Antrage 5c enthaltene Vorschlag war, soweit er sich auf den Vorschlag 5b bezog, durch die hierüber erfolgte Abstimmung ebenfalls abgelehnt; im übrigen deckt er sich mit dem im Antrag 1 angenommenen §. 26a Abs. 1. Einer besonderen Abstimmung über den Antrag 5c bedurfte es deshalb nicht mehr.

Eine Abstimmung über die ferner gestellten Anträge,

die §§. 27, 28 der Str.Pr.O. in der Fassung der Anträge der Abgeordneten Dr. Rintelen und Lenzmann-Munckel — Reichstagsdrucks. 1900/1901 Nr. 35, 30[1]) — abzuändern,

wurde um deswillen nicht für erforderlich erachtet, weil es sich nur um redaktionelle Änderungen handele, die infolge der Einschiebung des §. 26a geboten seien.

Die Erwägungen, welche zur Fassung dieser Beschlüsse führten, waren folgende:

Allseitig wurde anerkannt, daß ein Mißbrauch des Ablehnungsrechts immer nur in seltenen Fällen hervorgetreten sei und zwar hauptsächlich nur in Berlin und anderen großen Städten, nach den Erfahrungen eines Kommissionsmitglieds jedoch auch in kleineren Städten. Die bekannt gewordenen Mißbräuche seien nicht sowohl von Rechtsanwälten, als vielmehr von böswilligen Angeklagten und insbesondere von einzelnen Winkelkonsulenten ausgegangen.

Die Mehrheit war der Auffassung, daß es, insbesondere auch nach den beim Reichsgerichte gemachten Erfahrungen, dringend erwünscht sei, durch Abänderung bezw. Ergänzung der Vorschriften über die Ablehnung von Gerichtspersonen derartigen Mißbräuchen vorzubeugen. Da nach den geltenden Vorschriften der Richter, gegen den ein Ablehnungsgesuch gerichtet werde, sich sofort jeder Tätigkeit in der Sache zu enthalten habe, so könne die chikanöse Ablehnung insbesondere mehrerer Richter oder auch des ganzen Richterkollegiums eine erhebliche Verzögerung des Verfahrens herbeiführen. Dadurch, daß das Gericht solchen Chikanen schutzlos ausgesetzt sei, werde das Ansehen der Rechtspflege empfindlich geschädigt.

Eine Minderheit bestritt, daß ein genügendes Bedürfnis zur Abänderung des geltenden Rechtes vorliege. Jede Einschränkung des Ablehnungsrechts werde das Vertrauen in die Rechtsprechung beeinträchtigen. Die Aufrechterhaltung dieses Vertrauens sei aber so wichtig, daß die Unbequemlichkeiten, welche ein Mißbrauch des Ablehnungsrechts mit sich bringen könne, in den Kauf genommen werden müßten. Auch würden gegenüber wirklich frivolen Beschuldigten alle Änderungen des Gesetzes schließlich ohne Erfolg bleiben.

Als Maßnahmen zur Verhütung eines Mißbrauchs des Ablehnungsrechts und der dadurch herbeigeführten Übelstände wurden von der Kommission in Betracht gezogen:

1. eine Einschränkung des Kreises derjenigen Personen, gegen welche ein Ablehnungsgesuch gerichtet werden kann. Es wurde die Frage angeregt, ob etwa jedes Ablehnungsrecht gegen denjenigen Richter auszuschließen sei, der

---

[1]) Diese Anträge gingen dahin:

1. unter Streichung des §. 26 Abs. 3 der Str.Pr.O. in dem §. 27 folgende Vorschrift als Abs. 1 einzuschalten:

   Wird das Gesuch nicht als unzulässig verworfen, so hat der abgelehnte Richter sich über den Ablehnungsgrund dienstlich zu äußern.

2. dem §. 28 folgenden Abs. 3 hinzuzufügen:

   Die vorstehenden Bestimmungen finden in den Fällen des §. 26a entsprechende Anwendung.

lediglich zur Entscheidung über das gegen einen anderen Richter angebrachte Ablehnungsgesuch berufen werde. Die Kommission vermochte in einer solchen Vorschrift ein genügendes Abhilfemittel nicht zu finden. Ebensowenig wurde

2. eine Beschränkung des Kreises der zur Ablehnung Berechtigten für ein geeignetes Mittel erachtet. Insbesondere bestehe kein Grund, entsprechend dem §. 124 Abs. 3 der Militärstrafgerichtsordnung[1]) das Ablehnungsrecht der Staatsanwaltschaft zu beseitigen oder einzuschränken, da dieses zu Mißbräuchen niemals geführt habe. Was

3. eine Beschränkung der zulässigen Ablehnungsgründe anlangt, so wurde die Frage angeregt, ob es sich nicht empfehle, einzelne bestimmte Gründe, mit denen vorzugsweise Mißbrauch getrieben werde, durch das Gesetz von vornherein als unzulässig zu bezeichnen. In Betracht komme etwa die Bezugnahme darauf, daß der abgelehnte Richter früher einmal an einer zu Ungunsten des Angeklagten getroffenen Entscheidung teilgenommen habe, daß er einem bestimmten Religionsbekenntnis oder einer bestimmten politischen Parteirichtung angehöre und dergl. Hiergegen wurde geltend gemacht, daß zwar ein Ablehnungsgesuch, das lediglich auf einen Umstand der bezeichneten Art gestützt werde, niemals ausreichend begründet erscheinen könne. Dagegen könnten jene Umstände in Verbindung mit anderen Tatsachen wohl Bedeutung gewinnen. Bei Ausschließung jener Gründe werde im Volke das Mißverständnis erregt werden, daß auch in Fällen der letztgedachten Art eine Ablehnung unzulässig sein solle. Dadurch werde das Vertrauen auf eine unparteiische Rechtspflege erschüttert werden. Auch werde eine diesbezügliche Vorschrift leicht zu umgehen sein, insofern dem im Gesetze bezeichneten Umstande nur eine beliebige weitere Tatsache hinzugefügt zu werden brauche.

4. Zu eingehender Erörterung führte die Frage, ob etwa der Zeitpunkt, bis zu welchem das Ablehnungsgesuch angebracht werden müsse, anders als bisher zu bestimmen sei. Es wurde darauf hingewiesen, daß gerade der Umstand, daß das Gesuch nach geltendem Rechte noch in der Hauptverhandlung bis zur Verlesung des Eröffnungsbeschlusses angebracht werden dürfe, benutzt werden könne, um eine Aufhebung des Termins und damit eine Verschleppung des Verfahrens herbeizuführen.

In Österreich (Strafprozeßordnung vom 23. Mai 1875, §. 73) und Italien (Codice di procedura penale vom 26. November 1865, Artikel 752) sei Mißbräuchen dadurch vorgebeugt, daß das Gesuch spätestens vierundzwanzig Stunden vor dem Termin und, wenn das Gesuch einen ganzen Gerichtshof betrifft, in Österreich sogar binnen drei Tagen nach der Ladung zur Hauptverhandlung anzubringen ist.

Eine ähnliche Bestimmung empfehle sich für das Deutsche Recht. Werde bestimmt, daß das Ablehnungsrecht nur etwa bis zum dritten Tage vor der Hauptverhandlung geltend gemacht werden dürfe, so stünden dem Angeklagten, da die Ladungsfrist mindestens eine Woche betrage, immer noch mindestens fünf

---

[1]) Diese Vorschrift lautet:

Das Ablehnungsrecht steht dem Beschuldigten, im Verfahren vor dem Reichsmilitärgericht auch der Militäranwaltschaft zu.

Tage zur Anbringung eines Gesuchs zur Verfügung. Diese Frist reiche auch dann aus, wenn der Ablehnungsberechtigte bei Empfang der Ladung die zur Mitwirkung bei der Entscheidung berufenen Gerichtspersonen noch nicht kenne, da er innerhalb der Frist die Mitteilung der Namen auf Grund der Vorschrift des §. 24 Abs. 3 der Str.Pr.O. erwirken könne. Erhalte er die Mitteilung ausnahmsweise nicht rechtzeitig, so könne er Wiedereinsetzung in den vorigen Stand beanspruchen. Hiernach bedürfe es nur noch der Berücksichtigung des Falles, daß erst nach Ablauf der Frist ein Richter zur Mitwirkung bei der Entscheidung berufen wird oder ein Ablehnungsgrund eintritt. Für diesen Fall könne der bisherige Rechtszustand aufrecht erhalten bleiben. Werde das Verfahren nach diesen Vorschlägen geregelt, so könne ein Ablehnungsgesuch regelmäßig noch vor oder spätestens bei Eintritt in die Hauptverhandlung durch eine in derselben zu verkündende Entscheidung erledigt werden. Im Zusammenhange damit sei zu bestimmen, daß gegen einen bereits erfolglos abgelehnten Richter ein weiteres Ablehnungsgesuch von derselben Person nur auf Grund von Tatsachen zulässig sei, welche sich erst nach Anbringung des früheren Gesuchs ereignet haben oder welche der Ablehnungsberechtigte vorher ohne sein Verschulden nicht gekannt hat.

Gegen den Vorschlag wurde das Bedenken geltend gemacht, daß er das Ablehnungsrecht derjenigen Personen illusorisch mache, denen eine mißbräuchliche Anwendung fern liege. Diesen Personen seien die zur Entscheidung berufenen Richter regelmäßig unbekannt, auch hätten sie keinen Grund, sich vor der Hauptverhandlung nach deren Namen zu erkundigen. Das Ablehnungsrecht habe daher für sie praktischen Wert nur dann, wenn sie es noch nach Eintritt in die Hauptverhandlung geltend machen könnten.

Hiernach war die überwiegende Mehrheit der Ansicht, daß der vorgeschlagene Weg nur gangbar sei, wenn es angängig wäre, jedem Angeklagten ohne sein Anrufen bereits bei der Ladung die Namen der entscheidenden Richter mitzuteilen. Von verschiedenen Seiten wurde jedoch bestritten, daß eine solche Einrichtung, insbesondere bei großen Gerichten, wo das Richterpersonal oft wechsele, bei Ferienkammern und bei Einberufung von Hilfsschöffen, ausführbar sei. Vor allem aber werde, namentlich in ländlichen Bezirken, die Mitteilung der Namen vielfach mißverstanden werden. Es werde nicht ausbleiben, daß Angeklagte oder ihre Angehörigen auf die Richter und insbesondere auf Schöffen einzuwirken versuchen würden.

Der weitere Vorschlag, Ablehnungsgesuche gegen bereits abgelehnte Richter einzuschränken, könne für sich allein als ein genügendes Mittel gegen die Mißbräuche nicht angesehen werden, da er nur eine bestimmte Art der in Verschleppungsabsicht angebrachten Gesuche treffe.

5. Ferner wurde erörtert, ob eine Bestrafung[1]) oder eine besondere Gebühr für völlig grundlose Ablehnungen nach dem Vorbilde von §. 48 des Gerichtskostengesetzes einzuführen sei. Dagegen wurde geltend gemacht, daß bei frivolen Ablehnungen in der Regel der dem Angeklagten zur Seite stehende Ratgeber

---

[1]) In Italien ist durch Artikel 760 des Codice di procedura penale bestimmt, daß der Gesuchsteller mit Geldstrafe bis zu 300 Lire belegt werden kann, wenn in dem Gesuche keine Beweise angegeben sind oder wenn es als unbegründet verworfen wird.

der eigentlich Schuldige sei und daß dieser durch die Strafe oder die Gebühr nicht getroffen werde. Gegen Rechtskonsulenten, die sich der Mißbräuche schuldig machen, könne auf gewerbepolizeilichem Wege unter Umständen jetzt schon eingeschritten werden. Wirklich frivole Angeklagte würden sich auch durch Strafen kaum von Ablehnungsgesuchen abschrecken lassen. Besonders empfindliche Angeklagte, von denen Ablehnungsgesuche am häufigsten ausgingen, könnten durch Belastung mit Strafe oder Gebühr leicht noch mehr gereizt werden. Subjektiv seien Personen dieser Art von der Berechtigung ihres Gesuchs nicht selten überzeugt, und sie würden in ihrem Rechtsgefühle verletzt, wenn sie vom Gerichte, bei dem eine Voreingenommenheit auch nicht völlig ausgeschlossen sei, in Strafe genommen würden.

6. Die Mehrheit war der Ansicht, daß einem Mißbrauche des Ablehnungsrechts am besten durch diejenigen das Verfahren betreffenden Maßnahmen vorgebeugt werde, die bereits in den früheren Entwürfen der verbündeten Regierungen in Vorschlag gebracht seien und auch die Zustimmung der Kommissionen des Reichstags gefunden hätten. Die in früheren amtlichen Begründungen und in den Verhandlungen des Reichstags zu Gunsten dieser Maßnahmen angeführten Gründe wurden gebilligt.

Zwar wurde von mehreren Seiten das Bedenken geltend gemacht, die Änderung des Gesetzes sei überflüssig, weil die Rechtsprechung des Reichsgerichts schon auf Grund des geltenden Rechtes zu der Annahme gelangt sei, daß formwidrige und offenbar in Verschleppungsabsicht angebrachte Gesuche in der vorgeschlagenen Weise erledigt werden könnten (zu vergl. Entsch. in Straff. Bd. 11 S. 224, Bd. 30 S. 273, Goltdammer's Arch. Bd. 44 S. 385, Bd. 46 S. 201). Die Mehrheit war jedoch der Ansicht, es müsse jedem möglichen Zweifel über die Auslegung durch eine Abänderung des Gesetzes selbst vorgebeugt werden. Übrigens müsse immerhin mit der Möglichkeit gerechnet werden, daß der oberste Gerichtshof den bisher von ihm vertretenen Standpunkt verlassen könne. Auch sei es für die unteren Gerichte von praktischer Bedeutung, daß sie die von ihnen zu befolgenden Grundsätze dem Gesetze selbst entnehmen könnten. Einer positiven Gesetzesbestimmung bedürfe es jedenfalls, wenn man, wie es, um Irrtümer zum Nachteile des Beschuldigten möglichst auszuschließen, geboten sei, nach dem Vorbilde von §. 127 der Militärstrafgerichtsordnung[1]) für die Annahme der Verschleppungsabsicht das Erfordernis der Einstimmigkeit bei Kollegialgerichten aufstellen wolle.

7. Eine Beschränkung in den gegen die Verwerfung eines Ablehnungsgesuchs zulässigen Rechtsmitteln[2]) wurde von der Kommission nicht für zweckmäßig erachtet. Bei Unanfechtbarkeit der Entscheidung würde den unteren Gerichten eine zu große Machtvollkommenheit eingeräumt werden. Mindestens würde eine

---

[1]) Die Vorschrift lautet:

Das Gesuch kann auch verworfen werden, wenn das Gericht einstimmig der Ansicht ist, daß dasselbe offenbar nur in der Absicht, das Verfahren zu verschleppen, eingebracht ist.

[2]) In Österreich ist nach §. 74 der Strafprozeßordnung vom 23. Mai 1875 die Entscheidung über das Ablehnungsgesuch nicht durch ein Rechtsmittel anfechtbar.

solche Maßnahme den Verdacht eines Mißbrauchs hervorrufen und infolge dessen das Vertrauen zur Rechtspflege beeinträchtigen.

8. Die Kommission zog auch die Frage in den Kreis ihrer Erörterungen, ob, wenn das Ablehnungsrecht in gewissen Beziehungen eingeschränkt werden solle, es nicht nach anderer Richtung einer Ausdehnung bedürfe, nämlich hinsichtlich solcher eine Ablehnung begründenden Umstände, die erst nach dem im §. 25 der Str.Pr.O. bezeichneten Zeitpunkte (Verlesung des Eröffnungsbeschlusses pp.) eingetreten oder ohne Verschulden des Antragstellers erst später zu seiner Kenntnis gekommen seien. Der Vorschlag, die Geltendmachung solcher Ablehnungsgründe auch nach jenem Zeitpunkte zuzulassen, wurde für bedenklich erachtet, weil er die Autorität des Gerichtsvorsitzenden in der Hauptverhandlung zu untergraben und mißbräuchlichen Verschleppungsversuchen Tür und Tor zu öffnen geeignet sei. Manche Angeklagte würden geneigt sein, in jeder Äußerung des Vorsitzenden, in der er seine Überzeugung von ihrer Schuld durchblicken lasse, eine Voreingenommenheit gegen sie zu finden und darauf ein Ablehnungsgesuch zu stützen. Damit werde der Vorsitzende unter die ständige Kritik des Angeklagten gestellt.

Hiermit wurde die Frage B des Fragebogens für erledigt angesehen.

3. Sitzung.

12. Februar 1903.

Recht der Zeugnisverweigerung.

Die Kommission ging zur Beratung der Frage C I des Fagebogens über:

Soll das Recht der Zeugnisverweigerung erweitert werden? (Str.Pr.O. §§. 51, 52, 54, 55.)

Es wurde zunächst die Beratung auf die Frage beschränkt, ob das im §. 51 der Str.Pr.O.[1]) geregelte Recht der nächsten Angehörigen des Beschuldigten zu ändern oder zu ergänzen sei. In dieser Richtung lagen mehrere Anträge vor.

I. Von einer Seite war beantragt,

dem §. 51 Nr. 3 der Str.Pr.O. die Worte:

ferner Pflegeeltern und Pflegekinder des Beschuldigten

anzufügen und dadurch diese Personen in den Kreis der zur Zeugnisverweigerung Berechtigten aufzunehmen.

Der Antrag wurde mit 20 Stimmen gegen 1 Stimme abgelehnt.

Zur Begründung des Antrags war ausgeführt worden:

Dem §. 51 der Str.Pr.O. liege der Gedanke zu Grunde, daß man den Zeugen nicht zwingen dürfe, seinem sittlichen Empfinden zuwider durch eine belastende Aussage zur Bestrafung eines nahen Angehörigen beizutragen. Dieser Gedanke treffe auch auf das Verhältnis zwischen Pflegeeltern und Pflegekindern zu, wobei als Pflegekindschaftsverhältnis das Verhältnis anzusehen sei, welches ähnlich demjenigen zwischen natürlichen Eltern und Kindern oder zwischen Adoptiveltern und Adoptivkindern so gestaltet sei, daß es/ein dauerndes sittliches Band begründe (Entsch. des Reichsgerichts in Straff. Bd. 28 S. 230). Auch das Strafgesetzbuch (§. 52 Abs. 2) zähle Pflegeeltern und Pflegekinder zu den nahen Angehörigen.

Bei der Beschlußfassung erwog die Kommission, daß eine Ausnahme von

---

[1]) Der § 51 der Str.-Pr.-O. lautet:

Zur Verweigerung des Zeugnisses sind berechtigt:

1. der Verlobte des Beschuldigten;
2. der Ehegatte des Beschuldigten, auch wenn die Ehe nicht mehr besteht;
3. diejenigen, welche mit dem Beschuldigten in gerader Linie verwandt, verschwägert oder durch Adoption verbunden oder in der Seitenlinie bis zum dritten Grade verwandt oder bis zum zweiten Grade verschwägert sind, auch wenn die Ehe, durch welche die Schwägerschaft begründet ist, nicht mehr besteht.

Die bezeichneten Personen sind vor jeder Vernehmung über ihr Recht zur Verweigerung des Zeugnisses zu belehren. Sie können den Verzicht auf dieses Recht auch während der Vernehmung widerrufen.

der Zeugnispflicht stets eine Singularität bleiben müsse, die nur aus dringenden Gründen zuzulassen sei. Dies gelte im besonderen Maße für den Strafprozeß, wo der Zeuge häufig das einzige und jedenfalls das wichtigste Beweismittel sei. Namentlich für den Entlastungsbeweis sei es von großer Bedeutung, daß dem Angeklagten nicht ohne zwingenden Grund die vorhandenen Beweismittel abgeschnitten würden. Nun berücksichtige aber nicht einmal die Zivilprozeßordnung das Verhältnis zwischen Pflegeeltern und Pflegekindern bei der Regelung des Zeugnisverweigerungsrechts. Um so weniger Veranlassung liege für eine solche Berücksichtigung im Strafprozesse vor. Das fragliche Verhältnis, dessen Begriff nicht feststehe, sei auch durchaus nicht immer ein enges, insbesondere dann nicht, wenn es erst in den späteren Lebensjahren des Kindes begonnen habe oder wenn es sich um sogenannte Ziehkinder handele, d. h. um Kinder, die von der öffentlichen Armen- und Waisenverwaltung an Privatpersonen in Pflege gegeben seien. In solchen Fällen bestehe zuweilen nur eine Lebensgemeinschaft ohne gegenseitiges Interesse. Im allgemeinen sei das Verhältnis zwischen Pflegeeltern und Pflegekindern nicht als ein innigeres aufzufassen als das Verhältnis zwischen Vormund und Mündel. Bei manchen Freundschaftsverhältnissen bestehe sogar ein weit engeres Band. Daß der §. 52 des Strafgesetzbuchs die Pflegeeltern und Pflegekinder zu den Angehörigen zähle, könne für die Frage des Zeugnisverweigerungsrechts nicht in Betracht kommen, weil es sich dort um Fragen handele, die von anderen Gesichtspunkten aus zu beurteilen seien.

II. Ferner lagen die Anträge vor,

1. dem §. 51 der Str.Pr.O. hinzuzufügen:

   Zur Annahme einer Verwandtschaft oder Schwägerschaft im Sinne der Nr. 3 wird uneheliche Geburt der ehelichen gleich geachtet.

2. im Falle der Ablehnung des Antrags 1 die Bestimmung zu treffen, daß zur Verweigerung des Zeugnisses auch diejenigen berechtigt sein sollen, welche mit dem Beschuldigten in gerader Linie durch uneheliche Abstammung verbunden sind.

Der Antrag 1 wurde mit 19 gegen 2, der Antrag 2 mit 17 gegen 4 Stimmen abgelehnt.

Zur Begründung der Anträge war darauf hingewiesen worden, daß die Rechtsprechung früher angenommen habe, es sei unter Verwandtschaft und Schwägerschaft im Sinne des §. 51 auch das auf unehelicher Abstammung beruhende Verhältnis zwischen dem Erzeuger und dem Kinde bezw. deren Verwandten zu verstehen (zu vergl. Entsch. des Reichsgerichts in Strafs. Bd. 12 S. 143). Durch Artikel 33 des Einführungsgesetzes zum Bürgerlichen Gesetzbuche sei jedoch bestimmt worden, daß, soweit in der Strafprozeßordnung an die Verwandtschaft oder die Schwägerschaft rechtliche Folgen geknüpft seien, die Vorschriften des Bürgerlichen Gesetzbuchs über Verwandtschaft und Schwägerschaft Anwendung fänden. Infolgedessen gälten nach §. 1589 Abs. 2 des Bürgerlichen Gesetzbuchs ein uneheliches Kind und dessen Vater auch im Sinne des §. 51 der Str.Pr.O. nicht mehr als verwandt. Bei den Eheverboten erkenne jedoch das Bürgerliche Gesetzbuch im §. 1310 Abs. 3 ein verwandtschaftliches Verhältnis zwischen dem unehelichen Kinde und dessen Abkömmlingen einerseits und dem Vater und dessen Verwandten andererseits an. Das Gleiche gelte vom Strafgesetzbuche (§§. 52, 173), da der Artikel 33 des Einführungsgesetzes zum Bürgerlichen Gesetzbuche sich auf das Strafgesetzbuch nicht erstrecke und daher für das letztere die bisherige Auslegung, wonach unter Verwandtschaft die uneheliche mitbegriffen sei (zu vergl. Entsch. des Reichsgerichts in Straff. Bd. 2 S. 239, Bd. 12 S. 275), maßgebend bleibe. Es sei wünschenswert, auch in Ansehung des Zeugnisverweigerungsrechts den früheren Rechtszustand wieder herzustellen, da durch uneheliche Abstammung oft ein sehr enges Band geknüpft und die Grundlage für spätere gesetzliche Verwandtschaft (bei Legitimation durch nachfolgende Ehe, Ehelichkeitserklärung) geschaffen werde. Mindestens sei den durch uneheliche Verwandtschaft in gerader Linie Verbundenen ein Zeugnisverweigerungsrecht zu gewähren.

Die Mehrheit der Kommission war der Meinung, daß kein Anlaß vorliege, den erst vor kurzem durch das Einführungsgesetz zum Bürgerlichen Gesetzbuche klargestellten Rechtszustand wiederum abzuändern, zumal dessen Angemessenheit bei Erlaß des Gesetzes von keiner Seite bezweifelt worden sei. Auch bei der Beratung der Militärstrafgerichtsordnung (zu vergl. §. 187) sei die Aufnahme einer solchen Vorschrift nicht angeregt worden. Im einzelnen wurde noch hervorgehoben, daß das auf unehelicher Abstammung beruhende Band in den meisten Fällen durchaus kein enges sei und daß die zur Begründung der Zeugnisverweigerung erforderliche Glaubhaftmachung der unehelichen Vaterschaft in vielen Fällen zu unlösbaren Schwierigkeiten führen würde.

III. Weitherhin waren die Anträge gestellt,

1. hinter §. 51 der Str.Pr.O. die folgende Vorschrift als §. 51a einzuschalten:

   Steht ein Zeuge zu einem Mitbeschuldigten in einem der im §. 51 Nr. 1 bis 3 bezeichneten Verhältnisse, so erstreckt sich das Recht zur Verweigerung des Zeugnisses auf das gesamte Verfahren.

2. im Falle der Ablehnung der Antrags 1 dieselbe Vorschrift als §. 51a einzuschalten, jedoch mit dem Zusatze:

   es sei denn, daß gegen einen anderen Mitbeschuldigten wegen einer strafbaren Handlung, die mit einer solchen des einen Mitbeschuldigten nicht im Sinne des §. 3 im Zusammenhange steht, das Verfahren nach Beendigung des übrigen Verfahrens fortgesetzt wird.

Beide Anträge wurden mit 18 gegen 3 Stimmen abgelehnt.

Es wurde zur Begründung der Anträge ausgeführt: In den fraglichen Fällen müsse sich das Zeugnisverweigerungsrecht auf das Verfahren gegen sämtliche Beschuldigte ohne Rücksicht auf das Prozeßstadium erstrecken, in welchem sich das Verfahren hinsichtlich der einzelnen Beschuldigten befinde. In dieser Beziehung sei die Praxis jedoch eine schwankende (zu vergl. einerseits Rechtspr. des Reichsgerichts Bd. 5 S. 809, Bd. 10 S. 59, andererseits Entsch. des Reichsgerichts in Straff. Bd. 27 S. 312 und dazu Hamm in der Zeitschrift „Das Recht“ Bd. 3 S. 25). Bedenklich erscheine es insbesondere, daß das Reichsgericht das Zeugnisverweigerungsrecht nicht mehr anerkenne, wenn der Angehörige des Zeugen außer Verfolgung gesetzt worden (Goltdammer's Arch.

Bd. 36 S. 464); denn es sei die Möglichkeit nicht ausgeschlossen, daß auf Grund der Aussage gegen den Angehörigen des Zeugen wieder eingeschritten werde. Desgleichen sei es nicht ohne Bedenken, die Zeugnispflicht anzunehmen, sofern das Verfahren mehrere — wenn auch sachlich von einander unabhängige — Straffälle umfasse und das Zeugnis nur über einen Fall verlangt werde, bei welchem der Angehörige nicht Beschuldigter sei (zu vergl. Rechtspr. des Reichsgerichts Bd. 5 S. 239, Bd. 10 S. 24, 59, Entsch. in Straff. Bd. 16 S. 154, Goltdammer's Arch. Bd. 39 S. 428). Es lasse sich nicht immer übersehen, ob jede Beziehung der den einen Straffall betreffenden Aussage auf den anderen Fall ausgeschlossen sei (zu vergl. v. Holtzendorff, Rechtslexikon Bd. 3 S. 1410, Glaser, Handbuch des Strafprozesses Bd. I S. 509 f. Note 21). Diese Zweifel und Bedenken würden verschwinden, wenn man das Zeugnisverweigerungsrecht allgemein in dem Umfange des in erster Linie gestellten Antrags gewähre (zu vergl. Stenglein, Komm. zur Strafprozeßordnung 3. Aufl. §. 51 Note 12). Zum mindesten möge man vorschreiben, daß, wenn der Zeuge über einen seinen Angehörigen nicht betreffenden Straffall gehört werden solle, das Verfahren wegen dieses Straffalls von dem übrigen Verfahren getrennt werden müsse und erst nach Beendigung des letzteren fortgesetzt werden dürfe.

Die Mehrheit konnte sich von der Notwendigkeit der angeregten Vorschriften nicht überzeugen. Man war der Ansicht, daß die Auslegung, welche die bisherigen Vorschriften erfahren hätten, zu einem befriedigenden Ergebnisse führten. Wenn gegen den Angehörigen eines Zeugen das Verfahren wegen offenbarer Unschuld eingestellt sei, liege kein Grund vor, auf den Zeugen in dem weiteren Verfahren gegen die übrigen Beschuldigten zu verzichten. Einen gesetzlichen Unterschied danach zu machen, ob die Einstellung wegen offenbarer Unschuld oder aus Mangel an Beweisen erfolgt sei, gehe aber nicht an. Da überlasse man besser, wie bisher, der Rechtsprechung die Entscheidung des Einzelfalls. Wenn ferner im Verfahren gegen mehrere Beschuldigte mehrere Straffälle vorlägen, von denen einer den Angehörigen des Zeugen nicht betreffe, so fehle ebenfalls jeder innere Grund, in Ansehung dieses Straffalls den Zeugen von der Zeugnispflicht zu entbinden. Es komme immer nur auf die tatsächliche Frage an, ob die Straffälle mit einander in irgend einem Zusammenhange stünden oder nicht. Diese Frage sei bisher von den Gerichten stets gelöst worden, ohne daß sich Unzuträglichkeiten ergeben hätten. Man könne es deshalb auch weiterhin bei dem bisherigen Rechtszustande belassen. Eine Trennung der Straffälle, wie sie der Eventualantrag im Auge habe, sei nur eine äußerliche Formalität.

IV. Ferner wurde der Antrag gestellt,

dem §. 424 Abs. 1 der Str.Pr.O.[1]) folgenden Satz anzufügen:

Sind Personen als Zeugen zu vernehmen, welche zu dem Privatkläger in einem der im §. 51 erwähnten Verhältnisse stehen, so finden die §§. 51, 57 entsprechende Anwendung.

---

[1]) Der §. 424 Abs. 1 bezieht sich auf die Privatklage und bestimmt, daß sich das weitere Verfahren (nach der Entscheidung über die Eröffnung des Hauptverfahrens) nach den Bestimmungen richtet, welche für das Verfahren auf erhobene öffentliche Klage gegeben sind.

Der Antrag wurde, soweit er sich auf das Zeugnisverweigerungsrecht (§. 51) bezieht, zur Beratung gestellt und in dieser Einschränkung mit 11 gegen 10 Stimmen abgelehnt.

Der Antrag wurde wie folgt schriftlich begründet:

Es sei sachwidrig, die Angehörigen des Privatklägers betreffs des Zeugnisverweigerungsrechts und der Beeidigung anders zu behandeln als die des Angeklagten, schon deshalb, weil bei wechselseitigen Beleidigungen oder Körperverletzungen der Privatkläger bis zur Beendigung der Schlußvorträge in erster Instanz, also auch nach Vernehmung seiner Angehörigen als Zeugen, durch Erhebung einer Widerklage zum Angeklagten werden könne (§. 428 der Str.Pr.O.). Auch abgesehen hiervon könne der Angehörige des Privatklägers in vielen Fällen, besonders wenn es sich um einen Wahrheitsbeweis im Sinne der §§. 186, 192 des St.G.B. handele, in Konflikte geraten, ähnlich denjenigen, welche die §§. 51, 57 der Str.Pr.O. bei den Angehörigen des Angeklagten verhüten wollten. Außerdem walteten hier auch diejenigen Umstände ob, welche die Vorschriften des §. 383 Nr. 1 bis 3 und des §. 393 Nr. 3 der Zivilprozeßordnung auch betreffs der Angehörigen des Klägers rechtfertigten. Der Privatkläger habe stets am Ausgange des Prozesses, abgesehen von seinem sonstigen Interesse, ein erhebliches Geldinteresse mit Rücksicht auf die Kosten, welche häufig mehr betrügen als die erkannte Geldstrafe und vielfach für die Parteien den Hauptstreitpunkt bildeten. Der Privatkläger könne ferner am Ausgange des Prozesses ein weiteres Geldinteresse deshalb haben, weil er eine Buße beantragt habe oder das Strafurteil als Grundlage für eine Entschädigungsklage benutzen wolle. Besonders bedenklich erscheine es, daß, wenn gemäß §. 195 des St.G.B. der Ehemann der beleidigten Ehefrau aus eigenem Rechte klage, nach den jetzt geltenden Vorschriften die Ehefrau, also die eigentliche Partei, als Zeugin aussagen und beeidigt werden müsse. Diesen Übelständen würde durch die vorgeschlagene Bestimmung ab geholfen werden.

Die Erwägungen, welche die Mehrheit bestimmten, den Antrag trotz Würdigung der dafür geltend gemachten Gründe abzulehnen, waren folgende:

Zunächst müsse grundsätzlich daran festgehalten werden, daß für die Frage der Begrenzung der Zeugnispflicht im Strafverfahren die Vorschriften der Civilprozeßordnung als Richtschnur nicht dienen dürfen, weil im Strafprozeß einerseits höhere Güter auf dem Spiele stünden und andererseits der Zeugenbeweis als Beweismittel in erster Reihe in Betracht komme. Abgesehen hiervon treffe aber auch der Vergleich zwischen dem Privatklageverfahren und dem Zivilprozesse deshalb nicht zu, weil der Privatkläger und der Angeklagte sich nicht als Parteien mit gleichwertigen Interessen gegenüber stünden. Der Privatkläger verfolge einen an sich nur dem Staate zustehenden Strafanspruch. Er vertrete also in erster Linie nicht sein eigenes Recht, sondern dasjenige der Staatsgewalt. Ihm liege persönlich nur daran, daß er keine Prozeßkosten zu tragen habe und daß er Genugtuung für das ihm durch den Angeklagten geschehene Unrecht erhalte. Dem gegenüber wolle der Angeklagte sich davor schützen, daß er mit einer Geld- oder Freiheitsstrafe belegt werde. Ebenso wie die Interessen der Parteien seien auch diejenigen ihrer Angehörigen von verschiedener Wichtigkeit. Darauf, daß der Zeuge nicht gezwungen werde, durch seine Aussage zur Bestrafung eines Angehörigen mitzuwirken, müsse man, wie im Strafprozeß überhaupt, auch im Privatklageverfahren Rücksicht nehmen. Dagegen verdiene das Interesse, welches ein Zeuge daran habe, daß sein Angehöriger nicht die Kosten eines Prozesses zu tragen habe und Genugtuung für ein Unrecht erhalte, gegenüber der Bedeutung, welche die Feststellung der objektiven Wahrheit im Strafprozesse habe, keine Berücksichtigung. Übrigens würden die Angehörigen des Privatklägers in der Regel nur dann, wenn sie Entlastungszeugen seien, von ihrem Zeugnisverweigerungsrechte Gebrauch machen; die Folge der vorgeschlagenen Neuerung werde also hauptsächlich eine Schmälerung des Entlastungsbeweises sein. Es sei ferner nicht angängig, den Angeklagten im Privatklageverfahren hinsichtlich der Beweislage schlechter zu stellen, als wenn der Staatsanwalt die öffentliche Klage erhoben habe; dies müsse um so mehr vermieden werden, als es an einer festen Abgrenzung der Fälle fehle, in denen der Staatsanwalt die Verfolgung zu übernehmen oder den Verletzten auf den Weg der Privatklage zu verweisen habe.

V. Im Anschlusse hieran wurde die Frage erörtert, ob die Vernehmung der zur Zeugnisverweigerung berechtigten Angehörigen von der Zustimmung des Beschuldigten abhängig zu machen sei, wenn sie noch nicht das sechzehnte Lebensjahr vollendet haben oder wegen mangelnder Verstandesreife oder wegen Verstandesschwäche von dem Wesen und der Bedeutung des Rechtes der Zeugnisverweigerung keine genügende Vorstellung haben. Man war jedoch der Ansicht, daß ein Grund für die Entbindung von der Zeugnispflicht nicht vorliege, wenn der Angehörige aus den bezeichneten Gründen kein genügendes Verständnis für sein Recht besitze, da dieses Recht nur ihm persönlich behufs Schonung seiner Gefühle gewährt werde. An die Einwilligung des Beschuldigten dürfe die Vernehmung auch deshalb nicht geknüpft werden, weil alsdann bei einzelnen Delikten, z. B. bei der Vornahme unzüchtiger Handlungen mit Angehörigen unter vierzehn Jahren dem Täter, wenigstens bis nach vollendetem sechzehntem Lebensjahre der mißbrauchten Kinder, Straflosigkeit gesichert wäre.

VI. Die Kommission ging sodann zur Beratung der Frage C I 1 des Fragebogens über:

Besteht ein praktisches Bedürfnis, dem Beichtgeheimnis einen noch wirksameren Schutz zu sichern?

und erörterte im Zusammenhange damit die Frage, ob das im §. 52 der Str.Pr.O. [1]) gewährte Zeugnisverweigerungsrecht der Geistlichen anderweit zu regeln sei.

Hierzu lagen die folgenden Anträge vor,

---

[1]) Der § 52 lautet:

Zur Verweigerung des Zeugnisses sind ferner berechtigt:

1. Geistliche in Ansehung desjenigen, was ihnen bei Ausübung der Seelsorge anvertraut ist;
2. Verteidiger des Beschuldigten in Ansehung desjenigen, was ihnen in dieser ihrer Eigenschaft anvertraut ist;
3. Rechtsanwälte und Ärzte in Ansehung desjenigen, was ihnen bei Ausübung ihres Berufs anvertraut ist.

Die unter Nr. 2, 3 bezeichneten Personen dürfen das Zeugnis nicht verweigern, wenn sie von der Verpflichtung zur Verschwiegenheit entbunden sind.

1. dem §. 52 Abs. 1 Nr. 1 hinzuzufügen:

   Über ihre Tätigkeit in Hörung der Beichte dürfen Geistliche nicht als Zeugen vernommen werden. Die Vernehmung ist zulässig, wenn der Geistliche selbst sich hierzu erbietet.

2. a) den §. 52 Abs. 1 Nr. 1 durch eine Bestimmung zu vervollständigen, welche dem Richter zur Pflicht macht, vor der Vernehmung den Geistlichen darauf hinzuweisen, daß jene sich auf Tatsachen, die ihm in Ausübung der Seelsorge anvertraut sind, nicht erstrecke, daß er demgemäß nur über sein anderweitiges Wissen auszusagen und zu schwören habe;

   b) die im §. 52 Abs. 2 normierte Ausnahme der Zeugnisbefreiung auf die Fälle des Abs. 1 Nr. 1 auszudehnen;

3. im §. 52 zwischen Abs. 1 und Abs. 2 folgenden Absatz einzuschalten:

   Die Vernehmung der im Abs. 1 unter Nr. 1 bezeichneten Personen ist, auch wenn das Zeugnis nicht verweigert wird, auf Tatsachen nicht zu richten, welche ihnen unter dem Siegel der Beichte anvertraut worden sind.

4. den §. 55[1]) dahin abzuändern:

   Die Tatsache, auf welche der Zeuge die Verweigerung des Zeugnisses in den Fällen des §. 51 und des §. 52 Nr. 2 und 3 stützt, sowie die Behauptung des Zeugen in dem Falle des §. 54 sind auf Verlangen glaubhaft zu machen. Es genügt die Versicherung an Eidesstatt.

Allseitig wurde anerkannt, daß Fälle, in denen der dem Beichtgeheimnis im §. 52 Abs. 1 Nr. 1 gewährte Schutz sich unwirksam erwiesen habe, nicht bekannt geworden seien; insbesondere sei dafür der Fall des Pfarrers Burtz in Mühlhausen nicht anzuführen. Die praktische Bedeutung der Frage könne daher bezweifelt werden. Gleichwohl dürfe die Frage schon mit Rücksicht darauf nicht umgangen werden, daß sie in Anknüpfung an jenen Fall weite Kreise der Bevölkerung erregt habe, daß sie prinzipieller Natur sei und den Schutz idealer Güter betreffe.

Zur Begründung des Antrags 1 wurde ausgeführt: Das dem Geistlichen in Ansehung des ihm bei Ausübung der Seelsorge Anvertrauten gewährte Recht der Zeugnisverweigerung sei zum Schutze des Beichtgeheimnisses nicht immer ausreichend. Unter Umständen könne die Geltendmachung des Verweigerungsrechts die Schlußfolgerung rechtfertigen, daß dem Geistlichen vom Angeklagten gebeichtet sei, und zu Ungunsten des Letzteren ein Schuldindiz begründen. Darin sei bereits eine Verletzung des Beichtgeheimnisses enthalten. Daher müsse der allgemeinen die Ausübung der Seelsorge betreffenden Vorschrift die besondere Bestimmung hinzugefügt werden, daß Geistliche über ihre Tätigkeit in Hörung der Beichte überhaupt nicht als Zeugen vernommen werden sollen.

---

[1]) Der §. 55 lautet:

Die Tatsache, auf welche der Zeuge die Verweigerung des Zeugnisses in den Fällen der §§. 51, 52, 54 stützt, ist auf Verlangen glaubhaft zu machen. Es genügt die eidliche Versicherung des Zeugen.

Da jedoch der evangelische Geistliche von der Schweigepflicht entbunden werden könne, dürfe das Verbot kein absolutes sein, damit nicht unter Umständen die Durchführung eines Entlastungsbeweises beeinträchtigt werde. Hiernach sei hinzuzufügen, daß die Vernehmung zulässig ist, wenn der Geistliche selbst sich hierzu erbietet.

Zur Begründung des Antrags 2 wurde ausgeführt:

Eine besondere Bestimmung über die Beichte werde dem Standpunkte der katholischen, nicht aber dem der evangelischen Kirche gerecht; denn der letzteren sei eine Beichte mit speziellem Sündenbekenntnisse fremd. Nicht das Beichtgeheimnis allein, sondern die Geheimhaltung des bei der Ausübung der Seelsorge Anvertrauten, die kirchenamtliche Schweigepflicht, bedürfe im Strafprozeß eines wirksameren Schutzes als bisher. Dabei sei grundsätzlich zu unterscheiden ein eigentliches Beweisverbot, welches hier durchaus auszuschließen sei, und die Zeugnisbefreiung, die entweder ex officio oder nur so zu sagen ope recusationis Beachtung fände. Während nach der Zivilprozeßordnung (§. 383 Abs. 3) entsprechend dem Vorgange des gemeinen Rechtes und zahlreicher früherer partikularer Strafprozeßordnungen und außerdeutscher geltender Gesetze die Offizialberücksichtigung der Zeugnisbefreiung derart geordnet sei, daß die Vernehmung des Geistlichen, auch wenn das Zeugnis nicht verweigert werde, auf Tatsachen nicht gerichtet werden dürfe, in Ansehung welcher erhelle, daß ohne Verletzung der Verpflichtung zur Verschwiegenheit ein Zeugnis nicht abgelegt werden könne, gewähre die Strafprozeßordnung dem Geistlichen lediglich das Recht der Verweigerung, fordere also, daß der Richter vorerst den Zeugen zur Aussage zu induzieren suche ohne Rücksicht auf jenes Recht. Durch die Geltendmachung dieses Rechtes offenbare aber der Geistliche, daß ihm in Bezug auf den Gegenstand der Vernehmung bei Ausübung der Seelsorge etwas anvertraut sei, und schon damit verletze er, durch das Gesetz selbst gezwungen, seine kirchenamtliche Schweigepflicht. Abhilfe sei auf dem von der Zivilprozeßordnung eingeschlagenen Wege zu suchen, nur mit Vermeidung eines Ausdrucks, der die Vorstellung des Beweisverbots erwecken könne. Auch im Strafprozesse habe der Richter die kirchenamtliche Schweigepflicht von Amtswegen zu berücksichtigen und das Zeugnis über das bei der Seelsorge Anvertraute nur entgegenzunehmen, wenn der Geistliche freiwillig sich hierzu erbiete. Dem Richter müsse die Verpflichtung auferlegt werden, den Geistlichen darauf hinzuweisen, daß sich die Vernehmung auf Tatsachen, die ihm in Ausübung der Seelsorge anvertraut seien, überhaupt nicht erstrecke, daß er demgemäß nur über sein anderweitiges Wissen auszusagen und zu schwören habe.

Ferner sei gleichfalls nach dem Vorbilde der Zivilprozeßordnung (§. 385 Abs. 2) zu bestimmen, daß die Zeugnisbefreiung wegfalle, wenn der Geistliche von der Verpflichtung zur Verschwiegenheit entbunden sei. Der Beichtende werde regelmäßig dann in die Ablegung des Zeugnisses einwilligen, wenn es zu seiner Entlastung diene. Ein Entlastungsbeweis dürfe aber vom Gesetze nicht mit Rücksicht auf das Kirchenamt abgeschnitten werden. Vom Standpunkte der evangelischen Kirche und, soweit es sich um die Seelsorge außerhalb der Beichte handele, auch von dem der katholischen Kirche bestünden gegen die Annahme der Dispensabilität keine Bedenken. Nur hinsichtlich der Beichte sei die Frage nach katholischem Kirchenrechte bestritten. Überwiegend werde die Zulässigkeit einer Entbindung vom Beichtgeheimnis angenommen. In diesem Sinne hätten sich schon Thomas de Aquino, Alphons de Liguori, Ferraris, Schmalzgrueber, Permaneder, Knopp, Phillips, Lorinser, Tappehorn und hervorragende Jesuiten, neuerdings Joder ausgesprochen. Die entgegengesetzte Ansicht werde u. a. von Hinschius vertreten. Aber auch wenn ex cathedra zu Gunsten der Nichtdispensabilität entschieden werden sollte, sei der beantragte Zusatz unbedenklich. Denn die Befreiung vom Zeugnisse solle, ganz entsprechend der diesbezüglich bei der Beratung der Zivilprozeßordnung in der Reichs-Justizkommission von v. Amsberg abgegebenen Erklärung, nur in Wegfall kommen, insoweit das kirchliche Recht die Entbindung von der Schweigepflicht zulasse.

Die Anträge 3 und 4 wurden unter dem Hinweise, daß sie nur im Anschluß an die früheren Reichstagsbeschlüsse gestellt worden seien, zu Gunsten des Antrags 2 zurückgezogen. Zur weiteren Unterstützung dieses Antrags wurde ausgeführt, daß die Änderung des Gesetzes zum Schutze nicht nur der kirchenamtlichen Schweigepflicht, sondern auch der Freiheit der Religionsübung geboten sei. Eine Beeinträchtigung der letzteren sei darin zu erblicken, daß nach der gegenwärtigen Rechtslage der Einzelne durch die Befürchtung, es könne aus der Tatsache des Beichtens etwas für ihn Ungünstiges in einem Strafprozesse gefolgert werden, von der Beichte sich abhalten lassen könne.

Ein Kommissar des Reichs-Justizamts legte den bei den früheren Verhandlungen von der Reichsverwaltung eingenommenen Standpunkt dar. Gegen eine Anpassung der Vorschriften der Strafprozeßordnung an die der Zivilprozeßordnung sei Widerspruch nicht erhoben worden, wohl aber gegen die Aufnahme einer Vorschrift, nach welcher der Geistliche gezwungen sein würde, bei seiner Aussage das ihm bei Ausübung der Seelsorge Anvertraute zu ignorieren und nur über sein anderweitiges Wissen auszusagen. Damit werde ihm eine psychologisch fast unlösbare Aufgabe gestellt und er werde unter Umständen viel schwereren Gewissensbedrängnissen ausgesetzt, als nach dem geltenden Rechte; dies namentlich, wenn die vom Geistlichen außerhalb der Seelsorge gemachten Wahrnehmungen durch die ihm bei der Seelsorge gemachten Mitteilungen berichtigt worden seien. Er könne in die Lage kommen, von dem früher von ihm gewonnenen Standpunkt aus Belastendes auszusagen, von dessen Unrichtigkeit er sich inzwischen überzeugt habe. Nach geltendem Gesetze sei er vor solchem Konflikte durch das Recht der Zeugnisverweigerung bewahrt; denn auf Grund dieses Rechtes könne er bei sinngemäßer Auslegung des §. 52 Abs. 1 Nr. 1[1]) jede Frage ablehnen, die er nicht würde beantworten können, ohne das ihm in der Seelsorge Anvertraute zu offenbaren.

Diese Bedenken wurden von mehreren Seiten als zutreffend anerkannt. Von anderer Seite wurde geltend gemacht, daß Konflikte der bezeichneten Art auch durch das geltende Recht nicht ausgeschlossen würden, da der Geistliche sein Zeugnis über das, was er außerhalb der Seelsorge erfahren habe, nicht verweigern dürfe.

---

[1]) Zu vergl. den Schutz des Kunst- oder Gewerbegeheimnisses in §. 384 Nr. 3 der Zivilprozeßordnung.

Aus der Mitte der Kommission wurde bestritten, daß der Antrag 2 nur auf eine Anpassung der Strafprozeßordnung an die Zivilprozeßordnung hinauslaufe; vielmehr führe er dahin, daß der Zeuge unter einer Mentalreservation aussage, ohne daß eine Kontrolle über die Berechtigung einer solchen möglich sei. Es verdiene den Vorzug, dem Vorbilde der Militärstrafgerichtsordnung zu folgen, die sich im §. 188 dem geltenden Rechte der Strafprozeßordnung anschließe und nur im §. 191 den Geistlichen von der Verpflichtung befreit habe, die Tatsache, auf welche er die Verweigerung des Zeugnisses stützt, auf Verlangen glaubhaft zu machen.

Gegen diesen Vorschlag wurde geltend gemacht, die Befreiung von dem Zwange zur Glaubhaftmachung könne über die Schwierigkeiten nur etwa bei besonderem Takte des Richters hinweghelfen, womit nicht immer zu rechnen sei. Der Mißstand bleibe bestehen, daß der Geistliche nur auf ein Verweigerungsrecht beschränkt sei. Auch ergebe sich das Bedenken, daß der Geistliche in Fällen, wo ein Geheimnis der Seelsorge gar nicht zu wahren sei, ein solches vorschützen könne, ohne es glaubhaft machen zu müssen, womit der Geistliche sich tatsächlich von jeder Zeugnispflicht befreien könne. Zu Gunsten des Antrags 2 wurde bemerkt, daß er nicht sowohl zu einer Mentalreservation, als vielmehr zu einer sachlich beschränkten Zeugnispflicht führe. Die Kontrole werde dadurch ersetzt, daß der Geistliche, wenn er über das, was er außerhalb der Seelsorge erfahren, nicht richtig und vollständig aussage, sich einer Bestrafung wegen Meineids aussetze.

Der Antrag 1 wurde zu Gunsten des Antrags 2 zurückgezogen. Dagegen wurde der Antrag 3 mit der Änderung, daß an Stelle der Worte „unter dem Siegel der Beichte" die Worte „in Ausübung der Seelsorge" zu setzen seien, ferner der Antrag 4 von anderer Seite wieder aufgenommen.

Zur Begründung des Antrags 3 wurde bemerkt, daß er den mit dem Antrage 2 verfolgten Absichten entsprechen und nur formell ihnen einen zutreffenderen Ausdruck geben solle. Gegen den Antrag wurde geltend gemacht, daß er praktisch geringe Bedeutung habe, insofern der Richter in der Regel nicht wissen werde, ob die Tatsache, auf die er seine Vernehmung richte, dem Zeugen bei Ausübung der Seelsorge anvertraut sei.

Gegen die Zulässigkeit der Dispensabilität vom Beichtgeheimnisse nach dem Standpunkte der katholischen Kirche wurden aus der Mitte der Kommission Bedenken erhoben.

Nachdem noch von anderer Seite bemerkt worden, daß es sich zur Zeit nicht um eine formulierte Bestimmung handele und der Antrag unter 2 so aufzufassen sei, wie er nach der ihm gegebenen Begründung gemeint sei, und nachdem eine anderweitige Formulierung des Antrags der zweiten Lesung vorbehalten worden, wurde zur Abstimmung geschritten.

Der Antrag 2 wurde mit 17 gegen 4 Stimmen angenommen, der (modifizierte) Antrag 3 mit 16 gegen 5 Stimmen abgelehnt. Der Antrag 4 wurde, soweit er sich auf das Zeugnisverweigerungsrecht des Geistlichen (§. 52 Abs. 1 Nr. 1) bezieht, durch die Annahme des Antrags 2 für erledigt erachtet.

4. Sitzung.

13. Februar 1903.

Recht der Zeugnisverweigerung.

I. Im Anschluß an die gestrige Beratung über das Zeugnisverweigerungsrecht der Geistlichen wurde heute zunächst erörtert, ob im übrigen der §. 52 der Str.Pr.O. einer Änderung bedürfe, insbesondere der Kreis der dort aufgestellten Personen zu erweitern sei.

Es lagen folgende Anträge vor,

1. die in dem gestern angenommenen Antrage für die Wahrung der Zeugnisbefreiung der Geistlichen geforderte Behandlung auf die Fälle des §. 52 Abs. 1 Nr. 2, 3 zu übertragen,
2. im §. 52 Abs. 1 als weitere zur Zeugnisverweigerung berechtigte Personen aufzuführen:

   4. Mitglieder einer deutschen gesetzgebenden Versammlung in Ansehung der ihnen in dieser Eigenschaft anvertrauten Tatsachen, über welche sie sich in Ausübung ihres Berufs geäußert haben.

Der Antrag 1 wurde mit 15 gegen 6 Stimmen angenommen, der Antrag 2 mit 19 gegen 2 Stimmen abgelehnt.

Der weiter gestellte Antrag,

im §. 52 Abs. 1 Nr. 2 die Worte „des Beschuldigten" zu streichen,

wurde zurückgezogen, weil Einverständnis darüber herrschte, daß er nur redaktioneller Natur sei.

1. Die Mehrheit der Kommission war der Ansicht, daß die dem Verteidiger, Rechtsanwalt und Ärzte anvertrauten Geheimnisse in derselben Weise geschützt werden müßten wie das dem Geistlichen anvertraute Geheimnis. Vom Standpunkte der staatlichen Interessen liege ein Grund für eine geringere Sicherung jener Geheimnisse um so weniger vor, als das Strafgesetzbuch im §. 300 eine Verletzung der Schweigepflicht seitens der Verteidiger, Rechtsanwälte und Ärzte mit Strafe bedrohe, während dies hinsichtlich der Geistlichen nicht geschehen sei. Auch die Zivilprozeßordnung lege dem Seelsorgegeheimnisse keine höhere Bedeutung bei als den Geheimnissen, welche anderen Personen kraft ihres Amtes, Standes oder Gewerbes anvertraut seien, da die Vorschrift im §. 383 Abs. 3 sich auf diese Personen miterstrecke.

2. Eine Erweiterung des Kreises der im §. 52 der Str.Pr.O. bezeichneten Personen erschien der Mehrheit nicht erforderlich.

Der hinsichtlich der Mitglieder einer deutschen gesetzgebenden Versammlung gestellte Antrag wurde dahin begründet: Es sei ein Recht und sogar eine der Hauptaufgaben der Abgeordneten, in den gesetzgebenden Versammlungen Mißstände, die sich in der Reichs- oder Staatsverwaltung ergeben hätten, zur Sprache zu bringen. Erfahrungsgemäß gelangten die Abgeordneten häufig nur dadurch zur Kenntnis solcher Mißstände, daß ihre Gewährsmänner bei ihren Mitteilungen Amts-, Berufs- oder Gewerbegeheimnisse preisgäben. Jenes Recht des Abgeordneten werde aber verkümmert, wenn dieser zu gewärtigen habe, hinterher als Zeuge in einem Straf- oder Disziplinarverfahren die Quelle seiner Kenntnisse offenbaren zu müssen. Das Interesse der Allgemeinheit an der Beseitigung von Mißständen in der Verwaltung und in der ordnungsmäßigen Durchführung der Gesetze sei höher zu schätzen als das Interesse an der Strafverfolgung eines einzelnen Delikts. Das den Abgeordneten im Artikel 30 der Reichsverfassung und im §. 11 des St.G.B. gewährleistete Privileg sei nur dann vollständig gesichert, wenn man auch einen nachfolgenden Zeugniszwang ausschließe. Ob man schon nach dem geltenden Rechte eine Befreiung von der Zeugnispflicht annehmen dürfe, sei, wie sich 1886 bei den Erörterungen des Falles von Schalscha im Reichstage (Stenographische Berichte über die Verhandlungen des Reichstags 1885/86 Bd. 2 S. 1351 ff., 1399 ff.) ergeben habe, zum mindesten sehr zweifelhaft.

Die Mehrheit vertrat den Standpunkt, daß es dahingestellt bleiben könne, ob, ohne das Ansehen und die Disziplin des Beamtenstandes zu schädigen, es angängig sei, in Disziplinarsachen den Zeugniszwang gegen Abgeordnete einzuschränken, da die Erörterung dieser Frage nicht zu den Aufgaben der Kommission gehöre. Sollte ein derartiges Bedürfnis anzuerkennen sein, so müßte es durch entsprechende Änderung der Disziplinargesetze befriedigt werden.[1]) Gegenwärtig könne lediglich die Beseitigung der Zeugnispflicht von Abgeordneten im Strafprozesse in Frage kommen. Vom Standpunkte der Strafrechtspflege sei es aber höchst bedenklich, für den Strafprozeß den Abgeordneten ein Zeugnisverweigerungsrecht zu gewähren, weil hierdurch unter Umständen die Verfolgung schwerer Straftaten, z. B. eines Landesverrats, verhindert werden würde. Ein solches Recht entbehre auch des inneren Grundes, da der Abgeordnete sich seinem Gewährsmanne gegenüber in keiner Vertrauensstellung befinde. Übrigens könne die vorgeschlagene Regelung dazu führen, daß leichtgläubige Abgeordnete von böswilligen Gewährsmännern dazu mißbraucht würden, strafbare Mitteilungen zu machen. Nun würde zwar in solchen Fällen der Abgeordnete in der Lage sein, von seinem Rechte keinen Gebrauch zu machen und den schuldigen Gewährsmann zu nennen; ob man aber hierauf unter allen Umständen rechnen könne, sei fraglich. Andererseits sei die gesetzliche Pflicht des Abgeordneten, seinen Gewährsmann zu nennen, insofern von Vorteil, als der Abgeordnete selbst sich auf die Richtigkeit der ihm gemachten Mitteilungen fester verlassen könne, wenn er seinen Gewährsmann schon bei Empfang der Mitteilungen darauf hinzuweisen in der Lage sei, daß seine Redefreiheit ihn nicht davon entbinde, in einem etwaigen gerichtlichen Verfahren die Quelle seiner Kenntnis anzugeben.

Im Zusammenhange hiermit wurde die Frage gestreift, ob das Wahlgeheimnis in der Strafprozeßordnung dadurch zu schützen sei, daß den Zeugen

[1]) Zu vergl. das Hamburgische Gesetz vom 6. Januar 1896 (Gesetzsammlung S. 1.)

das Recht gewährt werde, über ihre Abstimmungen die Auskunft zu verweigern. Es wurde darauf hingewiesen, daß die Praxis der Gerichte (Rechtspr. des Reichsgerichts in Straff. Bd. 6 S. 517) für das geltende Recht die Existenz eines solchen Rechtes verneine, und daß kein genügender Grund vorliege, hieran etwas zu ändern, da das Interesse des Staates an der Ermittelung begangener Straftaten höher zu schätzen sei als das Interesse des einzelnen Wählers an der Geheimhaltung seiner Abstimmung.

Ferner wurde in Erwägung gezogen, ob Notare, Wundärzte, Apotheker, Hebammen sowie die Gehilfen dieser Personen und die Gehilfen der Rechtsanwälte für befugt erklärt werden sollen, das Zeugnis in Ansehung solcher Tatsachen zu verweigern, die ihnen kraft ihres Amtes, Standes oder Gewerbes anvertraut sind.[1]) Es wurden nur Stimmen gegen eine solche Erweiterung des Verweigerungsrechts laut. Der Umstand, daß den bezeichneten Personen durch §. 300 des St.G.B. bei Strafe verboten sei, die ihnen anvertrauten Privatgeheimnisse unbefugt zu offenbaren, könne kein Grund sein, sie von der Zeugnispflicht zu entbinden. Vor der dem Staate gegenüber bestehenden Auskunftspflicht müsse, mindestens im Strafprozesse, die dem Einzelnen gegenüber bestehende Vertrauenspflicht zurücktreten. Was insbesondere die Gehilfen der Rechtsanwälte betreffe, so sei schon im Interesse der Würde des Anwaltstandes daran festzuhalten, daß die das Zeugnisverweigerungsrecht begründende Vertrauensstellung nur dem Rechtsanwalte selbst zukomme. Wichtigere Geheimnisse werde der Rechtsanwalt seinem Personale nicht mitteilen. Was der Gehilfe erfahre, seien lediglich Geschäftsverhältnisse, über welche er ebenso wie der Gehilfe eines Kaufmanns zur Auskunftserteilung verpflichtet sein müsse.

Endlich wurde zur Sprache gebracht, ob im Strafprozeß eine Befragung von Richtern, einschließlich der Schöffen und Geschworenen, als Zeugen in Ansehung der Beratung und Abstimmung über die von ihnen erlassenen Urteile und Beschlüsse zuzulassen sei. Die Rechtsprechung (Entsch. des Reichsgerichts in Straff. Bd. 26 S. 202) vertrete den Standpunkt, daß nach dem geltenden Rechte die Vernehmung der Richter als Zeugen über ihre Beratung und Abstimmung grundsätzlich unzulässig sei. Dieses Ergebnis wurde von mehreren Seiten als unerwünscht bezeichnet, da kein Grund vorliege, den richterlichen Beruf mehr zu schützen, als die Tätigkeit, die der Zweck des richterlichen Berufs sei, die Strafrechtspflege. Entsprechende Anträge wurden für die zweite Lesung vorbehalten.

II. Die Kommission ging sodann zur Beratung der noch nicht erledigten Anträge hinsichtlich des Zeugnisverweigerungsrechts über, wobei jedoch diejenigen Anträge, welche die Redakteure und das übrige Personal der periodischen Presse betreffen (Frage C I 2 des Fragebogens), noch ausgeschlossen blieben.

1. Es war beantragt,

im §. 54 der Str.Pr.O.[2]) vor den Worten „die Gefahr“ einzuschalten: „zur Unehre gereichen oder“.

---

[1]) Zu vergl. Z.Pr.O. §. 383 Nr. 5.

[2]) Der §. 54 lautet:

Jeder Zeuge kann die Auskunft auf solche Fragen verweigern, deren Beantwortung ihm selbst oder einem der im §. 51 Nr. 1—3 bezeichneten Angehörigen die Gefahr strafgerichtlicher Verfolgung zuziehen würde.

Der Antrag wurde nach eingehender Erörterung für die erste Lesung zurückgezogen, sodaß eine Abstimmung über ihn nicht erfolgte.

In dieser Erörterung wurde auf der einen Seite zu Gunsten des Antrags geltend gemacht: Dadurch, daß ein Zeuge auch auf Fragen, deren Beantwortung ihm oder seinen Angehörigen zur Unehre gereichen würde, Auskunft erteilen müsse, werde, wie die Erfahrungen der Praxis ergäben, öfters seine oder seiner Angehörigen gesellschaftliche oder wirtschaftliche Existenz vernichtet und zuweilen ein ganzes Familienglück auf das Spiel gesetzt. Diese Wirkung der Zeugnispflicht stehe nicht immer im Einklange mit dem Interesse, welches die Strafrechtspflege an der Ermittelung der objektiven Wahrheit habe, z. B. dann nicht, wenn die Auskunft des Zeugen für die Entscheidung des Straffalls nur von geringer Bedeutung sei oder wenn es sich nur um eine unbedeutende Strafsache handele.

Von anderer Seite wurde zwar zugegeben, daß die unbedingte Auskunftspflicht im einzelnen Falle die bedauerliche Folge haben könne, die Ehre eines Zeugen oder seines Angehörigen ohne zwingenden Grund zu beflecken, daß aber überwiegende Gründe für die Aufrechterhaltung des bestehenden Zustandes sprächen. Es lasse sich schon schwer feststellen, was überhaupt unter Unehre oder Schande zu verstehen sei, und die Entscheidung darüber dürfe man nicht dem Ermessen des Zeugen selbst anheimstellen. Ferner werde doch auch die Weigerung des Zeugen, die Auskunft zu erteilen, oft schon genügen, um die Ehre verletzt erscheinen zu lassen. Einzelne Delikte, insbesondere Sittlichkeitsdelikte, würden kaum festzustellen sein, wenn der Zeuge alle seine Ehre verletzenden Fragen ablehnen könne. Insbesondere sei aber das Interesse des Angeklagten, seine Unschuld darzutun, höher zu schätzen als das Interesse des Zeugen, eine ihm oder seinen Angehörigen zur Unehre gereichende Tatsache zu verdecken. Der Entlastungsbeweis würde durch die angeregte Vorschrift oft abgeschnitten sein; insbesondere werde in vielen Fällen die Führung eines Wahrheitsbeweises gemäß §. 186 des St.G.B. unmöglich sein, und dies dürfe nicht zugelassen werden.

Vielleicht lasse sich aber ein Weg finden, auf dem es möglich sei, die hier im Widerstreite befindlichen Interessen: die Ehre des Zeugen und seiner Angehörigen auf der einen Seite, die Verteidigung des Angeklagten auf der anderen Seite, und endlich das Rechtsgut, das durch die Strafe geschützt sei, auf der dritten Seite, gegen einander abzuwägen. So könne man vielleicht die unbedingte Auskunftspflicht auf die Untersuchung von Verbrechen und Vergehen beschränken oder im Privatklageverfahren eine Verweigerung der Auskunft auf Fragen, welche dem Zeugen zur Unehre gereichen, zulassen. Anträge in dieser Richtung wurden für die zweite Lesung vorbehalten.

2. Ferner waren die Anträge gestellt,

im §. 55 der Str.Pr.O.[1])

a) vorzusehen, daß im Falle des §. 54 der Zeuge nicht die Tatsache, auf welche er die Verweigerung des Zeugnisses stützt, sondern nur die Behauptung, daß ihm ein Zeugnisverweigerungsrecht zustehe, glaubhaft zu machen habe;

---

[1]) Zu vergl. Anm. 1 auf S. 28.

b) den Satz 2 dahin zu fassen:

Es genügt die Versicherung an Eidesstatt.

Der Antrag a wurde einstimmig, der Antrag b mit 19 gegen 2 Stimmen angenommen. Die Kommission war darin einig, daß der §. 55 Satz 1 der korrekteren Fassung des §. 191 der Militärstrafgerichtsordnung[1]) angepaßt werden müsse. Bei Annahme des Antrags b ging die Mehrheit davon aus, daß im Interesse einer Verminderung der förmlichen Eidesleistungen hier wie im §. 191 der Militärstrafgerichtsordnung und im §. 294 der Zivilprozeßordnung statt der eidlichen Versicherung eine Versicherung an Eidesstatt zur Glaubhaftmachung für genügend zu erachten sei; seitens der dagegen stimmenden Mitglieder wurde hervorgehoben, daß im Strafprozeß an dem eine größere Sicherheit bietenden Mittel der eidlichen Glaubhaftmachung festgehalten werden müsse.

3. Endlich lag der Antrag vor,

dem §. 251 der Str.Pr.O.,[2]) falls das dortige Verbot grundsätzlich aufrecht erhalten werden sollte, folgende Fassung zu geben:

Das Protokoll über die Aussage eines vor der Hauptverhandlung vernommenen Zeugen, welcher in der Hauptverhandlung von seinem Rechte, das Zeugnis zu verweigern, Gebrauch macht, darf nicht verlesen, die Aussage auch nicht in anderer Weise festgestellt werden.

Der Antrag wurde mit 17 gegen 4 Stimmen angenommen.

Ein Teil der Mitglieder ging davon aus, daß bei den erheblichen gegen §. 251 der Str.Pr.O. bestehenden Bedenken es zweifelhaft erscheinen könnte, ob man diesen Paragraphen nicht überhaupt beseitigen müsse. Wenn der Zeuge einmal, auf sein Recht zur Zeugnisverweigerung verzichtend, eine Aussage gemacht habe, so könne er nicht verlangen, daß hinterher diese Aussage als nicht geschehen angesehen werde. Es sei ihm wohl ein Interesse an der Geheimhaltung eines Umstandes zuzubilligen, nicht aber das Recht, ein einmal enthülltes Geheimnis wieder zuzudecken. Es könne deshalb in Frage kommen, ob man nicht das im §. 251 der Str.Pr.O. ausgesprochene Verbot ganz aufheben sollte; diese Frage könne aber gegenwärtig noch nicht erörtert werden, weil dabei das ganze Prinzip der Mündlichkeit und Unmittelbarkeit zur Sprache gebracht werden müsse.

Von anderer Seite wurde hervorgehoben, daß nur dann ein Verzicht auf das Zeugnisverweigerungsrecht angenommen werden dürfe, wenn der Zeuge bei seiner früheren Vernehmung das Recht gekannt habe. Oft werde dies aber in der Praxis dem Zeugen bei der ersten — meist polizeilichen — Vernehmung

---

[1]) Der §. 191 der Militärstrafgerichtsordnung lautet:

Die Tatsache, auf welche der Zeuge die Verweigerung des Zeugnisses in den Fällen der §§. 187, 188 Nr. 2, 3 stützt, sowie die Behauptung des Zeugen in dem Falle des §. 190 sind auf Verlangen glaubhaft zu machen. Es genügt die Versicherung an Eidesstatt.

[2]) Der §. 251 lautet:

Die Aussage eines vor der Hauptverhandlung vernommenen Zeugen, welcher erst in der Hauptverhandlung von seinem Rechte, das Zeugnis zu verweigern, Gebrauch macht, darf nicht verlesen werden.

gar nicht bekannt gegeben oder er werde sich der Tragweite seiner Aussage nicht völlig bewußt. Er könne oft noch nicht übersehen, ob es sich nur um ein geringes oder um ein schwer zu ahndendes Delikt handele.

Für den Fall nun, daß man bei der späteren Beratung dazu kommen sollte, den §. 251 an sich beizubehalten, erschien es der Mehrheit wünschenswert, im Anschluß an den §. 306 der Militärstrafgerichtsordnung,[1] den §. 251 dahin zu ergänzen, daß die frühere Aussage des Zeugen nicht nur nicht verlesen, sondern auch nicht in anderer Weise festgestellt werden dürfe. Man hielt die Rekonstruktion der Aussage durch Vernehmung des Richters oder des Polizeibeamten, vor dem die Aussage erfolgt ist, für ein so minderwertiges Beweismittel, daß es verdiene, gesetzlich ausgeschlossen zu werden. Namentlich sei es bedenklich, den in den Ermittelungen tätig gewesenen Polizeibeamten über die Aussage des Zeugen zu vernehmen. Da diesen Beamten die Entdeckung und Verfolgung von strafbaren Handlungen zur Aufgabe gestellt sei, könne es nicht ausbleiben, daß sie zuweilen gegen den Angeklagten voreingenommen seien und aus den Aussagen der Zeugen mehr entnähmen, als darin zu finden sei. Die Bekundungen der Zeugen würden auch meist ihrem Gedächtnis entschwunden sein, sodaß sie sich dieselben erst durch eigene, völlig unkontrollierbare und oft mangelhafte Notizen wieder in Erinnerung bringen müßten. Für die Erforschung der objektiven Wahrheit werde es jedenfalls kein Verlust sein, wenn eine solche Rekonstruktion unmöglich gemacht werde.

III. Die Beratung der Frage C I 2 des Fragebogens wurde von der diesmaligen Tagesordnung abgesetzt. Als Beginn der nächsten Tagung wurde der 17. März bestimmt und als Beratungsgegenstand der noch übrige Teil der Frage C des Fragebogens bezeichnet.

---

[1] Der §. 306 der Militärstrafgerichtsordnung lautet:

Das Protokoll über die Aussage eines vor der Hauptverhandlung vernommenen Zeugen, welcher in der Hauptverhandlung von seinem Rechte, das Zeugnis zu verweigern, Gebrauch macht, darf nicht verlesen, die Aussage auch nicht in anderer Weise festgestellt werden.

5. Sitzung.

17. März 1903.

Recht der Zeugnisverweigerung.

Die Kommission begann die Beratungen bei der Frage C I 2 des Fragebogens:

Ist das Verlangen gerechtfertigt, den Redakteuren und dem übrigen Personale der periodischen Presse die Befugnis zur Verweigerung des Zeugnisses über Verfasser und Einsender von Preßartikeln einzuräumen?

Es lagen die Anträge vor,

1. hinter §. 55 der Str.Pr.O. als §. 55a die Vorschrift einzufügen:

   Bildet der Inhalt einer periodischen Druckschrift den Gegenstand der Strafverfolgung wegen einer strafbaren Handlung, für welche nach §. 20 Abs. 2 des Preßgesetzes vom 7. Mai 1874 der verantwortliche Redakteur als Täter haftet, so sind Verleger, Redakteure, Drucker sowie das zur Herstellung der Druckschrift verwendete Hilfspersonal berechtigt, das Zeugnis über die Person des Verfassers und Einsenders zu verweigern.[1]

2. im Falle der Ablehnung des Antrags 1 die vorgeschlagene Vorschrift dahin einzuschränken,

   daß sie nur Platz zu greifen habe, wenn der Inhalt einer periodischen Druckschrift den Gegenstand der Strafverfolgung wegen eines Vergehens oder wegen einer Übertretung bilde;

3. im Falle der Ablehnung auch des Antrags 2 als §. 55a die Vorschrift einzufügen:

   Bildet der Inhalt einer periodischen Druckschrift den Gegenstand der Strafverfolgung, so sind Verleger, Redakteure, Drucker sowie das zur Herstellung der Druckschrift verwendete Hilfspersonal berechtigt, soweit sie die Verantwortlichkeit hinsichtlich der durch die Veröffentlichung der Druckschrift begangenen strafbaren Handlung nach den gesetzlichen Vorschriften trifft, das Zeugnis über die Person des Verfassers und Einsenders zu verweigern.

4. folgende Vorschrift zu empfehlen:

   Bildet der Inhalt einer periodischen Druckschrift den Gegenstand der Strafverfolgung wegen einer strafbaren Handlung, für welche

---

[1]) Der Antrag stimmt im wesentlichen mit dem Vorschlag in dem Gesetzentwurfe der Abgeordneten Lenzmann-Munckel (Reichstagsdrucksache Nr. 30 von 1900/1901) überein.

nach §. 20 Abs. 2 des Preßgesetzes vom 7. Mai 1874 der verantwortliche Redakteur als Täter haftet, so ist gegen den verantwortlichen Redakteur die Anwendung des Zeugniszwanges zulässig, wenn durch besondere Umstände die Annahme seiner Täterschaft ausgeschlossen wird.

Es wurden die Anträge 1 und 2 mit 18 gegen 3 Stimmen, der Antrag 3 mit 15 gegen 6 Stimmen, der Antrag 4 mit 14 gegen 7 Stimmen abgelehnt.

Die weiter vorliegenden Anträge,

5. dem §. 69 der Str.Pr.O.[1]) als Abs. 6 zuzufügen:

   Gegen Personen, die hinsichtlich der den Gegenstand der Untersuchung bildenden Tat als Teilnehmer, Begünstiger oder Hehler verdächtig oder bereits verurteilt sind, können die in den Abs. 1, 2 bezeichneten Maßregeln nicht angeordnet werden.

6. an Stelle des §. 69 Abs. 1, 2 der Str.Pr.O. folgende Vorschriften zu treffen:

   Wird das Zeugnis oder die Eidesleistung ohne gesetzlichen Grund verweigert, so ist der Zeuge in die durch die Weigerung verursachten Kosten sowie zu einer Gefängnisstrafe bis zu sechs Monaten oder in eine Geldstrafe bis zu eintausend Mark zu verurteilen.

   Im Verfahren wegen Übertretungen kann nur auf Geldstrafe erkannt werden.

   Wird die Weigerung vor Schluß der Hauptverhandlung zurückgenommen, so kann das Gericht den Täter für straffrei erklären.

wurden für die erste Lesung zurückgezogen.

Die Kommission war der Ansicht, daß bei der Beratung des vorliegenden Gegenstandes die Frage auszuscheiden habe, ob eine Befreiung der Presse vom Zeugniszwang etwa für das Disziplinarverfahren gegen Beamte zu empfehlen sei. Man ging davon aus, daß zur Aufgabe der Kommission nur die Reform der Strafprozeßordnung gehöre, daß dieses Gesetz aber unmittelbar nur auf die Verfolgung der kriminell strafbaren Handlungen Anwendung finde. Für ein etwaiges Zeugnisverweigerungsrecht in Disziplinaruntersuchungen sei, soweit die Disziplin der Reichsbeamten in Betracht komme, das Reichsbeamtengesetz der gegebene Ort. In Ansehung der übrigen Beamten unterliege das Disziplinarverfahren der Landesgesetzgebung; soweit nach dem Landesrechte die Vorschriften der Strafprozeßordnung für anwendbar erklärt seien oder für maßgebend erachtet würden, müsse es der Gesetzgebung der einzelnen Bundesstaaten überlassen bleiben, im Falle des Bedürfnisses die etwa erforderlichen Änderungen vorzunehmen. Von einer Seite wurde indessen in Aussicht gestellt, bei der zweiten Lesung auf die Frage zurückzukommen, ob es angängig und geboten sei, von Reichswegen dem Landesrecht eine Weisung dahin zu geben, daß der Zeugniszwang in Disziplinarsachen nicht Platz greifen dürfe.

Es herrschte ferner darin Übereinstimmung, daß für die Gewährung eines Zeugnisverweigerungsrechts nur die Fälle in Betracht kommen könnten, in denen die Strafbarkeit einer Handlung durch den Inhalt einer Druckschrift begründet wird, also soweit es sich um eigentliche Preßdelikte handelt. Allerdings sei

[1]) Im §. 69 Abs. 1 und 2 ist bestimmt, welche Strafen und Zwangsmittel gegen Zeugen angeordnet werden können, die ohne gesetzlichen Grund das Zeugnis oder die Eidesleistung verweigern.

vereinzelt in allgemeiner Form das Verlangen gestellt worden, daß der Redakteur bei der Untersuchung strafbarer Handlungen jeder Art zur Verschweigung des Verfassers und Einsenders von Preßartikeln für befugt erklärt werde. Von diesem Verlangen würden auch Fälle betroffen, wo aus einem Artikel ersichtlich sei, daß von dem Verfasser oder Einsender vor der Veröffentlichung eine strafbare Handlung, z. B. ein Amtsdelikt oder der Diebstahl einer amtlichen Urkunde, begangen sei, oder wo aus einem Artikel oder einem Inserat gefolgert werden könne, daß der Einsender von dem Täter eines Delikts Kenntnis habe. Die Tatsache, daß ein begangenes Delikt demnächst in der Presse zu Veröffentlichungen benutzt werde, könne aber unmöglich einen Grund dafür abgeben, den Täter der Kenntnis der Strafverfolgungsbehörden und damit die Tat der strafrechtlichen Verfolgung zu entziehen, was in den meisten Fällen der Erfolg eines Zeugnisverweigerungsrechts sein würde. Namentlich im Interesse der Aufrechterhaltung der Beamtendisziplin dürfte nicht auf eine energische Verfolgung der Amtsdelikte verzichtet werden. Von einem Mitgliede der Kommission war zwar angeregt worden, in dem Antrag 1

zwischen die Worte „haftet" und „so" einzuschieben,

oder handelt es sich um die Ermittelung der Person des Einsenders oder Verfassers einer Druckschrift oder eines Teiles einer solchen

und dadurch ein Zeugnisverweigerungsrecht in jener allgemeinen Form zu empfehlen.

Der Antragsteller erklärte aber ausdrücklich, er habe nur beabsichtigt, diese im Reichstag erörterte Frage[1]) auch hier zur Sprache zu bringen, und zog sodann den Antrag wieder zurück.

Auch für die Fälle, wo zwar die Strafbarkeit einer Handlung durch den Inhalt einer Druckschrift begründet wird, der verantwortliche Redakteur aber als Täter nicht haftet oder doch nur auf Grund des §. 21 des Preßgesetzes wegen Fahrlässigkeit strafbar ist, wurde von keiner Seite die Einführung eines Zeugnisverweigerungsrechts für gerechtfertigt erachtet. Die Mitglieder, welche eine Beschränkung des Zeugniszwanges für die Presse wünschten, beschränkten dieses Verlangen vielmehr ausdrücklich auf die Fälle, wo der Inhalt einer periodischen Druckschrift den Gegenstand der Strafverfolgung wegen einer strafbaren Handlung bildet, für welche nach §. 20 Abs. 2 des Preßgesetzes der verantwortliche Redakteur als Täter haftet. Es wurde hierbei hervorgehoben, daß lediglich in diesem beschränkten Umfange das Zeugnisverweigerungsrecht der Presse in weiteren Kreisen verlangt werde und darüber hinausgehende Wünsche nur vereinzelt laut geworden seien.

Zur Begründung der Anträge 1 und 2, welche auf ein in dieser Weise beschränktes Zeugnisverweigerungsrecht abzielen, wurde geltend gemacht:

Es sei nicht zu verkennen, daß ein dringendes Bedürfnis für die Anerkennung eines solchen Rechtes vorliege.

In den beteiligten Kreisen, und zwar ohne Unterschied der Parteistellung, sei von jeher die Auffassung vertreten worden, daß die eigentümlichen Verhältnisse

---

[1]) Zu vergl. die Anträge der Abgeordneten Frohme-Stadthagen (Reichstagsdrucks. Nr. 261 von 1898/1900 unter II 9.)

der Presse in den fraglichen Fällen die Befreiung vom Zeugniszwang erforderten. Bei der Beratung des Preßgesetzes und der Strafprozeßordnung habe die Mehrheit des Reichstags dieses Verlangen als berechtigt anerkannt. Der Wunsch sei damals an dem Widerspruche der verbündeten Regierungen gescheitert. Die Frage sei aber stets eine aktuelle geblieben und bei Gelegenheit der verschiedenen Versuche einer Reform des Strafprozesses im Reichstag immer von neuem zum Gegenstande von Anträgen gemacht worden.

Nun könne zwar, wenigstens hinsichtlich des verantwortlichen Redakteurs, eingewendet werden, daß dieser schon nach dem geltenden Rechte im Hinblick auf den §. 20 Abs. 2 des Preßgesetzes als Zeuge nur vernommen werden dürfe, sofern besondere Umstände die Annahme seiner Täterschaft ausschließen. Demgegenüber sei jedoch hervorzuheben, daß nach der Auffassung angesehener Rechtslehrer (zu vergl. von Schwarze-Appelius, Reichs-Preßgesetz 4. Aufl. S. 194 f., von Liszt, Reichs-Preßrecht S. 188) der verantwortliche Redakteur sich durch Berufung auf die bezeichnete Vorschrift von der Zeugnispflicht nicht befreien könne. Seine Beeidigung sei zwar unzulässig, wenn die Voraussetzungen des §. 56 Nr. 3 der Str.Pr.O. nach Annahme des Gerichts vorliegen; zur uneidlichen Aussage bleibe er aber verpflichtet, solange gegen ihn eine Beschuldigung nicht erhoben sei, und er könne deshalb unter Umständen durch das Zeugniszwangsverfahren dazu angehalten werden, den Verfasser oder Einsender eines Artikels zu nennen. Der §. 54 der Str.Pr.O. begründe für ihn in der Regel kein Recht auf Verweigerung des Zeugnisses, da er schon als Teilnehmer bekannt sei und durch seine Aussage nicht Gefahr laufe, sich einer strafgerichtlichen Verfolgung auszusetzen, sondern umgekehrt eher zu seiner Entlastung beitragen werde.

Die Anträge bezweckten zwar eine Ausnahmevorschrift für die Presse. Dies sei aber die notwendige Folge der Sonderstellung, welche der verantwortliche Redakteur in strafrechtlicher Hinsicht einnehme. Während sich nach §. 20 Abs. 1 des Preßgesetzes die Verantwortlichkeit für Preßdelikte nach den bestehenden allgemeinen Strafgesetzen bestimmen solle, sei nach §. 20 Abs. 2 in Abweichung von jenem Grundsatze der verantwortliche Redakteur immer als Täter zu bestrafen, sofern nicht durch besondere Umstände die Annahme seiner Täterschaft ausgeschlossen werde. Es entspreche der ausgleichenden Gerechtigkeit, als Korrelat für dieses privilegium odiosum ein privilegium favorabile zu gewähren und in Fällen, wo in der Person des Redakteurs schon ein Täter zur Verantwortung gezogen werden könne, nicht auf der Ermittelung und Bestrafung noch weiterer Schuldigen zu bestehen. Die Bestrafung des Redakteurs müsse der Rechtsordnung und dem Interesse des Verletzten genügen. Partikularrechtlich sei das Zeugnisverweigerungsrecht auch früher schon anerkannt gewesen, z. B. im §. 14 des Badischen Preßgesetzes vom 2. April 1868 und im Artikel 143 der Württembergischen Strafprozeßordnung vom 17. April 1868.

Das Verlangen nach der Befreiung von dem Zeugniszwange rechtfertige sich auch aus dem zwischen dem Redakteur und dem Einsender bestehenden Vertrauensverhältnisse, welches dem Redakteur die moralische Pflicht der Verschwiegenheit auferlege. Im Konflikte zwischen dieser Pflicht und der staatlichen Zeugnispflicht müsse der Gesetzgeber der ersteren das Übergewicht geben.

Um ihre Aufgaben zu erfüllen, könne die Presse die Anonymität nicht entbehren. Wertvolle Mitarbeiter, z. B. Beamte, Gelehrte, würden es häufig ablehnen, ihre Kraft in den Dienst der Presse zu stellen, wenn sie sich nicht fest darauf verlassen könnten, unter allen Umständen anonym zu bleiben. Die Allgemeinheit habe ein großes Interesse daran, daß die insbesondere auch auf der Anonymität beruhende Bedeutung der Presse ungeschmälert erhalten bleibe.

Übrigens lasse sich der anständige Redakteur in der Regel auch bei Anwendung der Zwangsmittel nicht dazu bestimmen, entgegen der nach Ansicht seiner Standesgenossen bestehenden Ehrenpflicht, den Verfasser oder Einsender eines Artikels zu verraten. Der Zeugniszwang verfehle also meist den mit ihm verfolgten Zweck und sei deshalb nur von geringem praktischen Werte.

Endlich stehe häufig das Interesse der Allgemeinheit an der Verfolgung des durch den Inhalt der Druckschrift begründeten Delikts in gar keinem Verhältnisse zu der Härte der Zwangsmittel, welche gegen den Redakteur angewendet würden. Glaube man, im Interesse der Staatssicherheit den Zeugniszwang dann nicht entbehren zu können, wenn der Inhalt der Druckschrift ein Verbrechen, z. B. einen Landesverrat begründe, so möge man zum wenigsten, wie es der Antrag 2 bezwecke, ein Zeugnisverweigerungsrecht in den Fällen gewähren, wo es sich um ein Vergehen oder eine Übertretung handele.

Die Befreiung vom Zeugniszwange sei nicht auf den verantwortlichen Redakteur zu beschränken, sondern auf das übrige Personal der periodischen Presse auszudehnen. Sonst werde das Zeugnisverweigerungsrecht des Redakteurs illusorisch gemacht. Der Redakteur bilde mit seinen Hilfspersonen gewissermaßen eine Personeneinheit. Das dem Redakteur geschenkte Vertrauen erstrecke sich auf den gesamten mit der Herstellung des Preßerzeugnisses beschäftigten Apparat. Gerade der Zeugniszwang gegen die niederen Angestellten der Presse habe in der Praxis den Anlaß zu vielfachen Beschwerden gegeben.

Die Gründe, aus denen sich die überwiegende Mehrheit für die Ablehnung der Anträge 1 und 2 aussprach, waren folgende:

Zunächst sei hervorzuheben, daß gegen den verantwortlichen Redakteur in den hier in Betracht kommenden Fällen das Zeugniszwangsverfahren gar nicht angewendet werde. Insoweit beruhten daher die Anträge lediglich auf theoretischen Erwägungen. Die Annahme, daß der verantwortliche Redakteur, wenn er nach §. 20 Abs. 2 des Preßgesetzes als Täter hafte, als Zeuge vernommen werden könne, widerspreche allgemeinen Rechtsgrundsätzen. Nach dem Legalitätsprinzipe (§. 152 der Str.Pr.O.) sei die Staatsanwaltschaft verpflichtet, gegen sämtliche Teilnehmer an einer strafbaren Handlung einzuschreiten; sie dürfe nicht von der Verfolgung eines Teilnehmers, des Redakteurs, absehen, um ihn als Zeugen gegen den andern Teilnehmer, den Verfasser oder Einsender, zu benutzen. Der auf Grund des §. 20 Abs. 2 haftende Redakteur könne daher in dem gegen den Verfasser eingeleiteten Verfahren immer nur als Mitbeschuldigter in Betracht kommen. Ein Mitbeschuldigter dürfe aber nach der feststehenden Praxis des Reichsgerichts (vergl. Entsch. in Straff. Bd. 6 S. 279) als Zeuge gegen einen anderen Mitbeschuldigten nicht vernommen werden. Aus der Praxis sei auch kein Fall bekannt, in welchem eine solche unzulässige Vernehmung stattgefunden habe. Die erhobenen Beschwerden hätten vielmehr, soweit sie sich auf verantwortliche Redakteure beziehen, nur Disziplinaruntersuchungen betroffen.

Von praktischer Bedeutung auf dem Gebiete des Strafprozesses sei der Zeugniszwang in Preßsachen nur gegenüber dem übrigen Personale der periodischen Presse außer dem verantwortlichen Redakteur. Diesem Personal ein Zeugnisverweigerungsrecht zu gewähren, würde jedoch mit dem dem Preßgesetze zu Grunde liegenden Systeme der gleichzeitigen Verantwortlichkeit aller Beteiligten im Widerspruche stehen.

Das Zeugnisverweigerungsrecht passe nur in das System der stufenweise geordneten (successiven) und ausschließenden Verantwortlichkeit für Preßdelikte, bei welchem mit der Bestrafung eines Beteiligten dem Gesetze Genüge geschehen sei. Dieses System habe, wenngleich mit gewissen Abschwächungen, dem Badischen Preßgesetze zu Grunde gelegen und sei auch in dem s. Zt. dem Reichstage vorgelegten Entwurf in Aussicht genommen, vom Reichstag aber abgelehnt worden. Nachdem an dessen Stelle in dem Preßgesetze das System der Verantwortlichkeit nach den allgemeinen Strafgesetzen Anerkennung gefunden habe, müsse folgerichtig jede bei der Begehung eines Preßdelikts beteiligte Person nach Maßgabe ihres Verschuldens zur Bestrafung herangezogen werden. Die Anträge bezweckten aber im Widerspruche mit diesem System einen an der Straftat Beteiligten und zwar denjenigen, der unter Umständen gerade der Hauptschuldige sei, der Bestrafung zu entziehen. Dies sei um so bedenklicher, als durch die Presse Verbrechen von großer Tragweite, z. B. Landesverrat, Verrat militärischer Geheimnisse, begangen werden könnten, bei denen im Interesse der Staatssicherheit die Bestrafung aller Beteiligten unerläßlich sei. Auch das Interesse des Verletzten verlange diese Bestrafung. Beleidigende Angriffe durch die Presse seien von besonders gefährlicher Wirkung. Gegen verleumderische Beleidigungen könne man sich nur wehren, wenn man die Quelle wisse, aus welcher sie stammten. Mit der Bestrafung des Redakteurs, der vielleicht die beleidigenden Artikel im guten Glauben an ihre Wahrheit aufgenommen habe und deshalb minder schuldig sei, werde dem Verletzten keine genügende Sühne geleistet. Dazu komme, daß die Presse sich jetzt schon nicht selten durch die Anstellung von Scheinredakteuren ihrer Haftung zu entziehen suche. Dieses Unwesen werde durch das verlangte Zeugnisverweigerungsrecht noch mehr gefördert.

Ein privilegium odiosum, das als Korrelat ein privilegium favorabile erfordere, bestehe für die Presse gar nicht. Früher, und zwar noch bei der Beratung der Strafprozeßordnung in der Reichs-Justizkommission, habe man allerdings den §. 20 Abs. 2 des Preßgesetzes dahin aufgefaßt, daß dadurch dem verantwortlichen Redakteur der periodischen Presse eine besondere über den Rahmen des §. 20 Abs. 1 hinausgehende Verantwortlichkeit auferlegt sei. Von diesem Standpunkt aus habe vielleicht früher die Forderung eines Ausgleichs durch ein Zeugnisverweigerungsrecht eine gewisse Berechtigung gehabt. Die Sachlage habe aber seitdem eine wesentlich andere Gestalt bekommen. Das Reichsgericht habe sich in einem Beschlusse der vereinigten Strafsenate vom 6. Juni 1891 (Entsch. in Straff. Bd. 22 S. 65) mit Recht dahin ausgesprochen, daß der §. 20 Abs. 2 des Preßgesetzes keine Ausnahme von der Vorschrift des Abs. 1, sondern nur eine weitere Ausführung dieser letzteren Vorschrift enthalte. Um die Herrschaft der allgemeinen Strafgesetze auf dem Gebiete der periodischen Presse zu gewährleisten, habe man im Abs. 2 lediglich eine Beweisvermutung geschaffen, welche die Überführung des schuldigen Redakteurs erleichtern solle. Demgemäß solle bis zum Erweise des Gegenteils angenommen werden, daß der Redakteur den Artikel mit Kenntnis und Verständnis seines Inhalts veröffentlicht habe. Bei dieser Auffassung, die das Reichsgericht seitdem ständig seiner Rechtsprechung zu Grunde lege (zu vergl. Entsch. in Strafs. Bd. 22 S. 221, Bd. 25 S. 404, Bd. 26 S. 21, Bd. 31 S. 211) könne von einer Ausnahmevorschrift zu Ungunsten der Presse, die als Korrelat das Zeugnisverweigerungsrecht erfordere, nicht mehr die Rede sein.

Die weiteren zu Gunsten der Anträge geltend gemachten Gründe müßten, wenn ihnen ein ausschlaggebendes Gewicht beizulegen wäre, dazu führen, den Zeugniszwang gegen das Personal der Presse auch für diejenigen Fälle zu beseitigen, in denen der verantwortliche Redakteur nicht als Täter hafte, was der Antragstelleller selbst nicht beabsichtige; sie seien aber gleichfalls für durchschlagend nicht zu erachten.

Was insbesondere das zwischen dem Redakteur und dem Verfasser oder Einsender bestehende Vertrauensverhältnis betreffe, so sei zuzugeben, daß der Redakteur in Fällen, wo Verschwiegenheit ausdrücklich von ihm zugesagt sei oder stillschweigend bei ihm vorausgesetzt werde, in einen Gewissenskonflikt gerate, wenn er zur Aussage gezwungen werde. Bei dem Widerstreite der in Betracht kommenden Interessen gehe aber das Interesse des Staates und das des Verletzten an der Bestrafung des Schuldigen vor. Auch der Freund müsse als Zeuge unter Umständen den Freund verraten. Der Redakteur wisse ja übrigens ebenso wie der Urheber des Artikels von vornherein, daß das Versprechen der Verschwiegenheit von dem Gesetze nicht anerkannt werde. Dem Gewissenskonflikte könne er dadurch, daß er den strafbaren Artikel nicht aufnehme, entgehen. Ein ähnliches durch geschäftliche Verhältnisse begründetes Vertrauensband, wie es zwischen dem Redakteur und dem Autor bestehe, komme nicht selten auch bei anderen Gewerbetreibenden vor, z. B. bei Inhabern von Auskunftsbureaus, Krankenanstalten, bei Rechtskonsulenten u. s. w. Bloße Geschäftsrücksichten könnten aber ein Zeugnisverweigerungsrecht nicht rechtfertigen.

Auch der Hinweis auf §. 52 Nr. 3 der Str.Pr.O. sei nicht durchschlagend; denn das gesetzlich geschützte Vertrauensverhältnis bei Geistlichen, Rechtsanwälten, Verteidigern und Ärzten sei ganz anders geartet. Diese Personen sollten das ihnen Anvertraute für sich behalten. Der Redakteur solle dagegen das ihm Mitgeteilte gerade veröffentlichen und nur die Quelle seiner Veröffentlichung geheim halten. Während der Redakteur eine strafbare Handlung auf Grund des ihm Mitgeteilten begehe, komme bei jenen Personen höchstens in Betracht, daß sie eine zu ihrer Kenntnis gelangte, bereits geschehene strafbare Handlung verschweigen dürften.

Was sodann das Hilfspersonal anlange, so könne bei diesen Personen von einem Vertrauensverhältnisse gar nicht gesprochen werden. Wenn sie etwas über die Person des Verfassers oder Einsenders eines Artikels erführen, dürften sie in Ansehung dieser rein geschäftlichen Kenntnis ebensowenig ein Zeugnisverweigerungsrecht haben, wie die Angestellten in einem sonstigen gewerblichen oder kaufmännischen Betriebe hinsichtlich der ihnen geschäftlich bekannt gewordenen Tatsachen. Nicht einmal den Angestellten der Ärzte und Rechtsanwälte komme das den Letzteren zustehende Verweigerungsrecht zu. Gerade weil der verantwortliche Redakteur in der Regel als Täter hafte und deshalb nicht als Zeuge vernommen werden dürfe, müsse, wenn man nicht auf die Ermittelung des eigentlichen Schuldigen verzichten wolle, unter Umständen auf die Vernehmung des übrigen Preßpersonals zurückgegriffen werden. Diesen ein Zeugnisverweigerungsrecht zu geben, laufe nur darauf hinaus, daß bei Preßdelikten lediglich der verantwortliche Redakteur zur Bestrafung herangezogen werde und der eigentliche Schuldige frei ausgehe. Das widerspreche aber, wie bereits ausgeführt, dem Grundsatze des §. 20 des Preßgesetzes, wonach sich bei Preßdelikten die Verantwortlichkeit nach den allgemeinen Strafgesetzen bestimme.

Daß die Anonymität für die Presse von großem Interesse sei, möge richtig sein, obwohl in anderen Ländern, z. B. in Frankreich, nicht der Wert auf sie gelegt werde und sich in neuerer Zeit auch in Deutschland mehr und mehr die Praxis einbürgere, daß der Verfasser seine Artikel mit dem Namen oder doch mit einer in weiteren Kreisen bekannten Chiffre zeichne. Der Anspruch auf den Schutz der Anonymität finde seine Grenze im Strafgesetze. Anonym zu schreiben, sei niemandem verwehrt. Aber auch der Anonymus dürfe nicht ungestraft das Recht verletzen. Der Entwickelung der Presse habe übrigens der Mangel eines besonderen Zeugnisverweigerungsrechts nicht im geringsten geschadet; denn unter dem geltenden Rechte habe die Presse die Stellung eines maßgebenden Faktors im öffentlichen Leben erlangt.

Daß nicht selten das Redaktionspersonal trotz Anwendung des Zeugniszwanges nicht zur Benennung des Einsenders oder Verfassers zu bewegen sein werde, könne unmöglich ein Grund dafür sein, den Zeugniszwang abzuschaffen.

Zuzugeben sei, daß die Schwere des Zwangsmittels zu der Wichtigkeit des dadurch erstrebten Zweckes in richtigem Verhältnisse stehen müsse. Dem trage jedoch schon das bestehende Recht (§. 69 Abs. 2 der Str.Pr.O.) insofern Rechnung, als bei Übertretungen die Dauer der Zwangshaft nicht über sechs Wochen hinausgehen dürfe. Dagegen sei es nicht gerechtfertigt, die Zulässigkeit des Zeugniszwanges, wie es der Antrag 2 beabsichtige, auf Verbrechen zu beschränken. Denn auch bei Vergehen könne es sich um den Schutz wichtiger Güter der Gesamtheit oder des Einzelnen handeln. Bei Übertretungen aber werde zur Zeit schon von dem Zeugniszwange kaum Gebrauch gemacht. Soweit es geschehen sollte, sei die durch das Gesetz bestimmte Maximaldauer der Haft der Bedeutung dieser Fälle angemessen.

Für die Anträge 3 und 4 wurde geltend gemacht:

Bei der Verfolgung von Preßdelikten, für welche der verantwortliche Redakteur nach §. 20 des Preßgesetzes als Täter hafte, werde es vielfach für zulässig erachtet, gegen den Redakteur nicht einzuschreiten, damit man ihn als Zeugen vernehmen und von ihm unter Zeugniszwang den Verfasser oder Einsender des strafbaren Artikels erfahren könne. Dies widerspreche dem im §. 152 der Str.Pr.O. anerkannten Legalitätsprinzipe. Die Staatsanwaltschaft dürfe nicht eine Person unverfolgt lassen, die nach dem Gesetze sogar in erster Linie als Teilnehmer einer strafbaren Handlung in Betracht komme. Noch unzulässiger sei es, gegen den Redakteur und gegen den unbekannten Verfasser in getrennten Verfahren zu verhandeln, um es so zu ermöglichen, den Redakteur als Zeugen zu vernehmen. Es sei ein allgemeiner Rechtsgrundsatz, daß ein Beschuldigter nicht in derselben Sache als Zeuge vernommen werden dürfe. Wollte man das Gegenteil annehmen, so würde dies im Hinblick auf den §. 56 Nr. 3 der Str.Pr.O. zu widersinnigen Ergebnissen führen. Denn alsdann könnte der Teilnehmer an einer zur Untersuchung stehenden strafbaren Handlung zwar zur uneidlichen Aussage gezwungen werden, man könnte ihm aber nichts anhaben, wenn er eine falsche Aussage mache. Einer derartigen unrichtigen Handhabung des Gesetzes müsse durch eine ausdrückliche Vorschrift entgegengetreten werden.

Das Bedürfnis für eine solche Vorschrift liege aber nicht nur hinsichtlich des verantwortlichen Redakteurs vor, sondern auch hinsichtlich der übrigen an der Herstellung periodischer Druckschriften beteiligten Personen, sofern gegen sie der Verdacht begründet sei, daß sie in Kenntnis des strafbaren Inhalts an der Veröffentlichung des Preßerzeugnisses mitgewirkt und sich deshalb der Teilnahme an der strafbaren Handlung schuldig gemacht haben.

Der Antrag 4 geht von der gleichen Anschauung aus, hält aber nur hinsichtlich des verantwortlichen Redakteurs mit Rücksicht auf die Sondervorschrift des §. 20 Abs. 2 des Preßgesetzes eine Klarstellung für geboten und will diese umgekehrt dadurch erreichen, daß gegen den verantwortlichen Redakteur der Zeugniszwang für zulässig erklärt wird, wenn durch besondere Umstände die Annahme seiner Täterschaft ausgeschlossen ist.

Die beiden Anträge wurden von der Mehrheit abgelehnt, weil sie etwas Selbstverständliches enthielten. Es sei nicht angebracht und würde leicht zu Mißverständnissen führen, den Grundsatz, daß gegen einen Teilnehmer an einer strafbaren Handlung nicht mit Zeugniszwang vorgegangen werden dürfe, im Gesetze nur in der Beschränkung auf die Presse auszusprechen.

Es wurde der zweiten Lesung vorbehalten, ob es sich empfehle, den Grundsatz als einen allgemein gültigen in die Strafprozeßordnung aufzunehmen.

6. Sitzung.

18. März 1903.

Beeidigung der Zeugen und Sachverständigen.

Es wurde zur Beratung der Vorschriften über die Beeidigung der Zeugen und Sachverständigen geschritten.

Zunächst fand eine Generaldebatte statt über die Frage C II des Fragebogens:

> Erscheint es nach den praktischen Erfahrungen geboten, die Vorschriften über die Beeidigung der Zeugen und Sachverständigen im Sinne der gesetzgeberischen Versuche von 1895 (Reichstagsdrucks. 1895/96 Nr. 73) und von 1899 (Reichstagsdrucks. 1898/99 Nr. 203) einer Änderung zu unterwerfen?
>
> (Str.Pr.O. §§. 56 bis 66, 72, 79.)

Hierbei wurde nur vereinzelt die Ansicht geäußert, daß die Vorschriften über die Beeidigung sich durchweg bewährt hätten. Von der Mehrheit wurde anerkannt, daß das bisherige Recht in der Praxis zu mannigfachen Unzuträglichkeiten geführt habe, für deren Beseitigung ein Bedürfnis bestehe. Ein Mangel wurde insbesondere darin erblickt, daß nach geltendem Rechte zu häufig Eidesleistungen erfolgen müßten. Auch das Verfahren bei Abnahme des Eides sei, namentlich mit Rücksicht auf die Länge der Eidesformel, der Revision bedürftig. Eine Reihe der in der Generaldebatte sich äußernden Mitglieder wies auch schon hier auf die Notwendigkeit hin, den Voreid für Zeugen zu beseitigen.

Im übrigen wurde in der Generaldebatte die Frage erörtert, ob etwa der Eid der Zeugen und Sachverständigen überhaupt abgeschafft und durch die Einführung der Strafbarkeit uneidlicher falscher Aussagen ersetzt werden könne. Kein Mitglied der Kommission befürwortete die Abschaffung. Allgemein war man der Ansicht, daß durch die feierliche Eidesleistung eine besondere Gewähr für die Ermittelung der Wahrheit geschaffen werde. Dem Zeugen werde durch den Eid die Pflicht zur Aussage der Wahrheit am unmittelbarsten und wirkungsvollsten zum Bewußtsein gebracht. Das dem Eide innewohnende religiöse Moment, welches selbst dann bestehen bliebe, wenn man die auf Gott hinweisenden Worte in der Eidesformel beseitigen wollte, verursache bei der überwiegenden Mehrzahl der Zeugen einen tiefen Eindruck auf das Gemüt und sei deshalb geeignet, als besonderer Antrieb zur Aussage der Wahrheit zu dienen. Der Staat dürfe dieses Mittel, um auf den Zeugen einzuwirken, nicht unbenützt lassen. Überdies sei der Zeugeneid eine von jeher bestehende Einrichtung, welche in dem Volksbewußtsein so tief wurzele, daß es schon aus diesem Grunde bedenklich wäre, ihn ganz zu beseitigen.

Die Kommission ging sodann zur Beratung der ersten Unterfrage über:

Ist die Beeidigung der Zeugen einzuschränken?

Man war allgemein der Ansicht, daß das heutige Verfahren infolge der Vorschrift, daß grundsätzlich alle Zeugen eidlich zu vernehmen seien, an einer Überfülle von Eidesleistungen leide, die dem Ansehen und der Wirkung des Eides schade. Zwar schwöre, abgesehen von wenigen mit den Gerichten in steter Berührung stehenden Kreisen, der einzelne Bürger in seinem Leben nur selten einen Eid. Aber bei dem Richter als Eidesempfänger stumpfe sich unwillkürlich durch die häufige Abnahme des Eides das Gefühl für dessen Heiligkeit ab und es sei die notwendige Folge, daß auch dem Schwörenden und den übrigen Teilnehmern an der Verhandlung das Bewußtsein der Würde des Eides abhanden komme. In demselben Maße, in welchem der Eid an Ansehen verliere, nehme die Bedeutung der durch die Eidesabnahme beabsichtigten Einwirkung auf die Zeugen ab.

Die Mehrheit der Kommission glaubte aus diesen Gründen eine Einschränkung der Eidesleistungen durch eine Änderung des Gesetzes empfehlen zu sollen. Die Mitglieder, welche trotz Anerkennung jener Übelstände gegen jede Einschränkung waren, meinten, daß im Strafprozesse nicht darauf verzichtet werden könne, in allen Fällen jedes Mittel anzuwenden, um mit möglichster Sicherheit die objektive Wahrheit zu erforschen, und daß durch eine sachgemäße Handhabung der Eidesabnahme den meisten Mißständen vorgebeugt werden könne.

Darüber, auf welchem Wege die zu erstrebende Einschränkung der Eidesleistungen zu erreichen sei, gingen die Ansichten auseinander. Bis zum Schlusse der heutigen Sitzung wurde nur ein Antrag erledigt, der vorweg zur Abstimmung gestellt worden war, weil er in der Einschränkung am weitesten ging und eine grundsätzliche Abänderung des bisherigen Rechtes beabsichtigte. In dem Antrage wurden folgende Rechtssätze vorgeschlagen:

a) Die Beeidigung eines Zeugen findet nur statt, wenn dies von einem Mitgliede des Gerichts, einem Geschworenen, dem Staatsanwalte, dem Privatkläger, dem Nebenkläger oder dem Beschuldigten beantragt wird.
b) Der Antrag auf Beeidigung kann auf einzelne bei der Vernehmung vorgebrachte Tatsachen beschränkt werden.

Der Antragsteller führte aus: Wenn man in Umkehrung des bisherigen Rechtes als Regel die Nichtbeeidigung und nur ausnahmsweise auf Antrag eines Beteiligten die Beeidigung stattfinden lasse, werde der Eid in den Ausnahmefällen, wo er geleistet werden müsse, ganz erheblich an Bedeutung gewinnen, insbesondere wenn man ferner zulasse, daß der Eid auf einzelne Tatsachen beschränkt werden könne. Bei den widerstreitenden Interessen der Parteien sei anzunehmen, daß die Beeidigung, wenn ein Erfolg davon zu erwarten sei, stets beantragt werden würde, zumal man darauf rechnen dürfe, daß das Gericht den unverteidigten Angeklagten nötigen Falles auf sein Antragsrecht hinweisen werde. Voraussetzung der Neuerung sei die Bestrafung falscher uneidlicher

Aussagen. Die vorgeschlagene Bestimmung sei in der Schweiz schon praktischen Rechtes.[1])

Der Antrag wurde nach Ausscheidung der Worte „einem Geschworenen" mit 18 gegen eine Stimme abgelehnt. Die Kommission war der Ansicht, daß es schon aus allgemeinen Gründen bedenklich sei, in einer so wichtigen Frage, wie es die Beeidigung der Zeugen sei, die bisherige Regel in die Ausnahme zu verkehren. Praktisch werde es zwar auch nach der Annahme des Vorschlags im allgemeinen bei der jetzigen Regel bleiben. Denn da die Richter meistens den Zeugen nicht kennen und sich mit Recht nicht zutrauen dürften, die Glaubwürdigkeit nach dem Eindrucke des Augenblicks zu beurteilen, so würden sie regelmäßig die Beeidigung für erforderlich halten. Ähnlich liege die Sache für den Staatsanwalt. Der nicht geständige Angeklagte aber werde die Beeidigung stets dann verlangen, wenn der Zeuge eine ihm ungünstige Aussage mache, es sei denn, daß er keinen Verteidiger besitze und von dem Gericht über sein Antragsrecht nicht belehrt werde. Gerade der Umstand, daß die Angeklagten oft von ihrem Rechte keine Kenntnis haben würden, spreche jedoch gegen die Neuerung. Die Durchführung des Vorschlags werde ferner die mißliche Folge haben, daß der Zeuge, wenn er auf ausdrücklichen Antrag schwören müsse, sich durch das hierin liegende Mißtrauen verletzt fühle. Unterbleibe aber der Antrag in Fällen, in denen der Zeuge mit der Wahrheit zurückhalte, so werde hierdurch die Sicherheit der Rechtspflege gefährdet.

Die Beeidigung auf einzelne Tatsachen zu beschränken, sei im Strafprozesse, wo es auf die Würdigung der ganzen Aussage des Zeugen ankommen müsse, verfehlt.

Die weitere Beratung über die Einschränkung der Eidesleistungen wurde, bevor sie zu einem Ergebnisse geführt hatte, durch den Schluß der Sitzung abgebrochen.

---

[1]) Zu vergl. Art. 74 des Bundesgesetzes über die Bundesstrafrechtspflege vom 27. August 1851, welcher lautet:

> Nach jeder Zeugenaussage läßt der Präsident, wenn es ein Richter, ein Geschworener oder eine Partei verlangt, den Zeugen einen Eid nach folgender Formel schwören ....

7. Sitzung.

19. März 1903.

Beeidigung.

I. Die gestern abgebrochene Beratung über die Einschränkung der Eidesleistungen war bis zu dem Ergebnisse gediehen, daß nach der Auffassung der überwiegenden Mehrheit die Beeidigung der Zeugen als Regel aufrecht zu erhalten ist und nur in Ausnahmefällen die Nichtbeeidigung zugelassen werden kann.

Die Ansichten, wie diese Ausnahmen abzugrenzen seien, gingen auseinander. Von der einen Seite wurde vorgeschlagen, in bestimmten, im Gesetz einzeln zu bezeichnenden Fällen Ausnahmen zu gestatten. Als in Betracht kommende Fälle wurden, entsprechend dem Fragebogen und in teilweiser Anlehnung an die Gesetzentwürfe von 1895 und 1899, die Unglaubwürdigkeit und die Unerheblichkeit einer Aussage sowie die Zustimmung der Parteien und des Gerichts bezeichnet. Von anderer Seite wurde eine allgemeine Vorschrift zur Vermeidung überflüssiger Beeidigungen befürwortet.

A. Auf die Festsetzung bestimmter Ausnahmefälle zielten folgende Anträge ab, und zwar

a) auf die Einschränkung des Zeugeneids bei unglaubwürdigen oder unwahren Aussagen die Anträge:

1. Die Beeidigung eines Zeugen darf unterbleiben, wenn das Gericht die Aussage einstimmig für offenbar unwahr hält und die Staatsanwaltschaft und der Angeklagte mit der Unterlassung einverstanden sind.

2. Die Beeidigung eines Zeugen kann unterbleiben, wenn das Gericht einstimmig die Aussage für offenbar unwahr hält.

3. wie zu 2 mit dem Zusatze:
und die Beeidigung weder von der Staatsanwaltschaft noch auch von der Verteidigung oder dem Angeklagten beantragt ist.

b) auf die Einschränkung des Zeugeneids bei unerheblichen Aussagen die Anträge:

4. Die Beeidigung kann unterbleiben, wenn das Gericht einstimmig die Aussage für unerheblich hält und die Beeidigung nicht beantragt ist.

5. wie zu 4 mit dem Unterschiede, daß die Unerheblichkeit eine „offenbare" sein müsse.

6. Die Beeidigung eines Zeugen darf unterbleiben, wenn das Gericht die Aussage einstimmig für unerheblich hält und die Staatsanwaltschaft und der Angeklagte mit der Unterlassung einverstanden sind.

c) auf die Einschränkung des Zeugeneids bei Zustimmung der Parteien und des Gerichts der Antrag:

7. Die Beeidigung eines Zeugen kann unterbleiben, wenn das Gericht unter Zustimmung aller Prozeßbeteiligten die Beeidigung einer an sich erheblichen Aussage einstimmig für nicht erforderlich hält.

Zu Gunsten der Anträge unter a hinsichtlich unglaubwürdiger Aussagen wurde geltend gemacht, daß es mit der Würde des richterlichen Amtes und mit der Heiligkeit des Eides im Widerspruche stehe, wenn der Richter gezwungen werde, einen Zeugeneid abzunehmen, obwohl es sich offenbar um einen Falscheid handle. Es mache einen peinlichen Eindruck, wenn der Zeuge, wie es vorkomme, sofort nach der Eidesleistung wegen Meineids zur Haft abgeführt werde. Der Eid habe hier keinen Zweck, da ja der Richter entschlossen sei, auch der beeidigten Aussage keinen Glauben beizumessen. Die Begehung des Verbrechens des Meineids könne und müsse in einem solchen Falle vermieden werden. Der Zeuge habe auch kein Recht darauf, beeidigt zu werden. Es seien übrigens nur solche Aussagen unbeeidigt zu lassen, die objektiv, in den Augen von jedermann, unglaubwürdig seien und besser als „offenbar unwahre" Aussagen bezeichnet würden. Die offenbare Unwahrheit der Aussage dürfe nicht mit der offenbaren Unglaubwürdigkeit der Person verwechselt werden. Wenn irgend ein Zweifel an der Unwahrheit möglich sei, müsse die Beeidigung Platz greifen. Insbesondere dürfe sie nicht infolge der bloßen Tatsache unterbleiben, daß die Aussage des Zeugen mit der Aussage anderer Zeugen im Widerspruche stehe. Behufs größerer Gewähr dafür, daß nur offenbar unwahre Aussagen unbeeidigt blieben, wurde von den Antragstellern teils das Einverständnis der Parteien mit der Nichtbeeidigung, teils der Mangel eines Antrags auf Beeidigung verlangt. Als ein Vorzug der Mitwirkung der Parteien in der erstgedachten Form wurde es bezeichnet, daß dabei leichter unliebsame Debatten über die Glaubwürdigkeit der Aussage vermieden würden, als wenn ein Antrag auf Beeidigung in Frage käme, der natürlich begründet werden müsse.

Für die Anträge unter b wurde angeführt, daß bei unerheblichen Aussagen die Beeidigung keinen praktischen Wert habe und deshalb der Heiligkeit des Eides widerspreche, daß sie ferner eine überflüssige Belästigung für den Zeugen enthalte und das Verfahren unnötig verzögere. Auch hier wurde es als wünschenswert bezeichnet, zur Sicherheit dafür, daß nur wirklich unerhebliche Aussagen unbeeidigt blieben, die Einstimmigkeit des Gerichts und das Einverständnis der Parteien mit der Nichtbeeidigung zu erfordern.

Der Antrag unter c, welcher die Nichtbeeidigung einer Aussage einfach an die Zustimmung der Parteien und des Gerichts knüpfen will, wurde damit begründet, daß das Erfordernis der Unerheblichkeit einer Aussage der Nichtbeeidigung zu enge Schranken setze. Oft sei die Aussage des Zeugen zwar nicht unerheblich, seine Beeidigung aber trotzdem überflüssig, z. B. wenn die Aussage des Zeugen mit dem Geständnisse des Angeklagten zusammentreffe oder wenn ein Zeuge nur dasjenige bestätige, was vor ihm schon mehrere andere bedenkenfreie Zeugen bekundet hätten. Dagegen beabsichtige der Antrag nicht, daß völlige Glaubwürdigkeit der Aussage an und für sich schon einen Grund der Nichtbeeidigung bilden solle.

Die einzelnen der in diesen Anträgen vorgeschlagenen Ausnahmen von der Beeidigung erregten bei einem großen Teile der Kommission Bedenken.

Den lebhaftesten Widerspruch erfuhren die Vorschläge bezüglich der unwahren Aussagen. Gerade auf denjenigen Zeugen, der die Unwahrheit sage, müsse, damit er die Wahrheit bekunde, durch das Erfordern der Eidesleistung ein Druck ausgeübt werden. Sonst würden frivole Zeugen geradezu ermutigt, möglichst frech zu lügen, um der Beeidigung zu entgehen. Das Ansehen des Gerichts werde geschädigt, wenn es gewissermaßen vor der Lüge des Zeugen zurückweiche. Der frivole Lügner, der die Unwahrheit so stark auftrage, daß er nicht beeidigt werde, werde straflos ausgehen oder im Falle der Strafbarkeit uneidlicher falscher Aussagen mit einer geringeren Strafe davon kommen, der minder frivole Zeuge werde für die beeidigte falsche Aussage mit der schweren Strafe des Meineids zu belegen sein. Meineide zu verhüten könne nicht in erster Linie die Aufgabe des Strafprozeßrechts sein, da es auf den Eid als das wichtigste Mittel der Wahrheitsermittelung angewiesen sei. Die Ehre des Zeugen, dem die Beeidigung wegen Unglaubwürdigkeit versagt werde, sei gebrandmarkt, ohne daß dem Zeugen ein Rechtsbehelf dagegen zustehe. Am bedenklichsten sei, daß oft schon während der Beweisaufnahme Erörterungen über die Glaubwürdigkeit der Zeugen erforderlich sein würden, sowie daß das Gericht, indem es die Nichtbeeidigung beschließe, schon vor dem Urteil über den Wert eines Beweismittels entscheide und damit in vielen Fällen vorzeitig Stellung zur Schuldfrage nehme. Der Unterschied zwischen objektiver Unwahrheit und subjektiver Unglaubwürdigkeit sei nicht greifbar. Es sei niemals ausgeschlossen, daß etwas als objektiv unwahr Angesehenes doch wahr sei. Das Einverständnis der Parteien über eine Nichtbeeidigung wegen Unglaubwürdigkeit werde übrigens nur sehr selten zu erzielen sein.

Weniger Bedenken begegnete der Vorschlag, unerhebliche Aussagen von der Beeidigung auszunehmen, obwohl betont wurde, daß auch für die Unerheblichkeit einer Aussage ein objektiver Maßstab fehle und daß das Gericht durch den Beschluß, die Beeidigung zu unterlassen, seiner Endentscheidung vorgreifen könne. Was die Mitwirkung der Parteien betrifft, so wurde auch hier dem ausdrücklichen Einverständnisse der Parteien mit der Nichtbeeidigung der Vorzug gegeben, weil die Einholung der Zustimmung den Vorsitzenden nötige, den Angeklagten auf das Recht, die Beeidigung zu verlangen, hinzuweisen.

Gegen den Antrag 7 wurde eingewendet, daß sein Wortlaut weiter führe als der Antragsteller beabsichtige; denn nach dem Antrage falle die Beeidigung weg, sobald sie wegen völliger Glaubwürdigkeit der Aussage für nicht erforderlich erachtet wird. Gerade in den von dem Antragsteller zur Erläuterung angegebenen

Fällen sei aber die Nichtbeeidigung unter Umständen sehr bedenklich. Insbesondere könne auch der geständige Angeklagte unschuldig und deshalb trotz des Geständnisses die Beeidigung des Zeugen von Erheblichkeit sein.

B. Von mehreren Seiten wurde befürwortet, von der Aufzählung bestimmter Fälle im Gesetz abzusehen, zumal eine solche in der Rechtsprechung nur zu Zweifeln Veranlassung geben könne, und statt dessen eine allgemeine Vorschrift zu geben, die es ermögliche, überflüssige Eide zu vermeiden. Nicht die Unglaubwürdigkeit oder Unerheblichkeit einer Aussage, sondern die Unerheblichkeit der Beeidigung müsse maßgebend sein. Deshalb bestehe kein grundsätzliches Bedenken dagegen, daß, unter den nötigen Kautelen, auch völlig glaubwürdige Aussagen von der Beeidigung befreit bleiben könnten. In dieser Richtung bewegten sich folgende Anträge:

8. Eine Beeidigung findet nicht statt, wenn die Mitglieder des Gerichts und die Parteien auf dieselbe verzichten.

9. Die Beeidigung kann unterbleiben, wenn eine der Parteien die Nichtbeeidigung beantragt und die andere Partei dem Antrage zugestimmt hat.

10. Die Beeidigung eines Zeugen darf unterbleiben, wenn das Gericht der Ansicht ist, daß es auf die Aussage nicht ankommt oder dieselbe bereits widerlegt oder auch ohne Beeidigung für völlig glaubwürdig anzusehen ist und die Parteien (Staatsanwalt, Privatkläger, Nebenkläger, Beschuldigter) mit der Unterlassung einverstanden sind.

Die Anträge 8 und 9 unterscheiden sich dadurch, daß der erstere auch dem Gerichte gestattet, die Nichtbeeidigung anzuregen, während der letztere diese Möglichkeit ausschließen will, um zu verhindern, daß das Gericht vor Fällung des Urteils seine Stellungnahme zur Frage der Beeidigung darlegt und damit unter Umständen seine Ansicht über die Schuldfrage zu erkennen gibt.

Der Antrag 10 geht grundsätzlich von dem gleichen Standpunkte wie die Anträge 8 und 9 aus, wenn er auch die einzelnen Gründe aufführt, welche für die Unterlassung der Beeidigung in Frage kommen können.

Von anderer Seite wurde zwar der den vorstehenden Anträgen zu Grunde liegende Gedanke im allgemeinen gebilligt, aber die Festsetzung bestimmter Ausnahmefälle, in denen die Beeidigung nicht unterbleiben darf, für geboten erachtet.

Hierauf waren folgende Anträge gerichtet:

11. Von der Beeidigung kann auf einstimmigen Gerichtsbeschluß abgesehen werden, wenn ein Prozeßbeteiligter dies beantragt und die übrigen zustimmen. Von der Beeidigung darf jedoch nicht deshalb abgesehen werden, weil der Zeuge glaubwürdig ist.

12. Überflüssige Beeidigung von Zeugen hat zu unterbleiben.

Sie darf nur unterbleiben im Einverständnisse von Gericht und Parteien.

Die Beeidigung darf nicht unterbleiben lediglich aus Gründen des Zweifels an der Glaubwürdigkeit des Zeugen oder des Vertrauens in dieselbe.

Während der Antrag 11 lediglich verhindern will, daß glaubwürdige Zeugen nicht beeidigt werden, beabsichtigt der Antrag 12, auch die Nichtbeeidigung wegen Zweifels an der Glaubwürdigkeit auszuschließen, um möglichst jedes subjektive Moment aus den Gründen für die Nichtbeeidigung auszuscheiden.

Gegen die Anträge 8 bis 10 wurde geltend gemacht: Beim Wegfalle der Angabe eines Grundes für die Nichtbeeidigung könne es vorkommen, daß bei den einzelnen Beteiligten verschiedene Gründe maßgebend seien. Das sei unter Umständen bedenklich, z. B. wenn der Angeklagte annehme, der Zeuge werde wegen Unglaubwürdigkeit nicht beeidigt, während das Gericht die Beeidigung unterlasse, weil es dem Zeugen vollen Glauben schenke. Die angeregten Vorschriften trügen sämtlich die Gefahr in sich, daß infolge einer gewissen Bequemlichkeit des Gerichts oder aus Entgegenkommen gegen einzelne Zeugen von der Beeidigung in Fällen abgesehen werde, wo sie wünschenswert wäre. Vor allen Dingen würde, wenn die Beeidigung auch wegen völliger Glaubwürdigkeit unterbleiben könne, hiervon vorzugsweise zu Gunsten der sozial höher stehenden Zeugen Gebrauch gemacht werden. Selbst der Angeklagte werde, wenn er keinen Verteidiger besitze, oft entgegen seinem Interesse auf die Beeidigung solcher Zeugen verzichten, namentlich wenn er zu dem Zeugen in einem Abhängigkeitsverhältnisse stehe. Es würden zwei Klassen von Zeugen geschaffen werden: von unglaubwürdigen Zeugen, die beeidigt würden, und von glaubwürdigen, deren Beeidigung unterbleibe. Das Verlangen des Eides würde etwas Kränkendes für den Zeugen enthalten. Schließlich liefen die Anträge auf den gestern bereits abgelehnten Vorschlag hinaus, der die Nichtbeeidigung zur Regel machen und die Beeidigung nur beim Vorliegen besonderer Gründe eintreten lassen wolle.

Ferner wurde ausgeführt: Die Anträge 11 und 12 seien, obwohl sie die Frage der Glaubwürdigkeit ausscheiden wollten, gleichfalls nicht annehmbar; wolle man einmal grundsätzlich anerkennen, daß die Beeidigung bei allseitigem Einverständnis unterbleiben dürfe, so sei es folgewidrig, hiervon für gewisse Fälle Ausnahmen zu machen.

Von mehreren Seiten wurde endlich noch angeregt, ob es sich nicht angesichts der gewichtigen Bedenken, die gegen alle Vorschläge auf Einschränkung der Eidesleistungen erhoben worden seien, empfehlen würde, den Grundsatz, daß jede Aussage zu beschwören sei, festzuhalten, dagegen späterhin durch eine Erweiterung des §. 244 der Str.Pr.O. es zu ermöglichen, daß auch auf einen schon vernommenen Zeugen vor seiner Beeidigung verzichtet werde. Dadurch könnten in einzelnen Fällen, insbesondere bei unerheblichen, vielleicht aber auch bei ganz offenbar unglaubwürdigen Aussagen, überflüssige Beeidigungen vermieden werden.

Bei der Abstimmung ergab sich, daß die allgemein gehaltenen Anträge auf Beseitigung überflüssiger Eidesleistungen abgelehnt wurden, und zwar der Antrag 8 mit 18 gegen 3, der Antrag 9 mit 17 gegen 4, der Antrag 12 mit 13 gegen 8 Stimmen. Die Anträge 10 und 11 waren vor der Abstimmung zurückgezogen worden.

Desgleichen wurden die auf die Nichtbeeidigung wegen Unwahrheit der Aussage abzielenden Anträge abgelehnt, und zwar der Antrag 1 mit 14 gegen 7, der Antrag 2 mit 17 gegen 4 Stimmen. Der Antrag 3 wurde zurückgezogen.

Vor der Abstimmung über den Antrag 2 war besonders darüber abgestimmt worden, ob der Antrag im Falle der Annahme mit dem Worte „einstimmig" angenommen werden solle. Diese Frage wurde mit 19 gegen 2 Stimmen bejaht.

Von den auf die Nichtbeeidigung unerheblicher Aussagen abzielenden Anträgen wurden die Anträge 4 und 5 mit 15 gegen 6 Stimmen abgelehnt, dagegen der Antrag 6 mit 11 gegen 10 Stimmen angenommen.

Über den Antrag 7 fand eine doppelte Abstimmung statt. Es war der Unterantrag gestellt, diesem Antrag im Falle seiner Annahme, entsprechend dem Abs. 3 des Antrags 12, zuzufügen:

> Die Beeidigung darf nicht unterbleiben lediglich aus Gründen des Zweifels an der Glaubwürdigkeit des Zeugen oder des Vertrauens in dieselbe.

Der Unterantrag wurde mit 19 gegen 2 Stimmen angenommen, darauf aber der ganze Antrag — also einschließlich jenes Zusatzes — mit 15 gegen 6 Stimmen abgelehnt.

II. Es wurde hierauf der Antrag zur Erörterung gestellt:

> Es empfiehlt sich die ausdrückliche Bestimmung, daß die Beschlußfassung darüber, ob die Beeidigung eines Zeugen wegen Unerheblichkeit der Aussage unterbleiben darf, regelmäßig erst am Schlusse der gesamten Beweisaufnahme erfolgen soll.

Der Antrag wurde mit 20 Stimmen gegen eine Stimme angenommen. Maßgebend dafür war die Erwägung, daß erst am Schlusse der Beweisaufnahme übersehen werden könne, ob die Aussage wirklich unerheblich sei. Das dagegen stimmende Mitglied fürchtete, daß es bei lange dauernden Beweisaufnahmen in der Praxis zu Mißständen führen könne, wenn man unerhebliche Zeugen bis zum Schlusse der Beweisaufnahme an der Gerichtsstelle behalten müsse.

III. Sodann wurde zur Beratung der Frage C II 2 des Fragebogens übergegangen,

> ob für das Verfahren vor den Schwurgerichten Abweichungen von der beschlossenen Einschränkung der Eidesleistungen erforderlich seien.

Es standen sich die Anträge gegenüber:

1. Die Nichtbeeidigung eines Zeugen wegen Unerheblichkeit der Aussage soll im Verfahren vor den Schwurgerichten nicht zulässig sein.
2. Diese Nichtbeeidigung soll in dem genannten Verfahren zulässig sein und zwar mit der Maßgabe, daß, wenn auf Befragen der Geschworenen einer derselben die Beeidigung wünscht, diese zu bewirken ist.
3. Die Nichtbeeidigung soll im Verfahren vor den Schwurgerichten zulässig sein, aber ohne daß den Geschworenen eine Einwirkung auf die Frage der Beeidigung zusteht.

Der Antrag 1 wurde mit 13 gegen 8 Stimmen abgelehnt, der Antrag 2 mit 13 gegen 8 Stimmen angenommen. Damit war der Antrag 3 abgelehnt.

Die Kommission war darin einig, daß die Frage, ob die Einschränkung der Eidesleistungen auch auf das Verfahren vor den Schwurgerichten Anwendung finden solle, an Bedeutung verliere, wenn den gefaßten Beschlüssen gemäß die unglaubwürdigen Aussagen außer Betracht blieben. Eine Reihe von Mitgliedern glaubte aber, daß erhebliche Bedenken dagegen bestünden, überhaupt irgend welche Einschränkung der Eidesleistungen im Verfahren vor den Schwurgerichten zuzulassen. Man dürfe die Entscheidung darüber, ob die Beeidigung zu unterbleiben habe, nicht dem Gericht überlassen, weil hierdurch die Entscheidung über die Schuldfrage beeinflußt werden könne und diese grundsätzlich den Geschworenen zu belassen sei. Andererseits sei es nicht empfehlenswert und praktisch auch nicht ohne erhebliche Umständlichkeiten durchführbar, vor der endgültigen Entscheidung der Schuldfrage durch die Geschworenen von ihnen eine förmliche Entscheidung über die Beeidigung eines Zeugen einzuholen. Bei der Wichtigkeit der vor die Schwurgerichte gehörenden Sachen und bei der Feierlichkeit dieses Verfahrens schade es nichts, wenn hier einige unerhebliche Eide geleistet würden.

Die Mehrheit war der Ansicht, daß gerade hinsichtlich der Schwurgerichte ein praktisches Bedürfnis für eine Einschränkung der Eidesleistungen bestehe, da hier jeder auch nur entfernt in Betracht kommende Zeuge geladen werde und deshalb häufig unerhebliche Aussagen vorkämen. Das Bedenken, daß den Geschworenen nicht die volle Schuldfrage verbleibe, wenn das Gericht allein über die Nichtbeeidigung entscheide, wurde zwar von verschiedenen Seiten als ein nur theoretisches bezeichnet. Indessen war die Mehrheit der Kommission doch dafür, den Geschworenen einen Einfluß auf diese Entscheidung zu überlassen. Man nahm an, daß die in dem Antrage 2 vorgesehene Befragung der Geschworenen, ob einer von ihnen die Beeidigung wünsche, in der Praxis zu Schwierigkeiten nicht führen würde.

IV. Im Anschluß an die Beratung über die Einschränkung der Eidesleistungen bei den Zeugen wurde die Frage erörtert, ob auch eine Einschränkung der Beeidigung der Sachverständigen wünschenswert sei. Hierzu waren die Anträge gestellt:

1. Die Beeidigung eines Sachverständigen findet nur statt, wenn dies von einem Mitgliede des Gerichts, einem Geschworenen, dem Staatsanwalte, dem Privatkläger, dem Nebenkläger oder dem Beschuldigten beantragt wird.
2. Die Beeidigung des Sachverständigen kann unterbleiben, wenn die Staatsanwaltschaft und der Angeklagte auf sie verzichten. Dies gilt auch im Verfahren vor den Schwurgerichten mit der Maßgabe, daß, wenn auf Befragen der Geschworenen einer derselben die Beeidigung wünscht, dieselbe zu bewirken ist.

Der Antrag 1 wurde mit 20 Stimmen gegen eine Stimme abgelehnt, der Antrag 2 mit 13 gegen 8 Stimmen angenommen.

Die Mehrheit war der Ansicht, daß die Beeidigung der Sachverständigen häufig überflüssig sei, da von vielen Sachverständigen, insbesondere bei Fragen von wissenschaftlicher Bedeutung, angenommen werden könne, daß sie ihr Gutachten auch ohne Beeidigung nach bestem Wissen und Gewissen erstatten würden. Der im Antrag 1 enthaltene Vorschlag, wonach die Beeidigung nur in Ausnahmefällen eintreten soll, fand indessen in der Kommission keinen Beifall. Es wurde geltend gemacht, daß keineswegs auch nur der überwiegende Teil der Sachverständigen das in der Nichtbeeidigung liegende Vertrauen ohne weiteres verdiene. Der Sachverständige werde zwar kaum jemals eines Meineids überführt werden können. Viele Sachverständige würden aber nur durch das im Eide liegende religiöse oder ethische Moment bestimmt, bei Abgabe des Gutachtens mit der erforderlichen Sorgfalt und Gewissenhaftigkeit vorzugehen. Wenn der Sachverständige zu seinem Amte infolge der Zugehörigkeit zu einem bestimmten Gewerbszweige berufen sei, könne er sogar am Ausgange des Prozesses erheblich interessiert und deshalb versucht sein, ein wissentlich falsches Gutachten abzugeben. Während einzelne Mitglieder aus diesen Gründen gegen jede Einschränkung der Beeidigung waren, hielt es die Mehrheit für zulässig, von der Beeidigung abzusehen, wenn sowohl der Staatsanwalt als auch der Beschuldigte auf den Eid verzichtet und auch das Gericht die Beeidigung nicht für erforderlich erachtet.

Für die Entscheidung der Frage, ob und nach welcher Richtung Abweichungen für das Verfahren vor den Schwurgerichten erforderlich seien, waren dieselben Erwägungen maßgebend, die hinsichtlich der Beeidigung der Zeugen im Schwurgerichtsverfahren bei der Mehrheit Platz gegriffen hatten (zu vergl. oben unter III).

V. Die Kommission ging sodann zur Frage C II 3 des Fragebogens über:
Ist der Voreid zu beseitigen?

Die Frage wurde zunächst auf den Zeugeneid beschränkt.

Von einer Seite war die Vorschrift beantragt:

> Die Beeidigung des Zeugen erfolgt nach dem Abschlusse seiner Vernehmung.

Von anderer Seite lag dagegen der Antrag vor:

> Es ist dem Ermessen des Richters zu überlassen, den Voreid oder Nacheid für den Zeugen zu wählen.

Der erstere Antrag wurde mit 11 gegen 9 Stimmen angenommen.

Die Mitglieder der Kommission, welche ein Bedürfnis für die Beseitigung des Voreids nicht anerkannten, führten aus, daß nach ihrer eigenen praktischen Erfahrung und nach der Anschauung weiter Kreise, namentlich in Süddeutschland, der bisherige Rechtszustand keinerlei Unzuträglichkeiten gezeigt habe. Der Voreid erfülle am besten den mit der Beeidigung erstrebten Zweck, indem er den Zeugen von vornherein unter den Eindruck stelle, daß er in allen Punkten die Wahrheit sagen müsse. Auch die Pflicht, nichts zu verschweigen, werde dem Zeugen durch den Voreid am wirkungsvollsten zum Bewußtsein gebracht. Beim Nacheide werde dagegen der Zeuge, wenn er vor der Beeidigung noch einmal auf die wesentlichen von ihm gemachten Bekundungen hingewiesen werde, leicht in den Glauben versetzt, daß der Eid sich nur auf diese Tatsachen erstrecke. Ferner bringe der Nacheid die Gefahr mit sich, daß der Zeuge infolge von

Vorhaltungen des Richters eine ursprünglich bestimmt bekundete Tatsache fälschlich als eine nur zweifelhafte bezeichne. Beim Nacheide sei endlich im Falle von wiederholten Vernehmungen eine umständliche Hinweisung auf den geleisteten Eid erforderlich, welche der Zeuge nicht immer verstehe. Der von der Kommission gefaßte Beschluß über die Beeidigung unerheblicher Aussagen zwinge noch nicht dazu, den Nacheid einzuführen. Unerhebliche Aussagen würden in der Regel nur von Zeugen gemacht, die vor der Hauptverhandlung noch nicht vernommen seien, und bei diesen könne der Richter auch nach dem geltenden Rechte zunächst die Beeidigung aussetzen. In die mißliche Lage, einen Eid abnehmen zu müssen, obwohl es klar am Tage liege, daß ein Falscheid geleistet werde, komme der Richter nur beim Nacheide. Führe man diesen als obligatorischen Eid ein, so würden die heute von der Kommission abgelehnten Bestrebungen, die Beeidigung bei unglaubwürdigen Aussagen einzuschränken, immer wieder auftauchen.

Von verschiedenen Seiten wurde dagegen ausgeführt, daß weder der Voreid noch der Nacheid durchgreifende Vorzüge vor dem anderen habe. Auch in der Praxis stehe sich Ansicht gegen Ansicht gegenüber. Wenn man den Nacheid obligatorisch mache, so würden sich bald dagegen ähnliche Klagen erheben, wie sie jetzt gegen den Voreid bestünden. Es werde deshalb am zweckmäßigsten dem richterlichen Ermessen überlassen, den Eid in derjenigen von den beiden Formen abzunehmen, welche nach Lage der Sache die angemessene sei. Dadurch könne sowohl der Persönlichkeit des einzelnen Zeugen als dem Umstande Rechnung getragen werden, daß in einzelnen Teilen des Reichs offenbar mehr Vorliebe für den Nacheid herrsche, in anderen mehr für den Voreid. Gegen diesen Vorschlag wurde geltend gemacht, daß er voraussichtlich zu einer verschiedenen Handhabung des Reichsrechts in den einzelnen Bundesstaaten führen würde, weil die Gefahr nahe liege, daß man überall zu dem früheren landesrechtlichen Verfahren zurückkehre; außerdem werde der Richter bei der Ausübung des Wahlrechts Zeugen möglicherweise nach ihrer sozialen Stellung verschieden behandeln, und schon der Anschein einer solchen verschiedenen Behandlung müsse vermieden werden.

Die Mehrheit glaubte, entsprechend einem insbesondere in Preußen fast allgemein gehegten Wunsche, die Einführung des obligatorischen Nacheids empfehlen zu sollen. Maßgebend waren im wesentlichen die schon in der Begründung der Gesetzentwürfe von 1895 (Reichstagsdrucks. 1895/96 Nr. 73 S. 26 f.) und 1899 (Reichstagsdrucks. 1898/99 Nr. 108 S. 6 f.) ausgeführten Gesichtspunkte. Man erwog: Der Eindruck, den der Voreid machen solle, trete mit Rücksicht auf das geistige Fassungsvermögen vieler Zeugen nicht immer ein. Insbesondere müsse man dem Zeugen Gelegenheit geben, eine Aussage zu widerrufen, die er nach Vorhaltungen des Richters oder nach einer Gegenüberstellung mit anderen Zeugen oder mit dem Angeklagten als wahrheitswidrig erkannt habe. Erfahrungsgemäß ließen sich die Zeugen aber nur schwer dazu bewegen, eine einmal eidlich bekräftigte Aussage noch zu ändern. Viele Meineide seien nur dadurch verschuldet, daß der Eid jetzt in der Regel als Voreid abgenommen werden müsse. Außerdem führe der Voreid leicht dazu, daß Personen beeidigt würden, deren Beeidigung unzulässig sei. Die Einschränkung der Eide bei unerheblichen Aussagen werde nur praktisch werden, wenn man den Nacheid einführe. Der Voreid sei auch deshalb bedenklich, weil beim Beginne der Vernehmung der Zeuge durch das Ungewohnte der Umgebung leicht in Unruhe versetzt und deshalb nicht in der genügenden Sammlung sei, um der Belehrung über die Bedeutung des Eides zu folgen. Beim Voreide bleibe das Bewußtsein, geschworen zu haben, unter Umständen dem Zeugen im weiteren Verlaufe der Vernehmung nicht mehr gegenwärtig, insbesondere, wenn etwa die Leistung des Eides tagelang vorher erfolgt sei. Die sogenannten Generalfragen müßten beim Voreide dem Zeugen zweimal vorgelegt werden, was den Gang der Verhandlung störe. Mehrere Mitglieder, die vor dem Jahre 1879 in Rechtsgebieten tätig gewesen waren, in welchen der Nacheid damals obligatorisch war, berichteten endlich, daß dort Klagen über den Nacheid nicht laut geworden seien. Von einem Mitgliede wurde auch hervorgehoben, nach seinen Erfahrungen sei im Westen die Praxis so sehr von dem Vorzuge des Nacheids überzeugt, daß dort auch bei der heutigen Gesetzgebung der Nacheid fast durchweg zur Anwendung gebracht werde.

8. Sitzung.

20. März 1903.

Beeidigung.

I. Die Kommission ging zur Beratung der Frage über, ob auch der Voreid der Sachverständigen zu beseitigen sei. Es lagen die Anträge vor:

1. Der Sachverständige ist vor Erstattung seines Gutachtens zu beeidigen.
2. Der Sachverständige ist regelmäßig vor Erstattung seines Gutachtens zu beeidigen.
3. Der Sachverständige ist vor oder nach Erstattung seines Gutachtens zu beeidigen.

Der Antrag 1 wurde mit 14 gegen 7 Stimmen abgelehnt, der Antrag 2 mit 14 gegen 7 Stimmen angenommen. Damit war der Antrag 3 erledigt.

In der Kommission waren die Ansichten darüber, ob der Voreid oder der Nacheid der Sachverständigen vorzuziehen sei, sehr geteilt. Von einigen Mitgliedern wurde der Wunsch geäußert, den Nacheid einzuführen, damit in dieser Beziehung eine Übereinstimmung zwischen dem Zeugen- und Sachverständigeneide bestehe, was insbesondere dann von Vorteil sei, wenn der Sachverständige zugleich als Zeuge vernommen werde. Die Einführung des Nacheids folge auch aus der gestern beschlossenen Zulässigkeit eines Verzichts auf die Beeidigung des Sachverständigen. Von anderer Seite wurde dagegen empfohlen, es dem Ermessen des Richters zu überlassen, ob er den Eid vor oder nach Erstattung des Gutachtens abnehmen wolle. Die Mehrheit der Kommission entschied sich dafür, daß als regelmäßige Form der Voreid aufrecht zu erhalten sei. Man erwog: Der Sachverständige übe als Gehilfe des Richters gleichsam ein öffentliches Amt aus. Er müsse deshalb seinen Eid, wie der Beamte den Diensteid, grundsätzlich vor Ausübung seiner Tätigkeit leisten. Die für den Nacheid des Zeugen maßgebenden Gründe träfen auf den Eid des Sachverständigen im allgemeinen nicht zu. Insbesondere gestatte das subjektive Moment, welches in einem Gutachten liege, dem Sachverständigen ohne weiteres, auf Grund von anderen Gutachten seine bereits unter Eid ausgesprochene Ansicht zu ändern. Ob die Beeidigung des Sachverständigen unterbleiben könne, stehe in der Regel schon vor Erstattung des Gutachtens fest, zumal der Sachverständige weit seltener als der Zeuge zu dem Angeklagten in persönlichen Beziehungen stehe. Immerhin müsse, schon um überflüssige Sachverständigeneide möglichst zu vermeiden, ausnahmsweise die Aussetzung der Beeidigung bis nach der Vernehmung zulässig sein. Bei demjenigen Sachverständigen, der zugleich Zeuge sei, könne nicht wohl der eine Eid vor, der andere nach der Vernehmung abgenommen werden. Zuweilen werde der Nacheid bei dem gemäß §. 244 der Str.Pr.O. vom Angeklagten geladenen Sachverständigen zweckmäßig sein. Beide Eidesformen als gleichberechtigte dem Richter zur Wahl zu stellen, empfehle sich jedoch nicht, weil dann wegen der Möglichkeit eines Verzichts auf die Beeidigung in der Praxis der Nacheid die Regel werden könnte und dies, wie ausgeführt, der grundsätzlichen Stellung des Sachverständigen nicht entspreche.

II. Die Kommission schritt sodann zur Beratung der Frage C II 5 des Fragebogens:

In welchem Abschnitte des Verfahrens ist die Beeidigung der Zeugen zu bewirken?

Es lagen hierzu die Anträge vor:

1. Die Beeidigung erfolgt bei der ersten gerichtlichen Vernehmung des Zeugen.
   Im Vorverfahren kann die Beeidigung unterbleiben, wenn Bedenken gegen deren Zulässigkeit obwalten, sowie wenn der Richter die Beeidigung für den Zweck des Vorverfahrens nicht für erforderlich erachtet.
2. Die Beeidigung der Zeugen soll erst in der Hauptverhandlung erfolgen. Sie hat jedoch schon im Vorverfahren zu erfolgen,
   a) wenn sie vom Beschuldigten beantragt wird;
   b) wenn sie als Mittel zur Herbeiführung einer wahrheitsgetreuen Aussage für den Zweck des Vorverfahrens oder als Unterlage für zu treffende Entscheidungen über Verhaftung, Unterbringung in eine öffentliche Irrenanstalt, Durchsuchung oder Beschlagnahme erforderlich erscheint;
   c) wenn der Zeuge voraussichtlich am Erscheinen in der Hauptverhandlung verhindert oder sein Erscheinen wegen großer Entfernung besonders erschwert sein wird, sofern seine Aussage nicht für die Feststellung des Tatbestandes bedeutungslos erscheint.
3. Die Beeidigung findet regelmäßig nur in der Hauptverhandlung statt. Im Verfahren vor der Hauptverhandlung kann eine Beeidigung dann stattfinden, wenn Gefahr im Verzug obwaltet oder wenn die Beeidigung als Mittel zur Herbeiführung einer wahrheitsgemäßen Aussage über eine Tatsache, von der die Eröffnung des Hauptverfahrens abhängig ist, erforderlich erscheint.

Es wurde zunächst nur die grundsätzliche Frage erörtert und zur Abstimmung gebracht, ob als Regel die Beeidigung bei der ersten richterlichen Vernehmung (Antrag 1) oder in der Hauptverhandlung (Anträge 2 und 3) erfolgen solle. Die Kommission entschied sich mit 17 gegen 2 Stimmen für den letzteren Zeitpunkt.

Für die Beeidigung bei der ersten richterlichen Vernehmung war unter Hinweis auf die Ausführungen in der Begründung des Gesetzentwurfs von 1895 (Reichstagsdrucks. Nr. 73 von 1895/96 S. 27 f.) geltend gemacht worden: Die Zeugen hielten, wenn sie im Vorverfahren unbeeidigt vernommen würden, häufig absichtlich zunächst mit der Wahrheit zurück. Das gefährde die Strafrechtspflege. Schuldige würden dadurch der verdienten Strafe entzogen. Gegen

Unschuldige würden andererseits nicht selten Anklagen erhoben, die zu Freisprechungen führen müßten, weil die Zeugen bei der eidlichen Vernehmung in der Hauptverhandlung die früheren Aussagen nicht mehr aufrecht erhielten. Ein Zeuge, der sofort beeidigt sei, werde ferner in der Zeit bis zur Hauptverhandlung nicht so sehr den Beeinflussungen des Angeklagten ausgesetzt und zugänglich sein wie ein unbeeidigter Zeuge. Überdies habe der Zeuge bei seiner ersten Vernehmung die von ihm zu bekundenden Tatsachen noch am frischesten im Gedächtnisse. Seine erste Aussage sei daher zuverlässiger. Endlich lasse sich die einmal beeidigte Aussage in der Hauptverhandlung auch dann verwerten, wenn der Zeuge inzwischen verstorben oder verschollen sei und deshalb die Beeidigung nicht mehr nachgeholt werden könne, während die Verlesung unbeeidigter Aussagen in der Hauptverhandlung nur geringe Bedeutung habe.

Die überwiegende Mehrheit glaubte, an dem Grundgedanken des bestehenden Rechtes, wonach die Beeidigung erst in der Hauptverhandlung erfolgen soll, festhalten zu müssen. Sie erwog:

Die Beeidigung im Vorverfahren widerspreche der Stellung, welche diesem Verfahren nach dem ganzen Systeme der Strafprozeßordnung zufalle. Das Vorverfahren dürfe nur ein Beweissammlungsverfahren sein. Die eigentlichen Beweiserhebungen und deshalb auch die Beeidigungen müßten vor den zur Urteilsfällung berufenen Richtern erfolgen. Sonst werde die Hauptverhandlung nur zu einem endlichen Rechtstage werden und der Eröffnungsbeschluß einer Verurteilung nahezu gleichstehen. Aber abgesehen von diesem mehr theoretischen Gesichtspunkte sprächen auch gewichtige praktische Gründe für die Beibehaltung des bisherigen Rechtes.

Zunächst müsse das Bedürfnis für eine Änderung bestritten werden. Es komme nicht so häufig vor, daß die Zeugen im Vorverfahren, weil sie unbeeidigt blieben, die Unwahrheit sagten. Von einer falschen Aussage zu Gunsten des Beschuldigten würden sie schon wegen der Strafbarkeit einer Begünstigung abgehalten. Freisprechungen, die nur deshalb erfolgten, weil die Zeugen in der Hauptverhandlung ihre früher unbeeidigt gemachte belastende Aussage nicht aufrecht erhielten, seien höchst selten. Meist sei in solchen Fällen die Sache überhaupt nicht gut vorbereitet gewesen oder es hätten Mißverständnisse bei der ersten Vernehmung vorgelegen. Es sei auch nicht richtig, daß die erste Vernehmung die Feststellung der objektiven Wahrheit besser fördere. Im Gegenteile seien bei schweren Delikten die Zeugen zunächst aufgeregt und zu Übertreibungen geneigt. Insbesondere sei dies beim Verletzten der Fall. Leidenschaft, Haß und Denunziationssucht würden sich im Vorverfahren viel stärker geltend machen und deshalb öfter zu Meineiden führen als im Hauptverfahren. Vor allem aber litten die Vernehmungen im Vorverfahren an dem Mangel, daß sie durch einen wenig informierten Richter erfolgen müßten, während der Vorsitzende in der Hauptverhandlung bereits das gesamte Beweismaterial aus den Akten kenne. Namentlich der um eine Beweisaufnahme ersuchte Richter kenne die Vorgänge oft nicht genügend, um dem Zeugen die geeigneten Vorhaltungen zu machen. Auch die Berichtigung der Zeugenaussagen infolge des Eingreifens der Staatsanwaltschaft und des Beschuldigten sei im Vorverfahren nicht möglich. Selbst in der Voruntersuchung sei häufig die Aussage noch nicht zum Eide reif.

Außerdem wisse man bei den ersten Ermittelungen oft noch nicht, gegen wen sie sich richten und welche Personen deshalb insbesondere wegen ihrer Beziehungen zum Beschuldigten uneidlich zu vernehmen seien. Es komme sogar nicht selten vor, daß im Vorverfahren Personen als Zeugen vernommen würden, die sich späterhin als Täter erwiesen. Man dürfe nicht die Möglichkeit herbeiführen, daß solche Personen eidlich vernommen würden. Nagele man ferner den Zeugen auf seine erste Aussage durch die Beeidigung fest, so nehme man ihm die Möglichkeit, die Aussage später zu berichtigen. Dem Zeugen eine solche Berichtigung zu erleichtern, sei aber gerade ein Hauptgrund gewesen, aus dem sich die Kommission für den Nacheid entschieden habe. Insbesondere würden auch Gegenüberstellungen von Zeugen nur selten einen Erfolg haben, wenn die Zeugen bereits eidlich vernommen seien. Durch Einführung der Beeidigung im Vorverfahren würden sich endlich die Eidesleistungen ihrer Zahl nach unendlich vermehren, was im Interesse des Ansehens des Eides zu bedauern sei. Die Verweisung auf den geleisteten Nacheid, die sich nach einer Beeidigung bei der ersten richterlichen Vernehmung sehr häufig als notwendig erweisen würde, sei dem Zeugen oft unverständlich, lasse sich auch logisch kaum rechtfertigen. Der Nacheid gehöre hinter die letzte Vernehmung.

Mehrere Mitglieder erklärten ausdrücklich, daß sie nur bei der gegenwärtigen Gestaltung des Vorverfahrens für die Beeidigung in der Hauptverhandlung seien und sich für den Fall einer Umgestaltung des Vorverfahrens eine andere Stellungnahme vorbehalten müßten.

Durch den Beschluß, wonach die Kommission es grundsätzlich bei der Beeidigung in der Hauptverhandlung belassen zu wollen erklärte, war der Antrag 1 abgelehnt. Für die weitere Beratung kamen deshalb nur noch die in den Anträgen 2 und 3 vorgeschlagenen Ausnahmen von der Beeidigung in der Hauptverhandlung in Betracht.

a) Der im Antrage 2 enthaltene Vorschlag, daß die Beeidigung im Vorverfahren zu erfolgen habe, wenn sie vom Beschuldigten beantragt wird, wurde mit 15 gegen 4 Stimmen abgelehnt.

Für den Vorschlag war geltend gemacht: Wenn ein Zeuge bei der uneidlichen Vernehmung im Vorverfahren Belastendes ausgesagt habe, so habe der Beschuldigte, der sich unschuldig fühle, ein wesentliches Interesse an der Beeidigung des Zeugen schon vor der Eröffnung des Hauptverfahrens, ohne daß er stets im Stande sei, das Gericht davon zu überzeugen, daß die Beeidigung den gewünschten Erfolg haben werde. Man möge deshalb dem Gerichte die Pflicht auferlegen, dem Antrage des Beschuldigten auf die Beeidigung stattzugeben. Die gleiche Pflicht gegenüber einem Antrage der Staatsanwaltschaft festzusetzen, sei nicht nötig, da das Gericht diesem Antrag auch ohne besondere Vorschrift meist entsprechen werde.

Die Mehrheit sprach sich gegen den Vorschlag aus, weil sie glaubte, daß die Vorschrift in der Praxis für den Beschuldigten nur geringen Wert haben würde. Der Beschuldigte wisse im heutigen Vorverfahren gar nicht, was seitens der einzelnen Zeugen bekundet sei. Die Vorschrift werde höchstens für die Zeit zwischen der Zustellung der Anklageschrift und der Eröffnung des Hauptverfahrens von Bedeutung sein. In dieser Zeit könne der Beschuldigte Anträge auf

Beeidigung schon nach geltendem Rechte gemäß §. 199 der Str.Pr.O. stellen. Erfahrungsgemäß werde aber von dieser Befugnis so gut wie kein Gebrauch gemacht. Andererseits sei die in dem Vorschlage liegende Neuerung, daß das Gericht dem Antrag auf Beeidigung stattgeben müsse, deshalb höchst bedenklich, weil sie leicht zur Chikane mißbraucht werden könne. Es sei zu befürchten, daß frivole Beschuldigte die Vorschrift dazu benutzen würden, ohne jede Begründung heute die Beeidigung des einen, morgen die eines anderen Zeugen zu beantragen, um dadurch das Verfahren zu verzögern. Höchstens könnte in Frage kommen, ob man dem Angeschuldigten während der Voruntersuchung ein beschränktes Antragsrecht geben solle. Von mehreren Seiten wurde auch empfohlen, dem Denunzianten das Recht zu gewähren, auf die Beeidigung eines Zeugen anzutragen.

b) Der weitere Vorschlag des Antrags 2, wonach die Beeidigung im Vorverfahren zulässig sein soll, wenn sie als Mittel zur Herbeiführung einer wahrheitsgetreuen Aussage für den Zweck des Vorverfahrens oder als Unterlage für zu treffende Entscheidungen über Verhaftung, Unterbringung in eine öffentliche Irrenanstalt, Durchsuchung oder Beschlagnahme erforderlich erscheint, wurde einstimmig angenommen. Der in gleicher Richtung sich bewegende Vorschlag des Antrags 3, wonach die Beeidigung im Vorverfahren statthaft sein soll, wenn sie als Mittel zur Herbeiführung einer wahrheitsgemäßen Aussage über eine Tatsache erforderlich erscheint, von der die Eröffnung des Hauptverfahrens abhängig ist, wurde mit 16 gegen 4 Stimmen abgelehnt.

Der zum Antrage 2 gestellte Unterantrag:

> die Worte „für den Zweck des Vorverfahrens“ zu streichen und zwischen „über“ und „Verhaftung“ einzufügen „die Eröffnung des Hauptverfahrens“

war vor der Abstimmung wieder zurückgezogen worden.

Die Kommission glaubte, daß es nicht genüge, wenn nach geltendem Rechte[1]) die Beeidigung im Vorverfahren zulässig sei „als Mittel zur Herbeiführung einer wahrheitsgemäßen Aussage über eine Tatsache, von der die Erhebung der öffentlichen Klage abhängig ist.“ Noch weniger liege ein Grund dafür vor, gegenüber dem bestehenden Rechte die Beeidigungen einzuschränken. Vielmehr müsse der in Ansehung der Beeidigung vom Gesetze gemachte Unterschied zwischen der Voruntersuchung und dem sonstigen Vorverfahren beseitigt werden und die Beeidigung allgemein für statthaft erklärt werden, wenn sie für den Zweck des Vorverfahrens dem Gericht als erforderlich erscheine. Unter Vorverfahren sei dabei auch das sogenannte Zwischenverfahren mit zu verstehen. Zum Schutze der durch Zwangsmaßregeln im Vorverfahren betroffenen Personen sei ausdrücklich vorzusehen, daß die Beeidigung auch als Unterlage für zu treffende Entscheidungen über Verhaftung, Unterbringung in eine öffentliche Irrenanstalt, Durchsuchung oder Beschlagnahme zulässig sein solle. Das Wort Verhaftung sei dabei in dem weiten Sinne aufzufassen, in welchem es im §. 347 der Str.Pr.O. gebraucht sei, so daß darunter auch die über die Enthaftung zu treffenden Entscheidungen fielen.

---

[1]) Zu vergl. §. 65 der Str.Pr.O.

c) Endlich wurde der Vorschlag im Antrage 2, wonach die Beeidigung im Vorverfahren erfolgen soll, wenn der Zeuge voraussichtlich am Erscheinen in der Hauptverhandlung verhindert oder sein Erscheinen wegen großer Entfernung besonders erschwert ist, einstimmig angenommen, dagegen der Zusatz zu dieser Vorschrift: „sofern seine Aussage nicht für die Feststellung des Tatbestandes bedeutungslos erscheint“ mit 11 gegen 9 Stimmen als überflüssig gestrichen. Der im Antrage 3 enthaltene Vorschlag, daß die Beeidigung auch zulässig sein möge, wenn Gefahr im Verzug obwaltet, wurde mit 13 gegen 7 Stimmen abgelehnt. Die Mehrheit glaubte, daß diese Vorschrift nur Fälle im Auge habe, welche durch den angenommenen Vorschlag im Antrage 2 bereits getroffen seien.

II. Die Kommission trat nunmehr in die Beratung der Frage C II 4 des Fragebogens ein:

Empfiehlt sich eine Umgestaltung der Eidesformel und des Verfahrens bei Abnahme von Eiden?

1. Hierzu war von einer Seite der Antrag gestellt worden:

Die Beeidigung erfolgt in folgender Form: Der Vorsitzende verliest die Formel: „Sie haben bei Gott dem Allmächtigen und Allwissenden zu schwören, daß Sie auf alle an Sie als Zeugen gerichteten Fragen der Wahrheit gemäß geantwortet und nichts verschwiegen haben.“

Der Zeuge hat (stehend und mit aufgehobener rechter Hand) zu antworten: „Ich schwöre es, so wahr mir Gott helfe.“

Dem Zeugen ist auf sein ausdrückliches Ersuchen zu gestatten, die religiöse Beteuerungsformel wegzulassen.

Mehrere andere Anträge gingen dahin,

die Eidesleistung solle in der Weise erfolgen, daß der Richter an den Zeugen die Worte richtet:

Sie schwören bei Gott dem Allmächtigen und Allwissenden, daß Sie nach bestem Wissen die reine Wahrheit gesagt und nichts verschwiegen haben.

und der Zeuge darauf die Worte spricht:

Ich schwöre es, so wahr mir Gott helfe.

Der allen Anträgen gemeinsame Vorschlag, daß der Zeuge bei der Eidesleistung nur die Worte „ich schwöre es, so wahr mir Gott helfe“ zu sprechen habe, wurde mit 19 Stimmen gegen eine Stimme angenommen. Im übrigen wurde der erste Antrag, nachdem der Abs. 3 zurückgezogen war, mit dem gleichen Stimmenverhältnis abgelehnt. Dagegen wurde die in den weiteren Anträgen vorgeschlagene Formulierung der Worte, welche der Richter an den Zeugen zu richten hat, einstimmig angenommen.

Maßgebend waren dabei folgende Erwägungen:

Es herrschte Einverständnis darüber, daß sich die bisherige Form der Eidesabnahme in der Praxis nicht bewährt habe. Das Nachsprechen einer langen Eidesformel sei zeitraubend und wenig feierlich. Die Bedeutung der einzelnen Eidesworte komme dabei vielen Zeugen nicht zum Bewußtsein. Namentlich werde häufig das Versprechen „nichts hinzuzusetzen" nicht recht verstanden. Dieses Versprechen sei auch schon in der Erklärung, die reine Wahrheit zu sagen, enthalten und daher überflüssig. Die beschlossene neue Form der Eidesabnahme sei der durch §. 288 der Str.Pr.O. und §. 51 des G.V.G. für die Beeidigung der Geschworenen und Schöffen vorgeschriebenen nachgebildet, welche sich nach Ansicht aller Mitglieder nicht blos als kurz und leicht verständlich, sondern auch als sehr feierlich wirkend erwiesen habe.

Von einer Seite wurde angeregt, hinter dem Worte „Wissen" die Worte „und Gewissen" einzufügen, um durch die Alliteration die Feierlichkeit der Formel noch zu erhöhen. Dem Vorschlage wurde entgegen gehalten, daß die Worte zwar für den Sachverständigeneid unentbehrlich seien, für den Zeugeneid aber keinen Sinn hätten.

Die abgelehnte Fassung der nach dem Antrag 1 vom Richter an den Zeugen zu richtenden Worte schien der Mehrzahl der Kommission den Nachteil zu haben, daß sie der Vorschrift des §. 68 der Str.Pr.O. widerspreche, nach welcher der Zeuge nicht blos auf Fragen zu antworten, sondern dasjenige, was ihm von dem Gegenstande seiner Vernehmung bekannt ist, im Zusammenhang anzugeben habe.

Eingehende Erörterungen veranlaßte der demnächst zurückgezogene Vorschlag, dem Zeugen auf sein ausdrückliches Ersuchen zu gestatten, die religiöse Beteuerungsformel bei den von ihm zu sprechenden Worten wegzulassen. Der Vorschlag beruhte auf der Erwägung, daß der religionslose Zeuge nicht zu einer Anrufung Gottes und damit zu einem religiösen Bekenntnisse gezwungen werden dürfe. Auf den religiös Gesinnten wirke es auch verletzend, wenn er sehe, daß ein Gottesleugner Gott zum Zeugen anrufe. Die übrigen Mitglieder der Kommission glaubten, daß die auf Gott bezüglichen Worte unbedingt in der Eidesformel beizubehalten seien. Sie entsprächen einem seit Jahrhunderten im Volksbewußtsein fest eingewurzelten Gebrauche, der nicht ohne zwingenden Grund beseitigt werden dürfe. Im überwiegenden Teile der Bevölkerung sei der Glaube an Gott unerschüttert, und es sei deshalb für die meisten Zeugen die ausdrückliche Anrufung Gottes ein besonderer Antrieb, die Wahrheit zu sagen. Ein religiöses Bekenntnis sei damit von dem Schwörenden gar nicht verlangt. Deshalb könne auch der Atheist ohne Gewissensbedenken die religiösen Worte in der gesetzlichen Eidesform aussprechen. Da schon in den Worten „ich schwöre" ein religiöses Moment enthalten sei, werde das religiöse Empfinden Dritter dadurch, daß der Gottesleugner die Worte „so wahr mir Gott helfe" hinzusetze, kaum mehr verletzt werden, als wenn er nur die Worte „ich schwöre" ausspreche. Die Zufügung der religiösen Beteuerungsformel in das Belieben des Zeugen zu stellen, sei schon deshalb bedenklich, weil dann häufig auch religiös gesinnte Zeugen sie aus Scheu vor der Heiligkeit des Eides fortlassen würden, in dem Glauben, daß ohne die Worte ein sie im Gewissen bindender Eid nicht vorliege. Der Eid würde also einen wesentlichen Teil seiner Kraft, auf den Zeugen zur Aussage der Wahrheit einzuwirken, verlieren.

2. Der ferner bezüglich der Eidesformel gestellte Antrag:

Dem Schwörenden ist gestattet, den Schlußworten der Eidesformel eine seinem Glaubensbekenntnis entsprechende Bekräftigungsformel hinzuzufügen.

wurde mit 14 gegen 6 Stimmen abgelehnt, dagegen der Antrag,

die Kommission möge zwecks Deklarierung ihres Standpunkts aussprechen:

Das Hinzufügen einer dem Glaubensbekenntnisse des Zeugen entsprechenden Bekräftigungsformel macht die Eidesleistung nicht ungültig.

mit 14 gegen 6 Stimmen angenommen.

Für den ersteren Antrag war geltend gemacht: Es bestehe zwar weder in der katholischen noch in der evangelischen Kirche eine ausdrücklich festgelegte Eidesformel. Indessen sei doch nach Anschauung einzelner Landeskirchen und Sekten nur der in einer bestimmten Form geleistete Eid als ein im Gewissen bindender anzusehen. Der Staat habe kein Interesse daran, zu verbieten, daß der einer solchen Landeskirche oder Sekte angehörige Zeuge den staatlichen Eid durch einen Zusatz auch zu einem nach seinem Glaubensbekenntnisse gültigen Eide mache und sich dadurch noch fester zur Aussage der Wahrheit verpflichte. Auch die Militärstrafgerichtsordnung (§. 179 Abs. 2, §. 42 Abs. 3) gestatte einen solchen Zusatz. Eine ausdrückliche Vorschrift sei wünschenswert, weil sonst der Richter im einzelnen Falle die Zufügung der besonderen Bekräftigungsformel dem Zeugen untersagen könne.

Die Mehrheit hielt es zwar für unbedenklich, wenn im einzelnen Falle der Zeuge eine konfessionelle Bekräftigungsformel hinzufüge, und glaubte ihren Standpunkt in Übereinstimmung mit der gerichtlichen Praxis (zu vergl. Rechtspr. des Reichsgerichts in Straff. Bd. 6 S. 44, auch Preuß. Justiz-Ministerial-Bl. 1880 S. 369) ausdrücklich dahin klarlegen zu sollen, daß durch solche Zusätze dem Eide seine Gültigkeit nicht genommen werde. Sie erachtete jedoch die Aufnahme einer Vorschrift, welche dem Zeugen ausdrücklich derartige Zusätze gestattet, nicht für angezeigt. Es sei bedenklich, die Zeugen auf die Beifügung solcher Formeln im Gesetze hinzuweisen, weil dadurch die Zeugen zu dem Glauben verleitet würden, als sei die gesetzliche Eidesformel nicht genügend, um zur Aussage der Wahrheit zu verpflichten. Auch könnten Streitigkeiten darüber entstehen, ob die zugefügte Bekräftigungsformel dem Glaubensbekenntnisse des Zeugen entspreche, und hierdurch würde konfessioneller Hader in den Gerichtssaal getragen werden. Endlich bestehe, wie die Praxis zeige, im allgemeinen kein Bedürfnis im Volke, die fraglichen Zusätze zu machen. Wenn die Militärstrafgerichtsordnung solche Zusätze ausdrücklich gestatte, so habe dies eher eine Berechtigung, da beim Fahneneide von jeher die Hinzufügung besonderer Bekräftigungsformeln üblich sei.

3. In Ansehung der Beeidigung mehrerer Zeugen war der Antrag gestellt:

Mehrere Zeugen sollen gleichzeitig beeidigt werden dürfen. Für den Fall der gleichzeitigen Beeidigung soll jeder Zeuge die Eidesworte einzeln zu sprechen haben.

Der Antrag wurde mit 16 gegen 4 Stimmen angenommen. Die Mehrheit der Kommission war der Ansicht, daß die Feierlichkeit der Handlung erhöht werde, wenn der Richter die Eidesformel nur einmal an sämtliche Zeugen richte und dann jeder Zeuge einzeln die Eidesworte spreche, wie dies nach dem geltenden Rechte bei der Beeidigung der Schöffen und Geschworenen geschehe. Dem Richter müsse aber die Befugnis vorbehalten bleiben, unter Umständen einen Zeugen auch einzeln zu beeidigen. Von den gegen den Antrag stimmenden Mitgliedern war ausgeführt worden, daß die Einzelbeeidigung auf den Zeugen einen größeren Eindruck mache. Auch liege bei der Kollektivbeeidigung die Gefahr vor, daß dabei leichter gewisse Manipulationen, wie das Legen der Hand auf den Rücken, übersehen werden könnten, welche, entsprechend einem noch immer verbreiteten Aberglauben, bisweilen vorgenommen würden, um den Eid wirkungslos zu machen („Abschwören des Eides").

4. Es herrschte Einverständnis in der Kommission darüber, daß gemäß den bezüglich des Zeugeneids gefaßten Beschlüssen auch das Verfahren bei Abnahme des Sachverständigeneids abzuändern sei. Die bisherige Norm des Sachverständigeneids sei jedoch beizubehalten.

9. Sitzung.

21. März 1903.

Beeidigung.

I. Zu §. 66 der Str.Pr.O. wurde beantragt:

Wird ein eidlich vernommener Zeuge in derselben Strafsache nochmals vernommen, so kann der Richter statt der nochmaligen Beeidigung den Zeugen die Richtigkeit seiner Aussage unter Berufung auf den früher geleisteten Eid versichern lassen.

Der Antrag wurde mit 15 gegen 2 Stimmen angenommen.

Die Kommission war in ihrer überwiegenden Mehrheit der Ansicht, daß die Verweisung auf den in derselben Strafsache früher geleisteten Eid allgemein zuzulassen sei, um die Zahl der Eidesleistungen tunlichst herabzusetzen. Für die gegenwärtig geltende Einschränkung auf die Fälle der nochmaligen Vernehmung in demselben Vorverfahren oder in demselben Hauptverfahren fehle es an einem entscheidenden Grunde. Sie habe sich in der Praxis auch nicht bewährt. Es sei vollkommen ausreichend, daß der Richter im einzelnen Falle, wenn nach seiner Meinung die Verweisung keinen genügenden Eindruck auf den Zeugen mache, eine nochmalige Beeidigung vornehmen könne.

Mit der Begründung, daß die Verweisung auf einen früher geleisteten Nacheid unlogisch sei, wurde von einer Seite beantragt,

in die Eidesnorm, welche der Richter dem Zeugen vorzusprechen hat, folgenden Zusatz aufzunehmen:

sowie daß Sie auch bei etwaigen künftigen Befragungen in dieser Untersuchung die reine Wahrheit sagen und nichts verschweigen werden.[1])

Der Antrag wurde mit 12 gegen 6 Stimmen abgelehnt. Maßgebend für die Ablehnung war die Erwägung, daß durch die Annahme des Antrags der von der Kommission bereits abgelehnte Voreid teilweise wiederhergestellt werden würde und daß das theoretische Bedenken, welches gegen die Verweisung auf einen Nacheid geltend gemacht werden könne, nicht dazu führen dürfe, eine wegen ihrer Schwerfälligkeit für die Praxis wenig geeignete Eidesnorm zu wählen.

---

[1]) Zu vergl. Anhang I zur Sächsischen Strafprozeßordnung vom 1. Oktober 1868 (Gesetz- und Verordnungsbl. S. 1192).

II. Es wurde sodann zur Beratung der bisher zurückgestellten Frage C II 1c des Fragebogens übergegangen, ob die Beeidigung in geringfügigen Sachen einzuschränken sei.

Es lagen folgende Anträge vor:

1. Im Verfahren wegen Übertretungen findet eine Beeidigung von Zeugen oder Sachverständigen nicht statt.
2. Im Verfahren wegen Ubertretungen erfolgt
   a) für den Fall der Pönalisierung der uneidlichen falschen Aussage die Vernehmung der Zeugen und Sachverständigen uneidlich; auf Antrag eines Mitglieds des Gerichts, der Staatsanwaltschaft oder des Angeklagten hat aber der Zeuge oder Sachverständige die Richtigkeit und Vollständigkeit seiner Aussage oder die Unparteilichkeit und Gewissenhaftigkeit des Gutachtens an Eidesstatt zu versichern.
   b) für den Fall der Ablehnung der Pönalisierung hat der Zeuge oder Sachverständige die Richtigkeit und Vollständigkeit seiner Aussage oder die Unparteilichkeit und Gewissenhaftigkeit des Gutachtens an Eidesstatt zu versichern.
3. In dem Verfahren wegen Übertretungen kann die Beeidigung unterbleiben, wenn sie weder beantragt noch von einem Mitgliede des Gerichts verlangt ist.
4. Im Verfahren wegen Übertretungen darf die Beeidigung der Zeugen und Sachverständigen unterbleiben, wenn die Staatsanwaltschaft und der Angeklagte mit der Unterlassung einverstanden sind.

Die Anträge 1 und 2b wurden mit 17 gegen 2 Stimmen abgelehnt. Der Antrag 2a wurde darauf zurückgezogen. Bei der weiteren Abstimmung wurde der Antrag 3 mit 11 gegen 8 Stimmen abgelehnt, der Antrag 4 dagegen einstimmig angenommen.

Einverständnis herrschte darüber, daß auf die Einschränkung der Eidesleistungen im Verfahren wegen Übertretungen der größte Wert zu legen sei, da die Heiligkeit des Eides ganz besonders verletzt werde, wenn er wegen geringfügiger Sachen abgenommen werden müsse, zumal die Volksüberzeugung die rein polizeilichen Delikte gar nicht als eigentliche Straftaten bewerte.

Darüber, auf welchem Wege hier eine Einschränkung der Eidesleistungen zu erzielen sei, gingen die Ansichten auseinander.

Dem Vorschlage, die Beeidigung ganz auszuschließen (Antrag 1), wonach übrigens die Bestrafung der falschen uneidlichen Aussage vorausgesetzt war, vermochte die überwiegende Mehrheit der Kommission nicht beizupflichten. Es wurde dagegen ausgeführt: Die objektive Wahrheit im Interesse der Gerechtigkeit zu erforschen, müsse in erster Linie das Ziel jeder Strafrechtspflege sein und dabei sei es gleichgültig, ob es sich um leichte oder schwere Straftaten handele. Auch im Verfahren wegen einer Übertretung könne unter Umständen eine Beeidigung erforderlich sein, um eine wahrheitsgemäße Aussage von einem Zeugen oder ein gewissenhaftes Gutachten von einem Sachverständigen zu erlangen. Für den Angeklagten sei die Verurteilung wegen einer Übertretung oft von erheblicher Bedeutung. Eine Haftstrafe könne ebenso bitter wie eine Gefängnisstrafe empfunden werden. Zuweilen ziehe die Verurteilung wegen einer Übertretung auch die

Entziehung einer gewerblichen Konzession nach sich. In diesen Fällen sei es unter Umständen von großem Werte, wenn die Zeugen, insbesondere Denunzianten, die vielleicht als Konkurrenten des Beschuldigten an dessen Verurteilung ein Interesse haben, durch die Beeidigung zur Aussage der Wahrheit angehalten werden können.

Aus den angegebenen Gründen erschien es der Mehrheit der Kommission auch nicht empfehlenswert, die Beeidigung durch eine Versicherung an Eidesstatt zu ersetzen (Antrag 2). Gegen die Versicherung an Eidesstatt wurde ferner geltend gemacht: Ihre Bedeutung sei im Volke nur wenig bekannt. Auf viele Zeugen und Sachverständigen werde sie einen geringeren Eindruck als der Eid machen. Für den religiös Gesinnten habe sie zwar eine ähnliche Bedeutung wie die Eidesleistung. Daraus folge aber gerade, daß der Ersatz des Eides durch die Versicherung an Eidesstatt nicht geeignet sei, die gegenwärtig bestehenden Mißstände zu beseitigen. Ferner werde es in der Praxis zu Unzuträglichkeiten führen, wenn eine als Übertretung verfolgte Straftat sich in der Hauptverhandlung als Vergehen herausstelle und nunmehr von dem Zeugen oder Sachverständigen, der bereits eine eidesstattliche Versicherung abgegeben habe, nachträglich noch ein Eid geleistet werden müsse. Endlich dürfe nicht außer Acht gelassen werden, daß gerade bei Übertretungen häufig die Strafbarkeit einer Handlung von der Beurteilung eines bürgerlichen Rechtsverhältnisses abhänge und das Strafgericht auch über dieses zu entscheiden habe. Es sei nicht angängig, daß bei solchen Entscheidungen im Strafprozesse der Beweis in anderer und weniger zuverlässiger Art erhoben werde als im Zivilprozesse.

Die Mehrheit glaubte vielmehr, daß man bei Übertretungen allerdings in vielen Fällen ohne Nachteil für die Rechtspflege die Beeidigung ganz entbehren könne, und zwar auch dann, wenn eine Bestrafung der falschen uneidlichen Aussage nicht eingeführt werde, daß aber doch die Möglichkeit bestehen bleiben müsse, in den besonders dazu geeigneten Fällen eine Beeidigung herbeizuführen. Von den beiden hierauf abzielenden Anträgen 3 und 4 wurde dem letzteren, welcher das Einverständnis der Beteiligten zur Unterlassung der Beeidigung forderte, der Vorzug gegeben, weil er dem bereits gefaßten Beschlusse bezüglich der Beeidigung unerheblicher Aussagen entspreche. Hierbei ging man davon aus, daß der Richter, wenn er das Einverständnis der Parteien über die Nichtbeeidigung einhole, gleichzeitig den Angeklagten über dessen Befugnis, die Beeidigung zu beantragen, werde belehren müssen.

III. Im Anschluß an die Einschränkung der Beeidigung im Verfahren wegen Übertretungen wurde der Antrag zur Beratung gestellt:

> In Privatklagesachen hängt es vom richterlichen Ermessen ab, ob Zeugen, die zum Privatkläger in einem der im §. 51 der Str.Pr.O. bezeichneten Verhältnisse stehen, unbeeidigt zu vernehmen oder zu beeidigen sind.

Der Vorschlag entspricht einem mit schriftlicher Begründung bereits in das Protokoll über die dritte Sitzung unter IV (S. 25) aufgenommenen Antrage, welcher hinsichtlich des Rechtes zur Zeugnisverweigerung und der Beeidigung die Angehörigen des Privatklägers den Angehörigen des Beschuldigten gleichstellen will. Dieser Antrag ist damals, soweit er sich auf die Zeugnisverweigerung bezieht, abgelehnt worden. In Betreff der Beeidigung wurde er nunmehr, nachdem der Antragsteller auf die schriftliche Begründung Bezug genommen hatte, ohne Debatte mit 17 Stimmen gegen eine Stimme angenommen.

IV. Der fernere Antrag:

> In Privatklagesachen darf die Beeidigung von Zeugen unterbleiben, wenn die Parteien auf die Beeidigung verzichten und kein Mitglied des Gerichts sie beantragt.

wurde mit 16 Stimmen gegen eine Stimme angenommen. Man ging davon aus, daß in Privatklagesachen bei allseitigem Einverständnis ohne Nachteil für die Rechtspflege von der Beeidigung abgesehen werden könne, weil hier die Zeugen den Parteien in der Regel bekannt seien und daher im Falle des Verzichts auch ohne Beeidigung eine genügende Gewähr für wahrheitsgemäße Zeugenaussagen bestehe. Die Sache liege in Privatklagesachen nicht anders als im Zivilprozesse, wo man in der Praxis mit dem Verzicht auf die Beeidigung keine ungünstigen Erfahrungen gemacht habe. Allzu häufig würden die Parteien allerdings von dem Verzichte keinen Gebrauch machen. Immerhin könne doch durch die Vorschrift eine erhebliche Anzahl von überflüssigen Eiden vermieden werden. Das gegen den Antrag stimmende Mitglied hielt den Vorschlag nur bei Bestrafung der uneidlichen falschen Aussagen für gerechtfertigt und glaubte deshalb, vorläufig seine Zustimmung versagen zu müssen.

V. Die Kommission ging sodann zu dem Antrag über,

> den §. 57 der Str.Pr.O. zu streichen und dem §. 56 als Nr. 4 beizufügen [1]):
>
> 4. die im §. 51 bezeichneten Personen.

Der Antrag wurde vor der Abstimmung zurückgezogen. Von dem Antragsteller war ausgeführt worden: Da die Angehörigen des Beschuldigten in der Regel unzuverlässige Zeugen seien, habe ihre Beeidigung keinen erheblichen Wert. In der Praxis werde schon jetzt meistens von der Beeidigung der Angehörigen abgesehen ohne Rücksicht darauf, ob das Gericht ihnen Glauben schenken wolle oder nicht. Im Zivilprozesse möge die Befugnis, die Beeidigung eines Angehörigen zu beschließen, eher eine Berechtigung haben, da man nach einer solchen Beeidigung unter Umständen einen Parteieid vermeiden könne. Für den Strafprozeß müsse diese Beeidigung ausgeschlossen werden. Von mehreren anderen Seiten wurde der Antrag als unannehmbar bezeichnet. Wenngleich in der Praxis die Beeidigung der Angehörigen in der Regel nicht erfolge, so habe sich die Möglichkeit dieser Beeidigung in einzelnen Fällen als sehr zweckmäßig erwiesen. Namentlich sei sie unentbehrlich, um entlastende Aussagen der Angehörigen auf ihre Wahrheit hin prüfen zu können.

VI. Endlich lag noch der Antrag vor,

> dem §. 56 der Str.Pr.O. die Vorschrift beizufügen, daß als Begünstigung im Sinne des §. 56 Nr. 3 eine in demselben Strafverfahren zu Gunsten des Beschuldigten gemachte unwahre Aussage nicht zu betrachten ist.

---

[1]) Der §. 57 stellt die Beeidigung der zur Zeugnisverweigerung nach §. 51 berechtigten Personen in das Ermessen des Richters; der §. 56 bestimmt, wer unbeeidigt zu vernehmen ist.

Von anderer Seite wurde beantragt,

die dem §. 56 beizufügende Vorschrift dahin zu fassen:

Eine Begünstigung durch eine in demselben Strafverfahren zu Gunsten des Beschuldigten gemachte unwahre Aussage schließt die eidliche Vernehmung nicht aus.

Der erstere Antrag wurde im Laufe der Debatte zurückgezogen, der letztere mit 14 gegen 3 Stimmen abgelehnt.

Zur Begründung der Anträge war geltend gemacht worden: Nach der Praxis des Reichsgerichts (zu vergl. Rechtspr. Bd. 6 S. 214, Goltdammer's Archiv Bd. 35 S. 304, Entsch. in Straff. Bd. 28 S. 111) müsse der Zeuge wegen Verdachts der Begünstigung gemäß §. 56 Nr. 3 der Str.Pr.O. unbeeidigt bleiben, wenn er im Vorverfahren die Unwahrheit zu Gunsten des Beschuldigten ausgesagt habe, um diesen der Bestrafung wegen eines Verbrechens oder Vergehens zu entziehen. Der Zeuge könne sich also nach geltendem Rechte dadurch, daß er im Vorverfahren frech lüge, der Beeidigung entziehen. Durch das Verbot der Beeidigung werde dem erkennenden Richter ein für die Erforschung der materiellen Wahrheit wesentliches Beweismittel entzogen. Diesem Mißstande müsse im Interesse der Rechtspflege abgeholfen werden.

Der erstere Antrag wurde von mehreren Seiten schon deshalb für unannehmbar erklärt, weil er nicht bloß eine prozessuale Rechtsnorm enthalte, sondern zugleich in das materielle Strafrecht eingreife; wenigstens liege die Gefahr vor, daß aus der Vorschrift auch für das materielle Recht Folgerungen gezogen werden könnten. Die überwiegende Mehrheit vermochte aber auch für den zweiten Antrag ein Bedürfnis nicht anzuerkennen. Daß ein Zeuge im Vorverfahren falsche Aussagen mache, um sich der Beeidigung zu entziehen, komme selten vor; der Zeuge werde hiervon schon dadurch abgeschreckt, daß ein derartiger Versuch ihn der Bestrafung wegen Begünstigung aussetze. Liege aber eine solche Begünstigung vor, so sei die Beeidigung bedenklich, weil hierdurch der Zeuge in die Zwangslage versetzt werde, entweder einen Meineid zu begehen oder durch die Berichtigung der falschen Aussage seine strafrechtliche Verfolgung wegen Begünstigung herbeizuführen.

VII. Der Vorsitzende stellte hierauf fest, daß die Fragen C des Fragebogens, mit Ausnahme der auf die Bestrafung der falschen uneidlichen Aussage bezüglichen, erledigt seien. Diese letzteren Fragen wurden von der Tagesordnung abgesetzt.

Als Beginn der nächsten Tagung wurde sodann der 5. Mai bestimmt. Als Beratungsgegenstände für diese Tagung wurden die Fragen C II 6, D, E, F des Fragebogens bezeichnet.

10. Sitzung.

5. Mai 1903.

Beschlagnahme. Durchsuchung.

I. Da der Referent für die Frage C II 6 des Fragebogens (Einführung der Bestrafung uneidlicher falscher Aussagen) durch Krankheit am Erscheinen verhindert war, wurde diese Frage vorläufig von der Tagesordnung abgesetzt. Die Kommission begann deshalb ihre Beratungen bei den Fragen D des Fragebogens:

> Ist eine besondere Regelung der Frage geboten, ob bei der Untersuchung solcher strafbarer Handlungen, deren Verfolgung nur auf Antrag eintritt, die Beschlagnahme vor Stellung des Strafantrags stattfinden kann?
>
> Wie ist das Verfahren zu regeln?
>
> (Str.Pr.O. §§. 94 bis 101.)

Die erstere Frage wurde mit 14 gegen 5 Stimmen in dem Sinne bejaht, daß die Zulässigkeit der Beschlagnahme vor Stellung des Strafantrags durch eine ausdrückliche gesetzliche Vorschrift auszusprechen sei.

Die Kommission ging davon aus, daß die Frage nach geltendem Rechte zweifelhaft sei. Das Reichsgericht (I. Straffenat) habe in einem Urteile vom 13. Februar 1882 (Entsch. in Straff. Bd. 6 S. 37) die Vorschriften des §. 127 Abs. 3 und des §. 130, durch welche die Zulässigkeit der vorläufigen Festnahme und der Verhaftung vor Stellung des Strafantrags anerkannt wird, als Ausnahmebestimmungen bezeichnet und im Anschlusse hieran habe sich Olshausen (Kommentar zum Strafgesetzbuche Note 56b zu §. 61) für Verneinung der Frage ausgesprochen. Dagegen werde sie von Löwe (Kommentar zur Strafprozeßordnung 11. Aufl. S. 450), Oppenhoff-Delius (Kommentar zum Strafgesetzbuch 14. Aufl. S. 173) und anderen bejaht. In einem neueren Urteile vom 18. September 1900 (Entsch. in Straff. Bd. 33 S. 380) habe das Reichsgericht (II. Straffenat) den Standpunkt eingenommen, daß die Staatsanwaltschaft auch vor Stellung eines Strafantrags berechtigt sei, die zur Sicherung des Beweises erforderlichen Maßnahmen zu treffen und zu diesem Behufe Beweismittel in Verwahrung zu nehmen, bei Gefahr im Verzug aber in Beschlag zu nehmen.

Eine Minderheit stellte sich de lege lata auf den Standpunkt, daß die Beschlagnahme vor Stellung des Strafantrags unzulässig sei, und erachtete es auch de lege ferenda nicht für geboten, sie durch Abänderung des Gesetzes für zulässig zu erklären. Es wurde ausgeführt: Die Beschlagnahme sei eine sehr einschneidende Maßregel und schädige den Betroffenen oft in hohem Grade; man dürfe sie daher nicht auf die Gefahr hin zulassen, daß sie sich nachträglich mangels der Stellung eines Strafantrags als zu Unrecht erfolgt erweise. Die Staatsanwaltschaft gerate auch in eine peinliche Lage, wenn nach geschehener Beschlagnahme der Antrag von dem Berechtigten nicht gestellt werde. Bei den jetzigen Verkehrsmitteln sei übrigens die Staatsanwaltschaft in der Regel imstande, den Antrag schon vor der Beschlagnahme so schnell einzuholen, daß dadurch kaum eine erhebliche Verzögerung dieser Maßnahme einzutreten brauche.

Die Mehrheit der Kommission sprach sich indessen dafür aus, daß die Beschlagnahme auch vor Stellung des Strafantrags zulässig sein müsse. Die Beschlagnahme sei eine Sicherungsmaßregel zum Zwecke der Ermöglichung oder Erleichterung der Strafverfolgung. Es bestehe kein innerer Grund dafür, daß diese Sicherung nicht auch dann schon getroffen werden könne, wenn es mangels eines Strafantrags noch ungewiß sei, ob es zu einer Durchführung der Strafverfolgung kommen werde. Daß durch die Beschlagnahme der Betroffene unter Umständen geschädigt werde, könne nicht ausschlaggebend ins Gewicht fallen. Handlungen, deren Verfolgung nur auf Antrag eintritt, seien ohne Rücksicht auf das Erfordernis des Antrags strafbare Handlungen. Werde der Täter mangels eines Antrags nicht zur Verantwortung gezogen, so sei dies ein Vorteil für ihn, auf welchen er keinen Anspruch habe; der Täter dürfe sich deshalb nicht beklagen, wenn seitens der zuständigen Behörden Schritte zur Vorbereitung einer etwaigen Strafverfolgung geschähen. Die Staatsanwaltschaft könne kein Vorwurf treffen, wenn sie durch die Beschlagnahme eine Anklage vorbereite, deren Durchführung späterhin infolge der Nichtstellung eines Antrags scheitere. Fälle dieser Art würden übrigens selten sein, da die Staatsanwaltschaft nur dann zu einer Beschlagnahme schreiten werde, wenn die Strafverfolgung im öffentlichen Interesse liege und anzunehmen sei, daß der Strafantrag gestellt werde. Die Aussetzung der Beschlagnahme bis zur Stellung des Strafantrags würde häufig die Überführung des Täters unmöglich machen, weil die Beschlagnahme in der Regel nur bei sofortiger Anordnung zu einem Ergebnisse führe. Abgesehen hiervon bestehe aber auch um deswillen ein dringendes Bedürfnis für die Zulässigkeit der Beschlagnahme vor Stellung des Strafantrags, weil unter Umständen erst durch die Beschlagnahme festgestellt werden könne, wer der Antragsberechtigte oder wer der Täter sei, gegen welchen sich der Antrag zu richten habe. Die Staatsanwaltschaft sei deshalb nicht immer in der Lage, vor der Beschlagnahme den Antragsberechtigten zu befragen, ob er den Strafantrag stelle. Übrigens habe auch die Militärstrafgerichtsordnung (§. 234) die Beschlagnahme vor Stellung des Strafantrags für zulässig erklärt. Es liege um so weniger Grund vor, in der bürgerlichen Strafprozeßordnung hiervon abzuweichen, als diese die Zulässigkeit der Verhaftung vor Stellung des Strafantrags bereits anerkenne (§. 130 der Str.Pr.O.), und der Verhaftung gegenüber die Beschlagnahme nur eine geringere Zwangsmaßregel sei. Es empfehle sich daher, zur Beseitigung der bestehenden Zweifel durch eine entsprechende Ergänzung des Gesetzes die Beschlagnahme ausdrücklich zu gestatten.

Was die Regelung des Verfahrens im einzelnen anlangt, so lagen folgende Anträge vor:

1. Bei Antragsdelikten soll die Anordnung einer Beschlagnahme vor Stellung des Strafantrags nur bei Gefahr im Verzuge zulässig sein.
2. Erfolgt die Beschlagnahme, bevor der Strafantrag gestellt ist, so sind die Antragsberechtigten, von mehreren mindestens einer derselben, sofort von der Beschlagnahme in Kenntnis zu setzen. Wird der Antrag nicht binnen einer Woche seit dem Vollzuge der Beschlagnahme gestellt, so ist die Beschlagnahme von Amtswegen aufzuheben.

Der Antrag 1 wurde mit 10 gegen 8 Stimmen, der Antrag 2 mit 17 Stimmen gegen eine Stimme angenommen.

Die Mehrheit glaubte, daß für die Beschlagnahme vor Stellung des Strafantrags nur bei Gefahr im Verzug ein Bedürfnis bestehe. Wenn es möglich sei, ohne den Zweck der Beschlagnahme zu gefährden, den Antragsberechtigten vorher zu befragen, ob er einen Strafantrag stellen wolle, so sei es angemessen, die Stellung dieses Antrags zunächst abzuwarten. Um ein voreiliges Einschreiten der Staatsanwaltschaft zu verhindern, sei es zweckmäßig, die Einschränkung im Gesetz ausdrücklich auszusprechen. Seitens der Minderheit wurde ausgeführt, daß die Staatsanwaltschaft nach §. 98 der Str.Pr.O. ohnehin nur bei Gefahr im Verzuge zur Anordnung der Beschlagnahme befugt sei, dem Richter aber das Beschlagnahmerecht ohne Beschränkung zustehen müsse. Ferner wurde gegen den Antrag geltend gemacht, daß die Zulässigkeit einer Beschlagnahme vor Stellung des Strafantrags eine wesentliche Bedeutung gerade in den Fällen habe, wo durch die Beschlagnahme erst die Person des Antragsberechtigten ermittelt werden solle; in diesen Fällen werde aber von einer Gefahr im Verzuge nicht immer die Rede sein können. Auch nach der Militärstrafgerichtsordnung (§. 234 in Verbindung mit §. 238) sei nur der Untersuchungsführer, nicht aber der Gerichtsherr auf den Fall der Gefahr im Verzuge beschränkt.

Im übrigen erschien der überwiegenden Mehrheit eine dem §. 234 der Militärstrafgerichtsordnung entsprechende Regelung des Verfahrens, wie sie im Antrage 2 vorgeschlagen ist, angemessen. Insbesondere wurde im Anschluß an jene Vorschrift für erforderlich erachtet, zu bestimmen, daß beim Vorhandensein mehrerer Antragsberechtigter die Benachrichtigung eines derselben genüge, da unter Umständen, z. B. bei Kollektivbeleidigungen, die Zahl der Berechtigten so groß sei, daß die Benachrichtigung aller Beteiligten tatsächlich unmöglich wäre.

Das gegen den Antrag 2 stimmende Mitglied erachtete die vorgeschlagene Regelung aus dem Grunde nicht für zweckentsprechend, weil sie den Fall nicht berücksichtige, daß der Antragsberechtigte unbekannt sei.

II. Zu den Vorschriften über die Beschlagnahme lagen ferner die Anträge vor:

1. Es empfiehlt sich,
   a) im §. 94 der Str.Pr.O. die Zulässigkeit der Beschlagnahme auf solche Gegenstände auszudehnen, die dem Verletzten durch die strafbare Handlung entzogen oder mittels dieser Sachen oder ihres Erlöses angeschafft sind, soweit sie sich im Gewahrsame des Täters, eines Teilnehmers, Begünstigers oder Hehlers befinden;

b) im §. 111 der Str.Pr.O.[1]) die Vorschriften über die Rückgabe von Gegenständen, welche dem Verletzten durch die strafbare Handlung entzogen wurden, auf solche Gegenstände auszudehnen, welche mittels der strafbar erlangten Sachen oder ihres Erlöses angeschafft sind.

2. An Stelle des §. 111 Abs. 1 der Str.Pr.O. soll folgende Vorschrift treten:

Gegenstände, welche durch die strafbare Handlung dem Verletzten entzogen worden sind, ferner Geld und Inhaberpapiere, die der Täter, ein Teilnehmer, Begünstigter oder Hehler durch Veräußerung solcher Sachen erlangt hat, sind, wenn nicht Ansprüche Dritter entgegenstehen, so bald als möglich dem Verletzten auszuhändigen.

Andere durch Veräußerung sträflich erlangter Gegenstände erworbene oder aus dem Erlöse derselben angeschaffte Sachen können unter der gleichen Voraussetzung dem Verletzten ausgehändigt werden.

Hierzu wurde im Laufe der Verhandlung der weitere Antrag gestellt:

3. Die Kommission möge sich zunächst nur dahin aussprechen, daß sie den Grundgedanken der Anträge 1 und 2 billige, ihnen aber in der gegenwärtigen Fassung nicht zustimmen könne.

Der Antrag 1a wurde, soweit er sich auf Gegenstände bezieht, die dem Verletzten durch die strafbare Handlung entzogen sind, mit 10 gegen 9 Stimmen, soweit er sich auf Gegenstände bezieht, die mittels dieser Sachen oder mittels ihres Erlöses angeschafft sind, mit 15 gegen 4 Stimmen abgelehnt. Der Antrag 1b wurde zurückgezogen, der Antrag 2 dagegen angenommen, und zwar der Abs. 1 mit 11 gegen 8, der Abs. 2 mit 10 gegen 9 Stimmen. Dadurch erübrigte sich eine Abstimmung über den Antrag 3.

Die Mehrheit der Kommission war der Ansicht, daß die Vorschrift in §. 111 der Str.Pr.O., nach welcher durch eine vorläufige Regelung des Besitzstandes zu Gunsten des durch die strafbare Handlung Verletzten den Interessen des Letzteren Rechnung getragen werden solle, dem praktischen Bedürfnisse nicht genüge. Die Vorschrift beschränke sich auf die dem Verletzten durch die strafbare Handlung entzogenen Gegenstände, finde dagegen nach der feststehenden Rechtsprechung des Reichsgerichts[2]) Anwendung weder auf den aus der Veräußerung der Gegenstände erzielten Erlös, noch auf die aus dem Erlös oder mittels des dem Verletzten entzogenen Geldes angeschafften Sachen, ja nicht einmal auf die

---

[1]) Der §. 111 lautet:

Gegenstände, welche durch die strafbare Handlung dem Verletzten entzogen wurden, sind, falls nicht Ansprüche Dritter entgegenstehen, nach Beendigung der Untersuchung und geeignetenfalls schon vorher von Amtswegen dem Verletzten zurückzugeben, ohne daß es eines Urteils hierüber bedarf.

Dem Beteiligten bleibt die Geltendmachung seiner Rechte im Zivilverfahren vorbehalten.

[2]) Urteile vom 12. Januar 1880 (Entsch. in Straff. Bd. 1 S. 144) und vom 3. Juni 1880 (Rechtspr. Bd. 2 S. 20).

durch Umwechselung gestohlenen Geldes erlangten anderen Geldstücke. Infolgedessen sei der Verletzte, falls die ihm entzogenen Gegenstände selbst sich in der Verwahrung des Gerichts nicht befänden, gezwungen, seine Ansprüche auf dem umständlichen Wege des Zivilprozesses zu verfolgen. Dieser Rechtszustand sei dem Volksbewußtsein unverständlich. Das Publikum sei geneigt, in der Verweisung an den Zivilrichter eine Nachlässigkeit oder gar eine Chikane der Staatsanwaltschaft zu erblicken. Der §. 111 müsse daher auf alle durch Veräußerung der dem Verletzten entzogenen Gegenstände oder aus dem Erlöse derselben angeschafften Sachen ausgedehnt werden. Jedoch dürfe die Aushändigung dieser Gegenstände an den Verletzten, schon mit Rücksicht darauf, daß ihm damit unter Umständen eine unbequeme Last aufgebürdet werde, im allgemeinen nur fakultativ zugelassen und zwingend lediglich insoweit vorgeschrieben werden, als Geld oder Inhaberpapiere an die Stelle der dem Verletzten entzogenen Gegenstände getreten sind.

Dagegen empfehle es sich nicht, die im Antrag 1 unter a vorgeschlagene Ergänzung des §. 94 der Str.Pr.O. vorzunehmen. Der Antrag wolle dem §. 111 mit Rücksicht darauf, daß er nur Platz greife, wenn die dem Verletzten auszuhändigenden Gegenstände sich in der Verwahrung des Gerichts befinden, dadurch eine größere praktische Bedeutung verschaffen, daß er die Zulässigkeit der Beschlagnahme auf alle dem §. 111 unterliegenden Gegenstände ausdehnt, ohne Rücksicht, ob sie für die Untersuchung als Beweismittel von Bedeutung sind oder nicht. Es müsse jedoch daran festgehalten werden, daß die Beschlagnahme lediglich Zwecken des Strafverfahrens zu dienen habe. Man dürfe sich nicht schon bei der Normierung der Gründe für ihre Zulässigkeit von Gesichtspunkten leiten lassen, die nur zivilrechtliche Interessen des Verletzten im Auge hätten. Dadurch würde die Beschlagnahme zu einer Art von antizipierter Zwangsvollstreckung werden, die um so bedenklicher sei, als sie schon zu einer Zeit erfolge, wo nur der Verdacht einer strafbaren Handlung vorliege und es noch keineswegs feststehe, ob dem Verletzten überhaupt ein zivilrechtlicher Anspruch zustehe. Übrigens werde, was die dem Verletzten entzogenen Gegenstände selbst anlangt, die Beschlagnahme regelmäßig schon nach der jetzigen Fassung des Gesetzes eintreten, da es genüge, wenn die Gegenstände als Beweismittel für die Untersuchung von Bedeutung sein können.

Die Minderheit der Kommission machte auch gegen die von der Mehrheit gewünschte Änderung des §. 111 Bedenken geltend. Wenn nach der gegenwärtigen Fassung dieser Vorschrift die dem Verletzten entzogenen Gegenstände ihm im Strafverfahren wieder zurückgegeben würden, so werde damit ein präsumtiv richtiger Besitzstand geschaffen. Dagegen habe der Verletzte nach bürgerlichem Rechte keinen Anspruch auf Herausgabe derjenigen Sachen, welche mittels der dem Verletzten entzogenen Gegenstände oder mittels ihres Erlöses angeschafft seien. Vielmehr könne er gegen die Täter, Teilnehmer, Hehler und Begünstiger, welche nicht mehr im Besitze der ihm entzogenen Gegenstände selbst seien, nur Ansprüche auf Schadensersatz oder aus ungerechtfertigter Bereicherung machen. Würden dem Verletzten auf Grund der beantragten Erweiterung des §. 111 der Str.Pr.O. im Strafverfahren die an Stelle der entzogenen Gegenstände angeschafften Sachen vorläufig ausgeliefert, so werde damit eine unrichtige Verfügung getroffen, die im folgenden Zivilprozesse wieder beseitigt werden müsse. In der Praxis werde die angeregte Vorschrift übrigens schon deshalb häufig undurchführbar sein, weil sich nicht mit Sicherheit übersehen lasse, was an Stelle der dem Verletzten entzogenen Gegenstände oder mittels ihres Erlöses angeschafft sei. Aus diesen Gründen seien die Anträge, selbst wenn man das Ziel, die privatrechtlichen Interessen des Verletzten in höherem Maße, als dies bisher der Fall sei, im Strafverfahren zu schützen, als berechtigt anerkennen wolle, mindestens in der vorliegenden Form nicht annehmbar.

Die Mehrheit machte diesen Bedenken gegenüber geltend, daß es, wenn sich auch ein Anspruch des Verletzten auf Aushändigung des Erlöses oder der angeschafften Sachen zivilrechtlich nicht begründen lassen sollte, doch unter Umständen wünschenswert sei, den Verletzten für den folgenden Zivilprozeß dem Verurteilten gegenüber in eine günstigere Besitzlage zu bringen. Im übrigen werde den Bedenken dadurch Rechnung getragen, daß die Anordnung der Aushändigung nur fakultativ vorgesehen werden solle.

III. Die Kommission ging sodann zur Frage E des Fragebogens über:

Bedarf es einer besonderen Regelung der Frage, ob behufs Verfolgung von Spuren einer Straftat die körperliche Untersuchung unverdächtiger Personen gegen deren Willen angeordnet werden kann?

Wie sind die Voraussetzungen für die Zulässigkeit einer solchen Anordnung zu bestimmen?

(Str.Pr.O. §. 103.)

Die Kommission ging davon aus, daß die Beantwortung der Frage nach dem geltenden Rechte nicht unzweifelhaft sei. Das Reichsgericht habe im Urteile vom 11. Juni 1886 (Entsch. in Strafs. Bd. 14 S. 189) den Standpunkt eingenommen, daß der körperlichen Untersuchung einer Person, gleichviel ob die Untersuchung den Gegenstand eines richterlichen Augenscheins oder den eines Sachverständigenbeweises bilde, durch das Gesetz nur diejenigen Schranken gesetzt seien, die für die Augenscheinseinnahme des Richters maßgebend sind. Letzterer seien aber insoweit Schranken gezogen, als ihr eine Beschlagnahme oder eine Durchsuchung vorausgehen müsse. Da die körperliche Untersuchung regelmäßig eine Durchsuchung der Person voraussetze, so sei sie gegenüber unverdächtigen Personen bei mangelndem Einverständnisse nur unter den Bedingungen des §. 103 der Str.Pr.O, also nur behufs Verfolgung von Spuren einer strafbaren Handlung und nur dann zulässig, wenn Tatsachen vorliegen, aus denen zu schließen ist, daß die gesuchten Spuren sich an dem zu durchsuchenden Körper befinden. Das Gleiche müsse gelten, wenn die Untersuchung den Nachweis des Nichtvorhandenseins der Spuren bezwecke. Bei Weigerung der zu untersuchenden Person dürfe die Untersuchung, soweit die Voraussetzungen der Zulässigkeit vorliegen, nötigenfalls mit Gewalt erzwungen werden. Die Duldung einer Untersuchung des Körpers dürfe auch von denjenigen Personen nicht verweigert werden, die zur Verweigerung des Zeugnisses berechtigt seien, da die Pflicht, sich eine körperliche Besichtigung gefallen zu lassen, mit der Zeugnispflicht nichts gemein habe. Sei die körperliche Untersuchung geeignet, das Schamgefühl der zu untersuchenden Person zu verletzen, so sei von ihr Abstand zu nehmen, wenn andere Mittel zu gleichem Zwecke führen; anderenfalls müsse das Schamgefühl den Interessen der Rechtspflege weichen und dürfe die Untersuchung, selbstverständlich in schonendster Form, vorgenommen werden.

Da diese Ansicht des Reichsgerichts nicht nur in der Literatur, sondern auch im Reichstage mehrfach Widerspruch erfahren habe und auch innerhalb der Kommission nicht allseitig geteilt werde, so sei es geboten, die auch praktisch wichtige Frage bei der Revision der Strafprozeßordnung zur Erledigung zu bringen.

IV. Darüber, in welchem Sinne die Frage geregelt werden solle, gingen die Ansichten auseinander.

Es lagen die Anträge vor:

1. Die Untersuchung des Körpers einer unverdächtigen Person zum Zwecke der Verfolgung von Spuren einer strafbaren Handlung gegen den Willen der Person ist unzulässig.
2. Zum Zwecke der Feststellung des Vorhandenseins oder Nichtvorhandenseins von Spuren oder Folgen einer Straftat ist die körperliche Untersuchung unverdächtiger Personen gegen deren Willen zulässig, wenn dieselbe für die Untersuchung der Straftat von Bedeutung ist.
3. Die körperliche Untersuchung unverdächtiger Personen findet statt, wenn sie zum Beweise des Vorhandenseins oder Nichtvorhandenseins von Spuren oder Folgen einer strafbaren Handlung notwendig ist.

   Im Falle der Weigerung können die im §. 69 der Str.Pr.O. bestimmten Zwangsmittel angewendet werden.

   Auf Personen, die nach §. 51 der Str.Pr.O. zur Verweigerung des Zeugnisses berechtigt sind, finden die Zwangsmittel keine Anwendung.

Der Antrag 1 wurde schriftlich, wie folgt, begründet:

Ein entsprechender Antrag sei in der zweiten Plenarberatung des Reichstags vom 23. November 1896 zur Annahme gelangt (zu vergl. Reichstagsdrucks. 1895/97 Nr. 534, Stenogr. Berichte S. 3399 ff.). Schon in der Kommission habe der Antragsteller zur Begründung ausgeführt, daß jede Gewalt gegen eine unverdächtige Person zum Zwecke ihrer körperlichen Untersuchung das Gefühl empören müsse, eine Art von Tortur sei und namentlich bei weiblichen Personen das Schamgefühl auf das Tiefste verletze. Physische Gewalt gegen Zeugen anzuwenden, damit diese sich körperlich untersuchen lassen, widerspreche dabei nicht minder der ganzen Entwickelung der Gesetzgebung, wie der guten Sitte. Es sei daher nötig, nicht nur Frauenspersonen gegen solche Gewalt zu schützen, sondern überhaupt jeden Menschen. Die Fassung des in erster Lesung angenommenen Antrags[1]) würde als argumentum a contrario dahin führen, daß die Gewalt gegen Männer, aber auch gegen weibliche Personen außer den

[1]) Dieser Antrag ging dahin:

Die körperliche Untersuchung von Frauenspersonen ist im Falle der Verfolgung von aus Abschnitt XIII des Strafgesetzbuchs strafbaren Handlungen (Verbrechen und Vergehen wider die Sittlichkeit) gegen deren Willen unzulässig.

Fällen der Untersuchung wegen Sittlichkeitsvergehen für gesetzlich zulässig erachtet werde. Der Beschluß erster Lesung müsse daher jedenfalls wieder beseitigt werden (zu vergl. Kommissions-Bericht Reichstagsdrucks. 1895/96 Nr. 294 S. 33 f.).

Veranlassung zu dem Antrage habe das Urteil des Reichsgerichts vom 11. Juni 1886 (Entsch. in Strafs. Bd. 14 S. 189) gegeben, worin dem klaren Wortlaute des Gesetzes entgegen angenommen sei, daß auch den unverdächtigen Personen behufs Verfolgung von Spuren einer strafbaren Handlung oder behufs Aufsuchung von Spuren, welche dafür sprechen, daß eine Straftat nicht begangen sei, z. B. zum Zwecke der Feststellung der Jungfernschaft einer Person, deren körperliche Durch- bezw. Untersuchung zulässig sei, selbst mit Gewalt gegen diese Person.

Das Gesetz laute aber:

§. 102. Bei demjenigen, welcher als Täter oder Teilnehmer einer strafbaren Handlung oder als Begünstiger oder Hehler verdächtig ist, kann eine Durchsuchung der Wohnung und anderer Räume, sowie seiner Person und der ihm gehörigen Sachen, sowohl zum Zwecke seiner Ergreifung als auch dann vorgenommen werden, wenn zu vermuten ist, daß die Durchsuchung zur Auffindung von Beweismitteln führen werde.

§. 103. Bei anderen Personen sind Durchsuchungen nur behufs der Ergreifung des Beschuldigten oder behufs der Verfolgung von Spuren einer strafbaren Handlung oder behufs der Beschlagnahme bestimmter Gegenstände und nur dann zulässig, wenn Tatsachen vorliegen, aus denen zu schließen ist, daß die gesuchte Person, Spur oder Sache sich in den zu durchsuchenden Räumen befinde.

Diese Beschränkung findet keine Anwendung auf die Räume, in welchen der Beschuldigte ergriffen worden ist, oder welche er während der Verfolgung betreten hat, oder in welchen eine unter Polizeiaufsicht stehende Person wohnt oder sich aufhält.

Die Motive zu §§. 93, 94, jetzt §§. 102, 103 (Reichstagsdrucks. 1874 zu Nr. 5 A S. 65) hätten folgenden Wortlaut:

„Die §§. 93, 94 enthalten die Vorschriften über die Bedingungen einer Durchsuchung. Es ist hierbei unterschieden zwischen solchen Durchsuchungen, welche bei dem der Straftat Verdächtigen, und solchen, welche bei anderen Personen vorgenommen werden. Die Wahrscheinlichkeit, daß eine strafbare Handlung begangen sei, ist in beiden Fällen die selbstverständliche Voraussetzung der Durchsuchung. Unter dieser Voraussetzung ist es gerechtfertigt, bei dem Verdächtigen selbst eine Durchsuchung dann vorzunehmen, wenn die Vermutung begründet ist, daß dieselbe zur Auffindung von Beweismitteln führen werde. Gegenüber anderen Personen erscheint die Durchsuchung nur als das Mittel, die Erfüllung der Pflicht zur Herausgabe von Beweismitteln zu erzwingen und sie wird sich in diesem Falle nur da rechtfertigen lassen, wo erstens die Beschlagnahme eines bestimmten Gegenstandes bezweckt wird, und zweitens hinreichender Grund zu der Vermutung vorliegt, daß dieser Gegenstand sich in den zu durchsuchenden Räumen befinde.

Eine solche Beschränkung der Zulässigkeit der Durchsuchung kann freilich nicht zur ausnahmslosen Regel gemacht werden. Rücksichtlich solcher Räume nämlich, in denen ein Beschuldigter ergriffen worden oder welche er während der Verfolgung betreten hat, liegt meistens die Vermutung nahe, daß sich in ihnen Gegenstände, welche zur Überführung des Beschuldigten dienen können, insbesondere Sachen, welche der Beschuldigte während der Verfolgung von sich geworfen, befinden dürften, und die Durchsuchung solcher Räume ist daher geboten. Desgleichen fallen die der Vornahme einer Durchsuchung entgegenstehenden Rücksichten bei solchen Räumen fort, welche zur Wohnung oder zum Aufenthalt einer unter Polizeiaufsicht stehenden Person dienen, wie dies bereits durch den §. 39 Nr. 3 des St.G.B. dem Grundsatze nach erkannt ist.

Endlich bedarf es keiner Rechtfertigung, wenn der Entwurf die Durchsuchung ohne Rücksicht auf die Person des Inhabers der zu durchsuchenden Räume dann zuläßt, wenn sie die Ergreifung des Verdächtigen bezweckt, und Grund zu der Annahme vorhanden ist, daß der Gesuchte sich in den zu durchsuchenden Räumen verborgen halte."

Während der Beratung wurde für den Antrag 1 ferner geltend gemacht: Die Rechte einer Person über ihren Körper müßten unverletzlich sein. Eine erzwungene körperliche Untersuchung sei ein größerer Eingriff in die persönliche Freiheit als eine Verhaftung und dürfe deshalb gegen unverdächtige Personen keinesfalls zugelassen werden. Auch nach der Militärstrafgerichtsordnung (§. 235 Abs. 2) sei die Durchsuchung unverdächtiger Personen nicht gestattet.

Die überwiegende Mehrheit der Kommission teilte diese Auffassung nicht. Sie erwog:

Über den Körper einer Person werde im Interesse der Allgemeinheit vielfach gegen den Willen der Person verfügt, auch ohne daß sie eine strafbare Handlung begangen habe, z. B. bei Musterungen, bei Quarantänen, im Kriege. Es bestehe somit kein in der Gesetzgebung allgemein anerkanntes ausschließliches Recht der Person über ihren eigenen Körper, das dahin führen müsse, anzuerkennen, daß unverdächtige Personen nicht wider ihren Willen körperlich untersucht werden dürften. Übrigens werde von männlichen Personen die Pflicht, sich untersuchen zu lassen, kaum als etwas besonders Unangenehmes empfunden. Zuzugeben sei, daß bei weiblichen Personen eine körperliche Untersuchung unter Umständen geeignet sein könne, das Schamgefühl zu verletzen. Dieser Umstand müsse jedoch zurücktreten, da die Möglichkeit der Anordnung einer körperlichen Untersuchung gerade in solchen Fällen für die Wirksamkeit der Strafverfolgung vielfach unentbehrlich sei. Auch würde dem Angeklagten häufig ein wichtiges Verteidigungsmittel entzogen werden, wenn die körperliche Untersuchung von dem Belieben des von ihr Betroffenen abhängig wäre. Dies treffe insbesondere auf solche Strafverfahren zu, in denen es sich um die Feststellung von Sittlichkeitsdelikten handele. Übrigens sei eine Befragung über geschlechtliche Angelegenheiten vor versammeltem Gerichte, der sich die Zeuginnen gleichfalls nicht entziehen könnten, oft peinlicher und für das weibliche Schamgefühl verletzender, als eine in schonender Form vorgenommene körperliche Untersuchung.

Allerdings dürfe die körperliche Untersuchung eines Unverdächtigen, da sie einen schweren Eingriff in die persönlichen Rechte enthalte, nur zugelassen werden, wenn sie für den Beweis unbedingt notwendig sei und andere Mittel nicht zu Gebote ständen. Dagegen sei eine etwaige Einschränkung der Zulässigkeit auf das Strafverfahren wegen Verbrechen oder Vergehen nicht zu empfehlen, da auch bei Übertretungen (z. B. im Falle des Art. 81 des Bayerischen Polizeistrafgesetzbuchs vom 26. Dezember 1871 — Vernachlässigung der Kindern und hilflosen Personen schuldigen Pflege —) die körperliche Untersuchung von großer Bedeutung sein könne.

Die Kommission beschloß mit 18 Stimmen gegen 1 Stimme,

> daß zum Zwecke der Feststellung des Vorhandenseins oder Nichtvorhandenseins von Spuren oder Folgen einer Straftat die körperliche Untersuchung unverdächtiger Personen zulässig sein solle, wenn dieselbe für die Untersuchung der Straftat notwendig sei.

Die Kommission beschloß ferner mit 12 gegen 7 Stimmen, daß die Untersuchung auch gegen den Willen der zu untersuchenden Person zulässig sein solle, d. h. im Falle der Weigerung mit Gewalt erzwungen werden dürfe. Durch diese Beschlüsse waren die Anträge 1 bis 3 erledigt.

V. Darüber, in welcher Weise im Falle der Weigerung die körperliche Untersuchung erzwungen werden solle, waren die Ansichten geteilt.

Es lagen die Anträge vor:

1. Zur Erzwingung der körperlichen Untersuchung sollen außer der absoluten Gewalt auch die im §. 69 der Str.Pr.O. bestimmten Zwangsmittel angewendet werden können.
2. Wer sich weigert, die angeordnete Besichtigung oder Untersuchung seiner Person vornehmen zu lassen, ist zu einer Haftstrafe bis zu sechs Monaten zu verurteilen.

Beide Anträge wurden abgelehnt, und zwar der Antrag 1 mit 14 gegen 5, der Antrag 2 mit 15 gegen 3 Stimmen.

Eine Reihe von Mitgliedern glaubte die Anwendung physischer Gewalt nicht befürworten zu dürfen, weil darin, zumal gegenüber weiblichen Personen, eine Brutalität zu erblicken sei. Auch sei nicht ersichtlich, wie und von wem die unmittelbare Gewalt ausgeübt werden solle. Die gewaltsame Vornahme einer Untersuchung sei überdies unter Umständen geeignet, die Gesundheit der betroffenen Person zu gefährden. Es wurde deshalb empfohlen, zur Erzwingung der Untersuchung nur die Zeugniszwangsmittel für zulässig zu erklären. Die Duldung der Untersuchung sei zwar kein Ausfluß der Zeugnispflicht, aber doch analog zu behandeln. Die nach §. 51 der Str.Pr.O. zur Zeugnisverweigerung berechtigten Personen müßten von der Anwendung des Zwanges ausgeschlossen bleiben. Man dürfe diesen Personen nicht zumuten, daß sie im Verfahren gegen ihre Angehörigen als Beweismittel herangezogen würden. Von anderer Seite wurde vorgeschlagen, an Stelle der

Zeugniszwangsmittel eine Haftstrafe auf die Verweigerung der Untersuchung zu setzen. Zwar führe bei fortgesetzter Weigerung weder die Anwendung der Zeugniszwangsmittel noch die Verhängung einer Strafe sicher zum Ziele; doch liege bei den Zeugenaussagen die Sache nicht anders. Jedenfalls empfehle es sich, wenn man die gewaltsame Untersuchung zulassen wolle, daneben die Anwendung der Zeugniszwangsmittel zu gestatten, um die Ausübung eines milderen Zwanges dem Richter wahlweise an die Hand zu geben.

Die Mehrheit war in Übereinstimmung mit der Rechtsprechung des Reichsgerichts (zu vergl. Urteil vom 8. Juli 1889, Entsch. in Strafs. Bd. 19 S. 364) der Ansicht, daß die Analogie des Zeugniszwanges nicht zutreffe. Da es objektiv unmöglich sei, einen Zeugen zum Sprechen zu zwingen, müsse man sich im Falle der Zeugnisverweigerung mit der Verhängung von Zwangsstrafen begnügen. Die Erzwingung einer körperlichen Untersuchung sei dagegen durchführbar. Gegen die Beschränkung auf die Zeugniszwangsstrafen spreche ferner, daß ihre Anwendung das Verfahren erheblich verzögern und unter Umständen die Betroffenen geradezu veranlassen würde, die Duldung der Untersuchung zu verweigern. Die gleichen Erwägungen sprächen gegen die Verhängung einer Strafe im Falle der Weigerung. Schon im Interesse der Autorität des Gesetzes müsse der unmittelbare Zwang gestattet werden, der einen sicheren und sofortigen Erfolg verbürge. Eine Gefährdung der betroffenen Personen durch gynäkologische Untersuchungen sei nicht zu befürchten, da erwartet werden dürfe, daß dazu nur geeignete Spezialärzte verwendet werden würden. Zu einer tatsächlichen Anwendung der Gewalt werde es übrigens wohl niemals kommen, da Fälle der Verweigerung einer angeordneten Untersuchung schon jetzt kaum bekannt geworden seien und erst recht nicht vorkommen würden, wenn die zu untersuchende Person darauf hingewiesen werden könne, daß das Gesetz die gewaltsame Erzwingung der Untersuchung ausdrücklich gestatte. Es liege auch kein Bedürfnis vor, neben der Anwendung von Gewalt noch die Zeugniszwangsmittel oder die Bestrafung der Weigerung zuzulassen.

Was die Angehörigen des Beschuldigten anlangt, so treffe der Grund des Gesetzes, der ihnen ein Recht, das Zeugnis zu verweigern, einräumt, hier nicht zu. Das Zeugnisverweigerungsrecht der Angehörigen beruhe darauf, daß sie vor der Zwangslage bewahrt bleiben sollen, durch ihre Aussage zur Verurteilung einer ihnen nahestehenden Person beizutragen. Ein ähnlicher Widerstreit der Pflichten liege bei der körperlichen Untersuchung, bei der sich der Betroffene lediglich passiv zu verhalten habe, nicht vor. Die an seinem Körper befindlichen Spuren oder Folgen einer strafbaren Handlung seien etwas objektiv Vorhandenes, dessen Feststellung auch ohne sein Zutun möglich sei.

VI. In Ansehung der Frage, von wem die Anordnung der körperlichen Untersuchung ausgehen dürfe, lag der Antrag vor:

> Die Anordnung der Untersuchung steht dem Richter, bei Gefahr im Verzug auch dem Staatsanwalte zu; die Androhung und Anwendung von Zwangsmitteln steht nur dem Richter zu.

Von anderer Seite war beantragt,

auch den Hilfsbeamten der Staatsanwaltschaft die Befugnis zur Anordnung der Untersuchung zu geben.

Die Kommission sah es als selbstverständliche Folge der bereits gefaßten Beschlüsse an, daß der Richter zur Anordnung der Untersuchung befugt sei. Sie entschied sich mit 14 gegen 3 Stimmen dahin, daß bei Gefahr im Verzuge der Staatsanwaltschaft die gleiche Befugnis zustehen müsse. Dafür war die Erwägung maßgebend, daß die Anrufung des Richters oft nicht ohne Verzögerung möglich sei und inzwischen Spuren der Tat beseitigt werden könnten. Dagegen lehnte die Mehrheit mit 10 gegen 7 Stimmen es ab, auch die Hilfsbeamten der Staatsanwaltschaft mit derselben Befugnis auszustatten. Es wurde hervorgehoben, daß gerade auf diesem Gebiete in letzter Zeit mehrfach Mißgriffe von Polizeibeamten vorgekommen seien; außerdem seien die untergeordneten Polizeibeamten oft nicht im Stande, die Befähigung der Sachverständigen bei deren Auswahl zutreffend zu beurteilen, und die Untersuchung durch eine hierzu nicht geeignete Person könne leicht dazu führen, daß die vorhandenen Spuren der Tat verwischt würden.

Als einstimmige Ansicht der Kommission wurde endlich festgestellt, daß die von der Staatsanwaltschaft angeordnete Untersuchung nur mit Zustimmung des davon Betroffenen erfolgen und daß die Androhung und Anwendung von Zwangsmitteln nur dem Richter zustehen dürfe.

11. Sitzung.

6. Mai 1903.

Körperliche Untersuchung. Untersuchungshaft.

I. Die Regelung des Verfahrens bei der körperlichen Untersuchung unverdächtiger Personen bezweckten folgende Anträge:

1. Die Untersuchung erfolgt durch einen oder mehrere Sachverständige.
2. Die Untersuchung einer Frauensperson darf nur durch einen oder mehrere Sachverständige erfolgen.
3. Die Untersuchung einer Frauensperson darf nur durch eine geprüfte Medizinalperson erfolgen.
4. Die Untersuchung einer Frauensperson darf nur durch einen oder mehrere Ärzte erfolgen.
5. Zu der Untersuchung einer unbescholtenen Frauensperson ist auf deren Verlangen ein Angehöriger oder eine geeignete Frauensperson als Beistand zuzuziehen, wenn hierdurch der Zweck der Untersuchung nicht gefährdet wird.

Die Anträge 1 bis 3 wurden abgelehnt, und zwar die Anträge 1 und 2 mit 15 gegen 3, der Antrag 3 mit 11 gegen 7 Stimmen. Die Anträge 4 und 5 wurden mit 16 gegen 2 Stimmen angenommen, der Antrag 5 nach Streichung des Wortes „unbescholtenen".

Die überwiegende Mehrheit der Kommission hielt eine Regelung des bei der körperlichen Untersuchung einzuschlagenden Verfahrens im allgemeinen nicht für geboten, glaubte vielmehr, daß, soweit männliche Personen in Betracht kämen, die zu treffenden Maßnahmen und die Auswahl der etwa hinzuzuziehenden Sachverständigen im einzelnen Falle dem Ermessen des die Untersuchung anordnenden Beamten überlassen werden könnten.

Was dagegen weibliche Personen betrifft, so war die Kommission darin einig, daß die Vornahme einer körperlichen Untersuchung, die das Schamgefühl zu verletzen geeignet sei, niemals durch unmittelbare Augenscheineinnahme, sondern immer nur durch Sachverständige erfolgen dürfe. Lediglich darüber herrschte Meinungsverschiedenheit, ob und inwieweit hinsichtlich der zuzuziehenden Sachverständigen Schranken zu setzen seien. Während von einer Seite die Beschränkung auf Ärzte, von anderer Seite die Beschränkung auf geprüfte Medizinalpersonen empfohlen wurde, sprach man sich von dritter Seite gegen jede Beschränkung in der Auswahl der Sachverständigen aus.

Zu Gunsten des letzteren Vorschlags wurde angeführt, daß die Heranziehung eines Arztes sich nicht immer ermöglichen lasse, auch erhebliche und unnötige Kosten verursache; die Untersuchung durch eine Hebamme werde, soweit es sich um die Feststellung von Vorgängen im weiblichen Geschlechtsleben handele, öfters völlig ausreichen, übrigens von der zu untersuchenden Person zuweilen leichter ertragen werden als die Untersuchung durch einen Arzt. Gegen die unbeschränkte Auswahl der Sachverständigen wurde insbesondere geltend gemacht, es sei zu befürchten, daß auch Naturheilkünstler und andere ungeeignete Personen mit der Untersuchung beauftragt würden. Die Mehrheit sprach sich zu Gunsten der Beschränkung auf Ärzte aus. Nachdem für weibliche Personen die mit Gewalt erzwingbare Pflicht zur Duldung der unter Umständen sehr peinlichen Untersuchung anerkannt worden sei, müsse Vorsorge dafür getroffen werden, daß die Untersuchung immer nur durch völlig geeignete Sachverständige erfolge. Gegen die Zulassung von Hebammen spreche die häufig gemachte Beobachtung, daß deren Sachkenntnis für die von den Gerichten erforderten Gutachten nicht ausreiche.

Der weitere Vorschlag, daß auf Verlangen der zu untersuchenden Frauensperson eine von ihr zu bezeichnende geeignete Frauensperson oder ein Angehöriger zuzuziehen sei, erschien der Mehrheit zweckmäßig, weil namentlich von jugendlichen Frauenspersonen bei Anwesenheit eines solchen Beistandes seltener Widerspruch gegen die Untersuchung erhoben werden würde. Dagegen wurde nicht für empfehlenswert erachtet, das Recht auf Zuziehung eines Beistandes auf unbescholtene Personen zu beschränken, da diese Beschränkung eine Erörterung des Rufes der zu untersuchenden und an sich unverdächtigen Person notwendig machen würde, die für diese in hohem Maße peinlich sein könne.

II. Der Antrag,

die für die Untersuchung unverdächtiger Personen aufgestellten Grundsätze auf die verdächtiger Personen auszudehnen,

wurde einstimmig angenommen. Man erwog: Zu einer abweichenden Regelung der Untersuchung verdächtiger Personen liege kein genügender Grund vor. Es könnten höchstens Verschärfungen in Frage kommen. Gegen diese spreche aber, daß unter den verdächtigen Personen unschuldige sich befinden könnten und daß auch bei schuldigen die Rücksicht auf das Schamgefühl nicht außer acht gelassen werden dürfe. Von den beschlossenen Kautelen gegen eine das Schamgefühl verletzende Anwendung der körperlichen Untersuchung sei eine Gefährdung des mit ihr verfolgten Zweckes auch bei verdächtigen Personen nicht zu befürchten.

III. Die Kommission ging sodann zur Frage F des Fragebogens über:

Sind die Voraussetzungen für die Erlassung und die Aufhebung des Haftbefehls zu ändern?

(Str.Pr.O. §§. 112 bis 115, 117, 123 bis 126.).

Die Kommission war darüber einig, daß die Frage, ob eine grundsätzliche Änderung der Vorschriften über die Untersuchungshaft geboten sei, bis zur Erledigung der Frage einer Umgestaltung des Vorverfahrens und demgemäß bis zur zweiten Lesung vorbehalten bleiben müsse. Auf dem Boden des geltenden Rechtes könnten erhebliche Änderungen nicht in Frage kommen. Keinesfalls werde es sich empfehlen, die Verhängung der Untersuchungshaft zu erleichtern oder die Haftgründe zu vermehren. Denn die Untersuchungshaft sei ein zwar notwendiges, aber doch sehr empfindliches und deshalb möglichst einzuschränkendes Übel. Sie werde nicht blos gegen Schuldige verhängt und treffe auch den Schuldigen oft härter als die Strafhaft, weil sie ihn unvermutet für eine ungewisse Zeitdauer aus seinen Verhältnissen herausreiße und weil sie eine ordnungsgemäße Verteidigung erheblich erschwere. Sie werde auch nach den Erfahrungen mehrerer Mitglieder der Kommission in der Praxis zu leicht verhängt und ihre Dauer stehe häufig in einem Mißverhältnisse zu der erkannten Strafe. Aus diesen Gründen könne der in der Literatur gemachte Vorschlag, die Untersuchungshaft für zulässig zu erklären, wenn sie zur Durchführung des Strafverfahrens erforderlich sei, unter keinen Umständen in Betracht kommen. Ebensowenig empfehle sich der Vorschlag des Entwurfs von 1894 (Reichstagsdrucks. 1894/95 Nr. 15), im §. 112 der Str.Pr.O. als einen weiteren Haftgrund aufzuführen:

> wenn Tatsachen vorliegen, aus denen zu schließen ist, daß der Beschuldigte seine Freiheit zur Begehung neuer strafbarer Handlungen mißbrauchen werde.

Diesem Vorschlage stehe schon das Bedenken entgegen, daß Aufgabe des Strafprozesses nur die Ermittelung und Bestrafung bereits begangener strafbarer Handlungen, nicht aber polizeiliche Präventivmaßregeln gegen die Begehung solcher Handlungen sein können.

Hiernach werde es sich im wesentlichen nur um die Frage handeln, ob und bejahendenfalls in welcher Richtung es, ohne die Wirksamkeit der Strafrechtspflege zu gefährden oder abzuschwächen, angängig sei, die Voraussetzungen der Untersuchungshaft zu erschweren.

IV. In dieser Beziehung wurde zunächst die Erörterung der Frage angeregt, ob es möglich sei, durch das Erfordernis eines stärkeren Verdachts, als er bisher für den Haftbefehl verlangt werde, die Untersuchungshaft einzuschränken.

Es wurde beantragt,

> eine Bestimmung aufzunehmen, nach welcher Untersuchungshaft nur verhängt werden kann, wenn soviel Verdacht vorliegt, um öffentliche Klage zu erheben.

Demgegenüber wurde darauf hingewiesen, daß für die nach §. 201 der Str.Pr.O. behufs Eröffnung des Hauptverfahrens gebotene Feststellung des „hinreichenden" Verdachts ein geringeres Belastungsmaterial genüge als für die Feststellung des „dringenden" Verdachts, der nach §. 112 bei Verhängung der Untersuchungshaft erfordert werde (zu vergl. Hahn, Materialien zur Str.Pr.O. 2. Aufl. S. 656, 658, 668, 1278, 1279). Der Antrag verfehle hiernach den von ihm verfolgten Zweck. Er laufe übrigens anscheinend nur darauf hinaus, daß mit der Verhängung der Haft die Erhebung der öffentlichen Klage verbunden werden solle, greife also der Frage einer Umgestaltung des Vorverfahrens vor.

Hiernach wurde der Antrag zurückgezogen.

V. Zur Frage F I des Fragebogens:

Erscheint eine Bestimmung dahin geboten, daß die Tatsachen, welche den Fluchtverdacht begründen, aktenkundig zu machen sind?

war beantragt:

Die Untersuchungshaft darf wegen Fluchtverdachts nur verhängt werden, wenn Tatsachen vorliegen, welche den Angeschuldigten der Flucht verdächtig machen; diese Tatsachen sind aktenkundig zu machen.

Zur Begründung des Antrags wurde ausgeführt: In §. 112 Abs. 1 der Str.Pr.O. seien als gleichwertige Gründe der Untersuchungshaft Fluchtverdacht einerseits, Kollusionsverdacht andererseits vorgesehen. Während aber das Gesetz für die Annahme des Kollusionsverdachts ausdrücklich als erforderlich bezeichne, daß bestimmte Tatsachen vorliegen, welche einen solchen Verdacht begründen, und vorschreibe, daß diese Tatsachen aktenkundig zu machen seien, fehle eine entsprechende Vorschrift für den Fall des Fluchtverdachts. Zwar bestimme der §. 112 Abs. 2, daß nur in den dort bezeichneten besonderen Fällen der Verdacht der Flucht keiner weiteren Begründung bedürfe, und es werde aus dieser Bestimmung gefolgert, daß in den übrigen Fällen nicht anders als bei der Kollusionsgefahr bestimmte den Fluchtverdacht rechtfertigende Umstände vorliegen müßten, über die sich der Richter Rechenschaft zu geben habe und die aktenkundig zu machen seien[1]). Immerhin werde durch die jetzige Fassung des Gesetzes der Anschein erweckt, als ob es mit der Begründung des Fluchtverdachts leichter genommen werden dürfe. Tatsächlich werde denn auch bei der Verhängung der Untersuchungshaft wegen Fluchtverdachts vielfach schablonenhaft verfahren. Diesem Mißbrauche solle durch den Antrag entgegengetreten werden. Bei der danach erforderlichen eingehenderen Begründung des Fluchtverdachts werde auch im Falle einer Beschwerde dem höheren Gericht eine bessere Grundlage für seine Entscheidung gegeben sein. Ein ähnlicher Antrag sei übrigens bereits in den Reichstagskommissionen von 1895 und 1901[2]) gestellt und in der von 1901 angenommen worden.

Von mehreren Seiten wurde bestätigt, daß in der Praxis der Verdacht der Flucht zuweilen nicht genügend begründet werde. Andererseits wurde darauf hingewiesen, daß die vorgeschlagene Bestimmung bereits dem geltenden Gesetze zu entnehmen sei und voraussichtlich nur geringe Wirkung haben werde. Wirksamer werde vielleicht eine entsprechende Ergänzung der Vorschrift im §. 114 der Str.Pr.O. über die schriftliche Begründung des Haftbefehls sein. Die Annahme, daß unter „Tatsachen" im Sinne des Antrags nicht nur in der Vergangenheit liegende Ereignisse, sondern beispielsweise auch der Umstand zu verstehen sei, daß der Beschuldigte eine schwere Strafe zu erwarten habe, fand keinen Widerspruch. Nachdem der Antragsteller, einer aus der Mitte der Kommission gegebenen Anregung entsprechend, noch vor „Tatsachen" das Wort „bestimmte" eingeschaltet hatte, wurde in dieser Fassung der Antrag einstimmig angenommen.

---

[1]) Zu vergl. Löwe, Kommentar zur Str.Pr.O. 11. Aufl. Not. 4g zu §. 112.

[2]) Zu vergl. Reichstagsdrucks. 1895/96 Nr. 294 S. 35 f., 1900/1901 Nr. 220 S. 43 ff.

VI. Zur Frage F II des Fragebogens:

Erscheint eine Aufhebung der Sondervorschrift geboten, nach welcher bei Verbrechen der Verdacht der Flucht keiner weiteren Begründung bedarf?

wurde beantragt,

1. die Frage zu bejahen und demgemäß die Nr. 1 des §. 112 Abs. 2 der Str.Pr.O. zu streichen;
2. die Sondervorschrift des §. 112 Abs. 2 Nr. 1 durch eine Bestimmung zu ersetzen, wonach nicht die Tatsache, daß ein Verbrechen den Gegenstand der Untersuchung bildet, sondern der Umstand, daß den Angeschuldigten voraussichtlich Todesstrafe oder Zuchthausstrafe oder Festungshaft von mehr als fünf Jahren oder Gefängnis von mehr als zwei Jahren treffen wird, die Vermutung begründet, daß der Angeschuldigte den Versuch machen wird, zu fliehen.

Ferner wurde beantragt,

3. im §. 112 Abs. 2 auch die Nummern 2 und 3, nach denen der Verdacht der Flucht keiner weiteren Begründung bedarf,

   wenn der Angeschuldigte ein Heimatloser oder Landstreicher oder nicht im Stande ist, sich über seine Person auszuweisen, oder wenn der Angeschuldigte ein Ausländer ist und gegründeter Zweifel besteht, daß er sich auf Ladung vor Gericht stellen und dem Urteile Folge leisten werde,

   in Wegfall zu bringen.

Der Antrag 1 wurde mit 12 gegen 6 Stimmen angenommen, wodurch sich der Antrag 2 erledigte. Der Antrag 3 wurde mit 13 gegen 5 Stimmen angenommen.

Die Mehrzahl der Kommission war der Ansicht, daß sich die Vorschrift, nach welcher bei Verbrechen der Verdacht der Flucht keiner weiteren Begründung bedarf, in der Praxis nicht bewährt habe. Die darin aufgestellte Vermutung sei nicht zutreffend, insofern nicht sowohl die juristische Qualifikation der dem Angeschuldigten zur Last gelegten Tat, als vielmehr immer nur die Höhe der zu erwartenden Strafen geeignet sei, ohne weiteres den Fluchtverdacht zu rechtfertigen. Diese könne auch im Falle von Verbrechen, insbesondere bei mildernden Umständen, bei bloßem Versuch oder bloßer Beihilfe, oder wenn der Täter ein Jugendlicher ist, verhältnismäßig gering sein, während bei Vergehen unter Umständen eine weit höhere Strafe zu erwarten sei. Schon aus diesem Grunde sei die Vorschrift aufzuheben oder mindestens im Sinne des Antrags 2 abzuändern. Die Vorschrift habe aber auch die unerwünschte Wirkung gehabt, daß die Untersuchungshaft bei Verbrechen vielfach schematisch behandelt werde und weit über das vorhandene Bedürfnis zur Anwendung gelange. Zwar habe das Gesetz den Richter bei Verbrechen nicht von der Pflicht entbinden wollen, im einzelnen Falle zu prüfen, ob Umstände vorliegen, welche die Vermutung des Fluchtverdachts entkräften. Tatsächlich begnüge sich aber der Richter vielfach mit der Vermutung und entschlage sich weiterer Prüfung. Die schematische Verhängung der Untersuchungshaft bei Verbrechen habe zur Folge, daß Personen, die einer solchen Straftat beschuldigt sind, zuweilen nur deshalb einen Fluchtversuch machen, weil sie auf Grund der gesetzlichen Vermutung in Untersuchungshaft genommen zu werden befürchten.

Ein Mitglied der Kommission erkannte die Berechtigung des Standpunkts der Mehrheit an, glaubte jedoch aus praktischen Gründen der von der Mehrheit nur eventuell empfohlenen Abänderung der Vorschrift im Sinne des Antrags 2 den Vorzug geben zu müssen. Hiernach solle die Höhe der den Angeschuldigten voraussichtlich treffenden Strafe, sofern sie das im Antrage bezeichnete Maß nicht erreiche, für sich allein den Fluchtverdacht zu begründen nicht geeignet sein. Werde dem Richter eine solche Weisung nicht gegeben, so sei zu befürchten, daß es mit der Begründung des Fluchtverdachts künftig nur noch leichter werde genommen werden.

Von anderer Seite wurde gleichfalls die Ansicht vertreten, daß durch die Streichung der Sondervorschrift unnötige Verhaftungen nicht verhütet, sondern eher erleichtert werden würden, insofern für das Ermessen des Richters noch freierer Raum gelassen werde als bisher. Aber auch der Antrag 2 empfehle sich nicht zur Annahme. Ihm stehe das Bedenken entgegen, daß sich im Zeitpunkte der Verhaftung die Höhe der zu erwartenden Strafe meist nicht übersehen lasse. Vor allem aber könne durch die richterliche Bezeichnung der zu erwartenden Mindeststrafe leicht ein Präjudiz zu Ungunsten des Beschuldigten bei der späteren Abmessung der Strafe geschaffen werden.

Was die Nummern 2 und 3 des §. 112 Absatz 2 anbetrifft, so war für die von der Mehrheit beschlossene Streichung zunächst die Erwägung maßgebend, daß die Verhängung der Untersuchungshaft einen so schweren Eingriff in die persönliche Freiheit enthalte, daß der Richter in jedem Falle gehalten sein müsse, die Voraussetzungen ihrer Zulässigkeit eingehend zu begründen, und die Aufstellung gesetzlicher Vermutungen überall nicht am Platze sei. Im einzelnen bestünden gegen die in Nr. 2 enthaltene Aufzählung mannigfache Bedenken; beispielsweise sei der Begriff „Heimatloser" unbestimmt. Was aber den in Nr. 3 bezeichneten Fall anlange, so bestehe für die Aufstellung einer gesetzlichen Vermutung kein Grund, weil das Vorliegen der dort enthaltenen Voraussetzungen auch ohne jene Vermutung zur Begründung des Fluchtverdachts vollkommen ausreiche.

Daß dem Richter bei Streichung des ganzen Abs. 2 infolge der Notwendigkeit einer ausführlicheren Begründung des Fluchtverdachts mehr Arbeit erwachse, könne nicht ins Gewicht fallen, entspreche vielmehr nur der Wichtigkeit der hier zu treffenden Entscheidungen.

Von der Minderheit wurde auch gegen die Streichung der Nummern 2 und 3 das Bedenken erhoben, daß damit wertvolle Direktiven für den Richter in Wegfall kämen.

VII. Der Antrag:

> Die Untersuchungshaft darf, wenn sie lediglich deshalb verhängt ist, weil Tatsachen vorliegen, aus denen zu schließen ist, daß der Angeschuldigte Spuren der Tat vernichten werde, die Dauer von drei Wochen nicht überschreiten.

wurde mit 13 gegen 5 Stimmen abgelehnt.

Zur Begründung des Antrags war ausgeführt worden: Es müsse nach Möglichkeit Vorsorge getroffen werden, daß die Untersuchungshaft nicht länger ausgedehnt werde, als unbedingt erforderlich sei. Die Kollusionshaft, soweit sie lediglich verhängt werde, um der Vernichtung von Spuren der Tat vorzubeugen, müsse nach §. 123 der Str.Pr.O. aufgehoben werden, sobald der objektive Tatbestand der Straftat genügend sichergestellt und eine Verdunkelung nicht mehr zu befürchten sei. Es empfehle sich durch Festsetzung einer auf etwa drei Wochen zu bemessenden Frist, den Richter zu nötigen, die erforderlichen Erhebungen zu beschleunigen, damit die Haft baldmöglichst aufgehoben werden könne. Ähnliche Bestimmungen seien der ausländischen Gesetzgebung nicht unbekannt (zu vergl. Artikel 8 des französischen Gesetzes vom 8. Dezember 1897[1]), §. 175 Abs. 1 Nr. 3, §. 190 Abs. 2 der österreichischen Strafprozeßordnung)[2]).

Die Mehrheit erachtete den Vorschlag nicht für zweckmäßig. Ähnliche Vorschriften seien auch der früheren deutschen Gesetzgebung nicht unbekannt gewesen[3]). Der Entwurf der Strafprozeßordnung habe sie nicht aufgenommen, weil sie sich in der Praxis nicht bewährt hätten. Es sei unmöglich, im Gesetz von vornherein eine für alle Fälle passende Frist abzugrenzen, innerhalb welcher die Feststellung sämtlicher Spuren der Tat beendet sein müsse. Wie man die Frist auch bemessen wolle, sie werde in einfachen Fällen zu lang, in verwickelten Fällen (z. B. in Bankprozessen) zu kurz sein. Letzterenfalls werde durch Aufhebung der Untersuchungshaft der Zweck des Strafverfahrens gefährdet. Für einfache Fälle aber entstehe die Gefahr, daß der Richter die Haft unnötigerweise bis zum Ablaufe der Frist fortdauern lassen werde.

---

[1]) Das französische Gesetz vom 8. Dezember 1897 begrenzt nicht die Dauer der Kollusionshaft selbst, sondern schreibt nur vor, daß die weitere Beschränkung, die einem bereits Verhafteten neben der Haft durch eine interdiction de communiquer auferlegt werden kann, um ihn an Kollusionen zu hindern, die Dauer von höchstens zwanzig Tagen nicht überschreiten darf.

[2]) Die österreichische Strafprozeßordnung beschränkt jede Art von Kollusionshaft auf die Dauer von drei Monaten.

[3]) Zu vergl. §. 164 der Badischen Strafprozeßordnung vom 18. März 1864.

12. Sitzung.

7. Mai 1903.

Untersuchungshaft.

I. Vor Eintritt in die Tagesordnung wurde aus der Mitte der Kommission, entsprechend einem bereits in der vorigen Sitzung mehrfach ausgesprochenen Wunsche, beantragt,

> seitens des Reichs-Justizamts möchten Erhebungen über die Anwendung der Untersuchungshaft, wenn auch nur für einen beschränkten Zeitraum, veranlaßt und deren Ergebnisse der Kommission bis zum Schlusse der ersten Lesung zugänglich gemacht werden.

Ein Kommissar des Reichs-Justizamts erklärte, daß, sofern die Landesjustizverwaltungen zu der erforderlichen Mitwirkung bereit seien, der Erfüllung dieses Wunsches voraussichtlich nichts im Wege stehen werde.

II. Es wurde sodann die Beratung über die Kollusionshaft fortgesetzt.

Hierzu lag noch der Antrag vor,

> die Kollusionshaft, soweit sie die Sicherung des Zeugenbeweises betrifft, zu beseitigen.

Der Antrag wurde mit 10 gegen 9 Stimmen abgelehnt.

Zu Gunsten des Antrags wurde von der Minderheit geltend gemacht:

Für die Zulassung der Untersuchungshaft auf Grund der Befürchtung, daß der Angeschuldigte Zeugen zu einer falschen Aussage oder dazu verleiten werde, sich der Zeugnispflicht zu entziehen, bestehe kein genügendes Bedürfnis. Es komme zwar nicht selten vor, daß der Angeschuldigte auf die Zeugen in der angegebenen Richtung einzuwirken versuche. Doch finde der Zeugenbeweis in den Vorschriften des Strafgesetzbuchs gegen den Meineid der Zeugen (§. 154) und gegen die Verleitung zum Meineide (§. 159) und zum falschen Eide (§. 160) einerseits, im Zeugniszwang und in der durch die neueren Verkehrsverhältnisse gesteigerten Möglichkeit, eines entweichenden Zeugen habhaft zu werden, andererseits eine genügende Sicherung. Überdies sei, insoweit der Angeschuldigte Angehörige oder andere Personen, die zur Verweigerung des Zeugnisses berechtigt seien, zum Gebrauche des Verweigerungsrechts veranlasse, die Verhängung der Untersuchungshaft behufs Verhinderung dieser Einwirkung nicht zu rechtfertigen.

Ferner sei die Öffentlichkeit und Unmittelbarkeit der Hauptverhandlung in hohem Maße geeignet, Einwirkungsversuche des Angeschuldigten aufzudecken und unwirksam zu machen. Durch solche Versuche werde also nicht, wie durch die Vernichtung von Spuren der Tat, ein unersetzlicher Schaden herbeigeführt. Der Angeschuldigte schade sich selbst am meisten, weil die aufgedeckten Einwirkungsversuche den Verdacht gegen ihn zu verstärken geeignet seien. Hiernach würde die Beseitigung der Kollusionshaft zum Zwecke der Sicherung des Zeugenbeweises eine Gefährdung der Strafrechtspflege nicht zur Folge haben. Übrigens werde auch nach der Erfahrung die Haft wegen Verdachts der Zeugenkollusion höchst selten verhängt. In geringfügigen Sachen sei nach §. 113 der Str.Pr.O. die Kollusionshaft überhaupt ausgeschlossen, ohne daß die Wirksamkeit des Verfahrens in diesen Sachen beeinträchtigt erscheine. Im Zivilprozesse komme man ohne Kollusionshaft aus, obwohl den Parteien nicht die gleichen Mittel wie der Staatsanwaltschaft zur Verfügung stünden, um etwaige Kollusionen zu ermitteln und zu hintertreiben.

Die Verhaftung sei aber auch gar kein geeignetes Mittel, den Einwirkungen auf die Zeugen mit Erfolg vorzubeugen. Nach der Erfahrung werde die Kollusion im Falle der Verhaftung des Angeschuldigten von dessen Angehörigen und anderen Mittelspersonen nur um so eifriger und unauffälliger fortgesetzt.

Sollte in vereinzelten Fällen durch die Verhängung der Untersuchungshaft wegen Zeugenkollusionen den Zwecken des Strafverfahrens gedient sein, so stünde dieser Vorteil doch in keinem Verhältnisse zu den Nachteilen, die aus der Haft insbesondere einer berechtigten Verteidigung erwüchsen. Jedenfalls sei es das größere Übel, wenn ein Unschuldiger verhaftet werde, als wenn ein Schuldiger der Strafe entgehe.

Die Untersuchungshaft zur Sicherung des Zeugenbeweises sei weiter ungerecht, insofern sie sich nur gegen den Beschuldigten richte und somit nur zur Sicherung des Belastungsbeweises diene. Auch zu Ungunsten des Beschuldigten würden Zeugen beeinflußt, z. B. vom Verletzten und von anderen Personen, die ein Interesse an der Verurteilung hätten. Endlich treffe die Untersuchungshaft in den fraglichen Fällen den Armen, der dadurch seiner Verteidigungsmittel beraubt werde, härter als den Vermögenden, für den auch im Falle der Haft durch Freunde und Verteidiger gesorgt sei.

Seitens der Mehrheit wurde diesen Ausführungen entgegengesetzt:

Die Kollusionshaft wegen Gefährdung des Zeugenbeweises sei unentbehrlich.

Die Bestrafung meineidiger Zeugen reiche zur Sicherung dieses Beweises schon deshalb nicht aus, weil es sich häufig um Angehörige handele und diese unbeeidigt blieben. Auch wirke der Beschuldigte oft in der Weise auf Zeugen ein, daß er ihnen eine falsche Vorstellung vom Sachverhalte beibringe, so daß sie in gutem Glauben ein falsches Zeugnis ablegen und beschwören. In diesem Falle sei zwar der Beschuldigte (auf Grund des §. 160 des St.G.B.), nicht aber der Zeuge strafbar. Es sei irrtümlich, daß die jetzigen Verkehrsverhältnisse die Ergreifung flüchtiger Zeugen erleichterten. Sie begünstigten vielmehr deren Flucht ins Ausland, und es fehle an einem Mittel, die Flüchtigen ergreifen und zurückführen zu lassen. Auch könne nicht zugegeben werden, daß es in der Hauptverhandlung regelmäßig gelinge, die Beeinflussung von Zeugen aufzudecken. Dies sei insbesondere dann nicht zu erwarten, wenn es sich nur um einen einzigen Zeugen handele und dieser beeinflußt sei. Oft komme es in Folge der

Beeinflussung gar nicht erst zur Hauptverhandlung. Auch lasse sich der Beschuldigte durch die Gefahr, im Falle der Entdeckung den gegen ihn vorhandenen Verdacht zu verstärken, von Beeinflussungsversuchen nicht zurückhalten, da er unentdeckt zu bleiben hoffe. Hiernach führe die Beeinflussung der Zeugen in der Tat nicht selten einen unwiederbringlichen Schaden herbei und vereitele den Zweck des Strafverfahrens. Mindestens erschwere sie die Durchführung des Verfahrens. Es würde die Wirksamkeit der Strafrechtspflege gefährden und das Ansehen der Staatsgewalt untergraben, wenn ungesetzlichen und unlauteren Machenschaften des Beschuldigten nicht mit den geeigneten Mitteln entgegengetreten werden dürfte.

Übrigens seien Versuche des Angeschuldigten, die Zeugen zu beeinflussen, recht häufig. Wenn trotzdem in der Praxis die Untersuchungshaft verhältnismäßig selten auf diesen Grund gestützt werde, so beruhe dies darauf, daß oft zugleich Fluchtverdacht vorliege und in solchen Fällen der Richter nur diesen Verdacht im Haftbefehl anzuführen pflege, weil er sich leichter begründen lasse.

Wenn der Zivilprozeß die Kollusionshaft zur Sicherung des Zeugenbeweises nicht kenne, so sei dies kein Grund, sie auch für den Strafprozeß zu beseitigen. Einmal sei in Zivilsachen der Zeugenbeweis von geringerer Bedeutung und sodann komme in Betracht, daß im Zivilprozesse die Partei, namentlich auf dem Lande, wo ihr gewöhnlich die Zeugen des Gegners bekannt seien und von ihr beobachtet würden, viel leichter im Stande sei, Einwirkungen auf diese Zeugen festzustellen und zu verhindern, als der Staatsanwalt in Strafsachen.

Es sei auch nicht richtig, daß die Verhaftung des Beschuldigten unwirksam sei, weil die Angehörigen die Beeinflussungen fortsetzen würden. Letztere ließen sich, wie die Erfahrung lehre, im allgemeinen schon durch die auf die Verleitung zum Meineide gesetzten Strafen von Beeinflussungsversuchen abhalten, während der Beschuldigte selbst, in der Hoffnung einer Bestrafung zu entgehen, die Gefahr einer weiteren Bestrafung leichter auf sich nehme.

Eine Beeinflussung von Zeugen zu Ungunsten des Beschuldigten seitens solcher Personen, die ein Interesse an seiner Verurteilung haben, sei selten. Ihnen gegenüber seien die Strafvorschriften gegen die Verleitung zum Meineid und zum falschen Eide ausreichend.

Vermögenden Personen sei die Beeinflussung von Zeugen selbstverständlich leichter gemacht, als unvermögenden. Dieser in den Verhältnissen begründete Unterschied werde durch die Untersuchungshaft eher vermindert. Es würde dem Rechtsbewußtsein widersprechen, wenn zugelassen werden müßte, daß gerade wohlhabende Beschuldigte ihre Mittel zu ungesetzlicher Beeinflussung der Zeugen verwenden.

III. Es wurde beantragt,

die vor Erhebung der öffentlichen Klage verhängte Untersuchungshaft als „Verwahrung" zu bezeichnen.

Zur Begründung wurde ausgeführt: Öfters ergebe sich die Unschuld eines Verhafteten schon vor Erhebung der öffentlichen Klage. Mit Rücksicht hierauf empfehle es sich, die vor diesem Zeitpunkte verhängte Haft durch einen anderen Namen zu kennzeichnen, damit die Haft den Ruf des Betroffenen weniger belaste und schon durch ihren Namen die Behörde erinnere, daß es sich nur um eine vorläufige Maßregel handele. Auch der Entwurf der Strafprozeßordnung (zu vergl. §§. 101 flg., 114, 115) habe nach dem Vorbilde des französischen Rechtes die Freiheitsentziehung vor und nach dem bezeichneten Zeitpunkte verschieden benannt.

Entgegnet wurde: Die Haft vor und nach der Erhebung der öffentlichen Klage sei an dieselben Voraussetzungen geknüpft und sei auch in gleicher Weise zu vollstrecken. Da hieran nichts geändert werden solle, so sei eine abweichende Bezeichnung ohne praktische Bedeutung und auch nicht wünschenswert. Auf das französische Recht könne man sich nicht berufen, weil für die dort bestehenden beiden Arten der Freiheitsentziehung (mandat d'arrêt und mandat de dépôt, code d'instruction criminelle Art. 94 ff.) die Voraussetzungen verschieden seien.

Der Antrag wurde zurückgezogen.

IV. Zu der Vorschrift des §. 123 Abs. 1 der Str.Pr.O., nach welcher der Haftbefehl aufzuheben ist, wenn der in demselben angegebene Grund der Verhaftung weggefallen ist, wurde beantragt,

1. durch eine andere Fassung der Vorschrift zum Ausdrucke zu bringen, daß der Haftbefehl auch dann aufzuheben ist, wenn dringende Verdachtsgründe im Sinne des §. 112 Abs. 1 der Str.Pr.O. nicht mehr vorhanden sind;
2. die Vorschrift dahin zu ergänzen, daß der Haftbefehl auch dann aufzuheben ist, wenn der Zweck der Verhaftung erreicht ist;
3. die Vorschrift nach dem Vorbilde des §. 179 der Militärstrafgerichtsordnung dahin zu fassen:

   Die Untersuchungshaft ist aufzuheben, wenn ein Grund zur Verhaftung nicht mehr besteht.

Zur Begründung des Antrags 1 wurde geltend gemacht: Der jetzige Wortlaut des Gesetzes stelle nicht genügend klar, daß auch der Wegfall des dringenden Verdachts einer strafbaren Handlung zur Aufhebung des Haftbefehls führen müsse. Die Fassungsänderung empfehle sich, damit der Richter an die ihm obliegende Pflicht erinnert werde, während des ganzen Verfahrens alle Voraussetzungen der Haft im Auge zu behalten und geeignetenfalls den Haftbefehl auch wegen Verminderung der Verdachtsgründe aufzuheben.

Zur Begründung des Antrags 2 wurde ausgeführt: Die Fassung der Vorschrift müsse zum Ausdrucke bringen, daß die zur Sicherung des Zeugenbeweises oder der Spuren der Tat verhängte Haft auch dann aufzuheben sei, wenn der Beweis genügend sicher gestellt und aus diesem Grunde die Haft nicht mehr erforderlich sei.

Zu Gunsten des Antrags 3 wurde darauf hingewiesen, daß durch ihn den Absichten sowohl des Antrags 1 als des Antrags 2 genügend Rechnung getragen werde. Außerdem werde durch die vorgeschlagene Fassung klargestellt, daß eine ausdrückliche Aufrechterhaltung des Haftbefehls oder der Erlaß eines neuen Haftbefehls unter Aufhebung des früheren nicht erforderlich sei, wenn zwar der im Haftbefehl angegebene Grund der Verhaftung weggefallen, an dessen Stelle jedoch ein anderer Grund hervorgetreten sei. Von anderer Seite wurde in einem solchen Falle der Erlaß eines neuen Haftsbefehls für erforderlich erachtet, damit das Beschwerderecht des Verhafteten nicht verkümmert werde.

Der Antrag 1 wurde zurückgezogen, der Antrag 2 mit 10 gegen 9 Stimmen abgelehnt, der Antrag 3 mit 14 gegen 5 Stimmen angenommen.

V. Zu §. 124 der Str.Pr.O. lag der Antrag vor:

> In der Voruntersuchung soll der Untersuchungsrichter zur Aufhebung des Haftbefehls und zur Freilassung des Angeschuldigten gegen Sicherheitsleistung befugt sein, ohne einer Zustimmung der Staatsanwaltschaft zu bedürfen.

Der Antrag wurde mit 13 gegen 6 Stimmen abgelehnt.

Zu seiner Begründung war geltend gemacht worden: Da in der Voruntersuchung der Untersuchungsrichter ohne Zustimmung der Staatsanwaltschaft zum Erlasse des Haftsbefehls berechtigt sei, so müsse ihm folgerichtig auch die Befugnis gewährt werden, ihn selbständig wieder aufzuheben. Der Untersuchungsrichter übersehe die Sachlage auch besser als die Staatsanwaltschaft, die von den Ergebnissen der Voruntersuchung erst aus den Akten Kenntnis erlange. Durch die zur Erteilung der Zustimmung erforderliche Prüfung der Akten seitens der Staatsanwaltschaft werde die Haftentlassung zum Nachteile des Angeschuldigten häufig verzögert.

Die Mehrheit glaubte an dem Erfordernisse der Zustimmung der Staatsanwaltschaft zur Aufhebung des Haftbefehls festhalten zu müssen. Der Untersuchungsrichter sei nicht allein Herr der Voruntersuchung. Er hänge von den Anträgen der Staatsanwaltschaft ab. Auch die Verhaftung komme unter Mitwirkung der Staatsanwaltschaft zustande, da sie, soweit sie nicht auf einem Antrage der Staatsanwaltschaft beruhe, doch deren Beschwerderecht unterliege. Hiermit würde die Befugnis des Untersuchungsrichters zur Aufhebung der Haft namentlich dann im Widerspruche stehen, wenn die Haft erst auf Beschwerde der Staatsanwaltschaft durch die Strafkammer angeordnet war.

13. Sitzung.

8. Mai 1903.

Untersuchungshaft.

I. Zu §. 125 der Str.Pr.O. lag der Antrag vor:

> Der Amtsrichter ist zur Aufhebung des vor Erhebung der öffentlichen Klage erlassenen Haftbefehls und zur Freilassung des Beschuldigten gegen Sicherheitsleistung nur mit Zustimmung der Staatsanwaltschaft befugt. Wenn der Amtsrichter, nachdem die Staatsanwaltschaft ihre Zustimmung versagt hat, die Maßregel dennoch anordnen will, so hat er die Entscheidung des übergeordneten Landgerichts einzuholen.

Der Antrag wurde mit 14 gegen 5 Stimmen angenommen.

Für den Antrag wurde geltend gemacht:

Nach der herrschenden Meinung sei vor Erhebung der öffentlichen Klage der Amtsrichter befugt, ohne Zustimmung und selbst gegen den Antrag der Staatsanwaltschaft den von ihm erlassenen Haftbefehl aufzuheben oder den Beschuldigten gegen Sicherheitsleistung freizulassen, und zwar selbst dann, wenn die Verhaftung erst auf Beschwerde der Staatsanwaltschaft von der Strafkammer angeordnet war. Dieser Rechtszustand widerspreche der Stellung, die der Staatsanwaltschaft im Vorverfahren eingeräumt sei und habe zu erheblichen Übelständen in der Praxis geführt. Die Verantwortlichkeit für den Gang des vorbereitenden Verfahrens falle der Staatsanwaltschaft zu. Sie vereinige die Ermittelungen in ihrer Hand und sei deshalb allein im Stande, die Sachlage jederzeit völlig zu übersehen. Daran ändere der Umstand nichts, daß die Verhaftung in die Hand des Richters gelegt und bei Gefahr im Verzug ohne Antrag der Staatsanwaltschaft angeordnet werden könne. Auch im letzteren Falle gehe die Verantwortlichkeit für den weiteren Verlauf des vorbereitenden Verfahrens auf die alsbald zu benachrichtigende Staatsanwaltschaft über. Es sei mehrfach vorgekommen, daß der Amtsrichter vorzeitig einen Haftbefehl wieder aufgehoben habe, weil er die von der Staatsanwaltschaft inzwischen angestellten Ermittelungen nicht gekannt habe. Die Zustimmung der Staatsanwaltschaft zur Aufhebung des Haftbefehls seitens des Amtsrichters sei um so mehr geboten, als auch der Untersuchungsrichter, der für den Gang der Voruntersuchung in erster Linie verantwortlich sei, zur Aufhebung eines Haftbefehls des Einverständnisses der Staatsanwaltschaft bedürfe.

Gegen die beantragte Vorschrift wurde geltend gemacht:

Wenn auch die Leitung des Ermittelungsverfahrens im allgemeinen der Staatsanwaltschaft zufalle, so müsse doch für die Frage der Haft, gleichviel ob es sich um ihre Anordnung oder um ihre Fortdauer handele, im vollen Umfange die Verantwortung dem unabhängigen Richter überlassen bleiben. Teile man die Verantwortung zwischen ihm und der Staatsanwaltschaft, so sei zu befürchten, daß der Richter der Angelegenheit weniger Sorgfalt zuwende. Überdies werde die Einholung der Zustimmung der Staatsanwaltschaft oft eine unliebsame Verzögerung der Freilassung verursachen. Die Zustimmung sei insbesondere für die Fälle zwecklos, wo der Amtsrichter wegen Gefahr im Verzuge von Amtswegen die ersten Untersuchungshandlungen vorgenommen und dabei eine Verhaftung angeordnet habe, die er alsbald, noch bevor überhaupt die Staatsanwaltschaft von der Sache Kenntnis erlangt habe, als ungerechtfertigt erkenne.

Die Mehrheit erachtete diese Bedenken nicht für durchschlagend. Erhebliche Verzögerungen der Freilassung infolge Einholung der Zustimmung der Staatsanwaltschaft seien bei der heutigen Entwickelung des Verkehrs und Nachrichtenwesens nicht zu befürchten. Schließlich müsse die Möglichkeit einer geringfügigen Verlängerung der Haft in den Kauf genommen werden, um den vorzeitigen, die Wirksamkeit der Strafrechtspflege gefährdenden Haftentlassungen vorzubeugen.

II. Zu der Vorschrift des §. 125 Abs. 2 der Str.Pr.O., nach welcher zur Erlassung des Haftbefehls und der auf die Untersuchungshaft bezüglichen Entscheidungen jeder Amtsrichter befugt ist, in dessen Bezirk ein Gerichtsstand für die Sache begründet ist oder der zu Verhaftende betroffen wird, wurde der Zusatz beantragt:

> Nach Vollstreckung des Haftbefehls ist derjenige Amtsrichter, welcher den Haftbefehl vollstreckt hat, ausschließlich zuständig.

Zur Begründung des Antrags wurde ausgeführt: Allgemein werde es in der Praxis als Übelstand empfunden, daß derjenige Amtsrichter, welcher den Haftbefehl erlassen habe, für die weiteren, die vorläufige Untersuchungshaft betreffenden Entscheidungen auch dann zuständig sei, wenn das Gefängnis, in welchem der Beschuldigte sich befinde, einem anderen Amtsrichter unterstellt sei. Letzterer müsse, insbesondere auch bei den nach §. 116 der Str.Pr.O. zu treffenden Anordnungen, immer erst die Verfügung des Richters einholen, der die Haft angeordnet hatte, während er selbst viel besser in der Lage sei, die erforderlichen Verfügungen zu treffen. Auch führe das Verfahren zu unnötigen Verzögerungen.

Gegen den Antrag wurde eingewendet: Er berücksichtige nicht den Fall, daß ein Wechsel in der Unterbringung des Gefangenen stattfindet. Solchenfalls sei der Amtsrichter des Bezirkes, in dem sich der Gefangene jeweilig befindet, am meisten geeignet, die betreffenden Verfügungen zu treffen. Für die Entscheidung über die Haftentlassung aber dürfte nicht sowohl der Richter, in dessen Bezirke die Haft vollstreckt wird, als vielmehr nur derjenige, welcher sie verhängt hatte, die geeignete Stelle sein.

Der Antrag wurde mit 18 Stimmen gegen die des Antragstellers abgelehnt.

III. Die Kommission schritt zur Beratung der Frage F III des Fragebogens:

> Erscheint eine Verlängerung der Fristen geboten, innerhalb deren, falls die Haft aufrecht erhalten werden soll, die Erhebung der öffentlichen Klage erfolgen muß?

Es lag der Antrag vor:

> An Stelle der im §. 126 der Str.Pr.O. gegebenen Vorschrift[1]) ist zu bestimmen, daß der vor Erhebung der öffentlichen Klage erlassene Haftbefehl aufzuheben ist, wenn die Staatsanwaltschaft es beantragt oder wenn nicht, sofern es sich um Übertretungen — abgesehen von den im §. 361 Nr. 3 bis 8 des St.G.B. vorgesehenen Übertretungen — handelt, binnen zwei Wochen, in allen anderen Fällen innerhalb sechs Wochen nach Vollstreckung des Haftsbefehls die öffentliche Klage erhoben, die Fortdauer der Haft von dem zuständigen Richter angeordnet und diese Anordnung zur Kenntnis des Amtsrichters gebracht ist.

Hierzu waren die Unteranträge gestellt,

a) anstatt der Frist von sechs Wochen eine solche von vier Wochen zu setzen;
b) zu bestimmen, daß innerhalb der sechs-, bezw. zweiwöchigen Frist die öffentliche Klage erhoben und binnen weiterer drei Tage die Fortdauer der Haft von dem zuständigen Richter angeordnet und jede dieser Maßregeln rechtzeitig zur Kenntnis des Amtsrichters gebracht sein müsse.

Der letztere Antrag wurde mit 15 gegen 4 Stimmen abgelehnt. Darauf wurde der Hauptantrag mit 14 gegen 5 Stimmen angenommen, womit der Unterantrag a erledigt war.

Es herrschte Einverständnis darüber, daß im Interesse einer Beschleunigung des Verfahrens zwar eine Fristbeschränkung für die vor Erhebung der öffentlichen Klage verhängte Haft nicht zu entbehren sei, daß sich aber die bisherige Bemessung der Haftfristen als unzweckmäßig erwiesen habe.

Die in erster Linie festgesetzte einwöchige Frist sei erfahrungsgemäß fast niemals ausreichend. Infolgedessen werde die vom Gesetz als Ausnahme angesehene Verlängerung der Frist zur Regel. Die Beschlußfassung des Amtsrichters über die Verlängerung verursache einen unliebsamen Zeitverlust und sinke meist zur leeren Form herab.

---

[1]) Der §. 126 lautet:

> Der vor Erhebung der öffentlichen Klage erlassene Haftbefehl ist aufzuheben, wenn die Staatsanwaltschaft es beantragt, oder wenn nicht binnen einer Woche nach Vollstreckung des Haftbefehls die öffentliche Klage und die Fortdauer der Haft von dem zuständigen Richter angeordnet, auch diese Anordnung zur Kenntnis des Amtsrichters gelangt ist.
>
> Wenn zur Vorbereitung und Erhebung der öffentlichen Klage die Frist von einer Woche nicht genügt, so kann dieselbe auf Antrag der Staatsanwaltschaft vom Amtsrichter um eine Woche und, wenn es sich um ein Verbrechen oder Vergehen handelt, auf erneuten Antrag der Staatsanwaltschaft um fernere zwei Wochen verlängert werden.

Auch die Höchstdauer der Fristen (zwei Wochen bei Übertretungen, vier Wochen bei Verbrechen und Vergehen) sei zu kurz bemessen. Die Folge davon sei, daß vielfach nicht genügend vorbereitete Anklagen erhoben würden, die zu Vertagungen der Hauptverhandlung und damit zu weiteren Verzögerungen Anlaß gäben. Oft werde auch wegen des drohenden Ablaufs der Frist ein Vorverfahren, das sich in Kürze hätte erledigen lassen, noch in die gerichtliche Voruntersuchung übergeleitet und infolgedessen die Untersuchungshaft zu Ungunsten des Angeschuldigten erheblich verlängert.

Endlich werde, da sich eine Versäumung der Fristen nicht immer vermeiden lasse, zuweilen der Zweck des Strafverfahrens dadurch vereitelt oder doch gefährdet, daß fluchtverdächtige Beschuldigte aus der Haft entlassen werden müßten.

Die überwiegende Mehrheit der Kommission war der Ansicht, daß es sich empfehle, von vornherein nur eine geräumiger zu bemessende Frist festzusetzen und eine Verlängerung derselben nicht zuzulassen. Für Verbrechen und Vergehen sei die Frist auf sechs Wochen zu bemessen. Dasselbe müsse für die im §. 361 Nr. 3 bis 8 des St.G.B. vorgesehenen Übertretungen gelten, da bei ihrer Aburteilung die Frage der Überweisung an die Landespolizeibehörde eine eingehendere Vorbereitung der öffentlichen Klage notwendig mache, zumal erfahrungsgemäß die wegen dieser Übertretungen Beschuldigten eine Verheimlichung der Vorstrafen durch Angabe falscher Personalien häufig versuchten. Für sonstige Übertretungen wurde die Höchstfrist von zwei Wochen für ausreichend erachtet.

Eine Minderheit sprach sich zu Gunsten des im Entwurfe von 1895 (Reichstagsdrucks. 1895/96 Nr. 73 S. 7) gemachten Vorschlags aus, nach welchem zur Wahrung der Frist genügen soll, wenn innerhalb derselben die Erhebung der öffentlichen Klage zur Kenntnis des Amtsrichters gelangt sei; es wurde den seinerzeit dafür geltend gemachten Gründen beigetreten. Von anderer Seite wurde es als wünschenswert bezeichnet, der für die Erhebung der öffentlichen Klage bestimmten Frist eine weitere Frist von drei Tagen hinzuzufügen, innerhalb welcher das zuständige Gericht über die Fortdauer der Haft zu beschließen habe. Die Mehrheit war jedoch der Ansicht, daß das geltende Recht aufrecht zu erhalten sei, nach welchem zur Wahrung der Frist erforderlich ist, daß auch die Anordnung der Fortdauer der Haft zur Kenntnis des Amtsrichters gelangt. Sie ging davon aus, daß die Haftfrist nicht nur die Staatsanwaltschaft zur schleunigen Erhebung der Klage veranlassen solle, sondern insbesondere auch die möglichst baldige Prüfung der Berechtigung der Haft durch den zuständigen Richter bezwecke. Die Setzung einer doppelten Frist aber, für den Staatsanwalt einerseits, den zuständigen Richter andererseits, mache das Verfahren zu umständlich.

IV. Der ferner gestellte Antrag,

> dem §. 126 der Str.Pr.O. hinzuzufügen, daß, wenn die Staatsanwaltschaft die Aufhebung des Haftbefehls beantragen will, sie schon vor der formellen Aufhebung zur unmittelbaren Freilassung des Beschuldigten befugt ist,

wurde mit dem Hinweise darauf begründet, daß nach gegenwärtigem Rechte der Amtsrichter gezwungen sei, den Beschuldigten freizulassen, sobald die Staatsanwaltschaft dies beantrage, und daß die Freilassung unnötig verzögert werde, wenn immer erst die formelle Aufhebung des Haftbefehls durch den Richter abgewartet werden müsse.

Der Antrag wurde mit 18 Stimmen gegen 1 Stimme angenommen.

V. Zu der Vorschrift des §. 128 Abs. 1 Satz 1 der Str.Pr.O., wonach der vorläufig Festgenommene unverzüglich dem Amtsrichter des Bezirkes, in welchem die Festnahme erfolgt ist, vorzuführen ist, wurde der Zusatz beantragt,

> daß, wenn dieser Amtsrichter denselben Amtssitz habe wie der in der Sache zuständige Amtsrichter, die Vorführung vor den Letzteren zu erfolgen habe.

Zur Begründung wurde darauf hingewiesen, daß der Zusatz einem praktischen Bedürfnisse für diejenigen Orte entspreche, wo mehrere Amtsgerichte beständen.

Der Antrag wurde einstimmig angenommen.

VI. Zu §. 128 der Str.Pr.O. wurde ferner beantragt,

> hinter Abs. 1 einzuschalten:
>
> > Befindet sich der Festgenommene in einem körperlichen Zustande, welcher die persönliche Vorführung aus Rücksicht auf seinen Gesundheitszustand unmöglich macht, so wird die Vorführung durch unverzügliche Einsendung der über die Festnahme aufgenommenen Verhandlungen ersetzt. Die Vernehmung darf so lange ausgesetzt werden, als von ihr Gefahr für Leben oder Gesundheit des Festgenommenen zu befürchten steht.

Zu Gunsten des Antrags wurde geltend gemacht, daß er einem in der Praxis hervorgetretenen Bedürfnisse entspreche. Zuweilen, insbesondere bei Kindesmord und Abtreibung, erfordere der körperliche Zustand der vorläufig festgenommenen Person, sofort in einer Krankenanstalt unterzubringen. In diesen Fällen sei die Vorschrift, daß der Festgenommene unverzüglich dem Richter vorzuführen ist, nicht ausführbar. Andererseits dürfe der zwangsweise Aufenthalt in der Krankenanstalt nicht auf alleinige Anordnung der Staatsanwaltschaft hin fortdauern, vielmehr müsse der Festgenommene alsbald dem Richter zur Verfügung gestellt werden. Dies geschehe am zweckmäßigsten in der Weise, daß dem Richter die über die Festnahme aufgenommenen Verhandlungen eingesendet würden. Die Rücksicht auf den körperlichen Zustand des Festgenommenen verlange es ferner, daß die richterliche Vernehmung nicht früher stattfinde, als sie ohne Gefahr für Leben und Gesundheit des Festgenommenen erfolgen könne.

Von anderer Seite wurde das Bedürfnis zum Erlaß einer besonderen Vorschrift bezweifelt. Könne eine Person wegen ihres körperlichen Zustandes dem Richter nicht vorgeführt werden, so werde auch kein Grund zu einer vorläufigen Festnahme sein, da weder die Voraussetzungen eines Haftbefehls vorliegen würden, noch Gefahr im Verzug obwalten dürfte. Überdies sei die unverzügliche Vorführung des Festgenommenen nur instruktionell und nicht unter dem Präjudize der Freilassung vorgeschrieben.

Der Antrag wurde mit 14 gegen 4 Stimmen angenommen.

VII. Ein zweiter Antrag,

im §. 128 der Str.Pr.O. hinzuzufügen:

Der Amtsrichter kann die Freilassung, wenn die Tat nur mit Haft oder mit Geldstrafe bedroht ist, davon abhängig machen, daß der Festgenommene eine im Bezirke des zuständigen Gerichts wohnhafte Person zur Empfangnahme von Zustellungen bevollmächtigt.

wurde mit dem Hinweise darauf begründet, daß in Grenzgebieten nicht selten Ausländer dem Gerichte vorgeführt würden, die nur einer geringfügigen Straftat beschuldigt, aber in Haft zu behalten seien, da gegründeter Zweifel bestehe, ob sie einer auf diplomatischem Wege erfolgenden Ladung Folge leisten würden. Der Antrag wurde jedoch für diese Lesung zurückgezogen, nachdem von anderer Seite Zweifel über die Tragweite der beantragten Vorschrift geltend gemacht worden waren.

VIII. Ferner wurde beantragt,

a) den §. 127 Abs. 3 der Str.Pr.O.[1]) zu streichen;

b) den §. 130 der Str.Pr.O.,[2]) entsprechend dem §. 182 der Militärstrafgerichtsordnung dahin zu fassen:

Bei strafbaren Handlungen, deren Verfolgung nur auf Antrag eintritt, ist weder die vorläufige Festnahme, noch die Verhaftung von der Stellung eines solchen Antrags abhängig.

Ist die Verhaftung vor der Stellung des Antrags erfolgt, so ist der Antragsberechtigte, von mehreren wenigstens einer, sofort von der Verhaftung in Kenntnis zu setzen. Die Freilassung muß erfolgen, wenn nicht spätestens binnen einer Woche seit der Verhaftung ein Strafantrag eingegangen ist.

c) zu bestimmen, daß die Benachrichtigung des Antragsberechtigten durch den Amtsrichter erfolgen soll.

Der Antragsteller führte aus, daß die vorgeschlagene Fassungsänderung in Folge der über die Beschlagnahme bereits gefaßten Beschlüsse (S. 74 flg.) erforderlich sei.

Die Anträge wurden einstimmig angenommen.

IX. Zu §. 132 der Str.Pr.O. wurde beantragt, zu bestimmen,

1. daß die Vorführung vor den nächsten Amtsrichter nicht nur auf Verlangen des Ergriffenen, sondern, sofern dieser nicht widerspricht, auch

---

[1]) Der §. 127 Abs. 3 lautet:

Bei strafbaren Handlungen, deren Verfolgung nur auf Antrag eintritt, ist die vorläufige Festnahme von der Stellung eines solchen Antrags nicht abhängig.

[2]) Der §. 130 lautet:

Wird wegen Verdachts einer strafbaren Handlung, deren Verfolgung nur auf Antrag eintritt, ein Haftbefehl erlassen, bevor der Antrag gestellt ist, so ist der Antragsberechtigte, von mehreren wenigstens einer derselben, sofort von dem Erlasse des Haftbefehls in Kenntnis zu setzen. Auf den Haftbefehl finden die Bestimmungen des §. 126 gleichfalls Anwendung.

auf das Ersuchen der verfolgenden Behörde, welches schon in dem Haftbefehl oder in dem Steckbriefe gestellt werden kann, zu geschehen hat;

2. daß dabei der von der Kommission beschlossene Zusatz zum §. 128 der Str.Pr.O. (unter VI dieses Protokolls) entsprechende Anwendung finden soll.

Zu Gunsten der Anträge wurde ausgeführt:

Nach gegenwärtigem Rechte sei die Vorführung des auf Grund eines Haftbefehls oder Steckbriefs Ergriffenen vor den nächsten Amtsrichter nur in dem Falle, daß die Stellung vor den zuständigen Richter nicht spätestens am Tage nach der Ergreifung möglich ist, auf Verlangen des Ergriffenen zulässig. Anderenfalls müsse der Ergriffene dem zuständigen Richter vorgeführt werden. Der hiernach erforderliche Transport sei jedoch häufig umständlich, kostspielig, für den Ergriffenen lästig und setze letzteren der Gefahr aus, im Falle der Freilassung durch den zuständigen Richter die Rückreise auf eigene Kosten machen zu müssen. Andererseits sei vielfach eine Vernehmung durch den nächsten Amtsrichter für die Zwecke der Strafverfolgung ausreichend und den eigenen Interessen des Ergriffenen entsprechend. Das Ersuchen der verfolgenden Behörde um Vernehmung durch den nächsten Richter werde in vielen Fällen bereits im Haftbefehl oder Steckbriefe gestellt werden können. Wider seinen Willen dürfe der Ergriffene der Vernehmung durch seinen zuständigen Richter selbstverständlich nicht entzogen werden.

Könne der Ergriffene wegen seines körperlichen Zustandes dem Richter nicht vorgeführt werden, so erscheine es geboten, ihn wenigstens dem Richter durch Übersendung der Akten zur Verfügung zu stellen. Die Erwägungen, welche für diesen Fall in Ansehung der vorläufig festgenommenen Personen maßgebend gewesen seien, träfen auch hier zu.

Von einer Seite wurde geltend gemacht, daß es der beantragten Vorschrift nicht erst bedürfe, da schon nach bisherigem Rechte der Ergriffene stets, falls er nur nicht widerspreche, dem nächsten Richter vorgeführt werden könne.

Der Antrag wurde mit 17 Stimmen gegen eine Stimme angenommen.

X. Der Vorsitzende stellte hierauf fest, daß die Fragen unter F des Fragebogens erledigt seien.

Im Laufe der Verhandlung war seitens der Kommission der Wunsch ausgesprochen worden, auch die Vollstreckung der Untersuchungshaft, die Anrechnung der Untersuchungshaft auf die erkannte Strafe und die Entschädigung für unschuldig erlittene Untersuchungshaft zum Gegenstand ihrer Beratung zu machen. Der Vorsitzende erklärte, daß er die erstere Frage auf die nächste Tagesordnung setzen, die beiden letzteren Fragen am Schlusse der ersten Lesung zur Beratung stellen werde.

Der Beginn der nächsten Tagung wurde auf den 7. Juli anberaumt; als Beratungsgegenstände wurden die Frage C II 6 des Fragebogens, die Vollstreckung der Untersuchungshaft (§. 116 der Str.Pr.O.) und die Fragen unter G des Fragebogens bezeichnet.

14. Sitzung.

7. Juli 1903.

Strafbarkeit uneidlicher falscher Aussagen.

Die Kommission schritt zu der in der vorigen Tagung zurückgestellten Frage C II 6 des Fragebogens:

> Soll im Zusammenhange mit der Einschränkung der Zeugeneide die Strafbarkeit uneidlicher falscher Aussagen eingeführt und wie soll sie im einzelnen gestaltet werden?
> a) Abgrenzung hinsichtlich der Behörden, vor denen die Aussage abgegeben wird;
> b) Bestrafung fahrlässiger falscher Aussagen;
> c) Strafmaß;
> d) Straflosigkeit bei Widerruf.

Es lagen folgende Anträge vor:

1. Uneidliche falsche Aussagen vor Gericht sind mit Strafe zu bedrohen.
2. a) Es empfiehlt sich, die Strafbarkeit uneidlicher falscher Aussagen einzuführen, soweit solche erstattet sind bei Vernehmungen als Zeuge oder Sachverständiger vor einer zur eidlichen Vernehmung von Zeugen oder Sachverständigen zuständigen Behörde.
   b) Es empfiehlt sich die Erstreckung der Strafbestimmungen auf die Fälle beeidigter derartiger Aussagen, wo die Strafbestimmungen der §§. 154, 156 des St.G.B.[1]) nicht Platz greifen können, obwohl die Aussage wissentlich falsch erstattet ist und Gründe der in den §§. 51 flg.[2]) des St.G.B. vorgesehenen Art nicht vorliegen.
   c) Eine Bestrafung der fahrlässigen falschen Aussagen der zu a und b bezeichneten Art empfiehlt sich nicht.
   d) Es empfiehlt sich, den Hinweis auf die Strafbarkeit der falschen uneidlichen Aussage nicht als Strafbarkeitsvoraussetzung, aber den Mangel des Hinweises als ausdrücklich hervorzuhebenden mildernden Umstand zu behandeln.
   e) Als allgemeiner Strafaufhebungsgrund soll es anerkannt werden, wenn
      α) der Punkt, bezüglich dessen die falsche Aussage erstattet ist, sich als für die Sachentscheidung völlig unerheblich erweist, oder

---

[1]) Die §§. 154 und 156 enthalten die Strafandrohungen für die wissentliche Verletzung des Zeugen- oder Sachverständigeneids und für wissentlich falsche Versicherungen an Eidesstatt.

[2]) Die §§. 51 flg. enthalten die Strafausschließungsgründe.

β) der als Zeuge oder Sachverständiger Vernommene nachmals selbst als Beschuldigter in Ansehung derjenigen Tat, bezüglich deren er als Zeuge oder Sachverständiger vernommen wurde, behandelt wird.

f) Als Strafmaß empfiehlt sich:

α) Gefängnis von einer Woche bis zu zwei Jahren, neben welchem auf Geldstrafe bis zu tausend Mark erkannt werden kann.

β) Zulässigkeit des Verlustes der bürgerlichen Ehrenrechte.

γ) Bei Vorhandensein mildernder Umstände, zu denen auch die im §. 157 Nr. 1, 2 des St.G.B. vorgesehenen Umstände gehören, kann auf Geldstrafe bis zu tausend Mark erkannt werden.

δ) Ist das falsche Zeugnis oder Gutachten in einer Strafsache zum Nachteil eines Angeschuldigten abgegeben und dieser zum Tode, zu Zuchthaus oder zu einer anderen mehr als fünf Jahre betragenden Freiheitsstrafe verurteilt worden, so ist auf Gefängnis nicht unter drei Monaten, allein oder in Verbindung mit Geldstrafe bis zu tausend Mark, zu erkennen; beim Vorhandensein mildernder Umstände kann auf Gefängnis oder Geldstrafe bis zu tausend Mark erkannt werden.

g) Es empfiehlt sich, Straflosigkeit eintreten zu lassen, wenn der Widerruf rechtzeitig im Sinne von §. 158 des St.G.B. erfolgt.

h) Es empfiehlt sich, auch das Unternehmen, einen Anderen zur Erstattung wissenlich falscher Aussage im Sinne von Antrag a und b zu verleiten, unter Strafe zu stellen. Als Strafmaß empfiehlt sich Gefängnis bis zu sechs Monaten.

i) Es empfiehlt sich, auch die Verleitung zur Erstattung uneidlichen falschen Zeugnisses oder Gutachtens unter Strafe zu stellen. Als Strafmaß empfiehlt sich Gefängnis bis zu vier Monaten oder Geldstrafe bis zu fünfhundert Mark.

3. a) Die unbeeidigte falsche Aussage, die Zeugen oder Sachverständige vor einer zur Abnahme von Eiden zuständigen Behörde abgeben, ist unter Strafe zu stellen.

b) Die Strafbarkeit der uneidlichen falschen Aussage ist nicht davon abhängig zu machen, daß der Täter von der Behörde auf die Strafbarkeit falscher uneidlicher Aussagen hingewiesen worden ist.

c) Die Strafdrohung gegen die vorsätzliche unbeeidigte falsche Aussage ist auf Gefängnis von einer Woche bis zu zwei Jahren zu normieren; daneben soll auf Verlust der bürgerlichen Ehrenrechte erkannt werden können.

d) Die Strafe der vorsätzlichen unbeeideten falschen Aussage ist auf Zuchthaus bis zu fünf Jahren festzusetzen, wenn das falsche Zeugnis oder Gutachten in einer Strafsache zum Nachteil eines Angeschuldigten abgegeben und dieser zum Tode, zu Zuchthaus oder zu einer anderen mehr als fünf Jahre betragenden Freiheitsstrafe verurteilt worden ist.

e) Die fahrlässige unbeeidete Aussage ist mit Gefängnisstrafe bis zu sechs Monaten zu bedrohen.

f) Die Bestimmungen der §§. 157, 158 des St.G.B. sind sinngemäß auf die Festsetzung der Strafe gegen die unbeeidete falsche Aussage zur Anwendung zu bringen.

g) Wird die vorsätzliche unbeeidete falsche Aussage widerrufen, so tritt unter den im §. 158 des St.G.B. genannten Voraussetzungen gleiche Strafermäßigung ein, wie beim Vorliegen der unter f genannten Voraussetzungen; statt der Freiheitsstrafe kann auf Geldstrafe bis zu sechshundert Mark erkannt werden.

h) Wird die fahrlässige unbeeidete falsche Aussage widerrufen, so tritt unter den im §. 163 des St.G.B. genannten Voraussetzungen Straflosigkeit ein.

Endlich hatte ein Mitglied für den Fall, daß sich, entgegen seinem grundsätzlichen Standpunkte, die Kommission für die Strafbarkeit uneidlicher falscher Aussagen aussprechen sollte, folgende Anträge gestellt:

4. a) Jeder Zeuge ist vor der Vernehmung auf die Strafbarkeit uneidlicher falscher Aussagen und, sofern nicht die Beeidigung unzulässig ist, darauf hinzuweisen, daß er auf Erfordern seine Aussage werde beeidigen müssen.

b) Die fahrlässige unbeeidete falsche Aussage ist mit Gefängnisstrafe bis zu sechs Monaten oder Geldstrafe bis zu fünfhundert Mark zu bedrohen.

c) Im Falle der Verleitung zur Abgabe einer falschen Aussage oder eines falschen Gutachtens ist auch der Versuch strafbar.

I. Die Kommission ging davon aus, daß die ihr vorgelegte Frage sich nur auf die im Strafprozeß abgegebenen uneidlichen falschen Aussagen von Zeugen und Sachverständigen beziehe, daß dagegen die Aussagen im Zivilprozeß oder einem Verfahren anderer Art außer Betracht bleiben müßten. Sie beschloß mit 12 gegen 6 Stimmen, die Frage zu verneinen.

Zu Gunsten der Bejahung der Frage wurde Folgendes ausgeführt:

Die Straflosigkeit uneidlicher falscher Aussagen eines Zeugen oder Sachverständigen sei eine nicht zu rechtfertigende Lücke schon des geltenden Rechtes und stehe mit der Strafbarkeit eidlicher falscher Aussagen im Widerspruche. Denn der hauptsächliche Grund der Bestrafung des Zeugenmeineids liege nicht sowohl in der mit dem Meineide verbundenen Verletzung religiöser Pflichten, als vielmehr in der durch ein falsches Zeugnis herbeigeführten Gefährdung der Rechtspflege. Diese Gefährdung beruhe darauf, daß das gerichtliche Zeugnis eine der wichtigsten Grundlagen der Wahrheitsermittelung im Rechtsverfahren bilde. Da schon nach geltendem Rechte unter Umständen auch uneidliche Zeugenaussagen bei der Wahrheitsermittelung Berücksichtigung fänden, müsse die Zuverlässigkeit auch dieser Aussagen durch eine Strafvorschrift nach Möglichkeit sichergestellt werden. Die uneidliche falsche Aussage der Zeugen und Sachverständigen sei als das Grunddelikt, der Meineid derselben Personen als eine Qualifikation des Delikts zu bedrohen. Diese Auffassung liege dem österreichischen Rechte schon seit der Josephina, dem geltenden Strafgesetzbuche von 1852, wie allen neueren österreichischen Entwürfen, ferner dem italienischen, belgischen, russischen und den meisten schweizerischen Gesetzbüchern zu Grunde; auch die frühere sächsische Strafgesetzgebung sei dieser Auffassung gefolgt.[1]) Wenn das frühere preußische Strafrecht, dessen Standpunkt für das geltende

[1]) Zu vergl. die Zusammenstellung in der Reichstagsdrucks. Nr. 108 von 1898/99, S. 12 flg.

Recht maßgebend geworden sei, die Strafbarkeit der uneidlichen falschen Zeugenaussage nicht gekannt habe, so beruhe dies darauf, daß Zeugen, die nach geltendem Rechte uneidlich zu vernehmen sind, nach preußischem Rechte nur als Auskunftspersonen angesehen worden seien.

Auch nach der praktischen Erfahrung sei das Bedürfnis, die Zuverlässigkeit uneidlicher Zeugenaussagen durch eine Strafdrohung sicherer zu stellen, überall da hervorgetreten, wo im Strafverfahren Aussagen solcher Art in Betracht kommen. Dies treffe vor allem für das Vorverfahren zu, wo die uneidliche Vernehmung die Regel bilde. Der Mangel einer Strafvorschrift führe dazu, daß sehr häufig unwahr ausgesagt werde, und dies habe zur Folge, daß einerseits die Erhebung begründeter Anklagen unterbleibe und dadurch Schuldige der verdienten Bestrafung entgingen, andererseits gegen Unschuldige Anklagen erhoben würden, die sich erst in der Hauptverhandlung als unbegründet erwiesen. Werde, wie es in den Anträgen 2g und 3g vorgesehen sei, der rechtzeitige Widerruf der falschen Aussage als Strafausschließungs- oder wenigstens als Strafmilderungsgrund eingeführt, so sei nicht zu befürchten, daß die Vorschrift in Widerspruch trete mit der von der Kommission gebilligten Absicht des Gesetzgebers, durch Verlegung der Beeidigung in die Hauptverhandlung es dem Zeugen zu erleichtern, eine ursprünglich falsch abgegebene Aussage auf Grund von Vorhaltungen des Richters in der Hauptverhandlung zu berichtigen.

Nicht minder bilde es einen Mißstand und beeinträchtige die Wahrheitsermittelung im Strafverfahren, daß die Personen, welche nach den §§. 56, 57 der Str.Pr.O. unbeeidigt vernommen werden, ungestraft die Unwahrheit sagen dürften.

Eidesunmündige und solche Personen, die wegen mangelnder Verstandesreife oder wegen Verstandesschwäche von dem Wesen und der Bedeutung des Eides keine genügende Vorstellung hätten (§ 56 Nr. 1), besäßen nichtsdestoweniger häufig die erforderliche Einsicht, um die Strafbarkeit einer falschen Aussage zu erkennen. Insoweit dies der Fall sei, sei es dringend geboten, die Wahrheit ihrer Aussage unter Strafzwang zu stellen. Das Zeugnis gerade eidesunmündiger Personen sei, insbesondere bei der Untersuchung von Sittlichkeitsverbrechen, oft sehr wichtig, und nicht selten werde gerade von Personen jenes Alters wissentlich die Unwahrheit gesagt.

Personen, welche nach den Bestimmungen der Strafgesetze unfähig sind, als Zeugen eidlich vernommen zu werden (§. 56 Nr. 2), würden zwar nur selten als Zeugen in Betracht kommen. Soweit es jedoch der Fall sei, bilde es einen Mißstand, daß die Richtigkeit ihrer Aussagen nicht durch eine Strafdrohung möglichst gewährleistet werde.

Personen, die hinsichtlich der den Gegenstand der Untersuchung bildenden Tat als Teilnehmer, Begünstiger oder Hehler verdächtig sind (§. 56 Nr. 3), würden regelmäßig auf Grund des §. 54 Auskunft auf solche Fragen verweigern können, deren Beantwortung ihnen die Gefahr strafgerichtlicher Verfolgung zuziehen würde. Machten sie von diesem Rechte keinen Gebrauch, so müßten sie auch verpflichtet sein, die Wahrheit zu sagen. Noch weniger bestehe ein Grund, diejenigen von der Wahrheitspflicht zu entbinden, die wegen der Tat bereits verurteilt sind, zumal erfahrungsgemäß solche Personen oft geneigt seien, zu Ungunsten Anderer die Unwahrheit zu sagen.

Ein Mißstand liege ferner darin, daß die Angehörigen des Angeklagten (§. 57) häufig behufs dessen Entlastung in der Hauptverhandlung mit unwahren Anführungen in der Hoffnung hervortreten, unbeeidigt und deshalb straflos zu bleiben. Der Gesetzgeber trage dem Gefühle der Pietät, welches die Angehörigen davon abhalte, gegen den Angeklagten auszusagen, dadurch genügend Rechnung, daß er ihnen ein Zeugnisverweigerungsrecht gebe (§. 51); er brauche ihnen aber nicht auch die Möglichkeit zu gewähren, ungestraft die Unwahrheit zu sagen und dadurch die Wahrheitsermittelung zu erschweren.

Das Bedürfnis für die Bestrafung der uneidlichen falschen Aussage werde sich in noch höherem Grade geltend machen, wenn die von der Kommission beschlossenen Einschränkungen der Eidesleistungen ins Leben treten sollten. Werde der Zeuge wegen Unerheblichkeit der Aussage nicht beeidigt, so sei die Strafbarkeit der uneidlichen Aussage doch von Bedeutung, da der Zeuge Erhebliches verschwiegen haben könne.

Auch im Interesse der Autorität des Staates, des Ansehens der Gerichte und der öffentlichen Moral sei es dringend geboten, den gegenwärtigen Rechtszustand zu beseitigen. Erst durch die Bestrafung der falschen uneidlichen Aussage werde dem Volke zum Bewußtsein gebracht, daß man vor Gericht unbedingt die Wahrheit zu sagen habe; die hiervon zu erhoffende erzieherische Wirkung werde nicht ausbleiben und sich namentlich auch in der Abnahme der Meineidsdelikte betätigen.

Eine Überlastung der Staatsanwaltschaft durch unbegründete Denunziationen wegen uneidlicher falscher Aussagen sei nicht zu befürchten, zumal wenn nur die wissentlich falschen Aussagen mit Strafe bedroht würden. Gegen solche Überlastung sprächen besonders, von Sachsen abgesehen, die Erfahrungen in Österreich, einem großen Rechtsgebiete mit im wesentlichen übereinstimmenden strafprozessualen Grundsätzen.

Die Ausschließung fahrlässig falscher Aussagen von der Strafvorschrift wurde von mehreren Mitgliedern insbesondere unter dem Hinweise darauf empfohlen, daß bereits vielfach der beachtenswerte Vorschlag gemacht worden sei, die Strafbarkeit auch der eidlichen Aussagen auf die Fälle des wissentlichen Meineids zu beschränken.

Endlich wurde darauf hingewiesen, daß in der Literatur gegen die Notwendigkeit der Strafbarkeit der uneidlichen falschen Aussage Widerspruch kaum hervorgetreten sei. Von Theoretikern hätten sich insbesondere Mittermaier, John, Berner, Hälschner, Heffter, Heinze, Hugo Meyer, v. Liszt, Binding, von Praktikern v. Schwarze, Brettner, Wittich, Gall, Rotering, Stenglein, Kade, Lukas für die Einführung einer entsprechenden Strafvorschrift ausgesprochen.

Mehrere Mitglieder erklärten, daß sie ein Bedürfnis der Bestrafung uneidlicher falscher Aussagen nur für den Fall einer weiteren Einschränkung der Zeugeneide anerkennen könnten. Die von der Kommission beschlossenen Einschränkungen böten keine genügende Veranlassung, eine solche Bestrafung einzuführen. Es solle nur die Beeidigung bei unerheblichen Aussagen, bei Aussagen im Verfahren wegen Übertretungen und bei Aussagen in Privatklagesachen beschränkt werden. Für falsche unerhebliche Aussagen sei eine Bestrafung nicht erforderlich. Im Verfahren wegen Übertretungen und in Privatklagesachen aber würde eine falsche erhebliche Aussage schon deshalb kaum jemals unbeeidigt bleiben, weil zur Nichtbeeidigung die Zustimmung aller Beteiligten für erforderlich erklärt sei.

Ein Mitglied erklärte: Es habe gegen die Strafbarkeit der uneidlichen falschen Aussage insoweit Bedenken, als auch die nach §. 56 Nr. 3 der Str.Pr.O. wegen Verdachts der Teilnahme an der Straftat uneidlich vernommenen Personen getroffen werden sollten. Dadurch würden diese Personen unbilligerweise in eine Zwangslage versetzt. Ferner müsse die Befürchtung einer großen Zahl unbegründeter Denunziationen für gerechtfertigt erachtet werden. Daher würde es für die Bejahung der Frage nur unter der Voraussetzung stimmen können, daß die der Teilnahme verdächtigen Personen straflos blieben, und daß Denunziationen mindestens während des Verfahrens nicht zugelassen werden dürften. Zur Zeit werde es für Verneinung der Frage stimmen.

Im übrigen wurden für die Verneinung folgende Gründe geltend gemacht:

Aus einem Rechte des Staates auf Wahrheit könne man die Strafbarkeit der uneidlichen falschen Aussage nicht herleiten. Sonst sei es nicht zu verstehen, weshalb die Strafbarkeit auf die Aussagen vor den Gerichten und den übrigen zur Abnahme von Eiden zuständigen Behörden beschränkt und damit, was den Strafprozeß betreffe, der Staatsanwaltschaft und ihren Hilfsbeamten das Recht auf Wahrheit entzogen werden solle.

Auch sei die Auffassung, daß der Meineid nur einen qualifizierten Fall der uneidlichen falschen Aussage darstelle, nicht zu billigen. Nach dieser Auffassung würde die uneidliche falsche Aussage sich von dem Meineide nur durch die Höhe der Strafe unterscheiden. Das religiöse Moment in der eidlichen Beteuerungsformel könne aber vom Standpunkte des Staates nicht straferschwerend sein. Die Bestrafung der uneidlichen falschen Aussage müsse vielmehr folgerichtig zur Abschaffung des Eides führen. Denn es widerspreche dem Zwecke des Strafverfahrens, zwei Mittel zur Erzwingung wahrer Aussagen einzuführen, die Meineidsstrafen als stärkeres, die Strafen der falschen uneidlichen Aussage als schwächeres Mittel. Soweit es auf die Erforschung der Wahrheit ankomme, müsse stets zu dem stärksten Mittel, dem Eide, gegriffen werden. Auch würde der Wert des Eides dadurch, daß neben ihm noch ein zweites Zwangsmittel bestehe, nur herabgesetzt. Die von mehreren Seiten empfohlene Ausschließung fahrlässig falscher Aussagen aber würde mit der Strafbarkeit des fahrlässigen Falscheids im Widerspruche stehen.

Es sei aber auch nicht richtig, daß die Praxis ein Bedürfnis dafür ergeben habe, die uneidliche falsche Aussage mit Strafe zu belegen. Zunächst sei es gar nicht so häufig, daß die uneidlichen Aussagen wissentlich falsche seien. Sachverständigen könne überhaupt kaum nachgewiesen werden, daß sie gegen ihre Überzeugung das Gutachten erstattet haben. Von falschen Aussagen zu Gunsten des Beschuldigten würden die Zeugen in der Regel schon durch die Strafen der Begünstigung (§. 257 des St.G.B.) abgehalten. Für falsche Aussagen zu Ungunsten des Beschuldigten aber könnten sie unter Umständen von dem Gesichtspunkte der verleumderischen Beleidigung aus (§. 187 des St.G.B.) zur Verantwortung gezogen werden.

Was insbesondere die Bestrafung der im Vorverfahren abgegebenen falschen

Aussagen betreffe, so führten die dafür vorgebrachten Gründe folgerichtig zu der Verlegung der Beeidigung in die Zeit der ersten richterlichen Vernehmung. Die Kommission habe sich aber bereits für die Beeidigung in der Hauptverhandlung entschieden, und zwar in der Absicht, dem Zeugen bis dahin die Möglichkeit zur Berichtigung der Aussage zu lassen. Mit dieser Absicht stehe die Strafbarkeit der uneidlichen falschen Aussage in Widerspruch, und zwar auch dann, wenn man bei rechtzeitigem Widerrufe Straffreiheit oder Strafmilderung gewähre. Denn meistens werde dem Zeugen diese Wirkung des Widerrufs unbekannt sein. Er könne aber in der Regel auch nicht wissen, ob der Widerruf rechtzeitig im Sinne des §. 158 des St.G.B. erfolge, namentlich ob nicht bereits eine Anzeige wegen der falschen Aussage gegen ihn erstattet sei. Er werde also fast stets mit der Gefahr rechnen müssen, daß er trotz des Widerrufs für die falsche Aussage bestraft werde und durch den Widerruf die Begehung der Straftat selbst eingestehe. Daher werde er sich nicht leicht dazu verstehen, seine Aussage zu berichtigen, vielmehr, um jener Gefahr zu entgehen, sich auch noch des Meineids schuldig machen. Übrigens werde die Strafbarkeit uneidlicher falscher Aussagen im Vorverfahren kaum verhindern, daß unter Umständen unbegründete Anklagen gegen Unschuldige erhoben, begründete Anklagen gegen Schuldige unterbleiben würden. Denn die meisten Anklagen erfolgten nur auf Grund polizeilicher Ermittelungen, die Bestrafung der falschen Aussagen vor der Polizeibehörde aber werde von keiner Seite befürwortet.

Die Bestrafung der falschen unbeeidigten Aussagen in der Hauptverhandlung stehe im Widerspruche mit dem Gedanken des Gesetzgebers, der zur unbeeidigten Vernehmung gewisser Personenklassen geführt habe. Das Gesetz mute den in den §§. 56, 57 der Str.Pr.O. bezeichneten Personen entweder nicht die geistige Reife oder, wegen ihrer Beziehungen zur Tat oder zum Täter, nicht die Größe der Gesinnung zu, daß sie die Wahrheit sagen würden, und wolle sie vor den schweren Folgen des Meineids bewahren, indem es ihre Beeidigung untersage oder wenigstens von einem Beschlusse des Gerichts abhängig mache. Folgerichtig könne das Gesetz dann nicht die unbeeidigte falsche Aussage jener Personen mit Strafe bedrohen.

Was insbesondere die Zeugen unter sechzehn Jahren betreffe, so könnten die von ihnen abgegebenen falschen Aussagen regelmäßig schon deshalb nicht zur Bestrafung gebracht werden, weil die Personen entweder noch nicht strafmündig sein oder der zur Erkenntnis der Strafbarkeit einer falschen Aussage erforderlichen Einsicht ermangeln würden. Wollte man aber eine Vorschrift in Aussicht nehmen, nach welcher Personen jener Altersklasse vor ihrer Vernehmung auf die Strafbarkeit der falschen Aussage hinzuweisen seien, so wäre zu befürchten, daß gerade diejenigen unter ihnen, welche die Wahrheit aussagen wollten, in ihren Bekundungen unsicher gemacht werden. Überdies sei die Wirksamkeit der Androhung krimineller Strafe gerade gegenüber Personen kindlichen Alters höchst fraglich. Es sei deshalb besser, die schwierige Frage, ob einem Kinde Glauben zu schenken sei, wie bisher nur aus dem gesamten Ergebnisse der Verhandlung zu beantworten.

Personen, die nach den Bestimmungen der Strafgesetze unfähig sind, als Zeugen eidlich vernommen zu werden (§. 56 Nr. 2 der Str.Pr.O.), würden überhaupt so selten als Zeugen vernommen, daß ihretwegen allein die Einführung einer neuen Strafbestimmung keinesfalls geboten sei. Die im §. 56 Nr. 3 der Str.Pr.O. bezeichneten Personen aber (Teilnehmer, Begünstiger, Hehler) dürften schon deshalb nicht mit einer Strafe für eine uneidliche falsche Aussage bedroht werden, weil sie sich durch eine wahre Aussage meist selbst bezichtigen würden.

In Ansehung der Angehörigen des Beschuldigten sei zu berücksichtigen, daß das Gesetz ihnen nicht blos ein Zeugnisverweigerungsrecht, sondern ausdrücklich auch ein Eidesverweigerungsrecht gewähre und dadurch zu erkennen gebe, daß sie auch die strafrechtlichen Folgen einer bereits geschehenen falschen Aussage von sich fernzuhalten in der Lage sein sollen. Im Falle der Strafbarkeit der falschen uneidlichen Aussage würden die Zeugen nach der Vernehmung die Beeidigung nicht mehr verweigern können, ohne sich dem Verdacht auszusetzen, unwahr ausgesagt zu haben. Übrigens würden Angehörige des Beschuldigten wegen der Gefahr eines solchen Verdachts häufiger als bisher von ihrem Zeugnisverweigerungsrechte Gebrauch machen, wodurch unter Umständen der Entlastungsbeweis geschmälert werde.

Von einer erzieherischen Wirkung der Bestrafung der uneidlichen falschen Aussage sei nicht viel zu erhoffen. Die Strafbarkeit stehe nicht im Einklange mit dem Rechtsbewußtsein des Volkes, wie es sich auf Grund des geltenden Rechtes im Laufe der Zeit herausgebildet habe. Denn im größten Teile des Reichs, insbesondere in Preußen, sei die Strafbarkeit uneidlicher falscher Zeugenaussagen schon vor Erlaß des Strafgesetzbuchs unbekannt gewesen. Den Verhältnissen in Österreich könne eine Bedeutung nicht beigemessen werden, da dort schon seit der Josephina vom 13. Januar 1787 (§§. 151, 155) die uneidliche falsche Aussage als Kriminaldelikt gegolten habe.

Endlich sei das Bedenken, daß die Staatsanwaltschaft mit einer Flut von unbegründeten Denunziationen überschüttet werden würde, nicht von der Hand zu weisen. Es sei zu befürchten, daß schon während des Vorverfahrens der Beschuldigte gegen die Zeugen, welche zu seinen Ungunsten ausgesagt haben, Anzeige erstatten werde, um in der Hauptverhandlung zu versuchen, die Aussagen dieser Zeugen mit dem Hinweise zu verdächtigen, daß gegen die Zeugen bereits ein Strafverfahren wegen falscher uneidlicher Aussage schwebe. Vor den Schwurgerichten würden solche Verdächtigungen leicht den gewünschten Erfolg haben, zumal es oft nicht schwierig sein würde, in den Protokollen über die Aussagen des Vorverfahrens, welche von einem noch nicht vollständig informierten Richter aufgenommen seien, Ungenauigkeiten nachzuweisen. Mindestens werde der Angeklagte in der Lage sein, derartige Anzeigen zur Verschleppung der gegen ihn anhängigen Untersuchung zu benutzen, da das Gericht in der Regel genötigt sein werde, bis zum Abschlusse des gegen die Zeugen eingeleiteten Verfahrens die Hauptverhandlung zu vertagen.

II. Infolge des gefaßten Beschlusses erübrigte sich eine weitere Erörterung der einzelnen Anträge. Die Fragen unter C II 6 des Fragebogens wurden deshalb als erledigt angesehen.

15. Sitzung.

8. Juli 1903.

Vollstreckung der Untersuchungshaft.

Die Kommission schritt zur Beratung der Vorschriften über die Vollstreckung der Untersuchungshaft (§. 116 der StrPrO.).

I. Es wurde beantragt,

nach dem Vorbilde des §. 183 der österreichischen Strafprozeßordnung vom 23. Mai 1873 an die Spitze der Vorschriften folgenden Satz zu stellen:

Die Untersuchungshaft ist mit möglichster Schonung der Person und der Ehre des Verhafteten zu vollziehen.

und diesem Satze den jetzigen Abs. 2 des §. 116 in der Fassung:

Ihm dürfen nur solche Beschränkungen auferlegt werden, welche zur Sicherung des Zweckes der Haft oder zur Aufrechterhaltung der Ordnung im Gefängnisse notwendig sind.

unmittelbar anzuschließen.

Der Antrag wurde mit 18 Stimmen gegen eine Stimme angenommen.

Die Kommission hielt es für erwünscht, im Gesetze von vornherein zum Ausdrucke zu bringen, daß der Person des Verhafteten, da seine Schuld noch nicht feststehe, jede mit dem Zwecke der Haft verträgliche Schonung zu Teil werden müsse. Das gegen den Antrag stimmende Mitglied hielt die Änderung nicht für erforderlich, weil der vorgeschlagene Grundsatz schon dem jetzigen Abs. 2 des §. 116 zu entnehmen sei.

II. Hinsichtlich der Unterbringung des Verhafteten bestimmt der Abs. 1 des §. 116:

Der Verhaftete soll, soweit möglich, von Anderen gesondert und nicht in demselben Raume mit Strafgefangenen verwahrt werden. Mit seiner Zustimmung kann von dieser Vorschrift abgesehen werden.

Hierzu wurden folgende Anträge gestellt,

1. die Worte „soweit möglich" zu streichen;
2. die Vorschrift dergestalt zu ändern, daß
   a) Verhaftete nicht mit Strafgefangenen in demselben Raume verwahrt werden dürfen und daß nur mit Zustimmung des Verhafteten von dieser Vorschrift abgesehen werden kann;
   b) Verhaftete in Einzelhaft zu halten sind, sofern nicht der Richter anders verfügt.

Der Antrag 2 wurde angenommen und zwar zu a mit 10 gegen 9, zu b mit 11 gegen 8 Stimmen. Der Antrag 1 war durch diese Abstimmung erledigt.

Allseitig war man der Ansicht, daß die Trennung des Verhafteten von anderen Verhafteten und insbesondere von Strafgefangenen wünschenswert sei. Eine Reihe von Mitgliedern hielt jedoch die Trennung, ungeachtet der seit dem Inkrafttreten der Strafprozeßordnung insbesondere in Preußen eingetretenen beträchtlichen Vermehrung der Einzelzellen, gegenwärtig und auch in absehbarer Zeit nicht für durchführbar. Wo besondere Untersuchungsgefängnisse eingerichtet seien, bilde die gesonderte Unterbringung schon jetzt die Regel; dagegen fehle es bei den kleineren Amtsgerichten an der erforderlichen Anzahl von Haftzellen. Um die gesonderte Verwahrung auch hier durchzuführen, würde man zu kostspieligen und für den gewöhnlichen Bedarf überflüssigen Neubauten schreiten müssen, ohne ausschließen zu können, daß sich unter Umständen doch die Notwendigkeit einer gemeinsamen Verwahrung ergeben würde. Auch die österreichische Strafprozeßordnung (§. 184)[1]) gehe von dem Standpunkt aus, daß die Trennung nur in der Regel erfolgen solle. Daher sei die bisherige Vorschrift aufrecht zu erhalten. Höchstens könnten die Worte „soweit möglich" gestrichen werden, falls außer Zweifel gestellt werde, daß die Vorschrift eine lediglich instruktionelle sei.

Die Mehrheit war der Ansicht, daß die Schwierigkeiten nicht unüberwindlich seien, um so weniger, als bis zum Inkrafttreten der Vorschrift voraussichtlich noch geraume Zeit vergehen werde. Erforderlichenfalls könnten die Schwierigkeiten durch Übergangsbestimmungen gemildert werden. Bereits bei Erlaß der Strafprozeßordnung habe der Reichstag den dringenden Wunsch gehabt, die Trennung der Verhafteten von Strafgefangenen zwingend vorzuschreiben. Die Erfüllung des Wunsches sei vom Bundesrate nach dem damaligen Stande der Gefängniseinrichtungen als unmöglich bezeichnet worden. Den gleichen Standpunkt habe der Bundesrat auch noch im Jahre 1897 bei Erlaß der Grundsätze über den einheitlichen Vollzug gerichtlich erkannter Freiheitsstrafen eingenommen.[2]) Aber bereits 1898 habe der Verein der Strafanstaltsbeamten auf der Versammlung in Darmstadt einstimmig sich für die vollständige Trennung der Untersuchungsgefangenen von den Strafgefangenen ausgesprochen. Dieses Verlangen sei gerechtfertigt. Es müsse verhütet werden, daß der Verhaftete im Volksbewußtsein schon als Strafgefangener betrachtet werde. Dieser Anschauung werde aber durch die gemeinsame Verwahrung Vorschub geleistet. Ferner bedürfe der Untersuchungsgefangene einer von der des Strafgefangenen durchaus abweichenden Behandlung. Eine verschiedenartige Behandlung beider Arten von Gefangenen sei aber bei gemeinsamer Unterbringung mit großen Unzuträglichkeiten

---

[1]) Der §. 184 der österreichischen Strafprozeßordnung lautet:

Die Verhafteten sollen, soviel möglich, jeder allein verwahrt werden. Wo diese abgesonderte Verwahrung jedes Verhafteten nicht tunlich ist, hat das Gericht dafür zu sorgen, daß nicht Personen verschiedenen Geschlechts, Teilnehmer an demselben Verbrechen und Vergehen, ungeübte oder jugendliche Verbrecher mit geübten oder erwachsenen zusammen in ein Gefängnis gebracht werden. Auch ist bei dieser Verteilung der Untersuchungsgefangenen auf deren Bildungsstufe und auf die Art der ihnen zur Last liegenden Verbrechen oder Vergehen Rücksicht zu nehmen.

[2]) Zentral-Blatt für das Deutsche Reich S. 308.

verbunden und praktisch kaum durchführbar. Auch sei man es der Ehre mindestens des noch unbestraften Verhafteten schuldig, ihn vor der Berührung mit Strafgefangenen zu bewahren. Endlich sei die Trennung geboten, um die gegenseitige Beeinflussung zwischen den Gefangenen beider Art zu verhüten.

Daß unter ganz besonderen Umständen, z. B. im Falle eines Aufruhrs, Abweichungen von der gesetzlichen Vorschrift kaum vermieden werden könnten, sei zuzugeben. Darauf brauche jedoch das Gesetz nicht Rücksicht zu nehmen.

Dem geltenden Rechte entsprechend, müsse mit Zustimmung des Verhafteten Gemeinschaftshaft eintreten dürfen, da die Trennung in erster Linie als eine Wohltat für den Verhafteten gedacht sei.

Die gemeinsame Verwahrung mit anderen Untersuchungsgefangenen gereiche zwar dem Verhafteten weniger zur Beschwerde; der Zweck der Untersuchungshaft erfordere jedoch, daß die Einzelhaft auch insoweit als Regel vorgeschrieben werde. Es könne dem Ermessen des Richters überlassen bleiben, im Einzelfall unter Berücksichtigung der Person des Verhafteten und des Gegenstandes der Untersuchung zu entscheiden, ob ausnahmsweise eine gemeinsame Verwahrung Untersuchungsgefangener zuzulassen sei.

III. Es wurde beantragt, den schriftlichen Verkehr der Untersuchungsgefangenen im Gesetze selbst durch die Aufnahme folgender, dem §. 33 der Grundsätze des Bundesrats über den Vollzug gerichtlich erkannter Freiheitsstrafen vom 28. Oktober 1897 entnommenen Vorschriften zu regeln:

> Der schriftliche Verkehr des Verhafteten unterliegt der Aufsicht des Richters.
>
> Eingaben an die Gerichte, die Staatsanwaltschaft und die Aufsichtsbehörden dürfen nicht zurückgehalten werden; Eingaben an andere Behörden können zurückgehalten werden, wenn sie beleidigenden oder sonst strafbaren Inhalts sind.
>
> Wird ein für den Verhafteten eingegangener Brief nicht übergeben oder wird eine Eingabe oder ein Brief des Verhafteten zurückgehalten, so ist er davon unter Mitteilung des Grundes in Kenntnis zu setzen.

Hierzu wurden folgende Unteranträge gestellt,

1. dem Abs. 1 hinzuzufügen:

   Er darf nur beschränkt werden, wenn zu befürchten ist, daß ohnedies der Zweck der Haft gefährdet werden könnte.

2. zum Abs. 1 folgenden Zusatz zu machen:

   Ist die Verhaftung ausschließlich wegen Fluchtverdachts angeordnet, so darf die Absendung und der Empfang von Briefen durch den Verhafteten von einer richterlichen Genehmigung nicht abhängig gemacht werden.

Die Unteranträge wurden abgelehnt, und zwar der erstere mit 14 gegen 5, der letztere mit 10 gegen 9 Stimmen, dagegen wurde der Hauptantrag einstimmig angenommen.

Durch die Beschlüsse soll der Regelung des schriftlichen Verkehrs des Verhafteten mit seinem Verteidiger nicht vorgegriffen werden. Diese soll vielmehr der Beratung über die Frage G III des Fragebogens vorbehalten bleiben.

Allgemein wurde angenommen, daß der schriftliche Verkehr des Verhafteten der Aufsicht des Richters unterliegen müsse (Abs. 1), da andernfalls der Zweck der Haft, die Verhinderung der Flucht und der Kollusion, gefährdet werden könne. Auch gegen die Herübernahme der weiteren vom Bundesrate für den schriftlichen Verkehr der Strafgefangenen aufgestellten Grundsätze (Abs. 2 und 3) wurden von keiner Seite Bedenken geltend gemacht. Dagegen erachtete eine Reihe von Mitgliedern hinsichtlich der Untersuchungsgefangenen eine weitergehende Beschränkung des richterlichen Aufsichtsrechts für geboten, als sie gegenüber Strafgefangenen Platz greife, und sprach sich deshalb für die Unteranträge aus.

Der erste Unterantrag wurde damit begründet, daß das Aufsichtsrecht zu einer Beschränkung des schriftlichen Verkehrs nur insoweit führen dürfe, als es zur Sicherung des Zweckes der Haft notwendig sei. Demgegenüber wurde darauf hingewiesen, daß eine Beschränkung jenes Verkehrs auch zur Aufrechterhaltung der Ordnung und Sicherheit im Gefängnis erforderlich sein könne. Es komme vor, daß in Briefen Spreng- oder Giftstoffe in das Gefängnis eingeschmuggelt werden sollen. Im übrigen sei der beantragte Zusatz gegenüber dem Abs. 2 des §. 116 des geltenden Gesetzes (Satz 2 des von der Kommission beschlossenen Abs. 1) unnötig.

Zu Gunsten des zweiten Unterantrags wurde folgendes geltend gemacht: Wenn die Verhaftung ausschließlich wegen Fluchtverdachts angeordnet sei, so bilde die Verhütung der Flucht den einzigen Zweck der Haft. Zur Sicherung dieses Zweckes genüge aber die Kontrolle des schriftlichen Verkehrs. Dagegen lasse sich nicht rechtfertigen, die Absendung und den Empfang von Briefen von einer richterlichen Genehmigung abhängig zu machen. Diese Maßregel dürfe nur gegenüber dem wegen Kollusionsgefahr Verhafteten zulässig sein. Durch den Antrag solle dem häufig vorkommenden Mißbrauche vorgebeugt werden, auch bei bloßem Fluchtverdachte Briefe des Verhafteten schon dann zurückzuweisen, wenn darin Äußerungen über den Gegenstand der Untersuchung enthalten seien, namentlich wenn der Verhaftete seinen Angehörigen oder anderen Personen Anweisungen über die Vorbereitung des Entlastungsbeweises gebe oder Zeugen über Aussagen Vorhaltungen mache. Bei dieser Praxis werde die Verteidigung des Verhafteten in unzulässiger Weise erschwert. Sollte die Kontrolle des brieflichen Verkehrs in der Tat Umstände ergeben, die den Kollusionsverdacht begründen, so stehe nichts im Wege, die Haft nachträglich auch auf diesen Grund zu stützen und alsdann den schriftlichen Verkehr der richterlichen Genehmigung zu unterstellen.

Die Mehrheit vertrat den Standpunkt, daß der Richter Beeinflussungen der Zeugen durch den Verhafteten auch dann zu verhindern in der Lage sein müsse, wenn die Haft nur wegen Fluchtverdachts verhängt sei. Ferner müsse in diesem Falle auch die Zurückhaltung von Briefen zulässig sein, wenn sie beleidigenden oder sonst strafbaren Inhalts seien. Gegenüber einer zu weitgehenden Beschränkung des schriftlichen Verkehrs aber stehe dem Verhafteten der Weg der Beschwerde offen.

IV. Der Abs. 3 des §. 116 lautet:

> **Bequemlichkeiten und Beschäftigungen, die dem Stande und den Vermögensverhältnissen des Verhafteten entsprechen, darf er sich auf seine Kosten verschaffen, soweit sie mit dem Zwecke der Haft vereinbar sind und weder die Ordnung im Gefängnisse stören noch die Sicherheit gefährden.**

Hierzu wurde

1. der Antrag gestellt, die Worte:

die dem Stande und den Vermögensverhältnissen des Verhafteten entsprechen,

in Wegfall zu bringen. Der Antrag wurde einstimmig angenommen. Maßgebend war die Erwägung, daß selbst der Anschein einer verschiedenartigen Behandlung je nach dem Stande und den Vermögensverhältnissen der Verhafteten vermieden werden müsse. Für die Berücksichtigung der persönlichen Verhältnisse bei der Zulassung von Bequemlichkeiten und Beschäftigungen liege kein Grund vor, wenn der Verhaftete selbst die Kosten trage. Die Anwendung der geltenden Vorschrift gebe nur zu Mißdeutungen Anlaß und setze den Richter leicht dem Vorwurfe der Chikane aus.

2. Ferner wurde beantragt,

dem Abs. 3 den Satz hinzuzufügen:

Mit dieser Maßgabe darf Lesen und Beschäftigung mit schriftlichen Arbeiten ihm nicht untersagt werden.

Zur Begründung des Antrags wurde ausgeführt: Nach dem Vorbild eines Beschlusses der früheren Reichstagskommission empfehle es sich, durch eine besondere Bestimmung außer Zweifel zu stellen, daß der Verhaftete auch in der Auswahl seiner geistigen Beschäftigung, sofern er sie sich auf seine Kosten beschaffe, freie Wahl habe und Beschränkungen hierbei nur insoweit unterliege, als sie durch den Zweck der Haft oder durch die Rücksicht auf die Ordnung und Sicherheit im Gefängnisse geboten seien.

Der Antrag wurde mit 15 gegen 4 Stimmen angenommen.

3. Endlich lag ein Antrag vor, der alle beim Vollzuge der Untersuchungshaft zur Anwendung zu bringenden Grundsätze umfaßt und hinsichtlich der Beschäftigung der Verhafteten und der ihnen zu gestattenden Bequemlichkeiten folgendes vorsieht:

Dem Verhafteten ist gestattet, sich selbst zu beschäftigen, insbesondere mit Lesen und schriftlichen Arbeiten, soweit die Beschäftigung mit dem Zwecke der Haft vereinbar ist und weder die Ordnung im Gefängnisse stört, noch die Sicherheit gefährdet.

Auf sein Verlangen kann ihm, sofern es die Hausordnung zuläßt, mit Genehmigung des Richters die Teilnahme an den im Gefängnis eingeführten Arbeiten gestattet werden. Bei Zuweisung der Arbeit ist auf den Gesundheitszustand, die Fähigkeiten, den Bildungsgrad, die Berufsverhältnisse und das künftige Fortkommen Rücksicht zu nehmen.

Der Ertrag der Selbstbeschäftigung verbleibt dem Verhafteten, der Ertrag der ihm zugewiesenen Arbeit fließt zur Staatskasse. Die für das Gefängnis bestehenden Vorschriften über Gutschrift einer Arbeitsbelohnung aus dem Ertrage finden in diesem Falle auch auf den Verhafteten Anwendung.

Unter den Voraussetzungen des Abs. 1 kann der Verhaftete sich auf seine Kosten auch Bequemlichkeiten verschaffen.

Die Reinigung der Zelle ist von einem Verhafteten, welcher derartige Arbeiten in der Freiheit nicht verrichtet, regelmäßig nicht zu verlangen.

Der Antrag wurde, soweit er nicht schon durch die gefaßten Beschlüsse für erledigt anzusehen ist, vom Antragsteller mit dem Bemerken zurückgezogen, daß die Grundsätze zur Aufnahme nicht sowohl in das Gesetz als in die Gefängnisordnungen bestimmt seien.

V. Zu Abs. 4 des §. 116, welcher lautet:

> Fesseln dürfen im Gefängnisse dem Verhafteten nur dann angelegt werden, wenn es wegen besonderer Gefährlichkeit seiner Person, namentlich zur Sicherung Anderer, erforderlich erscheint, oder wenn er einen Selbstentleibungs- oder Entweichungsversuch gemacht oder vorbereitet hat. Bei der Hauptverhandlung soll er ungefesselt sein.

wurde beantragt,

1. im ersten Satze die Worte „im Gefängnisse" zu streichen; hinter den Worten „wenn es" die Worte „zur augenblicklichen Bewältigung tätlichen Widerstandes oder" einzuschalten; endlich am Schlusse hinzuzufügen: „auf dem Transport auch, wenn die Fesselung wegen Fluchtgefahr unerläßlich erscheint";
2. hinter dem ersten Satze folgende Bestimmung einzufügen:

> Auf dem Transporte sollen, soweit möglich, Verhaftete nicht mit Strafgefangenen, sowie Verhaftete, die im Besitze der bürgerlichen Ehrenrechte sind, nicht mit solchen, denen die bürgerlichen Ehrenrechte aberkannt sind, zusammengefesselt werden.

Zur Begründung der Anträge wurde ausgeführt, daß es sich namentlich im Hinblick auf wiederholt vorgekommene Mißgriffe bei der Fesselung von Untersuchungsgefangenen auf Transporten empfehle, im Anschluß an die neuerdings im Verwaltungsweg ergangenen Anordnungen[1]) im Gesetze selbst die Vorschriften über die Fesselung im Gefängnisse durch solche über die Fesselung außerhalb des Gefängnisses zu ergänzen.

Der Antrag 1 wurde einstimmig, der Antrag 2 mit 18 Stimmen gegen eine Stimme angenommen.

VI. In Ansehung der Zulässigkeit von Disziplinarstrafen gegen Verhaftete wurde beantragt, folgende Bestimmung in das Gesetz aufzunehmen:

> Disziplinarstrafen dürfen nur verhängt werden, wenn und soweit es zur Aufrechterhaltung der Ordnung im Gefängnis und der Sicherheit notwendig ist.

Der Antrag wurde mit 15 gegen 4 Stimmen angenommen. Die Mehrheit hielt es für geboten, im Gesetze selbst zum Ausdrucke zu bringen, daß die Untersuchungsgefangenen auch in disziplinarischer Beziehung anders als die Strafgefangenen zu behandeln seien. Insbesondere dürfe nicht jeder Verstoß gegen die Hausordnung den Grund zur Verhängung von Disziplinarstrafen gegen Verhaftete bilden.

VII. Zu Abs. 5 des §. 116, welcher lautet:

> Die nach Maßgabe vorstehender Bestimmungen erforderlichen Verfügungen hat der Richter zu treffen. Die in dringenden Fällen von

---

[1]) Zu vergl. die in Preußen von dem Justizminister und dem Minister des Innern erlassenen Allgemeinen Vorschriften vom 4. Dezember 1902 (Justiz-Ministerial-Bl. S. 291).

anderen Beamten getroffenen Bestimmungen unterliegen der Genehmigung des Richters

wurde beantragt,

1. den Schluß der Vorschrift dahin abzuändern:

sind unverzüglich zur Kenntnis des Richters zu bringen und unterliegen dessen Genehmigung.

Der Antrag wurde einstimmig ohne Debatte angenommen.

2. Ferner wurde beantragt,

den Abs. 5 des §. 116 nach Maßgabe folgender Grundsätze umzuändern, beziehungsweise zu ergänzen:

Die Bestimmung, daß der Richter zu verfügen hat, ob und in welchem Umfange dem Verhafteten Beschränkungen auferlegt werden dürfen, findet keine Anwendung auf Disziplinarstrafen.

Die Ausübung der Disziplinarstrafgewalt steht dem Gefängnisvorstande zu.

Der Gefängnisvorstand ist, wenn er eine Disziplinarstrafe verfügt hat, verpflichtet, hiervon dem Richter umgehend Mitteilung zu machen.

Der Richter ist -- und zwar ohne Rücksicht darauf, ob der Verhaftete selbst Beschwerde erhoben hat oder nicht — befugt, bei dem Gefängnisvorstand Einspruch zu erheben und sich, wenn dieser Einspruch keinen Erfolg hat, beschwerend an die dem Gefängnisvorstande vorgesetzte Behörde zu wenden.

Hierzu wurde von anderer Seite der Unterantrag gestellt, an Stelle des Abs. 4 zu bestimmen:

Gegen Disziplinarstrafbeschlüsse soll dem Verhafteten Beschwerderecht bei dem Richter zustehen.

Der Abs. 2 des Hauptantrags wurde mit 16 gegen 3 Stimmen abgelehnt, wodurch sich die übrigen Anträge erledigten.

Zu Gunsten der Anträge war folgendes ausgeführt worden. Die Disziplinarstrafgewalt gegen die Verhafteten sei dem Gefängnisvorstande zu überlassen, da nur dieser für die Aufrechterhaltung der Ordnung im Gefängnisse verantwortlich sein könne. Die bisherige Regelung, nach welcher die Disziplinarstrafgewalt dem Richter übertragen sei, führe zu Differenzen zwischen dem Gefängnisvorstand und dem Richter und sei namentlich dann mit Unzuträglichkeiten verbunden, wenn die Verhafteten verschiedenen Richtern unterstünden. Mindestens müsse für die Verhafteten in den Amtsgerichtsgefängnissen die Disziplinarstrafgewalt dem dort als Gefängnisvorstand fungierenden Richter übertragen werden. Die Interessen der Untersuchung seien genügend gewahrt, wenn dem Richter ein Einspruchs- und Beschwerderecht zustehe.

Von anderer Seite wurde für angemessener erachtet, dem Verhafteten gegen den Disziplinarbeschluß des Gefängnisvorstandes ein Beschwerderecht an den Richter zu gewähren.

Die Mehrheit erwog demgegenüber: Es müsse unbedingt daran festgehalten werden, daß der Verhaftete, da ihm nur im Interesse der Untersuchung die Freiheit entzogen werde, ausschließlich zur Verfügung des Richters stehen dürfe. In der Unterordnung unter die Disziplin des Gefängnisvorstandes liege eine

Herabsetzung der Stellung des Verhafteten. Der Gefängnisvorstand werde leicht geneigt sein, die Disziplin gegen Verhaftete in derselben Weise wie gegen Strafgefangene zu handhaben, während der Richter imstande sei, auch bei der Verhängung von Disziplinarstrafen auf die Interessen der Untersuchung und insbesondere auf den Charakter der Straftat, deren der Verhaftete verdächtig ist, Rücksicht zu nehmen. Unannehmbar und die Stellung des Richters verkennend sei der Vorschlag, dem Richter gegen die Verfügung des Gefängnisvorstandes ein Beschwerderecht an die dem Gefängnisvorstande vorgesetzte Verwaltungsbehörde zu geben. Zuzugeben sei allerdings, daß nach dem bisherigen Rechte etwaige Meinungsverschiedenheiten zwischen dem Gefängnisvorstand und dem Richter zu Übelständen Anlaß geben könnten und daß, wenn mehrere Richter die Disziplin gegen die Verhafteten auszuüben hätten, eine ungleichartige Handhabung der Disziplin Platz greifen könne. Diesen Mißständen könne aber durch ein taktvolles Vorgehen des Gefängnisvorstandes vorgebeugt werden.

VIII. Für den Vollzug der Untersuchungshaft war noch die Annahme folgender weiterer Grundsätze beantragt:

> Die Haar- und Barttracht darf nur aus Gründen der Reinlichkeit und Schicklichkeit verändert werden. Im übrigen ist darauf zu achten, daß sie so erhalten wird, wie sie bei der Aufnahme des Verhafteten beschaffen war.
>
> Dem Verhafteten sind eigene Kleidung und Wäsche zu belassen, sofern sie ausreichend, ordentlich und schicklich sind; andernfalls ist ihm Anstaltskleidung zu verabfolgen, die sich von derjenigen der Strafgefangenen zu unterscheiden hat.
>
> Dem Verhafteten ist die Benutzung eigener Bettstücke gestattet, sofern sie ordentlich und reinlich sind.
>
> Dem Verhafteten ist Selbstbeköstigung nach Maßgabe der für das Gefängnis bestehenden Hausordnung gestattet.
>
> Dem Verhafteten darf der Zuspruch eines Geistlichen seines Bekenntnisses nicht versagt werden.
>
> Der Verhaftete darf sich mit Genehmigung des Richters auf seine Kosten der Hilfe eines eigenen Arztes bedienen.
>
> Auf Verlangen des Verhafteten oder seines gesetzlichen Vertreters ist jenem mit Genehmigung des Richters, soweit es die Hausordnung zuläßt, die Teilnahme an dem im Gefängnis eingeführten Unterrichte zu gestatten.
>
> Besuche unterliegen der Genehmigung des Richters.
>
> Der Verhaftete darf auf Anordnung des Richters photographiert und nach dem Systeme Bertillon gemessen werden.
>
> Gegen den Verhafteten sind die im §. 34 des Bundesratsbeschlusses vom 28. Oktober 1897[1]) aufgeführten Disziplinarmittel entsprechend

---

[1]) Der §. 34 der vom Bundesrat am 28. Oktober 1897 beschlossenen Grundsätze über den Vollzug gerichtlich erkannter Freiheitsstrafen (Zentral-Blatt für das Deutsche Reich S. 308) lautet:

Als Disziplinarmittel sind zulässig:

1. Verweis;
2. Entziehung hausordnungsmäßiger Vergünstigungen;

anwendbar, zu Nr. 2 insbesondere auch die Einziehung der bereits gutgeschriebenen Arbeitsbelohnungen.

Ist die dem Verhafteten zur Last gelegte Straftat ausschließlich mit Festungshaft bedroht, so sind nur die in dem genannten §. 34 unter Nr. 1 bis 3 und 5 bezeichneten Disziplinarmittel zulässig.

Ist die Straftat nur mit einfacher Haftstrafe bedroht, so ist die Fesselung ausgeschlossen.

Gegen Verhaftete, welche das achtzehnte Lebensjahr noch nicht vollendet haben, ist die Fesselung sowie die Schärfung der einsamen Einsperrung durch Verdunkelung ausgeschlossen. Ihnen gegenüber sind neben den Disziplinarmitteln die in der Volksschule zulässigen Zuchtmittel anwendbar.

Zur augenblicklichen Bewältigung tätlichen Widerstandes sowie zur Sicherung ist dem Verhafteten gegenüber, soweit andere Mittel nicht ausreichen, die Zwangsjacke anwendbar.

Die Anträge wurden mit der Erklärung zurückgezogen, daß die Grundsätze nicht zur Aufnahme in das Gesetz, sondern nur zur Aufnahme in die Gefängnisordnungen bestimmt seien.

---

3. Entziehung der Bücher und Schriften bis zur Dauer von vier Wochen;
4. bei Einzelhaft Entziehung der Arbeit bis zur Dauer einer Woche;
5. Entziehung der Bewegung im Freien bis zur Dauer einer Woche;
6. Entziehung des Bettlagers bis zur Dauer einer Woche;
7. Schmälerung der Kost bis zur Dauer einer Woche;
8. Fesselung bis zur Dauer von vier Wochen;
9. einsame Einsperrung bis zur Dauer von sechs Wochen.

Die unter Nr. 1 bis 8 bezeichneten Disziplinarmittel werden einzeln oder in Verbindung mit einander zur Anwendung gebracht.

Die einsame Einsperrung kann geschärft werden

a) durch Entziehung hausordnungsmäßiger Vergünstigungen,
b) durch Entziehung der Bücher und Schriften,
c) durch Entziehung der Arbeit,
d) durch Entziehung des Bettlagers,
e) durch Schmälerung der Kost,
f) durch Verdunkelung der Zelle.

Die Schärfungen werden einzeln oder in Verbindung mit einander für die ganze Dauer oder für einen Teil der Strafzeit, die Schärfung durch Verdunkelung der Zelle jedoch nicht für mehr als vier Wochen verhängt. Dauert die einsame Einsperrung länger als eine Woche, so kommen die damit verbundenen, unter d, e, f bezeichneten Schärfungen am vierten, achten und demnächst an jedem dritten Tage in Wegfall.

Gegen Festungsgefangene werden nur die unter Nr. 1 bis 3 und 5 bezeichneten Disziplinarmittel angewendet.

Gegen Gefangene, welche einfache Haftstrafe verbüßen, ist die Fesselung ausgeschlossen.

Gegen Gefangene, welche das achtzehnte Lebensjahr noch nicht vollendet haben, ist die Fesselung sowie die Schärfung der einsamen Einsperrung durch Verdunkelung der Zelle ausgeschlossen. Ihnen gegenüber werden neben den Disziplinarmitteln die in Volksschulen gegen Personen desselben Alters und Geschlechts zulässigen Zuchtmittel zur Anwendung gebracht.

Wo gegen Zuchthaussträflinge zur Zeit Disziplinarmittel eingeführt sind, welche nicht unter Abs. 1 fallen, bleiben dieselben in den bisherigen Grenzen anwendbar.

16. Sitzung.

9. Juli 1903.

Verteidigung.

Die Kommission schritt zur Beratung der Frage G I des Fragebogens:

Empfiehlt es sich, die notwendige Verteidigung zu erweitern?

(Str.Pr.O. §. 140.)

I. Anlangend die Unterfrage,

ob die Verteidigung etwa in den vor dem Landgericht in erster Instanz zu verhandelnden Sachen auch dann notwendig sein soll, wenn der Angeschuldigte zwar das sechzehnte, aber noch nicht das achtzehnte Lebensjahr vollendet hat,[1])

wurde beantragt,

1. die Frage zu bejahen;
2. die Frage mit der Maßgabe zu bejahen, daß es für die Feststellung des Lebensalters auf den Zeitpunkt der Begehung der Tat ankommen soll;
3. für den Fall der Ablehnung der Anträge 1 und 2, die Frage nur insoweit zu bejahen, als nicht der Angeschuldigte die ihm zur Last gelegte Tat vor Gericht in vollem Umfang eingeräumt hat;
4. die Frage nur hinsichtlich derjenigen Sachen zu bejahen, in denen das Landgericht an Stelle des Schwurgerichts deshalb zuständig ist, weil der Angeschuldigte zur Zeit der Tat das achtzehnte Lebensjahr noch nicht vollendet hat.

Die Kommission nahm den Antrag 1 mit 14 gegen 4 Stimmen, den Antrag 2 mit 11 gegen 7 Stimmen an, wonach sich die übrigen Anträge erledigten.

Die Kommission ging bei ihren Beschlüssen von folgenden Erwägungen aus:

---

[1]) Nach Abs. 2 des §. 140 ist in Sachen, welche vor dem Landgericht in erster Instanz zu verhandeln sind, die Verteidigung notwendig:

1. wenn der Angeschuldigte taub oder stumm ist oder das sechzehnte Lebensjahr noch nicht vollendet hat:
2. wenn ein Verbrechen den Gegenstand der Untersuchung bildet und der Beschuldigte oder sein gesetzlicher Vertreter die Bestellung eines Verteidigers beantragt.

Diese Bestimmung findet nicht Anwendung, wenn die strafbare Handlung nur deshalb als ein Verbrechen sich darstellt, weil sie im Rückfalle begangen ist.

Die Notwendigkeit der Verteidigung von Jugendlichen müsse bis zum Beginne der vollen Strafmündigkeit ausgedehnt werden. Denn wenn Personen unter achtzehn Jahren nicht immer die zur Erkenntnis der Strafbarkeit einer Handlung erforderliche Einsicht besäßen, so müsse auch damit gerechnet werden, daß ihnen die genügende Einsicht abgehe, um den Gang des Verfahrens und die Bedeutung der einzelnen Prozeßhandlungen so weit zu verstehen, daß sie in erheblicheren Sachen den Beistand eines Verteidigers entbehren könnten. Namentlich treffe dies auf jugendliche Angeschuldigte der ländlichen Bevölkerung zu. Die Verteidigung sei für nicht Vollstrafmündige um so notwendiger, als diese selbst am wenigsten in der Lage seien, den Einwand mangelnder Einsicht geltend zu machen. Der Eindruck, den der Angeklagte in der Hauptverhandlung auf das Gericht mache, sei oft trügerisch. Es falle hiernach vornehmlich dem Verteidiger zu, die Frage der Einsicht zu prüfen und erforderlichen Falles schon vor der Hauptverhandlung Beweise für den Mangel der Einsicht zu sammeln. Zugleich ergebe sich hieraus, daß für die Notwendigkeit der Verteidigung das Alter zur Zeit der Tat entscheidend sein müsse.

Der Umstand, daß den Personen zwischen sechzehn und achtzehn Jahren schon jetzt nach §. 141 der Str.Pr.O. auf Antrag oder von Amtswegen ein Verteidiger bestellt werden könne, reiche um so weniger aus, als das Gericht, da es den Angeklagten noch nicht kenne, meist gar nicht in der Lage sei, im voraus zu übersehen, ob die Mitwirkung eines Verteidigers geboten sei. Erfahrungsgemäß machten auch die Gerichte von jener Befugnis nur selten Gebrauch. Allerdings müsse gemäß §. 149 der Str.Pr.O. in der Hauptverhandlung der gesetzliche Vertreter als Beistand zugelassen werden; derselbe sei jedoch in der Regel wenig geeignet, die Interessen des Angeklagten in wirksamer Weise wahrzunehmen.

Widerspruchsvoll sei, daß nach dem geltenden Rechte in den an sich zur Zuständigkeit der Schwurgerichte gehörenden Sachen die Verteidigung für Erwachsene notwendig, für Jugendliche zwischen sechzehn und achtzehn Jahren dagegen nicht geboten sei.

Gegen den Antrag war geltend gemacht worden, daß die Praxis Mißstände nicht ergeben habe, daß daher kein genügendes Bedürfnis für die beantragte Änderung anzuerkennen sei. Das Interesse der in Betracht kommenden Personen, soweit es von ihnen selbst nicht wahrgenommen werden könne, werde von der Staatsanwaltschaft und dem Gerichte genügend berücksichtigt. Auch müßte, wenn die Schwierigkeit der Frage der erforderlichen Einsicht die Verteidigung notwendig mache, die Notwendigkeit folgerichtig auf die vor den Schöffengerichten und auf die vor den Landgerichten in der Berufungsinstanz verhandelten Sachen erstreckt werden. Der angebliche Widerspruch in den Vorschriften des geltenden Rechtes sei nicht vorhanden; denn die Notwendigkeit der Verteidigung in Schwurgerichtssachen habe ihren Grund in der Besonderheit des schwurgerichtlichen Verfahrens, während die Angeklagten unter sechzehn Jahren den Verteidiger wegen mangelnder Verstandsreife erhielten. Letzterer Umstand rechtfertige auch, daß nach geltendem Rechte nicht sowohl das Alter zur Zeit der Tat, als das Alter zur Zeit der Bestellung des Verteidigers für die Frage der Notwendigkeit der Verteidigung maßgebend sei.

II. Die zweite Unterfrage,

ob die notwendige Verteidigung bei Verbrechen auch dann eintreten soll, wenn ein Antrag des Beschuldigten oder seines gesetzlichen Vertreters nicht vorliegt,

wurde mit 17 Stimmen gegen eine Stimme verneint.

Es wurde erwogen, daß für die Notwendigkeit der Verteidigung die Schwere der Tat und die Höhe der zu erwartenden Strafe für sich allein nicht maßgebend sein dürfe, vielmehr komme es vor allem darauf an, ob die Sache so verwickelt sei, daß der Angeschuldigte ohne sachkundigen Beistand seine Rechte nicht wahrzunehmen vermöge. In einer großen Zahl von Verbrechensfällen liege aber der Tatbestand einfach. Für die übrigen Fälle genüge es, daß dem Angeklagten ein Verteidiger von Amtswegen bestellt werden könne (Str.Pr.O. §. 141) und auf Antrag bestellt werden müsse (Str.Pr.O. §. 140 Abs. 2 Nr. 2).

Ein Mitglied erklärte, daß es für die Bejahung der Frage stimme, weil es die Einführung des obligatorischen Kreuzverhörs (zu vergl. L II des Fragebogens) für wünschenswert und im Zusammenhange damit die Erweiterung der notwendigen Verteidigung für geboten halte.

Anträge auf eine weitere Ausdehnung der notwendigen Verteidigung wurden nicht gestellt. Die Kommission war der Ansicht, daß eine Ausdehnung der Verteidigung über das hervorgetretene Bedürfnis um so weniger zu empfehlen sei, als sie den Anwaltsstand und mit Rücksicht auf die Kosten auch die Staatskasse belaste.

III. Zu §. 140 Abs. 3 Satz 1 der Str.Pr.O., der darüber Bestimmung trifft, in welchem Zeitpunkte in den Fällen des §. 140 Abs. 1 (d. h. in den vor dem Reichsgericht in erster Instanz oder vor dem Schwurgerichte zu verhandelnden Sachen) und Abs. 2 Nr. 1 der Verteidiger zu bestellen sei, lagen die Anträge vor,

1. den Verteidiger sofort nach Eingang des Antrags auf Eröffnung der Voruntersuchung zu bestellen;
2. den Verteidiger alsbald nach der Eröffnung der Voruntersuchung zu bestellen.

Der Antrag 1 wurde mit 10 gegen 8 Stimmen abgelehnt, der Antrag 2 darauf einstimmig angenommen.

Die Kommission war der Ansicht, daß es wünschenswert sei, die notwendige Verteidigung möglichst frühzeitig eintreten zu lassen. Werde der Verteidiger erst kurz vor der Hauptverhandlung bestellt, so sei er in der Regel nicht mehr in der Lage, den Entlastungsbeweis rechtzeitig zu sammeln, während gerade dies die wichtigste Aufgabe des Verteidigers bilde. Er müsse sich dann im wesentlichen auf die Vertretung des Angeklagten während der Hauptverhandlung beschränken. Die alsdann von ihm gestellten Beweisanträge aber hätten häufig eine unerwünschte Verzögerung des Verfahrens zur Folge.

Allerdings könne auch nach geltendem Rechte (§. 142 der Str.Pr.O.) die Bestellung des Verteidigers schon im Vorverfahren erfolgen. Die Gerichte pflegten aber mit der Bestellung bis zu dem im §. 140 Abs. 3 Satz 1 bezeichneten Zeitpunkte (der gemäß §. 199 bei Mitteilung der Anklageschrift ergehenden Aufforderung) zu warten. Insbesondere während der Dauer einer Voruntersuchung sei somit der Regel nach der Angeschuldigte in Sachen, in welchen die Verteidigung eine notwendige sei, noch ohne einen Verteidiger. Aus diesen Gründen empfehle es sich, vorzuschreiben, daß, wenn eine Voruntersuchung eintrete, der Verteidiger alsbald nach deren Eröffnung zu bestellen sei. Dagegen könne es für die Fälle, wo keine Voruntersuchung stattfindet, bei der Bestimmung des geltenden Rechtes bewenden, wonach der Verteidiger nach Erlaß der im §. 199 der Str.Pr.O. vorgeschriebenen Aufforderung zu bestellen ist.

Eine Minderheit wollte insofern noch weiter gehen, als sie wünschte, daß der notwendige Verteidiger gleich nach Eingang eines Antrags auf Eröffnung der Voruntersuchung zu bestellen sei, damit derselbe in der Lage sei, geeignetenfalls schon die Eröffnung der Voruntersuchung von dem Beschuldigten abzuwenden. Die Mehrheit war jedoch der Ansicht, daß für diesen Zweck die Bestellung des Verteidigers ohne Nutzen sei, da nach geltendem Rechte weder eine Pflicht des Gerichts bestehe, vor Eröffnung der Voruntersuchung den Angeschuldigten zu hören, noch eine Frist zwischen dem Eingange des Antrags auf Eröffnung der Voruntersuchung und der Beschlußfassung darüber vorgesehen sei.

IV. Zu §. 140 Abs. 3 Satz 2, welcher für die Fälle des §. 140 Abs. 2 Nr. 2 der Str.Pr.O. vorschreibt, daß der Antrag des Angeschuldigten oder seines gesetzlichen Vertreters auf Bestellung eines Verteidigers binnen einer Frist von drei Tagen nach der im §. 199 vorgeschriebenen Aufforderung zu stellen ist, wurde beantragt,

> dieser Vorschrift hinzuzufügen, daß der Antrag auf Bestellung eines Verteidigers, falls eine Voruntersuchung stattfindet, auch schon während derselben gestellt werden kann.

Der Antrag wurde mit 14 gegen 3 Stimmen angenommen.

Bei diesem Beschlusse ging die Mehrheit der Kommission von der Erwägung aus: Es sei aus den gleichen Gründen, die zu dem Beschluß unter III geführt hätten, wünschenswert, daß auch in den Fällen des §. 140 Abs. 2 Nr. 2 der Verteidiger dem Angeschuldigten schon während einer Voruntersuchung zur Seite stehe. Man müsse dem Angeschuldigten deshalb das Recht geben, bereits in der Voruntersuchung die Bestellung des Verteidigers zu verlangen. Die Festsetzung einer bestimmten Frist, innerhalb welcher nach Eröffnung der Voruntersuchung der Antrag zu stellen sei, empfehle sich nicht, weil zu dieser Zeit der Angeschuldigte noch nicht übersehen könnte, ob er einen Verteidiger gebrauche und deshalb oft die Antragsfrist versäumen würde. Gerade unschuldige Personen könnten hierdurch am leichtesten Gefahr laufen, das Antragsrecht zu verlieren, weil sie häufig bei Beginn einer Voruntersuchung der Ansicht seien, daß sich alsbald ihre Unschuld herausstellen müsse, und das Bedürfnis nach Bestellung eines Verteidigers erst empfinden würden, wenn sie sähen, daß die Voruntersuchung für sie ungünstig auszulaufen drohe.

Gegen den Antrag war geltend gemacht worden, daß die Anwälte übermäßig belastet würden, wenn in den zahlreichen unter §. 140 Abs. 2 Nr. 2 fallenden Sachen, in denen die Voruntersuchung ergebnislos verlaufe, dem Angeschuldigten auf Antrag ein Verteidiger bestellt werden müsse, und daß ein ausreichender Grund für eine solche Vorschrift nicht gegeben sei.

V. Hinsichtlich der Fälle des §. 140 Abs. 2 Nr. 2 der Str.Pr.O. wurde ferner beantragt,

1. eine Bestimmung in das Gesetz aufzunehmen, nach welcher zugleich mit der Aufforderung, die in Gemäßheit des §. 199 (bezw. §. 206) der

Str.Pr.O. an den Angeschuldigten zu richten ist, derselbe darauf hinzuweisen ist, daß ihm das Recht zustehe, die Bestellung eines Verteidigers zu verlangen.

Von anderer Seite wurde beantragt,

2. die unter 1 vorgeschlagene Bestimmung dahin zu erweitern, daß eine solche Belehrung auch im Falle der Voruntersuchung alsbald nach Eröffnung derselben zu erfolgen hat.

Der Antrag 2 wurde mit 12 gegen 6 Stimmen abgelehnt und hierauf der Antrag 1 einstimmig angenommen. Die Beschlüsse beruhten auf folgenden Erwägungen: Die Erfahrung habe gezeigt, daß die Angeschuldigten häufig von dem Antragsrechte keine Kenntnis hätten und deshalb die Frist versäumten. Die Wohltat des Gesetzes komme daher hauptsächlich nur den schon mehrfach mit den Gerichten in Berührung gelangten Verbrechern zugute. Es müsse dafür gesorgt werden, daß alle Angeschuldigten gleichzeitig mit der nach §. 199 an sie zu richtenden Aufforderung von dem Antragsrechte Kenntnis erhalten. Dagegen würde es zu weit gehen, die Belehrung schon mit Eröffnung der Voruntersuchung eintreten zu lassen. Denn es sei zu befürchten, daß Anträge auf Bestellung eines Verteidigers über das vorhandene Bedürfnis hinaus gestellt werden würden, was umsomehr zu vermeiden sei, als damit eine starke Belastung der Anwaltschaft verbunden sein würde.

VI. Die Kommission schritt schließlich zu der Frage G II des Fragebogens: inwieweit von der Erweiterung der notwendigen Verteidigung im Falle der Ausdehnung der Berufung auf die in erster Instanz ergehenden Urteile der Strafkammern abgesehen werden könne.

Nur ein Mitglied vertrat den Standpunkt, daß bei Ausdehnung der Berufung wenigstens davon abzusehen sei, in Fällen der notwendigen Verteidigung die Bestellung schon während der Voruntersuchung eintreten zu lassen. Im übrigen beschloß die Kommission einstimmig, die gefaßten Beschlüsse auch für den Fall der Ausdehnung der Berufung aufrecht zu erhalten. Sie erwog:

Auch im Falle der Ausdehnung der Berufung dürften keinesfalls solche Vorschriften beseitigt werden, die wirkliche Garantien für die Erforschung der Wahrheit und den Erlaß eines gerechten Urteils in der ersten Instanz böten. Man dürfe die erste Instanz nicht als eine vorläufige ansehen, deren etwaige Fehler in der zweiten Instanz beseitigt werden könnten. Auch der unschuldig Verurteilte werde nicht immer Berufung einlegen, weil er an dem Erfolge zweifele und die Verlängerung des Verfahrens und die Kosten des Rechtsmittels fürchte. Selbst wenn die Berufung eingelegt und schließlich Freisprechung erlangt werde, so habe doch die Verurteilung in erster Instanz häufig so schwere dauernde Nachteile für den Angeklagten im Gefolge, daß kein Mittel entbehrlich erscheine, das eine gerechte Entscheidung schon in erster Instanz sicherstelle. Zu diesen Mitteln gehöre vor allem die Vorsorge dafür, daß schon in erster Instanz das vorhandene Beweismaterial, auch soweit es zur Entlastung diene, vollständig dem Gerichte vorgeführt werde. Hierfür sei aber in erheblicheren Sachen das rechtzeitige Eingreifen der Verteidigung unentbehrlich.

17. Sitzung.

10. Juli 1903.

Befugnisse des Verteidigers.

I. Die Kommission schritt zur Frage G III 1 des Fragebogens:

Sollen die Befugnisse des Verteidigers hinsichtlich der Akteneinsicht erweitert werden?

(Str.Pr.O. §. 147.)

Einverständnis herrschte darüber, daß die Frage, da sie mit der Gestaltung des Vorverfahrens in engem Zusammenhange stehe, endgültig erst in der zweiten Lesung beantwortet werden könne. Für diese Lesung sei von der gegenwärtigen Ordnung des Vorverfahrens auszugehen.

1. Anlangend die Akteneinsicht während der Voruntersuchung, so wurde beantragt, dem §. 147 Abs. 1 bis 3 der Str.Pr.O.[1]) folgende veränderte Fassung zu geben:

> Der Verteidiger ist nach Eröffnung der Voruntersuchung und, falls eine Voruntersuchung nicht stattgefunden hat, nach Einreichung der Anklageschrift zur Einsicht der Untersuchungsakten sowie der dem Gerichte vorliegenden Akten befugt.
>
> Der Richter ist jedoch während der Dauer der Voruntersuchung berechtigt, dem Verteidiger die Einsicht einzelner Aktenstücke zu versagen, wenn die Gefahr besteht, daß seitens des Angeschuldigten die Kenntnis dieser Aktenstücke zur Gefährdung des Untersuchungszwecks benutzt werden kann. Zu diesen Aktenstücken gehören keinesfalls die Protokolle über die Vernehmung des Angeschuldigten, die Gutachten der Sachverständigen und die Protokolle über diejenigen gerichtlichen Handlungen, denen der Verteidiger beizuwohnen befugt ist.

Der Antrag wurde mit 15 gegen 3 Stimmen angenommen.

---

[1]) Diese Vorschriften lauten:

Der Verteidiger ist nach dem Schlusse der Voruntersuchung und, wenn eine solche nicht stattgefunden hat, nach Einreichung der Anklageschrift bei dem Gerichte zur Einsicht der dem Gerichte vorliegenden Akten befugt.

Schon vor diesem Zeitpunkt ist ihm die Einsicht der gerichtlichen Untersuchungsakten insoweit zu gestatten, als dies ohne Gefährdung des Untersuchungszwecks geschehen kann.

Die Einsicht der Protokolle über die Vernehmung des Beschuldigten, der Gutachten der Sachverständigen und der Protokolle über diejenigen gerichtlichen Handlungen, denen der Verteidiger beizuwohnen befugt ist, darf ihm keinesfalls verweigert werden.

Zur Begründung des Antrags wurde ausgeführt: Wiederholt sei aus den Kreisen des Anwaltstandes die Forderung erhoben worden, daß dem Verteidiger während der Voruntersuchung das unbedingte Recht einzuräumen sei, die gerichtlichen Untersuchungsakten einzusehen. Dieses Verlangen sei darauf gestützt worden, daß dem geltenden Rechte ein unberechtigtes Mißtrauen gegen den Anwaltstand zu Grunde liege und daß eine wirksame Verteidigung während der Voruntersuchung ohne die schon durch die Gleichheit der Parteirechte geforderte unbedingte Befugnis zur Akteneinsicht nicht möglich sei. Die Berechtigung der Forderung sei jedoch nicht anzuerkennen. Das geltende Recht beruhe nicht auf einem Mißtrauen gegen den Anwaltstand, sondern auf einer zutreffenden Würdigung der Stellung des Verteidigers. Insoweit Letzterer zur Mitwirkung bei der Wahrheitsermittelung, wenn auch nur in der besonderen Richtung auf die Nichtschuld, berufen sei, wurzele seine Stellung in dem öffentlichen Rechte; andererseits bestehe ein privatrechtliches Verhältnis zwischen dem Angeschuldigten und dem Verteidiger, das den Letzteren verpflichte, nichts zu unterlassen, was den berechtigten Interessen des Angeschuldigten dienen könne. Hieraus folge, daß der Verteidiger alles, was er durch die Akteneinsicht erfahre, dem Angeschuldigten mitzuteilen berechtigt und je nach den Umständen auch verpflichtet sei. So wenig aber dem Angeschuldigten selbst die unbedingte Akteneinsicht während der Voruntersuchung eingeräumt werden könne, sei dies dem Verteidiger gegenüber möglich. Wenn von anderer Seite behauptet worden sei, es müsse dem Taktgefühle des Verteidigers überlassen bleiben, was er von dem aus den Akten Erfahrenen dem Angeschuldigten mitteilen wolle, so liege darin eine Verkennung der Stellung des Anwalts, der damit zu einem bloßen Gehilfen des Richters gemacht werde.

Hiernach sei das geltende Recht in seinem Grundgedanken aufrecht zu erhalten. Der Antrag bezwecke nur, dem Gesetz eine andere Fassung zu geben. Die gegenwärtige Fassung habe dazu geführt, daß zuweilen die Einsicht der Akten im vollen Umfang ohne weitere Begründung versagt worden sei. Es müsse aber daran festgehalten werden, daß die Befugnis zur Akteneinsicht die Regel zu bilden habe und daß sie nur aus besonderen Gründen für bestimmte Aktenstücke verweigert werden dürfe. Ein möglichst umfänglicher Gebrauch der Befugnis sei im Interesse einer Beschleunigung des Strafverfahrens sogar wünschenswert, damit etwaige Entlastungsbeweise bereits in der Voruntersuchung und nicht erst im Hauptverfahren angetreten würden. Ferner lasse die jetzige Fassung die Mißdeutung zu, daß die Befürchtung einer vom Verteidiger ausgehenden Gefährdung des Untersuchungszwecks den Grund der Versagung bilde, während nur die mißbräuchliche Benutzung der Aktenkenntnis seitens des Angeschuldigten oder etwa seitens der Angehörigen desselben in Betracht zu ziehen sei.

Daß zeitweilig die Einsicht in die Akten auch deshalb versagt werden dürfe, weil diese im Interesse der Untersuchung anderweit gebraucht würden, sei selbstverständlich und brauche im Gesetze nicht hervorgehoben zu werden.

Übrigens müsse sich das Recht zur Einsicht nicht blos auf die gerichtlichen Untersuchungsakten, sondern auf alle in der Untersuchungssache dem Richter vorliegenden Akten beziehen. Nach dem Antrage solle der Verteidiger, wenn er die Akten einsehen wolle, auch künftig die Genehmigung des Richters einholen müssen.

Der Auffassung, daß eine unbeschränkte Befugnis zur Akteneinsicht dem Verteidiger während der Voruntersuchung nicht zu gewähren sei, wurde von keiner Seite widersprochen, wenngleich den dafür angeführten Gründen nicht allenthalben beigetreten wurde.

Gegen die beantragte Änderung des §. 147 wurde geltend gemacht, daß sie an der bestehenden Praxis nicht viel ändern werde. Denn da der Richter während der Voruntersuchung regelmäßig nicht in der Lage sei, mit Sicherheit zu übersehen, ob die Kenntnis des Angeschuldigten von einem Aktenstücke zur Gefährdung des Untersuchungszwecks mißbraucht werden könne, so werde er dem Verteidiger die Akteneinsicht in dem gleichen Umfange verweigern wie bisher. Andererseits habe die Verweigerung der Einsicht aus dem bezeichneten Grunde für den Anwalt etwas Verletzendes. Übrigens dürften nur die gerichtlichen Untersuchungsakten für die Einsicht des Verteidigers in Betracht kommen. Insoweit andere dem Untersuchungsrichter vorliegende Akten nachmals zu den gerichtlichen Akten genommen würden, genüge es, daß die Einsicht nach dem Schlusse der Voruntersuchung dem Verteidiger unbedingt freistehe.

2. Was die Befugnis des Verteidigers zur Akteneinsicht schon während des Ermittelungsverfahrens anlangt, so wurden folgende Anträge gestellt:

1. Im Ermittelungsverfahren soll das Gleiche gelten wie während der Voruntersuchung, nur daß dem Staatsanwalte die Entscheidung zusteht.
2. Der Grundsatz unter Nr. 1 soll nur betreffs der in den Akten des Ermittelungsverfahrens enthaltenen gerichtlichen Protokolle über die Vernehmungen des Beschuldigten, von Zeugen und von Sachverständigen gelten.
3. Die Einsicht der im §. 147 Abs. 3 der Str.Pr.O. bezeichneten Aktenstücke soll auch im Ermittelungsverfahren dem Verteidiger nicht versagt werden dürfen.

Der Antrag 1 wurde mit 11 gegen 7 Stimmen, der Antrag 2 mit 13 gegen 5 Stimmen abgelehnt, dagegen wurde der Antrag 3 mit 14 gegen 4 Stimmen angenommen.

Die Mehrheit der Kommission war der Ansicht, daß es unbedenklich sei, die gerichtlichen oder polizeilichen Protokolle über die Vernehmung des Beschuldigten sowie die Gutachten Sachverständiger der Einsichtnahme des Verteidigers schon im Ermittelungsverfahren freizugeben. Auch könne es nur erwünscht sein, wenn der Verteidiger möglichst frühzeitig von der Sachlage Kenntnis erhalte, damit er etwaige Entlastungsanträge rechtzeitig stellen könne. Wenn dadurch erreicht werde, daß die Eröffnung der Voruntersuchung oder des Hauptverfahrens gegen einen Unschuldigen unterbleibe oder ein unschuldig Verhafteter entlassen werde, so gereiche dies der Strafrechtspflege nur zum Vorteile.

Dagegen sei es bedenklich, andere als die bezeichneten Aktenstücke schon in diesem Stadium dem Verteidiger offen zu legen, weil davon zu befürchten sei, daß die staatsanwaltschaftlichen oder polizeilichen Ermittelungen durchkreuzt würden.

Einige Mitglieder teilten letzteres Bedenken nicht und wollten daher die Akteneinsicht im Ermittelungsverfahren nicht wesentlich anders behandeln als in der Voruntersuchung. Andere wollten dagegen die Ermittelungsakten der Einsicht des Verteidigers gänzlich entziehen, insbesondere damit der schon jetzt bestehenden Neigung, Ermittelungen der Staatsanwaltschaft zur Feststellung zivilrechtlicher Ansprüche zu benutzen, nicht noch Vorschub geleistet werde.

II. Zur Frage G III 2 des Fragebogens,
ob die Befugnisse des Verteidigers hinsichtlich des Verkehrs mit dem verhafteten Beschuldigten erweitert werden sollen,
(Str.Pr.O. §. 148.)

war beantragt,

1. den §. 148 der Str.Pr.O.[1]) dergestalt abzuändern, daß
   a) auch vor Eröffnung des Hauptverfahrens der Richter weder berechtigt ist, Einsicht in die schriftlichen Mitteilungen zu verlangen, noch befugt ist, solche Mitteilungen zurückzuweisen;
   b) dem verhafteten Beschuldigten auch vor Eröffnung des Hauptverfahrens unbeaufsichtigter mündlicher Verkehr mit dem Verteidiger gestattet ist;
2. im Abs. 2 des §. 148 hinter den Worten „kann der Richter" einzuschalten:
   sofern die Verhaftung nicht lediglich wegen Verdachts der Flucht gerechtfertigt ist,
3. im Abs. 3 des §. 148 statt „eine Gerichtsperson" zu sagen: „ein Richter".

Die Anträge 1a und b und 2 wurden abgelehnt, und zwar der Antrag 1a mit 11 gegen 7 Stimmen, die Anträge 1b und 2 mit 9 gegen 9 Stimmen, wobei die Stimme des Vorsitzenden den Ausschlag gab. Der Antrag 3 wurde mit 16 gegen 2 Stimmen angenommen.

Zu Gunsten der Anträge 1 und 2 wurde ausgeführt:

Die den Verkehr des verhafteten Beschuldigten mit dem Verteidiger für die Zeit vor Eröffnung des Hauptverfahrens beschränkenden Vorschriften in den Abs. 2, 3 des §. 148 seien zu beseitigen. Sie könnten nur aus einem Mißtrauen des Gesetzgebers gegen den Verteidiger begründet werden, das mit der Stellung des Verteidigers als eines öffentlich rechtlichen Organs der Strafrechtspflege unvereinbar sei und das die Ehre des Anwaltstandes, dem die meisten Verteidiger angehörten, empfindlich verletze. Derartige Vorschriften müßten schließlich dahin führen, daß zum Schaden der Rechtspflege die besseren Elemente des Anwaltstandes sich von der Verteidigertätigkeit zurückziehen. Namentlich sei die

---

[1]) Der §. 148 der Str.Pr.O. lautet:

Dem verhafteten Beschuldigten ist schriftlicher und mündlicher Verkehr mit dem Verteidiger gestattet.

So lange das Hauptverfahren nicht eröffnet ist, kann der Richter schriftliche Mitteilungen zurückweisen, falls deren Einsicht ihm nicht gestattet wird.

Bis zu demselben Zeitpunkte kann der Richter, sofern die Verhaftung nicht lediglich wegen Verdachts der Flucht gerechtfertigt ist, anordnen, daß den Unterredungen mit dem Verteidiger eine Gerichtsperson beiwohne.

Überwachung der Unterredungen des Verteidigers mit dem Verhafteten durch eine Gerichtsperson, zumal wenn hiermit ein untergeordneter Beamter betraut werde, der Stellung eines Anwalts unwürdig. Wenn auch die Überwachung, da sie auf den Fall der Kollusionshaft beschränkt sei, nur selten zur Anwendung gebracht werde, so schädige die geltende Vorschrift doch schon durch ihr Vorhandensein das Ansehen des Verteidigerberufs.

In der Praxis habe die Beschränkung des Verkehrs zwischen dem Verteidiger und dem Beschuldigten die bedauerliche und vom Gesetze nicht beabsichtigte Wirkung, daß viele Verteidiger grundsätzlich jeden Verkehr mit dem verhafteten Beschuldigten vor Eröffnung des Hauptverfahrens vermeiden, um nicht den peinlichen Kontrollvorschriften des Gesetzes zu unterliegen. Infolge dessen könne im Falle der Verhaftung des Beschuldigten eine frühzeitige Vorbereitung des Entlastungsbeweises, die eine der wichtigsten Aufgaben des Verteidigers bilde, in der Regel nicht durchgeführt werden. Dies sei um so bedenklicher, als der Beschuldigte durch die Haft verhindert sei, selbst die zu seiner Entlastung erforderlichen Schritte zu tun. Der Verteidiger sei nur dann in der Lage, einen wirksamen Beistand zu leisten, wenn der Verhaftete sich mit ihm offen über den Sachverhalt aussprechen könne. Dazu verstehe sich der Verhaftete, selbst wenn er sich unschuldig fühle, nicht leicht, falls den Unterredungen eine Gerichtsperson beiwohne und die schriftlichen Mitteilungen gelesen würden. Der Gesetzgeber schütze das zwischen dem Verteidiger und dem Beschuldigten bestehende Vertrauensverhältnis, indem er dem Verteidiger in Ansehung des ihm Anvertrauten ein Zeugnisverweigerungsrecht gewähre (§. 52 Nr. 2 der Str.Pr.O.) und ihn, wenn er das ihm Anvertraute unbefugt offenbare, mit Strafe bedrohe (§. 300 des St.G.B.); hiermit seien die im §. 148 der Str.Pr.O. dem Verkehre mit dem Verteidiger gezogenen Schranken nicht zu vereinigen.

Eine Gefährdung der Untersuchung sei auch bei völliger Freigabe des mündlichen und schriftlichen Verkehrs nicht zu erwarten. Der etwaigen Befürchtung, daß dritte Personen Briefe in Umschlägen, welche mit dem Namen des Verteidigers versehen sind, an den Beschuldigten richten könnten, lasse sich durch die Vorschrift Rechnung tragen, daß der Verteidiger seine an den Beschuldigten gerichteten Briefe dem Richter oder dem Gefängnisvorstande persönlich zu übergeben oder mit einem an den Richter oder den Gefängnisvorstand gerichteten Begleitbriefe zu übersenden habe.

Daß übrigens die völlige Freigabe des Verkehrs zwischen dem Verteidiger und dem Verhafteten praktisch durchführbar sei, zeige das französische Recht, welches dem Verhafteten, sobald er zum ersten Male vernommen sei, einen völlig freien Verkehr mit dem Verteidiger gestatte (§. 8 des Gesetzes vom 8. Dezember 1897).

Sollte aber die Kontrolle des schriftlichen Verkehrs gegenüber einem der Kollusion verdächtigen Beschuldigten unentbehrlich erscheinen, so sei sie mindestens gegenüber einem nur wegen Fluchtverdachts Verhafteten nicht am Platze. Das geltende Recht sei widerspruchsvoll, insofern es gegenüber Verhafteten der bezeichneten Art den mündlichen Verkehr mit dem Verteidiger freigebe, dagegen den schriftlichen Verkehr beschränke.

Zur Begründung der Ablehnung der Anträge 1 und 2 wurde folgendes geltend gemacht:

Das geltende Recht gehe nicht von einem Mißtrauen gegen den Anwaltstand als solchen, sondern von der praktischen Erwägung aus, daß unter Umständen auf eine Beaufsichtigung des Verkehrs eines Verteidigers mit dem verhafteten Beschuldigten nicht verzichtet werden könne. Vom Richter dürfe erwartet werden, daß er von der Befugnis der Kontrolle einen sparsamen, dem berechtigten Ehrgefühle des Verteidigers entsprechenden Gebrauch mache. Diese Kontrolle richte sich im Grunde auch nur gegen den Verhafteten. Von einem Beschuldigten, der wegen Fluchtverdachts oder wegen Kollusionsverdachts in Haft genommen sei, könne unter Umständen erwartet werden, daß er an den Verteidiger mit unlauteren Zumutungen herantrete. Wenn solchen Ansinnen durch die Beaufsichtigung des Verkehrs von vornherein vorgebeugt werde, so gereiche dies auch dem Verteidiger zum Vorteile, da ihm die Zurückweisung beleidigender Zumutungen erspart bleibe.

Vor allem könne ohne die bestehende Kontrolle des schriftlichen Verkehrs Durchstechereien des Verhafteten nicht in genügender Weise vorgebeugt werden. Insbesondere sei aus diesem Grunde die Kontrolle auch gegenüber einem nur der Flucht und nicht auch der Kollusion Verdächtigen nicht zu entbehren.

Dagegen wurde von der überwiegenden Mehrheit der Kommission anerkannt, daß die bisherige Art der Überwachung des mündlichen Verkehrs für den Verteidiger etwas Verletzendes habe. Der Stellung des Anwalts entspreche es, daß, wenn bei Unterredungen des Verhafteten mit dem Verteidiger die Anwesenheit einer dritten Person für erforderlich erachtet werde, hierzu nur ein Richter bestimmt werde. Führe dies dahin, daß von der Anordnung der Beiwohnung ein sparsamer, das Bedürfnis nicht überschreitender Gebrauch gemacht werde, so könne dies für einen Nachteil nicht erachtet werden.

III. Nachdem hiermit die Fragen unter G des Fragebogens erledigt waren, teilte ein Kommissar des Reichs-Justizamts mit: Der Herr Staatssekretär sei aus Anlaß des in der vorigen Tagung ausgesprochenen Wunsches, eine Statistik über die Untersuchungshaft zu erhalten, zunächst mit dem Königlich Preußischen Herrn Justizminister in Verbindung getreten. Die gepflogenen Verhandlungen hätten indessen zu einem Ergebnisse nicht geführt. Nach diesseitiger Auffassung lasse sich ein vollständiges Material über die in Betracht kommenden Fragen rechtzeitig nur in der Weise beschaffen, daß hinsichtlich derjenigen Strafsachen, welche während eines bestimmten Zeitraums rechtskräftig beendet werden, die nötigen Feststellungen nachträglich auf Grund einer Durchsicht der einzelnen Aktenstücke getroffen würden. Der Herr Justizminister trage jedoch Bedenken, derartige Erhebungen anzuordnen, weil das Bureaupersonal dazu nicht befähigt sei, höhere Beamte aber in genügender Zahl nicht zur Verfügung stünden und überdies die vorgeschlagene Erhebungsmethode beim Mangel jeder Möglichkeit einer Kontrolle eine höchst unsichere sei. Unter diesen Umständen sei der Herr Staatssekretär zu seinem Bedauern nicht in der Lage, dem Wunsche der Kommission zu entsprechen.

Der Beginn der nächsten Tagung wurde auf den 29. September anberaumt. Als Beratungsgegenstände wurden die Fragen unter H und J des Fragebogens bezeichnet.

18. Sitzung.

29. September 1903.

Öffentliche Klage.

I. Der Vorsitzende teilte mit, daß der Kommission seitens des 16. Deutschen Anwaltstags zu Straßburg i. E., einem am 11. September d. Js. gefaßten Beschlusse gemäß, der Bericht des Rechtsanwalts Dr. von Pannwitz über die Frage, in welcher Weise die Rechte der Verteidigung im Strafprozesse zu stärken seien, zur Verfügung gestellt sei.

II. Die Kommission trat sodann in die Beratung der Fragen unter H des Fragebogens, welche die öffentliche Klage betreffen, ein.

Es lagen dazu folgende Anträge vor:

1. a) Das Legalitätsprinzip ist dahin einzuschränken, daß bei einzelnen im Gesetze näher zu bestimmenden Delikten mangels öffentlichen Interesses die öffentliche Klage zu unterbleiben hat, bezw. der Antrag auf Strafverfolgung abzulehnen ist.
   b) Derart dem Opportunitätsprinzipe zu unterstellen sind lediglich Delikte gegen die Rechtsgüter der Privatperson. Dem Verletzten ist die subsidiäre Privatklage zu eröffnen.
   c) Dies empfiehlt sich — ohne Rücksicht auf die Antragsqualität des Delikts und die Gerichtsorganisation — bei folgenden Tatbeständen des Strafgesetzbuchs:
      α) dem Hausfriedensbruche (§. 123);
      β) der Körperverletzung des §. 223a und des §. 230 Abs. 2;
      γ) den Freiheitsdelikten der §§. 239, 240;
      δ) der Bedrohung (§. 241);
      ε) den Delikten wider das Vermögen einschließlich des Raubes und der Erpressung (§§. 242, 243, 246, 247, 249, 250, 253, 263, 266, 288, 289, 292 bis 296, 299, 300, 303);
      ζ) den Übertretungen des §. 366 Nr. 3, 6, 7, des §. 367 Nr. 10, des §. 368 Nr. 9, 10, 11, des §. 369 Nr. 1, des §. 370 Nr. 1 bis 6.
      Dazu werden zahlreiche Tatbestände der Sonderstrafgesetze zu ziehen sein, wie die Delikte gegen die Autorrechte, den Markenschutz u. dergl. mehr.
   d) Dem Mißbrauche der Privatklage ist entgegenzuwirken
      α) durch Befristung der Privatklage; die Frist beträgt bei Übertretungen zwei Wochen, bei Vergehen und Verbrechen einen Monat,

gerechnet vom Tage der Bekanntgabe des ablehnenden staatsanwaltschaftlichen Bescheides;

β) durch Prozeßstrafe wegen leichtfertiger Anklage;

γ) durch Zulassung der Widerklage wegen falscher Anschuldigung;

δ) durch den Anwaltszwang.

2. a) Es empfiehlt sich eine mäßige Einschränkung des Legalitätsprinzips, um Strafverfolgungen entgegenzuwirken, die durch das öffentliche Interesse nicht geboten sind, und zwar bei den Delikten der §§. 123, 241, 289, 303, 370 Nr. 5, 6 des St.G.B.

b) Zur Erreichung solcher Einschränkung erscheint die Gewährung einer subsidiären Privatklage in irgend einer Form nicht als ein geeignetes Mittel, sondern nur eine Erweiterung der prinzipalen Privatklage.

3. a) Das Legalitätsprinzip ist dahin einzuschränken, daß dem im §. 152 der Str.Pr.O. ausgesprochenen Grundsatze[1]) die Bestimmung angefügt wird:

Die Staatsanwaltschaft ist befugt, die Strafverfolgung von Vergehen und Übertretungen zu unterlassen, wenn die Verletzung so geringfügig ist, daß ihre Verfolgung und Bestrafung den Interessen der Rechtspflege nicht entspricht.

b) Im Falle der Ablehnung des Antrags a ist der Zusatz dahin zu fassen:

Die Staatsanwaltschaft ist befugt, die Strafverfolgung einer Übertretung zu unterlassen, wenn ihre Verfolgung und Bestrafung den Interessen der Rechtspflege nicht entspricht.

Es waren ferner die Unteranträge gestellt,

4. den Antrag 1 c dahin zu fassen:

Es empfiehlt sich dies

α) bei den Antragsdelikten mit Ausnahme der §§. 102 bis 104 der St.G.B.,

β) bei den Übertretungen,

γ) bei einzelnen besonders gearteten Tatbeständen, z. B. §. 123 Abs. 3, §. 223a, §. 230 Abs. 2, §. 239 Abs. 1, §§. 240, 241, 290, 296 des St.G.B,

5. in den Anträgen 1c und 2a hinter „§. 123" einzuschalten:

„Abs. 1".

Die Beratung wurde zunächst auf die Frage H I des Fragebogens:

Soll das Legalitätsprinzip beseitigt oder soll es wenigstens eingeschränkt werden, um Strafverfolgungen entgegenzuwirken, die durch das öffentliche Interesse nicht geboten sind?

(Str.Pr.O. §§. 152, 169 bis 175.)

beschränkt, vor Erledigung dieser Frage aber durch den Schluß der Sitzung abgebrochen.

---

[1]) Der §. 152 der Str.Pr.O. lautet:

Zur Erhebung der öffentlichen Klage ist die Staatsanwaltschaft befugt. Dieselbe ist, soweit nicht gesetzlich ein anderes bestimmt ist, verpflichtet, wegen aller gerichtlich strafbaren und verfolgbaren Handlungen einzuschreiten, sofern zureichende tatsächliche Anhaltspunkte vorliegen.

19. Sitzung.

30. September 1903.

Öffentliche Klage.

Die gestern abgebrochene Beratung, betreffend die öffentliche Klage, wurde fortgesetzt. Es wurde dabei auch die Frage H II des Fragebogens mit zur Erörterung gestellt:

Empfiehlt es sich im Falle einer Bejahung der Frage H I, die subsidiäre Privatklage zu gewähren, und zwar:
1. allgemein?
2. dem Verletzten:
   a) bei Antragsdelikten?
   b) bei sonstigen Straftaten?

Das Ergebnis der gestrigen und heutigen Beratung war, daß beschlossen wurde

a) einstimmig: es empfehle sich nicht, das Legalitätsprinzip zu beseitigen;
b) mit 11 gegen 10 Stimmen: das Legalitätsprinzip sei einzuschränken, um Strafverfolgungen entgegenzutreten, die durch das öffentliche Interesse nicht geboten sind;
c) mit 12 gegen 9 Stimmen: es empfehle sich nicht, im Falle der Einschränkung des Legalitätsprinzips die subsidiäre Privatklage zu gewähren.

Mit diesen Abstimmungen war der Antrag 1 nebst den dazu gestellten Unteranträgen erledigt. Die Beschlußfassung darüber, ob im Sinne des Antrags 2 das Legalitätsprinzip für einzelne Straftaten beseitigt und die prinzipale Privatklage auf diese Straftaten ausgedehnt werden soll, wurde bis zur Beratung der Fragen unter N des Fragebogens zurückgestellt.

Nachdem der Antrag 3a zurückgezogen war, wurde endlich

d) mit 12 gegen 9 Stimmen der Antrag 3b, in welchem während der Beratung die Worte „den Interessen der Rechtspflege" durch die Worte „dem öffentlichen Interesse" ersetzt waren, abgelehnt.

I. Als ein Mißstand wurde von nahezu allen Mitgliedern die übermäßige Zahl der Bestrafungen bezeichnet. Die geltende Gesetzgebung nötige in zahlreichen Fällen zur Strafverfolgung, in denen eine solche nicht im staatlichen Interesse liege, sei es, daß die Bestrafung wegen der Geringfügigkeit der Tat überflüssig sei, sei es, daß sie nach der besonderen Lage der Sache geradezu als eine Ungerechtigkeit erscheine. Durch derartige Strafverfolgungen werde nicht allein eine unnötige Belästigung der Behörden und des Publikums herbeigeführt, sondern auch die Achtung vor den Strafgesetzen untergraben.

Seitens einer Minderheit wurde ausgeführt, daß die Quelle dieser Mißstände vorwiegend im materiellen Strafrechte zu suchen sei und daß ihnen, soweit dies überhaupt möglich sei, nur durch Abänderung des materiellen Rechtes entgegengetreten werden könne. Der Hauptgrund liege in der großen Fülle der Strafandrohungen, namentlich auf dem Gebiete der Übertretungen. Vielleicht lasse sich durch Vermehrung der Antragsdelikte in gewissem Umfang Abhilfe schaffen. Möglicherweise würden auch durch eine andere Abgrenzung der Tatbestandsmerkmale der einzelnen Delikte manche Handlungen, welche nach heutigem Rechte bestraft werden müßten, obwohl das öffentliche Interesse dies nicht erfordere, ausgeschieden werden können. Im übrigen sei die Begnadigung das geeignete Mittel, um etwaige Härten zu mildern.

Die Mehrheit der Kommission bezweifelte es, daß überflüssigen Strafverfolgungen durch Änderung des materiellen Rechtes in erheblichem Umfange vorgebeugt werden könne. Namentlich werde eine wesentliche Verminderung der Strafandrohungen kaum möglich sein. Man müsse deshalb versuchen, durch prozessuale Vorschriften der Häufung der Strafprozesse vorzubeugen, und das könne nur durch eine Änderung des §. 152 der Str.Pr.O. geschehen. Das in dieser Vorschrift enthaltene Legalitätsprinzip zwinge die Staatsanwaltschaft, auch wegen solcher Delikte Anklage zu erheben, deren Bestrafung im einzelnen Falle weder für die Allgemeinheit noch für den Verletzten ein Interesse habe oder gar den Interessen des Staates geradezu widerspreche.

II. Die Kommission war trotzdem einstimmig der Ansicht, daß das Legalitätsprinzip keinesfalls grundsätzlich beseitigt werden dürfe. In dieser Beziehung wurde ausgeführt: Das bezeichnete Prinzip bilde die unentbehrliche Bürgschaft für eine objektive Rechtspflege. Es sei ausgeschlossen, die Entscheidung über die Erhebung der öffentlichen Klage regelmäßig dem Ermessen der Staatsanwaltschaft zu überlassen. Die Organisation der Staatsanwaltschaft als einer von den Weisungen ihrer Vorgesetzten abhängigen Verwaltungsbehörde bringe die Gefahr mit sich, daß ihre Entscheidungen durch politische, soziale oder andere mit dem Zwecke der Strafrechtspflege im Widerspruche stehende Rücksichten beeinflußt werden könnten. Leicht würden andere Verwaltungsbehörden einen Druck auf die Staatsanwaltschaft auszuüben in der Lage sein und damit einen nicht erwünschten Einfluß auf die Strafrechtspflege gewinnen. Auch in denjenigen Fällen, in denen Rücksichten der bezeichneten Art nicht in Frage kämen, sei eine Gewähr für eine sachgemäße Beurteilung des einzelnen Falles nicht gegeben. Die Frage, ob das Interesse des Staates die Strafverfolgung erfordere, könne der Staatsanwalt nicht immer zutreffend beantworten, zumal er sich hierüber in der Regel zu einer Zeit schlüssig machen müßte, in welcher er die Bedeutung des einzelnen Falles noch nicht völlig übersehen könnte. Selbst bei größter Gewissenhaftigkeit werde der Staatsanwalt sich bei der Entscheidung unwillkürlich durch subjektive Empfindungen leiten lassen und deshalb der Gefahr von Mißgriffen ausgesetzt sein. Es sei unausbleiblich, daß sich in den einzelnen Bezirken eine Verschiedenheit in der Erhebung von Anklagen herausbilde und die Gleichmäßigkeit in der Anwendung der Strafgesetze verloren gehe. Dadurch werde, namentlich in unruhigen Zeiten, das Vertrauen des Volkes zu einer unparteiischen Strafrechtspflege erschüttert werden. Die Kritik der Presse werde sich leicht der Fälle bemächtigen, in denen bei gleicher Sachlage eine verschiedene Auffassung der Staatsanwaltschaften hervorgetreten sei. Das werde um so beunruhigender wirken, als dem Publikum die Gründe nicht ersichtlich seien, aus denen im einzelnen Falle von einer Anklage Abstand genommen werde.

Ein ausreichender Schutz gegen die unberechtigte Ablehnung von Strafverfolgungen könne im Falle der allgemeinen Durchführung des Opportunitätsprinzips nicht geschaffen werden. Die Gewährung einer Beschwerde an das Gericht sei ausgeschlossen, weil dieses seiner Stellung nach nicht damit befaßt werden dürfe, die Frage der Zweckmäßigkeit einer Strafverfolgung, wobei auch politische Gesichtspunkte zu berücksichtigen seien, zu entscheiden. Die Gewährung der Popularklage müsse wegen der dagegen sprechenden schwerwiegenden Bedenken von vornherein abgelehnt werden. Die subsidiäre Privatklage des Verletzten aber biete schon deshalb keine genügende Abhilfe, weil sie versage, soweit ein Verletzter nicht vorhanden sei.

III. Die Gründe, welche gegen die Beseitigung des Legalitätsprinzips vorgebracht wurden, bestimmten eine Minderheit in der Kommission, sich auch grundsätzlich gegen eine jede Einschränkung des Legalitätsprinzips auszusprechen.

Die Mehrheit war dagegen der Ansicht, daß es nicht nötig sei, das Legalitätsprinzip in der starren Form, in welcher es gegenwärtig bestehe, beizubehalten. Aus der Strafbarkeit einer Handlung folge noch nicht die Pflicht des Staates, die Handlung unter allen Umständen zu verfolgen. Daß dies auch der Standpunkt des geltenden Rechtes sei, ergebe sich aus den Beschränkungen, welche das Legalitätsprinzip insbesondere durch §. 4 des St.G.B.[1]) und durch den §. 416 der Str.Pr.O. erfahren habe. Nach der letzteren Vorschrift habe die Staatsanwaltschaft schon jetzt wegen der auf Antrag zu verfolgenden Beleidigungen und Körperverletzungen die öffentliche Klage nur dann zu erheben, wenn dies im öffentlichen Interesse liege. Es sei unbedenklich, die Befugnis der Staatsanwaltschaft zur Unterlassung der öffentlichen Klage wegen mangelnden öffentlichen Interesses weiter auszudehnen. Allerdings lasse sich der Begriff des öffentlichen Interesses nicht näher abgrenzen; dieser Begriff habe jedoch bei Anwendung des §. 416 zu erheblichen Schwierigkeiten nicht geführt und werde deshalb auch bei einer weiteren Einschränkung des Legalitätsprinzips verwertet werden können, ohne daß hieraus Unzuträglichkeiten zu befürchten seien. Im Gegenteile werde das Ansehen der Rechtspflege gefördert werden; denn die Möglichkeit, bei den Entscheidungen über die Strafverfolgung Billigkeitsrücksichten walten zu lassen, werde dazu beitragen, die Staatsanwaltschaft von dem Vorwurfe

---

[1]) Nach §. 4 des St.G.B. findet wegen der im Auslande begangenen Verbrechen und Vergehen in der Regel keine Verfolgung statt. Jedoch können gewisse im Auslande begangene strafbare Handlungen nach den Strafgesetzen des Deutschen Reichs verfolgt werden.

kleinlicher Verfolgungssucht zu befreien, und das Vertrauen des Volkes zur Rechtspflege erhöhen.

Dem von einer Seite gemachten Vorschlage, nicht wegen Mangels des öffentlichen Interesses, sondern wegen der Geringfügigkeit einer Sache von der Verfolgung abzusehen, wurde von anderer Seite widersprochen. Die Geringfügigkeit sei etwas Unbestimmtes. Unter Umständen könne der Staat auch an der Verfolgung einer geringfügigen Straftat ein erhebliches Interesse haben. Nur der Mangel des öffentlichen Interesses dürfe maßgebend sein.

IV. Darüber, in welcher Weise eine Beschränkung des Legalitätsprinzips erfolgen könne, waren die Meinungen geteilt.

Einige Mitglieder wünschten, daß die Staatsanwaltschaft für eine größere Anzahl von Delikten die Befugnis erhalte, beim Mangel eines öffentlichen Interesses die Strafverfolgung zu unterlassen, und daß insoweit dem Verletzten eine subsidiäre Privatklage gegeben werde (Antrag 1).

Andere verwarfen die subsidiäre Privatklage, befürworteten vielmehr das Opportunitätsprinzip nur für wenige Delikte unter entsprechender Ausdehnung der prinzipalen Privatklage (Antrag 2).

Wieder Andere glaubten die Einführung eines beschränkten Opportunitätsprinzips ohne Gewährung irgend einer Privatklage empfehlen zu können (Antrag 3).

1. Zu Gunsten der Einführung der subsidiären Privatklage wurde ausgeführt:

Es sei eine notwendige Folge der Einschränkung des Legalitätsprinzips, daß dem Verletzten für die Fälle, wo die Staatsanwaltschaft die Strafverfolgung ablehne, die Möglichkeit gewährt werde, eine Bestrafung des Täters im Wege der Privatklage herbeizuführen. Es entspreche das nicht blos der billigen Rücksicht auf die Interessen des durch die Straftat Geschädigten, sondern sei auch erforderlich, um das Vertrauen des Volkes auf die Unparteilichkeit der Strafrechtspflege aufrechtzuerhalten. Andererseits sei nicht zu befürchten, daß eine im Privatklageverfahren ergehende Verurteilung geeignet sei, dem Ansehen der Staatsanwaltschaft Abbruch zu tun; denn durch die Verurteilung werde die Frage, ob ein öffentliches Interesse an der Strafverfolgung bestehe, überhaupt nicht berührt. Die Privatklage dürfe aber nur eine subsidiäre sein. Das etwaige private Interesse an der Strafverfolgung habe hinter dem öffentlichen Interesse zurückzustehen. Grundsätzlich müsse daher in erster Linie der Staatsanwaltschaft die Strafverfolgung verbleiben. Im übrigen müsse die Privatklage nach Möglichkeit mit Kautelen gegen einen etwaigen Mißbrauch versehen werden, wie dies im Antrag 1 d vorgeschlagen sei.

Darüber, für welchen Kreis von Delikten die subsidiäre Privatklage zu gewähren und demgemäß das Legalitätsprinzip einzuschränken sei, gingen die Ansichten wiederum auseinander.

a) Von einer Seite wurde ausgeführt, daß sie nur bei Delikten, welche die Rechtsgüter der Privatperson betreffen, zuzulassen sei, weil nur bei diesen ein Verletzter vorhanden sei, und daß auch aus diesem Kreise von Delikten lediglich diejenigen auszuwählen seien, bei welchen erfahrungsgemäß häufig ein öffentliches

Interesse an der Strafverfolgung fehle. Von diesem Gesichtspunkt aus ist die Aufzählung der Delikte im Antrag 1 c erfolgt. Es wurde von dem Antragsteller im einzelnen ausgeführt, daß alle diese Delikte oft so geartet seien, daß die Bestrafung nicht im öffentlichen Interesse liege. Ein anderes Mitglied wünschte, daß neben den in dem bezeichneten Antrag aufgeführten Delikten noch die fahrlässige Gefährdung eines Eisenbahntransports (§. 316 des St.G.B.) berücksichtigt werde.

b) Von anderer Seite, von welcher der Unterantrag 4 stammte, wurde ausgeführt, daß neben einigen besonders zu nennenden Vergehen insbesondere für die ganze Gruppe der Antragsdelikte, vielleicht nur mit Ausnahme der in den §§. 102 bis 104 des St.G.B. behandelten (feindliche Handlungen gegen befreundete Staaten), und ferner für alle Übertretungen das Legalitätsprinzip einzuschränken und die subsidiäre Privatklage einzuführen sei. Bei den Antragsdelikten sei schon aus der Notwendigkeit des Strafantrags zu schließen, daß ein öffentliches Interesse an der Strafverfolgung nicht vorzuliegen pflege. Ferner habe auch an der Verfolgung der einzelnen Übertretung der Staat als solcher häufig kein Interesse. In der Praxis werde deshalb zur Zeit schon von Seiten der Polizei bei der Verfolgung von Übertretungen im gewissen Umfange nach dem Opportunitätsprinzipe verfahren. Nachdem aber in letzter Zeit zweifelhaft geworden, ob ein derartiges Vorgehen gesetzlich zulässig sei, bestehe geradezu ein dringendes Bedürfnis, das Legalitätsprinzip für Übertretungen ausdrücklich im Gesetz auszuschließen. Sonst werde die Zahl der Verfolgungen wegen Übertretungen in das Ungemessene steigen und eine tiefgehende Verstimmung des Publikums gegen die Polizei eintreten. Allerdings werde bei Übertretungen ein zur Erhebung der subsidiären Klage berechtigter Verletzter oft nicht vorhanden sein. Das verschlage aber nichts, da, wenn ein öffentliches Interesse in Frage stehe, die Verfolgung der Staatsanwaltschaft obliege. Letztere werde auch, sobald eine energische Verfolgung gewisser Übertretungen im öffentlichen Interesse liege, dieses Interesse mit Hilfe der Beamten des Polizei- und Sicherheitsdienstes wahrzunehmen in der Lage sein. Danach würden die auf die Übertretungen gesetzten Strafen ihre abschreckende Wirkung nicht verlieren.

Diesen Ausführungen wurde entgegengehalten: Für das Erfordernis des Antrags seien nicht immer der Mangel eines öffentlichen Interesses an der Strafverfolgung, sondern vielfach andere Gesichtspunkte maßgebend, z. B. bei den Delikten wider die Sittlichkeit (§§. 179, 182 des St.G.B.) die Rücksicht auf den Ruf des Verletzten. Was die Übertretungen anlange, so bestehe ein erhebliches Interesse an der regelmäßigen Verfolgung derselben, weil unvermeidlich das Gesetz an Wert verliere, wenn Verstöße dagegen häufig ungestraft blieben. Die Bedeutung der durch die Übertretungsstrafen geschützten Interessen der Allgemeinheit dürfe aber nicht unterschätzt werden. Übrigens würden, wenn die Verfolgung der Übertretungen von Rücksichten der Zweckmäßigkeit abhinge, Gegensätze zwischen der Staatsanwaltschaft und der an der Durchführung ihrer Gebote interessierten Polizei sich leicht ergeben. Vor allem aber werde die Staatsanwaltschaft dem Verdachte der Parteilichkeit ausgesetzt sein, zumal für die Verfolgung gewisser Übertretungen, z. B. auf dem Gebiete des Vereinsrechts, politische Gesichtspunkte in Betracht kämen.

2. Gegen die Einführung der subsidiären Privatklage wurde geltend gemacht: Es werde immer Verstimmung erregen, wenn der Staatsanwalt die Erhebung einer öffentlichen Klage wegen Mangels des öffentlichen Interesses ablehne. Nicht der Staatsanwalt, sondern das Gesetz müsse auf den Weg der Privatklage verweisen, wie das bei der prinzipalen Privatklage der Fall sei. Die Ausdehnung des Opportunitätsprinzips in einem so weiten Umfange, wie die Anhänger der subsidiären Privatklage wünschten, laufe nahezu auf eine Beseitigung des Legalitätsprinzips für die gewöhnlich vorkommenden Fälle hinaus und trage alle bereits hervorgehobenen Mängel einer solchen Beseitigung.

Ob und in welchem Umfang eine Einschränkung des Legalitätsprinzips durch Erweiterung der prinzipalen Privatklage ermöglicht werden kann, sei nach dem der Kommission vorgelegten Fragebogen erst bei der Frage N zu entscheiden. Jedenfalls werde die prinzipale Privatklage auf nur wenige und insbesondere nur solche Delikte auszudehnen sein, bei denen ähnlich wie bei den Beleidigungen und leichten Körperverletzungen das private Interesse an der Strafverfolgung fast stets das öffentliche Interesse überwiege und auch der Verletzte den Schuldbeweis zu führen regelmäßig imstande sei.

3. Von anderer Seite sprach man sich wie gegen die subsidiäre Privatklage, so auch gegen die Ausdehnung der prinzipalen Privatklage aus. Die Privatklage in jeder Form sei ein Übel. Als Mängel derselben wurden insbesondere die Schwierigkeiten hervorgehoben, die bei der Führung des Schuldbeweises dem Privatkläger daraus erwachsen, daß er selbst als Zeuge nicht vernommen werden könne und daß er nicht wie der Staatsanwalt in der Lage sei, für die von ihm anzustellenden Ermittelungen die Hilfe der Polizei in Anspruch zu nehmen. Ferner sei die Privatklage mit vielen Mühen und Kosten verbunden und deswegen durchaus unpopulär. Im sozialen Interesse müßten Maßnahmen vermieden werden, welche dahin führten, daß der weniger Wohlhabende schwerer als der Reiche Genugtuung für eine Straftat erlange. Es sei indessen gar nicht erforderlich, die Einschränkung des Legalitätsprinzips an eine Ausdehnung der Privatklage zu knüpfen. Man könne getrost der Staatsanwaltschaft die Befugnis überlassen, bei reinen Bagatellsachen von einer Anklage abzusehen. Zum mindesten sei ein solches freies Ermessen für das Gebiet der Übertretungen am Platze, wie das bereits von einem Teile der Verteidiger der subsidiären Privatklage dargelegt worden sei.

Die Mehrheit der Kommission lehnte indessen den Antrag auch in der Beschränkung auf Übertretungen aus den Gründen ab, welche gegen die Beseitigung des Legalitätsprinzips überhaupt geltend gemacht worden sind.

V. Mit der Ablehnung der subsidiären Privatklage erübrigte sich eine Beratung der Frage H III des Fragebogens:

> Welche Maßnahmen sind zum Schutze gegen einen Mißbrauch der subsidiären Privatklage zu treffen?

20. Sitzung.

1. Oktober 1903.

Vorverfahren.

Die Kommission ging zur Frage J des Fragebogens über:

I. Bedarf das Vorverfahren, insbesondere im Interesse des Beschuldigten, einer Umgestaltung?
(Str.Pr.O. §§. 156 bis 211.)
1. Ist etwa für das Vorverfahren:
a) eine beschränkte Öffentlichkeit und Mündlichkeit einzuführen, namentlich den Beteiligten die Berechtigung zur Anwesenheit bei gerichtlichen Handlungen in erweitertem Umfange zu gewähren?
b) eine kontradiktorische Schlußverhandlung vorzuschreiben?
2. Sollen die Vorschriften über den das Hauptverfahren eröffnenden Beschluß geändert werden?

II. Inwieweit würde von solchen Maßnahmen im Falle der Ausdehnung der Berufung abgesehen werden können?

Hierzu lagen zwei die Frage erschöpfend behandelnde Anträge vor.

Der Antrag I (Nr. 1 bis 29) lautete, wie folgt:

A. Allgemeines.

1. Für das vorbereitende Verfahren (Ermittelungsverfahren) sollen die §§. 158 bis 169 der Str.Pr.O. mit folgenden Änderungen aufrecht erhalten werden:
a) Der Staatsanwalt soll die an seinem Amtssitze wohnhaften Zeugen und Sachverständigen in der Regel selbst vernehmen und die wesentlichen Ergebnisse der Vernehmungen in seinen Handakten vermerken. Die Aufnahme ausführlicher Protokolle seitens der Staatsanwaltschaft und der Polizeibehörden ist zu vermeiden.
b) Für die Vornahme gerichtlicher Untersuchungshandlungen, abgesehen von Verhaftungen, sollen die Vorschriften des §. 160 der Str.Pr.O. bestehen bleiben. Jedoch darf eine gerichtliche Vernehmung von Zeugen und Sachverständigen nur dann stattfinden, wenn
α) eine Beeidigung erforderlich erscheint;
β) ein Zeuge oder Sachverständiger vernommen werden soll, welcher voraussichtlich am Erscheinen in der Hauptverhandlung verhindert

oder dessen Erscheinen wegen großer Entfernung besonders erschwert sein wird;

γ) falls die Vernehmung geeignet ist, die Verhaftung des Beschuldigten zu rechtfertigen.

In diesen Fällen sind die Staatsanwaltschaft, der Nebenkläger und in den Fällen zu α und β der Beschuldigte, falls er als solcher vernommen oder zur Vernehmung geladen oder ein Vorführungsbefehl gegen ihn erlassen ist, von den Terminen zu benachrichtigen und zur Anwesenheit in denselben berechtigt. Über die Vernehmung ist ein ausführliches Protokoll aufzunehmen.

c) Bei der gerichtlichen Vernehmung des Beschuldigten dürfen Staatsanwalt und Verteidiger zugegen sein und durch Vermittelung des Richters Fragen stellen. Sie sind von dem Termine vorher zu benachrichtigen.

2. Für die Fälle der Verhaftung sollen die Bestimmungen unter D gelten.

B. Verfahren in Nichthaftsachen, welche zur Zuständigkeit der Strafkammern, der Schwurgerichte und des Reichsgerichts gehören.

3. In allen zur Zuständigkeit der Strafkammern, der Schwurgerichte und des Reichsgerichts gehörenden Sachen muß der Eröffnung des Hauptverfahrens ein mündliches, nicht öffentliches Vorverfahren vor einem Einzelrichter vorausgehen.

4. Dieser Einzelrichter soll regelmäßig ein Mitglied des Landgerichts sein; die Strafkammer kann jedoch auf Antrag der Staatsanwaltschaft einen Amtsrichter mit der Leitung des Vorverfahrens beauftragen.

5. Die Staatsanwaltschaft stellt den Antrag auf Eröffnung des mündlichen Vorverfahrens schriftlich bei der Strafkammer des Landgerichts. Der Antrag muß den Beschuldigten und die ihm zur Last gelegte Tat unter Hervorhebung ihrer gesetzlichen Merkmale bezeichnen und die Beweismittel angeben.

6. Dem Antrage sind die bisher aufgenommenen gerichtlichen Protokolle, sowie die Auszüge aus dem Strafregister beizufügen. Polizeiberichte, sowie die von der Staatsanwaltschaft und den Polizeibehörden aufgenommenen Protokolle und Vermerke dürfen nicht mit übersandt werden.

7. Der Antrag hat die Wirkungen, welche das jetzige Recht der Erhebung der öffentlichen Klage beilegt.

8. Der Richter des Vorverfahrens darf den Antrag nur aus den im §. 178 Abs. 1 der Str.Pr.O. aufgeführten Gründen ablehnen. Gegen die Ablehnung findet sofortige Beschwerde statt.

9. Gibt der Richter dem Antrage statt, so beraumt er sofort Termin zur mündlichen Verhandlung an. Zu demselben sind die Prozeßbeteiligten, und zwar der Angeschuldigte unter Zustellung des Antrags, zu laden. (Unter „Prozeßbeteiligten" im Sinne dieser Vorschläge sollen die Staatsanwaltschaft, der Angeschuldigte, sein Verteidiger und sein gesetzlicher Vertreter, der Ehemann einer angeschuldigten Frau, der Nebenkläger, sein Beistand und sein gesetzlicher Vertreter verstanden werden.)

10. Zum Termine sind ferner die von den Prozeßbeteiligten benannten Zeugen und Sachverständigen zu laden und die von den Prozeßbeteiligten bezeichneten

sonstigen Beweismittel herbeizuschaffen. Soweit die Beweismittel nicht von der Staatsanwaltschaft bezeichnet sind, kann die Ladung und Herbeischaffung dann unterbleiben, wenn das Beweismittel über einen für die Entscheidung unerheblichen Punkt benannt ist. Der Richter kann auch von Amtswegen Zeugen und Sachverständige laden und Beweismittel herbeischaffen.

11. In den Fällen der notwendigen Verteidigung ist der Verteidiger gleichzeitig mit der Anberaumung des Termins zu bestellen. Bei seinem Ausbleiben im Termine findet §. 145 der Str.Pr.O. entsprechende Anwendung.

12. Die Verhandlung erfolgt in Anwesenheit der Staatsanwaltschaft und eines Gerichtsschreibers. Auf das Erscheinen oder Ausbleiben des Angeschuldigten finden die §§. 229 bis 235 der Str.Pr.O. entsprechende Anwendung.

13. Die Verhandlung beginnt mit dem Aufrufe des Angeschuldigten, der Zeugen und Sachverständigen. Demnächst erfolgt die Verlesung des Antrags auf Terminsanberaumung, die Vernehmung des Angeschuldigten und die Beweisaufnahme.

14. Die Vernehmung des Angeschuldigten erfolgt durch den Richter. Der Angeschuldigte ist hierbei aufzufordern, sich über seine persönlichen Verhältnisse und über den Gegenstand der Anschuldigung im allgemeinen auszulassen. Hierbei kann den übrigen Prozeßbeteiligten gestattet werden, durch Vermittelung des Richters Fragen an den Angeschuldigten zu richten. Die Vernehmung des Angeschuldigten über die Einzelheiten der Anschuldigung erfolgt erst nach Aufnahme des betreffenden Beweises.

15. Die Vernehmung jedes Zeugen und Sachverständigen erfolgt zunächst durch denjenigen Prozeßbeteiligten, welcher das Erscheinen des zu Vernehmenden veranlaßt hat. Demnächst sind den übrigen Prozeßbeteiligten Fragen zu gestatten. Der Richter kann ungeeignete und nicht zur Sache gehörige Fragen zurückweisen und seinerseits die ihm erforderlich erscheinenden Fragen stellen.

16. Der Richter kann von Amtswegen oder auf Antrag eines Prozeßbeteiligten die Ladung oder Gestellung weiterer Zeugen oder Sachverständigen sowie die Herbeischaffung anderer Beweismittel anordnen. Die Ausführung dieser Anordnungen kann formlos, insbesondere durch einen Gerichtsdiener oder Polizeibeamten oder durch Fernsprecher, erfolgen. Die Prozeßbeteiligten können die Herbeischaffung von Beweismitteln unmittelbar bewirken.

17. Auf die Vernehmung von Zeugen oder Sachverständigen, deren Erscheinen in der Vorverhandlung Hindernisse im Wege stehen, finden die §§. 222 flg. der Str.Pr.O. entsprechende Anwendung. In diesem Falle ist ein vollständiges Protokoll aufzunehmen, welches von den Zeugen oder Sachverständigen zu unterschreiben ist.

18. Der Richter kann, soweit die gesetzlichen Voraussetzungen vorliegen, Beschlagnahmen, Durchsuchungen oder Verhaftungen anordnen. Gegen diese Anordnungen findet Beschwerde statt. Im Falle der Verhaftung sollen die Vorschläge unter D gelten.

19. Der Richter kann die Vorverhandlung auf Antrag oder von Amtswegen vertagen. Eine vertagte Vorverhandlung muß spätestens am achten Tage wieder aufgenommen werden, widrigenfalls mit derselben von neuem zu beginnen ist.

20. Das mündliche Vorverfahren ist nicht weiter auszudehnen, als erforderlich ist, um eine Entscheidung darüber zu ermöglichen, ob das Hauptverfahren zu eröffnen oder der Angeschuldigte außer Verfolgung zu setzen ist. Erachtet der Richter die Sachlage für hinreichend aufgeklärt, um diese Entscheidung erlassen zu können, so hat er die Beweisaufnahme zu schließen, wenn nicht die Staatsanwaltschaft weitere Anträge stellt.

21. Nach Schluß der Beweisaufnahme werden die Prozeßbeteiligten, und zwar der Vertreter der Staatsanwaltschaft zuerst, mit ihren Anträgen gehört. Demnächst entscheidet der Richter, ob das Hauptverfahren zu eröffnen oder der Angeschuldigte außer Verfolgung zu setzen ist. Der Beschluß ist schriftlich auszufertigen und den Prozeßbeteiligten zuzustellen. Gegen den Beschluß, durch welchen der Angeschuldigte außer Verfolgung gesetzt wird, steht der Staatsanwaltschaft und dem Nebenkläger sofortige Beschwerde zu. Auf das Verfahren in der Beschwerdeinstanz finden die Nummern 9 bis 21 entsprechende Anwendung.

22. Wenn der Angeschuldigte die ihm zur Last gelegte Tat in vollem Umfang eingesteht und es sich nur um ein Vergehen handelt, so kann der Richter auf Antrag der Staatsanwaltschaft und mit Zustimmung des Angeschuldigten sofort das Urteil erlassen. Gegen ein solches Urteil findet Berufung statt.

23. Über die Vorverhandlung ist ein Protokoll aufzunehmen. Dasselbe muß den Erfordernissen der §§ 271, 272 und des §. 273 Abs. 1 der Str.Pr.O. entsprechen und außerdem die wesentlichen Ergebnisse der Vernehmungen enthalten.

C. Amtsgerichtliche Nichthaftsachen.

24. In den zur Zuständigkeit der Amtsgerichte gehörenden Nichthaftsachen findet eine gerichtliche Entscheidung über die Eröffnung des Hauptverfahrens nicht statt. Die Staatsanwaltschaft reicht bei dem Amtsrichter eine den Erfordernissen des §. 198 Abs. 1 der Str.Pr.O. entsprechende Anklageschrift mit dem Antrag auf Terminsanberaumung ein. Auf diesen Antrag findet Nr. 6 Anwendung. Der Antrag kann nur aus den in §. 178 Abs. 1 der Str.Pr.O. aufgeführten Gründen abgelehnt werden. Gegen die Ablehnung findet sofortige Beschwerde statt.

D. Haftsachen.

25. Der Verhaftete ist, sofern er nicht wieder in Freiheit gesetzt wird, innerhalb dreier Tage nach seiner Einlieferung dem zuständigen Richter vorzuführen. Die Vorführung erfolgt, soweit nicht das Amtsgericht zuständig ist, vor den Richter des Vorverfahrens. Die Staatsanwaltschaft hat dem Richter gleichzeitig mit der Vorführung den Antrag auf Eröffnung des mündlichen Vorverfahrens vorzulegen.

26. Das weitere Verfahren richtet sich nach den Bestimmungen unter B. In dem mündlichen Vorverfahren ist gleichzeitig darüber zu entscheiden, ob die Untersuchungshaft aufzuheben oder aufrecht zu erhalten ist.

27. Gegen den Beschluß, durch welchen die Untersuchungshaft aufgehoben wird, steht der Staatsanwaltschaft die Beschwerde mit aufschiebender Wirkung, gegen den Beschluß, durch welchen die Untersuchungshaft aufrecht erhalten oder ein Antrag auf Haftentlassung abgelehnt wird, dem Angeschuldigten die Beschwerde an die Strafkammer zu.

28. Über die Beschwerde findet mündliche Verhandlung nach Maßgabe der Vorschläge unter B statt. Eine weitere Beschwerde ist unzulässig. Ist eine Beschwerde des Beschuldigten zurückgewiesen, so ist eine neue Beschwerde nur auf Grund neuer Tatsachen oder Beweismittel statthaft.

E. Verfahren bei Ausdehnung der Berufung auf alle Strafkammersachen.

29. Im Falle der Einführung der Berufung gegen die Urteile der Strafkammern soll ein mündliches Vorverfahren und eine gerichtliche Entscheidung über die Eröffnung des Hauptverfahrens in den zur Zuständigkeit der Strafkammern gehörenden Nichthaftsachen nicht stattfinden. In diesem Falle ist nach Nr. 24 zu verfahren.

Der Antrag II (Nr. 1 bis 4) ging dahin:

1. Die jetzige Regelung des vorbereitenden Verfahrens (§§. 156 bis 169 der Str.Pr.O.) soll aufrecht erhalten werden mit folgenden Änderungen:
   a) Im §. 159 ist zum Ausdrucke zu bringen, daß die Vornahme von Ermittelungen, besonders auch die Befragung von Zeugen und Sachverständigen, durch die Staatsanwaltschaft selbst die Regel zu bilden hat.
   b) Der Staatsanwaltschaft und den Polizeibehörden ist das Recht zuzusprechen, jedermann vorzuladen und im Falle des unentschuldigten Nichterscheinens oder unter den Voraussetzungen des §. 134 der Str.Pr.O. die zwangsweise Vorführung zu verfügen.
   c) Auch außer dem Falle des §. 164 soll der Beschuldigte, wenn er als solcher von der Staatsanwaltschaft oder vom Richter vernommen ist, das Recht haben, einzelne Beweiserhebungen oder Ermittelungen zur Vorbereitung seiner Verteidigung zu beantragen. Über den Antrag hat, soweit nicht der Staatsanwalt, dem der bei Gericht gestellte Antrag zur Erklärung vorzulegen ist, die erbetenen Beweiserhebungen und sonstigen Ermittelungen selbst veranlaßt, derjenige Amtsrichter, der den Beschuldigten vernommen hat, sofern aber eine richterliche Vernehmung noch nicht stattgefunden hat, der Amtsrichter am Sitze der Staatsanwaltschaft (oder der Untersuchungsrichter) zu befinden. Dem Antrag ist zu entsprechen, soweit die Erhebungen zur Vorbereitung der Verteidigung erforderlich erscheinen. Der Amtsrichter kann zur Ausführung seines Beschlusses die Behörden und Beamten des Polizei- und Sicherheitsdienstes, auch den Amtsrichter anderer Amtsgerichtsbezirke um Vornahme der Ermittelungen oder Beweiserhebungen ersuchen.
   d) Das Recht in §. 167 Abs. 2 soll auch der vom Staatsanwalte vernommene Beschuldigte haben.
   e) Am Schlusse der Erhebungen soll, dafern Erhebung der Anklage durch Einreichung der Anklageschrift beabsichtigt wird, der Staatsanwalt dem nicht in vollem Umfange geständigen Beschuldigten die Gesamtheit der gegen ihn gesammelten Beweise zur Erklärung vorhalten.

2. Unter Beibehaltung der Bestimmungen über die gerichtliche Voruntersuchung im übrigen, empfehlen sich folgende Änderungen:
   a) In den zur Zuständigkeit der Landgerichte gehörenden Strafsachen soll die Voruntersuchung auch dann stattfinden, wenn der Angeschuldigte sie in Gemäßheit des §. 199 beantragt.
   b) Es soll im §. 188 als weitere Aufgabe der Voruntersuchung die Vorbereitung der Hauptverhandlung hervorgehoben werden.
   c) Der Untersuchungsrichter soll befugt sein, der Staatsanwaltschaft, dem Angeschuldigten und dem Verteidiger die Anwesenheit bei Vernehmungen von Zeugen und Sachverständigen auch in anderen Fällen als denen des Abs. 2 des §. 191 zu gestatten; vor der Beschlußfassung ist der Staatsanwalt zu hören.
   d) Der Untersuchungsrichter soll dem Angeschuldigten, soweit es nicht der Untersuchungszweck verbietet, mindestens zweimal in jedem Monate Kenntnis von den neu ermittelten Beweisen geben.
   e) Vor Abschluß der Voruntersuchung soll der Untersuchungsrichter dem Angeschuldigten die Gesamtheit der gegen ihn gesammelten Beweise vorhalten.
3. An die Stelle des im 4. Abschnitt des 2. Buches (Entscheidung über die Eröffnung des Hauptverfahrens) vorgesehenen Verfahrens soll das Folgende treten:
   a) Erachtet die Staatsanwaltschaft nach stattgehabter Voruntersuchung, daß der Angeschuldigte außer Verfolgung zu setzen oder das Verfahren einzustellen sei, so stellt sie entsprechenden Antrag beim Untersuchungsrichter. Erachtet dieser den Antrag für gerechtfertigt, so verfügt er entsprechend durch Beschluß. Andernfalls legt er die Akten der Strafkammer zur Beschlußfassung vor. Diese beschließt in nichtöffentlicher Sitzung nach mündlichem Gehöre der Prozeßbeteiligten. Der Angeschuldigte ist in der Ladung darauf hinzuweisen, daß er die Vornahme einzelner Beweiserhebungen bis zum Termin oder im Termine beantragen könne. Beschließt das Gericht, daß Hauptverhandlung stattzufinden habe, so bezeichnet es in dem Beschlusse die dem Beschuldigten zur Last gelegte Tat, und der Staatsanwalt hat eine dem entsprechende Anklageschrift einzureichen. Diese ist dem Angeschuldigten mitzuteilen.
   b) Erachtet die Staatsanwaltschaft nach durchgeführter Voruntersuchung, oder ohne daß eine solche stattgefunden hat, die Aburteilung durch das erkennende Gericht für geboten, so hat sie eine Anklageschrift mit Anklageformel in Gemäßheit der §§. 197, 198 einzureichen.
   c) Über den Antrag auf Fortdauer oder Anordnung der Untersuchungshaft beschließt das Gericht.
   d) In den vor den Schöffengerichten zu verhandelnden Sachen — und zwar auch in den im §. 75 des G.V.G. bezeichneten Sachen, wenn die Staatsanwaltschaft die dort bezeichneten Voraussetzungen als vorliegend erachtet und deshalb die Anklageschrift beim Amtsgericht einreicht — beraumt der Amtsrichter Termin zur Hauptverhandlung an, es sei denn, daß die Voraussetzungen des §. 178 Abs. 1 der

Str.Pr.O. vorliegen. Solchenfalls lehnt er die Anberaumung der Hauptverhandlung durch Beschluß ab. Dagegen steht der Staatsanwaltschaft sofortige Beschwerde zu. Der Amtsrichter ist befugt, vor der Beschlußfassung einzelne Beweiserhebungen anzuordnen.

e) Der Vorsitzende der Strafkammer hat die Anklageschrift dem Angeschuldigten mitzuteilen. Dabei ist Letzterer zu belehren, daß es ihm freistehe, binnen einer Woche gegen die Abhaltung der beantragten Hauptverhandlung oder gegen die Anordnung der Haft Einwendungen zu erheben oder eine Voruntersuchung oder Vornahme einzelner Beweiserhebungen vor der Hauptverhandlung zu beantragen. Die Belehrung soll tunlichst mündlich durch den Untersuchungsrichter, den Vorsitzenden oder ein anderes Mitglied des Gerichts oder einen ersuchten Richter erfolgen. Sie hat solchergestalt zu geschehen, wenn der Angeschuldigte in Haft ist. Solchenfalls ist gleichzeitig dem Verteidiger die Anklageschrift mitzuteilen. Bei der mündlichen Belehrung ist der Angeschuldigte auch über den Inhalt der Anklageschrift zu verständigen.

f) Die Einwendungen und Anträge können schriftlich oder zu Protokoll desjenigen Richters, der die Belehrung vorgenommen hat, oder eines vom Vorsitzenden zu bestimmenden Gerichtsmitglieds oder des Amtsrichters am Wohnorte des Angeschuldigten erklärt werden.

g) Beantragt der Angeschuldigte Voruntersuchung, so ist die Sache ohne weiteres an den Untersuchungsrichter abzugeben.

h) Im übrigen entscheidet das Landgericht, nachdem Einwendungen oder Anträge erhoben sind, in nichtöffentlicher Sitzung durch Beschluß nach Vortrag eines Berichterstatters und kontradiktorischem Gehöre der Prozeßbeteiligten. Letztere und ihre Vertreter sind entsprechend zu laden. Ihr Erscheinen ist nicht notwendig; doch ist der verhaftete Angeschuldigte vorzuführen, wenn er am Sitze des Gerichts in Haft ist und die Vorführung nicht ablehnt. Die Mitglieder des Gerichts können an den Angeschuldigten Fragen richten.

i) Die Strafkammer kann, wenn sie durch Einwendungen oder Anträge mit der Sache befaßt ist, die Einleitung der Voruntersuchung oder die Vornahme einzelner Beweiserhebungen verfügen, letztere auch selbst vornehmen und dabei Parteiöffentlichkeit gestatten. Nach Erledigung ist wie zu h zu prozedieren.

k) Die Strafkammer kann in Verfolg der Einwendungen und Anträge vorläufige oder endgültige Einstellung des Verfahrens, Außerverfolgungsetzung, Ablehnung der Hauptverhandlung oder die Verweisung des Angeschuldigten vor das sachlich zuständige Gericht verfügen.

l) Eine Verweisung vor das Reichsgericht steht dem Landgerichte nicht zu.

m) Gilt der die Einstellung, Außerverfolgungsetzung, Ablehnung der Hauptverhandlung oder die Verweisung an ein anderes als das in der Anklageschrift bezeichnete Gericht bedingende Grund in gleicher Weise für Mitangeklagte, die keine Einwendungen erhoben haben, so hat die Strafkammer auch bezüglich ihrer so zu beschließen, als wenn auch sie Einwendungen erhoben hätten.

n) Erscheint der Angeschuldigte, der Einwendungen erhoben hat, einer strafbaren Handlung hinreichend verdächtig, so beschließt die Strafkammer, daß Hauptverhandlung stattzufinden habe. Eine Anklageformulierung findet nur statt, wenn dies zur Begründung einer von den Anträgen der Staatsanwaltschaft abweichenden Zuständigkeitsbestimmung erforderlich ist. Lehnt die Strafkammer Beweisanträge des Angeschuldigten ab, so hat sie ihm zu eröffnen, daß er diese Beweisanträge bei dem Vorsitzenden des erkennenden Gerichts oder in der Hauptverhandlung wiederholen, auch die Zeugen und Sachverständigen selbst laden lassen könne.

o) Hat der Angeschuldigte fristgemäß Einwendungen nicht erhoben oder auf sie ausdrücklich verzichtet, so beraumt der Vorsitzende des erkennenden Gerichts sofort Termin zur Hauptverhandlung an. Er kann jedoch einen die Ablehnung der Terminsbestimmung und die Verweisung an das sachlich zuständige Gericht oder die Einstellung des Verfahrens aussprechenden Beschluß des Gerichts aus den im §. 178 Abs. 1 der Str.Pr.O. vorgesehenen Gründen herbeiführen.

p) Dem Angeschuldigten steht gegen die Beschlüsse der Strafkammer nur insoweit sofortige Beschwerde oder einfache Beschwerde zu, als sie die Einwendungen wegen Unzuständigkeit oder die Untersuchungshaft betreffen.

q) Der Staatsanwalt hat gegen die Beschlüsse der Strafkammer oder des erkennenden Gerichts insoweit sofortige Beschwerde, als die Anberaumung eines Termins zur Hauptverhandlung abgelehnt oder abweichend vom Antrage der Staatsanwaltschaft die Verweisung an ein Gericht niederer Ordnung ausgesprochen worden ist.

r) In den Fällen des §. 268 der Str.Pr.O. steht der Beschluß auf vorläufige Einstellung des Verfahrens, dafern keine Voruntersuchung stattgefunden hat, der Staatsanwaltschaft, sonst auf ihren Antrag dem Untersuchungsrichter zu.

s) Die endgültige Einstellung des Verfahrens kann in gleicher Weise beschlossen werden, wenn einer zur Freiheitsstrafe rechtskräftig verurteilten Person eine strafbare Handlung zur Last gelegt wird und die Feststellung des Straffalls mit Rücksicht auf die noch nicht vollständig verbüßte Strafe unwesentlich erscheint.

4. Auch im Falle der Ausdehnung der Berufung sollen diese Änderungen Platz greifen.

In der heutigen Sitzung wurden nur die beiden Anträge begründet; weitere Mitglieder kamen nicht zum Wort.

I. Seitens des Antragsstellers zu I wurde ausgeführt:

Das Vorverfahren habe eine dreifache Aufgabe zu erfüllen. Es habe die Beteiligten zu informieren, und zwar den Staatsanwalt über die Tat und den Beschuldigten über den Gegenstand der Beschuldigung. Es habe dem beschließenden Gerichte die Unterlage für seine Entscheidungen, insbesondere für die Entscheidung über die Eröffnung des Hauptverfahrens, zu gewähren.

Es habe die vor dem erkennenden Gericht abzuhaltende Hauptverhandlung vorzubereiten. Zur Erreichung dieser Zwecke müsse das Vorverfahren so gestaltet sein, daß es sich möglichst schnell abspiele, daß es die Kräfte von Beamten und Zeugen möglichst wenig in Anspruch nehme und in möglichst geringem Maße in die Rechtssphäre des Beschuldigten eingreife.

Diesen Anforderungen genüge das heutige Vorverfahren nicht. Seine Hauptmängel bestünden darin, daß die Auswahl der vorzunehmenden Beweishandlungen im Ermittelungsverfahren ohne Mitwirkung des Beschuldigten, in der Voruntersuchung ohne Mitwirkung der Prozeßbeteiligten erfolge, daß ferner die Aufnahme der Beweise überwiegend in Abwesenheit der Prozeßbeteiligten vor sich gehe und daß endlich die Überlieferung der aufgenommenen Beweise an die Staatsanwaltschaft und das beschließende Gericht nur durch unvollkommene Protokolle stattfinde.

In der Voruntersuchung werde bei der Auswahl und Sammlung der Beweise nicht einmal den Interessen der Strafverfolgung genügt. Durch Abgabe der Sache an den Untersuchungsrichter werde der Staatsanwalt, der bis dahin die Ermittelungen geleitet habe und auch nach Schluß der Voruntersuchung wieder als maßgebender Faktor in das Verfahren einzutreten habe, ausgeschaltet. Der Richter könne den Akten und dem Antrag auf Eröffnung der Voruntersuchung nicht genügend entnehmen, in welcher Weise der Staatsanwalt vorzugehen beabsichtige, sei also genötigt, das Verfahren nach selbständigem eigenem Ermessen zu leiten, und komme daher leicht in die Lage, den Plan des Staatsanwalts durch Maßnahmen zu durchkreuzen, die den Absichten desselben zuwiderlaufen. Diesem Übelstande werde auch durch die Vorschriften der §§. 194, 195 der Str.Pr.O. nicht vorgebeugt, nach denen der Staatsanwalt von dem Stande der Untersuchung durch Einsicht der Akten Kenntnis nehmen, die ihm geeignet scheinenden Anträge stellen und erforderlichen Falles eine Ergänzung der Voruntersuchung beantragen könne. Denn bis zur Stellung eines solchen Antrags werde die Untersuchung leicht in neue, den Absichten des Staatsanwalts nicht entsprechende Bahnen gelenkt sein.

In noch geringerem Maße sei das Interesse der Verteidigung bei der Sammlung der Beweise während der Voruntersuchung gewahrt. Der Untersuchungsrichter neige naturgemäß dahin, mehr nach belastenden als nach entlastenden Tatsachen zu forschen. Es sei ein Irrtum, der schon den alten Inquisitionsprozeß beherrscht habe, zu glauben, daß eine vorurteilslose Erforschung der Wahrheit gesichert sei, sofern nur die Beweise durch einen von dem Ankläger und dem Angeklagten unabhängigen Beamten gesammelt werden. Zu diesem Zwecke sei vielmehr eine wesentlich durch die Prozeßbeteiligten selbst erfolgende Auswahl der Beweise unentbehrlich.

Eine Mitwirkung der Parteien sei aber auch bei der Aufnahme der Beweise in der Voruntersuchung erforderlich. Dem Richter könnten dabei leicht Mißverständnisse und Versehen unterlaufen, die bei Anwesenheit der der Sache näher stehenden Parteien ohne weiteres Aufklärung fänden. Die Ausschließung des Beschuldigten bei der Vernehmung der Zeugen, insbesondere der Belastungszeugen, habe den weiteren Nachteil, daß der Angeschuldigte oft bis zur Hauptverhandlung nicht in klarer und für ihn verständlicher Weise erfahre, was ihm zur Last gelegt werde, und demgemäß auch seine Verteidigung nicht sachgemäß einrichten könne.

Im Ermittelungsverfahren werde das Interesse der Strafverfolgung einigermaßen gewahrt, da dieses Verfahren vom Staatsanwalte nach einem einheitlichen Plane geleitet werde. Indessen werde die Verfolgung dieses Planes doch vielfach wieder dadurch erschwert, daß eine Anzahl von Maßnahmen dem Gerichte zustehe. Ferner werde die Einheitlichkeit der Ermittelungen oft dadurch beeinträchtigt, daß der Staatsanwalt die Beweise nicht selbst erhebe, sondern durch die Polizei und das Gericht aufnehmen lasse.

Weit weniger noch als in der Voruntersuchung kämen aber hier die Interessen des Beschuldigten zur Geltung. Der Beschuldigte könne auf die Anklagebank kommen, ohne überhaupt gehört zu sein. Allerdings habe nach §. 158 Abs. 2 der Str.Pr.O. der Staatsanwalt auch die zur Entlastung dienenden Tatsachen zu ermitteln. Dieser befinde sich jedoch als künftiger Ankläger in einer Art Parteistellung und werde deshalb, wenn auch ohne sein Wissen und gegen seinen Willen, dazu neigen, die Interessen der Anklage vor denen der Verteidigung zu berücksichtigen. In einer noch ungünstigeren Lage befinde sich der Beschuldigte, wenn er verhaftet sei. Es müsse überhaupt als ein grundsätzlicher Fehler bezeichnet werden, daß die Leitung des Verfahrens, auch wenn der Beschuldigte durch die Verhaftung in seiner Verteidigung beschränkt werde, trotzdem der mit der Erhebung der Anklage betrauten und deshalb naturgemäß für die Interessen der Anklage voreingenommenen Staatsanwaltschaft überlassen bleibe. Die dem Beschuldigten im §. 164 der Str.Pr.O. gewährte Befugnis, bei dem Amtsrichter die Erhebung von Entlastungsbeweisen zu beantragen, habe wenig Wert, da das Antragsrecht vielfach eingeschränkt, übrigens in der Regel auch dem Beschuldigten unbekannt sei.

Der größte Mangel des heutigen Vorverfahrens liege aber darin, daß die Beweise dem über Haftbeschwerden und über die Eröffnung des Hauptverfahrens entscheidenden Gerichte nicht unmittelbar vorgeführt, sondern in einer ungenügenden Weise, nämlich durch gerichtliche, teilweise sogar nur durch polizeiliche Protokolle vermittelt würden. Die Protokolle seien das Grundübel des jetzigen Verfahrens.

Ein Protokoll, auch wenn es richtig und sachgemäß aufgenommen sei, genüge schon deshalb nicht, den Wert einer Aussage erkennen zu lassen, weil dieser häufig von der Art, wie die Aussage abgegeben wurde, und dem Eindrucke, den der Aussagende machte, abhängig sei. Selbst ein seiner Aufgabe vollkommen gewachsener, in keiner Weise voreingenommener Richter könne es aber nicht vermeiden, daß die Aussagen in Folge von Mißverständnissen unrichtig oder unvollständig wiedergegeben würden, zumal er im Ermittelungsverfahren die Sachlage oft noch nicht genügend übersehen könne. Die Gefahr einer unrichtigen protokollarischen Aufnahme erhöhe sich, wenn, was nicht ausgeschlossen sei, der Richter zu Ungunsten des Beschuldigten voreingenommen sei. In noch höherem Maße bedenklich seien die Protokolle der weniger vorgebildeten und naturgemäß meist im Sinne der Anklage interessierten Polizeibeamten.

Die im Vorverfahren aufgenommenen Protokolle übten auch auf das Hauptverfahren einen üblen Einfluß aus. Der Vorsitzende bilde sich leicht aus den

Protokollen eine feste Ansicht über die Sachlage und lasse sich hierdurch bei der Aufnahme der Beweise in der Hauptverhandlung leiten. Die Zeugen seien ferner nur schwer zu bewegen, von dem, was sie im Vorverfahren ausführlich zu Protokoll gegeben, in der Hauptverhandlung abzuweichen, zumal wenn ihnen auf Grund der höchst bedenklichen Vorschrift im §. 252 der Str.Pr.O. ihre frühere Aussage vorgehalten werde.

Die Beantwortung der Frage, in welcher Weise eine Reform des Vorverfahrens am zweckmäßigsten erfolge, hänge zunächst davon ab, ob daran festzuhalten sei, daß das Hauptverfahren durch eine gerichtliche Entscheidung eröffnet werden solle. Daß sich der heutige Eröffnungsbeschluß als nutzlose und lediglich das Verfahren verzögernde Formalität erwiesen habe, könne nicht wohl bezweifelt werden. Für eine gänzliche Beseitigung könnte vielleicht auch der Umstand sprechen, daß der Staatsanwalt in der Erhebung der Anklagen noch vorsichtiger sein würde, wenn er nicht die Verantwortlichkeit für die Eröffnung des Hauptverfahrens formell mit dem Gerichte teile. Trotzdem könne, abgesehen von kleineren Sachen, eine gerichtliche Entscheidung nicht entbehrt werden, weil mit der Eröffnung des Hauptverfahrens schon schwere Nachteile rechtlicher und tatsächlicher Natur für den Angeklagten verbunden seien.

Im übrigen sei davon auszugehen, daß die Aufgaben des Vorverfahrens nur dann vollkommen erfüllt werden könnten, wenn auch dieses Verfahren mündlich und kontradiktorisch gestaltet werde.

Die Informierung der Parteien würde zwar schon durch eine Ausdehnung der Parteiöffentlichkeit auf alle Beweisaufnahmen besser gewahrt werden. Dem stehe jedoch das Bedenken entgegen, daß, wenn dabei das bisherige schriftliche Verfahren beibehalten werde, die Protokollierung einen noch größeren Zeitaufwand als bisher erfordern werde. Vor allem könne aber die Schriftlichkeit niemals dem beschließenden Gerichte die genügenden Unterlagen für seine Entscheidungen verschaffen. Es bleibe deshalb nichts anderes übrig, als, wie im Hauptverfahren dem erkennenden Gerichte, so im Vorverfahren dem Beschlußgerichte die sämtlichen Beweismittel unmittelbar vorzuführen. Eine ausreichende Vorbereitung der Hauptverhandlnng endlich könne bei einem mündlichen Verfahren zum mindesten ebenso gut erfolgen wie bei dem schriftlichen. Die Parteien selbst würden für die Hauptverhandlung durch das mündliche Verfahren sogar besser vorbereitet. Für die Vorbereitung des Vorsitzenden aber werde es genügen, wenn der wesentliche Inhalt der im Vorverfahren geschehenen Vernehmungen kurz aufgezeichnet werde. Daß in der Hauptverhandlung eine sachgemäße Vernehmung von Zeugen möglich sei, deren Bekundungen in den Akten noch nicht protokollarisch festgestellt sind, beweise das heutige Verfahren, in welchem Fälle dieser Art nicht selten seien.

Den Beginn des kontradiktorischen Verfahrens könne man in Nichthaftsachen dem Ermessen der Staatsanwaltschaft überlassen.. Sie werde die Eröffnung beantragen, wenn sie glaube, daß die Beweisaufnahme einen hinreichenden Verdacht für die Eröffnung des Hauptverfahrens ergeben werde. In Haftsachen müsse das mündliche Vorverfahren alsbald nach der Verhaftung beginnen, weil die Verhaftung noch mehr als die Eröffnung des Hauptverfahrens in die

Rechtssphäre des Beschuldigten eingreife und ihn in seiner Verteidigung so wesentlich beschränke, daß ihm mindestens die Gelegenheit zu geben sei, von den Belastungsbeweisen persönlich Kenntnis zu nehmen.

Der Staatsanwalt habe für das mündliche Vorverfahren an Stelle des bisherigen Untersuchungsrichters den Untersuchungsplan zu entwerfen und die Ermittelungen vorzunehmen. Er habe seine Beweise dem Richter vorzuführen. Der Richter des Vorverfahrens solle kein Untersuchungsrichter im bisherigen Sinne sein, sondern ein wirklicher Richter, der auf Grund des ihm vorgeführten Materials über Aufrechterhaltung oder Aufhebung der Haft, über Eröffnung oder Nichteröffnung des Hauptverfahrens entscheide. Er solle aber ebensowenig wie das Gericht des Hauptverfahrens die passive Rolle des englischen Richters einnehmen, sondern befugt sein, andere Beweise als die von den Prozeßparteien vorgeschlagenen selbst aufzunehmen.

Allerdings würden bei einem kontradiktorischen Verfahren, dem auch der Verteidiger von Anfang an beiwohnen könne, weniger Geständnisse des Beschuldigten vorkommen. Das sei jedoch um so weniger bedenklich, als bei dem heutigen Verfahren viele Geständnisse nicht ganz frei abgegeben würden. Es sei überhaupt nicht nötig, daß der Beschuldigte selbst als Beweismittel diene.

Das vorgeschlagene Verfahren werde in denjenigen Sachen wegfallen können, in denen eine Berufung stattfinde; denn eine dreimalige mündliche Verhandlung und dreimalige gerichtliche Entscheidung in der Tatfrage übersteige die Grenzen dessen, was zum Zwecke der Wahrheitsermittelung im Strafverfahren verlangt werden könne.

Die Vorschläge könnten im wesentlichen mit dem vorhandenen Beamtenmateriale praktisch durchgeführt werden. Die Zahl der vom Richter abzuhaltenden Termine werde sich gegenüber den heute im Vorverfahren erforderlichen erheblich vermindern. Die Dauer der Termine werde durch den Wegfall des Protokolls beschränkt werden. Außerdem würden durch die Beseitigung des Eröffnungsbeschlusses Richterkräfte gespart. Dadurch und durch den Wegfall einer großen Zahl von Subaltern- und Kanzleibeamten werde ein Ausgleich für die mit der Reform verbundene Vermehrung der Beamten der Staatsanwaltschaft geschaffen. Der erforderliche Bedarf an Verteidigern werde unschwer gedeckt werden. Daß die Durchführung der Mündlichkeit im Vorverfahren ebenso gut möglich sei wie im Hauptverfahren, sei nicht zu bezweifeln. Auch die Gründlichkeit des Vorverfahrens werde durch die Einführung der Mündlichkeit ebensowenig leiden, wie dies bei dem Hauptverfahren der Fall gewesen sei.

Endlich dürfe nicht eingewendet werden, daß das vorgeschlagene Verfahren englische Einrichtungen auf die ganz anders gearteten festländischen Verhältnisse übertrage und für unsere deutschen Gewohnheiten nicht passe. Es widerspreche nur den augenblicklichen Gewohnheiten der Praxis. Richter und Staatsanwälte würden sich aber bald an die neue Einrichtung gewöhnen. Die Änderungen, welche die Reformen in der Mitte des neunzehnten Jahrhunderts mit sich gebracht hätten, seien viel bedeutender gewesen. Das mündliche Vorverfahren sei übrigens gar nicht eine englische Besonderheit. Es habe sich nur in England von Alters her erhalten. Auch in Frankreich und Deutschland habe Jahrhunderte lang Öffentlichkeit und Mündlichkeit vom Beginne des Prozesses an bestanden. Erst mit der Einführung des kanonischen Rechtes seien diese Grundsätze allmählich verdrängt worden. Für die Hauptverhandlung sei man bereits im letzten Jahrhunderte zum Grundsatze der Mündlichkeit zurückgekehrt. Wenn man für das Vorverfahren bisher noch an der Schriftlichkeit festgehalten habe, so sei das in Deutschland wenigstens nicht eigentlich in der Überzeugung von der Notwendigkeit geschehen, sondern in Anlehnung an das französische Vorbild und unter dem Einflusse des alten Inquisitionsprozesses, der ein bequemes Muster für die Voruntersuchung geboten habe.

II. Der Antragsteller zu II führte aus:

Daß die gegenwärtige Regelung des Vorverfahrens Mängel in sich trage, sei anzuerkennen. Indessen seien diese Mängel nicht so erheblich, daß man deswegen das ganze Vorverfahren grundsätzlich umzuändern brauche. Es genüge, wenn man im Rahmen des geltenden Gesetzes Verbesserungen an einzelnen Punkten vornehme. Dabei werde insbesondere ein größerer Schutz für den Beschuldigten zu erstreben sein. Man werde sich aber stets vor Augen zu halten haben, daß es im Stadium der Beweissammlung ganz besonders wichtig sei, die Interessen der Strafverfolgung, d. h. die Interessen der Allgemeinheit an einer energischen Bekämpfung des Verbrechens, gegen die Interessen der Verteidigung sorgfältig abzuwägen.

Im allgemeinen werde in der Strafprozeßordnung bereits beiden Interessen genügend Rechnung getragen. Die Staatsanwaltschaft könne im Gegensatze zum französischen Rechte, wo sie nur das Recht des poursuivre, nicht das des s'informer habe, die Ermittelungen im Vorverfahren selbst vornehmen. Der Verteidiger könne bereits im Vorverfahren tätig sein. Im Verkehre mit dem Beschuldigten sei er nur wenig beschränkt. Er habe das Recht der Akteneinsicht, wenn es auch bis zum Schlusse der Voruntersuchung nicht uneingeschränkt sei. Der Beschuldigte könne bereits während des Vorverfahrens um Vornahme der für ihn nützlichen Maßnahmen ersuchen, im Falle der Voruntersuchung unbeschränkt, im Falle des Ermittelungsverfahrens wenigstens unter den Voraussetzungen der §§. 163, 164 der Str.Pr.O. Bei allen Beweisakten, welche die Feststellung des objektiven Tatbestandes bezwecken oder voraussichtlich nicht wieder herzustellen sind (§§. 167, 191), bestehe Parteiöffentlichkeit. Der Beschuldigte habe auch das Recht der Contreexpertise (§§. 167, 193).

Was nun im einzelnen die Mängel des vorbereitenden Verfahrens betreffe, so könne die vielfach getadelte Duplizität der beteiligten Behörden in den Personen des Staatsanwalts und des Amtsrichters zwar zu Meinungsverschiedenheiten führen, sei aber doch nicht wesentlich hindernd. Wo ein öfteres Angehen der Gerichte in derselben Sache notwendig sei, solle nach der Absicht des Gesetzes die Voruntersuchung eintreten. Wirkliche Mißstände hätten sich im vorbereitenden Verfahren nur in zweifacher Richtung gezeigt: Erstens sei der Gang des Verfahrens schleppend, die Akten wanderten zu viel herum, die Erhebungen der Polizei und der Amtsgerichte seien oft mangelhaft und die Staatsanwaltschaft kenne die Zeugen und Beschuldigten nicht aus eigener Anschauung. Zweitens sei dem Beschuldigten nicht genügend Gelegenheit gegeben, das gegen ihn sprechende Beweismaterial kennen zu lernen und für seine Entlastung Beweisanträge zu stellen.

Die ersteren Mißstände seien allerdings in vielen Teilen des Reichs, aber keineswegs überall vorhanden, und seien auch nicht eine notwendige Folge des Gesetzes. Nach §. 159 der Str.Pr.O. könne die Staatsanwaltschaft Ermittelungen jeder Art „entweder selbst vornehmen oder durch die Behörden des Polizei- und Sicherheitsdienstes vornehmen lassen". Vielfach werde nun das Verfahren so gehandhabt, als ob die vom Gesetz in erster Linie genannte Alternative garnicht vorhanden sei und die Staatsanwaltschaft ihre Ermittelungen nur durch andere Behörden vornehmen lassen könne. Dadurch ergäben sich allerdings die geschilderten Mißstände. In einzelnen Teilen des Reichs, z. B. in Sachsen und Hessen, sei die Praxis eine andere. In Sachsen vernehme der Staatsanwalt die Beschuldigten und die Zeugen, sogar entfernt wohnende, zunächst selbst. In minder wichtigen Sachen erfolge die Vernehmung unter Kontrolle des Staatsanwalts durch die als Hilfsarbeiter bei der Staatsanwaltschaft beschäftigten Assessoren und Referendare. Die erforderlichen auswärtigen Vernehmungen würden von den der Staatsanwaltschaft unterstellten, in Sachsen allerdings juristisch vorgebildeten Amtsanwälten vorgenommen, denen unter Umständen auch allgemeinere Aufträge gegeben würden. In den zur Ueberweisung an die Schöffengerichte gelangenden Sachen habe dies den besonderen Vorteil, daß die Amtsanwälte dieselben Sachen vor dem erkennenden Gerichte weiter zu vertreten hätten. Die Erfahrungen, welche man mit dieser Praxis in Sachsen gemacht habe, seien durchaus gute. Der Staatsanwalt habe unmittelbare Kenntnis von dem Beschuldigten und den Zeugen in allen wichtigeren Sachen. Er könne die volle Verantwortlichkeit für den Inhalt und Umfang der Erhebungen übernehmen, da er sie selbst vorgenommen habe. Da er diese Verantwortung trage, gehe er nicht leicht über Einwendungen des Beschuldigten hinweg, und dadurch werde auch der Entlastungsbeweis gefördert. Polizeiliche Ermittelungen kämen, nachdem die Sache beim Staatsanwalt anhängig geworden, nicht in größerem Umfange vor, als in der Voruntersuchung zufolge §. 187 der Str.Pr.O. Die Amtsgerichte würden nur durch unbedingt notwendige Ersuchen belästigt. Ohne wesentliche Änderung des Gesetzes werde es sich bewerkstelligen lassen, dasselbe Verfahren für das ganze Reich einzuführen.

Für die an zweiter Stelle hervorgehobenen Mängel des vorbereitenden Verfahrens, welche die Verteidigungsinteressen berühren, sei eine Änderung des Gesetzes notwendiger. Allerdings sei die Staatsanwaltschaft auch verpflichtet, die entlastenden Umstände zu ermitteln. Natürlich sei sie aber in erster Linie für die belastenden interessiert. Während nun in der Voruntersuchung dem Angeschuldigten ein mit Rechtsbeschwerde ausgestattetes Recht auf Erhebung der Entlastungsbeweise gegeben sei, stehe ihm dies während des Ermittelungsverfahrens nur in dem engen Rahmen der §§. 163, 164 (bei Vernehmung durch den Amtsrichter) zu. In dieser Richtung müßten die Rechte des Beschuldigten erweitert werden. Ferner habe der Beschuldigte heute bis zum Empfange der Anklageschrift oft keine Kenntnis von den Ergebnissen des Ermittelungsverfahrens. Es könne vorkommen, daß er nicht einmal von der Polizei über die Beschuldigung vernommen sei. Auch diesem Übelstande müsse in geeigneter Weise entgegengetreten werden.

Weitere Reformen des vorbereitenden Verfahrens seien nicht notwendig.

Was die Voruntersuchung betrifft, so sei es zwar richtig, daß der Untersuchungsrichter ebenso wie der Staatsanwalt nur ein Organ der Strafverfolgung sei. Nichtsdestoweniger sei das Institut der Voruntersuchung unentbehrlich. Der Untersuchungsrichter genieße im Volke ein größeres Vertrauen als der Staatsanwalt. Er sei besser als der mit vielen und verschiedenartigen Geschäften befaßte Staatsanwalt geeignet, in verwickelten Fällen eine gründliche und übersichtliche Sammlung des Stoffes vorzunehmen. In Haftsachen sei es wünschenswert, daß der die Haft Verhängende die stete Übersicht über das Verfahren behalte. Überhaupt sei es zweckmäßig, daß in allen Fällen, wo häufig Zwangsmaßregeln, wie Verhaftungen und Beschlagnahmen, notwendig seien, eine zu diesen Zwangsmaßregeln befugte Person das Verfahren in der Hand habe. Daß nach der Statistik die Zahl der Voruntersuchungen in ständiger Abnahme begriffen sei, beweise nichts für die Entbehrlichkeit der ganzen Einrichtung. Tatsächlich sei ihre verhältnismäßige Häufigkeit geographisch sehr verschieden. Es spielten dabei eingewurzelte Gewohnheiten, Anweisungen der Landesjustizverwaltungen, persönliche Stimmungen und Qualifikationen der Staatsanwälte und Untersuchungsrichter eine zahlenmäßig nicht darstellbare Rolle.

Daß in der Voruntersuchung Schriftlichkeit und Heimlichkeit herrsche, in der Hauptverhandlung dagegen Mündlichkeit und Öffentlichkeit, habe seinen Grund in der Verschiedenheit der Aufgaben beider Prozeßstadien. Für die Sammlung der Beweise seien die Schriftlichkeit und Heimlichkeit besser geeignet. Übrigens werde für das staatsanwaltschaftliche Ermittelungsverfahren, das sich von der Voruntersuchung nur formell, nicht materiell unterscheide, von keiner Seite Mündlichkeit und Öffentlichkeit verlangt.

Vielfach werde behauptet, daß die Objektivität des Untersuchungsrichters durch die Aufgabe, ein zur Anklage führendes Ergebnis zu erzielen, von vornherein gefährdet sei und daß besonders das Hinarbeiten auf ein Geständnis verhängnisvoll sei, solange das Verhör des Angeschuldigten bestehen bleibe. Die Objektivität des Untersuchungsrichters ergebe sich schon daraus, daß er nicht selten der Auffassung der Staatsanwaltschaft entgegentrete. Die Sammlung der Beweise könne ihm, wenn man nicht die Voruntersuchung überhaupt beseitigen wolle, nicht wohl abgenommen werden. Auslassungen des Beschuldigten seien im Strafprozeß als Beweismittel unentbehrlich. Die Bestrebungen, das Geständnis und deshalb das Verhör des Beschuldigten zu beseitigen, stünden unter dem Einflusse des englischen Strafprozesses, wobei man aber dessen zivilprozessuale Gestaltung, die natürlich für eine Vernehmung des Beschuldigten nur beschränkten Raum lasse, nicht genügend beachte. Übrigens bestehe bei uns auch im Zivilprozesse die Befugnis des Gerichts, das persönliche Erscheinen der Parteien zur Aufklärung des Sachverhalts anzuordnen (§. 141 der Z.Pr.O.), und in England sei neuerdings (Criminal Evidence Act 1898, 61 & 62 Vict. Ch. 36) die eidliche Vernehmung des Beschuldigten, wenn dieser sie verlange, in den Strafprozeß eingeführt worden.

Das französische Gesetz vom 8. Dezember 1897 beabsichtige, das Vertrauen des Volkes zur Objektivität des Untersuchungsrichters durch eine Kontrolle seitens des Verteidigers zu stärken. Diesen Zweck habe das Gesetz allerdings erreicht. Im übrigen seien die Ansichten über seine Wirkungen aber sehr geteilt. Jedenfalls bestehe für uns keine Veranlassung, in Nachahmung dieses Gesetzes den Verteidiger zur Vernehmung des Angeschuldigten zuzulassen. Eine Anwesenheit des Verteidigers mit der Befugnis, Fragen zu stellen, werde die Wahrheitsermittelung erheblich beeinträchtigen und den Untersuchungsrichter aus seiner autoritativen Stellung hinausdrängen. Eine bloß passive Assistenz sei ebenso unwürdig des Verteidigers wie des seiner Kontrolle unterstellten Richters. Die Verteidiger würden auch nur selten Zeit finden, zu diesen Vernehmungen zu erscheinen. Ihr Erscheinen würde die Vernehmung, besonders in größeren Sachen, verzögern, worunter die kleineren Sachen zu leiden hätten. Übrigens sei bei der ersten Vernehmung des Beschuldigten auch in Frankreich der Verteidiger nicht zugegen.

Die Protokollierungen, die vielfach als ein besonderer Mißstand der heutigen Voruntersuchung bezeichnet würden, seien unentbehrlich sowohl für eine sorgfältige Sammlung des Materials als behufs Schaffung einer Grundlage für die Hauptverhandlung.

Ein wirklicher Mangel der Voruntersuchung sei dagegen, daß auch hier der Angeschuldigte keinen Überblick über die erhobenen Beweise bekomme. Die Zwecke der Verteidigung würden nun allerdings am besten gefördert werden, wenn man dem Angeschuldigten gestatte, allen Beweisakten selbst beizuwohnen. Allein dadurch würde in zahlreichen Fällen das Anklageinteresse bis zur Vernichtung geschädigt werden. Viele Zeugen würden in Gegenwart des Angeschuldigten mit der Wahrheit zurückhalten, was sie in der Hauptverhandlung wegen ihrer bereits stattgehabten Vernehmung nicht könnten. Ferner sei die Kollusionsgefahr bei der Parteiöffentlichkeit nicht von der Hand zu weisen. Der Schuldige erkenne in der Zeugenaussage sofort jedes Verdachtsmoment, da er den Zusammenhang überschaue. Es werde ihm oft leicht sein, Maßnahmen zu treffen, um dieses Moment bis zu dem Zeitpunkte, wo es in seinem Zusammenhang auch dem Untersuchungsrichter und dem Staatsanwalt erkennbar werde, zu verflüchtigen. Endlich könnte im Hinblick auf die Kollusionsgefahr es keinesfalls zugelassen werden, daß bei einer Mehrheit von Angeschuldigten sämtliche den Zeugenaussagen beiwohnen. Dem berechtigten Interesse des Angeschuldigten, das gesammelte Beweismaterial zu übersehen, um seine Verteidigung danach einzurichten, werde schon dann genügt, wenn der Untersuchungsrichter verpflichtet sei, vor Abschluß der Voruntersuchung dem Angeschuldigten die Gesamtheit der gegen ihn sprechenden Beweise vorzuhalten.

Die Umgestaltung des sogenannten Zwischenverfahrens werde in der Spezialdebatte näher zu begründen sein.

21. Sitzung.

2. Oktober 1903.

Vorverfahren.

Im Anschluß an die gestrige Begründung der Anträge fand heute eine allgemeine Debatte über die Mängel des Vorverfahrens und die Vorschläge zu ihrer Beseitigung statt. Die Debatte hatte

I. das Ergebnis, daß die Kommission die Frage J I des Fragebogens, ob das Vorverfahren, insbesondere im Interesse des Beschuldigten, einer Umgestaltung bedürfe, einstimmig bejahte. Man war übereinstimmend der Ansicht, daß die gegenwärtige Gestaltung des Vorverfahrens dem Beschuldigten keine genügende Gelegenheit gebe, den Umfang der Beschuldigung und der gegen ihn erbrachten Beweise so rechtzeitig und vollständig kennen zu lernen, daß er seine Verteidigung sachgemäß einrichten könne.

II. Dagegen lehnte die Kommission mit 17 gegen 4 Stimmen es ab, der Eröffnung des Hauptverfahrens ein mündliches Vorverfahren im Sinne der gestern unter I gestellten Anträge vorangehen zu lassen.

Die Minderheit war zwar nicht durchweg mit den Einzelheiten dieser Anträge einverstanden, teilte aber die Ansicht des Antragstellers darin, daß ein sachgemäßes Vorverfahren in den Formen des Parteiprozesses auf den Grundsätzen der Mündlichkeit und Öffentlichkeit aufgebaut werden müsse. Nur dann werde der Richter des Vorverfahrens ein wirklicher Richter sein und nur dann werde der Beschuldigte das gesamte Beweismaterial vor der Hauptverhandlung übersehen können. Vor allen Dingen sei auch wünschenswert, durch Einführung des mündlichen Vorverfahrens die schädlichen Wirkungen der Protokolle zu beseitigen.

Für die Stellung der Mehrheit der Kommission waren folgende Gründe maßgebend:

Die Schriftlichkeit bilde eine wesentliche Gewähr für die Zuverlässigkeit des Vorverfahrens. Schon die Ermittelungen des Staatsanwalts würden sorgfältiger gepflogen, wenn darüber eingehende Protokolle aufgenommen werden müßten. Vor allem biete aber die mündliche Vorverhandlung selbst die Gefahr, daß dem Richter, der ohne eingehende Kenntnis der Sachlage in die Verhandlung eintrete, wesentliche Momente entgehen. Insbesondere bei der Überlastung vieler Gerichte und Staatsanwaltschaften sei zu befürchten, daß sich das mündliche Vorverfahren sehr kursorisch abspielen und keine genügende Grundlage für sachgemäße Entscheidungen über die Eröffnung des Hauptverfahrens bilden werde. Zum mindesten würden häufig Vertagungen der Hauptverhandlung nötig werden, die bei besserer Vorbereitung zu vermeiden gewesen wären. In Sachsen habe bald nach dem Inkrafttreten der Strafprozeßordnung die Landesjustizverwaltung den Staatsanwaltschaften zur tunlichsten Wahrung der Unmittelbarkeit der Hauptverhandlung empfohlen, sich im Vorverfahren auf kurze Notizen zu beschränken. Die Folge sei gewesen, daß die Hauptverhandlungen sehr häufig nicht genügend vorbereitet gewesen seien und eine Fülle von überraschenden Wendungen ergeben hätten. Deshalb sei man in Sachsen alsbald wieder zur Praxis der eingehenden Protokolle zurückgekehrt.

Die mit der Protokollierung verbundenen Mißstände seien nicht so schwerwiegend, daß das Bedürfnis vorliege, zum Zwecke der Beseitigung der Protokolle ein mündliches Vorverfahren einzuführen. Allerdings sei zuzugeben, daß die Protokolle, insbesondere die polizeilichen, häufig an erheblichen Mängeln leiden, die sich nicht völlig beseitigen ließen, weil dabei das subjektive Moment eine große Rolle spiele. Hierauf werde indessen schon bei der Bewertung der Protokolle regelmäßig Rücksicht genommen. Die Gefahr von Mißverständnissen sei bei der unmittelbaren Vernehmung gleichfalls nicht ausgeschlossen. Übrigens übten die Protokolle im Vorverfahren wesentlich nur eine vorbereitende Wirkung aus. Einschneidende Wirkung hätten sie nur für Verhaftungen; daß sie hier häufig zu Fehlgriffen Veranlassung gegeben hätten, sei aber nicht bekannt geworden. In der Hauptverhandlung pflegten die Protokolle des Vorverfahrens auf die Zeugen höchstens dann eine Einwirkung auszuüben, wenn es sich um beeidigte Aussagen handele. Sonst sei ein Anklammern der Zeugen an den protokollarischen Wortlaut ihrer früheren Aussage nicht zu bemerken gewesen. Von Vorhaltungen aus den Protokollen werde kein übermäßiger Gebrauch gemacht. Schlechthin auf sie zu verzichten, sei nicht angängig, weil damit ein wertvolles Aufklärungsmittel preisgegeben würde. Endlich sei auch die Einwirkung der Protokolle auf die Objektivität des Vorsitzenden nicht so gefährlich. Kurze Vermerke über die Vernehmungen, welche an Stelle der Protokolle in die Akten gebracht würden, seien ebenso geeignet, den Vorsitzenden zu beeinflussen. Dabei böten solche Vermerke noch weniger Sicherheit für einen objektiv wahren Inhalt, da sie ohne jede Kontrolle durch den Vernommenen nur das enthielten, was der Richter als das Ergebnis der Vernehmung ansehe und nach seiner persönlichen Beurteilung der Sachlage für erheblich erachte. Übrigens seien ausführliche Protokolle auch nach Beendigung einer Strafsache, z. B. für die Beurteilung von Begnadigungsgesuchen und insbesondere für das Wiederaufnahmeverfahren von wesentlicher Bedeutung.

Es wurde ferner von mehreren Mitgliedern ausgeführt, daß das mündliche Vorverfahren durchaus keine Beschleunigung, sondern vielmehr eine Verzögerung der Prozesse zur Folge haben werde. Die Vorverhandlung werde kaum jemals in einem Termin erledigt werden können. Da, wie der Antragsteller durch den Antrag unter B 19 selbst zugebe, eine gewisse Kontinuität der Vorverhandlung unumgänglich notwendig sei, werde es sich sehr häufig ereignen, daß mit den bereits stattgehabten Vernehmungen von neuem begonnen werden müsse. Besonders in Haftsachen, wo der Staatsanwalt gezwungen sein solle, das Verfahren alsbald zu beantragen, bevor er alle wesentlichen Beweise gesammelt habe, werde eine oftmalige und zeitraubende Wiederholung der Termine erforderlich sein. Dazu komme, daß auch in der Beschwerdeinstanz das gleiche mündliche Verfahren gelten solle, also alle wesentlichen Vernehmungen hier noch einmal stattfinden müßten. Es lasse sich gar nicht ermessen, wie oft dann ein Zeuge unter Umständen über dieselben Gegenstände sich werde auslassen müssen. Die Zeugnispflicht werde dadurch, zumal die Zeugen jedesmal einem Kreuzverhör ausgesetzt werden sollen, zu einer kaum zu ertragenden Last werden.

Ferner sei das mündliche Vorverfahren geeignet, das Anklageinteresse erheblich zu gefährden. Es biete die Handhabe für Kollusionen, insbesondere wenn es sich um mehrere Beschuldigte handele, die gleichzeitig in den Terminen erscheinen müßten. Zur Überführung des Verbrechers gehöre oft ein rasches und plötzliches Eingreifen, das bei einem kontradiktorischen Verfahren nicht möglich sei.

Auch den Interessen der Verteidigung werde durch ein mündliches Verfahren nicht genügend Rechnung getragen. In der mündlichen Verhandlung könnten naturgemäß nur die bereits gesammelten Beweise vorgebracht werden. Die eigentlichen Ermittelungen müßten also vorher durch die Parteien, insbesondere durch die Staatsanwaltschaft, erfolgen. Schon hierbei werde der Beschuldigte schlechter stehen als heute, wo in allen größeren Sachen anstatt der Staatsanwaltschaft der unparteiische Untersuchungsrichter die Ermittelungen anstelle. Namentlich aber bei der Vorführung der Beweise im Termine vor dem Richter des Vorverfahrens werde sich das Übergewicht des geschäftsgewandten Staatsanwalts gegenüber dem Beschuldigten geltend machen, zumal wenn der Letztere ohne Verteidiger dastehe, also selbst die Zeugen im Kreuzverhör ausfragen müsse. Daß jedem Beschuldigten ein Vertreter zur Seite stehe, sei nicht durchführbar und ebensowenig sei zu erwarten, daß die Verteidiger, zumal wenn sie mit anderen Geschäften überlastet seien, alle Termine des Vorverfahrens wahrnehmen würden. Gerade der Unschuldige werde in der mündlichen Vorverhandlung oft gar nicht im Stande sein, gegen die ihm bis dahin unbekannten, vom Staatsanwalte vorgeführten Ermittelungen Gegenbeweise anzutreten. Erst nach dem Termine, wenn also die Eröffnung des Hauptverfahrens gegen ihn bereits beschlossen sei und er der Schmach, auf der Anklagebank zu erscheinen, nicht mehr entgehen könne, werde er wissen, was er an Material sammeln müsse, um wenigstens eine Verurteilung abzuwenden. Überhaupt werde jede Partei in dem Termine des Vorverfahrens mit ihren Beweisen die andere möglichst zu überraschen suchen. Eine erhebliche Beeinträchtigung der Verteidigung werde endlich auch der Mangel ausführlicher Protokolle sein. Nur wenn auf Grund einer genauen Prüfung der Protokolle der Verteidiger in der Lage sei, das gesamte im Vorverfahren ermittelte Material zu überschauen, sei es ihm möglich, die zur Entlastung dienenden Schritte zu tun.

Auch die Befürchtung sei nicht unbegründet, daß die Verhandlung vor dem Richter im Vorverfahren den Charakter einer vorweggenommenen Hauptverhandlung tragen und dadurch die Bedeutung und das Ansehen der letzteren herabdrücken werde. Alle Bedenken, die gegen die Einführung der Berufung wegen der Abschwächung der Unmittelbarkeit durch eine zweite Verhandlung erhoben werden könnten, träfen auch hier und zwar in erhöhtem Maße zu, weil die Vorverhandlung in allen größeren und mittleren Strafsachen Platz greifen solle, während eine Berufung doch nur bei einem geringen Teile aller Sachen eingelegt werden würde. Der Umstand, daß das vorgeschlagene Verfahren im Falle der Einführung der Berufung als entbehrlich bezeichnet werde, beweise, daß die informatorische Vorverhandlung den Ersatz einer Rechtsmittelinstanz bilden solle.

Endlich werde das Verfahren in größeren Sachen, z. B. in umfangreichen Bankprozessen oder in Prozessen, in denen ein umständlicher und schwieriger Indizienbeweis zu führen sei, praktisch ganz undurchführbar sein. In bedeutenderen Sachen werde die Mehrzahl der Richter schon der Aufgabe, den Termin im Vorverfahren ohne Unterlagen zu leiten, kaum gewachsen sein. Die Leitung der Hauptverhandlung in diesen Sachen aber sei ohne vorherige Prüfung der Aussagen der Zeugen völlig unmöglich. Nur wenn der Vorsitzende das gesamte Material übersehe, könne er es dem Gerichte übersichtlich vorführen.

Die praktische Durchführbarkeit der Vorschläge sei auch deshalb zu bezweifeln, weil das dafür erforderliche Personal nicht zu beschaffen sein werde. Eine Verminderung der Richter würde das neue Verfahren kaum ermöglichen. Die Zahl der Staatsanwälte werde aber einer erheblichen Vermehrung bedürfen, da sie in jedem Beweistermin erscheinen und tätig sein müßten. Ebensowenig werde es möglich sein, für eine ausreichende Anzahl von Verteidigern Sorge zu tragen.

Wenn aber auch diese Befürchtungen nicht in vollem Umfange begründet sein sollten, so wäre zum mindesten die Einführung des mündlichen Vorverfahrens ein sehr gewagter Schritt, dessen Folgen sich nicht übersehen ließen. Nirgends sei bisher ein ähnliches Verfahren erprobt. Das alte deutsche oder französische Recht, wie es vor Einführung des Inquisitionsprozesses gegolten habe, sei gegenüber den gänzlich veränderten Verhältnissen ohne Bedeutung. Das englische Vorbild könne gleichfalls schon deshalb nicht für maßgebend erachtet werden, weil das dortige Verfahren mit Einrichtungen zusammenhänge, die sich hierher nicht verpflanzen ließen, insbesondere mit der vorzüglichen Ausbildung der englischen Polizei und mit der freieren Stellung des englischen Richters bei Verhaftungen.

III. Von einer Seite, welche die allgemeine Durchführbarkeit des mündlichen Vorverfahrens mit der Mehrheit verneinte, wurde ausgeführt, daß dieses Verfahren wenigstens in kleineren Sachen sich als zweckmäßig erweisen, insbesondere zu deren Beschleunigung wesentlich beitragen werde, zumal wenn man für geeignete Fälle, z. B. beim Vorliegen eines Geständnisses, die Möglichkeit einer sofortigen Aburteilung durch den Richter des Vorverfahrens schaffe. Der von diesem Gesichtspunkt aus gestellte Antrag:

> Es empfiehlt sich die Einführung eines fakultativen mündlichen Vorverfahrens auf Antrag der Staatsanwaltschaft mit der Möglichkeit sofortiger Urteilsfällung, Eröffnung des Hauptverfahrens, Einstellung des Verfahrens oder Eröffnung der formellen Voruntersuchung.

wurde bis zur Beratung der Frage K des Fragebogens, betreffend das abgekürzte Verfahren, zurückgestellt.

IV. Im Laufe der Beratung war der Antrag eingebracht worden:

Die Leitung der Voruntersuchung wird dem Staatsanwalt übertragen. Die Vornahme von Zwangsmaßregeln bleibt dem Richter vorbehalten. Am Schlusse der Voruntersuchung stellt der Staatsanwalt seine Anträge an den Untersuchungsrichter.

Der Untersuchungsrichter beraumt einen Termin zur Entscheidung über die Eröffnung des Hauptverfahrens an. In diesem Termine beschließt der Untersuchungsrichter auf Grund einer kontradiktorischen Verhandlung über die Eröffnung des Hauptverfahrens.

Zur Begründung wurde ausgeführt: Daß mit der Eröffnung der Voruntersuchung eine neue strafverfolgende Behörde an die Stelle des Staatsanwalts trete, sei ein Übelstand, welcher durch die einheitliche Gestaltung des Vorverfahrens beseitigt werden müsse. Praktisch unterscheide sich schon heute die Stellung des Untersuchungsrichters kaum von der des Staatsanwalts. Der Untersuchungsrichter genieße kein größeres Vertrauen als der Staatsanwalt, weil er naturgemäß ebenso wie der Letztere in der Regel bestrebt sei, ein die Anklage ermöglichendes Ergebnis der Voruntersuchung zu erzielen. Es sei deshalb unbedenklich, ihn durch den zur Strafverfolgung sich am besten eignenden Staatsanwalt zu ersetzen, zumal wenn der Staatsanwaltschaft zugleich eine unabhängige Stellung eingeräumt werden sollte. Die Zwangsmaßregeln müßten allerdings dem Richter vorbehalten bleiben. Leite der Staatsanwalt allein die Ermittelungen, so könne nach deren Abschlusse vor dem Untersuchungsrichter eine kontradiktorische Verhandlung stattfinden, in welcher über die Eröffnung des Hauptverfahrens zu beschließen sei. Dann erst werde der Untersuchungsrichter die ihm gebührende richterliche Stellung im Vorverfahren einnehmen.

Auch von anderer Seite wurde ausgeführt, daß es allein sachgemäß sei, der Staatsanwaltschaft das gesamte Vorverfahren zu übertragen. Die Rechte der Verteidigung würden dabei besser gewahrt als in dem jetzigen Verfahren, weil dann in der Person des Amts- oder Untersuchungsrichters ein unparteiischer Dritter vorhanden sei, an welchen der Beschuldigte behufs Aufnahme von erheblichen Entlastungsbeweisen verwiesen werden könne.

Von dritter Seite wurde es als ein besonderer Mangel der heutigen Voruntersuchung angesehen, daß dem Untersuchungsrichter, obwohl er nur als ein Vertreter der Staatsanwaltschaft zu erachten sei, gleichzeitig richterliche Funktionen, wie Verhaftungen, zuständen. Es wurde deshalb der Wunsch ausgesprochen, einem Untersuchungsrichter als wirklichen Richter die Entscheidung über Verhaftungen und über die Eröffnung des Hauptverfahrens anzuvertrauen.

Ein viertes Mitglied betonte, das Hauptgewicht sei darauf zu legen, daß nur *ein* Beamter die gesamte Leitung des Vorverfahrens in der Hand habe, möge dieser Beamte nun ein Staatsanwalt oder ein Richter sein.

Diesen Anregungen gegenüber lehnte die Kommission mit 16 gegen 5 Stimmen es ab, das Vorverfahren lediglich in die Hand *eines* Beamten zu legen.

Die Mehrheit vertrat aus den bereits gestern zu Gunsten der Voruntersuchung geltend gemachten Gründen den Standpunkt, daß die richterliche Voruntersuchung des geltenden Rechtes grundsätzlich beizubehalten sei. Schon die Unabhängigkeit des Richteramts bringe es mit sich, daß der Untersuchungsrichter eine größere Garantie für Objektivität bei den Ermittelungen biete als der Staatsanwalt. Letzterer genieße jedenfalls in seiner jetzigen Stellung das Vertrauen des Volkes nicht in gleichem Maße, und mit dieser Tatsache müsse man, zumal im Hinblick auf politische Prozesse in aufgeregten Zeiten, rechnen. Die Einrichtung einer Staatsanwaltschaft mit richterlicher Unabhängigkeit werde sich aber schwerlich verwirklichen lassen.

22. Sitzung.

3. Oktober 1903.

Vorverfahren.

Die Kommission schritt nunmehr zur Beratung der einzelnen Vorschläge auf Abänderung des Vorverfahrens, wobei die Reihenfolge der in Betracht kommenden Vorschriften der Strafprozeßordnung eingehalten wurde.

I. Zum §. 159 der Str.Pr.O., wonach die Staatsanwaltschaft zum Zwecke der Entschließung über die Erhebung der öffentlichen Klage Ermittelungen entweder selbst vornehmen oder durch die Behörden und Beamten des Polizei- und Sicherheitsdienstes vornehmen lassen kann, war beantragt,

> im Gesetze zum Ausdrucke zu bringen, daß die Vornahme von Ermittelungen, besonders auch die Befragung von Zeugen und Sachverständigen durch die Staatsanwaltschaft selbst die Regel zu bilden hat.

Der Antrag wurde mit 16 gegen 3 Stimmen angenommen.

Zu Gunsten des Antrags wurde ausgeführt:

In einzelnen Bundesstaaten, insbesondere in Sachsen und Hessen, gehe die Praxis schon jetzt dahin, daß im vorbereitenden Verfahren die Vornahme der Ermittelungen durch die Staatsanwaltschaft selbst die Regel bilde (zu vergl. die Ausführungen im Protokolle der 20. Sitzung S. 154). Im größten Teile des Reichs, namentlich in Preußen, komme es dagegen höchst selten vor, daß eine Vernehmung durch die Staatsanwälte selbst bewirkt werde; vielmehr würden hiermit fast ohne Ausnahme die Polizei- und Sicherheitsbehörden oder die Amtsgerichte betraut. Dieses auch in der Literatur (zu vergl. Löwe, Kommentar zur Strafprozeßordnung, 11. Aufl. Anm. 3 b zu §. 159) verteidigte Verfahren sei nicht zu billigen. Die Mängel der polizeilichen Protokolle seien schon hervorgehoben und würden allgemein anerkannt. Die Vernehmungen durch den Amtsrichter hätten aber ebenfalls nicht den gleichen Wert wie die Vernehmungen durch den Staatsanwalt, welcher den bisherigen Gang der Untersuchung besser übersehe und im Hinblick auf die demnächst von ihm zu vertretende Anklage an der sorgfältigen und erschöpfenden Ermittelung des Sachverhalts ein größeres Interesse habe. Der Eindruck, den der Staatsanwalt durch die eigenen Vernehmungen des Beschuldigten und der Zeugen gewinne, erleichtere es ihm in hohem Grade, eine sachgemäße Entscheidung über die Erhebung der öffentlichen Klage zu treffen. Als Herr des Verfahrens sei er auch besser als eine von ihm ersuchte Behörde in der Lage, unerhebliche Punkte bei den Ermittelungen auszuschalten. Sein Erscheinen an Ort und Stelle sei oft von großer Bedeutung für die Aufklärung des Sachverhalts. Ferner werde eine erhebliche Beschleunigung des Verfahrens erzielt, wenn der Staatsanwalt selbst die Vernehmungen bewirke und dadurch die Versendung der Akten an die ersuchte Behörde sowie die Prüfung der eingegangenen Protokolle vermeide. Endlich habe das jetzige Verfahren die unerwünschte Folge, daß der Richter, welcher im vorbereitenden Verfahren tätig gewesen sei, häufig in derselben Sache als Vorsitzender des Schöffengerichts mitwirken müsse; dies sei ein Mißstand, der erheblich eingeschränkt werde, wenn der Richter nur noch ausnahmsweise zu Vernehmungen herangezogen werde. Das vorgeschlagene Verfahren werde allerdings an einzelnen Orten eine Vermehrung der Staatsanwälte erforderlich machen; die damit verbundenen Kosten würden indessen durch die Entlastung der Polizeibehörden und Gerichte und vor allem dadurch aufgewogen, daß es in zahlreichen Strafsachen, die jetzt auf Grund mangelhafter polizeilicher Ermittelungen weiter verfolgt würden und mit Freisprechungen endeten, zur Erhebung der Anklage gar nicht kommen werde.

Die gegen den Antrag stimmenden Mitglieder hielten eine Erhebung der Beweise durch die Staatsanwaltschaft selbst für bedenklich. Es bestehe die Gefahr, daß die eigenen Ermittelungen des Staatsanwalts als parteiisch angesehen werden würden und daß die persönliche Anstellung der Ermittelungen den Staatsanwalt befangen machen werde. Namentlich erscheine es mißlich, dem Staatsanwalt auch die Vernehmung des Beschuldigten zu gestatten, weil der Staatsanwalt leicht geneigt sein werde, den Beschuldigten zu einem Geständnisse zu drängen. Der Vorzug der persönlichen Kenntnis des Beschuldigten und der Zeugen dürfe nicht überschätzt werden. In den meisten Fällen sei eine solche Kenntnis nicht nötig. Eine Vernehmung durch die Staatsanwaltschaft werde ferner eine größere Belästigung für die Zeugen bedeuten, da ihre Entfernung vom Amtssitze des Staatsanwalts meist größer als die vom Sitze des Amtsgerichts sei; die Amtsanwälte seien aber nicht überall wie in Sachsen juristisch vorgebildete Beamte. Vor allem werde die mit einer so großen Belastung der Staatsanwaltschaft verbundene erhebliche Vermehrung der Stellen zu Schwierigkeiten führen, da sich jetzt schon Mangel an geeignetem Nachwuchse bemerkbar mache.

II. Zum §. 159 der Str.Pr.O. war ferner der Antrag gestellt:

> Die Aufnahme ausführlicher Protokolle seitens der Staatsanwaltschaft und der Polizeibehörden ist möglichst zu vermeiden.

Der Antrag wurde mit 16 gegen 3 Stimmen abgelehnt.

Die Minderheit, welche sich für den Antrag aussprach, war der Ansicht, daß die Protokolle der Staatsanwaltschaft und der Polizeibehörden keine Gewähr für eine genügende Berücksichtigung der entlastenden Momente böten und sich deshalb als Grundlage für den Beschluß über die Eröffnung des Hauptverfahrens wenig eigneten. Von einer Seite wurde auch betont, daß die Staatsanwaltschaft, wenn sie ausführliche Protokolle aufnehmen müsse, nicht in der Lage sein werde, dem heute angenommenen Antrage gemäß die Vernehmungen in der Regel selbst zu bewirken.

Die Mehrheit der Kommission hob demgegenüber hervor, daß die Bedenken, welche gegen die Aufnahme ausführlicher Protokolle geltend gemacht würden, gerade gegen deren Ersatz durch kurze Vermerke sprächen, weil die Gefahr, daß erhebliche Punkte der Aussagen unberücksichtigt blieben, in weit höherem Grade vorhanden sei, wenn die Staatsanwaltschaft und die Polizeibehörden lediglich das Ergebnis der Vernehmungen kurz zusammenzufassen hätten. Es wurde auf die schlechten Erfahrungen, welche man in Sachsen mit derartigen Vermerken gemacht habe (zu vergl. Protokoll der 21. Sitzung S. 158), hingewiesen.

III. Endlich lagen zum §. 159 noch die Anträge vor:

1. Der Staatsanwaltschaft und den Polizeibehörden ist das Recht zuzusprechen, jedermann vorzuladen und im Falle des unentschuldigten Nichterscheinens oder unter den Voraussetzungen des §. 134 der Str.Pr.O.[1]) die zwangsweise Vorführung zu verfügen.
2. a) Gegenüber der Staatsanwaltschaft ist Zeugniszwang einzuführen.
   Der Staatsanwaltschaft sind Zwangsbefugnisse nach Maßgabe der §§. 50, 77 der Str.Pr.O.[2]) einzuräumen.
   Gegen eine Strafverfügung soll binnen einer Frist Antrag auf richterliche Entscheidung zulässig sein.
   b) Im Falle der Ablehnung des Antrags a:
   Die Anordnung von Zwangsmaßregeln nach Maßgabe der §§. 50, 77 der Str.Pr.O. hat durch den Richter zu erfolgen. Zur Anordnung der Vorführung soll jedoch die Staatsanwaltschaft selbst befugt sein.
   c) Im Falle auch der Ablehnung des Antrags b:
   Die Anordnung von Zwangsmaßregeln der §§. 50, 77 der Str.Pr.O. hat durch den Richter zu erfolgen.

Die Anträge unter 2 wurden vor der Abstimmung zurückgezogen. Der Antrag 1 wurde nach Streichung der Worte „und den Polizeibehörden" mit 10 gegen 9 Stimmen angenommen.

Die Kommission ging davon aus, daß der Staatsanwaltschaft und ihren Hilfsorganen Zwangsbefugnisse gegenüber Zeugen, welche den Vorladungen keine Folge leisten, zur Zeit, wenigstens reichsgesetzlich, nicht zustehen (zu vergl. Entsch. des Reichsgerichts in Straff. Bd. 9 S. 433). Es wurde nun zwar zugegeben, daß sich aus dieser Rechtslage für die Staatsanwaltschaft Mißstände nicht

---

[1]) d. h. wenn Gründe vorliegen, welche den Erlaß eines Haftbefehls rechtfertigen würden.

[2]) Nach §. 50 kann ein ordnungsmäßig geladener Zeuge, welcher nicht erscheint, in die durch das Ausbleiben verursachten Kosten sowie zu einer Geldstrafe bis zu dreihundert Mark, und für den Fall, daß diese nicht beigetrieben werden kann, zur Strafe der Haft bis zu sechs Wochen verurteilt werden; auch ist die zwangsweise Vorführung zulässig. Im Falle wiederholten Ausbleibens kann die Strafe noch einmal erkannt werden. Nach §. 77 wird im Falle des Nichterscheinens oder der Weigerung eines zur Erstattung von Gutachten verpflichteten Sachverständigen dieser zum Ersatze der Kosten und zu einer Geldstrafe bis zu dreihundert Mark verurteilt. Im Falle wiederholten Ungehorsams kann noch einmal eine Geldstrafe bis zu dreihundert Mark erkannt werden.

ergeben hätten, auch nicht in den Bundesstaaten, in denen die Staatsanwaltschaft schon jetzt die Ermittelungen regelmäßig selbst vornehme, weil die Ladungen durchweg befolgt würden. Allein die Mehrheit hielt es doch im Interesse des Ansehens der Staatsanwaltschaft, zumal wenn ihr die eigene Vernehmung der Beschuldigten und Zeugen zur Pflicht gemacht werde, für geboten, daß sie auch in den Stand gesetzt werde, ihren Ladungen gegebenen Falles durch zwangsweise Vorführung Gehorsam zu verschaffen. Der Polizei das gleiche Recht zu geben, wurde im Hinblick auf die Gefahr einer mißbräuchlichen Ausnutzung dieses Rechtes durch untergeordnete Polizeibeamte für bedenklich erachtet. Gegen die Ausstattung der Staatsanwaltschaft mit weiteren Befugnissen, insbesondere mit dem Rechte der Festsetzung von Strafen, wie dies der zurückgezogene Antrag 2 beabsichtigte, wurde geltend gemacht, daß hierzu kein Anlaß vorliege, weil im Notfalle der Staatsanwalt den Amtsrichter um die Vernehmung ersuchen und dadurch sogar die Anwendung der im §. 69 der Str.Pr.O. vorgesehenen Zeugniszwangsmittel herbeiführen könne.

Die Minderheit sprach sich auch gegen die Befugnis der Staatsanwaltschaft zur zwangsweisen Vorführung aus, weil kein praktisches Bedürfnis dafür bestehe und es dem Volksbewußtsein widerspreche, die Macht der Staatsanwaltschaft durch ein solches Recht zu vermehren.

IV. Zum §. 164 der Str.Pr.O.[1]) war beantragt:

1. Auch außer dem Falle des §. 164 soll der Beschuldigte, wenn er als solcher von der Staatsanwaltschaft oder vom Richter vernommen ist, das Recht haben, einzelne Beweiserhebungen oder Ermittelungen zur Vorbereitung seiner Verteidigung zu beantragen. Über den Antrag hat, soweit nicht der Staatsanwalt, dem der bei Gericht gestellte Antrag zur Erklärung vorzulegen ist, die erbetenen Beweiserhebungen und sonstigen Ermittelungen selbst veranlaßt, derjenige Amtsrichter, der den Beschuldigten vernommen hat, sofern eine richterliche Vernehmung noch nicht stattgefunden hat, der Amtsrichter am Sitze der Staatsanwaltschaft (oder der Untersuchungsrichter) zu befinden. Dem Antrag ist zu entsprechen, soweit die Erhebungen zur Vorbereitung der Verteidigung erforderlich erscheinen. Der Amtsrichter kann zur Ausführung seines Beschlusses die Behörden und Beamten des Polizei- und Sicherheitsdienstes, auch den Amtsrichter anderer Amtsbezirke um Vornahme der Ermittelungen oder Beweiserhebungen ersuchen.

Dazu war der Unterantrag gestellt,

a) im zweiten Satze die Worte „soweit nicht der Staatsanwalt“ bis „selbst veranlaßt“ zu streichen;

---

[1]) Der §. 164 Abs. 1 lautet:

Wird der Beschuldigte von dem Amtsrichter vernommen und beantragt er bei dieser Vernehmung zu seiner Entlastung einzelne Beweiserhebungen, so hat der Amtsrichter dieselben, soweit er sie für erheblich erachtet, vorzunehmen, wenn der Verlust der Beweise zu besorgen steht oder die Beweiserhebung die Freilassung des Beschuldigten begründen kann.

b) im Falle der Ablehnung des Unterantrags a im zweiten Satze nach den Worten „soweit nicht“ die Worte „im Einverständnisse mit dem Beschuldigten“ einzuschalten.

Es lagen ferner die Anträge vor:

2. Der Beschuldigte kann verlangen, daß die von ihm beantragten Beweiserhebungen oder sonstigen Ermittelungen durch den Richter erfolgen. Der Richter hat den Anträgen zu entsprechen, soweit dies zur Vorbereitung der Verteidigung erforderlich erscheint.

3. Beantragt der Beschuldigte im Ermittelungsverfahren zu seiner Entlastung einzelne Beweiserhebungen, so sind dieselben, soweit sie für erheblich erachtet werden, vorzunehmen.

Die Unteranträge zum Antrag 1 und der Antrag 2 wurden zurückgezogen, nachdem in den Antrag 1 Satz 2 hinter das Wort „selbst“ das Wort „antragsgemäß“ eingeschoben war. Der Antrag 1 wurde sodann angenommen und zwar Satz 1 mit 18 gegen 2 Stimmen, Satz 2 mit 19 Stimmen gegen eine Stimme, Satz 3 einstimmig, Satz 4 mit 19 Stimmen gegen eine Stimme. Damit war der Antrag 3 erledigt.

Zu Gunsten des Antrags 1 wurde ausgeführt:

Das geltende Recht schränke die Befugnis des Beschuldigten, im Ermittelungsverfahren die Erhebung von Entlastungsbeweisen zu beantragen, zu sehr ein. Zwar habe nach §. 158 der Str.Pr.O. der Staatsanwalt auch die zur Entlastung dienenden Umstände zu ermitteln; allein für ihn stehe naturgemäß das Anklageinteresse in erster Linie, und für die Erhebung der Entlastungsbeweise zu sorgen sei er nur verpflichtet, wenn deren Verlust zu befürchten stehe. Ferner greife die im §. 163 dem Amtsrichter auferlegte Pflicht zur Vornahme von Untersuchungshandlungen nur bei Gefahr im Verzuge Platz; hieraus könne eine Verpflichtung zur Erhebung von Entlastungsbeweisen gleichfalls im wesentlichen nur dann hergeleitet werden, wenn deren Verlust zu besorgen sei. Ein Recht auf Beweiserhebung, welches nötigen Falles auch mittels der Beschwerde durchgeführt werden könne, gewähre dem Beschuldigten lediglich der §. 164. Dieses Recht sei aber an Voraussetzungen geknüpft, welche dem Bedürfnisse nicht genügen. Der wesentlichste Mangel liege darin, daß der Beschuldigte von dem Rechte nur Gebrauch machen könne, wenn er vom Amtsrichter vernommen werde. Aber auch die materiellen Beschränkungen des Antragsrechts seien zu enge gezogen. Insbesondere sei es nicht gerechtfertigt, daß ein nicht verhafteter Beschuldigter nur die Erhebung von Beweisen, deren Verlust zu besorgen stehe, verlangen könne; denn auch eine in Freiheit befindliche Person habe oft ein erhebliches Interesse daran, daß die gegen sie erhobene Beschuldigung baldmöglichst durch die Feststellung der entlastenden Tatsachen entkräftet werde, und es sei vor allem Fürsorge zu treffen, daß der Beschuldigte auch Beweisermittelungen veranlassen könne, ohne daß man ihm dazu die Polizeibehörden direkt zur Verfügung stelle.

Dem Beschuldigten müsse deshalb allgemein das Recht eingeräumt werden, einzelne Beweiserhebungen oder Ermittelungen, soweit sie zur Vorbereitung der Verteidigung erforderlich erscheinen, im vorbereitenden Verfahren zu beantragen, sobald feststehe, daß er als Beschuldigter in Betracht komme, d. h. sobald er als solcher von der Staatsanwaltschaft oder vom Richter vernommen sei. Über den Antrag habe am zweckmäßigsten der Richter zu befinden, der den Beschuldigten vernommen habe, sofern aber eine richterliche Vernehmung noch nicht erfolgt sei, der Amtsrichter am Sitze der Staatsanwaltschaft. Jedoch könne damit, freilich dem jetzigen Systeme zuwider, auch der Untersuchungsrichter betraut werden. Der Antrag werde zunächst der Staatsanwaltschaft zur Erklärung vorzulegen sein, um der Gefahr, daß die vom Richter angeordneten Erhebungen die Maßnahmen und Absichten der das Verfahren leitenden Staatsanwaltschaft durchkreuzen, sowie der Vornahme doppelter Beweisaufnahmen durch das Gericht und die Staatsanwaltschaft vorzubeugen. Im Interesse der Beschleunigung des Verfahrens liege es, wenn die Staatsanwaltschaft alsdann die beantragten Ermittelungen selbst veranlasse. Wolle die Staatsanwaltschaft dem Antrage nicht voll entsprechen, beispielsweise Befragungen durch die Polizei oder selbst vornehmen, während ausdrücklich richterliche Befragungen beantragt seien, so müsse sie den Antrag zur richterlichen Entscheidung bringen.

Dem Antrag 1 wurde von einer Seite aus dem Grunde widersprochen, weil danach der Beschuldigte stets den Richter mit seinen Anträgen befassen müsse. Das vorgeschlagene Verfahren sei auch zu umständlich. Den Interessen des Beschuldigten werde genügend Rechnung getragen durch den Antrag 3, wonach der Beschuldigte nach seiner Wahl die Erhebungen bei dem Staatsanwalt oder dem Richter beantragen könne und über den Antrag der betreffende Beamte zu entscheiden habe. Von mehreren Seiten wurde gegen diesen Antrag geltend gemacht: Er beuge der Gefahr nicht vor, daß der Richter Erhebungen, welche bereits vom Staatsanwalte gemacht seien, wiederhole oder durch seine Anordnungen die Absichten des Staatsanwalts durchkreuze und er gewähre ferner dem Beschuldigten gegen die Ablehnung eines Beweisantrags durch den Staatsanwalt keine Möglichkeit, im Beschwerdeweg eine richterliche Entscheidung herbeizuführen.

V. Hierauf wurden die Beratungen geschlossen. Der Beginn der nächsten Tagung wurde auf den 10. November anberaumt. Auf die Tagesordnung wurden die Fragen unter J, soweit sie noch nicht erledigt sind, und die Frage K des Fragebogens gesetzt.

23. Sitzung.

10. November 1903.

Vorverfahren.

I. Der Vorsitzende trug vor: Wie der Kommission schon früher mitgeteilt worden, habe der Bund der Deutschen Nahrungsmittel-Fabrikanten und -Händler in einer unter dem 12. Februar d. Js. an den Reichskanzler gerichteten Vorstellung angeregt, den §. 7 der Str.Pr.O. dahin zu ergänzen, daß für die von Amtswegen verfolgten Zuwiderhandlungen gegen §. 10 des Gesetzes, betreffend den Verkehr mit Nahrungsmitteln, Genußmitteln und Gebrauchsgegenständen, vom 14. Mai 1879 der Gerichtsstand nur bei demjenigen Gerichte begründet sei, in dessen Bezirke der Angeschuldigte seinen gewerblichen Wohnsitz habe. Dem Vorschlage habe sich inzwischen eine Reihe von Handels- und Gewerbekammern in weiteren Eingaben angeschlossen. Diese Eingaben seien ebenso wie die Vorstellung vom 12. Februar der Kommission überwiesen und zur Einsicht ausgelegt.

II. Die Kommission setzte sodann die Beratung über die Reform des vorbereitenden Verfahrens fort.

Die Frage einer Änderung des §. 167 der Str.Pr.O. wurde ausgesetzt, da sie zusammen mit der Frage, ob in der Voruntersuchung den Beteiligten die Anwesenheit bei den Verhandlungen in erweitertem Umfange zu gestatten sei, geprüft werden soll.

III. Es gelangten zunächst zur Beratung die Anträge:

1. Am Schlusse der Erhebungen soll, dafern Erhebung der Anklage durch Einreichung der Anklageschrift beabsichtigt wird, der Staatsanwalt dem nicht in vollem Umfange geständigen Beschuldigten die Gesamtheit der gegen ihn gesammelten Beweise zur Erklärung vorhalten.
2. Am Schlusse der Erhebungen soll vor Einreichung einer Anklageschrift dem Beschuldigten die Gesamtheit der gegen ihn gesammelten Beweise zur Erklärung vorgehalten werden.

   In den vor der Strafkammer zu verhandelnden Sachen muß zu diesem Zwecke eine Vernehmung des Beschuldigten durch den Staatsanwalt oder einen Richter erfolgen.

   Der Beschuldigte kann verlangen, daß die Vernehmung durch einen Richter erfolge.

   Die Vernehmung kann unterbleiben, wenn der Beschuldigte bereits vom Staatsanwalt oder Richter vernommen und voll geständig ist.

Die Kommission billigte einstimmig den beiden Anträgen zu Grunde liegenden Grundsatz, daß vor Einreichung der Anklageschrift dem Beschuldigten die Gesamtheit der gegen ihn gesammelten Beweise zur Erklärung vorgehalten werden solle.

Sie erwog: Im Interesse des Beschuldigten sei es geboten, daß er das gegen ihn vorliegende Material schon zu einer Zeit erfahre, in der er noch in der Lage sei, durch Entkräftung der Belastungsbeweise das Hauptverfahren abzuwenden. Das geltende Recht schütze den Beschuldigten in dieser Hinsicht nicht genügend. In den vor den Schöffengerichten zu verhandelnden Sachen, ja auch in Strafkammersachen werde bisweilen das Hauptverfahren eröffnet, ohne daß der Beschuldigte bis dahin überhaupt etwas von einer gegen ihn anhängigen Untersuchung erfahren habe. Im übrigen müsse allerdings dem Beschuldigten gemäß §§. 198, 199 der Str.Pr.O. vorher die Anklageschrift mitgeteilt werden, in welcher die wesentlichen Ergebnisse der stattgehabten Ermittelungen aufzunehmen seien. Indessen seien diese Sachdarstellungen häufig nur kurz und zur völligen Aufklärung des Angeschuldigten nicht genügend, insbesondere wenn es sich um Indizienbeweise handele. Eine ausführlichere Darstellung des Sachverhalts in der Anklageschrift würde auch dem Mißstande nicht abhelfen, weil die Angeschuldigten erfahrungsgemäß das ihnen schriftlich Mitgeteilte vielfach nicht verstünden. Deshalb habe sich auch die gemäß §. 199 an den Angeschuldigten bei Mitteilung der Anklageschrift zu richtende Aufforderung, sich auf die Anklage zu erklären, in der Praxis meistens als zwecklos erwiesen. Vielmehr sei ein mündliches Vorhalten des Ergebnisses der Ermittelungen allein geeignet, Abhilfe zu schaffen.

Dagegen hielt die Kommission es nicht für zweckmäßig, dieser Vorhaltung einen obligatorischen Charakter zu geben, und verwarf deshalb mit 11 gegen 6 Stimmen den Antrag 2 Abs. 2, wonach in den vor der Strafkammer zu verhandelnden Sachen, abgesehen von den im Abs. 4 bezeichneten Fällen, eine Vernehmung des Beschuldigten zu dem fraglichen Zwecke erfolgen muß. Die Mehrheit ging vielmehr davon aus, daß die Vorhaltung eine Rechtswohltat sein solle, die dem Beschuldigten nicht aufzudrängen sei, wenn er von ihr keinen Gebrauch machen wolle und deshalb in dem Termine nicht erscheine.

Mit der gleichen Mehrheit lehnte es die Kommission ab, dem Beschuldigten ein Recht auf richterliche Vernehmung zu gewähren, wie es im Antrage 2 Abs. 3 vorgesehen war. Hierbei war die Erwägung maßgebend, daß ein solches Recht dem Beschuldigten die Gelegenheit geben werde, das Verfahren durch Vereitelung von Terminen zu verschleppen.

Was die Zuständigkeit zur Vorhaltung der Beweise anlangt, so waren die Ansichten darüber geteilt, ob hiermit nur der Staatsanwalt, nur der Richter oder beide zu betrauen seien. Für die Ausschließung des Richters wurde geltend gemacht, daß dessen Zuständigkeit das Verfahren verzögern werde. Die Kommission beschloß mit 15 gegen 2 Stimmen, daß für die Vorhaltung der Staatsanwalt zuständig sein solle; mit 10 gegen 7 Stimmen wurde es abgelehnt, daneben den Richter für zuständig zu erklären.

Endlich war die Kommission einstimmig der Ansicht, daß die Vorhaltungen nicht erforderlich seien, wenn der Beschuldigte in vollem Umfange geständig sei,

und mit 11 gegen 6 Stimmen, daß hierzu auch ein Geständnis vor einem anderen Beamten als einem Richter oder Staatsanwalte genügen solle.

Hiernach war der Antrag 1 in vollem Umfang angenommen.

IV. Nach §. 168 Abs. 2 der Str.Pr.O. hat die Staatsanwaltschaft, falls sie die Einstellung des Verfahrens verfügt, den Beschuldigten zu benachrichtigen, „wenn er als solcher vom Richter vernommen oder ein Haftbefehl gegen ihn erlassen war". Hierzu war der Antrag gestellt,

die Worte „vom Richter" zu streichen.

Zur Begründung wurde darauf hingewiesen, daß auch der vom Staatsanwalt und von der Polizei vernommene Beschuldigte ein Interesse daran habe, von der Einstellung des Verfahrens Kenntnis zu erlangen, zumal nach den Beschlüssen der Kommission an Stelle der bisherigen richterlichen Vernehmung häufig eine solche durch den Staatsanwalt treten werde.

Der Antrag wurde ohne Debatte mit 14 gegen 3 Stimmen angenommen.

V. Der Antrag,

die §§. 170 bis 175 der Str.Pr.O.[1]) zu streichen,

wurde mit 11 gegen 6 Stimmen abgelehnt.

Zu Gunsten des Antrags wurde ausgeführt: Die Vorschriften der §§. 170 bis 175 seien schon vom theoretischen Standpunkt aus deswegen zu beanstanden, weil sie das der Strafprozeßordnung zu Grunde liegende Anklageprinzip durchbrächen, indem sie einem Gerichte die Entscheidung, ob die öffentliche Klage zu erheben sei, zuwiesen. Außerdem verstießen sie gegen den im §. 151 des G.V.G. ausdrücklich ausgesprochenen Grundsatz, daß die Staatsanwaltschaft in ihren Amtsverrichtungen von den Gerichten unabhängig sei. Die Vorschriften beruhten auf einem Mißtrauen gegen die Staatsanwaltschaft, welches unberechtigt sei. Überdies sei die Gestaltung des Verfahrens eine unzweckmäßige, da das Oberlandesgericht, das in der Regel den in Betracht kommenden Verhältnissen fremd gegenüberstehe, die Entscheidung auf Grund der vielfach mangelhaften Akten treffen müsse, ferner die Rechte des Verletzten zu sehr durch formale Schranken eingeengt seien und endlich die energische Durchführung der öffentlichen Klage von dem Staatsanwalte, der ihre Erhebung zunächst abgelehnt habe, kaum erwartet werden könne. Auch sei ein praktisches Bedürfnis für das Verfahren nicht vorhanden, wie sich aus seiner geringen Anwendung zeige. Meist lehne das Oberlandesgericht den Antrag auf Erhebung der öffentlichen Klage ab.[2]) In den wenigen Fällen aber, wo es dem Antrage stattgebe, erfolge fast regelmäßig später durch das erkennende Gericht eine Freisprechung, sodaß der Zeitaufwand, welchen die Oberlandesgerichte den Anträgen widmen müßten, zu dem

[1]) Die §§. 170 bis 175 regeln das Recht des Verletzten, dessen Antrag auf Erhebung der öffentlichen Klage die Staatsanwaltschaft abgelehnt hat, hiergegen richterliche Entscheidung zu beantragen.

[2]) Im Jahre 1901 sind 484 Entscheidungen der Oberlandesgerichte über Anträge auf Erhebung der öffentlichen Klage ergangen und davon 21 Anträge für begründet erachtet. — Deutsche Justizstatistik Jahrg. XI S. 269.

Erfolge in keinem Verhältnisse stehe. Aus diesen Gründen sei die Streichung der fraglichen Vorschriften, wenn auch nicht geradezu notwendig, so doch mindestens wünschenswert. Selbstverständlich werde mit dem Antrage nicht beabsichtigt, die Beschwerde an den Oberstaatsanwalt zu beseitigen. Ein Ersatz etwa in Gestalt einer dem Verletzten zu gewährenden subsidiären Privatklage, sei im Falle der Streichung nicht unbedingt erforderlich. Es genüge die parlamentarische Verantwortlichkeit der Justizverwaltung für die Beobachtung des Legalitätsprinzips seitens der zur Befolgung ihrer Anweisungen verpflichteten Staatsanwaltschaft.

Die Mehrheit sprach sich für die Aufrechterhaltung der §§. 170 flg. aus. Daraus, daß diese Vorschriften selten zur Anwendung gelangten und fast nie eine Verurteilung des Beschuldigten zur Folge hätten, dürfe nicht der Mangel eines Bedürfnisses für die Vorschriften geschlossen, sondern nur die Folgerung gezogen werden, daß die Staatsanwaltschaft unter der Herrschaft des geltenden Rechtes ihre Pflicht, das Legalitätsprinzip zu beobachten, erfülle. Ob und inwieweit sich hierbei die Staatsanwaltschaft durch die Möglichkeit der Herbeiführung einer gerichtlichen Entscheidung beeinflussen lasse, sei zwar nicht festzustellen. Jedenfalls erblicke aber das Volksbewußtsein in jener Möglichkeit eine wertvolle Garantie für die objektive Handhabung des Anklagemonopols und werde die Beseitigung dieser einmal bestehenden Einrichtung, die zu eigentlichen Mißständen niemals geführt habe, nicht verstehen. Im Falle der Beseitigung werde die Einführung der subsidiären Privatklage kaum zu vermeiden sein; diese führe aber zu weit ungünstigeren Ergebnissen, wie die Erfahrungen in Österreich bewiesen.[1] Die strengen Kautelen des §. 170 müßten übrigens aufrechterhalten werden, wenn man nicht dem Querulantentume Tür und Tor öffnen wolle. Für eine energische Durchführung der öffentlichen Klage sei dadurch genügend gesorgt, daß dem Verletzten, welcher durch einen Antrag auf gerichtliche Entscheidung die Erhebung der öffentlichen Klage herbeigeführt hat, in den meisten Fällen die Befugnis zustehe, sich der erhobenen Klage als Nebenkläger anzuschließen (§. 435 Abs. 2 der Str.Pr.O.). Höchstens könne in Frage kommen, ob nicht die Vorschriften der §§. 170 ff. noch durch die Gewährung einer Rechtsbeschwerde gegen die Entscheidung des Oberlandesgerichts zu erweitern seien; allein das praktische Bedürfnis für eine solche Beschwerde sei so selten hervorgetreten, daß eine Änderung des Gesetzes kaum gerechtfertigt wäre.

VI. Die Kommission ging zur Beratung der die Voruntersuchung betreffenden Anträge über.

Nach §. 176 Abs. 2 Nr. 2 der Str.Pr.O. hat in den zur Zuständigkeit der Landgerichte gehörenden Strafsachen die Voruntersuchung stattzufinden,

---

[1]) Im Jahre 1899 wurden in den im Reichsrate vertretenen Königreichen und Ländern 1105 Subsidiäranklagen erledigt; davon führten nur 6 zu einer Hauptverhandlung, während in 1078 Fällen schon der Antrag auf Einleitung der Voruntersuchung abgelehnt wurde und der Rest auf andere Weise zur Erledigung gelangte. — Österreichische Statistik, Ergebnisse der Strafrechtspflege im Jahre 1899 S. XI.

wenn der Angeschuldigte dieselbe in Gemäßheit des §. 199 beantragt und erhebliche Gründe geltend macht, aus denen eine Voruntersuchung zur Vorbereitung seiner Verteidigung erforderlich erscheint.

Hierzu war vorgeschlagen,

die Worte „und erhebliche Gründe geltend macht" bis „erforderlich erscheint" zu streichen,

mithin dem Angeschuldigten, sofern er in Gemäßheit des §. 199 den Antrag stellt, ein Recht auf die Voruntersuchung zu geben.

Der Antrag wurde mit 14 gegen 3 Stimmen angenommen.

Zu Gunsten des Antrags wurde geltend gemacht: Tatsächlich hänge die Entscheidung darüber, ob in den vor die Landgerichte gehörenden Sachen eine Voruntersuchung stattfinde, im wesentlichen von dem Ermessen der Staatsanwaltschaft ab. Denn es sei dem nicht mit dem Aktenmateriale vertrauten Angeschuldigten so gut wie unmöglich, aber auch für den kundigen Verteidiger nicht leicht, die Gründe darzulegen, aus denen eine Voruntersuchung zur Vorbereitung der Verteidigung erforderlich sei. Infolgedessen werde gegenwärtig die Voruntersuchung von dem Angeschuldigten nur selten beantragt und das Gericht lehne diese Anträge zum größten Teile ab, indem es das von dem Angeschuldigten vorgebrachte Beweismaterial zur Hauptverhandlung verweise[1]). Die dagegen nach §. 181 der Str.Pr.O. dem Angeschuldigten zustehende Beschwerde habe gleichfalls keinen praktischen Wert, weil der Angeschuldigte in der Regel nicht in der Lage sei, das Rechtsmittel genügend zu begründen. Diesem Mißstande könne nur dadurch abgeholfen werden, daß dem Angeschuldigten in den fraglichen Fällen ein Recht auf die Voruntersuchung gewährt werde. Hierdurch werde das Vertrauen zur Rechtspflege gestärkt und andererseits eine erhebliche Verzögerung des Verfahrens auch in denjenigen Fällen, in denen die Voruntersuchung an sich überflüssig gewesen wäre, nicht herbeigeführt werden. Denn es stehe dem Untersuchungsrichter frei, die Voruntersuchung nach erfolgter Vernehmung des Angeschuldigten sofort wieder zu schließen, wenn sich ergebe, daß keine Veranlassung zu weiteren Erhebungen vorliege.

Die Minderheit fürchtete, daß die Zahl der Voruntersuchungen durch die vorgeschlagene Änderung des Gesetzes übermäßig vermehrt würde, und erachtete es auch für nicht angemessen, dem Angeschuldigten einen so weit gehenden Einfluß auf die Gestaltung des Verfahrens einzuräumen.

Der von anderer Seite gestellte Antrag,

die Voruntersuchung solle in den zur Zuständigkeit der Landgerichte gehörenden Sachen stattfinden, wenn der in Untersuchungshaft befindliche Beschuldigte sie beantragt; der Antrag sei spätestens innerhalb der in Gemäßheit des §. 199 gesetzten Frist zu stellen,

wurde mit 11 gegen 6 Stimmen abgelehnt.

Zu Gunsten dieses Antrags war ausgeführt worden: Der verhaftete Beschuldigte sei infolge der Haft in seiner Verteidigung beschränkt und könne deshalb ein

---

[1]) Im Jahre 1901 sind von Angeschuldigten 430 Anträge auf Eröffnung der Voruntersuchung gestellt und davon 355 abgelehnt. — Deutsche Justizstatistik Jahrg. XI S. 266.

erhebliches Interesse daran haben, daß das Verfahren nicht in den Händen des die Verfolgung betreibenden Staatsanwalts, sondern in den Händen des mehr objektiven Untersuchungsrichters liege. Diesem Interesse müsse durch die Vorschrift Rechnung getragen werden, daß dem Antrage des verhafteten Beschuldigten auf Eröffnung der Voruntersuchung stets stattzugeben sei, ohne daß es darauf ankomme, ob bereits eine Anklageschrift eingereicht und die Aufforderung gemäß §. 199 an den Beschuldigten ergangen sei. Die Antragsbefugnis müsse vielmehr sofort mit der Verhaftung entstehen und bis zum Ablaufe der im §. 199 gesetzten Frist dauern.

Die Mehrheit lehnte den Antrag ab, weil die Erhebung der öffentlichen Klage der Staatsanwaltschaft vorbehalten bleiben müsse, während der Antrag darauf hinauslaufe, daß der Beschuldigte die Erhebung der öffentlichen Klage gegen sich selbst veranlasse.

VII. Zu §. 177 der Str.Pr.O.[1]) waren die Anträge gestellt:

1. Eine Voruntersuchung ist auch „gegen Unbekannt" zulässig.
2. Im Falle einer Voruntersuchung „gegen Unbekannt" soll die Vorschrift des §. 189 Abs. 2 der Str.Pr.O. gelten, daß die weitere Verfügung der Staatsanwaltschaft gebührt.
3. Auf Antrag des Staatsanwalts kann durch Gerichtsbeschluß dem Untersuchungsrichter die Führung der Voruntersuchung wegen eines zur Zuständigkeit des Reichsgerichts oder der Schwurgerichte gehörenden Verbrechens auch dann übertragen werden, wenn eine bestimmte Person als Täter nicht verdächtig ist.

   Das Recht des Staatsanwalts, gegen eine bestimmte Person die öffentliche Klage zu erheben, wird hierdurch nicht berührt.

Die Kommission nahm die Anträge 1 und 2 einstimmig an, indem sie erwog: Da nach dem geltenden Rechte die Voruntersuchung gegen einen bestimmten Beschuldigten zu richten sei, könne der Untersuchungsrichter mit der Sache erst befaßt werden, wenn eine bestimmte Person als Täter in Betracht komme. Dies habe sich in der Praxis als unzweckmäßig erwiesen. Denn es sei oft im Interesse einer einheitlichen Leitung der Untersuchung wünschenswert, daß der Untersuchungsrichter schon die ersten Ermittelungen nach der Person des Täters vornehme und den objektiven Tatbestand selbst feststelle. Hierzu sei er auch deshalb besser geeignet als der Amtsrichter, weil ihm meistens die größere praktische Erfahrung zur Seite stehe und er mit dem Staatsanwalte stets in persönlicher Fühlung bleiben könne. Es sei nun aber nicht angängig, dem Antrag auf Eröffnung der Voruntersuchung gegen einen unbekannten Beschuldigten den Charakter der Erhebung einer öffentlichen Klage beizulegen, sodaß das Verfahren als gerichtshängig nicht mehr einseitig von der Staatsanwaltschaft eingestellt werden könne. Vielmehr müsse im Falle der Eröffnung einer solchen Voruntersuchung dem Staatsanwalte die weitere Verfügung über-

---

[1]) Der §. 177 lautet:

Der Antrag der Staatsanwaltschaft auf Eröffnung der Voruntersuchung muß den Beschuldigten und die ihm zur Last gelegte Tat bezeichnen.

lassen bleiben. Die Voruntersuchung „gegen Unbekannt" solle also nicht eine Voruntersuchung im technischen Sinne, sondern nur ein vom Untersuchungsrichter geführtes Ermittelungsverfahren sein.

Der im Antrage 3 enthaltene Vorschlag, die Voruntersuchung gegen einen noch nicht bekannten Beschuldigten nur bei Verbrechen zuzulassen, welche zur Zuständigkeit des Reichsgerichts oder der Schwurgerichte gehören, wurde mit 16 Stimmen gegen eine Stimme abgelehnt. Die übrigen Mitglieder konnten die Ansicht des Antragstellers nicht teilen, daß nur bei den schwersten Delikten ein Bedürfnis für die Feststellung des objektiven Tatbestandes durch den Untersuchungsrichter bestehe. Es wurde auch ausgeführt, daß es in vielen Fällen nicht von vornherein ersichtlich sei, ob es sich um eine Schwurgerichts- oder nur um eine Strafkammersache handele.

Die Kommission lehnte ferner mit 14 gegen 3 Stimmen den im Antrage 3 zum Ausdrucke gelangten Gedanken ab, daß über die Zweckmäßigkeit der Voruntersuchung gegen einen unbekannten Täter das Gericht nach freiem Ermessen befinden solle. Die Mehrheit glaubte, daß man die Bestimmung darüber, in welchen Fällen ein gerichtliches Ermittelungsverfahren Platz zu greifen habe, der Staatsanwaltschaft überlassen könne und daß kein Anlaß vorliege, für diese Fälle dem Gerichte bei Einleitung des Verfahrens eine Mitwirkung über den Rahmen des §. 178 der Str.Pr.O. hinaus einzuräumen, besonders auch deshalb, weil die Sache häufig so dringlich sein werde, daß es garnicht angängig sei, einen Kollegialbeschluß herbeizuführen.

VIII. Zu §. 188 der Str.Pr.O.[1]) lag der Antrag vor,

es solle im Gesetz als weitere Aufgabe der Voruntersuchung die Vorbereitung der Hauptverhandlung hervorgehoben werden.

Der Antrag wurde ohne Debatte einstimmig angenommen.

---

[1]) Nach §. 188 ist die Voruntersuchung nicht weiter auszudehnen, als erforderlich ist, um eine Entscheidung darüber zu begründen, ob das Hauptverfahren zu eröffnen oder der Angeschuldigte außer Verfolgung zu setzen sei.

24. Sitzung.

11. November 1903.

Vorverfahren.

Die Kommission wandte sich zur Beratung der Frage, ob für das Vorverfahren den Beteiligten die Berechtigung zur Anwesenheit bei gerichtlichen Handlungen in erweitertem Umfange zu gewähren sei (J I 1a des Fragebogens).

I. Die Frage wurde zunächst hinsichtlich der Voruntersuchung erörtert. Es gelangten folgende Anträge zur Abstimmung:

1. Der Untersuchungsrichter ist befugt, der Staatsanwaltschaft, dem Angeschuldigten und dem Verteidiger die Anwesenheit bei Vernehmungen von Zeugen und Sachverständigen auch in anderen Fällen als denen des §. 191 Abs. 2 der Str.Pr.O.[1] zu gestatten. Die Gestattung soll nur bei Gefährdung des Untersuchungszwecks oder der öffentlichen Ordnung versagt werden. Vor der Beschlußfassung ist der Staatsanwalt zu hören.
2. Dasselbe gilt von der Vernehmung des Angeschuldigten.
3. Die Zulassung des Staatsanwalts und des Verteidigers zur Vernehmung des Angeschuldigten unterliegt dem freien Ermessen des Untersuchungsrichters.

Der Antrag 1 wurde einstimmig angenommen, der Antrag 2 mit 10 gegen 8 Stimmen abgelehnt, der Antrag 3 wiederum einstimmig angenommen.

Außerdem lagen noch folgende Anträge vor, welche während der Debatte zurückgenommen wurden:

4. Der Staatsanwalt, der Angeschuldigte und dessen Verteidiger sind — unter der Beschränkung des §. 192 der Str.Pr.O.[2] — befugt, den Vernehmungen von Zeugen und Sachverständigen beizuwohnen und Fragen an die Zeugen und Sachverständigen zu richten. Einen Anspruch auf Anwesenheit hat jedoch der nicht auf freiem Fuße befindliche Angeschuldigte nur bei solchen Terminen, welche an der Gerichtsstelle des Ortes, an dem er sich in Haft befindet, abgehalten werden.

---

[1]) d. h. wenn ein Zeuge oder Sachverständiger vernommen werden soll, welcher voraussichtlich am Erscheinen in der Hauptverhandlung verhindert oder dessen Erscheinen wegen großer Entfernung besonders erschwert sein wird.

[2]) Der §. 192 lautet:

> Der Richter kann einen Angeschuldigten von der Anwesenheit bei der Verhandlung ausschließen, wenn zu befürchten ist, daß ein Zeuge in seiner Gegenwart die Wahrheit nicht sagen werde.

5. Die Staatsanwaltschaft, der Angeschuldigte und der Verteidiger sind befugt, den Vernehmungen von Zeugen und Sachverständigen beizuwohnen. Ist zu befürchten, daß die zu vernehmende Person in Gegenwart des Angeschuldigten die Wahrheit nicht sagen werde, so kann das Gericht den Angeschuldigten von der Vernehmung ausschließen.

Der in Haft befindliche Angeschuldigte hat einen Anspruch auf Anwesenheit bei nicht am Gerichtsorte stattfindenden Vernehmungen nur dann, wenn Fluchtgefahr ausgeschlossen und keine Gefahr im Verzug ist.

6. Dem Abs. 1 des Antrags 5 ist hinzuzufügen: In diesem Falle hat jedoch der Richter den Angeschuldigten, sobald dieser wieder vorgelassen worden ist, von dem wesentlichen Inhalte desjenigen zu unterrichten, was der Zeuge oder Sachverständige während der Abwesenheit des Beschuldigten ausgesagt hat.

7. Dem Antrage 5 ist hinzuzufügen: Auf Antrag des Untersuchungsrichters kann das Gericht für einzelne Vernehmungen die Anwesenheit der Parteien ausschließen.

8. Für den Fall der Ablehnung der Anträge 4 und 5:

Der Staatsanwalt ist stets, der Angeschuldigte, sein Verteidiger, sein Beistand und sein gesetzlicher Vertreter sind regelmäßig befugt, den Vernehmungen der Zeugen und Sachverständigen beizuwohnen und Fragen an dieselben zu richten. Sie sind von den Terminen zu benachrichtigen, soweit dies ohne Aufenthalt für die Sache geschehen kann.

Der Untersuchungsrichter ist jedoch befugt, den Angeschuldigten, seinen Verteidiger, seinen Beistand und seinen gesetzlichen Vertreter von der Anwesenheit auszuschließen, wenn eine Gefährdung des Untersuchungszwecks oder der öffentlichen Ordnung zu besorgen ist. Die diese Besorgnis rechtfertigenden Tatsachen sind aktenkundig zu machen. Gegen die Entscheidung des Untersuchungsrichters ist Beschwerde zulässig. Die Beschwerde hat keine aufschiebende Wirkung.

9. Der Staatsanwalt und der Verteidiger sind berechtigt, der Vernehmung des Angeschuldigten beizuwohnen; es ist ihnen gestattet, Fragen an den Angeschuldigten zu richten.

10. Für den Fall der Ablehnung des Antrags 9:

Die erste Vernehmung des Angeschuldigten erfolgt in Abwesenheit der Staatsanwaltschaft und des Verteidigers. Bei weiteren Vernehmungen dürfen der Staatsanwalt und der Verteidiger gegenwärtig sein; auch ist ihnen gestattet, Fragen an den Angeschuldigten zu richten.

Bei der Fassung ihrer Beschlüsse ließ sich die Kommission von folgenden Erwägungen leiten:

1. Was die Anwesenheit der Parteien bei der Vernehmung von Zeugen und Sachverständigen betrifft, so wurde allgemein anerkannt, daß daraus erhebliche Vorteile für die Strafrechtspflege erwachsen könnten. Zunächst werde der Staatsanwalt auf Grund des persönlichen Eindrucks, den die Zeugen und Sachverständigen bei der Vernehmung machen, ein besseres Bild von dem Sachverhalte bekommen und in die Lage gesetzt werden, durch entsprechende

Anträge sachgemäß auf den weiteren Verlauf der Voruntersuchung einzuwirken. Sodann werde der Angeschuldigte durch seine Anwesenheit bei den Vernehmungen am besten über die Bedeutung der gegen ihn erhobenen Klage und den Umfang der gegen ihn erbrachten Beweise aufgeklärt. Auch für den Verteidiger biete die Teilnahme an den Beweisterminen den Vorteil, daß er für die etwaige Hauptverhandlung besser vorbereitet werde. Vor allem sei aber zu erwarten, daß die Zuziehung der Parteien zur Beweisaufnahme zur Ermittelung der objektiven Wahrheit und zu einer schleunigeren Aufklärung des Sachverhalts beitragen werde. Die Anwesenheit der Parteien, welche den in Betracht kommenden Verhältnissen näher stehen, gewähre die Möglichkeit, Irrtümer und Mißverständnisse, welche bei der Vernehmung durch den Untersuchungsrichter unterlaufen, sofort zu berichtigen oder auf eine Ergänzung unvollständiger Zeugenaussagen hinzuwirken; sie biete die Gewähr, daß bei der Beweisaufnahme den belastenden und entlastenden Umständen in gleicher Weise Rechnung getragen und jede Einseitigkeit des Untersuchungsrichters verhütet werde. Dies sei von großer Bedeutung sowohl für die Zeugen, die dadurch vor falschen Aussagen, als auch für die Angeschuldigten, die dadurch vor nicht gerechtfertigten Anklagen bewahrt würden, sowie endlich für das Ansehen der Rechtspflege, welches darunter leide, wenn infolge mangelhafter Voruntersuchungen ein zur Freisprechung führendes Hauptverfahren eröffnet werde. Auch die Stellung des Untersuchungsrichters werde gehoben und das Vertrauen des Volkes zur Strafrechtspflege überhaupt erhöht werden, wenn der Richter nicht mehr heimlich, sondern vor den Augen der Beteiligten prozediere.

Andererseits war die Kommission der Ansicht, daß wenigstens gegen die obligatorische Zulassung der Parteien zu den Vernehmungen erhebliche Bedenken bestünden. Zwar sei der Befürchtung, daß hieraus dem Anwaltstand eine zu große Belastung erwachsen könne, ein erhebliches Gewicht nicht beizulegen, zumal gerade in Anwaltskreisen der Wunsch nach Einführung der Parteiöffentlichkeit besonders rege sei. Auch etwaigen sozialpolitischen Bedenken könne ein ausschlaggebendes Gewicht nicht beigemessen werden, wenngleich zuzugeben sei, daß die in Aussicht genommene Maßnahme besonderen Wert für diejenigen Angeschuldigten habe, welche die genügenden Mittel besitzen, um ihre Verteidiger durch entsprechende Honorierung zur Wahrnehmung sämtlicher Beweistermine in den Stand zu setzen. Dagegen könne den verhafteten Angeschuldigten ein unbedingter Anspruch auf Anwesenheit in den Beweisterminen, insbesondere wenn sie vor einem ersuchten Richter in weiter Entfernung von dem Haftorte stattfänden, schon aus praktischen Gründen nicht zugestanden werden. Gegenüber einer größeren Zahl von verhafteten Angeschuldigten würden sich genügende Maßnahmen zur Ausschließung einer Fluchtgefahr selbst dann kaum treffen lassen, wenn die Vernehmung am Haftorte stattfinde. Ferner sei zu befürchten, daß die Zeugen unter Umständen durch die Anwesenheit des Angeschuldigten von der Aussage der Wahrheit abgehalten werden könnten. Endlich bringe die Parteiöffentlichkeit in erheblichem Umfang auch eine Kollusionsgefahr mit sich, insbesondere wenn eine Mehrheit von Angeschuldigten Gelegenheit haben würde, bei den Beweisterminen wiederholt zusammenzutreffen (zu vergl. die Ausführungen im Protokolle der 20. Sitzung S. 156).

Aus diesen Gründen müsse die Ausschließung der Parteien von den Beweisterminen gestattet werden. Das freie Ermessen des Untersuchungsrichters dürfe jedoch hierüber nicht entscheiden, weil dann die Gefahr bestehe, daß der gegenwärtige Rechtszustand tatsächlich aufrecht erhalten bleibe. Es sei vielmehr geboten, grundsätzlich den Parteien die Anwesenheit in den Terminen zu gestatten und sie nur ausnahmsweise, nämlich dann zu versagen, wenn eine Gefährdung des Untersuchungszwecks oder der öffentlichen Ordnung zu befürchten sei.

Übereinstimmung herrschte darüber, daß die im Falle des §. 191 Abs. 2 der Str.Pr.O. den Parteien zustehenden Befugnisse aufrecht zu erhalten und die Vorschrift des §. 191 Abs. 3[1]) auf alle Termine auszudehnen sein würden, in denen nach dem Antrag 1 die Parteien erscheinen dürfen.

2. Eine Minderheit wünschte, daß bei der Vernehmung des Angeschuldigten die Anwesenheit des Staatsanwalts und des Verteidigers unter den gleichen Voraussetzungen wie bei der Vernehmung von Zeugen und Sachverständigen gestattet werde. Der Staatsanwalt müsse die Einwendungen des Angeschuldigten von ihm selbst hören und ihn persönlich kennen lernen. Der Verteidiger müsse in den Stand gesetzt werden, den Untersuchungsrichter bei der Vernehmung des Angeschuldigten zu unterstützen. Allerdings würde die Anwesenheit der Verteidiger vielleicht dazu führen, daß seltener Geständnisse vor dem Untersuchungsrichter abgelegt würden. Hierin sei indessen ein Nachteil für die Rechtspflege nicht zu erblicken, zumal die Geständnisse, die bei verschlossenen Türen vor dem Untersuchungsrichter abgegeben seien, erfahrungsmäßig in der Hauptverhandlung häufig widerrufen würden. Die Anwesenheit des Staatsanwalts und des Verteidigers verleihe dem von dem Angeschuldigten abgelegten Geständnis einen größeren Wert und schütze den Untersuchungsrichter vor dem Verdachte, daß er auf den Angeschuldigten in unzulässiger Weise eingewirkt habe.

Die Mehrheit hatte zwar gegen die Zulassung des Staatsanwalts und des Verteidigers nach dem freien Ermessen des Untersuchungsrichters keine Bedenken, sprach sich aber gegen die regelmäßige Zulassung jener Personen aus. Es wurde hervorgehoben, daß sich der Angeschuldigte nur dann, wenn er mit dem Untersuchungsrichter allein sei, rückhaltlos über die Tat ausspreche; deshalb müsse es für wünschenswert erachtet werden, daß der Richter den Angeschuldigten namentlich bei der ersten Vernehmung allein vor sich habe.

II. Die Kommission war einstimmig der Ansicht, daß es bezüglich des vorbereitenden Verfahrens bei dem im §. 167 Abs. 1 der Str.Pr.O. ausgesprochenen Grundsatze verbleiben müsse, wonach für die Teilnahme der Staatsanwaltschaft an den richterlichen Verhandlungen die für die Voruntersuchung geltenden Vorschriften zur Anwendung kommen. Was den Beschuldigten, seinen Verteidiger und die von ihm benannten Sachverständigen anlangt, für welche das Gleiche gegenwärtig nach §. 167 Abs. 2 nur dann gilt, „wenn der Beschuldigte als solcher vom Richter vernommen ist oder sich in Untersuchungshaft befindet“, so wurde der Antrag,

[1]) Der §. 191 Abs. 3 bestimmt:

Von den Terminen sind die zur Anwesenheit Berechtigten vorher zu benachrichtigen, soweit dies ohne Aufenthalt für die Sache geschehen kann.

diese Vorschrift dahin abzuändern, daß die Vernehmung des Beschuldigten durch den Staatsanwalt der Vernehmung durch den Richter gleichgestellt werde,

ohne Debatte einstimmig angenommen.

Die Vorschläge, welche für die Parteiöffentlichkeit während des vorbereitenden Verfahrens in dem im Protokolle der 20. Sitzung wiedergegebenen Antrag IA, 1b und c gemacht worden sind, wurden zurückgezogen.

III. Die Kommission ging sodann über zur Beratung der Anträge:

1. Der Untersuchungsrichter soll dem Angeschuldigten, soweit es nicht der Untersuchungszweck verbietet, mindestens zweimal im Monate Kenntnis von den neu ermittelten Beweisen geben.
2. Vor Abschluß der Voruntersuchung soll der Untersuchungsrichter dem Angeschuldigten die Gesamtheit der gegen ihn gesammelten Beweise vorhalten.

Der Antrag 1 wurde mit 12 gegen 5 Stimmen, der Antrag 2 einstimmig angenommen.

Zur Begründung der Anträge wurde ausgeführt: Nach dem geltenden Rechte sei der Untersuchungsrichter nur verpflichtet, den Angeschuldigten während der Voruntersuchung mindestens einmal zu vernehmen (§. 190) und ihn von dem Schlusse der Voruntersuchung in Kenntnis zu setzen (§. 195). Damit sei aber dem berechtigten Interesse des Angeschuldigten nicht genügt. Die vorgeschriebene Vernehmung erfolge der Absicht des Gesetzes gemäß in der Regel bei Beginn der Voruntersuchung und der Angeschuldigte bleibe dann oft Wochen oder Monate lang ohne jede Kenntnis über den Fortgang des Verfahrens. Im Interesse des Angeschuldigten sei es geboten, daß ihm durch den Richter, dem Antrag 1 gemäß, von Zeit zu Zeit dasjenige vom Stande der Untersuchung mitgeteilt werde, was er ohne Schädigung des Untersuchungsinteresses erfahren könne. Dem Richter werde diese Pflicht auch ein Ansporn sein, den Fortgang der Untersuchung zu fördern. Außerdem müsse, dem Antrage 2 gemäß, dem Angeschuldigten vor dem Abschlusse der Voruntersuchnng das gesamte Belastungsmaterial nochmals im Zusammenhange vorgehalten werden, damit er über das Ergebnis des Verfahrens vollständig unterrichtet werde und Gelegenheit erhalte, behufs Entkräftung des gegen ihn gesammelten Materials eine Ergänzung der Voruntersuchung herbeizuführen.

Gegen den Antrag 2 wurden von keiner Seite Bedenken erhoben. Dagegen hielt eine Minderheit die im Antrag 1 vorgesehene regelmäßige Kenntnisgabe für überflüssig, zumal wenn der Angeschuldigte nach den Beschlüssen zu I in den Stand gesetzt werde, sich selbst durch Teilnahme an der Vernehmung der Zeugen und Sachverständigen über den Gang der Untersuchung auf dem Laufenden zu halten. Einige Mitglieder wollten dem Antrag 1 nur dann zustimmen, wenn er auf verhaftete Angeschuldigte beschränkt würde.

IV. Der Antrag:

Der Beschuldigte ist bei den Vernehmungen durch den Staatsanwalt oder Richter über die ihm jeweils zur Vorbereitung seiner Verteidigung zustehenden Rechte zu belehren.

wurde mit 14 gegen 3 Stimmen abgelehnt. Die Mehrheit war der Ansicht, daß eine solche Belehrung zwar in der Regel angemessen sei, in dieser Allgemeinheit aber nicht zur Pflicht gemacht werden könne.

V. Der Antrag:

Der gesetzliche Vertreter des Beschuldigten ist von der Einleitung eines Strafverfahrens zu verständigen, sobald zu einer Vernehmung des Beschuldigten oder ohne solche zur Einreichung einer Anklageschrift oder zum Antrag auf Erlassung eines Strafbefehls geschritten wird.

wurde mit 13 gegen 4 Stimmen abgelehnt.

Zu Gunsten der beantragten Vorschrift wurde ausgeführt, daß unter der Herrschaft des geltenden Rechtes der gesetzliche Vertreter häufig über die Einleitung eines Strafverfahrens in Unkenntnis bleibe und deshalb nicht in der Lage sei, die ihm durch das Gesetz (zu vergl. die §§. 137, 140, 149, 340 der Str.Pr.O.) eingeräumten Befugnisse auszuüben. Die Mehrheit glaubte, auch diesem Antrage wegen seiner Allgemeinheit nicht zustimmen zu können, hielt ihn auch für nicht durchführbar, weil es oft überhaupt nicht oder nur mit großen Schwierigkeiten möglich sein werde, den gesetzlichen Vertreter des Beschuldigten zu ermitteln. Den Justizverwaltungen könne überlassen bleiben, dem praktischen Bedürfnisse durch geeignete Maßnahmen tunlichst Rechnung zu tragen (zu vergl. die Verfügung des Preußischen Justizministers vom 11. August 1902, Justiz-Ministerial-Bl. S. 223).

25. Sitzung.

12. November 1903.

Zwischenverfahren.

Die Kommission ging zur Beratung der Vorschriften, welche die Entscheidung über die Eröffnung des Hauptverfahrens betreffen, über.

I. Es fand zunächst eine Generaldebatte darüber statt, ob sich die Einführung einer kontradiktorischen Schlußverhandlung (J I 1 b des Fragebogens) in Anlehnung an die im Protokolle der 20. Sitzung unter II. 3 (S. 145 flg.) mitgeteilten Anträge empfehle. Zu Gunsten dieser Einrichtung, welche allgemeine Zustimmung fand, wurde ausgeführt:

Das geltende Gesetz leide an einem erheblichen Mangel, weil das Gericht die Entscheidung über die Eröffnung des Hauptverfahrens nur auf Grund der Akten und der in ihnen enthaltenen Protokolle zu fassen habe. In der Praxis finde eine eingehende Prüfung des Akteninhalts seitens des beschließenden Gerichts, wie sie der §. 201 der Str.Pr.O. voraussetze, nur in den wenigsten Fällen statt. Vielfach werde die Beschlußfassung ohne mündlichen Vortrag mechanisch erledigt, nachdem der Vorsitzende und der Referent in die Akten Einsicht genommen hätten. Aus einzelnen Bezirken wurde berichtet, daß sogar nur der Vorsitzende alle Sachen prüfe und daß lediglich, wenn er Bedenken habe, sich noch ein weiteres Mitglied der Kammer einer näheren Prüfung der Sachlage unterziehe. Die Gründe dieser Erscheinung lägen darin, daß die meist überlasteten Gerichte geringe Neigung zeigten, sich der sehr zeitraubenden und wenig anregenden Arbeit einer sorgfältigen Prüfung und Beratung sämtlicher Sachen zu unterziehen, weil in der Regel auch nach eingehender Prüfung der Akteninhalt doch keinen genügenden Anhalt für die Ablehnung des Hauptverfahrens biete und in den verhältnismäßig wenigen Fällen, in denen die Kammer sich zur Ablehnung entschließe, erfahrungsgemäß häufig der ablehnende Beschluß in der Beschwerdeinstanz abgeändert werde.

Diesen Mißständen könne nur durch eine kontradiktorische Schlußverhandlung abgeholfen werden, welche das gesamte Kollegium informiere sowie dem Gerichte Gelegenheit gebe, von dem Angeschuldigten einen persönlichen Eindruck zu bekommen und von ihm selbst die Einwendungen gegen die Eröffnung des Hauptverfahrens entgegenzunehmen.

Andererseits wurde hervorgehoben, daß die *obligatorische* Einführung der Schlußverhandlung wieder die Gefahr einer mechanischen Behandlung durch die Gerichte mit sich bringen würde. In der Mehrzahl der Fälle sei eine besondere gerichtliche Entscheidung über die Eröffnung des Hauptverfahrens und demgemäß eine kontradiktorische Schlußverhandlung überflüssig, weil Einwendungen gegen das Hauptverfahren schlechterdings nicht vorgebracht werden könnten und auch vom Angeschuldigten gar nicht beabsichtigt seien. Es genüge deshalb, wenn man die Einleitung des in Aussicht genommenen Verfahrens davon abhängig mache, ob der Angeschuldigte Einwendungen gegen die Anklageschrift erhebe. Werde der Angeschuldigte entsprechend belehrt, so erscheine es unbedenklich, in der Unterlassung von Einwendungen einen Verzicht auf einen gerichtlichen Eröffnungsbeschluß und demgemäß auch auf eine kontradiktorische Schlußverhandlung zu erblicken.

II. In der Spezialdebatte gelangte zuerst zur Beratung der Antrag:

Erachtet die Staatsanwaltschaft nach stattgehabter Voruntersuchung, daß der Angeschuldigte außer Verfolgung zu setzen oder das Verfahren einzustellen sei, so stellt sie entsprechenden Antrag beim Untersuchungsrichter. Erachtet dieser den Antrag für gerechtfertigt, so verfügt er entsprechend durch Beschluß. Andernfalls legt er die Akten der Strafkammer zur Beschlußfassung vor. Diese beschließt in nichtöffentlicher Sitzung nach mündlichem Gehöre der Prozeßbeteiligten. Der Angeschuldigte ist in der Benachrichtigung von dem Termine darauf hinzuweisen, daß er die Vornahme einzelner Beweiserhebungen bis zum Termin oder im Termine beantragen könne. Beschließt das Gericht, daß Hauptverhandlung stattzufinden habe, so bezeichnet es in dem Beschlusse die dem Angeschuldigten zur Last gelegte Tat und der Staatsanwalt hat eine dem entsprechende Anklageschrift einzureichen. Diese ist dem Angeschuldigten mitzuteilen.

Dazu waren die Unteranträge gestellt,

a) den Satz 4 dahin zu fassen:

Diese beschließt in nichtöffentlicher Sitzung ohne Gehör der Prozeßbeteiligten.

b) im Satze 4 hinter „Prozeßbeteiligten" hinzuzufügen:

soweit ein solches vom Gerichte für erforderlich erachtet wird.

c) hinter Satz 5 einzuschalten:

Das Erscheinen der Prozeßbeteiligten ist nicht notwendig.

d) die Vorschrift hinzuzufügen:

Die Strafkammer kann von Amtswegen eine Ergänzung der Voruntersuchung anordnen.

Der Hauptantrag wurde nebst den Unteranträgen c und d einstimmig angenommen, nachdem die Unteranträge a und b mit 12 gegen 4 Stimmen abgelehnt worden waren.

Die Kommission erwog: Gelange nach stattgehabter Voruntersuchung der Staatsanwalt zu der Ansicht, daß der Angeschuldigte außer Verfolgung zu setzen sei, und teile der Untersuchungsrichter diese Ansicht, so brauche die Strafkammer mit der Angelegenheit nicht befaßt zu werden, weil alsdann genügende Gewähr dafür vorliege, daß der Angeschuldigte der Tat nicht verdächtig sei. Man könne es in diesen Fällen unbedenklich dem Untersuchungsrichter überlassen, die Einstellung zu beschließen. Nur in den Fällen, in denen der Untersuchungsrichter den Antrag auf Außerverfolgungsetzung nicht für gerechtfertigt halte, sei eine Beschlußfassung der Strafkammer herbeizuführen, welcher aus den in der

Generaldebatte entwickelten Gründen das mündliche Gehör der Prozeßbeteiligten voranzugehen habe. Eine Minderheit glaubte zwar, daß eine Anhörung der Parteien in diesen Fällen nicht notwendig sei (Unterantrag a) oder wenigstens nur insoweit zu erfolgen brauche, als sie vom Gerichte für erforderlich erachtet werde (Unterantrag b). Gebe man dem Angeschuldigten einen Anspruch auf mündliches Gehör, so werde man ihm auch nicht das Recht versagen können, wegen Krankheit oder aus anderen erheblichen Gründen eine Vertagung der Verhandlung zu beantragen. Diese Rücksichtnahme sei überflüssig, wenn sogar die Staatsanwaltschaft von einer weiteren Verfolgung absehen wolle. Demgegenüber wurde jedoch ausgeführt: Wolle man überhaupt die Möglichkeit einer kontradiktorischen Verhandlung vor Eröffnung des Hauptverfahrens gewähren, so müsse dies auch in den vorliegenden Fällen geschehen. Vom Ermessen des Gerichts könne das mündliche Gehör nicht abhängig gemacht werden, weil alsdann, wenn das Gericht die Anhörung beschließe, eine doppelte Beschlußfassung nötig wäre. Übrigens sei eine erhebliche Belästigung der Parteien und der Gerichte durch überflüssige Verhandlungen nicht zu befürchten, weil es nur selten vorkommen werde, daß wegen mangelnder Übereinstimmung zwischen Staatsanwalt und Untersuchungsrichter das Gericht entscheiden müsse.

III. Es gelangte sodann zur Beratung der Antrag:

> Wenn nach Schluß der Voruntersuchung die Staatsanwaltschaft die Aburteilung durch das erkennende Gericht für geboten hält, so hat sie bei dem Untersuchungsrichter eine Anklageschrift einzureichen. Der Untersuchungsrichter hat sodann in Gemäßheit des §. 199 der Str.Pr.O. zu verfahren. Über die von dem Angeschuldigten erhobenen Einwendungen und Anträge wird vor dem Untersuchungsrichter in nichtöffentlicher Sitzung, zu der die Prozeßbeteiligten zu laden sind, verhandelt. Wenn der Untersuchungsrichter den Antrag der Staatsanwaltschaft für gerechtfertigt hält, so beschließt er die Eröffnung des Hauptverfahrens und die Verweisung des Angeschuldigten vor das erkennende Gericht; andernfalls legt er die Akten nebst einer Begründung seiner Entschließung der Strafkammer zur Beschlußfassung vor. Die Strafkammer beschließt in nichtöffentlicher Sitzung, zu welcher die Staatsanwaltschaft, der Angeschuldigte und der Verteidiger zu laden und in welcher die Erschienenen zu hören sind. Die Strafkammer ist auch befugt, von Amtswegen eine Ergänzung der Voruntersuchung anzuordnen.

Zur Begründung des Antrags wurde ausgeführt:

Da sich das Beschlußverfahren bei den Strafkammern wenig bewährt habe, müsse man danach streben, das Institut der beschließenden Strafkammer möglichst zu beseitigen. In dieser Richtung habe die Kommission bereits einen Schritt getan, indem sie zur Einstellung des Verfahrens den Untersuchungsrichter für befugt erklärt habe, falls er den auf Einstellung gerichteten Antrag des Staatsanwalts für gerechtfertigt halte. Auf diesem Wege müsse weitergeschritten werden, indem man den Untersuchungsrichter in der Regel auch über die Eröffnung des Hauptverfahrens entscheiden lasse und nur in den seltenen Fällen einer Differenz mit der Ansicht des Staatsanwalts über die Eröffnung eine Entscheidung der Strafkammer erfordere. Das Verfahren werde dadurch vereinfacht und verkürzt. Der Untersuchungsrichter sei, weil er die Erhebungen selbst vorgenommen habe, am besten über die Sachlage unterrichtet. Er werde, wenn er allein über die Eröffnung des Hauptverfahrens zu entscheiden habe, infolge des Gefühls der Verantwortung den Beschluß mit der größten Sorgfalt und Objektivität fassen. Überhaupt werde die Stellung des Untersuchungsrichters gehoben werden, wenn er nicht blos die Beweise zu sammeln, sondern auch als Richter eine Entscheidung darüber zu treffen habe.

Dem Antrage wurde entgegengehalten: Er führe zu dem ungerechten Ergebnisse, daß in schweren Strafsachen, in denen eine Voruntersuchung stattgefunden habe, ein Einzelrichter über die Eröffnung des Hauptverfahrens entscheide, in leichteren Sachen ohne Voruntersuchung dagegen ein Kollegium. Der Untersuchungsrichter lasse sich durch das Sammeln der Beweise leicht zu Ungunsten des Angeschuldigten beeinflussen, weshalb das geltende Recht (§ 23 Abs. 2 der Str.Pr.O.) ihn mit Recht von jeder Teilnahme an einer Entscheidung des erkennenden oder beschließenden Gerichts ausschließe. Am bedenklichsten sei, daß nach dem Antrage der Untersuchungsrichter, wenn er trotz der Einwendungen des Angeschuldigten die Eröffnung des Hauptverfahrens beschließe, über das Ergebnis seiner eigenen Tätigkeit, d. h. darüber, ob er genügendes Verdachtsmaterial ohne Verletzung gesetzlicher Vorschriften gesammelt habe, selbst und zwar endgiltig entscheiden würde.

Von einer Seite wurde ausgeführt, daß dem Untersuchungsrichter die Entscheidung über die Eröffnung des Hauptverfahrens nur dann hätte überlassen werden können, wenn dem Staatsanwalte die Leitung der Voruntersuchung übertragen worden wäre (zu vergl. den Antrag im Protokolle der 21. Sitzung unter IV S. 161). In dem vorliegenden Antrage sei aber der Gedanke zu billigen, daß ein Einzelrichter über die Eröffnung des Hauptverfahrens entscheiden solle. Es wurde deshalb von dieser Seite der Antrag gestellt:

> Die bei der Eröffnung des Hauptverfahrens erforderlichen Entscheidungen der Strafkammer haben durch ein Mitglied der Strafkammer zu erfolgen.

Demgegenüber wurde das Bedenken ausgesprochen, daß nicht ein einzelnes Mitglied des Landgerichts eine Entscheidung über die Tätigkeit eines anderen Mitglieds treffen dürfe.

Beide Anträge wurden vor der Abstimmung zurückgezogen.

IV. Die Anträge:

> Erachtet die Staatsanwaltschaft nach durchgeführter Voruntersuchung, oder ohne daß eine solche stattgefunden, die Aburteilung durch das erkennende Gericht für geboten, so hat sie eine Anklageschrift mit Anklageformel in Gemäßheit der §§ 197, 198 der Str.Pr.O. einzureichen.
>
> Über den Antrag auf Fortdauer oder Anordnung der Untersuchungshaft beschließt das Gericht.

wurde ohne Debatte einstimmig angenommen.

V. Es gelangte sodann zur Beratung der Antrag:

In den vor den Schöffengerichten zu verhandelnden Sachen — und zwar auch in den im §. 75 des G.V.G. bezeichneten Sachen, wenn die Staatsanwaltschaft die dort bezeichneten Voraussetzungen als vorliegend erachtet und deshalb die Anklageschrift beim Amtsgericht einreicht — beraumt der Amtsrichter Termin zur Hauptverhandlung an, es sei denn, daß die Voraussetzungen des §. 178 Abs. 1 der Str.Pr.O. vorliegen. Solchenfalls lehnt er die Anberaumung der Hauptverhandlung durch Beschluß ab. Dagegen steht der Staatsanwaltschaft sofortige Beschwerde zu. Der Amtsrichter ist befugt, vor der Beschlußfassung einzelne Beweiserhebungen anzuordnen.

Der Antrag wurde, nachdem dem Satz 1 die Worte hinzugefügt waren:

oder der Angeschuldigte nicht ausreichend verdächtig erscheint.

angenommen und zwar, soweit er die nach §. 27 des G.V.G. zur Zuständigkeit der Schöffengerichte gehörenden Sachen betrifft, einstimmig, soweit er die Sachen betrifft, welche nach §. 75 des G.V.G. den Schöffengerichten überwiesen werden können, mit 12 gegen 4 Stimmen.

In der Form, in welcher der Antrag von der Kommission zum Beschluß erhoben wurde, unterscheidet er sich vom geltenden Rechte nur nach zwei Richtungen hin:

Einmal soll der Eröffnungsbeschluß in den vor den Schöffengerichten zu verhandelnden Sachen wegfallen. Dieser Eröffnungsbeschluß wurde von allen Seiten als eine überflüssige Förmlichkeit angesehen, die nur nutzloses Schreibwerk verursache. Es genüge, wenn der Amtsrichter die Möglichkeit habe, aus den Rechtsgründen des §. 178 Abs. 1 der Str.Pr.O. oder wegen mangelnden Verdachts die Anberaumung der Hauptverhandlung abzulehnen. Habe er keine Bedenken, so könne sofort der Termin zur Hauptverhandlung anberaumt werden. Die Anklageschrift müsse dann an Stelle des heutigen Eröffnungsbeschlusses die Grundlage des weiteren Verfahrens bilden.

Die zweite Änderung des geltenden Rechtes besteht darin, daß bei den im §. 75 des G.V.G. bezeichneten Vergehen nicht mehr ein Überweisungsbeschluß der Strafkammer erforderlich sein soll, um die Verhandlung und Entscheidung den Schöffengerichten zu übertragen, sondern daß die Staatsanwaltschaft allein darüber bestimmen soll, ob das Vergehen von dem Schöffengericht oder der Strafkammer abgeurteilt wird. Einer Minderheit erschien eine derartige Erweiterung der Befugnisse der Staatsanwaltschaft bedenklich. Die Mehrheit erwog demgegenüber: Die Bestimmung des Gerichts hänge in den Fällen des §. 75 des G.V.G. tatsächlich schon heute im wesentlichen vom Willen der Staatsanwaltschaft ab, da die Überweisung an das Schöffengericht nur auf ihren Antrag erfolgen könne und andererseits in der Praxis den Anträgen auf Überweisung von den Strafkammern fast ausnahmslos Folge gegeben werde. Übrigens sei ein Mißbrauch des der Staatsanwaltschaft zu gewährenden Rechtes kaum zu befürchten. Die Möglichkeit, daß die Staatsanwaltschaft eine Sache nur deshalb dem Schöffengericht überweise, weil sie glaube, daß dieses eine strengere Strafe festsetzen werde, liege allerdings vor; der Angeklagte sei aber in der Lage, durch Einlegung der Berufung eine Entscheidung des Landgerichts herbeizuführen.

Die Einführung einer „kontradiktorischen Schlußverhandlung" war für die schöffengerichtlichen Sachen von keiner Seite angeregt worden.

VI. Es folgte die Beratung über den Antrag:

> Der Vorsitzende der Strafkammer hat die Anklageschrift dem Angeschuldigten mitzuteilen. Dabei ist Letzterer zu belehren, daß es ihm freisteht, binnen einer Woche gegen die Abhaltung der beantragten Hauptverhandlung oder gegen die Anordnung der Haft Einwendungen zu erheben oder eine Voruntersuchung oder Vornahme einzelner Beweiserhebungen vor der Hauptverhandlung zu beantragen. Die Belehrung soll tunlichst mündlich durch den Untersuchungsrichter, den Vorsitzenden oder ein anderes Mitglied des Gerichts oder einen ersuchten Richter erfolgen. Sie hat solchergestalt zu geschehen, wenn der Angeschuldigte in Haft ist. Solchenfalls ist gleichzeitig dem Verteidiger die Anklageschrift mitzuteilen. Bei der mündlichen Belehrung ist der Angeschuldigte auch über den Inhalt derAnklageschrift zu verständigen.

Hierzu wurden die Unteranträge gestellt,

a) im Satze 3 hinter „soll" einzufügen: „in Haftsachen" und den Satz 4 zu streichen;

b) dem Satze 3 hinzuzufügen:
   es sei denn, daß der Angeschuldigte einen Verteidiger hat oder in vollem Umfange geständig ist.

c) im Satze 3 hinter „ersuchten Richter" einzuschieben:
   oder einen Gerichtsschreiber, der mindestens die erste juristische Prüfung bestanden hat.

Die Kommission lehnte mit 8 gegen 7 Stimmen ab, die im §. 199 Abs. 1, 2 der Str.Pr.O. vorgesehene schriftliche Aufforderung durch eine Belehrung im Sinne der gestellten Anträge zu ersetzen. Damit waren der Hauptantrag mit Ausnahme des Satzes 5 sowie die drei Unteranträge erledigt. Der Satz 5 des Hauptantrages, wonach dem Verteidiger des verhafteten Angeschuldigten die Anklageschrift mitzuteilen ist, wurde sodann einstimmig angenommen.

Zu Gunsten des Hauptantrags wurde ausgeführt:

Die schriftliche Aufforderung, welche nach §. 199 der Str.Pr.O. an den Angeschuldigten zu richten sei, habe geringen praktischen Wert, weil die Mehrzahl der Angeschuldigten weder den Inhalt der Anklageschrift noch den Sinn der Aufforderung verstehe und deshalb außer Stande sei, geeignete Anträge sachgemäß zu stellen. Ein Verteidiger stehe dem Angeschuldigten in der Regel noch nicht zur Seite, weil er meistens erst nach Eröffnung des Hauptverfahrens gewählt werde.

Es sei deshalb wünschenswert, daß an Stelle der schriftlichen Aufforderung eine Belehrung über die dem Angeschuldigten zustehenden Rechte trete. Dies sei um so notwendiger, wenn man es von der Erhebung von Einwendungen oder

der Stellung von Anträgen abhängig machen wolle, ob eine kontradiktorische Schlußverhandlung und eine gerichtliche Entscheidung über die Eröffnung des Hauptverfahrens stattfinden oder der Vorsitzende sofort Termin zur Hauptverhandlung anberaumen solle. Die Belehrung werde am wirksamsten sein, wenn sie mündlich erfolge, zumal hierbei der Angeschuldigte zugleich durch den Richter über den Inhalt der Anklageschrift aufgeklärt werden könne. Die mündliche Belehrung müsse deshalb die Regel bilden und in Haftsachen stets stattfinden, da der Verhaftete ohnehin in seiner Verteidigung beschränkt sei. Auch die Militärstrafgerichtsordnung (§. 256) sehe für die Regel, insbesondere für Haftsachen, eine mündliche Bekanntmachung der Anklageschrift an den Beschuldigten vor.

Einige Mitglieder hielten nur in Haftsachen eine mündliche Belehrung für angezeigt und auch in dieser Beschränkung eine zwingende Vorschrift nicht für erforderlich (Unterantrag a). Andere Mitglieder wollten von einer mündlichen Belehrung absehen, wenn der Angeschuldigte einen Verteidiger habe oder in vollem Umfange geständig sei (Unterantrag b). Von dritter Seite wurde behufs Entlastung der Richter befürwortet, die Gerichtsschreiber, sofern sie die im Unterantrage c bezeichnete Voraussetzung erfüllen, zur mündlichen Belehrung zu ermächtigen.

Die Mehrheit lehnte die Einführung einer richterlichen Belehrung an Stelle der im §. 199 der Str.Pr.O. vorgeschriebenen Aufforderung ab, indem sie erwog: Der Kernpunkt der Vorschläge liege in der mündlichen Belehrung. Diese sei aber in den zahlreichen Fällen, in denen die Sachlage einfach sei, völlig überflüssig und werde in der Regel nur eine zwecklose Verzögerung des Verfahrens herbeiführen. Sachgemäße Belehrungen würden ein zeitraubendes Durchsprechen des ganzen Anklagestoffs zur Voraussetzung haben und zu einer unerträglichen Belastung des Richterstandes führen. Es sei deshalb zu befürchten, daß die massenhaft erfolgenden Belehrungen in mechanischer Weise gehandhabt werden würden. Der Richter würde sich in der Regel darauf beschränken, die Anklageschrift zu verlesen und den Inhalt der gesetzlichen Vorschriften kurz mitzuteilen. Ein solches Verfahren werde dem Angeschuldigten nichts nützen und sei der Stellung des Richters nicht würdig. Überhaupt sei die Belehrung nicht die Aufgabe des Richters, sondern die eines Verteidigers. Im Bereiche der Militärstrafgerichtsordnung sei die Sachlage schon deshalb eine andere, weil es sich dort um eine weit geringere Zahl von Strafsachen handele.

Der an den §. 256 Abs. 5 der Militärstrafgerichtsordnung sich anlehnende Vorschlag, daß die Anklageschrift, falls der Angeschuldigte sich in Haft befindet, auch dem Verteidiger mitzuteilen sei, schien allen Mitgliedern eine zweckmäßige Ergänzung des bestehenden Rechtes zu sein.

VII. Der Antrag:

> Die Einwendungen und Anträge können schriftlich oder zu Protokoll desjenigen Richters, der die Belehrung vorgenommen hat, oder eines vom Vorsitzenden zu bestimmenden Gerichtsmitglieds oder des Amtsrichters am Wohnorte des Angeschuldigten erklärt werden.

wurde im Laufe der Beratung durch den Antrag:

> Der nichtverteidigte Angeschuldigte kann verlangen, daß er zur Aufnahme seiner Einwendungen und Anträge von einem Richter oder einer Person, die die erste juristische Prüfung bestanden hat, vernommen werde.

ersetzt. Der letztere Antrag wurde mit 8 gegen 6 Stimmen angenommen.

Die Mehrheit, welche sich für den Antrag aussprach, ging davon aus, daß die sachgemäße Aufnahme von Einwendungen und Anträgen nur durch eine rechtskundige Person erfolgen könne. Die Minderheit verhielt sich ablehnend, weil sie grundsätzlich daran festhalten wollte, daß nicht der Richter, sondern der Gerichtsschreiber die mündlichen Erklärungen zu beurkunden habe.

26. Sitzung.

13. November 1903.

Zwischenverfahren. Fakultatives mündliches Vorverfahren.

Die Kommission setzte die Beratung der die Einführung einer kontradiktorischen Schlußverhandlung betreffenden Vorschläge fort.

I. Der Antrag:

> Beantragt der Angeschuldigte Voruntersuchung, so ist die Sache ohne weiteres an den Untersuchungsrichter abzugeben.

wurde einstimmig ohne Debatte angenommen. Die Vorschrift wurde als selbstverständliche Folge des im Protokolle der 23. Sitzung unter VII bezeichneten Beschlusses angesehen.

Der von anderer Seite gestellte Antrag:

> Beantragt der in Untersuchungshaft befindliche Angeschuldigte Voruntersuchung, so ist die Sache ohne weiteres an den Untersuchungsrichter abzugeben.

wurde mit Rücksicht auf jenen Beschluß zurückgezogen.

II. Die Kommission ging sodann zu dem Antrag über:

> Im übrigen entscheidet das Landgericht, nachdem Einwendungen oder Anträge erhoben sind, in nichtöffentlicher Sitzung durch Beschluß nach Vortrag eines Berichterstatters und kontradiktorischem Gehöre der Prozeßbeteiligten. Letztere und ihre Vertreter sind entsprechend zu laden. Ihr Erscheinen ist nicht notwendig; doch ist der verhaftete Angeschuldigte vorzuführen, wenn er am Sitze des Gerichts in Haft ist und die Vorführung nicht ablehnt. Die Mitglieder des Gerichts können an den Angeschuldigten Fragen richten.

Dazu waren die Unteranträge gestellt,

a) den Satz 1 dahin zu fassen:

> Im übrigen entscheidet das Landgericht in nichtöffentlicher Sitzung durch Beschluß nach Vortrag eines Berichterstatters, und zwar über Einwendungen gegen die Eröffnung des Hauptverfahrens nach kontradiktorischem Gehöre der Prozeßbeteiligten.

b) dem Satze 1 zuzufügen:

> soweit ein solches vom Gerichte für erforderlich erachtet wird.

Der letztere Antrag wurde wieder zurückgezogen. Der Satz 1 des Hauptantrags wurde mit 13 gegen 4 Stimmen, die übrigen Sätze wurden einstimmig angenommen. Damit war der Unterantrag a abgelehnt.

Bei der Beschlußfassung waren im allgemeinen die Erwägungen maßgebend, welche in der gestrigen Generaldebatte zum Ausdrucke gebracht worden waren. Mit dem Unterantrag a wurde beabsichtigt, behufs Vermeidung einer zu großen Belastung der Gerichte die kontradiktorische Verhandlung auf den Fall von Einwendungen gegen die Eröffnung des Hauptverfahrens zu beschränken. Zu Gunsten dieses Antrags wurde ausgeführt: Eine große Zahl der von den Angeschuldigten nach Mitteilung der Anklageschrift abgegebenen Erklärungen werde sich nicht gegen die Eröffnung des Hauptverfahrens richten, sondern nur die Erhebung einzelner Beweise betreffen. Es sei aber überflüssig, wegen eines bloßen Beweisantrags das Gericht mit einer mündlichen Verhandlung zu belästigen, zumal da später eine zweite Vorverhandlung behufs endgiltiger Entscheidung über die Eröffnung des Hauptverfahrens nachfolgen müßte, wenn dem Beweisantrage stattgegeben worden sei. Unter Umständen würden sich die Verhandlungen sogar noch öfter wiederholen. Die Mehrheit glaubte demgegenüber, daß meist die Stellung eines Beweisantrags auch eine Einwendung gegen die Eröffnung des Hauptverfahrens enthalten werde, daß aber jedenfalls eine Unterscheidung zwischen solchen Einwendungen und bloßen Beweisanträgen schwierig sein und in der Praxis zu Streitigkeiten führen würde. Übrigens sei, wenn von einer richterlichen Belehrung über das Recht zur Stellung von Beweisanträgen gemäß dem gestrigen Beschlusse der Kommission abgesehen werde, zu erwarten, daß künftig solche Anträge nicht häufiger als bisher gestellt werden würden.

III. Der Antrag:

> Die Strafkammer kann, wenn sie durch Einwendungen oder Anträge mit der Sache befaßt ist, die Einleitung der Voruntersuchung oder die Vornahme einzelner Beweiserhebungen verfügen, letztere auch selbst vornehmen und dabei Parteiöffentlichkeit gestatten; nach Erledigung ist in derselben Weise zu verfahren, wie dies uuter II beschlossen worden ist.

wurde ohne Debatte einstimmig angenommen, nachdem der Antragsteller mit Rücksicht auf die in der 24. Sitzung gefaßten Beschlüsse an Stelle der Worte: „und dabei Parteiöffentlichkeit gestatten" den Satz eingeschoben hatte:

> In Bezug auf das Recht der Prozeßbeteiligten, den Beweiserhebungen beizuwohnen, gelten die Bestimmungen, welche in Bezug auf die gerichtliche Voruntersuchung getroffen sind.

IV. Desgleichen wurden die Anträge:

> Die Strafkammer kann in Verfolg der Einwendungen und Anträge vorläufige oder endgiltige Einstellung des Verfahrens, Außerverfolgungsetzung, Ablehnung der Hauptverhandlung oder die Verweisung des Angeschuldigten vor das sachlich zuständige Gericht verfügen.
>
> Eine Verweisung vor das Reichsgericht steht dem Landgerichte nicht zu.

einstimmig angenommen, nachdem zur Begründung ausgeführt war, daß das Gericht, wenn es einmal mit der Sache befaßt worden sei, auch befugt sein müsse, über die gestellten Anträge hinaus sachgemäße Entscheidungen zu treffen.

Dabei wurde von einer Seite angeregt, der Strafkammer auch die Befugnisse zur Überweisung an das Schöffengericht in den Fällen des §. 75 des G.V.G. zu gewähren. Die Anregung wurde jedoch nicht weiter verfolgt, nachdem sie von anderer Seite Widerspruch erfahren hatte, weil daran festzuhalten sei, daß eine Überweisung nicht ohne den Willen der Staatsanwaltschaft stattfinden dürfe.

V. Der Antrag:

> Gilt der die Einstellung, Außerverfolgungsetzung, Ablehnung der Hauptverhandlung oder die Verweisung an ein anderes als das in der Anklageschrift bezeichnete Gericht bedingende Grund in gleicher Weise für Mitangeklagte, die keine Einwendungen erhoben haben, so hat die Strafkammer auch bezüglich ihrer so zu beschließen, als wenn auch sie Einwendungen erhoben hätten.

wurde damit begründet, daß er für die Fälle, in denen nur einer von mehreren Angeschuldigten Einwendungen erhoben habe, einem zwiespältigen Verfahren vorbeugen solle und sich an die bezüglich der Revision im §. 397 der Str.Pr.O. getroffene Vorschrift anlehne. Der Antrag wurde ohne Debatte einstimmig angenommen.

VI. Die Kommission ging zu dem Antrag über:

1. Erscheint der Angeschuldigte, der Einwendungen erhoben hat, einer strafbaren Handlung hinreichend verdächtig, so beschließt die Strafkammer, daß Hauptverhandlung stattzufinden habe. Eine Anklageformulierung findet nur statt, wenn dies zur Begründung einer von den Anträgen der Staatsanwaltschaft abweichenden Zuständigkeitsbestimmung erforderlich ist. Lehnt die Strafkammer Beweisanträge des Angeschuldigten ab, so hat sie ihm zu eröffnen, daß er diese Beweisanträge bei dem Vorsitzenden des erkennenden Gerichts oder in der Hauptverhandlung wiederholen, auch die Zeugen und Sachverständigen selbst laden lassen könne.

Während der Beratung wurden folgende weitere Anträge gestellt:

2. Die Formel des Eröffnungsbeschlusses soll sich auf die Anführung der Anschuldigung beschränken, ohne ein Maß des Verdachts zu bezeichnen.
3. Die Anklageschrift hat in der Anklageformel Ort, Zeit und Tatumstände der dem Angeschuldigten zur Last gelegten Straftat zu bezeichnen.
4. Der §. 198 Abs. 1 der Str.Pr.O.[1]) ist dahin zu formulieren:

   Die Anklageschrift hat die dem Angeschuldigten zur Last gelegte Tat unter Hervorhebung ihrer gesetzlichen Merkmale und des anzuwendenden

---

[1]) Der §. 198 Abs. 1 lautet:

> Die Anklageschrift hat die dem Beschuldigten zur Last gelegte Tat unter Hervorhebung ihrer gesetzlichen Merkmale und des anzuwendenden Strafgesetzes zu bezeichnen sowie die Beweismittel und das Gericht, vor welchem die Hauptverhandlung stattfinden soll, anzugeben.

Strafgesetzes sowie die Beweismittel anzugeben. Sie hat weiter anzugeben, in welchen Tatsachen die einzelnen gesetzlichen Merkmale der strafbaren Handlung gefunden werden und durch welche Beweismittel die einzelnen Tatsachen dargetan werden sollen. Sie hat schließlich das Gericht, vor welchem die Hauptverhandlung stattfinden soll, anzugeben.

5. Der zweite Satz des Antrags 4 soll nur für die Fälle gelten, daß der Angeschuldigte nicht geständig ist.

Es gelangten zunächst die den Inhalt der Anklageschrift betreffenden Anträge 3 bis 5 zur Abstimmung. Der Antrag 3 wurde mit 17 Stimmen gegen eine Stimme angenommen. Von dem Antrage 4 geben die Sätze 1 und 3 geltendes Recht wieder, dessen Aufrechterhaltung von keiner Seite beanstandet wurde; der Satz 2 wurde angenommen, und zwar in seinem ersten Teile bis zu dem Worte „werden" mit 16 gegen 2 Stimmen, in seinem weiteren Teile mit 11 gegen 7 Stimmen. Der Antrag 5 wurde mit 17 Stimmen gegen eine Stimme abgelehnt.

Nachdem die Kommission sodann den Antrag 2 einstimmig angenommen hatte, wurde eine Abstimmung über den Satz 1 des Antrags 1, in welchem im Laufe der Beratung das Wort „hinreichend" durch „dringend" ersetzt worden war, nicht mehr für erforderlich erachtet. Endlich wurden die Sätze 2 und 3 des Antrags 1 einstimmig angenommen.

A. Was zunächst den Inhalt der Anklageschrift betrifft, so waren für die Beschlüsse der Kommission folgende Erwägungen maßgebend:

In der Praxis beschränke sich die Anklageformel in der Regel auf die abstrakte Wiedergabe der gesetzlichen Tatbestandsmerkmale unter Hinzufügung von Ort und Zeit der Tat. In den vor den Schöffengerichten zu verhandelnden Sachen fehle es infolgedessen an jeder näheren Bezeichnung des den Gegenstand der Anklage bildenden Sachverhalts. In den übrigen Sachen müsse zwar gemäß der Vorschrift des §. 198 Abs. 2 der Str.Pr.O. der Anklageformel eine Sachdarstellung beigegeben werden; diese sei aber vielfach recht dürftig und lasse häufig nicht erkennen, in welchen der mitgeteilten Tatsachen die einzelnen gesetzlichen Merkmale der dem Angeschuldigten zur Last gelegten Tat gefunden würden. Für den Angeschuldigten erwachse hieraus der Nachteil, daß er über den Gegenstand der Beschuldigung im unklaren bleibe und infolgedessen seine Verteidigung nicht sachgemäß einrichten könne. Sei diese Praxis schon jetzt bedenklich, so müsse sie unbedingt beseitigt werden, wenn gemäß dem Antrag 1 die Anklageschrift an Stelle des heutigen Eröffnungsbeschlusses zur Grundlage des Hauptverfahrens gemacht werden und dadurch mit Rücksicht auf den §. 263 der Str.Pr.O.[1]) für die Abgrenzung der den Gegenstand der Urteilsfindung bildenden Tat eine erhöhte Bedeutung gewinnen sollte.

Zu diesem Zwecke wurde zunächst eine ausdrückliche Vorschrift für geboten erachtet, welche klarstellt, daß die Anklageformel neben einer möglichst genauen

---

[1]) Der §. 263 Abs. 1 lautet:

Gegenstand der Urteilsfindung ist die in der Anklage bezeichnete Tat, wie sich dieselbe nach dem Ergebnisse der Verhandlung darstellt.

Bezeichnung von Ort und Zeit die Tatumstände der dem Angeschuldigten zur Last gelegten Straftat anzugeben hat. Die Aufnahme einer solchen Vorschrift wurde nur von einem Mitgliede bekämpft, welches der Meinung war, daß eine Änderung der jetzigen Praxis nur zu erreichen sei, wenn die Angabe der gesetzlichen Merkmale durch eine kurze gemeinverständliche Bezeichnung der Tat ersetzt würde.

Die Mehrheit war ferner der Ansicht, daß zum Zwecke einer möglichst bestimmten Identifizierung der dem Angeschuldigten zur Last gelegten Tat die Anklageschrift in allen Sachen, auch in den vor den Schöffengerichten zu verhandelnden, genau anzugeben habe, in welchen Tatsachen die einzelnen gesetzlichen Merkmale der strafbaren Handlung gefunden würden. Endlich müsse in allen Sachen dem Angeschuldigten im Interesse seiner Verteidigung mitgeteilt werden, durch welche Beweismittel die einzelnen Tatsachen dargetan werden sollen. Gegen die letztere Vorschrift sprach sich eine größere Minderheit aus; sie erachtete eine solche Spezialisierung der Beweismittel für verwickelte Sachen als wünschenswert, befürchtete aber, daß eine alle Fälle einschließlich der Schöffengerichtssachen umfassende zwingende Vorschrift ohne genügenden Grund das Schreibwerk und die Arbeit der Staatsanwaltschaft erheblich vermehren würde. Der von einer Seite gemachte Vorschlag, die Fälle des Geständisses von der Vorschrift auszunehmen, fand bei den anderen Mitgliedern keine Billigung.

B. Für die Stellungnahme der Kommission zu den die Eröffnung des Hauptverfahrens betreffenden Anträgen (Antrag 1 Satz 1, 2, Antrag 2) waren folgende Erwägungen bestimmend:

Die nach dem geltenden Rechte erforderliche Wiederholung der Anklageformel in dem Eröffnungsbeschlusse sei eine überflüssige Förmlichkeit. In der Regel genüge die Feststellung, daß wegen der kurz anzuführenden Anschuldigung die Hauptverhandlung stattzufinden habe und es bilde dann die Anklageschrift die Grundlage des Hauptverfahrens. Eine Anklageformulierung seitens des beschließenden Gerichts sei nur dann erforderlich, wenn dadurch eine von dem Antrage des Staatsanwalts abweichende Zuständigkeitsbestimmung begründet werden solle. Auch in diesem Falle müsse jedoch vermieden werden, daß der Beschluß sich über das Maß des Verdachts ausspreche. Auf Laienrichter könne der Umstand, daß bereits ein Gericht den Angeklagten als „hinreichend verdächtig" bezeichnet habe, eine für den Angeklagten ungünstige Einwirkung ausüben. Überhaupt habe der Unterschied, den das Gesetz zwischen dem „dringenden Verdachte" bei der Verhaftung und dem „hinreichenden Verdachte" bei der Eröffnung des Hauptverfahrens mache, in der Praxis zu Unzuträglichkeiten geführt, deren Beseitigung erwünscht sei. Das Gesetz gehe davon aus, daß die Eröffnung des Hauptverfahrens nur stattfinden solle, wenn nach dem vorliegenden Belastungsmaterial eine Verurteilung mit Wahrscheinlichkeit zu erwarten stehe. Die Praxis entspreche aber nicht immer der Absicht des Gesetzes, da die Gerichte vielfach auch in solchen Fällen das Hauptverfahren eröffneten, in denen die Freisprechung wahrscheinlicher sei.

C. Der von der Kommission angenommene Satz 3 des Antrags 1 beabsichtigt, einem in der Revisionsinstanz hervorgetretenen Mangel des geltenden

Rechtes abzuhelfen. In dieser Beziehung wurde ausgeführt: Beweisanträge, welche im Zwischenverfahren abgelehnt seien, würden häufig in der Hauptverhandluug nur deshalb nicht wiederholt, weil der Angeklagte glaube, daß die Ablehnung im Zwischenverfahren sich auf die Hauptverhandlung erstrecke. Beschwere er sich dann nach der Verurteilung in der Revisionsinstanz darüber, daß das Gericht seine Beweisanträge abgelehnt und seine Verteidigung dadurch in unzulässiger Weise beschränkt habe, so könne, selbst wenn die Ablehnung ungerechtfertigt gewesen sei, dies zu einer Aufhebung des Urteils nicht führen, weil auf der Ablehnung durch die beschließende Kammer das Urteil nicht beruhe (§. 376 der Str.Pr.O.) und eine unzulässige Beschränkung der Verteidigung im Sinne des §. 377 Nr. 8 einen ablehnenden Beschluß des erkennenden Gerichts voraussetze. Dem Angeschuldigten könne also, ohne daß eine Abhilfe in der Revisionsinstanz möglich sei, ein erheblicher Entlastungsbeweis abgeschnitten werden. Diesem Mangel werde zweckmäßig durch eine Belehrung des Angeschuldigten, wie sie in dem Satze 3 für den Fall der Ablehnung eines Beweisantrags im Zwischenverfahren vorgesehen sei, abgeholfen.

VII. Zu dem Antrage:

> Hat der Angeschuldigte fristgemäß Einwendungen nicht erhoben oder auf sie ausdrücklich verzichtet, so beraumt der Vorsitzende des erkennenden Gerichts sofort Termin zur Hauptverhandlung an. Der Vorsitzende kann jedoch einen die Ablehnung der Terminsbestimmung und die Verweisung an das sachlich zuständige Gericht oder die Einstellung des Verfahrens aussprechenden Beschluß des Gerichts aus den im §. 178 Abs. 1 der Str.Pr.O. vorgesehenen Gründen herbeiführen.

war von dem Antragsteller selbst vorgeschlagen,

a) im Satze 2 hinter dem Worte „Gründen" fortzufahren:

> oder dann herbeiführen, wenn nach seiner Annahme eine Verurteilung nicht zu erwarten steht.

Von anderer Seite war beantragt,

b) im Satze 1 hinter dem Worte „Gerichts" einzuschieben:

> insofern er nicht zur besseren Aufklärung der Sache einzelne Beweiserhebungen anordnet.

Die Anträge wurden sämtlich einstimmig angenommen, wobei dieselben Erwägungen maßgebend waren, die gestern zu dem entsprechenden Beschlusse in Ansehung der Schöffengerichtssachen geführt hatten. Zur Begründung des Zusatzantrags b wurde ausgeführt: Es sei nicht ausgeschlossen, daß der Verteidiger die Geltendmachung von Einwendungen nur deshalb unterlasse, weil er gerade infolge der ungenügenden Aufklärung des Sachverhalts im Vorverfahren eine Freisprechung zu erzielen hoffe. In solchen Fällen müsse dem Vorsitzenden die Möglichkeit gewährt werden, noch einzelne Beweiserhebungen anzuordnen.

VIII. Der Antrag:

> Dem Angeschuldigten steht gegen die Beschlüsse der Strafkammer nur insoweit sofortige Beschwerde, bezw. einfache Beschwerde zu, als sie die Einwendungen wegen Unzuständigkeit oder die Untersuchungshaft betreffen.

wurde einstimmig angenommen, nachdem von dem Antragsteller noch der Zusatz angefügt war:

oder die Vorschriften über das rechtliche Gehör im Zwischenverfahren verletzt worden sind.

Zur Begründung wurde ausgeführt: Der Antrag gebe im wesentlichen das geltende Recht wieder (§. 209 Abs. 1, §. 199 Abs. 3). Die Gewährung eines allgemeinen Beschwerderechts gegen die im Zwischenverfahren ergehenden Beschlüsse sei nicht angezeigt, zumal künftig die kontradiktorische Schlußverhandlung zur Klärung des Sachverhalts wesentlich beitragen werde. Daß die bezüglich der Untersuchungshaft gefaßten Beschlüsse anfechtbar bleiben müßten, sei selbstverständlich. Die Frage der Zuständigkeit sei möglichst vor der Hauptverhandlung zum Austrage zu bringen, und es empfehle sich deshalb, in dieser Beziehung dem Angeschuldigten ein Beschwerderecht einzuräumen. Endlich müsse dem Angeschuldigten die Möglichkeit gewährt werden, sich das rechtliche Gehör im Beschwerdewege zu verschaffen, wenn es auch kaum vorkommen werde, daß ihm das rechtliche Gehör den gesetzlichen Vorschriften zuwider versagt werde.

IX. Der Antrag:

Der Staatsanwalt hat gegen die Beschlüsse der Strafkammer oder des erkennenden Gerichts insoweit sofortige Beschwerde, als die Anberaumung eines Termins zur Hauptverhandlung abgelehnt oder abweichend vom Antrage der Staatsanwaltschaft die Verweisung an ein Gericht niederer Ordnung ausgesprochen worden ist.

wurde einstimmig ohne Debatte angenommen; der Zusatzantrag,

hinter dem Worte „abgelehnt" einzuschalten:

oder ohne die gesetzlich vorgeschriebene Voruntersuchung beschlossen,

wurde dagegen mit 11 gegen 7 Stimmen abgelehnt, weil die Mehrheit glaubte, daß sich kein praktisches Bedürfnis für eine solche Vorschrift ergeben habe.

X. Der Antrag:

In den Fällen des §. 208 der Str.Pr.O.[1]) steht der Beschluß auf vorläufige Einstellung des Verfahrens, dafern keine Voruntersuchung stattgefunden hat, der Staatsanwaltschaft, sonst auf ihren Antrag dem Untersuchungsrichter zu.

wurde einstimmig ohne Debatte angenommen.

Desgleichen wurde der weitere Antrag:

Die endgültige Einstellung des Verfahrens kann in gleicher Weise beschlossen werden, wenn einer zur Freiheitsstrafe rechtskräftig verurteilten Person eine strafbare Handlung zur Last gelegt wird und die Feststellung des Straffalls mit Rücksicht auf die noch nicht vollständig verbüßte Strafe unwesentlich erscheint.

---

[1]) Der §. 208 Abs. 1 lautet:

Betraf das Vorverfahren mehrere derselben Person zur Last gelegte strafbare Handlungen, und erscheint für die Strafzumessung die Feststellung des einen oder des anderen Straffalls unwesentlich, so kann das Gericht auf Antrag der Staatsanwaltschaft beschließen, daß in Ansehung eines solchen das Verfahren vorläufig einzustellen sei.

einstimmig angenommen. Der Vorschlag entspricht, abgesehen von der hier regelmäßig der Staatsanwaltschaft zuzuweisenden Kompetenz, dem §. 208 Abs. 3 der Regierungsvorlage von 1895 (Reichstagsdrucks. 1895/96 Nr. 73) und hat auch die Billigung der Reichstagskommissionen gefunden (zu vergl. Reichstagsdrucks. 1900/1901 ad No. 220 S. 30, 31). Mehrere Mitglieder betonten, daß sich ein dringendes Bedürfnis für diese Vorschrift in der Praxis herausgestellt habe.

XI. Es lag noch zu §. 203 der Str.Pr.O. der Antrag vor:

Die vorläufige Einstellung soll auch dann zulässig sein, wenn der Angeschuldigte in einen körperlichen Zustand verfällt, der sein Erscheinen vor Gericht dauernd oder für nicht absehbare Zeit unmöglich macht, oder wenn dem Verfahren sonst ein unüberwindliches Hindernis entgegensteht.

Der Antrag wurde einstimmig angenommen. Zu seinen Gunsten wurde ausgeführt: Auch außer den im §. 203 berücksichtigten Fällen (Abwesenheit und Geisteskrankheit des Angeschuldigten) komme es vor, daß einer Fortsetzung des Verfahrens Hindernisse entgegen stünden, die eine vorläufige Einstellung wünschenswert erscheinen ließen. Insbesondere sei dies dann der Fall, wenn der Angeschuldigte in einen Krankheitszustand verfalle, welcher sein Erscheinen vor Gericht für nicht absehbare Zeit unmöglich mache. Alle in Betracht kommenden Fälle ließen sich im Gesetze nicht aufzählen; man müsse sie deshalb durch die vorgeschlagene Generalklausel decken. Mehrere Mitglieder wollten ein Bedürfnis für die Vorschrift nicht anerkennen, da die Praxis sich bereits durch eine analoge Anwendung des §. 203 auf die dort nicht ausdrücklich erwähnten Fälle geholfen habe. Sie stimmten aber trotzdem für den Antrag, um zum Ausdrucke zu bringen, daß eine bessere Fassung des Gesetzes wünschenswert sei.

XII. Der Antrag:

Die Staatsanwaltschaft soll befugt sein, auf Grund neu hervorgetretener Umstände vor der Hauptverhandlung zu Gunsten des Angeklagten die Wiederaufhebung des Beschlusses, daß Hauptverhandlung stattfinden solle, und eine anderweite Beschlußfassung des Gerichts zu beantragen.

wurde für diese Lesung zurückgezogen.

XIII. Durch die bisher stattgehabte Beratung wurden außer den Fragen J I 1 auch die Fragen J I 2 des Fragebogens:

Sollen die Vorschriften über den das Hauptverfahren eröffnenden Beschluß geändert werden?

Insbesondere:

a) Ist eine genauere Prüfung der Frage der hinreichenden Belastung des Angeschuldigten nach der tatsächlichen und nach der rechtlichen Seite hin durch eine Änderung des Verfahrens zu sichern?
(Str.Pr.O. §. 201)

b) Ist eine genauere Bezeichnung (Individualisierung) der dem Angeklagten zur Last gelegten Tat zu verlangen?
(Str.Pr.O. §. 205)

c) Ist der Eröffnungsbeschluß einer Anfechtung durch den Angeklagten zu unterwerfen?
(Str.Pr.O. §. 209)

als erledigt angesehen. Die weitere Frage unter J I 2:

d) Soll, wenn sich in der Hauptverhandlung der tatsächliche Inhalt des Beschlusses als mangelhaft oder unvollständig ergibt, auf Antrag des Angeklagten die Aussetzung zu erfolgen haben?
(Str.Pr.O. §§. 263, 265)

wurde einstimmig von der Kommission verneint. Abgesehen davon, daß nach den Beschlüssen der Kommission ein eigentlicher Eröffnungsbeschluß nicht mehr in Frage komme, sei zu befürchten, daß ein Recht des Angeklagten auf Aussetzung vielfach zu Verschleppungen mißbraucht werden würde. Es werde aber bei der Beratung der Vorschriften über die Revision zu erwägen sein, ob und wieweit Mängel des Eröffnungsbeschlusses oder der nach den Beschlüssen der Kommission an seine Stelle tretenden Anklageschrift eine Aufhebung des Urteils begründen sollen.

XIV. Endlich beschloß die Kommission auf die Frage J II des Fragebogens einstimmig ohne Debatte, daß die in Ansehung des Vorverfahrens gefaßten Beschlüsse auch für den Fall der Einführung der Berufung gegen die in erster Instanz ergehenden Urteile der Strafkammern gelten sollen.

XV. Vor der Frage K des Fragebogens wurde zunächst noch der Antrag:

Es empfiehlt sich die Einführung eines fakultativen mündlichen Vorverfahrens auf Antrag der Staatsanwaltschaft mit der Möglichkeit sofortiger Urteilsfällung, Eröffnung des Hauptverfahrens, Einstellung des Verfahrens oder Eröffnung der formellen Voruntersuchung.[1])

zur Beratung gestellt. Der Antrag wurde mit 11 gegen 5 Stimmen abgelehnt.

Zu Gunsten des Antrags war ausgeführt worden:

Die Einführung eines mündlichen Vorverfahrens im Sinne der in der 20. Sitzung unter I gestellten Anträge (S. 142 flg., 148 flg.) sei in der 21. Sitzung insbesondere aus dem Grunde abgelehnt worden, weil es nicht in allen Sachen, namentlich nicht in größeren durchführbar sei. Es sei aber unbedenklich, ein solches Verfahren als fakultatives zuzulassen. Bei einer großen Zahl einfach liegender Fälle sei das mündliche Vorverfahren leicht durchführbar und mit erheblichen Vorteilen für die Strafrechtspflege verbunden. Der Staatsanwaltschaft könne die Auswahl der dafür geeigneten Sachen überlassen werden. Die Mündlichkeit biete den Vorzug, daß die Staatsanwaltschaft und der Beschuldigte besser informiert würden, daß durch den Wegfall der Protokolle und die Verminderung des sonstigen Schreibwerkes eine erhebliche Beschleunigung erzielt werde und daß sich insbesondere die Unschuld einer zu

[1]) Zu vergl. Protokoll der 21. Sitzung unter III, S. 160.

Unrecht verfolgten Person schneller als im gewöhnlichen Verfahren herausstellen werde. Viele Sachen würden sich in einem Termine vollständig erledigen lassen. Der Vorzug der Beschleunigung werde insbesondere dann zur Geltung kommen, wenn im Anschluß an die mündliche Vorverhandlung auch eine sofortige Urteilsfällung durch den die Verhandlung leitenden Richter zugelassen werde. Übrigens liege der Hauptzweck des beantragten Verfahrens nicht darin, daß eine möglichst schnelle Verurteilung erzielt, sondern darin, daß die Aufklärung des Sachverhältnisses beschleunigt werde. Hierdurch unterscheide sich das mündliche Vorverfahren von dem im §. 211 der Str.Pr.O. geregelten abgekürzten Verfahren, welchem eine auf baldige Verurteilung hinzielende Tendenz innewohne.

Die Mehrheit glaubte dagegen, auch der Einführung eines fakultativen mündlichen Vorverfahrens widersprechen zu müssen. Es sei zu befürchten, daß infolge der hierdurch eintretenden Häufung der Verfahrensarten die Klarheit und leichte Handhabung der Prozeßordnung leiden werde. Der Antrag wolle neben dem Ermittelungsverfahren, der gerichtlichen Voruntersuchung und dem abgekürzten Verfahren gemäß §. 211 der Str.Pr.O. ein neues Verfahren einführen, bei dem nicht einmal von vornherein feststehe, ob es ein Vorverfahren bleiben oder in ein Hauptverfahren übergehen werde. Selbst bei einfachen Sachen werde es sich überdies fast niemals mit Sicherheit übersehen lassen, ob das mündliche Vorverfahren überhaupt zum Ziele führe oder nicht noch in eine Voruntersuchung umgeleitet werden müsse. Auch bei der fakultativen Gestaltung des vorgeschlagenen Verfahrens handele es sich um eine völlige Neuerung, deren Folgen unberechenbare seien. Mehrere Mitglieder betonten, daß ihnen das Ziel des gestellten Antrags, soweit es dahin gehe, in einfachen Sachen ein kürzeres Verfahren zu erlangen und insbesondere die Aburteilung durch einen Einzelrichter zu ermöglichen, an sich sympathisch sei. Dieses Ziel sei aber durch eine weitere Ausgestaltung des im §. 211 der Str.Pr.O. geregelten, bereits erprobten Verfahrens besser zu erreichen. Beide Arten neben einander bestehen zu lassen, sei nicht angängig. Ob die von dem Antragsteller betonte Beschleunigung in dem erhofften Umfang eintreten würde, sei übrigens höchst fraglich. Voraussichtlich würde die Staatsanwaltschaft bei den meisten Sachen das mündliche Vorverfahren zunächst einmal versuchen auf die Gefahr hin, daß dann die Sache in eine ordentliche Voruntersuchung zurückgeführt werden müsse; in letzterem Falle entstehe aber eine überflüssige Verzögerung, selbst wenn das Ergebnis des stattgehabten mündlichen Verfahrens in flüchtigen Protokollen festgelegt werden sollte.

Infolge der Ablehnung des Antrags waren auch die folgenden Vorschläge erledigt, welche vom Antragsteller zur näheren Ausgestaltung des mündlichen Vorverfahrens gemacht worden waren:

1. Das mündliche Vorverfahren kann auf Antrag der Staatsanwaltschaft in den zur Zuständigkeit der Strafkammern gehörenden Sachen stattfinden.
2. Das Verfahren ist öffentlich. Die Öffentlichkeit kann jedoch außer in den Fällen des §. 173 des G.V.G. auch dann ganz oder teilweise ausgeschlossen werden, wenn sie eine Gefährdung des Untersuchungszwecks besorgen läßt. Die §§. 174 bis 176 des G.V.G. finden entsprechende Anwendung.

3. Der Antrag, welcher die Erhebung der öffentlichen Klage in sich schließt, ist unter Übersendung der Akten schriftlich bei dem Untersuchungsrichter zu stellen. Er hat die dem Angeschuldigten zur Last gelegte Tat unter Hervorhebung ihrer gesetzlichen Merkmale und des anzuwendenden Strafgesetzes zu bezeichnen, sowie die Beweismittel anzugeben. Die Stellung des Antrags hat bei der Strafkammer zu erfolgen, falls die Staatsanwaltschaft zugleich die Übertragung der Leitung des mündlichen Vorverfahrens an ein auswärtiges Amtsgericht des Bezirkes beantragt. In diesem Falle entscheidet das Gericht über die Zulässigkeit des Antrags (zu vergl. Nr. 4) und überträgt bei Zulassung desselben durch Beschluß die Leitung des Vorverfahrens dem Amtsgericht oder, wenn es dem darauf gerichteten Antrage der Staatsanwaltschaft nicht entsprechen will, dem Untersuchungsrichter.
4. Der Antrag kann nur wegen Unzuständigkeit des Gerichts oder wegen Unzulässigkeit der Strafverfolgung, oder weil die in dem Antrage bezeichnete Tat unter kein Strafgesetz fällt, abgelehnt werden.

   Gegen die Ablehnung steht der Staatsanwaltschaft die sofortige Beschwerde zu.
5. Wird der Antrag nicht abgelehnt, so beraumt der Richter, wenn nicht alsbald zur Verhandlung geschritten werden kann, Termin hierzu an und beschließt zugleich von Amtswegen über die Anordnung oder Fortdauer der Untersuchungshaft.
6. In den Fällen der notwendigen Verteidigung ist dem Angeschuldigten, welcher einen Verteidiger noch nicht gewählt hat, ein solcher seitens des Richters sofort nach Zulassung des Antrags zu bestellen. Die §§. 145, 146 der Str.Pr.O. finden entsprechende Anwendung.
7. Zu dem Termine sind die Staatsanwaltschaft, der Angeschuldigte und der Verteidiger zu laden. Einem zum Anschluß als Nebenkläger Berechtigten ist von dem Termin unter Hinweis auf diese Berechtigung Mitteilung zu machen. Die Anschlußerklärung kann in dem Termine mündlich erfolgen.
8. Der Richter bestimmt, welche Beweismittel zu dem Termine herbeizuschaffen sind. Die §§. 222, 223 der Str.Pr.O. finden entsprechende Anwendung.
9. Die Ausführung der getroffenen Anordnungen (Nr. 7 und 8) liegt dem Gerichtsschreiber ob.

   Der auf freiem Fuße befindliche Angeschuldigte ist, wenn er nicht in entsprechender Anwendung des §. 232 der Str.Pr.O. von der Verpflichtung zum Erscheinen entbunden ist, unter dem Hinweise zu laden, daß im Falle seines Nichterscheinens verhandelt werden, im Falle seines unentschuldigten Ausbleibens auch seine Verhaftung und Vorführung erfolgen kann.

   Dem Angeschuldigten und dem Verteidiger sind bei der Ladung die in dem Antrag enthaltene Beschuldigung und die von dem Richter bestimmten Beweismittel mitzuteilen. Letzteres greift auch gegenüber der Staatsanwaltschaft Platz.

10. Die Staatsanwaltschaft und der Angeschuldigte können zu dem Termin anderweitige Beweismittel unmittelbar herbeischaffen. Der Angeschuldigte ist auf diese Befugnis in der Ladung hinzuweisen.

11. Die Verhandlung findet in Anwesenheit der Staatsanwaltschaft und eines Gerichtsschreibers statt. Ist der Angeschuldigte nicht erschienen, so kann entweder verhandelt oder, wenn das Ausbleiben nicht genügend entschuldigt ist, die Vorführung oder Verhaftung beschlossen werden. Eine Verurteilung des ausgebliebenen Angeschuldigten darf jedoch nur unter den Voraussetzungen der §§. 231, 232 der Str.Pr.O. erfolgen. Die §§. 233, 234 der Str.Pr.O. finden entsprechende Anwendung.

12. Die Verhandlung wird von dem Richter geleitet. Sie beginnt mit dem Aufrufe des Angeschuldigten, der Zeugen und Sachverständigen. Daran schließt sich die Bekanntgabe der in dem Antrage der Staatsanwaltschaft enthaltenen Beschuldigung und demnächst in Abwesenheit der Zeugen die Vernehmung des Angeschuldigten. Die Feststellung der Vorbestrafungen erfolgt nur, wenn ein Antrag auf Verurteilung gestellt und dieselbe nach dem Ermessen des Richters für die Entscheidung von Bedeutung ist. Sie kann durch Vorlegung des Strafregisterauszugs und die Erklärung des Angeschuldigten, daß er dessen Richtigkeit anerkenne, geschehen.

13. Nach der Vernehmung des Angeschuldigten folgt die Beweisaufnahme. Die Staatsanwaltschaft, der Angeschuldigte und der Verteidiger sind berechtigt, an die Zeugen und Sachverständigen direkt Fragen zu richten. Der Richter kann ungeeignete oder nicht zur Sache gehörige Fragen zurückweisen. Der §. 65 der Str.Pr.O. findet keine, die §§. 248 bis 250, 255 der Str.Pr.O. finden entsprechende Anwendung.

14. Der Richter bestimmt den Umfang der Beweisaufnahme. Vor Schluß derselben sind die Prozeßbeteiligten zu hören.

15. Die Verhandlung darf auf die Dauer von höchstens zehn Tagen ausgesetzt werden, widrigenfalls mit ihr von neuem zu beginnen ist.

16. Nach der Beweisaufnahme sind die Prozeßbeteiligten mit ihren Ausführungen und Anträgen zu hören. Dem Angeschuldigten gebührt das letzte Wort.

17. Das Verfahren schließt mit der Eröffnung des Hauptverfahrens oder der Voruntersuchung, mit der Einstellung des Verfahrens oder mit dem Erlasse des Urteils. Der §. 75 des G.V.G. findet entsprechende Anwendung.

18. Der Antrag auf Eröffnung der Voruntersuchung darf, wenn er von der Staatsanwaltschaft gestellt ist, nur aus den Gründen des §. 178 Abs. 1 der Str.Pr.O., wenn er seitens des Angeschuldigten gestellt ist, nur dann abgelehnt werden, wenn erhebliche Gründe, aus denen eine Voruntersuchung zur Vorbereitung der Verteidigung erforderlich erscheint, nicht geltend gemacht sind.

19. Wird die Voruntersuchung eröffnet, so liegt dem Richter des Vorverfahrens die Führung derselben ob.

20. Der seitens des Richters gefaßte Beschluß ist, soweit er nicht die Eröffnung der Voruntersuchung betrifft, den Prozeßbeteiligten zuzustellen.

Der Beschluß, durch welchen die Voruntersuchung eröffnet ist, unterliegt keiner Anfechtung; der Beschluß, durch welchen auf Antrag der Staatsanwaltschaft das Hauptverfahren eröffnet worden ist, kann vom Angeschuldigten nicht angefochten werden.

Im übrigen findet gegen die Beschlüsse die sofortige Beschwerde an das Oberlandesgericht statt.

Soweit die Beschlüsse hiernach einer Anfechtung unterliegen, muß aus ihnen hervorgehen, ob sie auf tatsächlichen oder auf Rechtsgründen beruhen.

21. Das durch einen nicht mehr anfechtbaren Beschluß eingestellte Verfahren kann nur auf Grund neuer Tatsachen oder Beweismittel wieder aufgenommen werden; es sei denn, daß die Einstellung wegen Abwesenheit des Angeschuldigten oder weil derselbe nach der Tat in Geisteskrankheit verfallen ist, ausgesprochen wurde.

22. Der Erlaß des Urteils findet statt, wenn die Staatsanwaltschaft es beantragt und der Angeschuldigte zustimmt.

Dieser Zustimmung bedarf es nicht,

a) wenn der Angeschuldigte geständig ist oder gewesen ist,
b) wenn er neue erhebliche Tatsachen oder Beweise nicht mehr anzuführen vermag,
c) wenn die §§. 231, 232 der Str.Pr.O. in Frage stehen.

Der Verteidiger ist zu einem Widerspruche gegen den ausdrücklichen Willen des Angeschuldigten nicht berechtigt.

Der §. 264 der Str.Pr.O. findet entsprechende Anwendung.

Die einmal erteilte Zustimmung darf nicht widerrufen werden.

Gegen das Urteil findet Berufung statt.

23. Über die Verhandlung ist ein Protokoll aufzunehmen, welches den Erfordernissen der §§. 271 bis 273 Abs. 1 der Str.Pr.O. zu entsprechen und die wesentlichen Ergebnisse der Vernehmungen zu enthalten hat.

24. Das mündliche Vorverfahren kann auch in den zur Zuständigkeit der Schwurgerichte gehörenden Sachen stattfinden, wenn die Staatsanwaltschaft es beantragt und der Angeschuldigte zustimmt.

Der Verteidiger ist zu einem Widerspruche gegen den ausdrücklichen Willen des Angeschuldigten nicht berechtigt.

Von anderer Seite war für den Fall, daß die Kommission grundsätzlich die Einführung eines fakultativen mündlichen Vorverfahrens billigen sollte, vorgeschlagen,

die laut Protokoll der 20. Sitzung unter I B (S. 142 flg.) aufgestellten Grundsätze mit folgenden Änderungen anzunehmen:

1. Nr. 3 fällt weg.
2. Nr. 4 wird dahin abgeändert:

Das mündliche Vorverfahren soll vor einem Einzelrichter stattfinden. Dieser Einzelrichter soll regelmäßig ein Mitglied des

Landgerichts sein; die Strafkammer kann jedoch auf Antrag der Staatsanwaltschaft einen Amtsrichter mit der Leitung des Vorverfahrens beauftragen.

3. Nr. 6 fällt weg.
4. Nr. 15 wird dahin abgeändert:

   Die Vernehmung der Zeugen und Sachverständigen erfolgt durch den Richter. Jedoch kann der Richter dieselbe demjenigen Prozeßbeteiligten, welcher den Zeugen oder Sachverständigen benannt hat, überlassen. In diesem Falle sind demnächst den übrigen Prozeßbeteiligten Fragen zu gestatten. Der Richter kann ungeeignete und nicht zur Sache gehörige Fragen zurückweisen und seinerseits die ihm erforderlich erscheinenden Fragen stellen.
5. Nr. 20 soll dahin geändert werden:

   Das mündliche Vorverfahren ist nicht weiter auszudehnen, als erforderlich ist, um eine Entscheidung darüber zu ermöglichen, ob das Hauptverfahren zu eröffnen oder der Angeschuldigte außer Verfolgung zu setzen ist, sowie um die Hauptverhandlung vorzubereiten. Erachtet der Richter diese Zwecke für erreicht, so hat er die Beweisaufnahme zu schließen, sofern nicht die Staatsanwaltschaft weitere Anträge stellt.
6. Nr. 21 soll dahin geändert werden, daß hinter dem Worte „Hauptverfahren" die Worte „oder die Voruntersuchung" eingeschoben werden.

Auch diese Vorschläge waren durch den Beschluß der Kommission erledigt.

27. Sitzung.

14. November 1903.

Abgekürztes Verfahren.

Die Kommission wandte sich zur Frage K I des Fragebogens:

> Inwieweit erscheint es unbedenklich, über den Rahmen des bestehenden Gesetzes hinaus nach dem Vorgange des Entwurfs von 1895 ein abgekürztes Verfahren einzuführen:
> 1. in kleineren Sachen?
> 2. im Falle des Geständnisses des Beschuldigten?
> 3. bei Ergreifung auf frischer Tat?

I. Es fand zunächst eine Generaldebatte statt. Deren Ergebnis war, daß die Kommission mit 11 gegen 7 Stimmen beschloß:

> Es empfiehlt sich, über den Rahmen des §. 211 der Str.Pr.O. hinaus ein abgekürztes Verfahren einzuführen.

Die Mehrheit schloß sich den Ausführungen an, durch welche bei Vorlegung des Entwurfs von 1895 die Erweiterung des abgekürzten Verfahrens im allgemeinen begründet worden ist (Reichstagsdrucks. 1895/96 Nr. 73 S. 29 flg.). Es wurde insbesondere hervorgehoben, daß eine schnelle Bestrafung vorzüglich geeignet sei, die Achtung vor den Strafgesetzen zu erhöhen. Dadurch werde von der Begehung neuer Straftaten abgeschreckt und zugleich das öffentliche Vertrauen in die Kraft und Wirksamkeit der Strafrechtspflege gestärkt. Daneben habe ein beschleunigtes Verfahren den Vorzug, daß es die Dauer einer etwaigen Untersuchungshaft abkürze, daß die Beweisaufnahme unter dem frischen Eindrucke der Tat stattfinde und daß das Schreibwerk vermindert werde. Gegenwärtig sei die Zulässigkeit des abgekürzten Verfahrens zu sehr beschränkt. Es sei zunächst unzureichend, daß nur in den zur Zuständigkeit der Schöffengerichte gehörenden Sachen ein solches Verfahren überhaupt in Frage komme. Auch viele schwerere Delikte lägen oft so einfach, daß sie ohne Nachteil für die Rechtspflege außerhalb des gewöhnlichen, mit Zeitverlust und Kosten verbundenen Verfahrens erledigt werden könnten. Gerade bei den zur Zuständigkeit der Strafkammern gehörenden Delikten gegen die öffentliche Ordnung und gegen die Sittlichkeit werde eine schleunigere Bestrafung auf die Allgemeinheit günstig wirken. Ein weiterer Mangel des geltenden Rechtes liege darin, daß die Sachen, sofern nicht die Voraussetzungen des §. 211 Abs. 2 der Str.Pr.O. gegeben seien, nur in den Sitzungen der Schöffengerichte erledigt werden könnten. Deshalb sei das Verfahren nach §. 211 Abs. 1 fast garnicht praktisch geworden, während das nach §. 211 Abs. 2, bei welchem der Amtsrichter allein entscheide, weit häufiger angewendet werde. Neben der leichten Zugänglichkeit des Gerichts sei eine Beweisbereitschaft als Voraussetzung für das beschleunigte Verfahren unbedingt erforderlich. In welcher Weise die Zulässigkeit des Verfahrens im einzelnen abzugrenzen sei, müsse der Spezialdebatte vorbehalten bleiben. Jedenfalls müsse hierbei Vorsorge getroffen werden, daß durch die Abkürzung des Verfahrens weder die Strafrechtspflege noch der Beschuldigte einen Schaden erleide. Daß innerhalb dieser Grenzen in weitem Maße ein schleuniges Verfahren auch bei schwereren Delikten möglich und zweckmäßig sei, zeigten die Erfahrungen in England und Frankreich.

Auf Seiten der Minderheit wurde von einigen Mitgliedern ausgeführt: Sie hätten zwar keine grundsätzlichen Bedenken gegen eine Erweiterung des abgekürzten Verfahrens nach dem Vorgange des Entwurfs von 1895, könnten aber nicht zugeben, daß das Bedürfnis für eine solche Erweiterung in der Praxis hervorgetreten sei. Schon das Verfahren nach §. 211 der Str.Pr.O. finde nur geringe Anwendung. Auch im Falle der Ausdehnung dieses Verfahrens werde es unpraktisch bleiben. Die Gerichte würden wenig geneigt sein, an einem schon voll besetzten Sitzungstag einen plötzlich Vorgeführten noch mit abzuurteilen. Gegen die Verhängung schwerer Strafen durch einen Einzelrichter beständen aber erhebliche Bedenken. Vielfach werde auch nach wie vor die Durchführbarkeit des Verfahrens an der Notwendigkeit der Feststellung der Vorstrafen scheitern.

Andere Mitglieder hatten dagegen grundsätzliche Bedenken gegen ein abgekürztes Verfahren überhaupt. Die wesentlichste Aufgabe jedes Strafprozeßgesetzes sei, Garantien dafür zu schaffen, daß kein Unschuldiger verurteilt werde und den Schuldigen nur die ihm gebührende Strafe treffe. Deshalb sei die Strafprozeßordnung bestrebt, auf möglichst breiter Grundlage eine sorgfältige Erforschung der objektiven Wahrheit zu erzielen. Diese Garantien dürften nicht, wie das bei einem abgekürzten Verfahren der Fall sei, aus mehr oder weniger zufälligen und äußerlichen Gründen, z. B. weil der Beschuldigte auf frischer Tat betroffen sei, ohne weiteres bei Seite geschoben werden. Höchstens könne in dem geringen Umfange des geltenden Rechtes ein abgekürztes Verfahren als ungefährlich aufrecht erhalten werden.

II. In der Spezialdebatte wurde zuerst die Frage erörtert, welches Gericht für das abgekürzte Verfahren zuständig sein solle. Von einer Seite war beantragt,

> daß in Strafkammersachen das abgekürzte Verfahren vor einem Mitgliede des Landgerichts, in Schöffengerichtssachen vor dem Amtsrichter ohne Zuziehung von Schöffen stattfinden solle.

Von anderer Seite lag der Antrag vor:

> In allen Fällen des abgekürzten Verfahrens ist der Amtsrichter zuständig.

Die Kommission beschloß mit 10 gegen 6 Stimmen,

> daß im abgekürzten Verfahren nur ein Einzelrichter urteilen solle,

und mit 9 gegen 7 Stimmen,

> daß als Einzelrichter stets der Amtsrichter zuständig sein solle.

Die Mehrheit ging davon aus, daß das Verfahren praktischen Wert nur habe, wenn es vor einem Einzelrichter stattfinde, da nur ein solcher leicht zugänglich und geeignet sei, die Sache mit genügender Schnelligkeit zum Abschlusse zu bringen. Die Aburteilung durch den Einzelrichter erscheine auch unbedenklich, weil das Verfahren ohnehin nur in Fällen stattfinden könne, in denen die Schuldfrage einfach zu beantworten sei. Seitens der Minderheit wurde ausgeführt, daß nicht allein die Schuldfrage, sondern auch die Abmessung der Strafe in Betracht komme, diese aber bei schwereren Delikten von solcher Bedeutung sei, daß sie nicht an Stelle des ordentlichen Gerichts dem Einzelrichter anvertraut werden dürfe.

Die Mehrheit gab ferner auch in Strafkammersachen der Zuständigkeit des Amtsrichters den Vorzug, weil der Amtsrichter leichter als ein Mitglied des Landgerichts zu erreichen sei, den örtlichen Verhältnissen näher stehe und der Korrektur in der Berufungsinstanz unterliege. Die Minderheit glaubte, daß es dem Volksbewußtsein nicht entspreche, wenn der Amtsrichter in schwereren Strafsachen das Urteil fälle. Übrigens besitze auch die Staatsanwaltschaft bei den Amtsgerichten nicht überall die genügende Befähigung für die Vertretung größerer Sachen. Ein Mitglied gab ferner der Befürchtung Ausdruck, daß den Amtsrichtern im allgemeinen nicht in dem gleichen Maße wie den Landrichtern die zur Entscheidung über schwere Straffälle erforderliche Lebenserfahrung zur Seite stehe, weil die Amtsgerichte vielfach mit jüngeren Kräften besetzt seien.

III. Der Antrag,

> daß in allen Fällen die Einleitung eines abgekürzten Verfahrens von der Zustimmung des Beschuldigten abhängig zu machen sei,

wurde mit 13 gegen 3 Stimmen abgelehnt. Die Minderheit war der Meinung, daß der Beschuldigte ohne seine Zustimmung seinem ordentlichen Richter nicht entzogen und der Garantien des ordentlichen Verfahrens nicht beraubt werden dürfe. Demgegenüber wurde geltend gemacht, daß kein Anlaß vorliege, in dieser Beziehung das geltende Recht zu ändern, und daß das Erfordernis der Zustimmung, zumal wenn es auch bei Geständnis gelten solle, zur Chikane benutzt werden würde.

IV. Endlich wurde noch die Frage zur Erörterung gestellt,

> ob die Einleitung des abgekürzten Verfahrens durch die Staatsanwaltschaft erfolgen solle.

Die Kommission beschloß mit 14 gegen 2 Stimmen dementsprechend unter dem Vorbehalt einer späteren Feststellung der Voraussetzungen für die Einleitung des Verfahrens. Die Minderheit war der Ansicht, daß der Richter zum mindesten darüber entscheiden müsse, ob die noch festzustellenden gesetzlichen Voraussetzungen für die Einleitung des Verfahrens vorliegen.

V. Hierauf wurde die Beratung geschlossen. Als Beginn der nächsten Tagung wurde der 15. Dezember festgesetzt. Auf die Tagesordnung wurden die Fragen unter K, soweit sie noch nicht erledigt sind, sowie die Fragen unter L und M des Fragebogens gesetzt.

28. Sitzung.

15. Dezember 1903.

Abgekürztes Verfahren.

I. Die Spezialberatung der Frage K des Fragebogens wurde fortgesetzt. Die Kommission wandte sich zunächst der Frage zu, in welcher Weise die Zulässigkeit des abgekürzten Verfahrens hinsichtlich der Art der abzuurteilenden Delikte und der Höhe der zu erkennenden Strafen abzugrenzen sei.

Einverständnis bestand darüber, daß das abgekürzte Verfahren auf diejenigen strafbaren Handlungen, für welche das Reichsgericht oder die Schwurgerichte zuständig sind, nicht auszudehnen sei und daß dies auch für die durch die Presse begangenen strafbaren Handlungen zu gelten habe, soweit dieselben kraft Landesgesetz gemäß §. 6 des Einführungsgesetzes zum Gerichtsverfassungsgesetze zur Zuständigkeit der Schwurgerichte gehörten. Im übrigen wurde beantragt, das abgekürzte Verfahren zuzulassen

1. ohne weitere Beschränkung für alle strafbaren Handlungen, für welche die Schöffengerichte oder Strafkammern zuständig sind;
2. für alle strafbaren Handlungen, für welche die Schöffengerichte oder Strafkammern zuständig sind, jedoch mit der Beschränkung, daß auf Zuchthaus oder auf Gefängnisstrafe oder Festungshaft von mehr als einem Jahre, auf Verlust der bürgerlichen Ehrenrechte oder auf Geldstrafe von mehr als sechshundert Mark nicht erkannt werden dürfe;
3. für Übertretungen und Vergehen unbeschränkt, für Verbrechen lediglich dann, wenn sich eine strafbare Handlung nur deshalb als Verbrechen darstellt, weil sie im Rückfalle begangen ist;
4. nur für Üebertretungen und Vergehen.

Die Kommission beschloß mit 17 gegen 4 Stimmen, daß auf den Verlust der bürgerlichen Ehrenrechte im abgekürzten Verfahren nicht erkannt werden dürfe, und lehnte im übrigen den Antrag 2 mit 11 gegen 10 Stimmen ab.

Mit 11 gegen 10 Stimmen beschloß die Kommission ferner, daß das Verfahren auf Verbrechen überhaupt nicht Anwendung finden solle. Damit war die Frage im Sinne des Antrags 4 entschieden.

Maßgebend für diese Beschlüsse waren die folgenden Erwägungen:

Ausgehend von dem in der Generaldiskussion gewonnenen Standpunkte, daß ein beschleunigtes Verfahren überall erwünscht sei, wo volle Beweisbereitschaft vorliege, sei es an sich folgerichtig, von vornherein keinerlei Sachen unbedingt auszuschließen; denn selbst in den schwersten Fällen könne diese Voraussetzung vorliegen. Auch sei gerade bei einzelnen schweren Verbrechen, z. B. bei schweren Diebstählen und bei Verbrechen wider die Sittlichkeit, eine schleunige Bestrafung besonders erwünscht. Da man jedoch, abweichend von der Regierungsvorlage von 1895 und den Beschlüssen der Reichstagskommissionen, im Interesse der leichten Zugänglichkeit des Gerichts die Entscheidung im abgekürzten Verfahren ausschließlich dem Amtsrichter zugewiesen habe, sei es unerläßlich, gewisse Schranken zu ziehen.

Keinesfalls dürfe die Aburteilung von Verbrechen schwerster Art, insbesondere der zur Zuständigkeit des Reichsgerichts oder der Schwurgerichte gehörenden, und damit die Verhängung der höchsten Strafen blos wegen voller Beweisbereitschaft einem Einzelrichter übertragen werden. Jedoch empfehle sich die Festsetzung einer Strafgrenze, bis zu der der Richter im abgekürzten Verfahren erkennen dürfe, nicht, weil eine solche Festsetzung mit Nachteilen für die Rechtspflege verbunden sein würde. Bei Einleitung des Verfahrens lasse sich häufig nicht übersehen, welches Strafmaß im Falle der Verurteilung zu erwarten sei. Die Fälle würden daher nicht selten eintreten, in denen sich bei der Verhandlung herausstelle, daß die Sachlage die Überschreitung der für das abgekürzte Verfahren bestimmten Strafgrenze rechtfertigen würde. Alsdann müßte entweder die Überleitung in das ordentliche Verfahren erfolgen oder der Richter, um die damit verbundene Verzögerung zu vermeiden, zum Schaden der Rechtspflege auf eine geringere Strafe erkennen, als sie nach Lage der Sache angemessen wäre.

Es sei deshalb vorzuziehen, die Zulässigkeit des abgekürzten Verfahrens von der Höhe der a n g e d r o h t e n Strafe abhängig zu machen, und zwar in der Weise, daß die Verfolgung von Verbrechen in diesem Verfahren ausgeschlossen werde. Die Verhängung von Zuchthausstrafen dürfe dem Amtsrichter nicht übertragen werden. Übrigens sei das Verfahren vor dem Amtsgerichte zur Verfolgung von Verbrechen schon deshalb nicht geeignet, weil dort nicht immer die hierzu notwendigen Verteidiger zur Verfügung stehen würden. Die Erstreckung des abgekürzten Verfahrens auf diejenigen strafbaren Handlungen, welche sich nur deshalb als Verbrechen darstellen, weil sie im Rückfalle begangen sind, sei schon deswegen praktisch undurchführbar, weil die Voraussetzungen des Rückfalls in der Regel nicht schnell genug festgestellt werden könnten.

Hinsichtlich der Vergehen hielt die Kommission eine Einschränkung nur in der Richtung für geboten, daß die Aberkennung der bürgerlichen Ehrenrechte auszuschließen sei. Hierbei ging sie davon aus, daß es insoweit notwendig und andererseits unbedenklich sei, den Grundsatz zu durchbrechen, daß nur die angedrohte Strafe maßgebend sein dürfe.

II. Die Kommission ging sodann zu der Frage über, welche weiteren Voraussetzungen für die Zulässigkeit des abgekürzten Verfahrens aufzustellen seien.

1. Übereinstimmung herrschte darüber, daß die Aburteilung der Übertretungen im abgekürzten Verfahren an keine weiteren Voraussetzungen zu knüpfen sei. Zwar sei das Bedürfnis nach einem besonderen beschleunigten

Verfahren bei Übertretungen nicht mehr so dringend, wie nach dem geltenden Gesetze; denn da nach den Beschlüssen der Kommission in allen Schöffengerichtssachen der Eröffnungsbeschluß wegfalle, werde das Verfahren ohnehin ein sehr kurzes sein. Doch sei es unbedenklich, zu bestimmen, daß bei Übertretungen das abgekürzte Verfahren stets ohne weitere Beschränkungen zulässig sein soll. Insbesondere könne dem Umstande, daß nach den früheren Beschlüssen der Amtsrichter immer ohne Zuziehung von Schöffen entscheiden solle, während nach geltendem Rechte Übertretungen nur im Falle des Geständnisses vom Amtsrichter allein im abgekürzten Verfahren abgeurteilt werden, maßgebende Bedeutung nicht beigelegt werden. Hiernach wurde ein Antrag, der dahin ging,

> daß Übertretungen ohne weitere Voraussetzungen stets im abgekürzten Verfahren abgeurteilt werden können,

einstimmig angenommen.

2. Was die Vergehen anlangt, so wurde zunächst beantragt,

> daß ihre Aburteilung im abgekürzten Verfahren immer nur mit ausdrücklicher Zustimmung des Beschuldigten oder doch nicht gegen seinen Widerspruch zulässig sein soll.

Hierfür wurde geltend gemacht: Wenn auch nach den früheren Beschlüssen [1]) die Zustimmung des Beschuldigten nicht in allen Fällen für die Einleitung eines abgekürzten Verfahrens erforderlich sein solle, so müsse sie doch mindestens bei Vergehen eine unbedingte Voraussetzung des Verfahrens bilden. Bei den schweren Strafen, auf die wegen Vergehen erkannt werden könne, zumal eine Schranke in dieser Beziehung, von dem Verluste der bürgerlichen Ehrenrechte abgesehen, nicht gezogen sei, dürfe der Beschuldigte insoweit keinesfalls der Garantien des ordentlichen Verfahrens beraubt werden. Namentlich komme in Betracht, daß seine Verurteilung in jenem Verfahren von der mit fünf Richtern besetzten Strafkammer nur erfolgen könne, wenn mindestens vier Richter von seiner Schuld überzeugt seien, während nach den Beschlüssen der Kommission hier die Überzeugung des als Einzelrichter zuständigen Amtsrichters genüge.

Der Antrag wurde mit 13 gegen 7 Stimmen abgelehnt. Die Mehrheit war der Ansicht, daß die Gründe, welche gegen das Erfordernis der Zustimmung im allgemeinen sprächen, ausschlaggebend seien auch gegen die Anerkennung dieses Erfordernisses in der Beschränkung auf Vergehen. Allerdings dürften die berechtigten Interessen des Beschuldigten nicht gefährdet werden. Eine solche Gefährdung trete aber dann nicht ein, wenn bei der Festsetzung der sonstigen Voraussetzungen des abgekürzten Verfahrens wegen Vergehen dafür gesorgt werde, daß es nur in einfach gestalteten Sachen, bei voller Beweisbereitschaft und Liquidität eingeleitet werden dürfe. Unter solcher Voraussetzung könne dem Beschuldigten auch nicht bei Vergehen ein Recht auf diejenigen Garantien eingeräumt werden, die im ordentlichen Verfahren mit Rücksicht auf eine völlig abweichende Sachlage eingeführt seien. Zudem schädige es das Ansehen der Strafrechtspflege, wenn dem bloßen Widerspruche des Beschuldigten die Wirkung beigelegt werden müßte, ein vom Standpunkte der Gerechtigkeit unbedenkliches und im Interesse der Energie der Strafverfolgung wünschens-

---

[1]) Zu vergl. S. 206.

wertes schleuniges Verfahren illusorisch zu machen. In besonderem Maße würde die Autorität der Gerichte gefährdet werden, wenn der Widerspruch dem Beschuldigten bis zur Beendigung des Verfahrens offen bleiben sollte. Der Beschuldigte könnte das Recht geradezu zur Chikane benutzen. Dem könne auch nicht dadurch vorgebeugt werden, daß man eine Begründung des Widerspruchs verlange. Denn solchenfalls müßte der Richter über die Stichhaltigkeit der Gründe entscheiden; dies könne aber in der Regel nicht ohne gleichzeitige Erörterung der Schuldfrage geschehen. Die Einräumung eines nicht weiter zu begründenden Widerspruchsrechts, auch nur für den Fall der Aburteilung von Vergehen, führe zu Mißbräuchen und gefährde die Zwecke der Strafrechtspflege.

3. Eine Erweiterung des abgekürzten Verfahrens wurde nach dem Vorgange des Entwurfs von 1895 insbesondere in der Richtung als erwünscht bezeichnet, daß es, ähnlich wie in Frankreich bei den flagrants délits, gegen Personen zugelassen werde, welche auf frischer Tat betroffen oder verfolgt und vorläufig festgenommen sind. Es wurde hervorgehoben, daß sich das Verfahren wegen flagrant délit in Frankreich bewährt habe und daß von ihm in immer steigendem Maße Gebrauch gemacht werde. Bedenklich sei im französischen Rechte nur die Ausdehnung, die man dem Begriffe des flagrant délit gegeben habe.[1])

Beschränke man dagegen das schleunige Verfahren auf den Fall, daß der Beschuldigte auf frischer Tat betroffen oder verfolgt und vorläufig festgenommen sei, so könne es wegen der dadurch begründeten offenbaren Liquidität keinem Bedenken unterliegen, insbesondere das Recht der Verteidigung nicht beeinträchtigen. Andererseits diene ein abgekürztes Verfahren gerade in diesen Fällen in hohem Maße den Interessen der Strafrechtspflege. Es stelle das durch die Tat verletzte Rechtsbewußtsein am schnellsten wieder her, stärke das Ansehen der Gesetze, trage durch die alsbaldige Abhörung der Tatzeugen unter dem frischen Eindrucke des Geschehenen die beste Gewähr der Wahrheitsermittelung in sich, erspare den Gerichten Weitläufigkeiten, der Staatskasse Kosten und gereiche dem Ergriffenen selbst zum Vorteil, insofern es ihn vor langer Untersuchungshaft bewahre.

Hiernach wurde beantragt,

> das abgekürzte Verfahren für zulässig zu erklären, wenn der Beschuldigte auf frischer Tat betroffen und verfolgt und vorläufig festgenommen worden ist.

Gegen den Antrag wurden folgende Bedenken geltend gemacht:

Schon bei der Festnahme einer vermeintlich auf frischer Tat „betroffenen" Person seien leicht Irrtümer, insbesondere Verwechselung in der Person des Täters, möglich, z. B. wenn es sich um einen Diebstahl in einem dichten Volksgedränge, in einem Warenhaus oder um eine Straftat bei einem Auflaufe handele. Solche Fälle bedürften gerade einer besonders eingehenden Untersuchung und seien deshalb für ein abgekürztes Verfahren wenig geeignet. Noch

---

[1]) Code d'instruction criminelle, art. 41 al. 2 „Seront aussi réputés flagrant délit le cas où le prévenu est poursuivi par la clameur publique, et celui où le prévenu est trouvé saisi d'effets, armes, instruments ou papiers faisant présumer qu'il est auteur ou complice pourvu que ce soit dans un temps voisin du délit.

größer sei die Gefahr einer Verwechselung in der Person des Täters bei der „Verfolgung auf frischer Tat", zumal wenn man davon ausgehe, daß die Verfolgung sich nicht unmittelbar an die Tat anzuschließen brauche, und wenn man mit dem Reichsgericht (Entsch. in Strafs. Bd. 30 S. 386)[1]) unter „Verfolgung" den Komplex aller derjenigen Maßnahmen verstehe, die auf die Ergreifung abzielen und ihrer Natur nach geeignet sind, diese zu ermöglichen, zu erleichtern oder zu sichern.

Hiernach gebe schon die vorläufige Festnahme eines auf frischer Tat Betroffenen keine genügende Gewähr dafür, daß Zweifel an der Schuld nicht bestehen, und in noch geringerem Maße liege eine das abgekürzte Verfahren rechtfertigende Liquidität vor, wenn der Ergriffene nur auf frischer Tat verfolgt war. Beschränke man aber den Begriff der Verfolgung auf frischer Tat auf die Fälle, in denen sich die Verfolgung so unmittelbar an die Tat anschließt, daß ein Irrtum über die Identität der Person ausgeschlossen ist, so decke er sich in der Regel mit dem Begriffe des Betreffens auf frischer Tat. Daher liege mindestens kein praktisches Bedürfnis dafür vor, neben dem Betreffen das Verfolgen auf frischer Tat zu erwähnen.

Diese Bedenken führten zu einer Reihe von Abänderungsanträgen.

Von einer Seite wurde beantragt,

a) der Bestimmung hinzuzufügen:

> Widerspricht der Beschuldigte der Aburteilung im abgekürzten Verfahren, so erklärt der Amtsrichter seine Unzuständigkeit und überläßt die Sache der Staatsanwaltschaft zur weiteren Verfolgung im ordentlichen Verfahren. Über sein Widerspruchsrecht ist der Beschuldigte zu belehren.

Von anderer Seite wurde vorgeschlagen,

b) im Hauptantrage die Worte „oder verfolgt" zu streichen.

Von dritter Seite endlich wurde befürwortet, auch gegenüber dem auf frischer Tat Betroffenen das abgekürzte Verfahren nur zuzulassen,

c) wenn Zweifel an der Schuld nicht bestehen.

Der Antrag a wurde mit 11 gegen 9 Stimmen, der Antrag c mit 12 gegen 8 Stimmen abgelehnt. Dagegen wurde der Antrag b mit 13 gegen 7 Stimmen und hierauf der Hauptantrag in der Fassung:

> wenn der Angeschuldigte auf frischer Tat betroffen und vorläufig festgenommen worden ist,

mit 18 gegen 2 Stimmen angenommen.

Die Mehrheit war der Ansicht, ein Widerspruchsrecht dürfe dem Beschuldigten aus den Gründen, die zur Ablehnung eines solchen Rechtes im allgemeinen geführt hätten, auch nicht in dem vorliegenden besonderen Falle gewährt werden. Überdies würde die Gewährung des Rechtes an den vorläufig Festgenommenen, besonders wenn zugleich eine Belehrung darüber vorgeschrieben werde, der ganzen Einrichtung von vornherein jede praktische Bedeutung entziehen.

---

[1]) Die Entscheidung betrifft den Begriff der „Verfolgung" im Sinne des §. 168 des G.V.G., nicht dagegen den Begriff der „Verfolgung auf frischer Tat" im Sinne der §§. 104, 127 der Str.Pr.O.

Für die Ablehnung des Antrags c war das Bedenken maßgebend, daß er die Prüfung der Schuldfrage und der Zulässigkeit des Verfahrens mit einander verbinde. In der Regel werde bei einem „Betreffen" auf frischer Tat ein Zweifel an der Schuld nicht bestehen. Anderenfalls werde die Einleitung des abgekürzten Verfahrens ohnehin nicht erfolgen.

Von einer Seite wurde noch eine Erweiterung des Hauptantrags in Vorschlag gebracht. Es wurde darauf hingewiesen, daß sich an die vorläufige Festnahme des Ergriffenen nach §. 128 der Str.Pr.O. alsbald der Erlaß des Haftbefehles anschließen könne. Es empfehle sich aus praktischen Gründen, auch noch in diesem Stadium die Einleitung des abgekürzten Verfahrens zuzulassen. Demgemäß wurde beantragt,

d) in dem Hauptantrage hinter „festgenommen" die Worte

„oder hiernach in Untersuchungshaft genommen"

einzuschalten.

Der Antrag wurde mit 15 gegen 5 Stimmen abgelehnt. Die Mehrheit glaubte, daß es dem Wesen des abgekürzten Verfahrens widerspreche, wenn es erst in einem späteren Stadium nach Verhängung der Untersuchungshaft eingeleitet werde; könne es nicht sofort nach der Festnahme einsetzen, so sei es besser, die Sache zum ordentlichen Verfahren zu verweisen.

Schließlich lagen noch Anträge vor, welche das abgekürzte Verfahren gegen einen vorläufig Festgenommenen, der dem Gerichte vorgeführt wird, auch dann für zulässig erklären wollten, wenn die vorläufige Festnahme aus anderen Gründen als wegen Betreffens oder Verfolgens auf frischer Tat erfolgt war (zu vergl. §. 127 Abs. 2 der Str.Pr.O. [1]).

Ein Antrag bezweckte,

e) in allen Fällen der vorläufigen Festnahme eines Vorgeführten das abgekürzte Verfahren zuzulassen, sofern der Vorgeführte ausdrücklich zustimmt oder doch keinen Widerspruch erhebt.

Zur Begründung des Antrags wurde geltend gemacht, daß, wenn das Einverständnis des Vorgeführten erfordert werde, kein Grund vorliege, das Verfahren auf die auf frischer Tat Betroffenen zu beschränken.

Von der Mehrheit wurden die Bedenken, welche gegen die Einräumung eines Widerspruchsrechts an den Angeschuldigten sprechen, für durchschlagend erachtet. Der Antrag wurde mit 16 gegen 4 Stimmen abgelehnt.

Ein anderer Antrag ging dahin,

f) die durch den angenommenen Hauptantrag nicht getroffenen Fälle der Vorführung eines vorläufig Festgenommenen insoweit zu berücksichtigen, als die Festnahme wegen eines zur Zuständigkeit der Schöffengerichte gehörenden Vergehens erfolgt ist.

Hierzu wurde zusätzlich beantragt,

g) der Vorführung eines vorläufig Festgenommenen die Vorführung eines Verhafteten gleichzustellen.

---

[1]) Der § 127 Abs. 2 giebt der Staatsanwaltschaft und den Polizei- und Sicherheitsbeamten die Befugnis zur vorläufigen Festnahme auch dann, wenn die Voraussetzungen eines Haftbefehls vorliegen und Gefahr im Verzug obwaltet.

Der Zusatzantrag g wurde von der Kommission aus den Gründen, die bereits zur Verwerfung des Antrags d geführt hatten, mit 14 gegen 6 Stimmen abgelehnt. Dagegen wurde der Antrag f mit 16 gegen 4 Stimmen angenommen.

Die Mehrheit glaubte, dem Umstande, daß abweichend von dem §. 211 Abs. 1 der Str.Pr.O. im abgekürzten Verfahren immer nur der Amtsrichter ohne Zuziehung von Schöffen entscheiden soll, keine entscheidende Bedeutung beilegen zu müssen. Da der Antrag im übrigen mit dem geltenden Rechte im Einklange stehe, so könne er ohne Bedenken angenommen werden.

4. Durch das geltende Recht (§. 211 Abs. 1 der Str.Pr.O.) ist im Falle freiwilliger Gestellung des Beschuldigten das abgekürzte Verfahren, und zwar unter Zuziehung der Schöffen, bei Vergehen nur insoweit für zulässig erklärt, als sie zur Zuständigkeit der Schöffengerichte gehören. Dem Geständnis ist für das abgekürzte Verfahren wegen Vergehen überhaupt keine Bedeutung beigelegt.

Es wurde die Ansicht vertreten, daß im Falle sowohl der freiwilligen Gestellung des Beschuldigten als des Geständnisses die Einleitung des abgekürzten Verfahrens unbedenklich bei allen Vergehen zugelassen werden könne. Die freiwillige Gestellung zur Aburteilung sei zwar selten. Soweit sie aber vorkomme, liege es regelmäßig im Interesse des Beschuldigten, möglichst bald abgeurteilt zu werden. Habe auch die Staatsanwaltschaft keine Bedenken gegen die Einleitung des abgekürzten Verfahrens, so dürfe dem Verfahren der Umstand, daß es sich um ein zur Zuständigkeit der Strafkammer gehörendes Vergehen handele, hindernd nicht entgegenstehen. Ähnlich liege die Sache, wenn der Beschuldigte das ihm zur Last gelegte Vergehen eingesteht. Hier sei volle Beweisbereitschaft vorhanden und die Einhaltung des ordentlichen Verfahrens liege in der Regel weder im öffentlichen Interesse, noch in dem des Beschuldigten.

Demnach wurde beantragt, daß das abgekürzte Verfahren ferner zulässig sein soll,

a) wenn sich der Beschuldigte freiwillig stellt,

b) wenn der Beschuldigte die ihm zur Last gelegte Tat eingesteht.

Von anderer Seite wurden gegen die Vorschläge Bedenken erhoben. Die freiwillige Gestellung begründe an und für sich noch nicht Liquidität der Sache. Der Beschuldigte könne dabei die Absicht haben, sich von dem auf ihm lastenden Verdachte zu reinigen. Nur wenn er sich stelle und zugleich ein Geständnis ablege, werde sich die Sache, wenigstens in der Regel, für die Aburteilung im abgekürzten Verfahren eignen. Aber auch ein volles Geständnis erübrige nicht immer weitere Beweiserhebungen, insbesondere wenn vom Geständigen Strafmilderungs- oder Strafausschließungsgründe geltend gemacht würden oder wenn mit der Möglichkeit gerechnet werden müsse, daß das Geständnis auf Irrtum beruhe oder wider besseres Wissen abgegeben werde. Selbst wenn man das abgekürzte Verfahren nur zulasse, falls freiwillige Gestellung und Geständnis zusammentreffen, seien Mißbräuche nicht ausgeschlossen. Vorgeschobene Personen könnten zur Entlastung des Schuldigen oder zu anderen unlauteren Zwecken sich freiwillig stellen und ein Geständnis ablegen. Durch die Zulassung des abgekürzten Verfahrens in diesem Falle entstehe die Gefahr, daß jene Personen ohne eingehende Prüfung der Sachlage zu Unrecht verurteilt werden. Ferner wurde darauf hingewiesen, daß der Begriff der freiwilligen Gestellung zu weit gehe, wenn man, wie es in der Praxis geschehen sei, auch den Fall darunter verstehe, daß der Beschuldigte auf Ladung sich dem Gerichte stelle. Von anderer Seite wurde bemerkt, daß man darunter nur den Fall verstehen dürfe, daß sich der Beschuldigte zur Aburteilung im abgekürzten Verfahren freiwillig stelle.

Hiernach wurde noch der Antrag gestellt, das abgekürzte Verfahren nur zuzulassen,

c) wenn der Beschuldigte sich freiwillig stellt und eingesteht.

Dieser Antrag wurde mit 10 gegen 10 Stimmen abgelehnt, wobei die Stimme des Vorsitzenden den Ausschlag gab.

Über den Antrag a fand eine doppelte Abstimmung statt. Soweit er sich auf die zur Zuständigkeit der Schöffengerichte gehörenden Vergehen bezieht, wurde er mit 18 gegen 2 Stimmen, hinsichtlich der übrigen Vergehen mit 14 gegen 6 Stimmen angenommen. Hierbei ging die Mehrheit davon aus, daß unter freiwilliger Stellung nicht auch das Erscheinen auf eine Ladung zu verstehen sei.

Der Antrag b wurde mit 15 gegen 5 Stimmen angenommen.

5. Ferner wurde vorgeschlagen,

das abgekürzte Verfahren auch dann zuzulassen, wenn seine Einleitung vom Beschuldigten beantragt wird.

Der Antrag wurde mit 10 gegen 10 Stimmen angenommen, wobei die Stimme des Vorsitzenden den Ausschlag gab.

Für die Annahme war die Erwägung maßgebend, daß es unbedenklich sei, das abgekürzte Verfahren ohne weitere Voraussetzungen zu gestatten, wenn der Beschuldigte durch seinen Antrag auf die Garantien des ordentlichen Verfahrens ausdrücklich verzichte. Der Beschuldigte habe häufig ein erhebliches Interesse an der Beschleunigung, insbesondere wenn er sich in Untersuchungshaft befinde, und es liege kein Grund vor, ihm die Vorteile des abgekürzten Verfahrens zu versagen, sofern die Staatsanwaltschaft es gleichfalls für zweckmäßig erachte, von dem ordentlichen Verfahren abzusehen.

Gegen die Vorschrift war geltend gemacht worden, daß ihr ein erheblicher praktischer Wert nur beizumessen wäre, wenn die Staatsanwaltschaft verpflichtet würde, dem Antrage des Beschuldigten stattzugeben; dies sei aber, wie allseitig zugegeben werde, ausgeschlossen, weil man dem Beschuldigten nicht das Recht gewähren dürfe, die Art des gegen ihn einzuleitenden Verfahrens zu bestimmen. Andererseits sei die Vorschrift für den Beschuldigten gefährlich, da er oft nicht in der Lage sein werde, die Folgen seines Antrags zu übersehen. Gerade ein Unschuldiger werde in der Hoffnung, bald freigesprochen zu werden, geneigt sein, den Antrag in solchen Fällen zu stellen, wo nur ein eingehendes ordentliches Verfahren seine Unschuld an den Tag bringen könne. Demgegenüber wurde hervorgehoben, daß diese Gefahr überschätzt werde; beständen Zweifel an der Schuld, so werde das abgekürzte Verfahren garnicht eingeleitet oder demnächst in das ordentliche Verfahren übergeleitet werden.

6. Endlich wurde beantragt,

das abgekürzte Verfahren auch für die auf einem deutschen Schiffe im Ausland oder in offener See begangenen strafbaren Handlungen zuzulassen, wenn der Beschuldigte einem nach §. 10 der Str.Pr.O. zuständigen Gerichte vorgeführt wird.[1])

Der Antrag wurde einstimmig angenommen, nachdem zu seinen Gunsten lediglich auf die Begründung des entsprechenden Vorschlags in dem Entwurfe von 1895 (Reichstagsdrucks. Nr. 73 von 1895/96 S. 42) Bezug genommen worden war.

Das Ergebnis der Beschlüsse über die weiteren Voraussetzungen für die Einleitung des abgekürzten Verfahrens ist somit folgendes:

Das Verfahren soll zulässig sein

1. bei Übertretungen ohne weitere Voraussetzungen;
2. bei Vergehen,
   a) wenn der Beschuldigte entweder auf frischer Tat betroffen und vorläufig festgenommen worden ist, oder, soweit die Vergehen zur Zuständigkeit der Schöffengerichte gehören, aus einem anderen Grunde vorläufig festgenommen und dem Gerichte vorgeführt ist;
   b) wenn der Beschuldigte sich freiwillig stellt;
   c) wenn der Beschuldigte die ihm zur Last gelegte Tat eingesteht;
   d) wenn der Beschuldigte die Einleitung des abgekürzten Verfahrens beantragt;
   e) wenn der Beschuldigte in den Fällen des §. 10 der Str.Pr.O. einem danach zuständigen Gerichte vorgeführt wird.

III. Die Kommission beschäftigte sich sodann mit der näheren Ausgestaltung des abgekürzten Verfahrens.

Es lagen die Anträge vor:

1. Für das abgekürzte Verfahren gelten folgende Grundsätze:
   a) Der Staatsanwalt kann den Beschuldigten unmittelbar dem zuständigen Richter mit dem Antrag auf sofortige Aburteilung vorführen.
   b) Der Richter hat ohne schriftlich erhobene Anklage und ohne eine Entscheidung über die Eröffnung des Hauptverfahrens sofort oder spätestens am zweiten Tage nach der Vorführung zur Hauptverhandlung zu schreiten und dabei über die Verhaftung oder Freilassung des Angeklagten zu entscheiden.

      Der wesentliche Inhalt der Anklage ist in der Hauptverhandlung dem Angeklagten vor seiner Vernehmung zur Sache mitzuteilen und in das Sitzungsprotokoll aufzunehmen.
   c) Die ordnungsmäßige Ladung der Zeugen kann von jedem Beamten der Staatsanwaltschaft und des Polizei- und Sicherheitsdienstes mündlich erfolgen.
   d) Erweist sich die Sache in der Hauptverhandlung als nicht spruchreif, so hat der Richter die Verhandlung auf eine der nächsten Sitzungen zu vertagen. In den Fällen, wo eine Voruntersuchung statthaft ist, kann der Richter die Eröffnung derselben beschließen.

[1]) d. h. dem Gerichte, in dessen Bezirke der Heimatshafen oder derjenige deutsche Hafen liegt, welchen das Schiff nach der Tat zuerst erreicht.

Dazu waren die Unteranträge gestellt:

α) Die Vorschrift unter d dahin zu fassen:

Erweist sich die Sache in der ersten und auch in einer an einem der nächsten Verhandlungstage stattfindenden Hauptverhandlung nicht als spruchreif, so ist die Sache der Staatsanwaltschaft zur weiteren Verfügung zu überlassen.

β) Der Vorschrift unter d Satz 1 an Stelle des Satzes 2 folgende zwei Absätze hinzuzufügen:

In Fällen, wo eine Voruntersuchung statthaft ist, kann der Richter beschließen, daß die Sache an den Untersuchungsrichter behufs Eröffnung der Voruntersuchung abgegeben werde. Der § 178 Abs. 1 und der §. 181 der Str.Pr.O. finden entsprechende Anwendung.

Erachtet der Richter nach dem Ergebnisse der Verhandlung Aberkennung der bürgerlichen Ehrenrechte für angemessen, so hat er den im Abs. 2 bezeichneten Beschluß zu fassen. Der Abs. 2 Satz 2 findet Anwendung.

γ) In der Vorschrift unter b nach den Worten „und dabei" die Worte „über die Fortdauer der Untersuchungshaft und im Falle vorläufiger Festnahme" einzuschieben.

Von anderer Seite waren die Verfahrensvorschriften dahin formuliert:

2. a) Das Gericht hat sofort nach der Vorführung zur Hauptverhandlung zu schreiten und dabei über die Verhaftung oder Freilassung des Angeklagten zu entscheiden.

b) Der wesentliche Inhalt der Anklage ist im Falle der freiwilligen Stellung oder der Vorführung in der Hauptverhandlung dem Angeklagten vor seiner Vernehmung zur Sache mitzuteilen und in das Sitzungsprotokoll, bei Übertretungen in die Ladung des Beschuldigten aufzunehmen.

c) Die ordnungsmäßige Ladung der Zeugen kann von jedem Beamten der Staatsanwaltschaft oder des Polizei- und Sicherheitsdienstes erfolgen.

d) Erweist sich die Sache in der Hauptverhandlung als nicht spruchreif, so hat das Gericht die Verhandlung auf die nächste Sitzung zu vertagen oder in Fällen, in welchen eine Voruntersuchung statthaft ist, die Eröffnung derselben zu beschließen.

Endlich war beantragt:

3. Die Entscheidungen des Amtsrichters sind unter Bekanntgabe der maßgebenden Erwägungen zu verkünden und in das Protokoll aufzunehmen.

Die Ausfertigungen sind auf Grund des Protokolls zu erteilen.

Die Anträge 1d Satz 2 und 2d wurden zu Gunsten des Unterantrags α zum Antrag 1 zurückgezogen. Im Antrage 2a wurde der Vorschlag, daß „sofort" nach der Vorführung zur Hauptverhandlung zu schreiten sei, mit Rücksicht auf die hiervon abweichende Vorschrift des Antrags 1b Abs. 1 zurückgezogen. Endlich wurde auch der Unterantrag γ zum Antrag 1 zurückgenommen.

Bei der Abstimmung wurde der Antrag 1 zu Grunde gelegt. Seine Vorschriften unter a bis c wurden einstimmig angenommen, nachdem zuvor mit 9 gegen 8 Stimmen beschlossen war, unter c das Wort „mündlich" zu streichen. Ferner wurde der Antrag 1d Satz 1 mit dem Unterantrag α mit 15 gegen 2 Stimmen angenommen. Der Antrag 3 wurde mit 14 gegen 3 Stimmen abgelehnt. Die übrigen Anträge wurden damit für erledigt erachtet.

Die Kommission erwog:

Die Beschleunigung im abgekürzten Verfahren solle insbesondere dadurch herbeigeführt werden, daß die Anklageschrift wegfalle und der Staatsanwalt den Beschuldigten unmittelbar dem zuständigen Richter zur Aburteilung vorführen könne. Es genüge, wenn dem Angeklagten der wesentliche Inhalt der Anklage in der Hauptverhandlung vor seiner Vernehmung zur Sache mitgeteilt werde. Eine stete Bereitschaft des erkennenden Richters sei nicht überall durchführbar; um eine schleunige Erledigung zu sichern, müsse aber eine Frist gesetzlich bestimmt werden, und zwar mit dem Entwurfe von 1895 dahin, daß die Hauptverhandlung spätestens am zweiten Tage nach der Vorführung stattzufinden habe. Über die Verhaftung und Freilassung werde der erkennende Richter zu entscheiden haben, sodaß hier die §§. 115, 128 der Str.Pr.O. außer Betracht blieben.

Um die Zeugen rechtzeitig zur Stelle zu schaffen, sei es ferner geboten, daß jeder Beamte der Staatsanwaltschaft und des Polizei- und Sicherheitsdienstes für befugt erklärt werde, von sich aus Zeugen zu laden. Diese Ladungen hätten dann als ordnungsmäßige im Sinne des §. 50 der Str.Pr.O. zu gelten. Ein Teil der Mitglieder wünschte, daß auch eine mündliche Ladung gestattet werde. Die Mehrheit glaubte aber eine solche nicht zulassen zu dürfen, weil die mündliche Ladung, welche übrigens nicht schneller als die schriftliche erfolgen könne, die Gefahr mit sich bringe, daß infolge von Irrtümern der Zeugen über Zeit und Ort der Termine Verzögerungen entstünden.

Für den Fall, daß sich in der Hauptverhandlung nach Ansicht des Richters die Sache als nicht spruchreif erweist, wurde eine einmalige Vertagung, und zwar, da die nächste Sitzung schon besetzt sein könne, auf eine der nächsten Sitzungen für zulässig erachtet, für den Fall aber, daß auch in dieser Sitzung die Sache nicht zur Erledigung gelangt, die Überleitung in das ordentliche Verfahren für notwendig erklärt. Als nicht spruchreif werde die Sache auch dann anzusehen sein, wenn der Richter eine Aberkennung der bürgerlichen Ehrenrechte für angemessen halte, welche nach den unter I dieses Protokolls wiedergegebenen Beschlüssen der Kommission im abgekürzten Verfahren nicht verhängt werden darf.

Darüber, in welcher Weise die Überleitung in das ordentliche Verfahren stattzufinden habe, gingen die Ansichten auseinander. Eine Minderheit, welche den Unterantrag β zum Antrag 1 befürwortete, trug Bedenken, den Grundsatz der Strafprozeßordnung zu durchbrechen, wonach eine Sache, mit welcher das Gericht schon befaßt ist, nicht mehr an die Staatsanwaltschaft zur freien Verfügung zurückfallen kann, und wollte deshalb die Überleitung in das ordentliche Verfahren nur im Wege der Eröffnung der Voruntersuchung zulassen. Insbesondere hielt sie es für nicht angängig, die Sache wieder in die Hände der Staatsanwaltschaft zu geben, wenn der Beschuldigte bereits in Haft genommen ist oder wenn die Überleitung nur deshalb erfolgt, weil der Richter die Aberkennung der bürgerlichen Ehrenrechte für angemessen erachtet. Die Mehrheit war aber der Ansicht, daß der im abgekürzten Verfahren zuständige Amtsrichter nicht die für die Eröffnung der Voruntersuchung geeignete Persönlichkeit sei und daß ferner häufig zwar eine Aburteilung im abgekürzten Verfahren nicht möglich, eine Voruntersuchung aber völlig überflüssig sei. Dies treffe in der Regel gerade dann zu, wenn die Überleitung nur erfolge, damit dem Angeklagten die bürgerlichen Ehrenrechte abgesprochen werden könnten. Die Mehrheit glaubte deshalb, hier eine Ausnahme von dem im §. 154 zum Ausdrucke gelangten Grundsatze machen und eine Rückgabe der Sache an die Staatsanwaltschaft, wie im Unterantrag α zum Antrag 1 vorgesehen, befürworten zu sollen.

Zu Gunsten des Antrags 3 wurde ausgeführt, daß es sich empfehle, in dem abgekürzten Verfahren die Schriftlichkeit tunlichst einzuschränken, um eine schnelle Erledigung der einzelnen Sachen zu ermöglichen und das Verfahren in der Praxis beliebt zu machen. Zu diesem Zwecke sei eine Vorschrift nötig, welche den Richter ermächtige, seine Entscheidungen mit kurzer Begründung in das Protokoll aufzunehmen und namentlich von der nachträglichen Absetzung ausführlicher Urteilsgründe abzusehen. Die Mehrheit war der Ansicht, daß gerade im abgekürzten Verfahren, wenn der Einzelrichter die Befugnis erhalte, selbst mehrjährige Gefängnisstrafen zu verhängen, die eingehende schriftliche Begründung der Entscheidungen gefordert werden müsse. Sie sei auch für den Fall einer Wiederaufnahme des Verfahrens nicht zu umgehen. Daß in besonders einfach liegenden Sachen die Gründe in das Protokoll aufgenommen werden könnten, brauche nicht besonders vorgeschrieben zu werden, da dies bei Urteilen der Amts- und Schöffengerichte sowie bei Haftbefehlen schon unter dem geltenden Rechte vielfach üblich sei.

IV. Es blieb noch die Beratung folgender Anträge übrig:

1. Gegen das im abgekürzten Verfahren ergehende Urteil ist Berufung zulässig.
2. Der Angeklagte ist über dieses Recht zu belehren.

Der Antrag 1 wurde einstimmig angenommen. Die Kommission hielt es für zweifellos, daß gegen die Urteile des Amtsrichters im abgekürzten Verfahren die Berufung gewährt werden müsse. Es wurde ferner als selbstverständlich angesehen, daß auch gegen die sonstigen Entscheidungen des Amtsrichters dieselben Rechtsmittel wie gegen die Entscheidungen des Schöffengerichts stattzufinden haben.

Der Antrag 2 wurde zurückgezogen, nachdem von mehreren Seiten darauf hingewiesen war, daß es sich empfehle, die Frage, ob eine Belehrung des Angeklagten über die ihm zustehenden Rechtsmittel vorzuschreiben sei, nicht bei diesem Einzelfalle, sondern allgemein bei der Beratung über die Rechtsmittel zu erörtern.

Hiermit waren die Fragen zu K des Fragebogens erledigt.

29. Sitzung.

16. Dezember 1903.

Hauptverhandlung.

Die Kommission ging zur Frage L des Fragebogens über:

Bedürfen die Vorschriften über die Hauptverhandlung einer Änderung?
(Str.Pr.O. §§. 225 bis 275, 318 bis 327.)

I. Hierzu lag zunächst folgender Antrag vor:

1. Sind seit der Verweisung der Sache zur Hauptverhandlung Tatsachen eingetreten oder ermittelt worden, die allein oder in Verbindung mit den bisherigen Ergebnissen des Verfahrens die Freisprechung, die Einstellung des Verfahrens oder die Unzulässigkeit der Strafverfolgung allein oder in Verbindung mit einer Einziehung oder Unbrauchbarmachung begründen, so kann das Urteil mit Zustimmung der Staatsanwaltschaft und, sofern gegen den Angeklagten bereits eine Hauptverhandlung stattgefunden hat, mit Zustimmung des Angeklagten ohne vorgängige Hauptverhandlung erlassen werden.

   Der Zustimmung des Angeklagten bedarf es nicht, wenn er sich im Ausland aufhält, wenn sein Aufenthalt nicht zu ermitteln ist oder wenn er nicht auf freiem Fuße und das Urteil nicht von dem Gerichte des Ortes zu erlassen ist, an dem er sich in Verwahrung befindet.

Zur Begründung des Antrags wurde ausgeführt:

Es komme häufig vor, daß nach Eröffnung des Hauptverfahrens und bevor in die Hauptverhandlung eingetreten sei, Umstände neu hervortreten, aus denen sich als zweifellos ergebe, daß eine Verurteilung nicht erfolgen könne, z. B. wenn nachträglich der wirkliche Täter in einer anderen Person ermittelt oder die Unzurechnungsfähigkeit des Angeklagten festgestellt oder wenn bei Antragsdelikten der Antrag nach Eröffnung des Hauptverfahrens wieder zurückgenommen werde. Für solche Fälle müsse die Möglichkeit geschaffen werden, die Sache ohne Hauptverhandlung zu Ende zu bringen, da diese nur unnötige Weiterungen und Kosten veranlasse und dem Angeklagten zur Beschwerde gereiche. Das Gericht sei daher unter den bezeichneten Voraussetzungen zu ermächtigen, mit Zustimmung der Staatsanwaltschaft das Urteil ohne vorgängige Hauptverhandlung zu erlassen.

Eine solche Vorschrift sei besonders für diejenigen Bundesstaaten erwünscht, in denen auf Grund des §. 6 des Einführungsgesetzes zum Gerichtsverfassungsgesetz

Antragsdelikte zur Zuständigkeit der Schwurgerichte gehörten. Es sei eine zwecklose Belastung der Schwurgerichte, wenn sie sich mit Sachen befassen müßten, die durch die Zurücknahme des Strafantrags gegenstandslos geworden seien.

Die Vorschrift müsse ferner auch auf die in der Praxis noch häufiger vorkommenden Fälle ausgedehnt werden, in denen die Hauptverhandlung bereits stattgefunden habe, aber ausgesetzt worden sei. Namentlich komme hier der nicht seltene Fall in Betracht, daß Zweifel an der Zurechnungsfähigkeit des Angeklagten erst im Laufe der Hauptverhandlung auftauchten und dann durch Beobachtung seines Geisteszustandes bestätigt würden. Nur müsse in diesen Fällen, wenigstens in der Regel, die Zustimmung des Angeklagten erfordert werden, da er zumeist ein berechtigtes Interesse daran habe, in öffentlicher Hauptverhandlung freigesprochen zu werden, nachdem er einmal in der Sache auf der Anklagebank habe erscheinen müssen.

Eine Ausnahme erscheine nur insoweit geboten, als durch das Erfordernis der Zustimmung die Erledigung der Sache unnötig erschwert oder unmöglich gemacht würde. Hierher gehöre der Fall, daß sich der Angeklagte im Ausland aufhalte oder sein Aufenthalt nicht zu ermitteln sei. Ferner müsse eine Ausnahme von dem Erfordernisse der Zustimmung in dem Falle eintreten, daß sich der Angeklagte nicht auf freiem Fuße und auch nicht an dem Orte in Verwahrung befinde, wo das Urteil zu erlassen sei. Dies empfehle sich zur Vermeidung kostspieliger Transporte und sei auch nicht unbillig, da es sich dabei in der Hauptsache nur um Angeklagte handele, die sich in Strafhaft oder in einer anderen Sache in Untersuchungshaft befänden; denn man könne davon ausgehen, daß eine in derselben Sache etwa verhängte Untersuchungshaft inzwischen infolge der Beseitigung des die Haft rechtfertigenden Verdachts aufgehoben sei.

Von anderer Seite wurde darauf hingewiesen, daß auch bei Geisteskrankheit des Angeklagten die Einholung der Zustimmung regelmäßig auf Schwierigkeiten stoßen werde. Gerade dieser Fall sei aber praktisch von besonderer Bedeutung. Mit Rücksicht hierauf wurde der Zusatzantrag gestellt:

> im Abs. 2 nach den Worten „wenn er“ einzufügen: „geisteskrank ist oder“.

Dabei wurde es dahin gestellt, ob bei der späteren Redaktion des Gesetzes etwa die Zustimmung des gesetzlichen Vertreters des Geisteskranken zu erfordern sei.

Von anderer Seite wurde der Standpunkt vertreten, daß nur diejenigen Fälle eine besondere Berücksichtigung verdienten, in denen Umstände, welche eine Verurteilung ausgeschlossen erscheinen lassen, vor Eintritt in die Hauptverhandlung hervortreten. Für diese Fälle habe der Entwurf von 1895 (§. 224a) vorgesehen, daß die Staatsanwaltschaft zu Gunsten des Angeklagten die Wiederaufhebung des Eröffnungsbeschlusses und eine anderweitige Beschlußfassung in Gemäßheit der §§. 196 flg. der Str.Pr.O. beantragen könne. Dieser Vorschlag sei unbedenklich und bedürfe nur nach Maßgabe der von der Kommission über das Zwischenverfahren gefaßten Beschlüsse einer veränderten Fassung. Dagegen müsse es bedenklich erscheinen, ohne ein dringendes Bedürfnis die Grundsätze der Mündlichkeit und Öffentlichkeit des Verfahrens zu durchbrechen. Wenn sich die Öffentlichkeit infolge einer Hauptverhandlung bereits mit einer Sache beschäftigt habe, müsse auch die endgültige Erledigung in öffentlicher Sitzung erfolgen. Zudem führe der Antrag, soweit er sich auf die Fälle beziehe, in denen in die Hauptverhandlung bereits eingetreten sei, zu einer bedenklichen Kasuistik, indem er von Ausnahmen wieder Ausnahmen zu machen genötigt sei. Dadurch werde die Klarheit und Übersichtlichkeit der Vorschriften erheblich beeinträchtigt. Insoweit die Erneuerung der Hauptverhandlung dem Angeklagten zur Beschwerde gereiche, könne dem durch eine Erweiterung der Zulässigkeit der Hauptverhandlung in Abwesenheit des Angeklagten genügend Rechnung getragen werden. Sehr häufig habe aber der Angeklagte an der Erneuerung der Verhandlung ein großes Interesse. Diesem Interesse werde auch nicht dadurch genügend Rechnung getragen, daß seine Zustimmung zum Wegfalle dieser Verhandlung erfordert werde. Beispielsweise könne der von einem Jugendlichen erteilten Zustimmung maßgebende Bedeutung nicht beigelegt werden. Auch die Ausnahmen von dem Erfordernisse der Zustimmung seien bedenklich. Insbesondere würden Personen, die für die Zeit der Tat als geisteskrank betrachtet werden, nicht selten dieser Annahme widersprechen und die Erneuerung der Hauptverhandlung wünschen, indem sie ihre Freisprechung aus anderen Gründen zu erzielen hoffen.

Ob eine Erneuerung der Hauptverhandlung vor dem Schwurgericht auch dann erforderlich sei, wenn inzwischen der Strafantrag zurückgenommen worden sei, müsse bezweifelt werden.

Hiernach wurde beantragt, sich zu Gunsten lediglich des nachfolgenden Grundsatzes auszusprechen:

2. Es empfiehlt sich eine Vorschrift, welche es ermöglicht, wegen neuer Tatsachen auf Antrag des Staatsanwalts die Verweisung der Sache zur Hauptverhandlung wieder aufzuheben.

Zur Begründung des Antrags wurde noch bemerkt, daß er auch gegenüber den Beschlüssen der Kommission über die Gestaltung des Vorverfahrens nicht zu entbehren sei. Es könne nicht etwa angenommen werden, daß nach jenen Beschlüssen der Beginn der gerichtlichen Untersuchung mit dem Beginne der Hauptverhandlung zusammenfalle, sodaß bis zu diesem Zeitpunkt eine Rücknahme der öffentlichen Klage zulässig sei (§. 154 der Str.Pr.O.). Vielmehr sei, ganz abgesehen von dem Falle der Voruntersuchung, der Beginn der Untersuchung schon mit der Ladung zur Hauptverhandlung gegeben.

Einige Mitglieder befürworteten die Annahme des Antrags 2 für die Fälle, wo eine Hauptverhandlung noch nicht stattgefunden habe, um dem Prinzipe der Öffentlichkeit und Mündlichkeit wenigstens nach Möglichkeit Rechnung zu tragen, während sie im übrigen dem Antrag 1 den Vorzug geben wollten.

Zur Widerlegung der gegen den Antrag 1 erhobenen Bedenken wurde insbesondere noch ausgeführt: Zwar enthalte der Antrag 1 eine Abweichung von den Grundsätzen über Öffentlichkeit und Mündlichkeit des Verfahrens. Eine solche Abweichung sei aber zulässig, soweit erhebliche Zweckmäßigkeitsgründe dafür sprächen. Schon für das Wiederaufnahmeverfahren seien jene Grundsätze durch den § 411 der Str.Pr.O. durchbrochen worden. Auch im vorliegenden Falle erscheine die Abweichung durchaus gerechtfertigt, und sachliche Bedenken stünden ihr nicht entgegen. Vor allem sei die Vorschrift unentbehrlich, wenn die Geisteskrankheit nicht nur für die Zeit der Tat festgestellt sei, sondern für die Dauer den Angeklagten vernehmungsunfähig erscheinen lasse; denn in diesem Falle sei die Erneuerung der Hauptverhandlung ausgeschlossen.

Hierauf wurde der Abs. 1 des Antrags 1, soweit er sich auf den Fall bezieht, daß noch keine Hauptverhandlung stattgefunden hat, mit 11 gegen 10, im übrigen mit 15 gegen 6 Stimmen angenommen, wodurch der Antrag 2 erledigt war. Der Abs. 2 des Antrags 1 wurde, soweit er sich auf den Fall bezieht, daß der Angeklagte sich im Ausland aufhält oder sein Aufenthalt nicht zu ermitteln ist, mit 18 gegen 3 Stimmen, soweit er den Fall der Verhaftung betrifft, mit 16 gegen 5 Stimmen und, soweit diesen Fällen, gemäß dem Zusatzantrage, der Fall der Geisteskrankheit gleichgestellt werden soll, mit 13 gegen 8 Stimmen angenommen.

II. Die Kommission wandte sich zur Ausdehnung des Kontumazialverfahrens und beriet zunächst über die Frage LI 1a und 2 des Fragebogens:

Bestehen Bedenken dagegen, daß in Anlehnung an die Vorschläge des Entwurfs von 1895 in erweitertem Umfange die Hauptverhandlung zugelassen wird

a) gegen ausbleibende Angeklagte?

Unter welchen Voraussetzungen soll dies geschehen?

(Str.Pr.O. §§. 229 bis 231.[1])

Hierzu lagen folgende Anträge vor:

1. a) An Stelle des §. 229 der Str.Pr.O. tritt folgende Bestimmung:

In den vor den Schöffengerichten und vor den Strafkammern zu verhandelnden Sachen kann gegen einen ohne genügende Ent-

---

[1]) Die §§. 229 bis 231 lauten:

§. 229.

Gegen einen ausgebliebenen Angeklagten findet eine Hauptverhandlung nicht statt.

Ist das Ausbleiben des Angeklagten nicht genügend entschuldigt, so ist die Vorführung anzuordnen oder ein Haftbefehl zu erlassen.

§. 230.

Der erschienene Angeklagte darf sich aus der Verhandlung nicht entfernen. Der Vorsitzende kann die geeigneten Maßregeln treffen, um die Entfernung desselben zu verhindern; auch kann er ihn während einer Unterbrechung der Verhandlung in Gewahrsam halten lassen.

Entfernt der Angeklagte sich dennoch oder bleibt er bei der Fortsetzung einer unterbrochenen Hauptverhandlung aus, so kann diese in seiner Abwesenheit zu Ende geführt werden, wenn seine Vernehmung über die Anklage schon erfolgt war und das Gericht seine fernere Anwesenheit nicht für erforderlich erachtet.

§. 231.

Beim Ausbleiben des Angeklagten kann zur Hauptverhandlung geschritten werden, wenn die den Gegenstand der Untersuchung bildende Tat nur mit Geldstrafe, Haft oder Einziehung, allein oder in Verbindung mit einander, bedroht ist.

In solchen Fällen muß der Angeklagte in der Ladung auf die Zulässigkeit dieses Verfahrens ausdrücklich hingewiesen werden.

schuldigung ausgebliebenen Angeklagten — insofern es sich nicht um ein Verbrechen handelt — das Gericht zur Hauptverhandlung schreiten, wenn es die Anhörung des Angeklagten zur Aufklärung der Sache nicht für erforderlich hält. Ist der Angeklagte zu gerichtlichem Protokolle vernommen, so ist dieses zu verlesen. In der Ladung muß der Angeklagte auf die Zulässigkeit dieses Verfahrens hingewiesen werden.

Hält das Gericht die Anhörung des Angeklagten für erforderlich und ist derselbe ohne genügende Entschuldigung ausgeblieben, so hat das Gericht seine Vorführung oder Verhaftung anzuordnen.

b) Der §. 230 Abs. 2 erhält folgende Fassung:

Entfernt der Angeklagte sich dennoch oder bleibt er bei der Fortsetzung der unterbrochenen Hauptverhandlung aus, so kann diese in seiner Abwesenheit zu Ende geführt werden, wenn das Gericht seine weitere Anwesenheit nicht für erforderlich hält. Wenn ein Verbrechen den Gegenstand der Untersuchung bildet, sowie für die Hauptverhandlung vor dem Reichsgericht und vor dem Schwurgericht ist dieses Verfahren nur zulässig, wenn die Vernehmung über die Anklage schon erfolgt ist.

c) Der §. 231 kommt in Wegfall.

d) Der §. 234 Abs. 1 ist dahin abzuändern, daß die Wiedereinsetzung in den vorigen Stand auch dann erfolgen soll, wenn der Angeklagte ausreichende Entschuldigungsgründe für sein Nichterscheinen und zugleich ausreichende Entschuldigungsgründe dafür vorbringt, daß er sein Nichterscheinen nicht rechtzeitig angezeigt hat. Das nach Maßgabe dieser Vorschrift ausreichend begründete Gesuch um Wiedereinsetzung in den vorigen Stand soll die Vollstreckung des Urteils hemmen.

2. Die Hauptverhandlung gegen einen ausgebliebenen Angeklagten ist zuzulassen,

a) unter den Voraussetzungen, unter welchen nach den zu I gefaßten Beschlüssen ein Urteil ohne vorgängige Hauptverhandlung erlassen werden kann;

b) wenn wegen der den Gegenstand der Untersuchung bildenden Tat kraft Gesetzes oder nach dem Ermessen des Gerichts keine andere Strafe als Freiheitsstrafe bis zu sechs Wochen oder Geldstrafe oder Einziehung oder Unbrauchbarmachung allein oder in Verbindung mit einander erwartet werden darf.

c) Die Zulässigkeit des Verfahrens soll dadurch nicht ausgeschlossen werden, daß

α) auf eine höhere als die unter b bezeichnete Strafe nur deshalb zu erkennen ist, weil gemäß §. 74 oder §. 79 des St.G.B. eine Gesamtstrafe festzusetzen ist;

β) das Urteil auch auf Zuerkennung einer Buße, auf die Ermächtigung zur öffentlichen Bekanntmachung des Urteils oder auf öffentliche Bekanntmachung desselben zu lauten hat oder lauten kann.

3. Die Hauptverhandlung gegen einen ausgebliebenen Angeklagten soll außer den im Antrage 2 bezeichneten Fällen
a) auch dann zulässig sein, wenn Freiheitsstrafe bis zu drei Monaten zu erwarten ist;
b) dadurch nicht ausgeschlossen werden, daß das Urteil auf sonstige Nebenstrafen oder sonstige Nebenfolgen zu lauten hat oder lauten kann.

Der Antrag 1 wurde zu a Abs. 1 Satz 1 mit 16 gegen 5 Stimmen abgelehnt, im übrigen zurückgezogen. Auch der Antrag 3 wurde zu a mit 15 gegen 6 Stimmen, zu b mit 11 gegen 10 Stimmen abgelehnt. Dagegen wurde der Antrag 2 und zwar zu a mit 20 Stimmen gegen eine Stimme, zu b mit 14 gegen 7 Stimmen, zu c α mit 18 gegen 3 Stimmen, zu c β einstimmig angenommen.

Zur Begründung des Antrags unter 1 wurde ausgeführt, daß ähnliche Vorschriften bereits von den verbündeten Regierungen im Entwurfe von 1895 in Vorschlag gebracht und von den Reichstagskommissionen gebilligt worden seien. Man sei damals allseitig davon ausgegangen, daß für eine Erweiterung des Kontumazialverfahrens ein dringendes praktisches Bedürfnis bestehe, weil das unentschuldigte Ausbleiben Angeklagter in der Hauptverhandlung häufig sei; dies führe zu zahlreichen Vertagungen, zur Notwendigkeit einer zwangsweisen Vorführung und habe eine Verschleppung des Verfahrens, eine Belastung der Gerichte und der Staatskasse sowie schwere Nachteile für den Angeklagten selbst, namentlich soweit er unbemittelt sei, im Gefolge.

Nach diesen Vorgängen könne das Bedürfnis für eine Erweiterung des Kontumazialverfahrens nicht wohl bestritten werden, wenn es auch in den von Einzelnen gemachten Erfahrungen nicht volle Bestätigung finden sollte. Den in der Vorlage von 1895 (S. 24 flg.) geltend gemachten Gründen sei noch hinzuzufügen, daß in Folge der nach dem bestehenden Rechte unvermeidlichen häufigen Vertagungen auch die Zeugen wegen der Notwendigkeit, wiederholt vor Gericht erscheinen zu müssen, erheblich belästigt würden. Ferner erscheine es billig, auf das Gefühl der Scham, aus welchem viele Angeklagte sich davor scheuten, in öffentlicher Sitzung auf der Anklagebank zu erscheinen, Rücksicht zu nehmen.

Das Interesse der Wahrheitsermittelung werde durch die Ausdehnung des Kontumazialverfahrens nicht gefährdet; denn der Eintritt dieses Verfahrens hänge vom Ermessen des Gerichts ab. Man könne aber zu den Gerichten das Vertrauen haben, daß sie von der ihnen eingeräumten Befugnis keinen die Rechtspflege schädigenden Gebrauch machen würden. Auch im Ausland und in denjenigen Bundesstaaten, in denen früher das Kontumazialverfahren in weiterem Umfange zulässig gewesen sei, hätten sich daraus Mißstände nicht ergeben.

Ferner wurde darauf hingewiesen, daß im ehrengerichtlichen Verfahren gegen Rechtsanwälte nach §. 83 der Rechtsanwaltsordnung das Kontumazialverfahren im weitesten Umfange zugelassen sei und sehr häufig zur Anwendung gelange. Hiermit habe man durchaus keine ungünstigen Erfahrungen gemacht.

In Übereinstimmung mit der Vorlage von 1895 sei mit Rücksicht auf die Schwere der Strafen bei Verbrechen das Kontumazialverfahren nicht zuzulassen.

Dagegen könne es fraglich erscheinen, ob ein genügender Grund dafür vorliege, nach dem Vorgange des Entwurfs von 1895 in Abweichung von dem geltenden Rechte das Kontumalzialverfahren vor dem Reichsgericht und den Schwurgerichten grundsätzlich auszuschließen. Denn auch vor diese Gerichte könnten im Falle des Zusammenhanges Vergehen gebracht werden und es sei unzweckmäßig, daß unter Umständen blos wegen des Ausbleibens eines Nebenangeklagten eine Verhandlung vertagt werden müsse, wenn der Hauptangeklagte erschienen und eine Trennung nicht möglich sei. Nur mit Rücksicht darauf, daß solche Fälle in der Praxis äußerst selten seien, könne das Kontumazialverfahren auf die vor den Schöffengerichten und Strafkammern zu verhandelnden Sachen beschränkt bleiben.

Eine Ergänzung der Vorschriften des Entwurfs von 1895 sei jedoch nach folgenden Richtungen geboten.

Um die Interessen des Angeklagten nach jeder Richtung zu wahren, empfehle es sich, vorzuschreiben, daß, wenn der Angeklagte bereits zu gerichtlichem Protokolle vernommen sei, dieses unter allen Umständen verlesen werden müsse. Ferner sei zu bestimmen, daß der Angeklagte immer schon in der Ladung ausdrücklich auf die Zulässigkeit des Kontumazialverfahrens hingewiesen werden müsse[1]) Endlich bedürfe es einer Erweiterung der Gründe für die Wiedereinsetzung in den vorigen Stand gegen das Kontumazialurteil. Während nach §. 234 der Str.Pr.O. die Wiedereinsetzung nur verlangt werden könne, falls der Angeklagte durch Naturereignisse oder andere unabwendbare Zufälle am Erscheinen verhindert worden sei, müsse für genügend erachtet werden, wenn er ausreichende Entschuldigungsgründe für sein Nichterscheinen und zugleich ausreichende Entschuldigungsgründe dafür geltend machen könne, daß er sein Nichterscheinen nicht rechtzeitig angezeigt habe. Auch müsse hier abweichend vom §. 47 der Str.Pr O. dem ausreichend begründeten Gesuche stets die Wirkung beigelegt werden, daß es die Vollstreckung des Urteils hemme.

Von der überwiegenden Mehrzahl der Mitglieder wurden gegen eine so weitgehende Ausdehnung des Kontumazialverfahrens Bedenken geltend gemacht.

Nach den von ihnen gemachten Erfahrungen sei ein praktisches Bedürfnis hierfür nicht hervorgetreten. Das Ausbleiben des Angeklagten in der Hauptverhandlung ohne genügende Entschuldigung sei durchaus nicht so häufig. Die Angeklagten pflegten schon aus Furcht vor der Vorführung oder Verhaftung zu erscheinen. Daß der Angeklagte der gerichtlichen Ladung Trotz biete und deshalb ausbleibe, sei äußerst selten. Hiernach könne nicht anerkannt werden, daß sich aus der Beschränkung des Kontumazialverfahrens Mißstände in erheblichem Maße ergeben hätten. Unter diesen Umständen fehle es aber an einem genügenden Grunde, in so weitem Umfange, wie es der Antrag bezwecke, die das Strafverfahren beherrschenden Grundsätze der Mündlichkeit und Unmittelbarkeit zu durchbrechen. Der Strafprozeß müsse die Gewähr bieten, daß die objektive Wahrheit mit allen zugänglichen Mitteln ergründet und der Täter nur

[1]) In der Vorlage von 1895 war eine solche Vorschrift an dieser Stelle nicht vorgesehen, weil im §. 215 die allgemeine Bestimmung aufgenommen werden sollte, daß die Ladung eines auf freiem Fuße befindlichen Angeklagten unter Hinweis auf die gesetzlichen Folgen seines unentschuldigten Ausbleibens zu erfolgen habe.

nach Maßgabe seines Verschuldens bestraft werde. Hierzu sei es vor allem notwendig, daß der Angeklagte von seinen Richtern gesehen und gehört werde. Dies sei sowohl im Interesse der Strafverfolgung geboten, für welche ein etwaiges Geständnis des Angeklagten in der Hauptverhandlung von großem Werte sei, als auch insbesondere im Interesse der Verteidigung. Der Angeklagte müsse Gelegenheit haben, alles vorzubringen, was seine Unschuld dartun, seine Tat rechtfertigen und sie im milderen Lichte erscheinen lassen könne. Erst in der Hauptverhandlung sei er in der Lage, die Belastungsmomente in vollem Umfange zu übersehen und seine Verteidigung danach einzurichten. Die subjektiven Schuldmomente ließen sich im wesentlichen nur durch das persönliche Gehör des Angeklagten ergründen. Selbst wenn er jede Erklärung ablehne, sei schon seine bloße Anwesenheit und sein Auftreten ein wichtiges Mittel für die Erforschung der Wahrheit. Auch für die Frage der Strafzumessung könne auf den persönlichen Eindruck, den der Angeklagte mache, nicht verzichtet werden. Ferner liege die Gefahr nahe, daß Irrtümer in den Strafnachrichten bei Abwesenheit des Angeklagten unberücksichtigt blieben. Durch solche bei der Ausmessung der Strafe wesentlich in das Gewicht fallende Umstände könne der abwesende Angeklagte, auch wenn er schuldig sei, über Gebühr benachteiligt werden, und zwar ohne später im Wege eines Rechtsmittels Abhilfe dagegen zu finden.

Der Umstand, daß das Kontumazialverfahren früher nach Partikularrecht und zur Zeit auch nach der Gesetzgebung ausländischer Staaten vielfach in weiterem Umfang als nach der Strafprozeßordnung zugelassen sei, könne nicht in Betracht kommen. Denn nach der Gesetzgebung jener Staaten habe das Verfahren eine durchaus andere Bedeutung, als nach dem geltenden Rechte. Dort bilde das Kontumazialurteil nur eine vorläufige Erledigung des Verfahrens, bei welcher die Ermittelung der objektiven Wahrheit gar nicht erstrebt werde. Das Urteil werde daher auch im Falle der nachträglichen Gestellung des Verurteilten oder seiner Verhaftung oder, ähnlich wie bei dem Strafbefehle, durch seinen Einspruch beseitigt. Nach dem Systeme der Strafprozeßordnung, an welchem auch durch den Antrag nichts geändert werden solle, finde dagegen das Verfahren durch das Kontumazialverfahren seine endgiltige Erledigung, da das Urteil nur im Wege der ordentlichen Rechtsmittel angefochten werden könne. Von diesem Standpunkt aus habe das Gesetz mit Recht das Kontumazialverfahren grundsätzlich ausgeschlossen und nur bei ganz geringfügigen Delikten aus gewichtigen praktischen Gründen eine Ausnahme zugelassen.

Das Interesse, welches der Angeklagte selbst daran habe, sich von der Hauptverhandlung fern zu halten, könne, soweit es überhaupt gerechtfertigt sei, durch eine Erweiterung der Vorschriften über die Entbindung vom Erscheinen in der Hauptverhandlung (§. 232 der Str.Pr.O.) genügend berücksichtigt werden.

Auch im einzelnen gebe der Antrag zu erheblichen Bedenken Veranlassung.

Zunächst sei es bedenklich, die Zulässigkeit des Kontumazialverfahrens davon abhängig zu machen, ob nach dem Ermessen des Gerichts die Anhörung des Angeklagten entbehrt werden könne. Die Grundlagen für ein solches Ermessen seien unsicher. Der Richter könne garnicht voraussehen, was der Angeklagte noch zur Aufklärung der Sache vorzubringen habe und welche Wirkung der persönliche Eindruck des Angeklagten hervorrufen würde. Das Gericht werde, namentlich wenn zahlreiche Zeugen geladen seien, leicht geneigt sein, trotz Abwesenheit des Angeklagten zu verhandeln. Sei es aber erst einmal in die Verhandlung eingetreten, so werde es auch in Fällen, wo die Anhörung des Angeklagten zweckmäßig wäre, sich nur ungern zu einer Vertagung und Wiederholung der Beweisaufnahme entschließen.

Ferner sei nicht zu billigen, daß das Kontumazialverfahren immer nur dann zulässig sein soll, wenn der Angeklagte ohne genügende Entschuldigung ausgeblieben sei. Insoweit werde das Verfahren gegenüber dem bestehenden Rechte, das diese Voraussetzung nicht kenne, erschwert und in seiner Brauchbarkeit beeinträchtigt. Denn der Begriff der genügenden Entschuldigung sei ein vieldeutiger. Die Gerichte würden daher mit der Möglichkeit rechnen müssen, daß ein Entschuldigungsgrund, den sie als ungenügend anzusehen geneigt sind, in höherer Instanz für genügend erachtet werden könne. Aus diesem Grunde würden sie von vornherein wenig geneigt sein, von dem Kontumazialverfahren Gebrauch zu machen.

Nicht minder bedenklich sei die vorgeschlagene Änderung des §. 234. Denn es sei zu befürchten, daß eine Erleichterung der Wiedereinsetzung in den vorigen Stand gegen die Versäumung des Termins zu einer erheblichen Verschleppung des Verfahrens führen würde. Die Angeklagten würden sich vielfach zunächst in contumaciam verurteilen lassen, um den Verlauf der Sache abzuwarten, davon ausgehend, daß sich eine die Wiedereinsetzung in den vorigen Stand rechtfertigende Entschuldigung des Ausbleibens schon finden lassen werde. Andererseits könne die Erleichterung der Restitution dazu führen, daß das Kontumazialverfahren seitens der Gerichte nur selten angewendet werde. Denn wenn der Angeklagte ausbliebe, ohne sich entschuldigt zu haben, würden sie mit der Möglichkeit rechnen, daß ein Entschuldigungsgrund vorliegen und Restitution verlangt werden könne. Sie würden daher einer Vertagung der Verhandlung den Vorzug geben. Somit führe der Antrag zu einer erheblichen Vermehrung der Arbeitslast der Gerichte.

Übrigens sei es, vom Standpunkte des Antrags selbst ausgehend, widerspruchsvoll, das Kontumazialverfahren ohne Rücksicht auf die Höhe der zu erwartenden Strafe bei allen Vergehen, niemals dagegen bei Verbrechen zuzulassen, da letztere in leichten Fällen sehr häufig milder geahndet würden als Vergehen.

Aus diesen Gründen war ein erheblicher Teil der Kommission der Ansicht, daß grundsätzlich an dem Standpunkte des geltenden Rechtes festgehalten werden müsse, und die Mehrheit der Kommission vertrat den Standpunkt, daß eine Erweiterung des Kontumazialverfahrens jedenfalls nur in engen Grenzen und nur insoweit empfohlen werden könne, als sich ein dringendes Bedürfnis dafür herausgestellt habe.

Zunächst müsse es als eine selbstverständliche Folge der zu I gefaßten Beschlüsse angesehen werden, daß in den dort bezeichneten Fällen, in denen die Freisprechung außerhalb einer Hauptverhandlung für zulässig erklärt worden sei, diese auch innerhalb einer solchen in Abwesenheit des Angeklagten erfolgen dürfe.

Ferner empfehle es sich, die Geringfügigkeit der Sache nicht wie bisher im §. 231 der Str.Pr.O. nach der Art und Höhe der im Gesetz angedrohten Strafe zu bemessen, vielmehr nach dem Vorbilde des §. 232 es darauf abzustellen, ob nach dem Ermessen des Gerichts nur eine geringfügige Strafe zu erwarten steht. Zwar sei die vorherige Abschätzung der zu verhängenden Strafe unter Umständen schwierig, zumal der Inhalt der Akten in der Regel nicht allen Mitgliedern des Gerichts bekannt sei. Doch dürfe von den Gerichten erwartet werden, daß sie hierbei mit Vorsicht verfahren. Eine solche vorherige Schätzung werde vom geltenden Rechte außer im §. 232 auch in anderen Vorschriften (zu vergl. §. 75 des G.V.G.) erfordert. Stelle sich nachträglich heraus, daß die zu verhängende Strafe über die durch die Vorschrift gezogenen Grenzen hinausgehe, so dürfe die Verhandlung gegen den Abwesenden nicht zu Ende geführt werden; vielmehr müsse dieser, wie dies für den Fall des §. 232 in der Rechtsprechung des Reichsgerichts [1]) anerkannt werde, zur Hauptverhandlung zugezogen werden.

Was die Bemessung der Strafgrenzen anlange, so erscheine es nicht gerechtfertigt, daß nach dem geltenden Rechte hier das Kontumazialverfahren in engere Grenzen eingeschlossen sei als in den Fällen des Strafbefehlsverfahrens (§. 447). Hiernach müsse neben der Haft auch die Gefängnisstrafe Berücksichtigung finden und für Freiheitsstrafen allgemein die Grenze auf sechs Wochen festgesetzt werden.

In einigen Beziehungen erscheine es zweckmäßig, über die im §. 232 nach seiner jetzigen Fassung gezogenen Grenzen hinauszugehen. Zunächst empfehle sich, außer einer Einziehung auch eine Unbrauchbarmachung im Kontumazialverfahren zuzulassen. Ferner dürfe im Falle mehrerer real konkurrierender Delikte, abweichend von der Auslegung, die der §. 232 in der Rechtsprechung [2]) gefunden habe, der Höchstbetrag der Freiheitsstrafe nur auf die verwirkten Einzelstrafen bezogen werden. Auf eine gemäß §. 74 oder §. 79 des St.G.B. zu verhängende Gesamtstrafe müsse auch in höherem Betrag als sechs Wochen erkannt werden dürfen. Denn auch die nachträgliche Zurückführung auf eine Gesamtstrafe gemäß §. 492, §. 494 Abs. 1 der Str.Pr.O. habe ohne mündliche Verhandlung zu erfolgen. Endlich entspreche es dem praktischen Bedürfnisse, auch die Zuerkennung einer Buße und die Ermächtigung zur öffentlichen Bekanntmachung des Urteils oder die Anordnung einer solchen im Kontumazialverfahren zuzulassen. In der Praxis sei es als ein Mangel empfunden worden, daß zur Zeit im Falle des §. 232 [3]) auf diese Nebenfolgen der Verurteilung nicht erkannt werden dürfe. Durch die Zulassung einer solchen Entscheidung werde in Verbindung mit der Erweiterung der für Art und Höhe der Freiheitsstrafen gezogenen Grenze das Kontumazialverfahren insbesondere im Verfahren auf erhobene Privatklage, dem praktischen Bedürfnis entsprechend, eine große Bedeutung gewinnen.

Noch weiter zu gehen und alle Nebenstrafen und sonstigen Nebenfolgen der Verurteilung im Kontumazialverfahren zuzulassen, wurde für bedenklich erachtet. Insbesondere dürfe nicht zugelassen werden, daß gegen einen ausgebliebenen

---

[1]) Zu vergl. Entsch. in Strafs. Bd. 32 S. 61.

[2]) Zu vergl. Entsch. des Reichsgerichts in Strafs. Bd. 30 S. 277.

[3]) Zu vergl. Entsch. des Reichsgerichts in Strafs. Bd. 29 S. 44, Bd. 35 S. 17.

Angeklagten auf Verlust der bürgerlichen Ehrenrechte oder auf Überweisung an die Landespolizeibehörde oder gegenüber einem Jugendlichen auf Überweisung an die Familie und auf Unterbringung in einer Erziehungs- oder Besserungsanstalt erkannt werde. Was die Jugendlichen anlange, so müsse davon ausgegangen werden, daß die Gerichte ihnen gegenüber das Kontumazialverfahren überhaupt nur ausnahmsweise[1]) zur Anwendung bringen werden, da die durch §. 56 des St.G.B. gebotene Feststellung, daß der Angeklagte die erforderliche Einsicht besessen habe, in der Regel nicht ohne sein persönliches Erscheinen getroffen werden könne. Neben der Unbrauchbarmachung auch die Vernichtung zuzulassen, sei durch ein praktisches Bedürfnis nicht geboten.

III. Zu den §§. 229 bis 231 der Str.Pr.O. war ferner der Antrag gestellt worden:

> Der ohne genügende Entschuldigung ausbleibende Angeklagte ist unter Strafe zu stellen.

Der Antrag wurde mit 13 gegen 8 Stimmen abgelehnt.

Zu Gunsten des Antrags wurde ausgeführt: Der unentschuldigt ausbleibende Angeklagte müsse nach dem Vorbilde des englischen Rechts (contempt of court) wegen der darin liegenden Mißachtung des Gerichts ebenso unter Strafe gestellt werden wie der Zeuge. Zwar sei der Angeklagte nicht zur Aussage verpflichtet; indessen bestehe doch die Pflicht, zu erscheinen, für ihn in gleicher Weise wie für den Zeugen. Andererseits sei die gegenwärtig zwingend vorgeschriebene Verhaftung oder Vorführung des unentschuldigt ausgebliebenen Angeklagten unter Umständen eine zu harte Maßregel; es sei deshalb besser, in geringfügigen Fällen diese Maßregel durch eine Strafe zu ersetzen, die der Sachlage entsprechend abgemessen werden könne.

Der Antragsteller bemerkte, daß der Antrag zunächst in dem Sinne gestellt sei, daß die Vorschrift jegliches Kontumazialverfahren ersetzen solle, daß er aber auch bei Zulassung eines solchen Verfahrens angenommen werden könne.

Die Mehrheit vermochte ein Bedürfnis für die Vorschrift nicht anzuerkennen. Ein praktischer Wert sei dem Vorschlage kaum beizumessen, weil die Angeklagten sich ebenso wie die Zeugen durch nachträglich beigebrachte Entschuldigungsgründe in der Regel einer Bestrafung entziehen würden.

IV. Im §. 232 der Str.Pr.O. sind die Voraussetzungen, unter denen der Angeklagte von der Verpflichtung zum Erscheinen in der Hauptverhandlung entbunden werden kann, bestimmt und ist das dabei eintretende Verfahren geordnet. Nach dem Entwurfe von 1895 sollte diese Vorschrift mit Rücksicht auf die vorgeschlagene Erweiterung des Kontumazialverfahrens beseitigt werden. Gemäß der beschlossenen Ablehnung dieser Erweiterung ging die Kommission davon aus, daß die Vorschrift beizubehalten sei, und erörterte lediglich die Frage, ob die Voraussetzungen, unter denen das darin geordnete Verfahren eintreten kann, erweitert werden sollen.

1. In der Kommission herrschte Übereinstimmung darüber, daß sich die Vorschrift des geltenden Rechtes, nach der die Befreiung des Angeklagten nur

---

[1]) Zu vergl. Entsch. des Reichsgerichts in Straff. Bd. 24 S. 411.

wegen großer Entfernung seines Aufenthaltsorts zugelassen werden darf, in der Praxis nicht bewährt habe. Zwar sei durch die Rechtsprechung des Reichsgerichts [1]) für zulässig erachtet worden, den Begriff der großen Entfernung auch nach der Körperbeschaffenheit des Vorgeladenen zu bemessen. Doch genüge dies dem praktischen Bedürfnisse nicht. Nicht minder wie durch große Entfernung des Aufenthaltsorts könne das persönliche Erscheinen durch Krankheit, Gebrechlichkeit und andere Hindernisse besonders erschwert und mit Rücksicht hierauf eine Entbindung vom persönlichen Erscheinen unbedenklich sein.

Aus der Mitte der Kommission wurden Anträge gestellt, die in verschiedenem Umfange die Befreiungsbefugnis des Gerichts zu erweitern bezweckten. Es wurde beantragt, die Befreiung des Angeklagten zuzulassen

1. auch dann, wenn sein Erscheinen wegen Krankheit oder Gebrechlichkeit besonders erschwert erscheint;
2. auch dann, wenn er glaubhaft macht, daß er als Folge seines persönlichen Erscheinens unverhältnismäßige Nachteile zu besorgen habe;
3. ganz allgemein,
   a) wenn sein Erscheinen besonders erschwert ist, unter Hinzufügung der Bestimmung,
   b) daß als besonders erschwert auch das Erscheinen eines außerhalb des Gerichtssitzes nicht auf freiem Fuße befindlichen Angeklagten gelten soll.

Zur Begründung des Antrags 1 wurde bemerkt, daß dem praktischen Bedürfnisse genügt werde, wenn im Anschluß an die Vorschrift im §. 222 der Str.Pr.O. über die kommissarische Vernehmung von Zeugen und Sachverständigen, diejenigen Hinderungsgründe, welche neben der großen Entfernung des Aufenthaltsorts hauptsächlich in Betracht kommen, nämlich Krankheit und Gebrechlichkeit, Aufnahme fänden.

Zu Gunsten des Antrags 2 wurde ausgeführt, daß dem Ermessen des Gerichts weitere Grenzen gezogen werden müßten. Es komme nicht sowohl auf die Hindernisse an, die dem Erscheinen entgegen stehen, als auf die Nachteile, die der Angeklagte als Folge seines Erscheinens zu besorgen habe. Diese Nachteile könnten ebensowohl wirtschaftliche, als — z. B. im Falle der tötlichen Erkrankung eines Angehörigen — ethische sein. Die Nachteile müßten aber immer „unverhältnismäßige" sein, d. h. sie müßten außer Verhältnis stehen zu der Erheblichkeit der Strafsache, um die es sich handele, und zu der Bedeutung, welche dem persönlichen Erscheinen für die Entscheidung der Sache beizulegen sei.

Für den Antrag 3 wurde geltend gemacht, daß es sich empfehle, das Ermessen des Gerichts noch weiter auszudehnen und ihm keine andere Schranke zu ziehen, als daß das Erscheinen des Angeklagten „besonders erschwert" sein müsse. Selbstverständlich werde das Gericht dabei ebensowohl auf die Erheblichkeit der Sache, wie auf die Bedeutung der persönlichen Anhörung für die Entscheidung der Sache Rücksicht zu nehmen haben. Daneben erscheine es zweckmäßig, ausdrücklich zu bestimmen, daß das Erscheinen eines außerhalb des

---

[1]) Zu vergl. Entsch. in Strafs. Bd. 19 S. 246.

Gerichtssitzes in Haft befindlichen Angeklagten stets als besonders erschwert zu gelten habe. Dies sei nicht nur im Interesse des Staates behufs Vermeidung von Transportkosten, sondern auch zu Gunsten des Angeklagten geboten, für den der Transport große Beschwernisse zur Folge habe. Dem Interesse des Angeklagten an dem persönlichen Erscheinen sei dadurch Rechnung getragen, daß die Entbindung nur auf seinen Antrag eintreten könne.

Die Kommission entschied sich in letzterem Sinne und nahm den Antrag 3 und zwar zu a mit 18 Stimmen gegen eine Stimme, zu b einstimmig an.

2. Nach dem geltenden Rechte darf die Befreiung vom Erscheinen in der Hauptverhandlung dem Angeklagten nur bewilligt werden, wenn nach dem Ermessen des Gerichts voraussichtlich keine andere Strafe als Freiheitsstrafe bis zu sechs Wochen oder Geldstrafe oder Einziehung, allein oder in Verbindung mit einander, zu erwarten steht.

Übereinstimmung herrschte darüber, daß die durch das Gesetz gezogenen Grenzen auch hier zu erweitern seien. Nur darüber, wie weit gegangen werden könne, waren die Ansichten verschieden.

Von einer Seite wurde beantragt,

a) die Grenzen der zulässigen Freiheitsstrafe auf drei Monate festzusetzen und neben der Einziehung auch die Unbrauchbarmachung zu erwähnen, ferner

b) die Entbindung vom Erscheinen auch dann zuzulassen, wenn auf eine höhere Freiheitsstrafe nur deshalb zu erkennen ist, weil gemäß §. 74 oder §. 79 des St.G.B. eine Gesamtstrafe festzusetzen ist, oder wenn das Urteil auf Zuerkennung einer Buße, auf die Ermächtigung zur öffentlichen Bekanntmachung des Urteils oder auf öffentliche Bekanntmachung desselben zu lauten hat oder lauten kann.

Zur Begründung des Antrags wurde ausgeführt: Mit Rücksicht darauf, daß die Entbindung vom Erscheinen einen hierauf gerichteten Antrag des Angeklagten voraussetze, könne hinsichtlich der Höhe der zu erwartenden Freiheitsstrafe hier weiter gegangen werden als in dem Kontumazialverfahren. Demgemäß werde eine Grenze von drei Monaten vorgeschlagen. In allen sonstigen Beziehungen empfehle es sich, die Voraussetzungen in der gleichen Weise zu bestimmen wie für das Kontumazialverfahren.

Von anderer Seite wurde beantragt,

c) im Antrage b die Grenze der Freiheitsstrafe auf vier Monate zu erhöhen.

Diese Erhöhung empfehle sich, damit die Befreiung vom Erscheinen auch bei Verbrechen bewilligt werden könne, falls mildernde Umstände vorliegen und eine Strafe zu erwarten stehe, die über das in diesem Falle zulässige Minimum von drei Monaten Gefängnis wenig hinausgehe. Namentlich bei Rückfallsverbrechen sei oft die Sachlage einfach und das persönliche Erscheinen des Angeklagten nicht erforderlich.

Von dritter Seite wurde befürwortet, von jeder Strafgrenze abzusehen. Gebe der Angeklagte selbst den Wunsch zu erkennen, daß mit Rücksicht auf die besondere Erschwerung seines Erscheinens in seiner Abwesenheit verhandelt werde, und trage das Gericht keine Bedenken, dem Antrage zu entsprechen, so sei genügende Gewähr dafür gegeben, daß der Angeklagte nicht durch seine Abwesenheit benachteiligt werde. Man könne zu den Gerichten das Vertrauen haben, daß sie nur in den dazu geeigneten Fällen die Entbindung vom Erscheinen aussprechen werden. Nur für die Verhandlungen vor dem Reichsgericht nnd den Schwurgerichten sei eine Ausnahme zu machen. Dementsprechend wurde beantragt,

d) abgesehen von der für diese Sachen gebotenen Einschränkung jede Strafgrenze zu beseitigen.

Die Mehrheit der Kommission trug Bedenken, ohne Ansehung der Art und Höhe der zu erwartenden Strafe die Möglichkeit der Entbindung vom Erscheinen zu gewähren. Denn das Erfordernis des Antrags schließe eine Gefährdung der Interessen des Angeklagten keineswegs aus, da dieser häufig die Schwere der ihm drohenden Strafen nicht richtig zu beurteilen vermöge. Im übrigen sprächen gegen den Antrag d dieselben Gründe, aus welchen die Beseitigung jeder Strafgrenze im Kontumazialverfahren abgelehnt worden sei.

Die Mehrheit billigte vielmehr den Standpunkt, nach welchem die Voraussetzungen des Verfahrens im allgemeinen zwar in derselben Weise wie im Kontumazialverfahren zu bestimmen, die Grenzen der zulässigen Freiheitsstrafe aber zu erhöhen und zwar aus den zu Gunsten des Antrags c angeführten Zweckmäßigkeitsgründen auf vier Monate hinaufzurücken seien.

Bei der Abstimmung wurde zunächst der Antrag d mit 11 gegen 8 Stimmen abgelehnt. Hierauf wurde der Antrag c mit 13 gegen 6 Stimmen angenommen und festgestellt, daß danach die Anträge a und b mit der durch den Antrag c gebotenen Änderung als angenommen zu gelten haben.

Die Meinung der Kommission ging dabei dahin, daß die Voraussetzungen des Kontumazialverfahrens für das Verfahren nach §. 232 auch insofern maßgebend sein müssen, als dieses Verfahren vor dem Reichsgericht und den Schwurgerichten überhaupt nicht Platz greifen soll. Ob in Konsequenz dieses Standpunkts auch in den Fällen, in denen nach den Beschlüssen der Kommission auf Freisprechung außerhalb einer Hauptverhandlung erkannt werden kann, ein Angeklagter, der auf seine Freisprechung in öffentlicher Hauptverhandlung Wert legt und deshalb deren Abhaltung beantragt, gleichwohl vom Erscheinen in derselben auf seinen Antrag entbunden werden kann, ist nicht erörtert worden.

3. Hinsichtlich der Gestaltung des Verfahrens bei der Entbindung vom Erscheinen bestand Einverständnis darüber, daß das geltende Recht in der Hauptsache aufrecht zu erhalten sei. Demgemäß wurde ein Antrag, welcher durch eine veränderte Fassung des §. 232 Abs. 2 lediglich beabsichtigt, sicher zu stellen, daß die etwa erforderliche kommissarische Vernehmung erfolgt, bevor dem Antrage stattgegeben wird, und welcher dahin ging:

> Beabsichtigt das Gericht, dem Antrage stattzugeben, so hat es, wenn der Angeklagte nicht schon gerichtlich über die Beschuldigung vernommen ist, eine solche Vernehmung herbeizuführen.

einstimmig angenommen.

V. Die Kommission erledigte endlich noch die Frage,

ob **Bedenken** dagegen bestehen, daß in Anlehnung an die Vorschläge des Entwurfs von 1895 im erweiterten Umfange die Hauptverhandlung gegen Personen zugelassen wird, deren

Aufenthalt unbekannt ist oder die sich im Ausland aufhalten, und unter welchen Voraussetzungen dies zu geschehen hat. (Str.Pr.O. §§. 318 bis 327).

Durch den Entwurf von 1895 wurde eine Erweiterung der Zulässigkeit des Kontumazialverfahrens gegen Abwesende, d. h. gegen Personen, deren Aufenthalt unbekannt ist oder die sich im Ausland aufhalten, insofern vorgeschlagen,

1. als gegenüber Abwesenden, an welche Zustellungen nach Maßgabe des §. 37 der Str.Pr.O. bewirkt werden können, die allgemeinen Vorschriften über das Kontumazialverfahren (§§. 229 bis 231) Platz greifen und Einschränkungen im Verhältnisse zu diesen Vorschriften überhaupt nur gegenüber solchen Abwesenden eintreten sollen, an welche Zustellungen nicht nach §. 37 bewirkt werden können;[1])
2. als gegenüber Abwesenden der zuletzt bezeichneten Art die Zulässigkeit des Kontumazialverfahrens nicht mehr davon abhängig sein soll, daß die zur Untersuchung gezogene Tat nur mit Geldstrafe oder Einziehung bedroht ist, sondern davon, daß keine andere Strafe als Geldstrafe oder Einziehung zu erwarten steht.

Im Anschlusse hieran war ferner vorgeschlagen, daß

3. die öffentliche Ladung des Angeklagten zur Hauptverhandlung auf Antrag der Staatsanwaltschaft vom Gerichte zu bewilligen ist.

Diese Vorschläge sind von allen Reichstagskommissionen einstimmig gebilligt worden.

Auch bei der heutigen Verhandlung wurde die Angemessenheit jener Vorschläge im allgemeinen von keiner Seite bemängelt. Vielmehr beschränkte sich die Kommission auf die Erörterung der Frage, ob in Ansehung der Strafgrenzen die Zulässigkeit des Kontumazialverfahrens gegen Abwesende noch weiter auszudehnen sei. In dieser Beziehung wurde beantragt,

a) das Kontumazialverfahren auch dann zuzulassen, wenn eine Freiheitsstrafe und zwar,
   wie von einer Seite gewünscht wurde,
   im Höchstbetrage von vier Monaten,
   wie von anderer Seite empfohlen wurde,
   im Höchstbetrage von sechs Wochen zu erwarten steht,
   ferner außer der Einziehung auch die Unbrauchbarmachung zu erwähnen;
b) das hiernach zulässige Kontumazialverfahren nicht mit Rücksicht darauf auszuschließen, daß auf eine höhere als die unter a bezeichnete Strafe nur deshalb zu erkennen ist, weil gemäß §. 74 oder §. 79 des St.G.B. eine Gesamtstrafe festzusetzen ist, oder das Urteil auf Zuerkennung einer Buße, auf die Ermächtigung zur öffentlichen Bekanntmachung des Urteils oder auf öffentliche Bekanntmachung desselben zu lauten hat oder lauten kann.

Von anderer Seite wurde eine Erweiterung der Strafgrenzen nur insoweit für erforderlich erachtet, als neben einer Geldstrafe außer der im Gesetze schon

[1]) D. h. nur dann, wenn der Aufenthalt des Beschuldigten unbekannt ist, oder wenn dieser sich im Auslande aufhält und die Befolgung der für Zustellungen im Auslande bestehenden Vorschriften unausführbar erscheint.

berücksichtigten Einziehung auch auf sonstige Nebenstrafen oder sonstige Nebenfolgen der Verurteilung erkannt werden kann. Demgemäß wurde beantragt, das Kontumazialverfahren gegen Abwesende nur dann zuzulassen, wenn

c) nach dem Ermessen des Gerichts voraussichtlich keine andere Strafe als Geldstrafe oder Einziehung, allein oder neben einander, unbeschadet jedoch sonstiger Nebenstrafen oder sonstiger Nebenfolgen der Verurteilung, zu erwarten steht.

Der Antrag a wurde abgelehnt und zwar, soweit der Höchstbetrag der Freiheitsstrafe auf vier Monate festgesetzt werden sollte, mit 14 gegen 5 Stimmen, soweit er auf sechs Wochen herabgesetzt werden sollte, mit 13 gegen 6 Stimmen. Der Antrag c wurde angenommen und zwar, soweit er sich auf sonstige Nebenstrafen und sonstige Nebenfolgen der Verurteilung bezieht, mit 10 gegen 9 Stimmen, im übrigen mit 16 gegen 3 Stimmen. Der Antrag b wurde hiernach für erledigt erachtet.

Zu Gunsten des Antrags a war ausgeführt worden: Namentlich in den Grenzgebieten werde es als Mißstand empfunden, daß das Strafverfahren gegen Abwesende auch in geringfügigen Sachen nicht durchgeführt werden könne, weil die Verhängung einer Freiheitsstrafe in Frage komme. Daß eine Freiheitsstrafe während der Abwesenheit nicht vollstreckbar sei, stehe der Zulässigkeit ihrer Verhängung nicht entgegen. Gegen Abwesende, welche sich der Wehrpflicht entzogen haben, gestatte schon das geltende Recht die Festsetzung von Freiheitsstrafen. Zu Gunsten der Normierung der Freiheitsstrafe auf vier Monate wurde auf die zu §. 232 der Str.Pr.O. gefaßten Beschlüsse Bezug genommen. Von anderer Seite wurde im Anschluß an die zu §. 231 gefaßten Beschlüsse die Zulassung einer Freiheitsstrafe von sechs Wochen für genügend erachtet.

Die Mehrheit hielt die unter a und b vorgeschlagene Erweiterung des Verfahrens gegen Abwesende für bedenklich und vermochte auch ein praktisches Bedürfnis dafür nicht anzuerkennen. Der Grundgedanke des geltenden Rechtes müsse aufrecht erhalten werden, wonach dieses Verfahren lediglich die Verhängung von Vermögensstrafen bezwecke, welche auch in Abwesenheit des Verurteilten vollstreckt werden könnten. Nur insoweit sei in Anlehnung an den Entwurf von 1895 eine Änderung des Gesetzes unbedenklich und wünschenswert, als nicht die angedrohte, sondern die zu erwartende Strafe den Ausschlag zu geben habe. Für die Annahme des Antrags c, soweit er sonstige Nebenstrafen und Nebenfolgen der Verurteilung betrifft, war die Erwägung maßgebend, daß neben einer Geldstrafe Nebenstrafen an der Freiheit oder an der Ehre nicht in Betracht kommen. Die Annahme des Antrags steht daher mit der Ablehnung des wörtlich gleichlautenden Antrags zu §. 231 der Str.Pr.O. nicht im Widerspruche.

Endlich wurde als eine notwendige Folge der anderweitigen Regelung, entsprechend dem Entwurfe von 1895, ein Antrag, der dahin ging:

> Wenn eine öffentliche Ladung des Angeklagten zur Hauptverhandlung erforderlich erscheint, ist diese auf Antrag der Staatsanwaltschaft zu bewilligen.

einstimmig angenommen.

30. Sitzung.

17. Dezember 1903.

Kreuzverhör. Umfang der Beweisaufnahme in der Hauptverhandlung.

I. Die Kommission verhandelte über die Fragen unter L II des Fragebogens:

Sollen die Vorschriften über das Kreuzverhör geändert werden?

1. Kann auf diese Einrichtung überhaupt verzichtet werden, oder
2. sind die Voraussetzungen, unter denen das Kreuzverhör stattzufinden hat, zu erweitern?

(Str.Pr.O. §§. 238, 240)

Die Beratung hatte das Ergebnis, daß die Frage unter 2 mit 19 Stimmen gegen eine Stimme verneint und darauf die Frage unter 1 mit 16 gegen 4 Stimmen bejaht wurde.

Es herrschte Übereinstimmung darüber, daß von dem Kreuzverhör in der Praxis nahezu kein Gebrauch gemacht werde.

Nur ein Mitglied bedauerte die seltene Anwendung des Kreuzverhörs und befürwortete eine Erweiterung desselben, ohne indessen einen hierauf gerichteten Antrag zu stellen. Es wurde von diesem Mitglied ausgeführt: Die Vernehmung der Zeugen erfolge schon deshalb am zweckmäßigsten durch den Staatsanwalt und den Verteidiger, weil diese am besten über den Sachverhalt unterrichtet seien. Der größte Vorzug des Kreuzverhörs liege jedoch darin, daß es den Vorsitzenden davor bewahre, bereits bei der Beweisaufnahme der etwa von ihm gewonnenen Überzeugung von der Schuld des Angeklagten Ausdruck zu geben und dadurch den Anschein der Parteilichkeit zu erwecken. Nicht selten werde der Vorsitzende dazu geführt, vorzeitig zu Ungunsten des Angeklagten Stellung zu nehmen, weil er, um zu einer sachgemäßen Vernehmung der Zeugen im Stande zu sein, bereits vor der Hauptverhandlung eingehend die Akten studieren müsse. Dadurch werde die Gefahr einer Voreingenommenheit zu Ungunsten des Angeklagten um so leichter hervorgerufen, als im Vorverfahren auf die Ermittelung mehr der belastenden als der entlastenden Umstände Gewicht gelegt werde. Auch in England und Amerika werde das Kreuzverhör als das beste Mittel für die Erforschung der Wahrheit und für die richterliche Unparteilichkeit angesehen. Wenn sich dort Mängel in der Richtung geltend gemacht hätten, daß die Zeugen einer starken Belästigung durch die Parteien ausgesetzt seien, so liege bei uns eine solche Gefahr nicht vor, da die dem Vorsitzenden durch die Strafprozeßordnung gewährten Machtbefugnisse genügen würden, um Mißbräuche zu verhüten. Daß das Kreuzverhör bei uns bisher keine praktische Bedeutung erlangt habe, liege nur daran, daß es gesetzlich zu sehr eingeschränkt sei. Wolle man es nicht obligatorisch einführen, so müsse mindestens die

Schranke fallen, daß es nur auf übereinstimmenden Antrag des Staatsanwalts und des Verteidigers stattfinden dürfe.

Die überwiegende Mehrheit sprach sich für die Beseitigung der ganzen Einrichtung aus, indem sie folgendes erwog:

Das Kreuzverhör sei, wie die seltene Anwendung zeige, den deutschen Gewohnheiten fremd. In der ersten Zeit nach dem Inkrafttreten der Justizgesetze sei, insbesondere in den Gebieten des rheinischen Rechtes, vereinzelt der Versuch gemacht worden, dieses Institut einzubürgern; man habe jedoch damit Erfolge nicht erzielen können. Auch im Zivilprozesse, wo vollkommener Parteibetrieb herrsche, sei das Kreuzverhör nicht eingeführt. Um so weniger habe es Berechtigung im Strafprozesse. Es lasse sich überhaupt nur durchführen, wenn das Gesetz, wie in England, zwischen den Belastungszeugen des Anklägers und den Entlastungszeugen der Verteidigung scharf unterscheide. Bei uns sei dies nicht der Fall, weil die Staatsanwaltschaft auch für den Entlastungsbeweis zu sorgen habe und deshalb vielfach Zeugen zu Gunsten des Angeklagten benenne. Das Kreuzverhör würde den Staatsanwalt in die einseitige Stellung eines Anklägers drängen und im Zusammenhange damit die Gegensätze zwischen Staatsanwaltschaft und Verteidigung verschärfen. Vor allem aber sei das Kreuzverhör für die Erforschung der Wahrheit weit weniger geeignet als die Vernehmung durch den Vorsitzenden. Eine etwaige Befangenheit des Vorsitzenden auf Grund des Studiums der Akten werde durch das Fragerecht der Parteien genügend ausgeglichen. Jedenfalls sei von ihm, da er über den Parteien stehe, zu erwarten, daß er die Vernehmung der Zeugen objektiver vornehmen werde, als die Parteien selbst. Die Prozeßbeteiligten seien weit eher geneigt, durch Suggestivfragen aus den Zeugen Bekundungen herauszuholen, die in ihrem Interesse liegen. Überhaupt diene es nicht den Zwecken der Wahrheitsermittelung, daß sich die Vernehmung der Zeugen hauptsächlich auf die Vorlegung einzelner Fragen zuspitze. Dabei hänge der Erfolg zu sehr davon ab, welche von den Parteien die andere an Geschicklichkeit und Schlagfertigkeit bei der Fragestellung übertreffe. Weit besser komme der Sachverhalt unverfälscht an den Tag, wenn sich die Zeugen in zusammenhängender Erzählung auszulassen hätten, wie dies bei der Vernehmung durch den Vorsitzenden die Regel bilde. Übrigens sei den Schwierigkeiten des Kreuzverhörs unsere Bevölkerung, namentlich auf dem Lande, vielfach nicht gewachsen. Das Kreuzverhör setze in höherem Maße als das bloße Fragerecht der Parteien die Zeugen der Gefahr aus, durch ungehörige Fragen belästigt und geradezu bloßgestellt zu werden. Hiergegen biete auch die Befugnis des Vorsitzenden, ungehörige Fragen zurückzuweisen, keinen genügenden Schutz, da oft schon die bloße Vorlegung einer Frage den Zeugen verletzen könne, ohne daß es einer Beantwortung bedürfe. In der Tat werde das Kreuzverhör in denjenigen ausländischen Staaten, in denen es die Regel bilde, von den Zeugen oft geradezu als Tortur empfunden, und es habe dort zu einer großen Abneigung, sich als Zeuge vernehmen zu lassen, geführt, was den Zwecken der Strafrechtspflege wenig dienlich sei. Endlich sei das Kreuzverhör geeignet, das Ansehen der Gerichte zu schädigen, weil es, wenigstens nach dem geltenden Rechte, einen Antrag der Parteien voraussetze und das Publikum geneigt sei, darin eine gegen den Vorsitzenden gerichtete Kritik zu erblicken. Dem ließe sich zwar durch ein obligatorisches Kreuzverhör abhelfen; dieser Weg sei aber, abgesehen von den gegen das Kreuzverhör überhaupt sprechenden Bedenken, schon deshalb nicht gangbar, weil dazu die Einführung der notwendigen Verteidigung in allen Sachen erforderlich wäre.

Einige Mitglieder wollten das Kreuzverhör, obwohl sie die dagegen geltend gemachten Bedenken im allgemeinen als berechtigt anerkannten, in dem geltenden Umfang aufrecht erhalten, da es in der gegenwärtigen Beschränkung zu erheblichen Mißständen nicht geführt habe und deshalb kein genügender Anlaß vorliege, die bestehenden Einrichtungen zu beseitigen.

II. Die Kommission ging zu der Frage L III über,

ob in Folge der bisherigen Vorschriften der Strafprozeßordnung Unzuträglichkeiten in Bezug auf eine übermäßige Ausdehnung der Verhandlungen und ihre Erstreckung auf unerhebliche Umstände hervorgetreten sind und wie diesen Unzuträglichkeiten zu begegnen ist.

(Str.Pr.O. §. 244)

Man ging davon aus, daß, wenn in dieser Richtung Unzuträglichkeiten bestünden, sie nur durch die Vorschriften über den Umfang der Beweisaufnahme veranlaßt sein könnten; deshalb bedürfe es zur Beantwortung der Frage einer Nachprüfung der erwähnten Vorschriften.

Nach den §§. 243 flg. der Str.Pr.O. und nach der Auslegung, welche diese Vorschriften durch die Rechtsprechung des Reichsgerichts erfahren haben, ist zu unterscheiden zwischen den in der gesetzlich vorgeschriebenen Weise zur Hauptverhandlung herbeigeschafften Beweismitteln, insbesondere den auf Vorladung erschienenen Zeugen einerseits und den auf andere Weise zum Termine gebrachten oder gemäß einem in der Hauptverhandlung gestellten Antrag erst noch herbeizuschaffenden Beweismitteln andererseits. Von der Benutzung der Beweismittel erstgedachter Art kann das Gericht nach §. 244, abgesehen von den im Abs. 2 bezeichneten Sachen,[1] nur im Falle des Einverständnisses der Prozeßbeteiligten Abstand nehmen. Dagegen ist das Gericht zur Benutzung von Beweismitteln anderer Art nicht gezwungen, insoweit es nach den §§. 243, 245 einen Beweisantrag abzulehnen berechtigt ist. Die Ablehnung eines Beweisantrags darf nach §. 245 Abs. 1 nicht erfolgen, weil das Beweismittel oder die zu beweisende Tatsache zu spät vorgebracht ist. Dagegen kann sie erfolgen nicht nur wegen Unerheblichkeit der unter Beweis gestellten Behauptungen oder der benannten Beweismittel, sondern auch dann, wenn das Gericht zu der Überzeugung gelangt, daß der Antrag lediglich die Verschleppung der Sache bezwecke, und wenn ein dem Antrage stattgebender Beschluß in der Tat eine Verschleppung zur Folge haben würde.[2] Im übrigen bedarf es zur Ablehnung eines Beweisantrages nach §. 243 Abs. 2 eines Gerichtsbeschlusses, der nach §. 34 mit Gründen zu versehen ist. Die Gründe müssen erkennen lassen, ob

---

[1]) D. h. in den Verhandlungen vor den Schöffengerichten und vor den Landgerichten in der Berufungsinstanz, sofern die Verhandlung vor letzteren eine Übertretung betrifft oder auf erhobene Privatklage erfolgt.

[2]) Zu vergl. Entsch. des Reichsgerichts in Strafs. Bd. 20, S. 200.

der Antrag rechtlich oder tatsächlich für unerheblich erachtet wird, und außerdem so spezialisiert werden, daß die Nachprüfung ihrer Richtigkeit möglich ist.[1])

Nach den Vorschlägen des Entwurfs von 1895 sollte die besondere Vorschrift über die Benutzung der zur Hauptverhandlung herbeigeschafften Beweismittel (§. 244 Abs. 1) mit Rücksicht auf die Ausdehnung der Berufung nur für die Hauptverhandlung vor dem Reichsgericht und vor den Schwurgerichten beibehalten, im übrigen aufgehoben werden. Die Kommissionen des Reichstags wollten dagegen die Vorschriften aufrecht erhalten und nur Beschränkungen eintreten lassen, die nach den wechselnden Beschlüssen eine verschiedene Tragweite hatten. Nach den Anträgen der Kommission von 1901 gingen sie dahin, daß in der Hauptverhandlung vor den Landgerichten — abgesehen von den Fällen des §. 244 Abs. 2 — und den Oberlandesgerichten das Gericht befugt sein sollte, die Erhebung eines einzelnen Beweises abzulehnen, falls es die Tatsache, die dadurch bewiesen werden soll, zu Gunsten des Angeklagten für erwiesen oder einstimmig für unerheblich erachtet.

1. Von einer Seite wurde auch für den Fall, daß die Berufung nicht ausgedehnt werden sollte, eine Änderung des §. 244 befürwortet. Es empfehle sich, diese Vorschrift durch eine Bestimmung folgenden Inhalts zu ersetzen:

> Von der Benutzung herbeigeschaffter Beweismittel kann mit Zustimmung der Staatsanwaltschaft und des Angeklagten abgesehen werden.
>
> Anträge auf Benutzung herbeigeschaffter Beweismittel oder auf Herbeischaffung von Beweismitteln können durch begründeten Beschluß abgelehnt werden, wenn das Gericht die Behauptungen, über welche Beweis erhoben werden soll, für erwiesen oder für unerheblich hält oder wenn es die Überzeugung erlangt, daß die Anträge lediglich die Verschleppung der Sache bezwecken.

Zur Begründung des Antrags wurde ausgeführt: Der den Gerichten auferlegte Zwang zur Benutzung aller herbeigeschafften Beweismittel auch bei völliger Unerheblichkeit der damit zu beweisenden Tatsachen entspreche weder der den Gerichten sonst eingeräumten Stellung noch dem ihnen gebührenden Vertrauen und habe, wenn auch gerade nicht häufig, so doch vereinzelt zu erheblichen Unzuträglichkeiten geführt. Mindestens sei die Vorschrift in hohem Maße dazu geeignet, den Angeklagten eine Handhabe zu bieten, um das Gericht zu einer völlig überflüssigen Ausdehnung der Beweisaufnahme zu zwingen. Denn während gegenüber Beweisanträgen, die sich auf die erst in der Hauptverhandlung gestellten Zeugen und auf erst herbeizuschaffende Beweismittel beziehen, das Gericht die Erheblichkeit der Beweisaufnahme zu prüfen habe, sei es gezwungen, herbeigeschaffte Beweismittel auch dann zu benutzen, wenn es die Beweisaufnahme für völlig überflüssig erachten müsse, sei es, daß es die Behauptungen, die bewiesen werden sollen, bereits für voll erwiesen ansieht, oder daß auf diese Behauptungen es für die Entscheidung der Sache überhaupt nicht ankommt. Selbst dann müsse das Gericht die vorgeladenen Zeugen vernehmen, wenn es der Überzeugung sei, daß damit lediglich eine Verschleppung der Sache herbei-

---

[1]) Zu vergl. Entsch. des Reichsgerichts in Straff. Bd. 1, S. 189.

geführt werden solle. Hiernach führe die Vorschrift des §. 244 zu einer übermäßigen Verzögerung des Verfahrens und zu einer bedenklichen Vergeudung der Zeit des Gerichts und der vorgeladenen Zeugen. Frivolen hierauf gerichteten Machinationen stehe das Gericht machtlos gegenüber. Denselben könne durch die Befugnis des Vorsitzenden, ungeeignete oder nicht zur Sache gehörige Fragen der Parteien zurückzuweisen, nicht genügend entgegengetreten werden; denn zur Zurückweisung unerheblicher, aber zur Sache gehöriger Fragen sei er nicht befugt. Mißlich sei es auch, daß es hinsichtlich der gemäß §. 219 von dem Angeklagten unmittelbar geladenen Zeugen an einer dem §. 218 Abs. 1 entsprechenden Vorschrift fehle, wonach der Angeklagte die Tatsachen anzugeben hat, über welche der Beweis erhoben werden soll.

Hiernach erscheine es geboten, dem Gerichte hinsichtlich der Benutzung herbeigeschaffter Beweismittel dieselbe Stellung einzuräumen, die ihm nach dem geltenden Rechte gegenüber sonstigen Beweismitteln zukomme. Eine Unterscheidung zwischen den verschiedenen Arten von Gerichten sei nicht am Platze. Insbesondere bestehe kein Grund, für die Hauptverhandlung vor dem Reichsgericht und vor den Schwurgerichten eine Ausnahme zu machen. Wenn dies in der Vorlage von 1895 mit dem Mangel der Berufung in diesen Sachen gerechtfertigt worden sei, so müsse demgegenüber der Standpunkt vertreten werden, daß es für eine sachgemäße Regelung der Beweisaufnahme auf die Gestaltung der Rechtsmittel nicht ankommen dürfe. Die Möglichkeit einer frivolen Verschleppung des Verfahrens sei aber gerade im Verfahren vor dem Reichsgericht und den Schwurgerichten besonders bedenklich.

Diesen Ausführungen wurde seitens der übrigen Mitglieder der Kommission widersprochen. Daß sich in der Praxis ein wirkliches Bedürfnis für eine Änderung des §. 244 ergeben habe, könne nicht anerkannt werden. Zwar sei zuzugeben, daß in einzelnen Fällen Unzuträglichkeiten infolge der bezeichneten Vorschrift hervorgetreten sein könnten. In der Regel mißbrauche aber der Angeklagte die Pflicht des Gerichts, sämtliche herbeigeschafften Beweise zu erheben, nicht. Daß der Angeklagte auf der Abhörung der ordnungsmäßig von ihm vorgeladenen und erschienenen Zeugen lediglich zu dem Zwecke, das Verfahren zu verschleppen, bestanden habe, sei niemals vorgekommen. Objektiv werde dadurch auch niemals eine wirkliche Verschleppung, sondern höchstens eine mäßige Verzögerung des Verfahrens herbeigeführt. Meist werde der Angeklagte schon durch die ihm gemäß §. 219 Abs. 2 im Falle der unmittelbaren Ladung obliegende Verpflichtung, die gesetzliche Entschädigung bar darzubieten oder zu hinterlegen, davon abgehalten, ohne genügenden Grund eine größere Anzahl von Zeugen zu laden, als nach der Sachlage geboten sei. Habe aber der Angeklagte wirklich einmal überflüssige Zeugen herbeigeschafft und wolle er auch in der Hauptverhandlung auf ihre Vernehmung nicht verzichten, so erfordere diese in der Regel doch nur eine so kurze Zeit, daß eine erhebliche Belästigung des Gerichts daraus nicht entstehe. Einer mißbräuchlichen Anwendung des Fragerechts könne durch eine geschickte und energische Ausübung der dem Vorsitzenden im §. 240 eingeräumten Befugnisse vorgebeugt werden. Eher könnte eine ungerechtfertigte Belästigung des Gerichts dadurch herbeigeführt werden, daß völlig unnötiger Weise Schriftstücke von großem Umfang als Beweismittel herbeigeschafft werden, die trotz ihrer Unerheblichkeit verlesen werden müßten; Fälle eines solchen Mißbrauchs seien aber niemals bekannt geworden. Andererseits werde durch die Pflicht des Gerichts zur Benutzung aller herbeigeschafften Beweismittel das Vertrauen zur Rechtsprechung in hohem Maße gestärkt. Insbesondere sei der Angeklagte eher geneigt, sich bei einer Verurteilung zu beruhigen, wenn alle von ihm beigebrachten Zeugen gehört seien, während er die Abschneidung der von ihm herbeigeschafften Beweismittel als Ungerechtigkeit empfinden würde.

Es sei niemals ganz unbedenklich, wenn das Gericht schon bei der Beweisaufnahme in der Sache selbst Stellung nehme. Dadurch werde leicht der Anschein der Voreingenommenheit erweckt. Eine solche Vorentscheidung über die Sache enthalte es aber, wenn das Gericht von einer Beweisaufnahme mit der Begründung Abstand nehme, daß es die zu beweisende Tatsache als unerheblich oder als erwiesen ansehe. Gegenüber Beweisanträgen, die sich auf erst noch beizubringende Beweismittel beziehen, seien derartige Vorentscheidungen unvermeidlich. Soweit dagegen ordnungsmäßig herbeigeschaffte Beweismittel in Frage stehen, sei es besser, wenn das Gericht völlig objektiv die Beweismittel benutze und die Würdigung ihrer Erheblichkeit der Endentscheidung vorbehalte. Oft erscheine überdies eine Tatsache nur deshalb als unerheblich, weil der Angeklagte nicht bestimmt genug darlegen könne, was durch die Zeugen oder die sonstigen Beweismittel nachgewiesen werden solle. Auch für die Strafzumessung seien die Aussagen von Zeugen, die über anscheinend unerhebliche Tatsachen vernommen werden sollen, unter Umständen von Wichtigkeit. Was ferner die bereits für erwiesen erachteten Tatsachen anlangt, so dürfe nicht außer acht gelassen werden, daß es häufig recht zweckmäßig sei, über solche Tatsachen noch weitere Zeugen zu hören. Auch wenn diese Zeugen die bisherigen Bekundungen im allgemeinen bestätigten, gewinne doch das Gericht durch die verschiedenen Aussagen ein anschaulicheres Bild von dem Sachverhalte. Noch bedenklicher sei es, die Vorschriften des §. 244 Abs. 1 auch für das Reichsgericht und die Schwurgerichte in Wegfall zu bringen. Hinsichtlich des Reichsgerichts komme in Betracht, daß seine Entscheidungen niemals durch ein ordentliches Rechtsmittel angefochten werden können. Im schwurgerichtlichen Verfahren aber sei eine Vorentscheidung über die Erheblichkeit der herbeigeschafften Beweismittel doppelt bedenklich, weil dabei der Beantwortung der Schuldfrage seitens der Geschworenen durch den Gerichtshof vorgegriffen werde.

Demgemäß könne eine Aufhebung des §. 244 Abs. 1 mindestens im Falle, daß die Berufung nicht ausgedehnt werden sollte, unter keinen Umständen in Frage kommen.

Nach diesen Ausführungen wurde der hierauf gerichtete Antrag zurückgenommen und bei der Abstimmung die Frage,

> ob ein Bedürfnis hervorgetreten sei, den §. 244 der Str. Pr. O. abzuändern, wenn die Berufung nicht ausgedehnt wird,

einstimmig verneint.

2. Für den Fall einer Ausdehnung der Berufung wurde zunächst von keiner Seite befürwortet, gemäß dem Entwurfe von 1895 den §. 244 Abs. 2 auf alle Verhandlungen vor den Strafkammern und den Berufungsgerichten

auszudehnen. Hierfür waren in erster Linie die bereits unter 1 dargelegten Erwägungen maßgebend, nach denen die Vorschrift des §. 244 eine wichtige Garantie für die Erforschung der Wahrheit bilde. Unter keinen Umständen dürften als Entgelt für die Berufung derartige Garantien für das Verfahren in erster Instanz beseitigt werden. Auch bei Einführung der Berufung müsse man mit allen zu Gebote stehenden Mitteln danach streben, daß schon in erster Instanz eine richtige Entscheidung erzielt werde; gerade mit Rücksicht auf die Möglichkeit der Berufung würden die Gerichte erster Instanz geneigt sein, auch in zweifelhaften Fällen Beweise abzuschneiden. Namentlich sei zu befürchten, daß die mit Arbeiten überhäuften Strafkammern verleitet werden würden, zum Nachteile des Angeklagten Beweise mit der Begründung abzuschneiden, daß das Gegenteil der zu beweisenden Tatsache bereits feststehe. Die bei den Schöffengerichten gemachte Erfahrung lehre, daß dies häufig ein Trugschluß sei, da das Gericht niemals mit Sicherheit voraussehen könne, ob nicht die Erhebung der noch zur Verfügung stehenden Beweise dazu führen werde, das Ergebnis der bisherigen Beweisaufnahme umzustoßen.

Eine ungerechtfertigte Abschneidung von Beweisen gereiche dem dadurch beschwerten Angeklagten in jedem Falle zum Nachteile, möge er sich bei dem ihn zu Unrecht verurteilenden Erkenntnisse beruhigen oder ein freisprechendes Urteil erst in zweiter Instanz erlangen. Um so weniger dürfe die Einführung der Berufung dazu benutzt werden, auch den Berufungsgerichten die Möglichkeit einer Verschränkung des Entlastungsbeweises zu gewähren.

Hiernach könne im Falle der Ausdehnung der Berufung höchstens in Frage kommen, ob in Anlehnung an die Beschlüsse der Kommissionen des Reichstags den Strafkammern oder auch den Berufungsgerichten in beschränktem Umfang eine freie Stellung hinsichtlich der Benutzung herbeigeschaffter Beweismittel einzuräumen sei.

In dieser Richtung wurde beantragt:

a) Für den Fall der Ausdehnung der Berufung empfiehlt es sich, dem §. 244 die Bestimmung einzufügen, daß in der Hauptverhandlung vor den Strafkammern und den Berufungsgerichten das Gericht die Erhebung eines einzelnen Beweises ablehnen kann, wenn es die Tatsache, die dadurch bewiesen werden soll, zu Gunsten des Angeklagten für bewiesen oder für unerheblich erachtet, sowie daß die Gründe, aus denen die Tatsache für unerheblich erachtet wird, in dem Gerichtsbeschluß anzugeben sind.

b) Es empfiehlt sich, die unter a vorgeschlagene Bestimmung auf die in erster Instanz erkennenden Strafkammern zu beschränken und für die Ablehnung wegen Unerheblichkeit der zu beweisenden Tatsache die Einstimmigkeit des Gerichtsbeschlusses zu erfordern.

Zur Begründung des Antrags a wurde zunächst darauf Bezug genommen, daß er im wesentlichen den Beschlüssen des Reichstags in zweiter Lesung über die Vorlage von 1895 entspreche, die nach dem Scheitern jenes Entwurfs durch den Antrag Dr. Rintelen wieder aufgenommen und auch von der Reichstagskommission 1901 gebilligt worden seien. Dem in diesen Beschlüssen vertretenen Standpunkte sei auch bereits bei Erlaß der Militärstrafgerichtsordnung (zu vergl. §. 299 Abs. 2) Rechnung getragen worden. Durch den Antrag werde der Grundsatz des §. 244 Abs. 1 aufrecht erhalten und nur insoweit beschränkt, als dies ohne Beeinträchtigung wesentlicher Interessen der Verteidigung geschehen könne. Eine solche Beeinträchtigung werde zunächst dadurch vermieden, daß die Ablehnung einer Beweiserhebung wegen bereits geführten Beweises nur für den Fall gestattet werden soll, daß die Behauptungen als zu Gunsten des Angeklagten für erwiesen angenommen werden. Nicht minder würden die Bedenken, die gegen die Zulässigkeit einer Ablehnung wegen Unerheblichkeit der zu beweisenden Tatsache sprächen, durch die ausdrückliche Vorschrift abgeschwächt, daß die Gründe, aus denen die Tatsache für unerheblich erachtet wird, in dem Gerichtsbeschluß angegeben werden müssen. Dadurch werde das Gericht gezwungen, sich über diese Gründe genau Rechenschaft zu geben und nicht aus einem mehr oder weniger unbestimmten Gefühle heraus die Ablehnung zu beschließen.

Zur Begründung des Antrags b wurde bemerkt: Es empfehle sich, die beantragte Vorschrift den Beschlüssen des Reichstags und der Vorschrift der Militärstrafgerichtsordnung auch insofern entsprechend zu gestalten, daß für die Ablehnung wegen Unerheblichkeit Einstimmigkeit des Gerichtsbeschlusses erfordert werde. Dadurch werde in noch höherem Maße als durch Zulassung eines Mehrheitsbeschlusses die Berücksichtigung berechtigter Interessen des Angeklagten sicher gestellt. Auch müsse jedes Mitglied des Gerichts verlangen können, daß ein von ihm zur Bildung seiner Überzeugung für erforderlich erachteter Beweis erhoben werde. Wenn nach dem geltenden Rechte für die Ablehnung von Beweisanträgen (§. 243) auch im Falle der Unerheblichkeit der zu beweisenden Tatsache ein Mehrheitsbeschluß genüge, so komme dagegen in Betracht, daß es sich hier um die Benutzung bereits herbeigeschaffter Beweismittel handele. Ferner gehe der Antrag a insofern zu weit, als er die vorgeschlagene Bestimmung auch auf die Hauptverhandlung vor den Berufungsgerichten ausdehnen wolle. Sie müsse nach dem Vorbilde der Reichstagsbeschlüsse von 1896 auf die Verhandlung vor den Strafkammern in erster Instanz beschränkt bleiben. Wenn die Strafkammern nur aus dem Grunde, weil gegen die von ihnen erlassenen Urteile die Berufung eingeführt werden solle, von den Schranken des §. 244 Abs. 1 befreit werden könnten, so entfalle jede Veranlassung, diese Befreiung auch auf die Berufungsgerichte auszudehnen.

Die Mehrheit der Kommission erachtete die Gründe, welche gegen die Beseitigung der Vorschrift des §. 244 Abs. 1 sprechen, für durchschlagend auch gegenüber den auf Einschränkung dieser Vorschrift gerichteten Anträgen. Dieselben wurden für erledigt erachtet, nachdem bei der Abstimmung die Frage,

> ob auch im Falle der Ausdehnung der Berufung die Vorschriften der §§. 243 bis 245 aufrecht zu erhalten seien,

mit 13 gegen 6 Stimmen bejaht worden war.

3. Von einigen Mitgliedern wurde eine Abänderung nicht sowohl des §. 244 als der §§. 243, 245 für geboten erachtet. Es hätten sich, wie ausgeführt wurde, Unzuträglichkeiten weniger daraus ergeben, daß das Gericht sämtliche herbeigeschafften Beweise erheben, insbesondere die vom Angeklagten

geladenen Zeugen vernehmen müsse, als daraus, daß der Angeklagte in der Hauptverhandlung behufs Verschleppung der Sache neue Beweisanträge stelle, für deren Ablehnung es an einer sicheren Grundlage fehle. Allerdings lasse die Rechtsprechung bereits unter der Herrschaft des geltenden Rechtes die Ablehnung eines Beweisantrags zu, wenn das Gericht die Überzeugung erlange, daß der Antrag nicht ernst gemeint, sondern nur in der Absicht gestellt sei, die Urteilsfällung hinzuhalten. Es sei indessen wünschenswert, dies gesetzlich festzulegen und dabei zugleich die zum Schutze des Angeklagten notwendigen Garantien zu schaffen. Um einen Mißbrauch des fraglichen Rechtes zu verhüten, müsse ein einstimmiger, begründeter Beschluß des Gerichts gefordert und ausdrücklich bestimmt werden, daß die Ablehnung nur erfolgen dürfe, wenn die beantragte Beweiserhebung eine Aussetzung der Verhandlung zur Folge haben würde, weil nur unter dieser Voraussetzung die Beweisaufnahme objektiv eine Verschleppung herbeiführe.

Für das Verfahren vor den Schwurgerichten müsse die fragliche Befugnis ausgeschlossen werden, um jeden Schein einer Vorentscheidung über die Schuldfrage zu vermeiden. Im übrigen könne eine derartige Vorschrift ohne Rücksicht auf die Erweiterung der Berufung allgemeine Anwendung finden.

Diese Erwägungen führten zu dem Antrage:

> Dem §. 243 oder dem §. 245 ist die Bestimmung beizufügen, daß das Gericht, wenn die beantragte Beweiserhebung die Aussetzung der Verhandlung erforderlich machen würde, unter Angabe von Gründen zur Ablehnung der Beweiserhebung berechtigt ist, falls es einstimmig der Ansicht ist, daß der Antrag nur zur Verschleppung der Sache gestellt ist. Diese Bestimmung soll jedoch auf das Verfahren vor dem Schwurgerichte keine Anwendung finden.

Die Mehrheit der Kommission war der Ansicht, daß der Antrag zum größten Teile überflüssig sei. Die Praxis nehme auf Grund der Rechtsprechung des Reichsgerichts schon jetzt allgemein an, daß ein Antrag auf Herbeischaffung von Beweismitteln wegen Verschleppungsabsicht nur dann zurückgewiesen werden dürfe, wenn die beantragte Beweiserhebung die Aussetzung der Verhandlung erforderlich machen würde, weil nur in diesem Falle objektiv eine Verschleppung eintrete. Auch das Erfordernis der Angabe von Gründen entspreche dem geltenden Rechte. Insoweit dagegen die Einstimmigkeit des Beschlusses gefordert werde, könne ein Bedürfnis für Abänderung des geltenden Rechtes nicht anerkannt werden, da in den „seltenen, besonders gearteten und deshalb die sorgfältigste Erwägung fordernden Fällen", in denen nach der Rechtsprechung des Reichsgerichts allein eine Ablehnung aus dem bezeichneten Grunde Platz greifen dürfe, voraussichtlich ohnehin schon die Ablehnung nur eintreten werde, wenn kein Mitglied des Gerichts widerspreche. Ferner sei es bedenklich, daß nach dem Antrag in dem Verfahren vor dem Schwurgerichte die Ablehnung eines Beweisantrags aus dem bezeichneten Grunde prinzipiell unzulässig sein solle. Allerdings dürfe im schwurgerichtlichen Verfahren, wie dies auch vom Reichsgericht anerkannt sei[1]), von der Befugnis zur Ablehnung von Beweisanträgen

[1]) Zu vergl. Entsch. in Straff. Bd. 7 S. 76.

überhaupt nur mit äußerster Vorsicht Gebrauch gemacht werden. Dagegen müsse gerade in diesem Verfahren die Möglichkeit der Ablehnung wegen Verschleppung offen bleiben, da eine Vertagung hier besonders mißlich, die Versuchung für den Angeklagten, die Sache vor ein anders zusammengesetztes Schwurgericht zu bringen, aber oft sehr groß sei.

Die Kommission lehnte den Antrag, für den Fall, daß die Berufung nicht ausgedehnt werden sollte, mit 17 gegen 2 Stimmen ab. Im übrigen erledigte sich der Antrag durch den unter 2 erwähnten Beschluß, nach welchem es im Falle der Ausdehnung der Berufung bei dem geltenden Rechte belassen werden solle.

III. Zu der weiteren Frage,

ob Unzuträglichkeiten in Bezug auf die Ermöglichung von Verdächtigungen und kränkenden Angriffen gegenüber Zeugen und Sachverständigen hervorgetreten seien,

lag der Antrag vor:

> Fragen an Zeugen oder Sachverständige, deren Beantwortung ihnen selbst oder einem der im §. 51 Nr. 1 bis 3 der Str.Pr.O. bezeichneten Angehörigen oder einem anderen Zeugen oder Sachverständigen zur Unehre gereichen würde, soll der Vorsitzende zurückweisen können, wenn der zu bekundende Umstand als für die Entscheidung unerheblich anzusehen ist.

Der Antrag wurde einstimmig angenommen. Es wurde erwogen:

Es sei eine bedauerliche Tatsache, daß Zeugen oder Sachverständige häufig ohne zwingenden Grund durch Fragen des Angeklagten oder seines Verteidigers in öffentlicher Sitzung bloßgestellt würden. Die persönlichen und die Familien-Verhältnisse der Zeugen und Sachverständigen würden zuweilen benutzt, um sie in Verwirrung zu bringen, den Wert ihrer Aussagen herabzusetzen, oder auch lediglich in der Absicht, sie in der öffentlichen Meinung bloßzustellen. Es würden dabei Tatsachen ans Licht gezogen, die Zeugen und Sachverständigen zur Unehre gereichen könnten, deren Feststellung aber wegen der inzwischen verflossenen Zeit oder aus anderen Gründen keinerlei Einfluß auf die Glaubwürdigkeit und damit auf die Entscheidung in der Sache auszuüben vermöchte.

Gegen einen solchen Mißbrauch des Fragerechts gewähre das gegenwärtige Recht keinen genügenden Schutz. Denn ein Zeugnisverweigerungsrecht in Ansehung von Fragen, welche zur Unehre gereichen, bestehe im Strafprozesse nicht und seine Einführung sei auch bedenklich (zu vergl. Protokolle S. 34 f.). Die Befugnis des Vorsitzenden aber, ungeeignete oder nicht zur Sache gehörige Fragen zurückzuweisen, reiche nicht aus. Fragen, welche die persönlichen Verhältnisse des Zeugen oder Sachverständigen betreffen, müßten in der Regel schon deshalb als „zur Sache gehörig" anerkannt werden, weil sie auf die Glaubwürdigkeit Licht zu werfen geeignet sind. Zur Sache gehörige Fragen aber könnten als ungeeignet weder deshalb zurückgewiesen werden, weil sie voraussichtlich keinen Einfluß auf die Entscheidung ausüben, noch deshalb, weil sie den Zeugen bloßstellen könnten, sofern sie nicht geradezu in verletzende Form gekleidet seien. Die Rücksicht auf die als Zeugen oder Sachverständige auftretenden Personen erfordere es aber, daß zwecklose Bloßstellungen möglichst vermieden würden. Dies lasse sich dadurch erreichen, daß dem Vorsitzenden die Befugnis gewährt werde, Fragen über ehrenrührige Umstände zurückzuweisen, wenn sie auf die Entscheidung keinen Einfluß haben können. Eine Gefahr für den Entlastungsbeweis werde daraus nicht erwachsen, zumal der §. 241 der Str.Pr.O. die Möglichkeit gewähre, eine Entscheidung des Gerichts herbeizuführen. Der Begriff einer Frage, deren Beantwortung „zur Unehre“ gereiche, lasse sich allerdings nicht fest abgrenzen, habe indessen bereits im §. 384 Nr. 2 der Zivilprozeßordnung gesetzliche Verwendung gefunden und im Zivilprozesse zu praktischen Unzuträglichkeiten nicht geführt.

Einige Mitglieder glaubten zwar, daß der Vorsitzende schon jetzt Fragen, welche sich unnötigerweise mit der Person des Befragten befassen und denselben bloßzustellen geeignet sind, auch dann, wenn keine verletzende Form gebraucht werde, als ungeeignet zurückweisen könne. Sie hielten aber trotzdem eine ausdrückliche Vorschrift, wie sie beantragt ist, für wünschenswert, damit die Vorsitzenden sich jener Befugnis mehr als bisher bewußt würden. Es wurde auch die Hoffnung ausgesprochen, daß eine ausdrückliche Vorschrift erzieherisch wirken werde, indem sie schon durch ihr Bestehen die Angeklagten und Verteidiger davon abhalten werde, die Ehre der Zeugen und Sachverständigen durch unpassende und überflüssige Fragen anzugreifen.

Von einer Seite wurde noch angeregt, ob sich die Aufnahme einer Vorschrift empfehle, nach der das Fragerecht demjenigen, welcher es mißbraucht, für die Dauer der Verhandlung oder doch für die Vernehmung eines oder mehrerer Zeugen oder Sachverständigen entzogen werden kann. Der Anregung wurde entgegengehalten, daß das Fragerecht nicht wohl zur Strafe für eine Ungehörigkeit dem Angeklagten abgeschnitten werden könne, da es ein wichtiges Mittel zur Aufklärung des Sachverhalts, namentlich zur Führung des Entlastungsbeweises bilde.

31. Sitzung.

18. Dezember 1903.

Urteilsgründe. Protokolle.

I. Der §. 266 Abs. 1 der Str.Pr.O. bestimmt in seinem ersten Satze, daß im Falle der Verurteilung des Angeklagten die Urteilsgründe die für erwiesen erachteten Tatsachen angeben müssen, in welchen die gesetzlichen Merkmale der strafbaren Handlung gefunden werden. Der zweite Satz enthält die aus den Beratungen der Reichsjustizkommission hervorgegangene weitere Bestimmung, daß, insoweit der Beweis aus anderen Tatsachen gefolgert wird, auch diese Tatsachen angegeben werden sollen.

Im Entwurfe von 1895 wurde vorgeschlagen zu bestimmen, daß die Urteilsgründe nicht nur die für erwiesen erachteten Tatsachen, in welchen die gesetzlichen Merkmale der strafbaren Handlung gefunden werden, sondern auch die Gründe angeben müssen, welche für die richterliche Überzeugung leitend gewesen sind.

Dieser Vorschlag ist von den Kommissionen des Reichstags gebilligt worden.

Im Anschlusse hieran enthält der Fragebogen unter L IV die Frage:

> Empfiehlt es sich, vorzuschreiben, daß die Urteilsgründe die nähere Darlegung zu enthalten haben, weshalb diejenigen Tatsachen, in welchen die gesetzlichen Merkmale der strafbaren Handlung gefunden werden, für erwiesen erachtet worden sind?
>
> (Str.Pr.O. §. 266).

Es lag der Antrag vor:

> Der §. 266 Abs. 1 der Str.Pr.O. ist dahin abzuändern, daß, wenn der Angeklagte verurteilt wird, die Urteilsgründe nicht nur die für erwiesen erachteten Tatsachen, in denen die gesetzlichen Merkmale der strafbaren Handlung gefunden werden, sondern auch die Gründe angeben müssen, weshalb diese Tatsachen für erwiesen erachtet worden sind.

Der Antrag wurde mit 13 gegen 8 Stimmen angenommen.

Zu Gunsten des Antrags wurde ausgeführt:

Der Grundsatz der freien Beweiswürdigung ermächtige das Gericht nicht, auf Grund allgemeiner Eindrücke darüber zu entscheiden, ob der Angeklagte der ihm zur Last gelegten Tat schuldig sei oder nicht. Das Gericht sei vielmehr verpflichtet, die Ergebnisse der Beweisaufnahme genau auf ihren Wert zu prüfen und sich darüber schlüssig zu machen, auf Grund welcher Beweismittel die einzelnen für die Entscheidung erheblichen Tatsachen für festgestellt zu erachten seien. Das geltende Gesetz biete jedoch keine genügende Gewähr dafür, daß das Gericht sich dieser Verpflichtung bewußt bleibe. Denn der §. 266 Abs. 1 der Str.Pr.O. verlange im Falle der Verurteilung des Angeklagten nur die Angabe der erheblichen Tatsachen und die Feststellung, daß diese Tatsachen erwiesen seien. Dagegen sei eine Darlegung der Gründe, welche das Gericht von der Wahrheit der festgestellten Tdtsachen überzeugt haben, nicht erforderlich. Es sei nicht einmal eine Angabe der Beweismittel, welche zur Urteilsfindung benutzt sind, geboten, geschweige denn eine Mitteilung darüber, welcher Wert den einzelnen erhobenen Beweisen für die Bildung der richterlichen Überzeugung beigemessen worden ist.

In der Praxis enthielten nun zwar die Urteilsgründe in der Regel außer den für erwiesen erachteten Tatsachen auch eine Angabe der Gründe, weshalb sie als erwiesen angenommen seien. Es kämen aber auch vielfach Urteilsbegründungen vor, welche nur den gesetzlichen Anforderungen entsprächen und deshalb nicht erkennen ließen, ob das Gericht seiner Pflicht zur eingehenden Prüfung und Würdigung der Beweisergebnisse nachgekommen sei und ob die Feststellung der erheblichen Tatsachen auf rechtlich einwandsfreien Schlußfolgerungen beruhe. Die Statthaftigkeit solcher Begründungen bringe die Gefahr mit sich, daß sich die Richter bei der Urteilsfindung mehr vom Gefühl als von bestimmten Gründen leiten ließen. Bei überlasteten Gerichten sei in der Tat eine gewisse Verflachung der Beweiswürdigungen in zunehmendem Maße zu beobachten. Dies sei namentlich auch bedenklich für die höheren Instanzen, weil unzureichend begründete Entscheidungen weder für die Beurteilung der Tatfrage seitens des Berufungsgerichts noch für die Nachprüfung der Rechtsfrage in der Revisionsinstanz eine genügende Grundlage böten.

Es sei deshalb eine gesetzliche Vorschrift wünschenswert, welche die Gerichte zwinge, die Gründe anzugeben, weshalb die Tatsachen, welche die gesetzlichen Merkmale der Straftat enthalten, für erwiesen erachtet seien. Eine solche Vorschrift werde das Vertrauen zur Gewissenhaftigkeit der Richter stärken und zugleich eine erzieherische Wirkung ausüben. Denn wenn die Richter nachträglich Rechenschaft darüber abzugeben hätten, weshalb sie eine Tatsache als wahr oder unwahr angesehen haben, würden sie schon bei der Beratung sorgfältiger erwägen, ob der allgemeine Eindruck, den sie durch die Verhandlung über die Schuld des Angeklagten erlangt haben, bei einer eingehenden Prüfung der einzelnen Beweisergebnisse standhalte.

Wenn eine derartige Vorschrift nicht von vornherein in die Strafprozeßordnung aufgenommen sei, so beruhe das ausweislich der Motive[1]) insbesondere darauf, daß man es nicht für möglich gehalten habe, in allen Fällen die Gründe, welche das Gericht zur Überzeugung von der Wahrheit oder Unwahrheit der einzelnen Tatsache geführt hätten, wiederzugeben, zumal wenn bei einem Kollegialgerichte die verschiedenen Richter in den Gründen ihrer Überzeugung nicht übereinstimmen. Dieses Argument könne jedoch für durchschlagend nicht erachtet werden. In Zivilsachen seien die Gerichte genötigt, die Gründe an=

---

[1]) Hahn, Materialien zur Strafprozeßordnung, 2. Aufl. S. 210.

zugeben, welche für die richterliche Überzeugung leitend gewesen sind (§. 286 der Zivilprozeßordnung), ohne daß sich daraus Schwierigkeiten ergeben hätten, und es lasse sich nicht rechtfertigen, an die Begründung der Strafurteile geringere Anforderungen zu stellen. Neuerdings sei denn auch mit Recht das gleiche Erfordernis für die Militärstrafgerichte bereits durchgeführt (§. 326 Abs. 1 der Militärstrafgerichtsordnung.)[1])

Seitens der Minderheit, welche sich gegen den gestellten Antrag aussprach, wurde geltend gemacht:

Allerdings dürfe trotz des Grundsatzes der freien Beweiswürdigung der Richter nicht auf Grund allgemeiner Eindrücke, sondern nur nach sorgfältiger Prüfung der einzelnen Beweisergebnisse die Überzeugung von der Schuld des Angeklagten erlangen; es könne jedoch nicht zugegeben werden, daß die Praxis das Bedürfnis ergeben habe, nach dieser Richtung das Gewissen der Richter zu schärfen. Der Vorwurf, daß sich eine zunehmende Verflachung der Beweiswürdigungen und eine unzureichende Begründung der Urteile bemerkbar gemacht habe, sei im allgemeinen nicht gerechtfertigt. Sollten solche Mißstände vereinzelt vorgekommen sein, so seien ihre Ursachen nicht in dem Gesetze, sondern in der Überlastung der Gerichte zu suchen. In zweifelhaften Fällen werde schon heute regelmäßig eine eingehende Begründung gegeben, und, wo die Sache klar liege, genüge die Angabe der für erwiesen erachteten Tatsachen vollkommen. Hiervon abgesehen, sprächen erhebliche Bedenken dagegen, den Gerichten die unbedingte Pflicht zur vollständigen Wiedergabe der Beweisgründe aufzuerlegen.

Es sei den Motiven zur Strafprozeßordnung darin beizutreten, daß eine solche Forderung nicht selten geradezu unerfüllbar sei. Schon für einen Einzelrichter sei es unendlich schwierig, die Gedankenoperation, welche bei der Abmessung des Wertes der einzelnen Beweismittel stattgefunden und zur endlichen Bildung einer Überzeugung geführt habe, nachträglich vollständig wiederzugeben. Es spielten dabei oft psychologische Momente mit, die sich einer genauen Feststellung und Wiedergabe entzögen. Noch schwieriger sei es, darzustellen, aus welchen Gründen ein Kollegialgericht zur Überzeugung von der Wahrheit oder Unwahrheit einer Tatsache gelangt sei, zumal wenn die Gründe nicht bei allen Mitgliedern die gleichen gewesen seien oder gar mit einander im Widerspruche stünden. Es lasse sich oft auch garnicht erkennen, ob nicht der eine Richter diesem, der andere jenem Umstand ein erhebliches Gewicht beilege. Bei der Beratung könne unmöglich jeder Richter alle für ihn maßgebenden Gründe genau und bestimmt zum Ausdrucke bringen. Schöffen würden oft garnicht im Stande sein, die für ihre Überzeugung maßgebenden Gründe dem Amtsrichter darzulegen. Überdies könne sich der Urteilsverfasser bei der Absetzung der Urteilsgründe kaum aller für ihn selbst zur Zeit der Urteilsfällung maßgebend gewesenen Erwägungen erinnern. Noch weniger würden ihm die von den anderen Richtern bei der Beratung geäußerten Ansichten gegenwärtig bleiben.

[1]) Der §. 326 Abs. 1 der Militärstrafgerichtsordnung lautet:

> Wird der Angeklagte verurteilt, so müssen die Urteilsgründe die für erwiesen erachteten Tatsachen angeben, in welchen die gesetzlichen Merkmale der strafbaren Handlung gefunden werden, und die nähere Darlegung enthalten, weshalb diese Tatsachen für erwiesen erachtet worden sind.

Das Urteil würde deshalb in der Regel nicht die Gründe des Kollegiums, sondern lediglich die Erwägungen, welche den Urteilsverfasser selbst hauptsächlich geleitet haben, zur Darstellung bringen.

Andererseits müsse die Notwendigkeit einer eingehenden Darlegung der Beweisgründe die Arbeitslast der Gerichte in einem Grade vermehren, welcher zu dem davon erwarteten Nutzen in keinem Verhältnisse stehe.

Was insbesondere den Wert einer näheren Begründung für die höheren Instanzen anlange, so sei im Gegenteile die eingehende Würdigung der Beweisergebnisse in dem ersten Urteile für das Berufungsgericht nicht blos überflüssig, sondern sogar gefährlich, weil sie das Berufungsgericht verleite, von einer sorgfältigen Nachprüfung des Beweismaterials und einer Wiederholung der Beweisaufnahme abzusehen. Die Revisionen wegen mangelhafter tatsächlicher Begründung würden erheblich zunehmen und zum Schaden der Rechtspflege vielfach zur Vernichtung sachgemäßer Urteile lediglich aus dem Grunde führen, weil nicht bei der Findung des Urteils vom Gerichte, sondern nur bei der Wiedergabe der Beweisgründe vom Urteilsverfasser ein Fehler gemacht sei. Der gleiche Mißstand habe sich aus der Vorschrift im §. 286 Abs. 1 Satz 2 der Zivilprozeßordnung ergeben. Übrigens könne diese Vorschrift zu Gunsten des Antrags nicht herangezogen werden, weil im Zivilprozesse die Angabe der Beweisgründe weniger Schwierigkeiten mache. Dort werde der Beweis vor dem Kollegium selten erhoben und es spiele überhaupt die Feststellung der Tatsachen eine geringere Rolle als die rechtliche Beurteilung. Überdies wirken bei der Zivilrechtspflege als Laien nur die Handelsrichter mit, welche lediglich über ihnen näher stehende Verhältnisse zu urteilen hätten und weit besser als die Schöffen im Stande seien, bei der Beratung die Gründe für ihre Überzeugung zum Ausdrucke zu bringen. Das Gleiche gelte von den Offizieren, welche bei der Ausübung der Militärgerichtsbarkeit mitwirken.

Die Mehrheit glaubte demgegenüber an ihrem Standpunkte festhalten zu sollen. Die Bedenken gegen die Durchführbarkeit des Vorschlags seien mehr theoretischer Natur und würden durch die Praxis der Gerichte widerlegt, welche schon jetzt ihre Urteile vielfach in einer dem Antrag entsprechenden Weise begründen. Wenn das Gesetz den Vorsitzenden der Schöffengerichte eine Handhabe biete, um die Schöffen zur näheren Begründung ihrer Auffassung zu veranlassen, so sei dies im Interesse der Rechtspflege zu begrüßen. Ebenso könne es der Rechtspflege nur zum Vorteile gereichen, wenn für das Revisionsgericht die Nachprüfung der rechtlichen Schlußfolgerungen, von denen die Vorinstanz bei der Würdigung der Beweisergebnisse ausgegangen sei, erleichtert werde.

II. Nach §. 266 Abs. 2 der Str.Pr.O. müssen, falls in der Verhandlung solche vom Strafgesetze besonders vorgesehene Umstände behauptet werden, welche die Strafbarkeit ausschließen, vermindern oder erhöhen, die Urteilsgründe sich darüber aussprechen, ob diese Umstände für festgestellt oder für nicht festgestellt erachtet werden. Der Antrag,

> vorzuschreiben, daß die Urteilsgründe sich auch darüber auszusprechen haben, aus welchen Gründen diese Umstände für festgestellt oder für nicht festgestellt erachtet werden,

wurde mit 14 gegen 7 Stimmen angenommen. Die Mehrheit ging davon aus, daß der Antrag eine notwendige Folge des zuvor gefaßten Beschlusses sei. Die Minderheit lehnte ihn mit Rücksicht auf die gegen diesen Beschluß obwaltenden Bedenken ab.

III. Zu §. 266 lagen endlich noch die Anträge vor:

1. Die Urteilsgründe müssen erkennen lassen, in welchen Tatsachen die einzelnen gesetzlichen Merkmale der strafbaren Handlung gefunden werden.
2. Bei vorsätzlichen Delikten ist das Vorliegen der subjektiven Voraussetzungen des Tatbestandes auch dann festzustellen, wenn das Gesetz die Vorsätzlichkeit oder Absichtlichkeit des Handelns nicht ausdrücklich als Tatbestandsmerkmal aufgestellt hat.

Zum Antrag 2 war der Zusatzantrag gestellt,

hinter dem Worte „festzustellen" einzufügen: „und zu begründen".

Der Antrag 1 wurde einstimmig, der Zusatzantrag zum Antrage 2 mit 14 gegen 7 Stimmen und darauf der Antrag 2 nebst dem Zusatze mit 16 gegen 5 Stimmen angenommen.

Bei Annahme des Antrags 1 wurde erwogen: Da dem Richter nur die Verpflichtung auferlegt sei, „die für erwiesen erachteten Tatsachen" anzugeben, „in welchen die gesetzlichen Merkmale der strafbaren Handlung gefunden werden", so könnten gegenwärtig Urteilsbegründungen nicht beanstandet werden, welche sich auf eine allgemeine Darstellung des Sachverhalts beschränkten und daran die sogenannte Schlußfeststellung knüpften, die sich der abstrakten Gesetzesformel anschließe. Hieraus lasse sich jedoch häufig nicht mit Sicherheit entnehmen, in welchen Tatsachen das Gericht die einzelnen gesetzlichen Merkmale gefunden habe, und dem Revisionsgericht erwachse ein großer Teil seiner Arbeit nur durch die Erledigung der Zweifel, ob dieses oder jenes Tatbestandsmerkmal vom Vorderrichter bei seinen Feststellungen genügend berücksichtigt sei. Dieser Mißstand werde durch den heutigen Beschluß zu I nicht beseitigt; vielmehr sei daneben noch eine Ergänzung des §. 266 im Sinne des Antrags 1 erforderlich.

Zu Gunsten des Antrags 2 wurde ausgeführt: Ein weiterer in der Revisionsinstanz hervorgetretener Mangel sei, daß das Gericht nur dann, wenn das Strafgesetz die Vorsätzlichkeit oder Absichtlichkeit des Handelns ausdrücklich als Tatbestandsmerkmal aufgestellt habe, gezwungen sei, in der Urteilsbegründung eine bezügliche Feststellung zu treffen. Infolge dessen werde bei anderen Delikten, welche ein vorsätzliches oder absichtliches Handeln voraussetzen, vielfach die Prüfung dieser Frage vernachlässigt, sofern nicht die Anführungen der Beteiligten zu einer solchen Prüfung besonderen Anlaß gegeben hätten. Dem müsse durch eine Vorschrift entgegengetreten werden, welche die Gerichte nötige, bei allen derartigen Delikten das Vorliegen der subjektiven Voraussetzungen des Tatbestandes ausdrücklich festzustellen. Zu Gunsten des Zusatzantrags wurde ferner geltend gemacht, daß das Vorliegen dieser Voraussetzungen nicht nur festgestellt, sondern, wie heute hinsichtlich der sonstigen Tatbestandsmerkmale beschlossen worden, auch begründet werden müsse.

Die Minderheit hatte gegen den Antrag 2 an sich nichts einzuwenden, wollte ihn aber mit dem vorgeschlagenen Zusatze wegen der gegen das Erfordernis der Angabe von Beweisgründen bereits geäußerten Bedenken nicht annehmen.

IV. Die Kommission ging nunmehr zur Erörterung der Frage über, ob die den Inhalt und die Beweiskraft des Protokolls betreffenden §§. 273, 274 der Str.Pr.O. einer Abänderung oder Ergänzung bedürfen.

Hierauf bezieht sich die Frage L V des Programms:

> Ist gegen den die Förmlichkeiten der Hauptverhandlung betreffenden Inhalt des Protokolls der Nachweis der Unrichtigkeit zuzulassen?
> (Str.Pr.O. § 274.)

Ferner lagen verschiedene Anträge vor, welche die Regelung anderer damit im Zusammenhange stehender Punkte bezwecken.

Allgemein wurde anerkannt, daß die durch den §. 274 geschaffene Rechtslage eine befriedigende nicht sei. Nach der bezeichneten Vorschrift könne die Beobachtung der für die Hauptverhandlung vorgeschriebenen Förmlichkeiten nur durch das Protokoll bewiesen werden und es sei gegen den diese Förmlichkeiten betreffenden Inhalt desselben nur der Beweis der Fälschung zulässig.

Unter den Förmlichkeiten seien nicht blos prozessuale Formvorschriften im engeren Sinne, sondern alle diejenigen Vorgänge in der Hauptverhandlung zu verstehen, welche für die Rechtsbeständigkeit des Verfahrens von Bedeutung sein könnten, wie z. B. die Stellung von Anträgen seitens der Beteiligten. Das Protokoll sei ferner allgemein maßgebend nicht allein für die Beobachtung der gesetzlichen Vorschriften, sondern auch für alle Vorgänge, welche eine Nichtbeobachtung derselben enthalten; als feststehend gelte, was in dem Protokoll als geschehen beurkundet sei, und als nicht geschehen, worüber es schweige.

Im Sinne des §. 274 liege eine Fälschung, abgesehen von dem Falle, daß das Protokoll von einer hierzu nicht befugten Person hergestellt oder verändert sei, nur vor, wenn ihm von den bei der Errichtung beteiligten Beamten mit Bewußtsein ein unwahrer Inhalt gegeben werde. Dagegen treffe der Begriff der Fälschung nicht zu, wenn nur aus Mißverständnis oder Fahrlässigkeit die Vorgänge unrichtig oder unvollständig beurkundet seien (zu vergl. Entsch. des Reichsgerichts in Straff. Bd. 5 S. 44, Bd. 7 S. 388, Bd. 20 S. 166). Eine bewußte Fälschung des Protokolls komme praktisch kaum in Frage. Dagegen liefen häufig unrichtige Beurkundungen unter, welche auf Mißverständnis, Nachlässigkeit oder mangelnder Übung des Protokollführers beruhten und vom Vorsitzenden bei der Kontrolle nicht bemerkt würden.

Das Gesetz biete keine genügende Handhabe, um derartigen Fehlern vorzubeugen oder sie nachträglich zu beseitigen. Eine Mitwirkung der Prozeßbeteiligten bei der Feststellung des Protokolls sei, abgesehen von den Fällen des §. 273 Abs. 3[1]), nicht vorgeschrieben. Zwar werde in der Literatur der Standpunkt vertreten, daß den Beteiligten das Recht zustehe, die Protokollierung

---

[1]) Der §. 273 Abs. 3 lautet:

Kommt es auf die Feststellung eines Vorganges in der Hauptverhandlung oder des Wortlauts einer Aussage oder einer Äußerung an, so hat der Vorsitzende die vollständige Niederschreibung und Verlesung anzuordnen. In dem Protokoll ist zu bemerken, daß die Verlesung geschehen und die Genehmigung erfolgt ist oder welche Einwendungen erhoben sind.

eines jeden Vorkommnisses zu verlangen und so für die Herstellung des nach §. 274 erforderlichen Beweises Sorge zu tragen (zu vergl. Löwe, Kommentar zur Strafprozeßordnung 11. Aufl. Anm. 6 zu §. 273); es fehle indessen an einer gesetzlichen Grundlage, um eine solche Protokollierung zu erzwingen. Ferner lasse die Praxis zwar nach früheren Schwankungen im Anschluß an die Rechtsprechung des Reichsgerichts eine nachträgliche Berichtigung des Protokolls durch die Urkundspersonen zu und es werde auch als eine Pflicht des Vorsitzenden betrachtet, einen dahin gehenden Antrag der Beteiligten unter Anhörung des Gerichtsschreibers zu prüfen; das Verfahren finde jedoch seine Schranke darin, daß, sobald ein Rechtsmittel eingelegt und dabei eine Rüge erhoben sei, welche sich auf das unrichtige Protokoll stütze, eine Berichtigung nur dann für zulässig erachtet werde, wenn sie die Rüge des Beschwerdeführers bestätige (Entsch. des Reichsgerichts in Straff. Bd. 2 S. 76, Bd. 3 S. 47, Bd. 19 S. 367, Bd. 21 S. 200, 323).

Danach müsse unter Umständen der Inhalt des Protokolls, selbst wenn alle Beteiligten einschließlich des Gerichts über die Unrichtigkeit einig seien, als maßgebend gelten und auch in denjenigen Fällen, in denen eine Berichtigung an sich zulässig wäre, hänge der Erfolg eines bezüglichen Antrags davon ab, ob sich die Urkundspersonen des Vorganges noch erinnern.

Als Mittel, um den sich hieraus ergebenden Mißständen tunlichst abzuhelfen, wurden in Betracht gezogen:

A. eine weitere Mitwirkung der Prozeßbeteiligten bei der Feststellung des Protokolls;

B. eine Abschwächung der Beweiskraft des Protokolls;

C. eine nähere Ausgestaltung des Berichtigungsverfahrens.

1. Zu A herrschte zunächst Übereinstimmung darin, daß eine sofortige Niederschreibung und Verlesung des ganzen Protokolls behufs der Genehmigung durch die Prozeßbeteiligten nicht vorgeschrieben werden könne, weil dies eine übermäßige Zeit in Anspruch nehmen, auch die Mündlichkeit der Verhandlung beeinträchtigen würde und praktisch nicht durchführbar wäre. Dagegen gelangte

a) folgender Antrag einstimmig zur Annahme:

> Erfolgt die Beobachtung der vorgeschriebenen Förmlichkeiten nach Ansicht eines bei der Verhandlung Beteiligten in mangelhafter oder ungenügender Weise, so ist dieser berechtigt, die Feststellung des Vorganges und dessen Aufnahme in das Protokoll zu verlangen.

Der Antrag stimmt mit dem von den Reichstagskommissionen gebilligten §. 273a des Entwurfs von 1895 überein. Die Kommission war der Ansicht, daß den Beteiligten das unbedingte Recht gewährt werden müsse, sich den Nachweis von Vorgängen, in denen sie eine Verletzung des Gesetzes erblicken, durch Aufnahme in das Protokoll von vornherein zu sichern. Wenn auch, wie bereits erwähnt, ein solches Recht schon jetzt in der Regel anerkannt werde, so sei dies doch nicht allgemein der Fall und es bedürfe deshalb einer ausdrücklichen Vorschrift, um jeden Zweifel darüber auszuschließen, daß eine Ablehnung derartiger Anträge unzulässig sei.

Die Anträge:

b) Der Staatsanwalt, der Verteidiger und der Angeklagte sind berechtigt, die von ihnen gestellten Anträge schriftlich zu fassen und als Anlagen zu Protokoll zu überreichen. Diese Anlagen gelten als Teile des Protokolls. Eine schriftliche Begründung der Anträge ist unzulässig, desgleichen die Überreichung von Schriftsätzen.

c) Die Vermerke im Protokoll über die Stellung von Beweisanträgen und über daraufhin verkündete Beschlüsse sind zu verlesen.

wurden ebenfalls einstimmig angenommen.

Bei der Annahme des Antrags b, welcher mit dem von den Reichstagskommissionen beschlossenen §. 273 Abs. 5 übereinstimmt (zu vergl. Reichstagsdrucks. 1895/96 Nr. 294 S. 54, 1900/1901 ad Nr. 220 S. 44, 45), wurde erwogen: Erfahrungsgemäß würden bei der Protokollierung die gestellten Anträge häufig unrichtig wiedergegeben oder auch ganz übersehen. Den besten Schutz hiergegen biete das Recht der Beteiligten, die Anträge schriftlich zu fixieren und dem Protokolle beizufügen. Ein die Mündlichkeit des Verfahrens gefährdender Mißbrauch sei nicht zu befürchten, wenn eine schriftliche Begründung der Anträge ausdrücklich ausgeschlossen werde.

Der Vorschlag unter c erschien der Kommission zweckmäßig, um die Beteiligten gegen Irrtümer bei der Feststellung der Beweisanträge auch für den Fall zu schützen, daß von dem Rechte der schriftlichen Überreichung kein Gebrauch gemacht werde, insbesondere wenn der Angeklagte keinen Verteidiger habe und selbst zur schriftlichen Formulierung nicht imstande sei. Die Verlesung der Vermerke über die auf die Anträge verkündeten Beschlüsse wurde für wünschenswert erachtet, damit der Angeklagte im Falle der Ablehnung seiner Beweisanträge hierüber nicht im Unklaren bleibe.

2. Im Anschlusse hieran wurden, bevor die Kommission zu den Fragen B. und C überging, noch zwei andere das Protokoll betreffende Punkte erörtert:

a) Der Antrag:

Dem Angeklagten oder dem Verteidiger ist auf Antrag Abschrift des Protokolls zu erteilen.

wurde mit 19 gegen 2 Stimmen angenommen. Zu Gunsten des Antrags, welcher mit dem von den Reichstagskommissionen beschlossenen §. 273 Abs. 4 übereinstimmt (zu vergl. Reichstagsdrucks. 1895/96 Nr. 294 S. 55, 1900/1901 ad Nr. 220 S. 44, 45), wurde ausgeführt:

Die genaue Kenntnis von dem Inhalte des Protokolls sei für die Einlegung und namentlich für die Rechtfertigung der Revision unbedingt erforderlich. Die rechtzeitige Einsicht in die bei den Akten befindliche Urschrift sei aber für den Verteidiger, zumal wenn er nicht am Sitze des Gerichts wohne, oft mit Schwierigkeiten verbunden, weil die Akten zur Urteilsabfassung oder zu anderen Zwecken gebraucht würden und deshalb nicht jederzeit zur Verfügung stünden. Nun werde zwar vielfach schon heute dem Angeklagten oder dem Verteidiger auf Antrag eine Abschrift erteilt; manche Gerichte verweigerten sie indessen, indem sie auf die Einsicht der Urschrift verwiesen. Es sei deshalb wünschenswert, einen Anspruch auf Erteilung der Abschrift ausdrücklich zu gewähren. Übrigens solle damit den Gerichten nicht etwa die Pflicht auferlegt werden, unter allen Umständen die Abschrift innerhalb der jetzigen Revisionsfrist herzustellen. Für diejenigen Fälle, in denen das nicht ausführbar sei, genüge es, wenn der Verteidiger nur die Möglichkeit habe, vor Ablauf der Revisionsfrist die Urschrift einzusehen, und dies werde auf anderem Wege zu sichern sein.

Gegen die Vorschrift wurde geltend gemacht, daß sie ohne genügenden Grund das Schreibwerk vermehre, da sie den Verteidigern Anlaß geben werde, in allen Fällen Abschriften zu verlangen.

b) Nach §. 273 Abs. 2 der Str.Pr.O. sind nur aus der Verhandlung vor den Schöffengerichten die wesentlichen Ergebnisse der Vernehmungen in das Protokoll aufzunehmen. Es lag der Antrag vor,

> diese Vorschrift auf die Verhandlung vor allen Gerichten erster Instanz auszudehnen.

Zur Begründung wurde ausgeführt, daß der Mangel einer Beurkundung der Zeugenaussagen als ein Mißstand empfunden werde, wenn ein Antrag auf Wiederaufnahme des Verfahrens gestellt und mit angeblich neuen Anführungen begründet sei. Es fehle dann oft die nötige Grundlage für die Beurteilung, ob die Anführungen neue seien. Dies mache sich insbesondere bei Schwurgerichtssachen geltend, wo auch die Urteilsgründe keinen Anhalt für die Ergebnisse der Zeugenvernehmungen böten. Ferner sei bei Untersuchungen wegen Meineids die Feststellung der beschworenen Aussage häufig geradezu unmöglich. Insbesondere sei aber im Falle der Ausdehnung der Berufung die Protokollierung der vor der Strafkammer abgegebenen Zeugenaussagen nicht zu entbehren.

Gegen den Antrag wurden folgende Bedenken erhoben: Nur durch eine vollständige Aufnahme der Aussagen könnten die gerügten Mängel gehoben werden. Dies sei indessen undurchführbar, selbst wenn es möglich wäre, die Stenographie zur Hilfe zu nehmen. Andererseits sei eine Beschränkung der Wiedergabe auf die wesentlichen Ergebnisse der Vernehmungen, wie die Erfahrung mit den Schöffengerichtsprotokollen beweise, von geringem Werte, da der Protokollführer dieser Aufgabe nicht immer gewachsen und eine Kontrolle durch den Vorsitzenden während der Verhandlung ausgeschlossen sei. Außerdem könne, abgesehen vielleicht von den Schwurgerichtssachen, ein Bedürfnis für die vorgeschlagene Protokollierung schon deshalb nicht anerkannt werden, weil die wesentlichen Bekundungen der Zeugen schon aus den Urteilsgründen zu entnehmen seien, zumal wenn diese, wie die Kommission heute beschlossen habe, auch die Beweisgründe enthalten müßten. Übrigens würden die Vermerke über die Aussagen, falls ihre Aufnahme in das Protokoll gesetzlich vorgeschrieben werde, dessen Beweiskraft teilen; daraus ergebe sich die Gefahr, daß etwaige Widersprüche zwischen dem Protokoll und den Urteilsgründen mit Erfolg zur Einlegung sachlich unbegründeter Revisionen benutzt werden könnten. Diese Gefahr lasse sich vermeiden, wenn, wie dies z. B. in Preußen geschehen sei (zu vergl. Justiz-Ministerial-Bl. 1882 S. 381, 1885 S. 359), lediglich im Wege der Justizverwaltung auf die Protokollierung wichtiger Aussagen hingewirkt werde.

Nachdem mehrere Mitglieder erklärt hatten, daß sie zu dem Antrag erst Stellung nehmen könnten, wenn die Kommission sich über die Ausdehnung der Berufung schlüssig gemacht habe, wurde der Antrag zurückgezogen.

3. Die Kommission trat nunmehr in die Beratung des Punktes B (Beweiskraft des Protokolls), und zwar in die Erörterung der Frage L V des Fragebogens ein, ob gegen den die Förmlichkeit der Hauptverhandlung betreffenden Inhalt des Protokolls der Nachweis der Unrichtigkeit zuzulassen sei.

Ein solcher Nachweis ist im §. 335 der Militärstrafgerichtsordnung, und zwar ohne Beschränkung auf bestimmte Beweismittel, zugelassen. Auch die mit der Beratung der Strafprozeß-Novelle befaßten Kommissionen haben es für angängig erachtet, den Beweis der Unrichtigkeit allgemein zu gestatten (zu vergl. Reichstagsdrucks. 1895/1896 Nr. 294 S. 55, 1900/1901 ad Nr. 220 S. 46, 47). Die Mehrheit war jedoch der Ansicht, daß ein solches Beweisverfahren unter keinen Umständen eingeführt werden dürfe, weil es zu Verschleppungen mißbraucht werden und das Revisionsgericht übermäßig belasten würde.

Um diesen Bedenken Rechnung zu tragen, war von einer Seite der Antrag gestellt:

> Der Nachweis der Unrichtigkeit gegen den die Förmlichkeiten der Hauptverhandlung betreffenden Inhalt des Protokolls soll zwar zulässig sein, aber nur durch die diensteidliche Auslassung der bei der Verhandlung zugegen gewesenen Gerichtspersonen geführt werden können.

Gegen diesen Antrag wurde ausgeführt: Wolle man überhaupt den Beweis der Unrichtigkeit zulassen, so sei eine Beschränkung der Beweismittel nicht angängig. Gerade die Gerichtspersonen würden sich häufig eines Vorganges nicht mehr erinnern, während andere hierüber noch sichere Auskunft geben könnten. So werde z. B. der Zeuge in der Regel genau wissen, ob er beeidigt sei oder nicht, während die Gerichtspersonen dazu wegen der Menge der sich vor ihnen abspielenden Beeidigungen nicht imstande seien.

Der Antrag wurde hierauf zurückgezogen.

Demnächst wurde die Frage L V des Fragebogens mit 17 gegen 2 Stimmen verneint.

4. Zu C lag der Antrag vor:

> Der §. 274 der Str.Pr.O. ist durch folgende Bestimmung zu ergänzen:
>
> > Das Protokoll muß spätestens am dritten Werktage nach dem Tage, an welchem die Hauptverhandlung geschlossen ist, fertiggestellt und von dem Vorsitzenden und dem Gerichtsschreiber unterzeichnet werden. Während der auf die drei Werktage folgenden zwei Werktage sind die Prozeßbeteiligten zur Durchsicht des Protokolls und zur Stellung von Anträgen auf Berichtigung und Ergänzung befugt. Der Vorsitzende und der Gerichtsschreiber haben spätestens am dritten Werktage nach dem Tage, an welchem der Antrag gestellt ist, über den Antrag zu befinden. In einem Nachtrage zum Protokolle sind der Antrag und der ergangene Beschluß zu verzeichnen.
> >
> > Der Vorsitzende und der Gerichtsschreiber sind, auch ohne daß ein dahingehender Antrag gestellt ist, befugt, das bereits unterzeichnete Protokoll durch einen Nachtrag zu ergänzen oder zu berichtigen. Dieses Recht steht den Urkundspersonen jedoch, sobald

eine Revisionsbegründung eingegangen und auf einen bestimmten Mangel in der Hauptverhandlung gestützt ist, in bezug auf den durch die Revision gerügten Mangel nur zu, insofern durch die Ergänzung oder Berichtigung die Rüge der Revision bestätigt wird. Falls die Prozeßbeteiligten nicht schon bei Durchsicht des Protokolls von dem von Amtswegen beigefügten Nachtrage Kenntnis erhalten haben, ist ihnen anzuzeigen, daß eine Ergänzung oder Berichtigung vorgenommen ist.

Zu Gunsten des Antrags wurde ausgeführt:

Die Rechtsprechung des Reichsgerichts habe schon den Weg gewiesen, auf dem allein es möglich sei, Unrichtigkeiten des Protokolls zu beseitigen: Das Protokoll müsse auf Antrag der Prozeßbeteilgten oder von Amtswegen durch eine Erklärung der Urkundspersonen berichtigt werden können. Der Vorschlag solle lediglich der auf diese Rechtsprechuug gestützten Praxis, deren Ständigkeit nicht gesichert sei, gesetzliche Kraft geben und sie zu einem förmlichen Berichtigungsverfahren, wie es ähnlich im Zivilprozesse für den Tatbestand des Urteils bestehe, ausgestalten. Zu diesem Zwecke sei dafür Sorge zu tragen, daß das Protokoll alsbald fertiggestellt und den Beteiligten zugänglich gemacht werde. Zur Zeit fehle es an einer Vorschrift, welche die Möglichkeit der Einsicht während der Revisionsfrist sichere. Die in dem Antrage vorgesehenen Fristen seien so bemessen, daß stets innerhalb der Revisionsfrist eine Berichtigung erledigt sein müsse. Eine Beschwerde gegen die Ablehnung der Berichtigung könne selbstverständlich nicht zugelassen werden.

Von anderer Seite wurde geltend gemacht, daß man darüber streiten könne, ob die Fristen in diesem Antrage richtig bemessen seien und ob es überhaupt notwendig sei, auch für die Stellung des Berichtigungsantrags und für die Entscheidung darüber eine besondere Frist zu setzen. Wesentlich sei nur, daß die Zulässigkeit des Berichtigungsverfahrens gesichert und die rechtzeitige Einsicht des Protokolls gewährleistet werde.

Ferner empfehle es sich, die von dem Antragsteller im Sinne der Rechtsprechung des Reichsgerichts entschiedene Frage, ob die Berichtigung hinsichtlich der bereits durch die Revision gerügten Mängel zu beschränken sei, erst im Zusammenhange mit den Vorschriften über die Revision zu erledigen.

Auf Grund dieser Erwägungen wurde der Antrag gestellt:

Es empfiehlt sich die Aufnahme von Vorschriften in das Gesetz, welche

1. die Fertigstellung des Protokolls innerhalb angemessener Frist und die Möglichkeit der Einsicht durch die Parteien sichern;
2. die Zulässigkeit eines Berichtigungsverfahrens hinsichtlich des Protokolls mit der Maßgabe sichern, daß die Berichtigung nur im Einverständnisse beider Urkundspersonen erfolgen darf.

Die Kommission nahm diesen Antrag einstimmig an, nachdem zu seinen Gunsten der zuerst gestellte Antrag zurückgezogen war.

Hiermit waren die unter L des Fragebogens gestellten Spezialfragen erledigt.

32. Sitzung.

19. Dezember 1903.

Hauptverhandlung.

Die Kommission erledigte in der heutigen Sitzung noch eine Reihe von Anträgen, welche die Vorschriften über die Hauptverhandlung betreffen, aber außerhalb der Spezialfragen unter I. des Programms liegen.

I. Nach §. 228 der Str.Pr.O. muß eine unterbrochene Hauptverhandlung spätestens am vierten Tage nach der Unterbrechung fortgesetzt werden, widrigenfalls mit dem Verfahren von neuem zu beginnen ist. Der Antrag,

die Unterbrechung bis zur Dauer von einer Woche zuzulassen,

wurde einstimmig angenommen. Die Kommission erwog:

Der Antrag komme einem Bedürfnisse der Praxis entgegen. Es sei oft nicht möglich, in der jetzigen Frist die der Fortsetzung der Hauptverhandlung entgegenstehenden Hindernisse zu beseitigen, z. B. einen entfernt wohnenden oder erst noch zu ermittelnden Zeugen herbeizuschaffen, und es sei deshalb erwünscht, hierfür einen größeren Spielraum zu gewähren. Daß eine Unterbrechung von der Dauer einer Woche die Zuverlässigkeit der Erinnerung beeinträchtigen werde, sei nach den im Zivilprozesse gemachten Erfahrungen nicht zu befürchten.

Von einer Seite wurde hervorgehoben, es könnten vielleicht Bedenken daraus hergeleitet werden, daß die Verlängerung der Frist die Gefahr einer Beeinflussung der Laienrichter, insbesondere der Geschworenen, vergrößere; indessen kämen gerade bei den Schwurgerichten Unterbrechungen der Verhandlung nur selten vor.

II. Der zum §. 237 der Str.Pr.O. (Leitung der Verhandlung durch den Vorsitzenden) gestellte Antrag:

> Der Vorsitzende soll befugt sein, in einzelnen Sachen die Leitung der Verhandlung, die Vernehmung des Angeklagten und die Aufnahme des Beweises ganz oder teilweise einem beisitzenden Richter zu übertragen.

wurde, soweit er sich auf die Leitung der Verhandlung bezieht, mit 15 gegen 5 Stimmen abgelehnt, im übrigen mit 11 gegen 9 Stimmen angenommen.

Zu Gunsten des Antrags, welcher der im Entwurfe von 1895 vorgeschlagenen Abänderung des §. 237 entspricht, wurde ausgeführt:

Das geltende Recht berücksichtige im §. 65 des G.V.G. nur den Fall, daß der Vorsitzende verhindert sei, überhaupt an der Verhandlung teilzunehmen. Das Reichsgericht habe es zwar für zulässig erklärt, daß der Vorsitzende, wenn er durch ein körperliches Leiden lediglich bei Führung des Vorsitzes behindert sei, diesen abgebe und als Beisitzer fungiere (Entsch. in Strafs. Bd. 10 S. 318, Bd. 18 S. 302). Allein dieses Verfahren könne, abgesehen davon, daß es, wie das Reichsgericht selbst anerkenne, im Gesetze selbst nicht geregelt sei, jedenfalls nur dann Platz greifen, wenn ein wirklicher Hinderungsgrund vorliege, und es versage dann, wenn lediglich die Leitung seitens des Vorsitzenden durch Ermüdung oder andere Umstände erschwert sei. Außerdem dürfe gegenwärtig[1]) die Leitung an Stelle des verhinderten Vorsitzenden immer nur das älteste ständige Mitglied des Kollegiums übernehmen, während es häufig vorkomme, daß ein anderer Beisitzer hierzu besser geeignet sei, z. B. weil er in dem betreffenden Falle eine besondere Sachkunde besitze oder weil ihm die Sprache oder Mundart der Beteiligten geläufiger sei. Um nach beiden Richtungen dem Vorsitzenden eine größere Freiheit zu verschaffen, sei eine Vorschrift zweckmäßig, welche ihm die Befugnis gewähre, die ihm obliegenden Geschäfte in einzelnen Sachen ganz oder teilweise einem der beisitzenden Richter zu übertragen. Dadurch werde zugleich das Interesse der Beisitzer, die sich jetzt während der ganzen Sitzung passiv verhalten müßten, erhöht und ihnen Gelegenheit zur Vorbereitung für die Stellung eines Vorsitzenden gegeben. Übrigens solle dem Vorsitzenden, wie dies auch die Begründung zu dem Entwurfe von 1895 (S. 45) betone, die Befugnis verbleiben, jederzeit in die Verhandlung einzugreifen und die dem beisitzenden Richter übertragenen Geschäfte wieder selbst zu übernehmen. Von einer Seite wurde ausgeführt, es lasse sich auch die Ansicht vertreten, daß der Beisitzer, dem die Leitung der Verhandlung durch den Vorsitzenden übertragen werde, völlig an dessen Stelle trete.

Gegen den Vorschlag wurden folgende Bedenken geltend gemacht:

Zunächst sei zu befürchten, daß die Harmonie im Kollegium beeinträchtigt und das Strebertum gefördert werde, da mit der Möglichkeit gerechnet werden müsse, daß der Vorsitzende einzelne Beisitzer bevorzuge. Nach ihrem Wortlaute schließe die Vorschrift nicht einmal aus, daß die Leitung einem als Beisitzer fungierenden Assessor übertragen werde. Dem lasse sich zwar durch eine ausdrückliche Beschränkung auf etatsmäßig angestellte Richter abhelfen; auch dann bleibe aber das Bedenken, daß ältere Kollegen zurückgesetzt werden könnten. Die Übung in den Geschäften des Vorsitzenden lasse sich auch auf anderem Wege, bei den Schöffen- und Schwurgerichten, erreichen. Ferner bestehe die Gefahr, daß die Vorschrift von bequemen Vorsitzenden dazu benutzt werde, um die Leitung über das eigentliche Bedürfnis hinaus abzugeben, und daß namentlich ältere Direktoren, die nicht mehr die nötige Spannkraft für ihre Stellung besitzen, sich auf diese Weise in ihrem Amte erhalten könnten. Eine solche Praxis würde schließlich dazu führen, daß regelmäßig neben dem Vorsitzenden unter dessen Kontrolle, ähnlich wie bei den Militärgerichten, ein Beisitzer als Leiter der Verhandlung fungiere; diese Einrichtung möge dort am Platze sein, dürfe

[1]) Nach §. 65 des G.V.G. und der Auslegung, welche diese Vorschrift in der Rechtsprechung gefunden hat (zu vergl. Entsch. des Reichsgerichts in Strafs. Bd. 1 S. 238). Durch den Entwurf von 1895 war in den §§. 61, 121, 133 des G.V.G. die Bestellung regelmäßiger Vertreter der Vorsitzenden für die Dauer je eines Geschäftsjahrs vorgesehen.

aber auf die Zivilgerichte, weil sie die Autorität des Verhandlungsleiters und damit des ganzen Kollegiums schädige, nicht übertragen werden. Endlich erscheine es auch fraglich, ob sich die Vorschrift überhaupt praktisch durchführen lasse. Zur Leitung der Verhandlung und der Beweisaufnahme sei namentlich in verwickelteren Sachen nicht nur ein gründliches Studium der Akten, sondern auch die Aufstellung eines bestimmten Untersuchungsplans erforderlich; in der Regel habe aber der Beisitzer nicht einmal Kenntnis von den Akten, geschweige denn Gelegenheit, sich auf die Leitung der Verhandlung gründlich vorzubereiten.

Eine Minderheit lehnte aus diesen Gründen die beantragte Vorschrift ganz ab, wobei auch noch die Erwägung Platz griff, daß sich in der Praxis ein Bedürfnis dafür nicht bemerkbar gemacht habe.

Die Mehrheit glaubte — vorbehaltlich der später zu erörternden Frage einer Änderung der §§. 61, 65 des G.V.G. —, wegen der geäußerten Bedenken es jedenfalls nicht empfehlen zu sollen, daß auch die Leitung der Verhandlung einem Beisitzer übertragen werde, zumal über die in einem solchen Falle dem Vorsitzenden verbleibenden Befugnisse kein Einverständnis herrsche. Dagegen glaubte sie einer Vorschrift zustimmen zu können, welche es gestattet, daß unter der Leitung des Vorsitzenden ein Beisitzer die Vernehmung des Angeklagten und die Aufnahme des Beweises bewirkt. Von einer Seite wurde darauf hingewiesen, es sei früher in Württemberg auf Grund des §. 298 der Strafprozeßordnung vom 17. April 1868 [1]) vielfach üblich gewesen, daß dem Referenten die Vernehmung des Angeklagten und der Zeugen übertragen wurde, und diese Einrichtung habe sich als sehr zweckmäßig bewährt.

Im Laufe der Beratung war von einem Mitgliede die Frage angeregt worden, ob gemäß §. 237 Abs. 2 der Str.Pr.O. das Gericht zu entscheiden haben würde, wenn eine auf Grund der beantragten Bestimmung von dem Vorsitzenden getroffene Anordnung als durch die Sachlage nicht gerechtfertigt beanstandet würde. Das Mitglied beantwortete die Frage im bejahenden Sinne und hielt dieses Ergebnis auch für wünschenswert. Von anderer Seite wurde demgegenüber ausgeführt, nach der Entstehung des Gesetzes (zu vergl. Löwe, Kommentar zur Strafprozeßordnung, 11. Aufl. Note 5 zum §. 237) sei es nicht zweifelhaft, daß auf Grund der bezeichneten Vorschrift eine Anordnung des Vorsitzenden nicht wegen Unangemessenheit, sondern nur wegen gesetzlicher Unzulässigkeit beanstandet werden könne; hieran müsse auch für den vorliegenden Fall festgehalten werden. Um dies klar zu stellen, wurde vorgeschlagen,

dem obigen Antrage zuzufügen:

Eine Beanstandung dieser Anordnung ist unzulässig.

Dieser Zusatzantrag wurde mit 19 Stimmen gegen eine Stimme angenommen.

---

[1]) Der §. 298 Abs. 1, 2 der Württembergischen Strafprozeßordnung lautete:

Die Leitung der Verhandlung, die Aufrechterhaltung der Ordnung und Ruhe und des der Würde des Gerichts entsprechenden Anstandes sind Obliegenheiten des Vorsitzenden.

Derselbe hat die Reihenfolge der vorzunehmenden Handlungen zu bestimmen und den Beschuldigten sowie die anderen abzuhörenden Personen zu vernehmen oder durch einen der beisitzenden Richter vernehmen zu lassen, der dann insoweit alle dem Vorsitzenden zustehenden Befugnisse ausübt.

III. Der Antrag:

> Den beisitzenden Richtern hat der Vorsitzende auf Verlangen zu gestatten, Fragen an den Angeklagten zu stellen.

wurde einstimmig angenommen.

Die Kommission erwog:

Das geltende Gesetz (§. 239 Abs. 1) gewähre den beisitzenden Richtern nur das Recht, an die Zeugen und Sachverständigen Fragen zu richten. Dagegen sei der Vorsitzende nicht verpflichtet, ihnen auch die Befragung des Angeklagten zu gestatten. Wenn auch ein solches Verlangen wohl selten abgelehnt werde, so empfehle es sich doch, die beisitzenden Richter hierin von dem Ermessen des Vorsitzenden unabhängig zu machen. Eine Gefahr für den Angeklagten sei nicht zu besorgen, wenn das Recht auf die im §. 239 Abs. 2 bezeichneten Personen (Staatsanwalt, Verteidiger, Geschworene, Schöffen) nicht erstreckt, sondern auf die beisitzenden Richter beschränkt werde.

IV. Der Antrag:

> Es ist im Gesetze zum Ausdrucke zu bringen, daß die Hauptverhandlung mit dem Aufruf oder der Vorführung des Angeklagten und dem Aufrufe des Verteidigers sowie der Zeugen und Sachverständigen zu beginnen habe.

wurde damit begründet: Nach §. 242 Abs. 1 beginne die Hauptverhandlung mit dem Aufrufe der Zeugen und Sachverständigen. Es fehle somit für den Fall, daß weder Zeugen und Sachverständige geladen seien, an einer ausdrücklichen Vorschrift für den Beginn der Hauptverhandlung. Die Feststellung dieses Zeitpunkts sei aber von Wichtigkeit, z. B. in den Fällen des § 370 Abs. 1, des §. 431 Abs. 2, des §. 452 Abs. 1, des §. 456 Abs. 2, des §. 462 Abs. 2 der Str.Pr.O.

Der Antrag wurde zurückgezogen, nachdem von anderer Seite darauf hingewiesen war, daß er mehr redaktioneller Natur sei.

V. Ferner war der Antrag gestellt:

> Die Feststellung von Vorbestrafungen des Angeklagten soll, sofern sie nicht von einer bei der Verhandlung beteiligten Person beantragt wird, nur erfolgen, wenn sie nach dem Ermessen des Vorsitzenden für die Entscheidung von Bedeutung ist. Sie soll durch Vorlegung eines Auszugs aus dem Strafregister und die Erklärung des Angeklagten, daß er dessen Richtigkeit anerkenne, geschehen können.

Der Satz 1 wurde einstimmig angenommen, der Satz 2 mit 15 gegen 5 Stimmen abgelehnt.

Es herrschte Übereinstimmung darüber, daß die vielfach geübte Praxis, etwaige Vorstrafen des Angeklagten, ohne Rücksicht darauf, ob ihre Feststellung für die Entscheidung von Bedeutung sei, in der Hauptverhandlung zu verlesen, eine Härte gegenüber dem Angeklagten enthalte; denn dadurch würden unter Umständen ohne Zweck weit zurückliegende Bestrafungen vor der Öffentlichkeit in Erinnerung gebracht. Bisweilen werde der Angeklagte dadurch empfindlicher berührt, als durch die ihn in der Sache selbst treffende Strafe. Noch unbilliger erscheine eine solche Bloßstellung des Angeklagten, wenn demnächst eine Freisprechung erfolge. Um dieser Praxis entgegenzutreten, empfehle es sich, ausdrücklich zu bestimmen, daß die Feststellung, sofern sie nicht von den Beteiligten beantragt wird, nur dann zu erfolgen habe, wenn sie nach dem Ermessen des Vorsitzenden für die Entscheidung von Bedeutung sei.

Zu Gunsten des Satzes 2 wurde ausgeführt. Der Vorschlag bezwecke, den Angeklagten auch in denjenigen Fällen, in denen eine Feststellung der Vorstrafen erforderlich sei, gegen unbillige Härten möglichst zu schützen. In der Regel seien die Vorstrafen nur für die Abmessung der zu verhängenden Strafe von Erheblichkeit. In diesem Falle brauchten sie nur zur Kenntnis des Gerichts gebracht und nicht der Öffentlichkeit preisgegeben zu werden. Daher müsse es zulässig sein, von ihrer Verlesung Abstand zu nehmen und ihre Feststellung durch Vorlegung eines Auszugs aus dem Strafregister und durch dessen Anerkennung seitens des Angeklagten zu bewirken. Ein derartiges Verfahren biete außerdem den Vorteil, daß der Angeklagte den Auszug in Ruhe prüfen und leichter auf etwaige Irrtümer aufmerksam machen könne.

Die Mehrheit sprach sich gegen diesen Vorschlag aus, weil er die Grundsätze der Mündlichkeit und Öffentlichkeit durchbreche. Auch werde durch die Vorlegung des Auszugs keineswegs eine zuverlässigere Feststellung gewährleistet, weil der Angeklagte oft zu einer selbständigen Kontrolle des Inhalts garnicht im Stande sei. Übrigens werde der mit dem Antrage verfolgte Zweck doch vereitelt, wenn die Vorstrafen bei der öffentlichen Verkündung der Urteilsgründe mitgeteilt würden.

VI. Nach §. 242 Abs. 2 hat sich an die Vernehmung des Angeklagten über seine persönlichen Verhältnisse die Verlesung des Beschlusses über die Eröffnung des Hauptverfahrens zu schließen. Diese Vorschrift bedarf der Änderung, da nach den früher gefaßten Beschlüssen (Protokolle S. 186, 192, 195) der Eröffnungsbeschluß in der Regel fortfallen soll. Die Kommission nahm einstimmig den Antrag an:

> Die Verlesung des Eröffnungsbeschlusses soll ersetzt werden durch die Erklärung des Vorsitzenden, welche Tat dem Angeschuldigten zur Last gelegt wird, unter Hervorhebung ihrer gesetzlichen Merkmale und des anzuwendenden Strafgesetzes.

Sie erwog: Nach den früheren Beschlüssen solle zwar die Anklageschrift die Grundlage des Verfahrens bilden. Die Verlesung der Anklageschrift empfehle sich aber nicht, da die darin enthaltene Begründung insbesondere die Laienrichter im voraus zu Ungunsten des Angeklagten beeinflussen könnte. Andererseits sei die Verlesung der bloßen Anklageformel zwecklos, weil sie ohne nähere Erläuterung oft unverständlich wäre. Am besten werde die sachliche Verhandlung durch eine Erklärung des Vorsitzenden darüber eingeleitet, welche konkrete Tat dem Angeklagten zur Last gelegt werde, unter Hervorhebung derjenigen Tatumstände, in welchen die gesetzlichen Merkmale einer strafbaren Handlung gefunden werden, und unter Bezeichnung des auf letztere anzuwendenden Strafgesetzes.

VII. Gemäß dem das Strafverfahren beherrschenden Grundsatze, daß der Strafrichter die materielle Wahrheit zu erforschen und festzustellen verpflichtet ist, ermächtigt §. 243 Abs. 3 der Str.Pr.O. das Gericht, sofern eine genügende Aufklärung durch das in der Hauptverhandlung vorgeführte Beweismaterial nicht herbeigeführt ist, von anderweitigen Beweiserhebungen aber erwartet werden kann, auch ohne Anträge der Prozeßbeteiligten die Ladung von Zeugen und Sachverständigen sowie die Herbeischaffung anderer Beweismittel unter Aussetzung der Hauptverhandlung anzuordnen. Soweit es zur Herbeischaffung der Beweismittel vorbereitender Handlungen bedarf, beispielsweise soweit Zeugen oder geeignete Sachverständige noch zu ermitteln sind oder letzteren erst noch Gelegenheit, sich auf ihr Gutachten vorzubereiten, gegeben werden muß oder eine nach gesetzlicher Vorschrift zulässige kommissarische Vernehmung (§. 222) oder die Einnahme eines Augenscheins anzuordnen ist, um die hierüber aufzunehmenden Protokolle in der Hauptverhandlung benutzen zu können, kann das Gericht einen einzelnen Richter mit der Vornahme dieser vorbereitenden Handlungen beauftragen oder ein anderes Gericht um die Vornahme ersuchen. Dagegen ist das Gericht nicht befugt, die Sache behufs weiterer Aufklärung in die Voruntersuchung zurückzuverweisen oder, sofern eine solche nicht stattgefunden hatte, die nachträgliche Einleitung einer solchen anzuordnen.[1])

Mit Rücksicht hierauf wurde der Antrag gestellt:

> Bedarf es für die Durchführung der Hauptverhandlung einer besonderen Aufklärung der Sache, so soll in den nicht vor den Schöffengerichten zu verhandelnden Sachen das Gericht befugt sein, eine Ergänzung der Voruntersuchung oder, falls eine Voruntersuchung nicht stattgefunden hat, die Eröffnung einer solchen oder die Vornahme einzelner Beweiserhebungen zu verfügen. Mit letzteren soll das Gericht auch den Untersuchungsrichter beauftragen können.

Zur Begründung wurde geltend gemacht:

Bisweilen ergebe sich in der Hauptverhandlung eine völlige Änderung der Beweislage, welche zunächst die Vornahme umfänglicher Ermittelungen erfordere, um die Grundlage für eine neue Hauptverhandlung zu schaffen.

Für solche Fälle empfehle es sich, das Gericht zu ermächtigen, die Eröffnung oder Ergänzung der Voruntersuchung auch noch in diesem Stadium anzuordnen, soweit aber schon durch einzelne Beweiserhebungen die erforderliche Aufklärung beschafft werden könne, den Untersuchungsrichter mit deren Vornahme zu beauftragen. Die Fälle, in denen dem praktischen Bedürfnisse nur durch ein solches Verfahren Rechnung getragen werden könne, seien nicht selten; beispielsweise wenn der Angeklagte ein Geständnis zurücknehme, wenn die Zeugen ihre früheren Aussagen vollständig verändern, oder wenn sich herausstelle, daß erst noch eine eingehende Prüfung von Geschäftsbüchern erforderlich sei, um beurteilen zu können, nach welcher Richtung es weiterer Beweiserhebungen bedürfe. Die Hauptverhandlung sei zur Vornahme derartiger Vorermittelungen ungeeignet. Sie werde dadurch verweitläufigt und auf eine unsichere Grundlage gestellt. Insbesondere im Interesse des Angeklagten empfehle es sich, daß die Vornahme

---

[1]) Zu vergl. Entsch. des Reichsgerichts in Straff. Bd. 2 S. 33 (36, 37).

neuer umfassender Ermittelungen nicht dem Staatsanwalt überlassen werde, sondern durch den Untersuchungsrichter erfolge. Das Bedürfnis, die erforderliche Aufklärung auf dem im Antrage vorgeschlagenen Wege zu gewinnen, habe in der Praxis zuweilen dahin geführt, daß in einer dem geltenden Rechte nicht völlig entsprechenden Weise verfahren worden sei.

Zur Rechtfertigung des Vorschlags, daß mit der Vornahme einzelner Beweiserhebungen auch der Untersuchungsrichter beauftragt werden kann, wurde u. a. darauf Bezug genommen, daß dasselbe bereits für den Fall des §. 171 der Str.Pr.O. (Entscheidung des Gerichts über die Beschwerde des Verletzten, dessen Antrag auf Erhebung der öffentlichen Klage keine Folge gegeben ist) durch das Gesetz (Abs. 3 das.) vorgesehen sei.

Der Antrag helfe zugleich einem weiteren Mangel ab, welcher darin liege, daß infolge einer Unzuständigkeitserklärung gemäß § 270 der Str.Pr.O. die Sache vor dem Schwurgericht oder dem Reichsgerichte zur Entscheidung gelangen könne, ohne daß die an sich notwendige Voruntersuchung stattgefunden habe.

Der Antrag wurde mit folgenden Ausführungen bekämpft:

Es sei einer der wichtigsten Grundsätze der Strafprozeßordnung, daß eine bereits zur Hauptverhandlung gelangte Sache nur durch Urteil beendet werden dürfe. Diesen Grundsatz wolle der Antrag durchbrechen, indem er gestatte, daß die Sache wieder in das Stadium der Voruntersuchung zurückverwiesen werde. Das erkennende Gericht gebe damit die Sache vollständig aus der Hand. Ein anderes Gericht (die Beschlußkammer) habe darüber zu entscheiden, ob die Sache überhaupt wieder in die Hauptverhandlung gelangen solle. Ein schriftliches Verfahren schiebe sich in das mündliche Hauptverfahren ein. Dem Angeklagten werde der freie Verkehr mit seinem Verteidiger wieder entzogen. Führe die Voruntersuchung dazu, daß der Angeklagte mangels ausreichender Beweise außer Verfolgung gesetzt werde, so sei die Sache nicht endgiltig für ihn erledigt, da die Untersuchung gegen ihn auf Grund neuer Tatsachen und Beweismittel wieder aufgenommen werden könne. Der Angeklagte werde also in diesem Falle des durch die Eröffnung des Hauptverfahrens erlangten Anspruchs auf rechtskräftige Freisprechung durch die Zurückverweisung wieder beraubt. Dem unschuldigen Angeklagten aber, der bereits eine öffentliche Hauptverhandlung über sich habe ergehen lassen müssen, werde unbilligerweise die Möglichkeit entzogen, seine Unschuld in öffentlicher Verhandlung nachzuweisen.

Ferner biete der Antrag Gelegenheit zur Verschleppung, da ein Angeklagter, der es hierauf absehe, seine Behauptungen leicht so einrichten könne, daß eine wiederholte Verweisung zur Voruntersuchung nicht zu vermeiden sei. Auch sei zu befürchten, daß die Untersuchungsrichter nicht mehr mit der bisherigen Sorgfalt ihre Aufgabe erfüllen würden, wenn eine Zurückverweisung der Sache aus der Hauptverhandlung noch möglich sei.

Gegen die Verwendung des Untersuchungsrichters zur Vornahme einzelner Beweiserhebungen seien zwar grundsätzliche Einwendungen nicht zu erheben; indessen könne auch dieser Vorschlag zu Unzuträglichkeiten führen, weil die Gefahr nahe liege, daß die Gerichte von der Heranziehung des Untersuchungsrichters einen zu häufigen Gebrauch machen oder ihn gar in allen Fällen in Tätigkeit setzen könnten, in denen eine weitere Aufklärung nötig sei.

Um dem Hauptbedenken gegen den Satz 1 des Antrags tunlichst Rechnung zu tragen, wurde im Laufe der Beratung von einer Seite angeregt, die Außerverfolgungsetzung des Angeklagten auf seinen Wunsch dem erkennenden Gerichte zu überlassen, wenn die von diesem verfügte Voruntersuchung den Verdacht beseitigt habe.

Zu diesem Zwecke wurde unter Bezugnahme auf die früheren Beschlüsse der Kommission (Protokolle S. 183 flg.), wonach in der Regel der Untersuchungsrichter selbst die Außerverfolgungsetzung verfügen soll, der Zusatzantrag gestellt:

> Im Falle der Eröffnung oder Wiedereröffnung der Voruntersuchung soll eine Außerverfolgungsetzung durch den Untersuchungsrichter nur mit Einwilligung des Angeschuldigten erfolgen dürfen.

Beide Anträge wurden angenommen, und zwar der Satz 1 des Hauptantrags, soweit er eine Ergänzung oder Eröffnung der Voruntersuchung betrifft, mit 11 gegen 8 Stimmen, soweit er die Vornahme einzelner Beweiserhebungen betrifft, mit 18 Stimmen gegen eine Stimme; der Satz 2 des Hauptantrags wurde mit 13 gegen 6, der Zusatzantrag mit 18 Stimmen gegen eine Stimme angenommen.

VIII. Ist ein Zeuge, Sachverständiger oder Mitbeschuldigter verstorben oder in Geisteskrankheit verfallen oder ist sein Aufenthalt nicht zu ermitteln gewesen, so kann nach §. 250 Abs. 1 das Protokoll über seine frühere richterliche Vernehmung verlesen werden. Dasselbe gilt von dem bereits verurteilten Mitschuldigen.

Der Antrag,

> auch die Verlesung von Protokollen über andere als richterliche Vernehmungen zuzulassen,

wurde mit 14 gegen 4 Stimmen abgelehnt.

Der Antrag wurde damit begründet, daß das Verbot der Verlesung anderer als richterlicher Protokolle in der Praxis nur dazu führe, den Beamten, welcher die Aussage zu Protokoll genommen habe, als Zeugen zu vernehmen. Die Verlesung des Protokolls diene jedoch der Erforschung der materiellen Wahrheit besser und sei der Vernehmung des Beamten, der die Vorgänge bei Aufnahme des Protokolls häufig nicht mehr in Erinnerung habe, vorzuziehen. Unter Umständen werde auch der Entlastungsbeweis infolge der Unzulässigkeit einer Verlesung nicht richterlicher Protokolle beeinträchtigt.

Die Mehrheit glaubte, daß polizeiliche Protokolle zu wenig zuverlässig seien, als daß sie irgend einen Einfluß auf die Urteilsfindung ausüben dürften. Von einer Seite wurde hervorgehoben, es lasse sich vielleicht erwägen, ob man die Verlesung von Protokollen, die von der Staatsanwaltschaft selbst aufgenommen seien, gestatten solle; ein Antrag wurde indessen nach dieser Richtung nicht gestellt.

IX. Der zu §. 255 Abs. 1 gestellte Antrag,

> das Verbot der Verlesung von Leumundszeugnissen öffentlicher Behörden zu streichen,

wurde vor Eintritt in die Beratung zurückgezogen.

X. Zu §. 259 war beantragt:

Die Einstellung des Verfahrens ist auch dann auszusprechen, wenn die Entscheidung in der Schuldfrage von der Feststellung eines Umstandes abhängt, bezüglich dessen die Genehmigung zur Ablegung des Zeugnisses auf Grund des §. 53 der Str.Pr.O. versagt wird.

Zur Begründung wurde ausgeführt: Die Vorschrift des §. 53, daß öffentliche Beamte über Umstände, auf welche sich ihre Pflicht zur Amtsverschwiegenheit bezieht, als Zeugen nur mit Genehmigung ihrer vorgesetzten Dienstbehörde vernommen werden dürfen, habe in der Praxis zu Mißständen geführt. Die Verweigerung der Genehmigung führe mitunter dazu, daß der Entlastungsbeweis scheitere und deshalb eine Verurteilung des Angeklagten erfolgen müsse. Es sei unbillig, daß sich der Anspruch des Staates auf Bestrafung auch dann durchsetze, wenn im Interesse des Staatswohls der Entlastungsbeweis unterbunden werde. Müsse auch dem Interesse des Staates an der Wahrung eines Amtsgeheimnisses vor dem Interesse des Beschuldigten an der Feststellung der Wahrheit der Vorzug gegeben werden, so dürfe dieser Konflikt doch keinesfalls zu einer Benachteiligung des Angeklagten führen. Hiernach dürfe in den im Antrage bezeichneten Fällen keine Verurteilung ausgesprochen, sondern müsse auf Einstellung des Verfahrens erkannt werden.

Es wurde entgegnet: Die vorgeschlagene Regelung entspreche durchaus nicht immer dem Interesse des Angeschuldigten, weil sie den Richter auch in solchen Fällen zu einer Einstellung zwingen würde, in denen nach dem geltenden Rechte wegen mangelnden Beweises eine Freisprechung erfolgen müsse. Im übrigen sei der Antrag in hohem Maße bedenklich, da er die Zwecke der Strafrechtspflege gefährde. Es lasse sich oft mit Sicherheit vorhersehen, daß die Genehmigung zur Ablegung des Zeugnisses über gewisse Umstände auf Grund des §. 53 verweigert werden würde. Daraufhin könnten dann strafbare Handlungen in der sicheren Voraussicht, einer Bestrafung zu entgehen, verübt werden (z. B. Beleidigungen von Behörden oder Beamten in Beziehung auf ihren Beruf). Der dem Antrage zu Grunde liegende Gedanke führe schließlich dahin, daß in allen Fällen, in denen ein zur Zeugnisverweigerung Berechtigter in einem für die Entscheidung wesentlichen Punkte von seinem Rechte Gebrauch mache, eine Einstellung des Verfahrens erfolgen müsse. Die volle Tragweite des Antrags lasse sich ohne weiteres garnicht übersehen.

Der Antrag wurde für diese Lesung zurückgezogen.

XI. Nach §. 264 Abs. 1 der Str.Pr.O. darf eine Verurteilung des Angeklagten auf Grund eines anderen als des in dem Beschluß über die Eröffnung des Hauptverfahrens angeführten Strafgesetzes nicht erfolgen, ohne daß der Angeklagte zuvor auf die Veränderung des rechtlichen Gesichtspunkts besonders hingewiesen und ihm Gelegenheit zur Verteidigung gegeben worden ist.

Der Antrag,

diese Vorschrift dahin zu ändern, daß der Hinweis dann erfolgen muß, wenn eine für die Verteidigung des Angeklagten erhebliche Abweichung von der der Anklage zu Grunde liegenden rechtlichen Beurteilung in Frage steht,

wurde einstimmig angenommen.

Zur Begründung des Antrags wurde ausgeführt:

Der §. 264 Abs. 1 beruhe auf dem Grundgedanken, daß die im §. 263 Abs. 2 im weitesten Umfange zugelassene rechtliche Änderung der erhobenen Strafklage dem Angeklagten zum Nachteile gereichen könne, wenn derselbe ohne Kenntnis von der beabsichtigten Klagänderung seine Verteidigung auf die ursprünglich erhobene Klage beschränke. Zur Verhütung dieses Nachteils sei der Hinweis auf die Veränderung des (dem Eröffnungsbeschlusse zu Grunde liegenden) rechtlichen Gesichtspunkts vorgesehen. Dieser Grundgedanke habe aber im Gesetze nicht den geeigneten Ausdruck gefunden, indem einerseits der Hinweis nicht auf die Fälle der Möglichkeit einer anderen Verteidigung beschränkt und andererseits an die Stelle der Abweichung von der „rechtlichen Beurteilung der Tat" (§. 263 Abs. 2) die Abweichung von dem „angeführten Strafgesetze" getreten sei. Dies habe zur Folge, daß der Hinweis in vielen Fällen gar kein Interesse für den Angeklagten habe, während er in anderen Fällen von erheblicher Bedeutung für die Verteidigung sein könne, wenn die rechtliche Beurteilung der Tat eine andere werde, das angeführte Strafgesetz aber dasselbe bleibe. Letzteres treffe z. B. zu, wenn das angeführte Strafgesetz einen sogenannten „Mischtatbestand" (besser „mehrfachen Tatbestand") enthalte und im Eröffnungsbeschlusse der eine und im Urteile der andere der Tatbestände als vorliegend angenommen werde, oder wenn in Folge Wegfalls einer im Eröffnungsbeschluß angenommenen Qualifikation nur ein Antragsdelikt übrig bleibe, bei welchem der Angeklagte in der Lage sei, die gehörige Stellung des Strafantrags zu beanstanden.

Die neuere Praxis des Reichsgerichts entspreche im wesentlichen dem gestellten Antrage; sie sei aber im einzelnen und insbesondere auch hinsichtlich der Frage, ob die Rüge der Verletzung des §. 264 Abs. 1 der Str.Pr.O. stets durchgreife, wenn eine solche Verletzung als vorliegend anzunehmen sei, oder nur dann, wenn das Urteil auf der Verletzung beruhe, nicht völlig konform.[1]) Der gestellte Antrag solle der bestehenden Unsicherheit in der Anwendung des Gesetzes abhelfen und der Praxis eine sichere gesetzliche Grundlage verschaffen.

XII. Wird der Angeklagte im Laufe der Hauptverhandlung noch einer anderen Tat beschuldigt, als wegen welcher das Hauptverfahren wider ihn eröffnet worden ist, so kann nach §. 265 Abs. 1 diese Tat auf Antrag der Staatsanwaltschaft und mit Zustimmung des Angeklagten zum Gegenstande derselben Aburteilung gemacht werden. Diese Bestimmung findet jedoch nicht Anwendung, wenn sich die Tat als ein Verbrechen darstellt.

Der Antrag,

> die Bestimmung auf solche Verbrechen Anwendung finden zu lassen, die sich nur deshalb als Verbrechen darstellen, weil die strafbare Handlung im Rückfalle begangen ist,

wurde einstimmig angenommen.

---

[1]) Zu vergl. Entsch. in Straff. Bd. 8 S. 150, Bd. 12 S. 379, Bd. 19 S. 401, Bd. 21 S. 387; Goltdammer's Archiv Bd. 40 S. 149; Entsch. in Straff Bd. 23 S. 279, Bd. 24 S. 89, Bd. 27 S. 138; Goltdammer's Archiv Bd. 48 S. 359, Bd. 49 S. 266, andererseits Entsch. in Straff., Bd. 3 S. 417; Rechtsprechung in Straff. Bd. 4 S. 62; Entsch. in Straff. Bd. 17 S. 440.

Die Kommission erwog:

Gerade bei Rückfallsverbrechen komme es häufig vor, daß der Angeklagte wegen einer Reihe gleichartiger Delikte verfolgt werde und daß sich außer den unter Anklage gestellten Fällen während der Verhandlung noch weitere Straftaten herausstellen. Nach dem geltenden Rechte müsse alsdann wegen der neuermittelten Taten zunächst eine neue Anklage erhoben und entweder, bis diese zur Verhandlung kommt, das bereits anhängige Hauptverfahren ausgesetzt oder nachträglich eine Zusatzstrafe verhängt werden. Die damit verbundene Zeit und Mühe stehe oft zu der geringen Bedeutung, welche die später ermittelten Taten für die Bemessung der Gesamtstrafe haben, in keinem Verhältnisse. Es erscheine deshalb wünschenswert und unbedenklich, die fragliche Vorschrift auf Rückfallsverbrechen auszudehnen.

Die Kommission habe bereits (Protokolle S. 196) einen Zusatz zum §. 208 beschlossen, wonach das Verfahren eingestellt werden kann, wenn einer zu Freiheitsstrafe rechtskräftig verurteilten Person eine strafbare Handlung zur Last gelegt wird und die Feststellung des Straffalls mit Rücksicht auf die noch nicht vollständig verbüßte Strafe unwesentlich erscheint. Dieser Beschluß berühre jedoch die jetzt vorliegende Frage nicht, denn er treffe nur solche Fälle, in denen erst nach der rechtskräftigen Verurteilung eine weitere Straftat sich herausstellt, und wolle für solche Fälle die Möglichkeit schaffen, daß von der Aburteilung der nachträglich ermittelten Straftat wegen ihrer Geringfügigkeit ganz abgesehen werde.

XIII. Der Antrag,

dem (die Urteilsgründe behandelnden) §. 266 der Str.Pr.O. ist als Abs. 5 zuzufügen:

Wird der Angeklagte zu einer Gesamtstrafe verurteilt, so muß die Urteilsformel auch die für jede einzelne Straftat festgesetzte Einzelstrafe enthalten.

wurde mit 13 gegen 5 Stimmen abgelehnt.

Ein gleicher Antrag ist in der Reichstagskommission von 1896 abgelehnt (Reichstagsdrucks. 1895/96 Nr. 294 S. 52), später aber angenommen worden (Reichstagsdrucks. 1900/01 ad Nr. 220 S. 42).

Zur Begründung des Antrags wurde ausgeführt: Nach dem geltenden Rechte sei im Falle einer Gesamtstrafe die Höhe der verwirkten Einzelstrafen nur in den Gründen des Urteils anzugeben, während die Urteilsformel lediglich die Gesamtstrafe enthalte. Da allein der in der Formel wiedergegebene entscheidende Teil des Urteils in Rechtskraft übergehe, so könnten, wenn das Urteil nur wegen einer der zu Grunde liegenden Straftaten vom Verurteilten mit Erfolg angefochten und die Gesamtstrafe aufgehoben worden sei, die für die verbleibenden Straftaten ausgeworfenen Einzelstrafen höher bemessen, auch die Gesamtstrafe in der früheren Höhe aufrecht erhalten werden, was dem Grundsatze der Unzulässigkeit einer reformatio in peius widerspreche. Ferner habe der gegenwärtige Rechtszustand zur Folge, daß das eine Gesamtstrafe festsetzende Urteil, wenn es nur zum Teil angegriffen werde, vor Erledigung des Rechtsmittels auch hinsichtlich eines unangefochten gebliebenen Straffalls nicht vollstreckt werden könne. Diesen Mißständen solle durch Aufnahme der Einzelstrafen in die Urteilsformel abgeholfen werden.

Diesen Ausführungen gegenüber wurde darauf hingewiesen, daß früher zwar in der Rechtsprechung zuweilen den einer Gesamtstrafe zu Grunde liegenden Einzelstrafen die Selbständigkeit und die Fähigkeit der Rechtskraft abgesprochen worden sei. Diese Streitfrage könne aber infolge des Beschlusses der vereinigten Strafsenate des Reichsgerichts vom 18. April 1894 (Entsch. in Straff. Bd. 25 S. 297) als vollständig erledigt angesehen werden. Nach diesem Beschlusse gehe auch die — wenngleich nur in den Gründen des Urteils erfolgende — Bemessung der der Gesamtstrafe zu Grunde liegenden Einzelstrafen in Rechtskraft über. Daher sei eine Erhöhung der Einzelstrafen wegen solcher Straffälle, auf welche sich das Rechtsmittel nicht bezogen habe, vollständig ausgeschlossen; nur eine Abminderung derselben könne in Frage kommen, falls wegen der Möglichkeit einer Beeinflussung durch die angenommene Realkonkurrenz das Urteil auch hinsichtlich der Bemessung der Strafen in höherer Instanz aufgehoben worden sei.

Wenn aber der Antrag weiter beabsichtige, zu verhindern, daß das neue Urteil, obwohl in der höheren Instanz einzelne Straffälle durch Freisprechung ausgeschieden seien, wieder dieselbe Gesamtstrafe festsetze, so werde dieser Erfolg durch den Vorschlag nicht erreicht; denn die Aufnahme der Einzelstrafen in die Urteilsformel hindere das Gericht nicht, wieder auf dieselbe Gesamtstrafe zu erkennen, sofern sie nur gemäß §. 74 Abs. 3 des St.G.B. unter dem Betrage der verwirkten Einzelstrafen zurückbleibe. Dieses Ergebnis könne auch als der Billigkeit widersprechend nicht angesehen werden.

Ebensowenig könne dem Antrage hinsichtlich der Möglichkeit der Vollstreckung einer der Gesamtstrafe zu Grunde liegenden Einzelstrafe irgend welche Bedeutung beigemessen werden. Denn, gleichgültig ob die Höhe der verwirkten Einzelstrafen in der Urteilsformel oder in den Gründen auszusprechen sei, könne doch immer nur die Gesamtstrafe zur Vollstreckung gelangen, da nur auf sie nach §. 74 des St.G.B. „zu erkennen" sei (zu vergl. Beschluß der vereinigten Strafsenate a. a. O. S. 307, 309). In der Praxis trage man übrigens kein Bedenken, mit der Vollstreckung der Gesamtstrafe insoweit zu beginnen, als ihre Verminderung infolge der Einlegung eines Rechtsmittels nicht in Frage kommen könne.

Endlich führe der Vorschlag nur zu praktischen Schwierigkeiten, weil er die Urteilsformel mit einer Menge von Einzelheiten belaste, deren Niederschrift unter Umständen einen bedeutenden Zeitaufwand verursachen und, da sie vor der Urteilsverkündung erfolgen müsse, die Dauer der Verhandlungen unnötig verlängern werde.

XIV. Nach §. 267 Abs. 2 sind, sofern die Verkündung des Urteils ausgesetzt war, die Urteilsgründe vor der Verkündung schriftlich festzustellen. Es war beantragt,

diese Vorschrift aufzuheben.

Zur Begründung wurde ausgeführt: Die Strafprozeßordnung erteile im §. 267 Abs. 1 Satz 1 den Gerichten die Befugnis, die Verkündung des Urteils bis zum Ablauf einer Woche nach dem Schlusse der Verhandlung auszusetzen, um ihnen in verwickelten Untersuchungen Zeit für eine gründliche und ruhige Prüfung der Sach- und Rechtslage zu gewähren. Die Gerichte könnten aber von der Befugnis nicht den geeigneten Gebrauch machen, weil sie im Falle der Aussetzung die Urteilsgründe bis zur Verkündung schriftlich feststellen müßten, und dies gerade in denjenigen Sachen, in denen die Aussetzung an sich wünschenswert wäre, innerhalb der einwöchigen Frist meist nicht möglich sei. Freilich bleibe der Ausweg übrig, daß an Stelle der Aussetzung der Urteilsverkündung die Verhandlung selbst nach Beendigung der Schlußvorträge gemäß §. 228 unterbrochen und die Zwischenzeit bis zur Fortsetzung der Verhandlung zur Beratung benutzt werde; das sei aber ein Notbehelf, welcher der Absicht des Gesetzes nicht entspreche und, wenn die Beteiligten nach der Wiederaufnahme der Verhandlungen mit neuen Anführungen hervortreten, nicht zum Ziele führe. Am besten werde diesen Mißständen durch die Aufhebung des §. 267 Abs. 2 abgeholfen, wovon ein Nachteil für die Rechtspflege nicht zu besorgen sei.

Der Antrag wurde ohne Debatte mit 13 gegen 4 Stimmen angenommen.

XV. Hiermit war die Beratung über die Hauptverhandlung (L des Fragebogens) erledigt.

Der Beginn der nächsten Tagung wurde auf den 19. Januar 1904 bestimmt. Auf die Tagesordnung wurden die Fragen zu M bis Q des Fragebogens gesetzt.

33. Sitzung.

19. Januar 1904.

Wiederaufnahme des Verfahrens.

I. Die Kommission trat in die Beratung der Frage M I des Fragebogens ein, ob für das die Wiederaufnahme betreffende Verfahren die eidliche Vernehmung der Zeugen und Sachverständigen vorzuschreiben sei.

(Str.Pr.O. §. 409)

Es wurde beantragt,

1. den §. 409 Abs. 2 der Str.Pr.O.[1]) abzuändern wie folgt:
   Die Vernehmung der Zeugen und Sachverständigen erfolgt eidlich, soweit die Beeidigung zulässig ist.
2. den §. 409 Abs. 2 unverändert zu lassen, dagegen eine Vorschrift in das Gesetz aufzunehmen, nach der die Wiederaufnahme des Verfahrens nur angeordnet werden darf, wenn die Beeidigung derjenigen Zeugen und Sachverständigen, deren Aussagen für den Wiederaufnahmebeschluß erheblich sind, soweit die Beeidigung zulässig war, erfolgt ist.

Der Antrag 1 wurde mit 11 gegen 8 Stimmen, der Antrag 2 mit 12 gegen 7 Stimmen abgelehnt.

Zu Gunsten des Antrags 1 wurde ausgeführt:

Die vorgeschlagene Änderung des §. 409 sei bereits 1886 vom Reichstag im Zusammenhange mit der Einführung einer Entschädigung der im Wiederaufnahmeverfahren freigesprochenen Personen empfohlen und dann auch von den verbündeten Regierungen in den Entwurf von 1895 aufgenommen worden. Der Vorschlag habe in erster Linie mit Rücksicht darauf, daß damals allen im Wiederaufnahmeverfahren freigesprochenen Personen der Anspruch auf eine Entschädigung gewährt werden sollte, den Zweck verfolgt, das Wiederaufnahmeverfahren so zu gestalten, daß es voraussichtlich nur Unschuldigen zu Gute komme. Dies habe man dadurch zu erreichen gesucht, daß nach den damaligen Vorschlägen die Anordnung einer Wiederaufnahme aus §. 399 Nr. 5 nur erfolgen durfte, wenn die Unschuld dargetan war, und daß überdies für den hierauf gerichteten Beschluß durch die Notwendigkeit der Zeugenbeeidigung eine besonders sichere Gewähr der Wahrheitsermittelung geschaffen werden sollte.

Wenngleich die Lösung der Entschädigungsfrage inzwischen durch das Gesetz vom 20. Mai 1898 auf anderer Grundlage erfolgt sei, so empfehle sich

---

[1]) Der §. 409 Abs. 2 überläßt es dem Ermessen des Gerichts, ob die Zeugen und Sachverständigen eidlich vernommen werden sollen.

doch, an jener Änderung des §. 409 Abs. 2 festzuhalten. Denn der die Wiederaufnahme anordnende Beschluß bilde den Schwerpunkt des ganzen Wiederaufnahmeverfahrens. Durch ihn werde der Verurteilte gegen das Urteil restituiert und letzteres tatsächlich beseitigt. Dieser Auffassung stehe die im § 413 vorgeschriebene, der Sachlage nicht ganz entsprechende Formel „Aufrechterhaltung des früheren Urteils" nicht entgegen, denn in Wahrheit komme für das in der erneuten Hauptverhandlung erkennende Gericht das frühere Urteil nicht mehr in Betracht, vielmehr habe es lediglich nach seiner aus dem Inbegriffe der neuen Verhandlung geschöpften Überzeugung zu erkennen. Aus diesem Grunde müsse, ganz abgesehen von der Entschädigungsfrage, verhütet werden, daß die tatsächliche Beseitigung eines rechtskräftigen Urteils auf unsichere Grundlagen hin erfolge, und zu diesem Zwecke die Zeugenbeeidigung obligatorisch gemacht werden. Wenn gegen den Vorschlag eingewendet werde, daß das Verfahren nach §. 409 dem Vorverfahren gleichstehe und daß auch im Vorverfahren die unbeeidigte Vernehmung die Regel bilde, so werde dabei die Wirkung des Wiederaufnahmebeschlusses gegenüber dem früheren rechtskräftigen Urteile verkannt.

Die vorgeschlagene Bestimmung sei um so notwendiger, als in der erneuten Hauptverhandlung sehr häufig die früheren Beweise nicht mehr vorhanden oder verblaßt seien und lediglich aus diesem Grunde eine in Wahrheit nicht gerechtfertigte Freisprechung erfolgen müsse. Es dürfe angenommen werden, daß der hohe Prozentsatz[1]) der Freisprechungen im Wiederaufnahmeverfahren nicht zum mindesten hierauf zurückzuführen sei. Solange die Anordnung der Wiederaufnahme auf Grund unbeeidigter Aussagen zulässig sei, bestehe die Gefahr, daß Personen, die mit Recht verurteilt sind, auf Grund unlauterer Manipulationen die Wiederaufnahme erlangen und dann in der erneuerten Hauptverhandlung nur wegen mangelnden Schuldbeweises, etwa weil der Hauptbelastungszeuge inzwischen verstorben, nicht wieder verurteilt werden können. Derartigen, das Rechtsbewußtsein erschütternden Erfolgen frivoler Wiederaufnahmeanträge müsse vorgebeugt werden.

Das Bedürfnis, den die Wiederaufnahme anordnenden Beschluß auf sichere Grundlagen zu stellen, sei um so größer, als in Verfolg dieses Beschlusses nicht nur im Falle des Todes, sondern nach dem geltenden Rechte auch in anderen Fällen (§. 411) die Freisprechung ohne Erneuerung der Hauptverhandlung erfolgen dürfe.

Bei Erlaß der Strafprozeßordnung[2]) sei man von der Voraussetzung ausgegangen, daß die Beeidigung der Zeugen und Sachverständigen die Regel bilden werde. In der Praxis bilde sie dagegen in immer zunehmendem Maße die Ausnahme. Hierdurch würden insbesondere auch die berechtigten Interessen unschuldig Verurteilter gefährdet. Nicht selten bezögen sich diese zu ihrer Entlastung auf Personen, die sich aus Bequemlichkeit oder aus anderen Gründen scheuten, mit

[1]) Nach der Deutschen Justiz-Statistik Jahrgang XI S. 245, 246 ist 1901 von 1000 Wiederaufnahmeverfahren in 472 Fällen sofortige Freisprechung, in weiteren 411 Fällen anderweitige Aufhebung des früheren Urteils erfolgt.

[2]) Zu vergl. Motive S. 219.

den Feststellungen eines rechtskräftigen Urteils in Widerspruch zu treten und deshalb, wenigstens so lange sie unbeeidigt blieben, mit der Wahrheit zurückhielten. Die Gerichte seien dann gegenüber den mit den früheren Feststellungen im Einklange stehenden Bekundungen zur Beeidigung wenigt geneigt und so werde der Antrag auf Wiederaufnahme auf Grund der unwahren Aussagen verworfen.

Übrigens habe auch die Militärstrafgerichtsordnung (§. 445 Abs. 2) die obligatorische Beeidigung der Zeugen und Sachverständigen für die den Wiederaufnahmebeschluß vorbereitende Beweisaufnahme vorgesehen.

Die Fassung der vorgeschlagenen Vorschrift schließe sich dem Entwurfe von 1895 an. Allerdings könne nach dieser Fassung zweifelhaft sein, ob die Beeidigung nicht auch in denjenigen Fällen eintreten müsse, in denen sie für das Hauptverfahren in das Ermessen des Gerichts gestellt ist (zu vergl. §. 57 des Gesetzes und die zu §§. 56 flg. gefaßten Beschlüsse der Kommission). Nach der Begründung des Entwurfs von 1895 (zu vergl. S. 51) sei dies aber nicht beabsichtigt gewesen, und der Antrag 1 stehe auf dem gleichen Standpunkte.

Zur Begründung des Antrags 2 wurde ausgeführt, daß er zunächst auf den gleichen Erwägungen beruhe, die zur Rechtfertigung des Antrags 1 geltend gemacht seien, daneben aber den Umstand berücksichtige, daß die Anträge auf Wiederaufnahme des Verfahrens außerordentlich häufig und in der großen Mehrzahl der Fälle unbegründet seien. Werde ausnahmslos die Beeidigung vorgeschrieben, so führe dies zu einer beträchtlichen Vermehrung der Beeidigungen und zwar in Fällen, in denen sie der Regel nach völlig überflüssig seien. Dies stehe in Widerspruch mit den auf Verminderung der Eide gerichteten Absichten, die nach den früheren Beschlüssen auch von der Kommission geteilt würden. Hiernach empfehle sich vorzuschreiben, daß die Wiederaufnahme nur dann angeordnet werden dürfe, wenn die Aussagen derjenigen Zeugen, auf die sich der Beschluß stütze, beeidigt seien. Durch eine solche Vorschrift werde dem Beschluß eine sichere Grundlage gewährleistet und gleichwohl die Abnahme unnötiger Eide verhütet. Die Durchführbarkeit des Vorschlags sei dadurch gesichert, daß nach den früheren Beschlüssen der Nacheid an Stelle des Voreids treten solle. Mit Rücksicht hierauf ermögliche es die Vorschrift, daß das Gericht zur Frage der Beeidigung immer erst Stellung nehme, wenn sich die Aussichten des Wiederaufnahmeantrags übersehen ließen. Die Interessen des Antragstellers würden durch die Vorschrift nicht gefährdet, denn es könne von den Gerichten nicht angenommen werden, daß sie den Anträgen auf Wiederaufnahme von vornherein mit Vorurteilen gegenüberstehen und dieselben auf Grund solcher unbeeidigten Aussagen ablehnen würden, die sie im Falle der Beeidigung für relevant erachten müßten. Zur Pflicht zu machen sei jedoch die Beeidigung nur für den Fall, daß das Gericht die Wiederaufnahme bewilligen wolle, weil nur in diesem Falle die Beseitigung eines rechtskräftigen Urteils in Frage komme.

Die Mehrheit der Kommission vermochte keinem der gestellten Anträge beizustimmen. Es wurde ausgeführt:

Gegen den Antrag 1 spreche die bereits geltend gemachte Erwägung, daß der weitaus überwiegende Teil der Wiederaufnahmeanträge als unbegründet verworfen werde und daß demnach der Vorschlag zu einer Häufung unnötiger Eide führen würde.

Alle diejenigen Gründe, die gegen eine grundsätzliche Beeidigung der Zeugen im Vorverfahren angeführt und von der Kommission bereits gebilligt worden seien, sprächen gegen die obligatorische Beeidigung auch in diesem Verfahren, um so mehr als die Beweisaufnahme durch einen beauftragten oder ersuchten Richter zu erfolgen habe.

Durch das Erfordernis der Beeidigung werde der Schwerpunkt des Wiederaufnahmeverfahrens in noch höherem Maße als bisher auf den nach §. 410 ergehenden Beschluß verlegt, der doch der Unterlage einer kontradiktorischen Verhandlung entbehre.

Die Vorschrift möge vielleicht im Rahmen des Entwurfs von 1895 gerechtfertigt gewesen sein, wo sie mit der Frage der Gewährung einer Entschädigung für unschuldig verbüßte Strafhaft im Zusammenhange gestanden habe. Nachdem dieser Zusammenhang weggefallen, fehle es an einem genügenden Grunde, an dem bestehenden Rechtszustande zu ändern. Erhebliche Übelstände hätten sich aus letzterem nicht ergeben. Die Nichtbeeidigung der Zeugen bilde nur deshalb die Regel, weil die Anträge auf Wiederaufnahme größtenteils genügender Unterlagen entbehrten und von vornherein aussichtslos erschienen. Man könne zu den Gerichten das Vertrauen haben, daß sie, falls die Aufhebung des rechtskräftigen Urteils wirklich in Frage komme, sich der schwerwiegenden Bedeutung des Beschlusses bewußt sein und ihn nicht auf unbeeidigte Aussagen stützen würden, wie dies in der Begründung des Entwurfs der Strafprozeßordnung mit Recht vorausgesetzt worden sei. Soweit es im einzelnen Falle nicht geschehen sollte, könne durch Beschwerde der Staatsanwaltschaft (§. 412) Abhilfe geschaffen werden.

Die zuletzt gedachten Erwägungen ließen zugleich den Antrag 2 unnötig erscheinen. Im übrigen sei dieser Antrag insofern bedenklich, als er einseitig nur auf den Fall der Anordnung der Wiederaufnahme abstelle. Dadurch werde der Anschein erweckt, als ob das Gericht, wenn es zur Ablehnung des Antrags gelangen wolle, sich mit unbeeidigten Zeugen begnügen solle. Unter Umständen sei aber, wie die zur Begründung des Antrags 1 angeführten Fälle bewiesen, die Beeidigung solcher Zeugen, die unbeeidigt zu Ungunsten des Angeklagten aussagen, in dessen Interesse geboten. Hiernach werde durch den Antrag die Verteidigung gerade unschuldig Verurteilter gefährdet.

II. Zu der Frage M II des Fragebogens,

ob es sich empfehle, die Vorschrift des §. 411[1]) Abs. 1 der Str.Pr.O. auf die in Geisteskrankheit verfallenen Verurteilten auszudehnen, für alle anderen Fälle (§. 411 Abs. 2) aber die Freisprechung im Wiederaufnahmeverfahren ohne Erneuerung der Hauptverhandlung, auszuschließen,

wurde beantragt,

---

[1]) Der §. 411 Abs. 1 und 2 lautet:

Ist der Verurteilte bereits verstorben, so hat ohne Erneuerung der Hauptverhandlung das Gericht nach Aufnahme des etwa noch erforderlichen Beweises entweder die Freisprechung zu erkennen oder den Antrag auf Wiederaufnahme abzulehnen.

Auch in anderen Fällen kann das Gericht, bei öffentlichen Klagen jedoch nur mit Zustimmung der Staatsanwaltschaft, den Verurteilten sofort freisprechen, wenn dazu genügende Beweise bereits vorliegen.

1. dem Abs. 1 des §. 411 folgende Fassung zu geben:

   Ist der Verurteilte bereits verstorben oder ist er in Geisteskrankheit verfallen, so hat ohne Erneuerung der Hauptverhandlung das Gericht nach Aufnahme des etwa noch erforderlichen Beweises entweder auf Freisprechung zu erkennen oder den Antrag auf Wiederaufnahme abzulehnen.

   im Antrag 1 vor dem Worte „Geisteskrankheit" einzuschalten:
2. „unheilbare";
3. im Abs. 1 des §. 411 dem Verstorbenen den Verhandlungsunfähigen gleichzustellen;
4. den Abs. 2 des §. 411 zu streichen;
5. den Abs. 2 des §. 411 aufrechtzuerhalten, ihm jedoch die Bestimmung hinzuzufügen, daß von einer Hauptverhandlung nur dann abgesehen werden darf, wenn der Verurteilte sie nicht verlangt.

Der Antrag 3 wurde mit 11 gegen 8 Stimmen, der Antrag 5 einstimmig angenommen. Hiermit waren die übrigen Anträge erledigt.

Zwei außerdem gestellte Anträge, dahingehend,

a) die im Antrag 1 vorgeschlagene Bestimmung auch anwendbar zu machen auf den gemäß §. 470, §. 472 Abs. 2 der Str.Pr.O. verurteilten Wehrpflichtigen, wenn sich ergibt, daß dieser, entgegen der Erklärung der Kontrollbehörde, seiner Dienstpflicht ordnungsmäßig genügt hat;

b) dem §. 411 Abs. 2 der Str.Pr.O. einen Zusatz in dem Sinne anzufügen, daß das dort vorgesehene Verfahren nur mit Zustimmung des nicht dauernd verhandlungsunfähigen Angeklagten zulässig ist,

wurden wieder zurückgezogen.

Zur Begründung der Anträge 1 und 4 wurde ausgeführt:

Die aus den Beratungen der Justizkommission hervorgegangene Vorschrift des §. 411 habe, insoweit danach auch in anderen Fällen als im Falle des Todes des Verurteilten ohne Erneuerung der Hauptverhandlung auf Freisprechung erkannt werden kann (Abs. 2), zu erheblichen Mißständen geführt. Bei der Aufnahme jener Bestimmung in das Gesetz habe man nur an seltene Ausnahmefälle gedacht, wie beispielsweise an den Fall, wenn sich aus der nachträglichen Verurteilung einer anderen Person die Unschuld des zuerst Verurteilten ohne weiteres ergibt. Entgegen dieser Auffassung des Gesetzgebers habe aber in den ersten Jahren nach dem Inkrafttreten der Strafprozeßordnung die Freisprechung im Wiederaufnahmeverfahren ohne Erneuerung der Hauptverhandlung die Regel gebildet.[1]) Eine derartige Praxis stehe im Widerspruche mit dem das Strafverfahren beherrschenden Grundsatze der Mündlichkeit, führe zu bedenklichen Freisprechungen und entspreche auch nicht dem Interesse des Verurteilten, der häufig in der öffentlichen Hauptverhandlung das wirksamste Mittel zur Wiederherstellung seiner Ehre erblicke.

Der mißbräuchlichen Anwendung des §. 411 Abs. 2 sei zwar mit Erfolg durch Weisungen der Justizverwaltung an die Behörden der Staatsanwaltschaft

---

[1]) In Preußen ist im Jahre 1882 unter 140 Fällen der Wiederaufhebung eines rechtskräftigen Urteils zu Gunsten des Verurteilten in 90 Fällen ohne Erneuerung der Hauptverhandlung auf Freisprechung erkannt worden.

entgegen getreten worden. Dadurch sei erreicht worden, daß die Freisprechung ohne Erneuerung der Hauptverhandlung außer dem Falle des Todes in der Hauptsache nur noch bei Geisteskrankheit des Verurteilten vorkomme. Gleichwohl empfehle sich, dem Vorschlage des Entwurfs von 1895 entsprechend, den Abs. 2 des §. 411 ganz zu beseitigen, den Fall der Geisteskrankheit aber im Abs. 1 zu berücksichtigen.

Die Berücksichtigung der Geisteskrankheit sei in der Begründung der Vorlage von 1895 damit gerechtfertigt worden, daß der Geisteskranke verhandlungsunfähig sei. Die Rechtsprechung des Reichsgerichts [1]) nehme nun allerdings den Standpunkt ein, daß ausnahmsweise auch ein Geisteskranker für verhandlungsfähig angesehen werden dürfe. Gleichwohl empfehle sich nicht, die Vorschrift auf verhandlungsunfähige Geisteskranke zu beschränken, weil dies zu einer ungleichen Behandlung der verschiedenen Arten von Geisteskranken in dem Falle führen würde, wo die Wiederaufnahme nur den Erfolg haben könne, in Anwendung eines milderen Strafgesetzes eine geringere Bestrafung herbeizuführen. Nur der verhandlungsfähige, nicht aber der verhandlungsunfähige Geisteskranke würde in diesem Falle die geringere Bestrafung erlangen können.

Zu Gunsten der Beschränkung auf die Fälle unheilbarer Geisteskrankheit (Antrag 2) wurde darauf hingewiesen, daß sie der Vorschrift im §. 447 der Militärstrafgerichtsordnung entspreche und auch von den Kommissionen des Reichstags 1899 und 1901 gebilligt worden sei.

Die Mehrheit der Kommission vermochte den für die Streichung des Abs. 2 geltend gemachten Gründen nicht beizustimmen. Den Übelständen, die sich aus einer mißbräuchlichen Anwendung der Vorschrift ergeben könnten und tatsächlich früher ergeben hätten, lasse sich, wie die Erfahrung beweise, in vollständig ausreichender Weise durch Benutzung derjenigen Kautel begegnen, welche die Vorschrift selbst an die Hand gebe, indem sie bei öffentlichen Klagen die Zustimmung der Staatsanwaltschaft erfordere. Danach liege ein zwingender Grund zu ihrer Beseitigung nicht vor. Andererseits entspreche sie einem praktischen Bedürfnisse, da, auch abgesehen von Tod und Geisteskrankheit, Fälle nicht ausgeschlossen seien, in denen die Freisprechung ohne Erneuerung der Hauptverhandlung ganz am Platze sei, so — außer dem bereits in der Justizkommission erwähnten Falle — wenn der einzige Belastungszeuge wegen Meineids verurteilt werde, wenn der angeblich Getötete wieder erscheine oder das vermeintlich Gestohlene sich wiederfinde. Auch bei der Wiederaufnahme des Verfahrens zu Gunsten eines Wehrpflichtigen, der in seiner Abwesenheit unschuldig auf Grund der Präsumtion des §. 475 Str.Pr.O. verurteilt worden ist, werde häufig zur sofortigen Freisprechung geschritten werden können. Hiernach sei der Abs. 2 aufrecht zu erhalten und dem berechtigten Interesse, das der Verurteilte selbst an der Erneuerung der Hauptverhandlung haben könne, nach dem Vorbilde der ungarischen Strafprozeßordnung (§. 457 Abs. 4) dadurch Rechnung zu tragen, daß man ihm das Recht gebe, sie zu verlangen.

Andererseits erachtete die Mehrheit der Kommission auch eine Ergänzung des Abs. 1 für geboten. Der gesetzgeberische Grund dieser Vorschrift treffe wie auf den bereits verstorbenen so auch auf den verhandlungsunfähigen

[1]) Zu vergl. Entsch. in Strafs. Bd. 29 S. 324.

Verurteilten zu. Auch ihm gegenüber sei die Erneuerung der Hauptverhandlung unmöglich oder doch, falls man sie, einem neuerdings in der Literatur gemachten Vorschlag entsprechend, in seiner Abwesenheit zulassen wollte, zwecklos; auch ihm gegenüber könne es sich niemals um Verurteilung auf Grund eines milderen Strafgesetzes, sondern immer nur um völlige Freisprechung oder um Ablehnung des Antrags auf Wiederaufnahme handeln. In der Regel werde die Verhandlungsunfähigkeit auf Geisteskrankheit des Verurteilten beruhen. Doch sei nicht abzusehen, warum die Erweiterung der Vorschrift des Abs. 1 auf diesen Fall beschränkt bleiben solle, da sich ein Zustand des Verurteilten denken lasse, der ihn verhandlungsunfähig mache, ohne daß es sich um eigentliche Geisteskrankheit handele. Darauf, ob der Zustand der Vernehmungsunfähigkeit voraussichtlich ein dauernder sein werde, ob insbesondere die die Vernehmungsunfähigkeit begründende Geisteskrankheit heilbar oder unheilbar sei, könne es nicht ankommen. Allerdings müsse der zu Gunsten eines heilbar Geisteskranken gestellte Antrag auf Wiederaufnahme abgelehnt werden, wenn gegenüber einem Verhandlungsfähigen unter Anwendung eines milderen Strafgesetzes auf eine geringere Bestrafung zu erkennen wäre. Dies gereiche aber dem Geisteskranken nicht zur Beschwerde, da ihm unbenommen bleibe, den Antrag zu dem bezeichneten Zwecke zu wiederholen, sobald er geheilt sei.

Zwei Anträge, dahin gehend:

a) den Abs. 4 des §. 411[1]) zu streichen;

b) den §. 413a des Entwurfs von 1895 aufzunehmen, welcher lautet:

> Wird im Wiederaufnahmeverfahren auf Freisprechung erkannt, so ist auf Verlangen des Verurteilten und im Falle des §. 411 auf Verlangen des Antragstellers die Aufhebung des früher ergangenen Urteils durch den Deutschen Reichsanzeiger bekannt zu machen; nach dem Ermessen des Gerichts kann die Bekanntmachung auch in anderen öffentlichen Blättern erfolgen.

wurden wieder zurückgezogen.

III. Gemäß §. 399 Nr. 5 der Str.Pr.O. findet die Wiederaufnahme des Verfahrens zu Gunsten des Verurteilten statt, wenn neue Tatsachen oder Beweismittel beigebracht sind, welche allein oder in Verbindung mit den früher erhobenen Beweisen die Freisprechung oder in Anwendung eines milderen Strafgesetzes eine geringere Bestrafung zu begründen geeignet sind.

Im Entwurfe von 1895 war vorgeschlagen, in dem bezeichneten Falle die Wiederaufnahme nur dann zuzulassen, wenn sich aus den neuen Tatsachen oder Beweismitteln die Unschuld des Verurteilten, sei es bezüglich der ihm zur Last gelegten Tat überhaupt, sei es bezüglich eines die Anwendung eines schwereren Strafgesetzes begründenden Umstandes ergibt.

Im Anschlusse hieran wurde der Antrag gestellt,

den §. 399 Nr. 5 der Str.Pr.O. dahin zu fassen:

---

[1]) Der §. 411 Abs. 4 lautet:

Die Aufhebung (des früheren Urteils) ist auf Verlangen des Antragstellers durch den Deutschen Reichsanzeiger bekanntzumachen und kann nach dem Ermessen des Gerichts auch durch andere Blätter veröffentlicht werden.

wenn neue Tatsachen oder Beweismittel beigebracht sind, welche allein oder in Verbindung mit den früher erhobenen Beweisen die Unschuld des Verurteilten bezüglich der ihm zur Last gelegten Tat oder bezüglich eines die Anwendung eines schwereren Strafgesetzes begründenden Umstandes zu ergeben oder doch darzutun geeignet sind, daß ein begründeter Verdacht gegen den Angeklagten nicht mehr vorliegt.

Der Antrag wurde mit 16 gegen 3 Stimmen abgelehnt.

Zur Begründung des Antrags war geltend gemacht worden:

Der Vorschlag des Entwurfs von 1895 habe zwar in erster Linie im Zusammenhange mit der Frage der Entschädigung für unschuldig erlittene Strafhaft gestanden,[1] daneben aber ganz unabhängig von dieser Frage den Zweck verfolgt, die Mißstände zu beseitigen, die sich aus dem bestehenden Rechte insofern ergeben haben, als die jetzige Fassung des §. 399 Nr. 5 auch dem mit Recht Verurteilten ermögliche, zunächst die Wiederaufnahme des Verfahrens und im weiteren Verfolg die Freisprechung blos deshalb zu erlangen, weil der Belastungsbeweis wegen Todes oder abgeschwächter Erinnerung des Belastungszeugen nicht mehr geführt werden könne. Die behaupteten Mißstände seien in der Tat vorhanden und bedürften im Interesse der Strafrechtspflege dringend der Abhilfe. Hierzu sei der Vorschlag des Entwurfs von 1895 geeignet; nur bedürfe er insoweit der Ergänzung, als nach dem Vorbilde des inzwischen ergangenen Gesetzes vom 20. Mai 1898 dem Falle der Unschuld der Fall gleichzustellen sei, daß ein begründeter Verdacht gegen den Angeschuldigten nicht mehr vorliegt.

Auch die Militärstrafgerichtsordnung (§. 436 Nr. 5) enthalte eine dem Antrag entsprechende Vorschrift. Wenn nach dem Antrage die Voraussetzungen für die Anordnung der Wiederaufnahme schwerere seien, als für die Freisprechung in der erneuerten Hauptverhandlung, so liege hierin kein Widerspruch. Denn bei dem die Wiederaufnahme anordnenden Beschlusse handele es sich um die tatsächliche Beseitigung eines rechtskräftigen Urteils, in der erneuerten Hauptverhandlung dagegen um Erlaß eines Urteils auf Grund der Ergebnisse der Verhandlung ganz ebenso wie im Hauptverfahren.

Die Gesetzgebung der Mehrzahl der ausländischen Staaten[2] erfordere gleichfalls den Nachweis der Unschuld zur Wiederaufnahme.

Die Mehrheit vertrat demgegenüber den Standpunkt, daß das Vorhandensein erheblicher Übelstände gegenwärtig nicht mehr anerkannt werden könne. Denn nach den mit Anträgen aus §. 399 Nr. 5 gemachten Erfahrungen befleißigten sich die Gerichte einer besonders strengen und sorgfältigen Prüfung solcher Anträge. Dieselben führten daher nur in einer verhältnismäßig sehr geringen Zahl von Fällen zur Wiederaufnahme des Verfahrens.[3] Bestehe hiernach kein praktisches Bedürfnis für eine Änderung des geltenden Rechtes, so sei der Antrag auch bedenklich, weil er die berechtigten Interessen unschuldig Verurteilter gefährde. Der Antrag laufe darauf hinaus, daß der Beweis der Unschuld

[1]) Zu vergl. oben S. 270.

[2]) So Frankreich, Belgien, Italien und die meisten schweizerischen Kantone.

[3]) Im Reiche betrug die Zahl sämtlicher Wiederaufnahmeverfahren zu Gunsten des Verurteilten im Durchschnitte der Jahre 1896/1900: 474, im Jahre 1901: 496.

bereits zur Zeit der Anordnung der Wiederaufnahme geführt werden müsse. Häufig sei jedoch der Verurteilte erst in der erneuerten Hauptverhandlung im Stande, diesen Beweis zu führen. Für solche Fälle werde dem unschuldig Verurteilten die Erlangung der Wiederaufnahme unbilliger Weise von vornherein unmöglich gemacht.

Durch den Antrag werde auch die Abweichung zwischen den Voraussetzungen einer Freisprechung im Wiederaufnahmeverfahren und denjenigen der Gewährung einer Entschädigung auf Grund des Gesetzes vom 20. Mai 1898 nicht beseitigt. Zu diesem Zwecke genüge nicht eine Änderung des §. 399 Nr. 5, müßte vielmehr auch im §. 413 der Str.Pr.O. bestimmt werden, daß eine Freisprechung nur erfolgen dürfe, wenn die Unschuld des Verurteilten sich ergeben habe. Eine so weitgehende Einschränkung des Wiederaufnahmeverfahrens sei aber bedenklich. Mindestens sei jede Einschränkung der Wiederaufnahme des Verfahrens zu Gunsten des Verurteilten bedenklich, so lange nicht die Berufung gegen die Urteile der Strafkammern eingeführt sei. Zur Zeit biete dieses Verfahren in gewissem Umfang einen Ersatz für die Berufung. Nur bei Ausdehnung dieses Rechtsmittels könne eine Einschränkung des Wiederaufnahmeverfahrens in Frage kommen. Auch in der Militärstrafgerichtsordnung, im Entwurfe von 1895 und in denjenigen ausländischen Gesetzen, in welchen der Nachweis der Unschuld für die Wiederaufnahme des Verfahrens erfordert werde, stehe diese Einschränkung des Wiederaufnahmeverfahrens im Zusammenhange mit der Gewährung des Rechtsmittels der Berufung.

IV. Nach §. 404 der Str.Pr.O. ist ein Wiederaufnahmeantrag, welcher auf die Behauptung einer strafbaren Handlung gegründet werden soll, nur dann zulässig, wenn wegen dieser Handlung eine rechtskräftige Verurteilung ergangen ist, oder wenn die Einleitung oder Durchführung eines Strafverfahrens aus anderen Gründen als wegen Mangels an Beweis nicht erfolgen kann.

In der Praxis und der Literatur besteht eine Meinungsverschiedenheit über die Auslegung dieser Vorschrift. Dabei handelt es sich

1. um die Frage, ob die Vorschrift auch dann Anwendung findet, wenn der Wiederaufnahmeantrag auf die — wenn auch nur mittelbar kundgegebene — Behauptung einer strafbaren Handlung gestützt ist und nach der Sachlage auch nur darauf gestützt werden kann, oder ob sie lediglich dann anwendbar ist, wenn der Antrag nach der Absicht des Antragstellers auf die Behauptung gestützt werden soll, daß der volle Tatbestand einer strafbaren Handlung sowohl nach der objektiven als nach der subjektiven Seite vorliege. Es ist also insbesondere im Falle, daß es sich um eine im früheren Verfahren abgegebene und beeidigte Aussage eines Belastungszeugen handelt, zweifelhaft, ob die Vorschrift schon dann Platz greift, wenn der Verurteilte einen anderen Zeugen beibringt, der das Gegenteil von dem bekunden soll, was der Belastungszeuge ausgesagt hat, sofern nur nach den Umständen daraus gefolgert werden muß, daß sich der frühere Zeuge einer Verletzung der Eidespflicht schuldig gemacht hat, oder ob in diesem Falle der Verurteilte berechtigt ist, den Antrag lediglich auf die objektive Unwahrheit der früheren Bekundung zu stützen.

Hieran schließt sich

2. die mit der ersten Frage nur zum Teil im Zusammenhange stehende weitere Frage, ob der §. 404 sich nur auf die im §. 399 Nr. 1 bis 3 und §. 402 Nr. 1 bis 3 vorgesehenen oder auch auf alle anderen Wiederaufnahmegründe, insbesondere auch auf den des §. 399 Nr. 5 bezieht. Letztere Frage kommt in dem Falle, daß die beeidigte Aussage eines früheren Belastungszeugen durch die Beibringung neuer Zeugen als auf Verletzung der Eidespflicht beruhend angefochten werden soll, nicht weiter in Betracht, wenn ein solches Vorbringen als unter §. 399 Nr. 2 fallend anzusehen ist, hat dagegen eine selbständige Bedeutung für solche Fälle, in denen andere neue Tatsachen beigebracht werden, welche auf die Behauptung einer strafbaren Handlung hinauslaufen, z. B. wenn der Verurteilte sein früheres Geständnis mit der Behauptung widerruft, daß er zu demselben durch eine strafbare Nötigung oder Erpressung von einem namhaft gemachten Dritten gezwungen worden sei, oder wenn er den Beweis antreten will, daß ein Anderer die ihm zur Last gelegte Tat verübt habe.

Die Kommission trat in eine nähere Erörterung der Streitfrage nicht ein. Vielmehr wurde nur der Antrag gestellt:

> Es empfiehlt sich, zum Ausdrucke zu bringen, etwa durch Beifügung der Paragraphenzahlen (§. 399 Nr. 1 bis 3 und §. 402 Nr. 1 bis 3), daß sich die Bestimmung des §. 404 der Str.Pr.O. auf Anträge auf Grund des §. 399 Nr. 5 der Str.Pr.O. nicht bezieht.

Zur Begründung des Antrags wurde bemerkt, daß streitig sei, ob für den Fall, daß die neuen Tatsachen zugleich ergeben, daß ein früher vernommener Zeuge seine Eidespflicht verletzt habe, §. 404 anzuwenden sei, sowie daß die Streitfrage ihre Erledigung noch nicht gefunden habe. Im Interesse einer einheitlichen Rechtsprechung empfehle sich ihre Entscheidung durch das Gesetz und zwar in dem vorgeschlagenen Sinne, weil daran festgehalten werden müsse, daß Nova ohne jede Beschränkung durch §. 404 zur Wiederaufnahme führen können.

Von anderer Seite wurde bemerkt, daß es sich nicht empfehle, den §. 404 auch dann außer Anwendung zu setzen, wenn der Verurteilte mit der Behauptung hervortrete, sein Geständnis sei ihm abgenötigt oder die Tat sei von einem Anderen begangen.

Der Antrag wurde mit 17 gegen 2 Stimmen angenommen.

V. Nach §. 407 Abs. 2 der Str.Pr.O. erfolgt die Entscheidung über die Zulässigkeit des Antrags auf Wiederaufnahme ohne mündliche Verhandlung.

Es wurde beantragt, an Stelle des §. 407 Abs. 2 folgende Vorschrift zu setzen:

> Die Entscheidung kann auf Grund vorgängiger mündlicher Verhandlung unter Zuziehung der Prozeßbeteiligten erfolgen.

Der Antrag wurde mit 14 gegen 5 Stimmen abgelehnt.

Zu Gunsten des Antrags war ausgeführt worden, daß im Falle des §. 399 Nr. 5, namentlich wenn es sich um ein Urteil des Schwurgerichts handele, das Gericht im Inhalte der Akten häufig keine genügende Grundlage habe, um die Neuheit und Erheblichkeit der beigebrachten Tatsachen oder Beweismittel beurteilen zu können. Daher empfehle es sich, das Gericht zu ermächtigen, zum Zwecke besserer Aufklärung eine mündliche Verhandlung unter Zuziehung der Prozeßbeteiligten anzuordnen. Die Mehrheit vermochte das Bedürfnis einer mündlichen Verhandlung für die Prüfung der Zulässigkeit des Antrags auf Wiederaufnahme nicht anzuerkennen. Ein auf §. 399 Nr. 5 gestützter Antrag könne zur Zeit als unzulässig nur verworfen werden, wenn die Neuheit oder Erheblichkeit der beigebrachten Tatsachen und Beweismittel bereits durch den Inhalt der Akten widerlegt werde. Eine Beweisaufnahme oder eine mündliche Verhandlung komme erst in Frage, wenn es sich darum handele, ob der Antrag begründet sei (§§. 409, 410). Die Einführung einer solchen Verhandlung bereits für den aus §. 408 ergehenden Beschluß kompliziere ganz unnötigerweise das Verfahren; auch müsse bezweifelt werden, daß dem Gerichte dadurch die bezweckte Aufklärung zuteil werden könne.

VI. Zu §. 408 der Str.Pr.O. [1]) wurde beantragt,

> diese Vorschrift dahin zu ergänzen, daß der Antrag auf Wiederaufnahme auch dann als unzulässig zu verwerfen ist, wenn er ausschließlich auf Tatsachen oder Beweismittel gestützt ist, welche bereits in einem früheren durch nicht mehr anfechtbaren Beschluß als unbegründet verworfenen Antrage vorgebracht worden sind.

Den gleichen Zweck verfolgte ein von anderer Seite gestellter Antrag, der dahin ging,

> zu §. 412 der Str.Pr.O. [2]) eine zusätzliche Bestimmung des Inhalts zu treffen, daß, nachdem ein Antrag auf Wiederaufnahme des Verfahrens durch einen nicht mehr anfechtbaren Beschluß als unbegründet verworfen ist, ein erneuter Antrag nur auf Tatsachen oder Beweismittel gestützt werden kann, welche dem Beschlusse gegenüber neu sind.

Beide Anträge gingen davon aus, daß im Falle des §. 399 Nr. 5 die Neuheit der beigebrachten Tatsachen oder Beweismittel nach Maßgabe des Inhalts nur der früheren Hauptverhandlung und nicht auch der früher bereits rechtskräftig erledigten Anträge auf Wiederaufnahme zu beurteilen sei. Nun komme es nicht selten vor, daß Anträge auf Wiederaufnahme mit ganz der gleichen Begründung wiederholt würden. Dies führe zu einer zwecklosen Belästigung der Gerichte, die zur Zeit nicht in der Lage seien, derartige Anträge a limine abzuweisen. Zu Gunsten des zu §. 408 gestellten Antrags wurde bemerkt, daß dem Verurteilten nicht verwehrt werden könne, den erneuten Antrag außer auf völlig neue Tatsachen und Beweismittel zugleich auch auf solche zu stützen, die bereits in einem früheren rechtskräftig erledigten Antrage beigebracht waren. Dies komme in dem zu §. 408 gestellten Antrage durch das Wort „ausschließlich", nicht aber in dem zu §. 412 gestellten Antrage zum Ausdrucke.

Letzterer Antrag wurde zurückgezogen. Der Antrag zu §. 408 wurde einstimmig angenommen.

---

[1]) Der §. 408 Abs. 1 lautet:

> Ist der Antrag nicht in der vorgeschriebenen Form angebracht, oder ist darin kein gesetzlicher Grund der Wiederaufnahme geltend gemacht oder kein geeignetes Beweismittel angeführt, so ist der Antrag als unzulässig zu verwerfen.

[2]) Nach dem §. 412 unterliegen die aus Anlaß eines Wiederaufnahmeantrags ergangenen Entscheidungen der Gerichte erster Instanz der sofortigen Beschwerde.

VII. Nach §. 409 Abs. 1 hat, wenn der Antrag auf Wiederaufnahme an sich für zulässig befunden worden ist, die Aufnahme der angetretenen Beweise, soweit diese erforderlich ist, zu erfolgen.

Die Kommission stimmte darin überein, daß das Gericht befugt sein müsse, auch andere als die von den Parteien angetretenen Beweise zu erheben, soweit es dies für erforderlich erachte. In der Praxis werde auch bereits, über den Wortlaut des §. 409 hinaus, dementsprechend verfahren.

Hiernach wurde ein Antrag,

> die Worte „angetretenen Beweise, soweit diese erforderlich ist" durch „erforderlichen Beweise" zu ersetzen,

einstimmig angenommen.

Als zu weitgehend wurde hierbei die in der Literatur vertretene Ansicht zurückgewiesen, daß das Gericht stets die gesamte frühere Beweiserhebung wiederholen müsse.

VIII. Nach §. 409 der Str.Pr.O. erfolgt die Beweisaufnahme durch einen beauftragten Richter (Abs. 1). Hinsichtlich der Berechtigung der Beteiligten zur Anwesenheit bei der Beweisaufnahme kommen die für die Voruntersuchung gegebenen Vorschriften zur Anwendung (Abs. 3). Nach Schluß der Beweisaufnahme sind die Staatsanwaltschaft und der Angeklagte unter Bestimmung einer Frist zur ferneren Erklärung aufzufordern (Abs. 4). Eine mündliche Verhandlung findet nicht statt (§. 410 Abs. 1).

Es wurde der Antrag gestellt:

> Das Gericht ist zu ermächtigen, neben oder an Stelle der Beweisaufnahme durch einen beauftragten oder ersuchten Richter die Beweise auch in einem Verhandlungstermine zu erheben. Zu dem Termine sollen die Prozeßbeteiligten geladen werden; doch soll der nicht am Sitze des Gerichts in Haft befindliche Angeklagte keinen Anspruch auf Anwesenheit haben. Insoweit die Beweisaufnahme in einem Verhandlungstermin erfolgt, soll die Vorschrift des §. 409 Abs. 4 in Wegfall kommen. Im §. 410 Abs. 1 sollen die Worte: „ohne mündliche Verhandlung" gestrichen werden.

Der Antrag wurde mit 14 gegen 5 Stimmen angenommen.

Die Mehrheit erwog: Angesichts der schwerwiegenden Bedeutung des Wiederaufnahmebeschlusses, durch den ein rechtskräftiges, auf Grund mündlicher Verhandlung ergangenes Urteil tatsächlich beseitigt werde, werde nicht selten die Erhebung der Beweise in einer mündlichen Verhandlung durchaus am Platze sein. Im Rahmen einer solchen Verhandlung erfolge die Beweiserhebung zuverlässiger, gründlicher und häufig auch schneller, als durch einen beauftragten oder ersuchten Richter. Der Vorschlag entspreche auch dem über die Eröffnung des Hauptverfahrens auf Grund mündlicher Verhandlung gefaßten Beschlusse (Prot. S. 190). Gemäß diesem Beschlusse sei zur Vermeidung hoher Transportkosten dem auswärts in Haft befindlichen Angeklagten der Anspruch auf persönliche Anwesenheit zu versagen.

Gegen den Antrag wurde geltend gemacht, daß die vorgeschlagene mündliche Verhandlung der erneuerten Hauptverhandlung vorzugreifen geeignet sei und das Verfahren unnötig verweitläufige. Auch dürften die Prozeßbeteiligten und insbesondere der Staatsanwalt nicht gezwungen werden, vor der Hauptverhandlung sich noch in eine andere mündliche Verhandlung einzulassen.[1])

Die Mehrheit glaubte diesen Bedenken keine Bedeutung beilegen zu sollen, da die Anberaumung einer mündlichen Verhandlung in das Ermessen des Gerichts gestellt sei und dieses voraussichtlich doch nur in Ausnahmefällen von dieser Befugnis Gebrauch machen werde.

IX. Zu §. 412 der Str.Pr.O., in welchem bestimmt ist, daß alle Entscheidungen, welche aus Anlaß eines Antrags auf Wiederaufnahme des Verfahrens von dem Gericht in erster Instanz erlassen werden, mit der sofortigen Beschwerde angefochten werden können, wurde beantragt, folgenden Zusatz aufzunehmen:

> Erachtet das Gericht zweiter Instanz die Beschwerde über eine Entscheidung, durch welche der Antrag auf Wiederaufnahme des Verfahrens als unzulässig verworfen worden ist, für begründet, so verweist es die Sache zur Entscheidung über die Aufnahme der Beweise sowie über die Wiederaufnahme des Verfahrens und die Erneuerung der Hauptverhandlung an das Gericht erster Instanz zurück.

Hierzu wurde der Unterantrag gestellt:

> hinter den Worten „an das Gericht erster Instanz" einzuschalten: „oder an eine andere Strafkammer desselben Landgerichts oder an ein benachbartes Land- oder Amtsgericht".

Zur Begründung des Hauptantrags wurde ausgeführt:

Die Behandlung der als begründet erachteten Beschwerden aus §. 412 gegen die Nichtzulassung des Wiederaufnahmeantrags sei in der Praxis der Oberlandesgerichte verschieden. Ein Teil derselben (Stettin, Marienwerder, Dresden, Stuttgart, Karlsruhe und die bayerischen Oberlandesgerichte) beschränke sich darauf, den Antrag für zulässig zu erklären, und verweise die Sache im übrigen an die erste Instanz zurück. Andere Oberlandesgerichte (das Kammergericht, die Oberlandesgerichte Königsberg, Posen, Celle, Hamm) sähen dagegen von einem besonderen Beschluß über die Zulassung des Antrags auf Wiederaufnahme ab und schritten selbst zur Beweisaufnahme, um alsdann gemäß §. 410 über die Anordnung der Wiederaufnahme zu beschließen. Diese Praxis stütze sich auf die Vorschrift des §. 351 Abs. 2 der Str.Pr.O., wonach das Beschwerdegericht, wenn es die Beschwerde für begründet erachtet, zugleich die in der Sache erforderliche Entscheidung zu erlassen hat. Eine besondere Entscheidung über die Zulassung des Antrags werde aber durch §. 409 nicht erfordert. Vielmehr sei nach dieser Vorschrift, wenn der Antrag für zulässig befunden werde, in die Beweisaufnahme einzutreten und nach dem Ergebnisse derselben gemäß §. 410 über die Anordnung der Wiederaufnahme zu beschließen.

Eine einheitliche Regelung der Frage sei dringend erwünscht. Dabei könne es keinem Zweifel unterliegen, daß eine Regelung im Sinne der zuerst erwähnten Praxis den Vorzug verdiene. Zunächst empfehle es sich, daß über die Zulassung des Antrags auf Wiederaufnahme immer ein besonderer Beschluß zu

---

[1]) In dem zum Vorbilde dienenden Beschlusse zu §. 196 flg., ist vorgesehen, daß das Erscheinen der Prozeßbeteiligten nicht notwendig ist.

erlassen sei, damit die verschiedenen Abschnitte des Wiederaufnahmeverfahrens klar auseinander gehalten würden und insbesondere dem Staatsanwalte nicht die sofortige Beschwerde gegen den die Zulässigkeit des Antrags aussprechenden Beschluß verschränkt werde. Ferner könne die Beschwerdeinstanz nicht als das zur Beweiserhebung geeignete Organ angesehen werden. Endlich werde, wenn das Beschwerdegericht nach der Beweisaufnahme selbst über die Anordnung der Wiederaufnahme entscheide, den Prozeßbeteiligten das gegen den aus §. 410 ergehenden Beschluß zulässige Rechtsmittel der sofortigen Beschwerde abgeschnitten (zu vergl. §. 352 der Str.Pr.O.).

Zu Gunsten des Unterantrags wurde geltend gemacht:

Es sei erwünscht, in dem Falle, daß ein Antrag auf Wiederaufnahme des Verfahrens von dem Gericht erster Instanz mit Unrecht als unzulässig verworfen worden ist, das Beschwerdegericht zu ermächtigen, die Sache anstatt an das Gericht erster Instanz, nach seinem Ermessen auch an ein anderes Gericht oder an eine andere Strafkammer desselben Gerichts zurückzuverweisen. Es sei nicht unbedenklich und könne die berechtigten Interessen unschuldig Verurteilter gefährden, daß dasselbe Gericht, welches in dem früheren Verfahren erkannt habe, auch im Wiederaufnahmeverfahren sowohl über die Zulässigkeit des Antrags als über dessen Begründetheit und endlich auch in der erneuerten Hauptverhandlung in der Sache zu entscheiden habe. Zwar sei dieses Gericht voraussichtlich am besten über den Sachverhalt unterrichtet und könne insbesondere die Neuheit und Erheblichkeit beigebrachter Tatsachen und Beweismittel am sichersten beurteilen, wenngleich auch dieser Vorteil bei dem häufigen Wechsel in der Zusammensetzung der Gerichte leicht verloren gehe. Andererseits könne nicht erwartet werden, daß das Gericht, welches das frühere Urteil erlassen habe, immer mit voller Unbefangenheit an die Anträge auf Wiederaufnahme herantrete. In neueren Gesetzen des Auslandes[1]) sei man aus diesem Grunde so weit gegangen, das Wiederaufnahmeverfahren stets vor anderen als den früheren Spruchrichtern stattfinden zu lassen. Im Rahmen des deutschen Gesetzes, das grundsätzlich auf entgegengesetztem Standpunkte stehe, empfehle es sich, wenigstens in dem in Rede stehenden Falle dem Beschwerdegerichte die Möglichkeit zu geben, an ein anderes als das frühere Gericht zurückzuverweisen. Zu Gunsten einer solchen Vorschrift sprächen auch die guten Erfahrungen, die man in der Revisionsinstanz bei Anwendung der ähnlichen Vorschrift im §. 394 Abs. 2 der Str.Pr.O. gemacht habe.

Der Antrag wurde mit dem dazu gestellten Unterantrag einstimmig angenommen.

X. Endlich wurde auch der Antrag,

dem §. 412 nachstehenden Abs. 2 hinzuzufügen:

Von dem Angeklagten und den im §. 401 Abs. 2[2]) bezeichneten Personen kann die Beschwerde nur mittels einer von dem Verteidiger

---

[1]) Zu vergl. das Gesetz vom 26. Mai 1897 für Genf.

[2]) Der §. 401 Abs. 2 lautet:

Im Falle des Todes sind der Ehegatte, die Verwandten auf- und absteigender Linie sowie die Geschwister des Verstorbenen zu dem Antrage befugt.

oder einem Rechtsanwalt unterzeichneten Schrift oder zu Protokoll des Gerichtsschreibers angebracht werden.

einstimmig angenommen.

Zur Begründung des Antrags war auf die Vorschrift im §. 406 Abs. 2 der Str.Pr.O. [1]) Bezug genommen worden, die sich bewährt habe. In der Praxis [2]) sei angenommen worden, daß diese Vorschrift auch auf die Anbringung von Beschwerden im Wiederaufnahmeverfahren dann Anwendung finde, wenn in der Beschwerde neue Tatsachen und Beweismittel vorgebracht werden. Es empfehle sich aber, die Vorschrift auf alle Beschwerden im Wiederaufnahmeverfahren auszudehnen, um die Anbringung ungeeigneter und ungenügend begründeter Beschwerden, die zur Zeit sehr häufig sei, tunlichst zu verhindern.

XI. Ein zu §. 410 der Str.Pr.O. vorliegender Antrag wurde im Laufe der Beratung wieder zurückgezogen. Derselbe ging dahin, dem §. 410 folgende Fassung zu geben:

Das Gericht verordnet die Wiederaufnahme des Verfahrens und die Erneuerung der Hauptverhandlung.

1. wenn die Wiederaufnahmegründe des §. 399 Nr. 3, 4 oder des §. 402 Nr. 3, 4 vorliegen;
2. wenn die Wiederaufnahmegründe des §. 399 Nr. 1, 2 oder des §. 402 Nr. 1, 2 vorliegen und nach Lage der Sache anzunehmen ist, daß die in diesen Bestimmungen bezeichnete Handlung auf die Entscheidung Einfluß gehabt hat;
3. wenn im Falle des §. 399 Nr. 5 auf Grund der neuen Tatsachen oder Beweise anzunehmen ist, daß der Verurteilte der ihm zur Last gelegten Tat nicht schuldig ist, oder daß ein Umstand, durch welchen die Anwendung eines schwereren Strafgesetzes begründet ist, in Wegfall kommt.

Andernfalls wird der Antrag auf Wiederaufnahme des Verfahrens ohne mündliche Verhandlung als unbegründet verworfen. In gleicher Weise wird im Falle der Nr. 3 des vorigen Absatzes der Antrag verworfen, wenn zwar ein die Anwendung eines schwereren Strafgesetzes begründender Umstand für in Wegfall kommend anzunehmen ist, jedoch ungeachtet der Anwendung eines anderen Strafgesetzes die erkannte Strafe zulässig und angemessen erscheint.

---

[1]) Der §. 406 Abs. 2 lautet:

Von dem Angeklagten und den im §. 401 Abs. 2 bezeichneten Personen kann der Antrag nur mittels einer von dem Verteidiger oder einem Rechtsanwalt unterzeichneten Schrift oder zu Protokoll des Gerichtsschreibers angebracht werden.

[2]) Zu vergl. Beschluß des Oberlandesgerichts Celle vom 2. Juni 1896 in Goltdammers Archiv Bd. 44 S. 68.

34. Sitzung.

20. Januar 1904.

Privatklage.

Die Kommission ging zur Beratung der Vorschriften über die Privatklage über.

I. Das geltende Recht (§. 414 der Str.Pr.O.) kennt lediglich die prinzipale Privatklage und läßt diese — abgesehen von dem Gesetz über den unlauteren Wettbewerb vom 27. Mai 1896 §. 12 Abs. 3 — ausschließlich bei Beleidigungen und Körperverletzungen, soweit die Verfolgung nur auf Antrag eintritt, zu. Der Entwurf von 1895 wollte die Privatklage ausdehnen auf die Vergehen des einfachen Hausfriedensbruchs (§. 123 Abs. 1 des St.G.B.), der gefährlichen Körperverletzung (§. 223a), der Bedrohung (§. 241), des strafbaren Eigennutzes (§. 289) und der einfachen Sachbeschädigung (§. 303.) Die Reichstagskommission von 1896 lehnte die Vorschläge des Entwurfs ab, beantragte aber, für die bezeichneten Vergehen sowie für den qualifizierten Hausfriedensbruch (§. 123 Abs. 3) die subsidiäre Privatklage einzuführen (zu vergl. Reichstagsdrucks. 1895/96 Nr. 294 S. 76 flg.). Das Plenum des Reichstags nahm bei der zweiten Beratung die Anträge der Kommission an. Auch die Kommission von 1899 billigte diesen Standpunkt (Reichstagsdrucks. 1898/99 Nr. 203 S. 22 flg.). Die Reichstagskommission von 1900 hat jedoch jede Änderung des geltenden Rechtes abgelehnt (Reichstagsdrucks. 1900/01 Nr. 220 S. 24 flg.).

Im Anschluß an diese Vorgänge sind der Kommission unter N des Fragebogens die heute zur Beratung gestellten Fragen vorgelegt:

I. Soll für den Fall, daß im allgemeinen an dem Legalitätsprinzipe festgehalten wird, die prinzipale Privatklage nach dem Vorgange des Entwurfs von 1895 auf einzelne Straftaten, welche für die öffentliche Ordnung von geringer Bedeutung sind, — unter entsprechender Einschränkung des Legalitätsprinzips — ausgedehnt oder

II. die subsidiäre Privatklage für solche Fälle zugelassen werden?

(Str.Pr.O. §§. 152, 414 bis 434.)

Die Kommission hat bereits in ihrer 19. Sitzung (Protokolle S. 135 flg.) bei der Beratung über die öffentliche Klage (H des Fragebogens) eine weitere Einschränkung des Legalitätsprinzips beschlossen, aber die subsidiäre Privatklage abgelehnt. Damit ist für die erste Lesung die Frage II erledigt und die Beratung nur noch auf die Frage I zu richten, ob die prinzipale Privatklage auszudehnen ist.

Hierüber fand zunächst eine Generaldebatte statt, welche dazu führte, daß die Frage I bei Anwesenheit von 20 Mitgliedern mit 17 gegen 3 Stimmen bejaht wurde. Für diesen Beschluß waren folgende Erwägungen maßgebend:

1. Die von der Kommission bereits befürwortete Einschränkung des Legalitätsprinzips lasse sich ohne eine entsprechende Erweiterung der Privatklage nicht wohl durchführen. Die Beschränkung des Legalitätsprinzips solle zwar übermäßigen Strafverfolgungen vorbeugen. Daraus folge aber nicht, daß in denjenigen Fällen, in denen von der öffentlichen Klage abgesehen werde, dem Verletzten die Möglichkeit abzuschneiden sei, das Strafgesetz zur Geltung zu bringen. Vielmehr bilde die Privatklage das notwendige Korrelat zu der Befugnis der Staatsanwaltschaft, die Verfolgung zu unterlassen, wenn nach ihrem Ermessen ein öffentliches Interesse nicht vorliege. In diesem Ermessen werde die Staatsanwaltschaft in unzweckmäßiger Weise beengt, wenn die Ablehnung der öffentlichen Klage die Strafverfolgung überhaupt ausschließe, und andererseits erfordere es die Gerechtigkeit, daß der Verletzte in die Lage gesetzt werde, seinerseits den Täter zur Verantwortung zu ziehen, soweit die amtliche Verfolgung von Voraussetzungen abhängig gemacht werde, bei denen das Interesse des Verletzten an der Bestrafung des Täters zurücktrete.

Nun sei allerdings nicht zu verkennen, daß, wie gegen die Einrichtung der Privatklage überhaupt, so auch gegen ihre prinzipale Form gewichtige Bedenken geltend gemacht werden könnten. Sie erleichtere die Verfolgung aus Rachsucht oder anderen unlauteren Beweggründen. Die einmal erhobene Klage suche der Privatkläger in der Regel mit allen ihm zu Gebote stehenden Mitteln durchzuführen, zumal er an dem Ausgang auch ein pekuniäres Interesse habe. Andererseits bringe die Privatklage für den Verletzten eine große Belästigung mit sich, indem sie ihm das Odium der Strafverfolgung auflade und von ihm erhebliche Zeit- und Geldopfer verlange. Vom sozialpolitischen Standpunkt aus erscheine es nicht unbedenklich, den Verletzten auf einen Weg zu verweisen, der den ärmeren Volksklassen infolge der damit verbundenen Kosten schwerer zugänglich sei. Ferner werde die Überführung des Täters dadurch erschwert, daß der Verletzte; wenn er die Privatklage erheben müsse, als Zeuge nicht vernommen werden dürfe und daß ihm die Organe, welche die Staatsanwaltschaft bei Anstellung der erforderlichen Vorermittelungen unterstützen, nicht in gleicher Weise zur Verfügung stünden. Ebenso sei der Angeklagte bei einer Verurteilung im Privatklageverfahren schlechter gestellt als bei einer solchen im ordentlichen Verfahren, da ihn eine größere Kostenlast treffe, insbesondere wenn beide Parteien durch Anwälte vertreten seien; diese Kosten seien unter Umständen, zumal wenn noch Reisekosten der Anwälte hinzukämen, so bedeutend, daß sie zu einer völligen Verarmung des Angeklagten führen könnten. Allein diesen zum größten Teile schon bei Erörterung des Fragebogens zu H vorgebrachten Bedenken könne, so beachtenswert sie an sich seien, doch gegen eine Ausdehnung der bereits bestehenden Privatklage, wenn sie sich in mäßigen Grenzen halte, eine Bedeutung nicht beigemessen werden. Manche der bezeichneten Mängel ließen sich übrigens durch eine zweckmäßige Änderung des Verfahrens beseitigen oder wenigstens mildern. Vor allem werde auch eine Ermäßigung der Kosten des Verfahrens zu erwägen sein, wenngleich nicht verkannt werden dürfe, daß die Höhe der

Kosten mitunter insofern einen wohltätigen Einfluß ausübe, als sie von mutwilliger Prozeßführung abhalte; Vorschläge nach dieser Richtung zu machen, gehöre aber zur Zeit nicht zu den Aufgaben der Kommission.

Wenn ferner befürchtet werde, daß bei einer Ausdehnung der Privatklage die in Betracht kommenden Delikte in der Regel unverfolgt bleiben und daß deshalb die Strafandrohungen ihre vorbeugende Wirkung verlieren würden, so könne diese Besorgnis als begründet nicht anerkannt werden. Im Gegenteil ergebe die mit der bestehenden Privatklage gemachte Erfahrung, daß davon eher ein zu häufiger Gebrauch gemacht werde. Daß der Schutz gegen Beleidigungen und Körperverletzungen deshalb nicht ausreiche, weil sie mit der Privatklage zu verfolgen sind, sei durchaus nicht zu beobachten. Wenn dieser Schutz zuweilen als ein mangelhafter empfunden werde, so beruhe dies vor allem auf der geringen Höhe der wegen Beleidigung erkannten Strafen, die dem Verletzten keine ausreichende Genugtuung gewähren. Insoweit müsse eine Abhilfe auf dem Gebiete des materiellen Strafrechts gefunden werden. Daneben kämen auch die hohen Kosten des Privatklageverfahrens in Betracht; oft würden von den Gerichten die Geldstrafen nur deswegen so niedrig bemessen, weil den Verurteilten schon in der Tragung der Kosten ein schweres Übel treffe.

Endlich dürfe nicht eingewendet werden, daß die Privatklage nur eine Fortsetzung der alten actio injuriarum und deshalb auf wörtliche und tätliche Beleidigung zu beschränken sei. Es gebe auch andere Delikte, welche sich vorwiegend als eine injuria, ein Eingriff in die Privatrechtssphäre des Einzelnen darstellen, so daß an ihrer Verfolgung in der Regel ein öffentliches Interesse nicht bestehe.

2. Wenn somit eine Erweiterung der Privatklage angezeigt erscheine, so könne es sich doch noch fragen, ob sie nach dem Vorgange des Entwurfs von 1895 auf einzelne Straftaten erstreckt werden solle oder ob eine Abgrenzung nach allgemeinen Gesichtspunkten möglich sei.

Der 19. Juristentag (1888, Verhandlungen Bd. 3 S. 273 flg., 299) habe sich dahin ausgesprochen, daß eine spezielle Bezeichnung einzelner Delikte, auf welche die Privatklage auszudehnen sei, sich nicht empfehle, daß vielmehr die Frage, welche Ausdehnung dem Privatklageverfahren bei einer Reform des Strafprozesses zu geben sei, eine prinzipielle Lösung erheische. In welcher Weise diese Lösung erfolgen solle, sei indessen auf dem Juristentage nicht angegeben worden, und es lasse sich in der Tat kein allgemeines Prinzip finden.

Die grundsätzliche Zulassung der prinzipalen Privatklage bei allen Delikten gegen die Privatperson könne unmöglich empfohlen werden und sei noch nirgends in der Gesetzgebung versucht worden. Die Oesterreichische Strafprozeßordnung vom 23. Mai 1873 (§§. 2, 48) gewähre zwar eine allgemeine Privatklage, aber nur in subsidiärer Form. Das englische Recht komme nicht in Betracht, weil es auf dem Grundsatze der Popularklage beruhe.

Auch die Antragsqualität der Delikte bilde keine geeignete Grundlage für die Zulassung der Privatklage, weil bei der Abgrenzung der Antragsdelikte andere Gesichtspunkte maßgebend seien als bei der Zulassung der Privatklage. Einmal werde mit den Antragsdelikten der Kreis derjenigen Straftaten, welche sich für die Privatklage eignen, durchaus nicht erschöpft. Andererseits gebe es Delikte, deren Verfolgung, obwohl sie an sich im öffentlichen Interesse liege, nur deshalb von dem Antrage des Verletzten abhängig gemacht sei, weil der Verletzte ein berechtigtes Interesse an dem Unterbleiben der Verfolgung haben könne und dieses Interesse für überwiegend erachtet werde. In solchen Fällen würde es in keiner Weise zu rechtfertigen sein, wenn der Staat den Verletzten, sofern er durch Stellung des Strafantrags auf die ihm vom Gesetzgeber zugebilligte Rücksichtnahme verzichte, auf die Privatklage verweisen wollte. So sei es z. B. durchaus geboten, daß die Verfolgung von Sittlichkeitsdelikten, auch soweit sie nur auf Antrag erfolgen dürfe, von dem Staate betrieben werde. Für ein Privatklageverfahren sei hier kein Raum, ganz abgesehen davon, daß einzelne der in Betracht kommenden Delikte, wie dasjenige gegen §. 179 des St.G.B., Verbrechen seien, und sich schon aus diesem Grunde für die Privatklage nicht eigneten. Auch bei den nur auf Antrag verfolgbaren feindlichen Handlungen gegen befreundete Staaten (§§. 102, 103 des St.G.B.) erscheine es von vornherein ausgeschlossen, daß die auswärtige Regierung auf den Weg der Privatklage verwiesen werde.

Ebensowenig wie die Antragsqualität bilde die Schwere der Delikte ein brauchbares Kriterium für die Abgrenzung der Privatklage. Gerade bei den leichtesten Delikten, den Übertretungen, liege mit wenigen Ausnahmen eine regelmäßige Verfolgung im Interesse des Staates, wie bereits bei den früheren Erörterungen (Protokolle S. 139) mit Recht hervorgehoben sei.

Es bleibe demnach nichts anderes übrig, als nach dem Vorgange des Entwurfs von 1895 für einzelne Delikte zu prüfen, ob ihre Verfolgung mit Rücksicht auf die Interessen, welche durch das Strafgesetz geschützt werden sollten, unbedingt geboten sei oder, soweit nicht im einzelnen Falle durch die Verletzung des Gesetzes die Allgemeinheit berührt wird, dem Verletzten überlassen werden könne.

II. Demgemäß wandte sich die Kommission nunmehr zu der Frage, für welche einzelnen Delikte die prinzipale Privatklage unter entsprechender Ausdehnung des Opportunitätsprinzips einzuführen sei.

1. Der Antrag, die Privatklage auszudehnen auf
   a) den einfachen Hausfriedensbruch (§. 123 Abs. 1 des St.G.B.);
   b) den qualifizierten (von einer mit Waffen versehenen Person oder von mehreren gemeinschaftlich begangenen) Hausfriedensbruch (§. 123 Abs. 3 des St.G.B.),

wurde zu a mit 17 gegen 3 Stimmen, zu b mit 15 gegen 5 Stimmen angenommen.

Die Kommission erwog:

Der Staat habe zwar ein Interesse daran, daß der Frieden des Hauses geschützt werde und sei deshalb genötigt, den Hausfriedensbruch mit Strafe zu bedrohen. In zahlreichen Fällen liege aber ein öffentliches Interesse an der Verfolgung des Täters nicht vor. Die Fassung des Strafgesetzbuchs habe zur Folge, daß die Merkmale dieses Delikts auch in Fällen gegeben seien, die so leicht lägen, daß die Rechtsordnung als solche kaum davon berührt werde.

Zudem treffe der Hausfriedensbruch oft mit Beleidigungen zusammen, wenn infolge einer Streitigkeit die eine Partei die andere aus der Wohnung verweise.

Eher könne der Vorschlag hinsichtlich des qualifizierten Hausfriedensbruchs auf Bedenken stoßen, zumal das Gesetz ihn als so gefährlich ansehe, daß die Mindeststrafe auf eine Woche Gefängnis bemessen worden sei. Allein die Höhe der Mindeststrafe werde allgemein als ein Übelstand empfunden, da die Umstände, von denen die Anwendung des Abs. 3 abhänge, keineswegs immer als eine erhebliche Erschwerung des Delikts angesehen werden könnten, z. B. wenn der Gläubiger mit einem Zeugen den Schuldner behufs Mahnung aufsuche und vergeblich hinausgewiesen werde oder wenn der Täter mit einem Gegenstande versehen sei, der trotz seiner geringen Gefährlichkeit nach der Rechtsprechung unter den Begriff der Waffe falle. Sollte der qualifizierte Hausfriedensbruch im einzelnen Falle einen bedrohlichen Charakter annehmen, z. B. von einer größeren Menschenmenge oder in aufgeregten Zeiten verübt sein, so werde die Staatsanwaltschaft sicherlich nicht unterlassen, pflichtmäßig die öffentliche Klage zu erheben. Nicht minder werde die öffentliche Klage am Platze sein, wenn es sich um ein widerrechtliches Eindringen in Räume handelt, welche zum öffentlichen Dienste bestimmt sind.

2. Sodann war beantragt,

> für das Vergehen der vorsätzlichen leichten und der fahrlässigen Körperverletzung (§§. 223, 230 des St.G.B.) auch in den Fällen, in welchen die Strafverfolgung nicht vom Antrag abhängt (§. 232), die Privatklage einzuführen.

Zu Gunsten des Antrags wurde ausgeführt:

Das geltende Recht (§. 414 der Str.Pr.O.) gestatte die Privatklage bei Körperverletzungen nur, soweit sie Antragsdelikte seien. Gemäß §§. 152, 416 der Str.Pr.O. müsse deshalb wegen fahrlässiger Körperverletzungen, welche mit Übertretung einer Amts-, Berufs- oder Erwerbspflicht begangen und somit nach §. 232 des St.G.B. ohne Antrag zu verfolgen sind, stets die öffentliche Klage erhoben werden. Die Verletzung einer solchen Pflicht liege aber häufig auch in geringfügigen Fällen vor, und es sei deshalb nicht gerechtfertigt, lediglich aus diesem Grunde die Zulässigkeit der Privatklage auszuschließen. So sei nicht einzusehen, weshalb der Kutscher, welcher durch geringe Fahrlässigkeit einen Passanten leicht beschädige, stets im Wege der öffentlichen Klage verfolgt werden müsse, während ein gleicher Fall, wenn der Besitzer selbst das Fuhrwerk geleitet habe, zur Privatklage verwiesen werde. Überdies liege die Sache bei einer Verletzung einer Amts- oder Berufspflicht nicht wesentlich anders, als bei Verletzung der Elternpflicht; auch bei einer fahrlässigen Körperverletzung unter Verletzung der Elternpflicht sei die Privatklage nicht ausgeschlossen.

Es wurde entgegnet: Eine grundsätzliche Verfolgung der fraglichen Delikte ohne Rücksicht auf die Schwere des einzelnen Falles liege im Interesse der Allgemeinheit, weil sie vielfach die Sicherheit des öffentlichen Verkehrs gefährdeten. Häufig handle es sich um die Verletzung von Unfallverhütungsvorschriften, deren amtliche Verfolgung vom Standpunkte der öffentlichen Sicherheit geboten sei.

Vor der Abstimmung wurde von einer Seite bemerkt, daß der Antrag, soweit er sich auf die vorsätzliche Körperverletzung erstrecke, gegenstandslos sei, weil diese begrifflich unter den §. 232 Abs. 1 des St.G.B. nicht subsumiert werden könne. Von anderer Seite wurde erwidert, daß jedenfalls der Wortlaut des Gesetzes dieser Annahme entgegenstehe.

Hierauf wurde der Antrag, soweit er sich auf §. 223 des St.G.B. bezieht, mit 12 gegen 7 Stimmen angenommen, soweit er den §. 230 des St.G.B. trifft, mit 11 gegen 8 Stimmen abgelehnt.

3. Ferner lag der Antrag vor,

die Privatklage auf die Körperverletzung in den Fällen des §. 223 a des St.G.B. auszudehnen.

Zur Begründung wurde geltend gemacht:

Für eine Erweiterung der Privatklage im Sinne des Antrags bestehe ein ganz besonderes Bedürfnis. Infolge der Ausdehnung, welche die Begriffe der Gemeinschaftlichkeit und des gefährlichen Werkzeugs in der Rechtsprechung gefunden hätten, fielen unter den §. 223 a zahlreiche Fälle leichter Art, welche für die öffentliche Ordnung von erheblicher Bedeutung seien und sich deshalb ebenso wie die Vergehen gegen den §. 223 für die Privatklage eigneten. Nach dem früheren Landesrechte habe in den meisten Bundesstaaten die Privatklage für alle leichten Körperverletzungen bestanden und hierzu hätten vom Inkrafttreten des Strafgesetzbuchs bis zur Novelle vom 26. Februar 1876 die Fälle des erst durch die Novelle aus dem §. 223 ausgeschiedenen §. 223a gehört; besondere Mißstände hätten sich aber damals nicht ergeben. Man dürfe zu der Staatsanwaltschaft das Vertrauen haben, daß sie, wenn die Tat die öffentliche Ordnung gefährde, auch künftig die Verfolgung übernehmen werde. Andererseits werde die Entlastung der Staatsanwaltschaft von den weit überwiegenden leichten Fällen und die Geschäftserleichterung, welche den Gerichten aus der Einschränkung der Verfolgungen durch die Privatklage erwachse, nur von Vorteil sein. Auch für den Verletzten sei es unter Umständen von Wert, wenn er sich statt der Bestrafung im Wege des Vergleichs eine seinen Interessen mehr entsprechende Entschädigung von dem Täter verschaffen könne. Allerdings ergebe sich ein Bedenken daraus, daß die Polizei- und Sicherheitsbehörden von den im Wege der Privatklage verfolgbaren Straftaten der Staatsanwaltschaft keine Mitteilung zu machen pflegen; dadurch könnte die Staatsanwaltschaft verhindert werden, in geeigneten Fällen einzuschreiten, weil sie von der Tat überhaupt nicht oder erst so spät Kenntnis erhalte, daß eine Ermittelung des Täters nicht mehr möglich sei. Diese Praxis werde sich indessen durch entsprechende Instruktionen beseitigen lassen.

Gegen den Antrag wurde ausgeführt:

Daß sich aus der gegenwärtigen Rechtslage Unzuträglichkeiten insofern ergeben hätten, als vielfach geringfügige Körperverletzungen, weil sie den Tatbestand des §. 223 a erfüllen, im Wege der öffentlichen Klage verfolgt werden müßten, sei nicht zu bestreiten; dem lasse sich jedoch besser durch eine Änderung des materiellen Strafrechts abhelfen. Vor einer solchen Änderung sei es höchst bedenklich, durch eine Ausdehnung der Privatklage einzugreifen. Daß im allgemeinen die Vergehen gegen §. 223 a sich dazu eignen, könne nicht anerkannt werden. Insbesondere bekunde der Täter durch die Benutzung eines Messers oder eines anderen gefährlichen Werkzeugs fast stets eine in ihren Folgen nicht zu übersehende Roheit, welche im Interesse der öffentlichen Sicherheit das Einschreiten der Staatsanwaltschaft erfordere. Daß die Staatsanwaltschaft diesem Gesichtspunkt überall genügend Rechnung tragen werde, wenn für die fraglichen Vergehen einmal die Privatklage zugelassen worden, sei nicht zu erwarten. Sie werde aber auch, wie bereits bei der Begründung des Antrags zugegeben sei, hierzu garnicht in der Lage sein, weil sie oft nicht rechtzeitig Kenntnis von der Sache erhalten würde. Auf eine ausreichende Mitwirkung der Polizeibehörden könne, auch wenn sie entsprechend instruiert werden sollten, nicht gerechnet werden, und der Verletzte selbst werde oft die Anzeige unterlassen, weil er ein persönliches Interesse an der Vertuschung der Sache habe oder die Rache des Täters fürchte. Ein sofortiges Einschreiten der Behörden sei aber hier von großer Wichtigkeit, um die Feststellung des Täters zu sichern, zumal sich häufig erst später Folgen der Körperverletzung zeigen, welche den Tatbestand eines Verbrechens gegen §. 224 oder §. 226 des St.G.B. erfüllen. Schreite die Staatsanwaltschaft nicht ein, so werde es dem Verletzten oft unmöglich sein, überhaupt eine Genugtuung zu erlangen, da er sich durch eine Durchführung der Privatklage weit mehr der Rachsucht des Täters aussetze als durch die bloße Strafanzeige. Im übrigen könne es vom sozialpolitischen Standpunkt aus keineswegs als erwünscht bezeichnet werden, wenn infolge der Einführung der Privatklage der wohlhabende Täter in der Lage wäre, sich durch eine Abfindung des Verletzten der Strafverfolgung zu entziehen, während der Arme die Strafe auf sich nehmen müßte. Das Paktieren um die Entschädigung würde nur demoralisierend wirken.

Von dritter Seite wurde angeregt, durch Ausscheidung derjenigen Fälle, in denen in der Regel ein öffentliches Interesse an der Verfolgung bestehe, einen Mittelweg zu wählen, welcher dem beiderseitigen Standpunkte möglichst Rechnung trage. Zu diesem Zwecke wurde vorgeschlagen, dem obigen Antrage hinzuzufügen:

> ausgenommen die Fälle, in welchen der Gebrauch einer Stoß-, Hieb- oder Schußwaffe oder eine das Leben gefährdende Behandlung in Frage steht.

Diesem Vorschlage wurde entgegengehalten, daß er zu einer bedenklichen Kasuistik führe, indem er für das Verfahren eine Unterscheidung einführe, welche dem materiellen Rechte fremd sei.

Bei der Abstimmung wurde zunächst mit 13 gegen 6 Stimmen beschlossen, dem Hauptantrage für den Fall der Annahme den vorgeschlagenen Zusatz beizufügen; sodann wurde der Hauptantrag nebst dem Zusatze mit 10 gegen 9 Stimmen angenommen.

35. Sitzung.

21. Januar 1904.

Privatklage.

I. Der Antrag,

die Privatklage auf das Vergehen der Bedrohung (§. 241 des St.G.B.) auszudehnen,

wurde mit 14 gegen 2 Stimmen angenommen.

Die Kommission erwog: Allerdings enthalte die Bedrohung unter Umständen eine ernste Gefährdung des Rechtsfriedens, welche eine Strafverfolgung im Interesse der öffentlichen Sicherheit erfordere. In der Regel trage aber das Vergehen einen ziemlich harmlosen Charakter, der dem einer Beleidigung sehr nahe komme, und es könne deshalb unbedenklich ebenso wie die Beleidigung, mit der es überdies häufig zusammentreffe, zur Privatklage verwiesen werden.

II. Der Antrag,

das Vergehen des strafbaren Eigennutzes im Falle des §. 289 des St.G.B. der Privatklage zu unterstellen,

wurde mit 13 gegen 8 Stimmen abgelehnt.

Zu Gunsten des Antrags war geltend gemacht: Das Delikt habe für die Allgemeinheit eine geringe Bedeutung und darin liege hier der Grund für das Erfordernis des Strafantrags. Die Einschränkung der Verfolgungen wegen dieses Vergehens sei wünschenswert, weil die Zuwiderhandlungen gegen den §. 289, zumal wenn es sich nur um die Verletzung eines Zurückbehaltungsrechts handle, häufig so geartet seien, daß die Bestrafung als eine Härte erscheine. Die fraglichen Vergehen seien auch deshalb für die Privatklage besonders geeignet, weil meistens der Sachverhalt klar liege und daher vom Privatkläger leicht nachgewiesen werden könne.

Seitens der Mehrheit wurde dagegen ausgeführt: Der Hauptfall des §. 289 sei der einer Verletzung des dem Vermieter an den eingebrachten Sachen des Mieters zustehenden Pfandrechts. Die Bestrafung dieses Vergehens habe eine erhebliche sozialpolitische Bedeutung. Nur die Furcht vor der Strafe könne verhüten, daß das sogenannte Rücken überhandnehme. Die Vermieter würden deshalb genötigt sein, die Privatklage auf gemeinschaftliche Kosten mit Hilfe von Verbänden grundsätzlich durchzuführen, oder sie müßten sich ihre Forderungen auf anderem Wege, durch Erhöhung und Vorauszahlung des Mietzinses, sichern und hierdurch würden auch die redlichen Mieter in Mitleidenschaft gezogen.

Die mit der Ausübung des Retentionsrechts früher verbunden gewesenen Härten seien in Preußen bereits durch Gesetz vom 12. Juni 1894, im Reiche durch die §§. 559 flg. des Bürgerlichen Gesetzbuchs wesentlich gemildert worden. Gegenüber diesen Bedenken könne die vorgeschlagene Maßnahme um so weniger befürwortet werden, als ihr mit Rücksicht darauf, daß die Zahl der Bestrafungen wegen des fraglichen Vergehens schon heute eine verhältnismäßig geringe sei, eine große praktische Bedeutung für die Geschäftslast der Gerichte überhaupt nicht beiwohne.

Einige Mitglieder erhoben gegen den Antrag auch deswegen Widerspruch, weil sie grundsätzlich die Vermögensdelikte von der Privatklage ausnehmen wollten; sonst würde man schließlich dahin kommen, auch den Diebstahl, der gleichfalls oft nur eine geringe Verletzung der öffentlichen Ordnung enthalte, einzubeziehen, und dies ließe sich mit dem Rechtsgefühle des Volkes, das den Diebstahl unter allen Umständen als eine schimpfliche Handlung ansehe, nicht vereinigen.

III. Zur Begründung des Antrags,
die Privatklage auf das Jagdvergehen im Falle des §. 292 des St.G.B. auszudehnen,

wurde ausgeführt: Der Begriff des einfachen Jagdvergehens umfasse zahlreiche für die Allgemeinheit bedeutungslose Fälle, deren amtliche Verfolgung nicht angezeigt sei, sondern besser dem Verletzten im Wege der Privatklage überlassen werde. So sei z. B. die Gesamtheit an der Bestrafung in keiner Weise interessiert, wenn einmal der Jäger im Eifer der Jagd über die Grenzen des Jagdgebiets das Wild verfolge oder wenn der Bauer zur Tötung des Wildes nur schreite, um Wildschaden von seinem Felde abzuwenden, ohne daß er beabsichtige, sich das erlegte Wild anzueignen und zu seinem Vorteile zu verwenden. Der Schutz des Jagdrechts werde übertrieben, wenn derartige Fälle im Wege der öffentlichen Klage zur Bestrafung gebracht werden müßten. Eine das Einschreiten der Staatsanwaltschaft unbedingt erfordernde gemeine Gefahr liege in dem Treiben der Wilddiebe; deren Tätigkeit falle aber regelmäßig unter den §. 294 des St.G.B. und werde daher durch den Antrag nicht berührt.

Gegen den Vorschlag wurde geltend gemacht: Es müsse unbedingt daran festgehalten werden, daß der Schutz des Jagdrechts durch amtliche Verfolgung einer jeden Verletzung streng durchgeführt werde. Hierbei handle es sich nicht allein um die Interessen der Jagdliebhaber. Vielmehr habe die Jagd gegenwärtig auch eine große volkswirtschaftliche Bedeutung. Viele Gemeinden seien für die Befriedigung ihrer finanziellen Bedürfnisse wesentlich auf die Erträge der Jagdverpachtung angewiesen; der Pachtzins würde aber erheblich heruntergehen, wenn der Schutz des Wildstandes durch Einführung der Privatklage verringert würde. Auch sei zu befürchten, daß die Jagdberechtigten sich zur Selbsthilfe hinreißen lassen könnten, wenn ihnen das Gesetz nicht gegen Verletzungen ihres Rechtes einen genügenden Schutz gewähre. Die Wilddiebe dürften keineswegs bei der Beurteilung der vorliegenden Frage außer Betracht bleiben. Denn eine Verfolgung aus §. 294 des St.G.B. scheitere meistens an der Schwierigkeit des Nachweises der Gewerbsmäßigkeit; die Staatsanwaltschaft werde, wenn der §. 292 der Privatklage unterstellt sei, zu einem Einschreiten wegen Jagdvergehens vielfach nicht geneigt sein, solange nicht wiederholte Vorbestrafungen einen genügenden Anhalt für die Annahme der Gewerbsmäßigkeit ergeben haben. Gerade der Wilddieb sei aber vor einer Verfolgung im Wege der Privatklage ziemlich sicher, weil seine Überführung ohne sofortige Verhaftung oder Haussuchung selten gelinge und diese Mittel dem Privatkläger nicht zur Verfügung stünden, er überdies die Rache zu fürchten habe.

Die Kommission lehnte den Antrag mit 19 gegen 2 Stimmen ab. Darauf wurde der weitere Antrag,

> die Privatklage auf die Übertretung des §. 370 Nr. 4 des St.G.B. (unberechtigtes Fischen und Krebsen) zu erstrecken,

zurückgezogen.

IV. Der Antrag,

> das Vergehen der Sachbeschädigung (§. 303 des St.G.B.) der Privatklage zu unterstellen,

wurde mit 15 gegen 6 Stimmen angenommen.

Die Mehrheit war der Ansicht, daß die Allgemeinheit an der Verfolgung der Sachbeschädigung in den Fällen des §. 303 in der Regel kein Interesse habe und daß dieses Vergehen um so eher zur Privatklage verwiesen werden könne, als ihr Beleidigungen und Körperverletzungen bereits unterstehen und die Unversehrtheit einer Sache nicht einen größeren Schutz als die der Ehre und des Körpers einer Person verdiene.

Seitens der Minderheit wurden Bedenken daraus hergeleitet, daß die Feststellung des Täters für den Privatkläger oft mit Schwierigkeiten verbunden sein würde. Ferner komme in Betracht, daß gerade dieses Delikt besonders häufig von Personen verübt werde, die wegen Armut dem Privatkläger die Kosten des Verfahrens nicht ersetzen könnten und denen deshalb der Eigentümer, wenn er nicht neben dem Schaden noch die Kosten tragen wolle, machtlos gegenüberstehen würde.

V. Der Antrag,

> die Übertretungen des §. 370 Nr. 5, 6 des St.G.B. in die Privatklagedelikte einzubeziehen,

wurde mit 16 gegen 5 Stimmen ohne Debatte angenommen.

VI. Nach §. 11, §. 19 Nr. 3 des Gesetzes über die Presse vom 11. März 1874 wird der verantwortliche Redakteur einer periodischen Druckschrift, wenn er die Aufnahme einer den gesetzlichen Vorschriften entsprechenden Berichtigung verweigert, mit Geldstrafe bis zu einhundertfünfzig Mark oder mit Haft bestraft. In den Reichstagskommissionen[1]) sind die wiederholten Versuche, die Privatklage auf diese Übertretung auszudehnen, gescheitert. Ein gleicher Antrag wurde hier gestellt und mit 18 gegen 3 Stimmen abgelehnt.

---

[1]) Zu vergl. die Reichstagsdrucks. 1895/96 Nr. 294 S. 76, 1898/99 Nr. 203 S. 23, 1900/01 Nr. 220 S. 25.

Zu Gunsten des Antrags war ausgeführt worden: An der einzelnen Berichtigung in der Presse habe in der Regel nur der Beteiligte ein Interesse. Häufig bezwecke die Berichtigung lediglich eine geschäftliche Reklame. Die Staatsanwaltschaft müsse von der Pflicht befreit werden, in solchen Fällen durch Erhebung der öffentlichen Klage zur Erzwingung der Berichtigung mitzuwirken. Soweit die Berichtigung sich als Entgegnung auf eine Beleidigung darstelle, werde ihre Aufnahme in der Praxis kaum jemals abgelehnt. Sollte einmal die von einer Behörde verlangte Berichtigung verweigert werden, so würde die Staatsanwaltschaft wohl niemals das Vorliegen eines öffentlichen Interesses an der Strafverfolgung verneinen, die Behörde also zur Erhebung der Privatklage nicht gezwungen sein. Übrigens werde die Furcht vor den Kosten des Privatklageverfahrens den Redakteur von der Ablehnung der Berichtigungsanträge vielleicht eher abhalten, als die Aussicht auf eine Verfolgung durch den Staatsanwalt. Die Privatklage werde auch dem Verletzten eine bessere Handhabe dazu bieten, um auf eine schnelle Berichtigung hinzuwirken.

Seitens der Mehrheit wurde dagegen geltend gemacht: Wegen der Gefahren, welche Angriffe und unwahre Behauptungen in der Presse für den Ruf und oft auch für die wirtschaftliche Existenz des Betroffenen mit sich brächten, habe die Öffentlichkeit ein großes Interesse daran, daß jedem Antrag auf Aufnahme einer Berichtigung Folge gegeben werde. Mit Rücksicht hierauf habe der Gesetzgeber mit Recht eine Bestrafung wegen Nichtaufnahme der Berichtigung vorgesehen, anstatt einen zivilrechtlichen Anspruch auf Berichtigung zu gewähren. Die Kraft der Strafdrohung dürfe nicht dadurch abgeschwächt werden, daß man die Durchführung des Strafverfahrens dem Privatkläger aufbürde. Die beantragte Maßnahme würde die Folge haben, daß der Staatsanwalt zu Gunsten beteiligter Behörden und Beamten eingreifen, die Privatpersonen aber regelmäßig auf den Weg der Privatklage verweisen würde, und dadurch nur Mißstimmungen hervorrufen. Übrigens seien in der Praxis die Fälle, wo wegen Verweigerung der Berichtigung ein Strafverfahren eintrete, so selten, daß schon aus diesem Grunde ein Bedürfnis für den Antrag nicht anerkannt werden könne.

VII. Nach §. 368 Nr. 9 des St.G.B. wird mit Geldstrafe oder Haft bestraft, wer unbefugt über Gärten oder Weinberge, oder vor beendeter Ernte über Wiesen oder bestellte Äcker, oder über solche Äcker, Wiesen, Weiden oder Schonungen, welche mit einer Einfriedigung versehen sind oder deren Betreten durch Warnungszeichen untersagt ist, oder auf einem durch Warnungszeichen geschlossenen Privatwege geht, fährt, reitet oder Vieh treibt.

Der Antrag,

auf diese Übertretung die Privatklage zu erstrecken,

wurde damit begründet, daß er sich als Folge der Einbeziehung des Hausfriedensbruchs mindestens insoweit ergebe, als es sich hier um den Schutz befriedeter Grundstücke handle.

Es wurde entgegnet: Durch die vorgeschlagene Ausdehnung der Privatklage würde der durch §. 368 Nr. 9 bezweckte Schutz der Liegenschaften tatsächlich beseitigt und damit der Landwirtschaft ein schwerer Schaden zugefügt werden. Gegenwärtig würden derartige Übertretungen auf Grund der Anzeige des

Flurschützen im Wege der polizeilichen Strafverfügung verfolgt. Es liege auf der Hand, daß die Privatklage hier völlig versagen würde, da der Berechtigte unmöglich auf diesem Wege gegen jeden der vielleicht mittellosen und ihm unbekannten Täter vorgehen könne.

Der Antrag wurde zurückgezogen.

VIII. Eine Ausdehnung der Privatklage auf die strafbaren Handlungen gegen das geistige Eigentum wurde, wie der Vorsitzende ausdrücklich feststellte, von keinem Mitgliede gewünscht.

Die Kommission ging sodann zur Beratung einer Reihe von Anträgen über, welche das Verfahren in Privatklagesachen betreffen.

IX. Der Antrag,

> für alle Privatklagen die Zuständigkeit der Schöffengerichte zu bestimmen,

wurde einstimmig angenommen. Es wurde als selbstverständlich angesehen, daß bei einer Ausdehnung der Privatklage die Zuständigkeit des Schöffengerichts entsprechend zu erweitern sein würde.

X. Zu Gunsten des Antrags:

> Dem zur Privatklage Berechtigten ist die Möglichkeit zu gewähren, durch Anträge bei den Polizeibehörden und den Amtsgerichten vor Erhebung der Privatklage eine Aufklärung der Sache herbeizuführen.

wurde ausgeführt: Der Staat müsse dem Verletzten, wenn er ihn auf die Privatklage verweise, auch die Möglichkeit gewähren, zunächst durch amtliche Ermittelungen eine Aufklärung über den Sachverhalt und die Person des Täters herbeizuführen, zumal der Privatkläger nicht blos sein eigenes Interesse, sondern auch den Strafanspruch des Staates verfolge. Das Bedürfnis für solche Ermittelungen werde sich im Falle der Ausdehnung der Privatklage öfters fühlbar machen. Es sei aber nicht wünschenswert, daß der Verletzte in derartigen Fällen die Hilfe von Privatdetektivbureaus in Anspruch nehme.

Demgegenüber wurde darauf hingewiesen, daß man in diesen das öffentliche Interesse nicht berührenden Sachen nicht die staatlichen Organe in den Dienst der Privaten stellen könne. Die Behörden würden sonst, ohne die Erheblichkeit der Anträge immer prüfen zu können, mit zahlreichen, oft zur Verfolgung anderer Zwecke unternommenen Beweiserhebungen in geringfügigen oder aussichtslosen Sachen belästigt werden, von welchen die Erweiterung der Privatklage sie gerade befreien solle. Wenn in vereinzelten Fällen eine Strafverfolgung unterbleibe, weil der zur Privatklage Berechtigte die Person des Täters nicht ausfindig machen könne, so sei dies als ein besonderer Nachteil für die Rechtspflege nicht anzusehen.

Der Antrag wurde darauf zurückgezogen.

XI. Der Antrag:

> In den §. 415 der Str.Pr.O. ist eine Bestimmung aufzunehmen, welche dem Privatkläger die Pflicht auferlegt, sämtliche übrigen Privat-

klageberechtigten von der beabsichtigten Klageerhebung in Kenntnis zu setzen, und welche den rechtzeitigen Beitritt dieser Personen ermöglicht. wurde ebenfalls zurückgezogen.

Zu seiner Begründung war ausgeführt worden: Da nach §. 415 Abs. 3 der Str.Pr.O. jede in der Sache selbst ergangene Entscheidung zu Gunsten des Beschuldigten ihre Wirkung auch gegenüber denjenigen Berechtigten äußere, welche die Privatklage nicht erhoben haben, so entspreche es der Billigkeit, daß die Mitberechtigten durch eine Mitteilung des Privatklägers in die Lage versetzt würden, dem Verfahren beizutreten und ihre Rechte zu wahren.

Hiergegen war geltend gemacht worden, daß man dem Privatkläger, der sein Recht selbständig verfolge, eine solche Mitteilung um so weniger zur Pflicht machen könne, als die Mitberechtigten ihm häufig unbekannt sein würden, auch ihr Klagerecht möglicherweise schon verloren hätten. Zudem sei nicht abzusehen, welche rechtlichen Folgen entstehen sollten, wenn der Privatkläger die Mitteilung unterlasse.

XII. Der Antrag,

dem §. 416 der Str.Pr.O. folgenden Abs. 2 einzufügen:

Hat die Staatsanwaltschaft die Erhebung der öffentlichen Klage abgelehnt, so darf die Privatklage nur innerhalb einer dreimonatigen Frist von der Zustellung des ablehnenden Bescheids an erhoben werden.

wurde mit 12 gegen 8 Stimmen angenommen.

Zu Gunsten des Antrags wurde ausgeführt: Nach dem geltenden Rechte sei der Privatklageberechtigte, sofern er in der gesetzlichen Frist bei der zuständigen Behörde den Strafantrag gestellt habe, im Falle der Zurückweisung des Antrags durch die Staatsanwaltschaft während der ganzen Verjährungszeit in der Lage, die Privatklage zu erheben. Mit Rücksicht hierauf werde häufig der Strafantrag beim Staatsanwalte nicht zu dem Zwecke gestellt, eine Erhebung der öffentlichen Klage herbeizuführen, sondern lediglich in der Absicht, die Frist für die Erhebung der Privatklage zu verlängern. Ein innerer Grund für eine solche Verlängerung bestehe nicht, vielmehr sei jene Frist möglichst zu beschränken, damit der Verletzte nicht längere Zeit hindurch in der Lage bleibe, durch Androhung der Klage zur Erreichung anderer Zwecke auf den Beschuldigten einzuwirken. Dabei wurde als selbstverständlich vorausgesetzt, daß der Staatsanwalt auch nach dem Ablaufe der für den Verletzten vorgeschriebenen dreimonatigen Frist nicht gehindert sei, im öffentlichen Interesse die öffentliche Klage zu erheben.

Ein Teil der Minderheit widersprach dem Vorschlage, weil unter Umständen der Verletzte ein berechtigtes Interesse daran habe, sich durch Stellung des Strafantrags die Möglichkeit der Erhebung der Privatklage auch nach dem Ablaufe der Antragsfrist zu sichern, namentlich um den Täter für längere Zeit von einer Wiederholung der Tat abzuschrecken oder zunächst den Ausgang eines anderen Rechtsstreits abzuwarten. Nehme man dem Verletzten diese Möglichkeit, so werde er in vielen Fällen zur Erhebung der Privatklage schreiten, in welchen sie heute unterbleibe.

Andere Mitglieder billigten zwar die Auffassung, daß der Verletzte nicht zeitlich unbeschränkt zur Erhebung der Privatklage befugt sein solle, glaubten aber trotzdem gegen den Antrag stimmen zu sollen, weil er jener Auffassung nicht in vollem Maße Geltung verschaffe. Denn es bleibe die Möglichkeit bestehen, daß bei Antragsdelikten der Verletzte, indem er kurz vor dem Ablaufe der Frist bei der Staatsanwaltschaft Strafantrag stelle, sich eine Verlängerung der Privatklagefrist um mehr als drei Monate verschaffe; bei Vergehen aber, deren Verfolgung von einem Strafantrage nicht abhängig sei, werde der Verletzte durch die vorgeschlagene Bestimmung nicht gehindert, mit der Erhebung der Privatklage nahezu bis zum Ablaufe der Verjährungszeit zu warten.

XIII. Der Antrag:

> Dem Verletzten oder dessen Vertreter hat die Staatsanwaltschaft, wenn sie die Erhebung der öffentlichen Klage ablehnt, auf Verlangen Einsicht der stattgehabten Verhandlungen zu gestatten.

wurde einstimmig angenommen. Die Kommission glaubte, daß begründete Bedenken gegen die Vorschrift nicht vorgebracht werden könnten, zumal das Recht der Einsicht auf die stattgehabten Verhandlungen beschränkt sei, sich also auf andere amtliche Aufzeichnungen, Briefe oder sonstige Teile der Akten, deren Geheimhaltung aus irgend welchen Gründen wünschenswert sein könne, nicht erstrecke. Andererseits werde die Vorschrift dem zur Privatklage Berechtigten einen wünschenswerten Ersatz dafür bieten können, daß ihm für Ermittelungen zur Vorbereitung der Privatklage die Hilfe der Polzei oder des Amtsrichters versagt sei.

XIV. Mehrere Anträge betrafen die Frage, welche rechtlichen Wirkungen einer Übernahme der Verfolgung seitens der Staatsanwaltschaft beizulegen seien (§. 417 Abs. 3, §. 419 der Str.Pr.O.).

1. Der Antrag:

> Die Staatsanwaltschaft hat das durch Privatklage begonnene, von ihr übernommene Verfahren in der Lage fortzuführen, in welcher es sich zur Zeit der Übernahme befindet.

wurde einstimmig angenommen.

Die Kommission erwog: Nach der Rechtsprechung des Reichsgerichts (Entsch. in Strafs. Bd. 10 S. 237, Bd. 29 S. 422, auch Bd. 36 S. 5) sei im Falle der Übernahme der Verfolgung durch die Staatsanwaltschaft das Privatklageverfahren einzustellen und das Weitere dem Staatsanwalte zu überlassen. Dies führe zu dem unerwünschten Ergebnisse, daß die Staatsanwaltschaft jederzeit in der Lage sei, durch Übernahme der Verfolgung ein in dem Privatklageverfahren etwa schon ergangenes Urteil zu beseitigen, ohne verpflichtet zu sein, in dem von ihr eingeleiteten neuen Verfahren demnächst die öffentliche Klage zu erheben. Es sei auch unbillig, den Angeklagten zunächst dem Privatklageverfahren und dann, weil nachträglich ein öffentliches Interesse an der Strafverfolgung hervorgetreten sei, noch einem von neuem beginnenden öffentlichen Verfahren zu unterwerfen. Demgegenüber könne es nicht entscheidend in das Gewicht fallen, daß nach der vorgeschlagenen Bestimmung der Staatsanwalt außer Stande sein werde, in der von ihm übernommenen Sache die Eröffnung einer Voruntersuchung zu beantragen.

In der Kommission herrschte Einverständnis darüber, daß der Staatsanwalt, wenn er die Verfolgung übernehme, das Verfahren bei dem mit der Sache befaßten Gerichte werde fortführen müssen; es werde also insbesondere in den Fällen, in welchen die Privatklage wegen Beleidigung durch die Presse gemäß §. 7 Abs. 2 Satz 3 der Str.Pr.O. bei dem Gerichte des Wohnsitzes der beleidigten Person erhoben sei, die Übernahme durch die Staatsanwaltschaft eine Änderung des Gerichtsstandes nicht zur Folge haben, obwohl die Staatsanwaltschaft selbst mit Rücksicht auf Abs. 2 Satz 1 die Klage nur bei dem Gerichte des Erscheinungsorts der Druckschrift hätte erheben können.

2. Nach dem geltenden Rechte (§. 417 Abs. 3, §. 442 der Str.Pr.O.) hat die Übernahme der Verfolgung durch den Staatsanwalt für den Privatkläger die Wirkung, daß er ohne weiteres Nebenkläger wird und als solcher an dem Verfahren beteiligt bleibt, bis er sein Ausscheiden ausdrücklich erklärt. Behufs Änderung dieses Rechtszustandes war beantragt:

> Der Privatkläger hat sich nach der erfolgten Übernahme zu erklären, ob er sich dem Verfahren als Nebenkläger anschließen wolle; er ist zu dieser Erklärung aufzufordern.

Der Antrag wurde in seinem ersten Satze mit 13 gegen 7 Stimmen abgelehnt, womit der zweite Satz gegenstandslos geworden war. Zu seiner Begründung war ausgeführt worden, daß es unbillig sei, dem bisherigen Privatkläger die Rolle eines Nebenklägers aufzuzwingen; seine Interessen seien genügend gewahrt, wenn er das Recht habe, sich als Nebenkläger anzuschließen, und hierauf hingewiesen werde. Die Mehrheit erwog indessen, daß die gegenwärtige Rechtslage weniger umständlich sei und ein praktisches Bedürfnis für die Änderung sich nicht ergeben habe. Zudem werde der Privatkläger in der Regel schon deshalb den Wunsch haben, an dem weiteren Verfahren als Nebenkläger beteiligt zu bleiben, weil er nur als solcher verlangen könne, daß der Angeklagte zur Tragung der Kosten der Privatklage verurteilt werde (zu vergl. Entsch. des Reichsgerichts in Goltdammers Archiv Bd. 48 S. 438).

3. Von dem Antrage:

> Der Privatkläger wird durch die Übernahme der Verfolgung von jeder Pflicht zum Kostenersatze frei. Die ihm erwachsenen notwendigen Auslagen sind ihm zu ersetzen. Eine von ihm bestellte Sicherheit ist ihm sofort zurückzugewähren.

wurde Satz 1 mit 10 gegen 10 Stimmen abgelehnt, wobei die Stimme des Vorsitzenden den Ausschlag gab, Satz 2 mit 11 gegen 9 Stimmen angenommen, Satz 3 nach Ablehnung des Satzes 1 einstimmig als nunmehr unannehmbar angesehen.

Zu Gunsten des Antrags wurde ausgeführt: Zwar habe schon nach dem geltenden Rechte, wie es vom Reichsgericht ausgelegt werde, die im Falle der Übernahme durch den Staatsanwalt gebotene Einstellung des Privatklageverfahrens nicht etwa die Folge, daß die Kosten und die dem Beschuldigten erwachsenen notwendigen Auslagen sogleich dem Privatkläger zur Last zu legen seien; dieser bleibe vielmehr nach der zu 2 erwähnten Entscheidung des Reichsgerichts als Nebenkläger in der Lage, demnächst die Verurteilung des Angeklagten zur Erstattung der ihm vor der Übernahme erwachsenen notwendigen Auslagen zu beantragen. Es entspreche jedoch der Billigkeit, den Privatkläger mit dem Eintritte des Staatsanwalts von jeder Kostenpflicht zu befreien, da ihm eine erhebliche Einwirkung auf die Prozeßführung nicht mehr zustehe. Die ihm bis dahin erwachsenen notwendigen Auslagen, die sich die Staatsanwaltschaft zunutze mache, müßten ihm sogleich vom Staate ersetzt werden. Infolgedessen liege auch für eine Zurückbehaltung der von ihm etwa bestellten Sicherheit kein Grund vor. Die besondere Vorschrift des §. 501, wonach im Falle einer wider besseres Wissen gemachten oder auf grober Fahrlässigkeit beruhenden Anzeige die der Staatskasse und dem Beschuldigten erwachsenen Kosten dem Anzeigenden auferlegt werden können, werde hierdurch nicht berührt.

Von anderer Seite wurde es nicht für angängig erachtet, den Privatkläger infolge der Übernahme der Verfolgung durch den Staatsanwalt von jeder Pflicht zum Kostenersatze zu befreien (Satz 1 des Antrags). Es wurde hervorgehoben, die Übernahme schließe nicht aus, daß der Angeklagte freigesprochen werde; der Staatsanwalt werde bisweilen die Verfolgung gerade zu dem Zwecke übernehmen, um auf eine Freisprechung hinzuwirken; in solchen Fällen bestehe kein Grund, dem unschuldigen Angeklagten jeden Anspruch gegen den Privatkläger auf Ersatz seiner Auslagen zu versagen, zumal es mindestens zweifelhaft sei, ob die Staatskasse im Falle der Freisprechung die dem Angeklagten vor dem Eintritte des Staatsanwalts erwachsenen Auslagen zu erstatten habe.

Aus ähnlichen Gründen widersprach eine erhebliche Minderheit auch dem Vorschlage (Satz 2), wonach dem Privatkläger im Falle der Übernahme der Verfolgung durch den Staatsanwalt die ihm bis dahin erwachsenen Auslagen sogleich aus der Staatskasse ersetzt werden sollen. Es wurde ausgeführt: Eine Erstattung dieser Auslagen könne erst in Frage kommen, wenn der Angeklagte verurteilt und somit die Privatklage als begründet erwiesen sei; werde der Angeklagte freigesprochen, so sei nicht abzusehen, weshalb der Staat dem Privatkläger die Auslagen ersetzen solle. Aber auch im Falle einer Verurteilung des Angeklagten bestehe kein Grund für eine solche Erstattung, da der Staatsanwalt das Beweismaterial häufig mit geringeren Aufwendungen hätte herbeischaffen können.

XV. Nach §. 418 der Str.Pr.O. kann sich ein Privatkläger nur durch einen Rechtsanwalt vertreten lassen.

Der Antrag:

> Als Vertreter sollen auch Personen zulässig sein, die nach den allgemeinen Bestimmungen des Buch I Abschnitt 11 der Strafprozeßordnung als Verteidiger auftreten können. Auch an sie sollen Zustellungen mit rechtlicher Wirkung für den Privatkläger erfolgen können.

wurde im Satz 1 mit 17 gegen 2 Stimmen, im Satze 2 mit 18 Stimmen gegen eine Stimme ohne Debatte angenommen. Zur Begründung des Antrags war ausgeführt worden: Er entspreche einem in der Praxis hervorgetretenen Bedürfnisse, welches bei einer Ausdehnung der Privatklage auf andere Delikte noch dringender werden müsse. Das geltende Recht führe zu einer erheblichen Verteuerung des Privatklageverfahrens, namentlich wenn ein Rechtsanwalt am Sitze des Gerichts nicht wohne. Daß aus der Zulassung anderer Personen der Rechtspflege ein Schaden erwachsen werde, sei nicht zu befürchten, weil die Zulassung nach Maßgabe des §. 138 Abs. 3 der Str.Pr.O. im einzelnen Falle von der Genehmigung des Gerichts abhängig sein werde.

XVI. Nach §. 420 der Str.Pr.O. ist die Erhebung der Privatklage wegen Beleidigung, sofern nicht einer der im §. 196 des St.G.B. bezeichneten Fälle vorliegt, erst zulässig, nachdem von einer Vergleichsbehörde die Sühne erfolglos versucht ist.

1. Der Antrag:

> Das Erfordernis des Sühneversuchs ist auf die Fälle der durch Privatklage verfolgbaren Körperverletzung sowie auf die Vergehen des Hausfriedensbruchs und der Bedrohung auszudehnen.

wurde, soweit er die Vergehen der Körperverletzung und des Hausfriedensbruchs betrifft, mit 13 gegen 5, soweit er das Vergehen der Bedrohung betrifft, mit 10 gegen 8 Stimmen angenommen.

Die Mehrheit erwog: Der Sühneversuch sei ein geeignetes Mittel, um einer leichtfertigen und übereilten Erhebung der Privatklage vorzubeugen und Streitigkeiten möglichst ohne Anrufen des Gerichts zu erledigen. Wie bei Beleidigungen, so werde der Verletzte oft auch bei Körperverletzung, Hausfriedensbruch und Bedrohung durch den Vergleich eine genügende Sühne erlangen. Die Grenze zwischen tätlicher Beleidigung und Körperverletzung, zwischen wörtlicher Beleidigung und Bedrohung sei häufig eine sehr flüssige. Auch würden alle diese Vergehen nicht selten bei demselben Anlasse begangen; durch die vorgeschlagene Ausdehnung des Erfordernisses des Sühneversuchs werde somit die Möglichkeit geschaffen, den gesamten Tatbestand in den Vergleich einzubeziehen und hierdurch zahlreiche geringfügige Sachen von den Gerichten fernzuhalten.

Seitens der Minderheit war geltend gemacht worden: Die Einrichtung des Sühneversuchs habe sich nicht überall bewährt; sie bedeute namentlich in ländlichen Bezirken wegen des weiten Weges zum Schiedsmann eine erhebliche Erschwerung der Rechtsverfolgung; auch führe die Sühneverhandlung nicht selten zur Begehung neuer Straftaten. Eine Ausdehnung des Erfordernisses des Sühneversuchs sei daher nicht empfehlenswert, zumal eine Körperverletzung, ein Hausfriedensbruch oder eine Bedrohung nicht wie die gesprochene Beleidigung durch Zurücknahme wieder rückgängig gemacht werden könnten.

2. Der ferner zu §. 420 gestellte Antrag:

> Durch das Gelingen des Versuchs (Vergleichsabschluß) wird die im übrigen statthafte öffentliche Klage nicht ausgeschlossen.

wurde mit 15 gegen 3 Stimmen angenommen. Zu seinen Gunsten wurde ausgeführt: Der Staatsanwalt dürfe durch einen Vergleich nicht gehindert werden, die öffentliche Klage zu erheben, wenn das öffentliche Interesse dies erfordere und die Strafverfolgung durch einen Strafantrag nicht bedingt sei. Es entstehe sonst, insbesondere wenn man die Sühne auch bei der gefährlichen

Körperverletzung zulasse, die Gefahr, daß schwere Straffälle, deren Ahndung das Gemeinwohl erfordere, durch Übereinkommen der Beteiligten der Kenntnis der Strafverfolgungsbehörde entzogen würden.

Die Minderheit glaubte, daß man von der Sühneverhandlung sich noch weniger Erfolg als heute werde versprechen können, wenn trotz des Vergleichsabschlusses die öffentliche Klage erhoben werden dürfe. Es sei auch nicht ersichtlich, ob im Falle der Erhebung der öffentlichen Klage eine auf Grund des Vergleichs gezahlte Entschädigung zurückgefordert werden könne.

XVII. Nach §. 421 der Str.Pr.O. geschieht die Erhebung der Privatklage zu Protokoll des Gerichtsschreibers oder durch Einreichung einer Anklageschrift. Es lag der Antrag vor,

die Bestimmung einzufügen:

Die Anklageschrift muß von einem Rechtsanwalt unterzeichnet sein.

Zu Gunsten des Antrags wurde ausgeführt: Wie die Erfahrung zeige, sei der nicht juristisch vorgebildete Verletzte heute schon kaum im Stande, eine dem Gesetz entsprechende Privatklageschrift anzufertigen. Diese Schwierigkeit werde noch größer werden, wenn, den Beschlüssen der Kommission entsprechend (Prot. S. 192flg.), die Anklageschrift die Grundlage des Verfahrens würde und an ihren Inhalt schärfere Anforderungen gestellt werden sollten. Es sei deshalb geboten, einer Anfertigung der Anklageschriften durch solche Personen, welche der genügenden Vorbildung ermangeln, nach Möglichkeit vorzubeugen, da sich unter den gewerbsmäßigen Beratern Elemente befänden, die in ihrem Geschäftsinteresse den Hader der Parteien oft noch zu vergrößern trachteten. Sollte die vorgeschlagene Bestimmung in einzelnen Fällen zu einer Erschwerung der Privatklage führen, so könne dies im allgemeinen Interesse kaum bedauert werden; im übrigen sei es nach wie vor zulässig, die Privatklage zu Protokoll des Gerichtsschreibers zu erklären.

Da nach dem geltenden Rechte die Erhebung der Privatklage zu Protokoll des Gerichtsschreibers nur bei dem für die Sache zuständigen Gericht erfolgen kann, so wurde von dem Antragsteller, um die Rechtsverfolgung in dieser Hinsicht zu erleichtern, im Laufe der Beratung der weitere Antrag gestellt:

Die Erhebung der Klage zu Protokoll des Gerichtsschreibers geschieht bei dem zuständigen Gericht oder bei dem Gerichte des Wohnorts des Privatklägers.

Nach der Auffassung des Antragstellers würde gegebenenfalls der Gerichtsschreiber des Wohnorts des Privatklägers die Klageschrift an das zuständige Gericht zu übersenden haben.

Beide Anträge wurden mit 15 gegen 3 Stimmen abgelehnt.

Die Mehrheit erwog:

Der vorgeschlagene Anwaltszwang müsse zu einer erheblichen Verteuerung des Verfahrens und, sofern am Wohnorte des Verletzten ein Rechtsanwalt nicht ansässig sei, zu einer großen Erschwerung der Rechtsverfolgung führen. Auch werde der Rechtsanwalt, welcher die Klageschrift unterzeichnet habe, meistens im weiteren Verfahren tätig bleiben, was wiederum Kosten verursache und deshalb den Abschluß eines Vergleichs erschwere. Besondere Unzuträglichkeiten seien unter dem jetzigen Rechte nicht hervorgetreten. Wenn sich auch unter den Rechtskonsulenten unlautere Elemente befänden, so könne doch ihre Tätigkeit im allgemeinen als eine verderbliche nicht betrachtet werden und sie sei in den ländlichen Bezirken häufig nicht zu entbehren. Auch bestünden in manchen Städten Rechtsbureaus gewerblichen oder charitativen Charakters, die oft segensreich wirkten und denen die Fertigung von Anklageschriften unbedenklich anvertraut werden könne. Eine Erhebung der Klage zu Protokoll des Gerichtsschreibers sei namentlich für die arbeitende Bevölkerung mit Schwierigkeiten verknüpft, weil die Gerichtsschreibereien nur an bestimmten Stunden des Tages geöffnet seien und diese meist mit der allgemeinen Arbeitszeit zusammenfielen. Zudem könne dem Verletzten nicht zugemutet werden, zwecks Anbringung der Privatklage das vielleicht entfernt gelegene zuständige Gericht aufzusuchen. Der Zusatzantrag aber, welcher diesem Bedenken abhelfen wolle, sei nicht annehmbar, da die Erhebung der Privatklage bei einem unzuständigen Gerichte nicht gestattet werden dürfe.

36. Sitzung.

22. Januar 1904.

Privatklageverfahren.

Die Kommission setzte die Beratung der das Privatklageverfahren betreffenden Anträge fort.

I. Der Antrag:

> Die Staatsanwaltschaft ist zu verpflichten, dem Gericht auf Verlangen die von ihr geführten Verhandlungen zur Einsicht mitzuteilen.[1])

wurde einstimmig angenommen. Die Kommission hielt diese Vorschrift für zweckmäßig und für unbedenklich, zumal nach dem gestern gefaßten Beschlusse der Privatkläger schon vor Erhebung der Klage zur Einsicht der von der Staatsanwaltschaft geführten Verhandlungen befugt sein solle.

II. Es lag der Antrag vor:

> Der Privatkläger soll nach Einreichung der Privatklage das Recht haben, die Vornahme einzelner Beweiserhebungen oder Ermittelungen zu beantragen.
>
> Über den Antrag entscheidet der Amtsrichter endgültig.
>
> Dem Antrag ist zu entsprechen, soweit die Erhebungen zur Vorbereitung der Hauptverhandlung erforderlich erscheinen. Der Amtsrichter kann zur Ausführung seines Beschlusses die Behörden und Beamten des Polizei- und Sicherheitsdienstes, auch den Amtsrichter anderer Bezirke um Vornahme der Ermittelungen oder Beweiserhebungen ersuchen.

Von anderer Seite war der Zusatzantrag gestellt:

dem Abs. 1 den Satz anzufügen:

> Der Angeklagte hat das Recht, zu seiner Entlastung einzelne Beweiserhebungen zu beantragen.

Die Anträge wurden angenommen, und zwar Abs. 1 nebst dem Zusatzantrage mit 19 Stimmen gegen eine Stimme, Abs. 2 mit 18 gegen 2 Stimmen, Abs. 3 einstimmig.

Die Kommission erwog:

Es habe sich gezeigt, daß die Hauptverhandlung in den Privatklagesachen häufig nicht genügend vorbereitet sei und deshalb vertagt werden müsse. Dieser

---

[1]) Zu vergl. Reichstagsdrucks. 1900/01 ad Nr. 220 S. 66, 67.

Übelstand bedürfe um so mehr der Abhilfe, als nach den Beschlüssen der Kommission die Privatklage erweitert werden solle. Könne man auch dem Privatkläger nicht das Recht zubilligen, schon vor Erhebung der Klage Beweiserhebungen oder Ermittelungen zu beantragen (zu vergl. das Protokoll der 35. Sitzung unter X), so stehe doch nach der Erhebung der Klage einer solchen Befugnis nichts entgegen, vorausgesetzt, daß die Anträge bei dem mit der Privatklage befaßten Amtsrichter anzubringen sind und daß dieser sie zurückweisen darf, sofern er die Erhebungen zur Vorbereitung der Hauptverhandlung nicht für erforderlich erachtet. Werde das Antragsrecht derart eingeschränkt, so sei die von einem Mitgliede geäußerte Befürchtung, die Gerichte möchten zu sehr mit Anträgen auf Beweiserhebung belästigt werden, nicht als begründet anzuerkennen.

In gleicher Weise müsse dem Angeklagten die Befugnis gewährt werden, zur Vorbereitung seines Entlastungsbeweises die Vornahme von Ermittelungen bei dem Amtsrichter zu beantragen. Für das vom Staatsanwalt eingeleitete Verfahren habe die Kommission dem Beschuldigten dieses Recht bereits zugebilligt (Protokolle S. 166 flg.), jedoch nur für den Fall, daß er vom Staatsanwalt oder Richter als Beschuldigter schon vernommen sei. Da eine solche Vernehmung im Privatklageverfahren nur selten vorkomme, so sei hier eine besondere Vorschrift nötig, welche von jener Bedingung absehe.

Einige Mitglieder hielten für geboten, daß sowohl dem Privatkläger als auch dem Angeklagten gegen ablehnende Entscheidungen des Amtsrichters das Rechtsmittel der Beschwerde gegeben werde. Die überwiegende Mehrheit glaubte aber, daß es zweckmäßiger sei, wenn der Amtsrichter endgültig entscheide, da es sich in der Regel um geringfügige Straftaten handele, auch der Angeklagte in der Hauptverhandlung sich vertreten lassen könne und somit nicht, wie im öffentlichen Verfahren, den nachteiligen Folgen ausgesetzt sei, die mit dem Betreten der Anklagebank allein schon verbunden seien.

III. In ihrer 25. Sitzung (Protokolle S. 186 flg.) hatte die Kommission sich dafür ausgesprochen, daß in den vor den Schöffengerichten zu verhandelnden Sachen der Eröffnungsbeschluß wegfallen und der Amtsrichter nach Einreichung der Anklageschrift durch den Staatsanwalt sogleich den Termin zur Hauptverhandlung anberaumen solle, es sei denn, daß die Voraussetzungen des §. 178 Abs. 1 der Str.Pr.O. vorlägen oder der Angeschuldigte nicht ausreichend verdächtig erscheine; solchenfalls habe der Amtsrichter die Anberaumung der Hauptverhandlung durch einen Beschluß abzulehnen, gegen welchen der Staatsanwaltschaft die sofortige Beschwerde zustehe. Auch solle der Amtsrichter befugt sein, vor der Beschlußfassung einzelne Beweiserhebungen anzuordnen.

Es lag der Antrag vor,

> diese Vorschriften im Privatklageverfahren mit der Maßgabe für anwendbar zu erklären, daß die Anberaumung eines Termins zur Hauptverhandlung vom Amtsrichter auch dann abgelehnt werden solle, wenn die Privatklage unzulässig sei oder der erforderliche Sühneversuch nicht stattgefunden habe.

Die Kommission nahm einstimmig den Antrag an, indem sie erwog: In den Privatklagesachen sei ein Eröffnungsbeschluß ebenso überflüssig wie im öffentlichen Verfahren. Gegen die Anwendbarkeit der für dieses Verfahren beschlossenen Vorschriften bestünden keine Bedenken, wenn, den Besonderheiten der Privatklage entsprechend, als weitere Gründe für die Ablehnung der Hauptverhandlung die Unzulässigkeit der Privatklage und der Mangel des Sühneversuchs aufgestellt würden. Selbstverständlich sei, daß die sofortige Beschwerde gegen die Ablehnung hier dem Privatkläger zustehen müsse.

IV. Es lag der Antrag vor:

Der Privatkläger soll als Zeuge vernommen werden dürfen, seine Beeidigung vom richterlichen Ermessen abhängig sein.

Zur Begründung wurde ausgeführt:

Der Antrag entspreche dem §. 348 des Entwurfs zur Strafprozeßordnung, welcher von der Reichsjustizkommission nur mit Stimmengleichheit abgelehnt worden sei.[1] Bei der von der Kommission beschlossenen Erweiterung des Kreises der Privatklagedelikte habe der Vorschlag noch erheblich an Bedeutung gewonnen.

Der Privatkläger sei in vielen Fällen die einzige Person, welche über den Sachverhalt Auskunft geben könne. Seine Ausschließung vom Zeugnisse habe oft zur Folge, daß eine Aufklärung der Sache überhaupt nicht möglich sei und dem Verletzten die Genugtuung für ein erlittenes Unrecht versagt bleibe. Es sei nicht abzusehen, weshalb der Verletzte gerade im Privatklageverfahren nicht als Zeuge vernommen werden solle, da er doch im öffentlichen Verfahren nicht weniger am Ausgang interessiert sei und da sogar im Zivilprozeß einer Partei der Eid auferlegt werden könne. Der Einwand, daß dieselbe Person nicht Kläger und Zeuge zugleich sein könne, sei nur ein theoretischer. Auch heute werde der Privatkläger als Auskunftsperson vom Gerichte gehört, und dieses sei nach dem Grundsatze der freien Beweiswürdigung nicht gehindert, seine Auslassungen bei der Entscheidung in Betracht zu ziehen. Über diese Sachlage gehe der Antrag nur wenig hinaus, wenn er die Vernehmung des Privatklägers als Zeuge und seine Beeidigung für zulässig erklären wolle. Da von der Kommission die Einführung des Nacheids beschlossen worden sei, so brauche das Gericht über die Frage der Beeidigung sich erst am Schlusse der Beweisaufnahme und namentlich nicht früher schlüssig zu machen, als bis feststehe, daß eine Widerklage nicht erhoben werde. Die Beeidigung werde in manchen Fällen auch zu Gunsten des Angeklagten ihre Wirkung äußern und sei andererseits ein geeignetes Mittel, um zu verhindern, daß der Verletzte im Einverständnisse mit dem Beschuldigten unter Verschweigung des vollen strafbaren Tatbestandes Privatklage auch in solchen Fällen erhebe, wo die öffentliche Klage gerechtfertigt sein würde.

Es wurde entgegnet:

Der Vorschlag stehe schon mit allgemeinen Grundsätzen des Prozeßrechts im Widerspruche, da der Kläger nicht zugleich Zeuge sein könne. Insbesondere

---

[1]) Hahn, Materialien zur Strafprozeßordnung 2. Aufl. S. 44, 1087 bis 1091.

komme hier noch in Betracht, daß im Falle einer Widerklage (§. 428) der Privatkläger zugleich die Stellung eines Angeklagten, der Angeklagte die Stellung eines Privatklägers einnehme. Man würde daher folgerichtig auch die eidliche Vernehmung des Angeklagten über die von ihm erhobene Widerklage zulassen müssen. Im Zivilprozesse sei eine zeugeneidliche Vernehmung der Parteien gleichfalls ausgeschlossen und die Auferlegung eines richterlichen Eides erfolge in der Regel nur dann, wenn für die Wahrheit oder Unwahrheit einer Behauptung einiger Beweis erbracht sei. Hier aber solle die Beeidigung der Partei unbeschränkt für zulässig erklärt werden.

Die Vorschrift sei aber auch praktisch bedenklich. Der Privatkläger sei in der Regel gegen den Angeklagten erbittert und schon mit Rücksicht auf die Kosten in weit höherem Grade als sonst der Verletzte am Ausgange des Verfahrens interessiert. Sein Zeugnis habe daher sachlich nur einen geringen Wert und die Beeidigung werde ihn leicht der Versuchung aussetzen, einen Meineid zu leisten. Für den Angeklagten bedeute die Beeidigung des Privatklägers eine ungerechtfertigte Benachteiligung, da hierdurch den Aussagen des Letzteren ein größeres Gewicht beigelegt werde als den an sich gleichwertigen Angaben des Angeklagten.

Der Antrag wurde darauf zurückgezogen.

V. Der Antrag,

in das Gesetz die ausdrückliche Vorschrift aufzunehmen, daß die Verhaftung des Angeklagten unzulässig sei,

wurde ebenfalls zurückgezogen mit Rücksicht auf die zuvor gefaßten Beschlüsse und nachdem darauf hingewiesen war, daß in der Praxis nicht bezweifelt werde, daß die Vorschrift bereits im geltenden Rechte begründet sei (zu vergl. Loewe, Note 4 zu §. 424 Kommentar zur Strafprozeßordnung, 11. Aufl.).[1]

VI. Zu §. 427 der Str.Pr.O. lag der Antrag vor:

Erscheint der Angeklagte in der Hauptverhandlung nicht und ist auch seine Vorführung nach der Sachlage nicht veranlaßt oder nicht ausführbar, so soll auch in seiner Abwesenheit verhandelt werden können, wenn er auf die Zulässigkeit dieses Verfahrens zuvor hingewiesen war.

Das Gericht kann die richterliche Vernehmung des Angeklagten durch einen beauftragten oder ersuchten Richter anordnen.

Es wurde der Abs. 1 des Antrags mit 15 gegen 5 Stimmen abgelehnt, der Abs. 2 hiernach als erledigt angesehen.

Zu Gunsten des Antrags war ausgeführt worden: Er entspreche einem in der Praxis empfundenen Bedürfnisse. Es komme oft vor, daß der Angeklagte in der Hauptverhandlung nicht erscheine und sich auch nicht vertreten lasse. Die Anordnung seiner Vorführung erfordere aber meist einen großen Kostenvorschuß seitens des Privatklägers. Böswillige Angeklagte könnten sich der Vorführung auch unschwer entziehen und hierdurch das Verfahren erheblich verzögern. Auch für den Angeklagten sei es mitunter eine unnötige Härte, daß er wegen gering-

[1]) Zu vergl. jedoch die Ausführungen unter VI. a. E.

fügiger Vergehen in der öffentlichen Verhandlung erscheinen müsse, wenn er nicht die Kosten der Vertretung durch einen Rechtsanwalt aufwenden oder Gefahr laufen wolle, vorgeführt zu werden. Wenn auch diesen Mißständen teilweise schon durch die von der Kommission beschlossene allgemeine Erweiterung des Kontumazialverfahrens abgeholfen werde, so erscheine es doch unbedenklich, hier noch weiter zu gehen und ohne Rücksicht auf die Höhe der zu erwartenden Strafe es dem Ermessen des Gerichts zu überlassen, ob es in Abwesenheit des Angeklagten zur Hauptverhandlung schreiten wolle.

Die Mehrheit erkannte zwar an, daß sich gerade bei Privatklagesachen in der Praxis ein besonderes Bedürfnis für eine Erweiterung des Kontumazialverfahrens herausgestellt habe. Sie glaubte aber, daß diesem Bedürfnisse durch die von der Kommission beschlossene allgemeine Erweiterung des Kontumazialverfahrens vollauf genügt werde. Wenn in einer Sache, in der eine höhere Strafe als sechs Wochen Freiheitsstrafe zu erwarten sei, ein Angeklagter sich der Vorführung dauernd entziehen sollte, so werde die Staatsanwaltschaft wohl Veranlassung nehmen, die Verfolgung der Sache zu übernehmen, um die Verhaftung des Angeklagten zu ermöglichen. Im übrigen bleibe zu erwägen, ob es sich nicht mit Rücksicht auf die Schwierigkeiten, welche ein böswilliger Angeklagter der Vollziehung des Vorführungsbefehls in den Weg zu legen vermöge, doch vielleicht empfehle, auch für die Privatklagesachen den Erlaß eines Haftbefehls zuzulassen.

VII. Zu §. 428 der Str.Pr.O., welcher die Widerklage regelt, lagen mehrere Anträge vor.

1. Die Befugnis zur Erhebung der Privatklage steht nach §. 414 Abs. 2 der Str.Pr.O. neben dem Verletzten denjenigen Personen zu, welchen in den Strafgesetzen das Recht, selbständig auf Bestrafung anzutragen, beigelegt ist. Diese Personen sind nach §. 195 des St.G.B. der Ehemann der beleidigten Ehefrau und in den Fällen des §. 196 der amtliche Vorgesetzte des Beleidigten. Die §§. 195, 196 finden gemäß §. 232 des St.G.B. auch bei den nur auf Antrag zu verfolgenden Körperverletzungen Anwendung. Ist gemäß dem §. 414 Abs. 2 der Str.Pr.O. die Privatklage von einer dieser Personen erhoben und behauptet der Angeklagte, daß ihm gegenüber der Verletzte selbst sich einer Beleidigung oder Körperverletzung schuldig gemacht habe, so ist er gleichwohl nicht in der Lage, eine Widerklage zu erheben, da nach § 428 Abs. 1 der Str.Pr.O. mittels der Widerklage nur die Bestrafung des Klägers beantragt werden kann.

Von einem Mitgliede war deshalb beantragt:

> Eine Widerklage soll auch dann zulässig sein, wenn der Privatkläger nicht als Verletzter, sondern auf Grund des Rechtes, selbständig auf Bestrafung anzutragen, Klage erhoben hat (§§. 195, 196, 232 des St.G.B., §. 414 Abs. 2 der Str.Pr.O.).

Zur weiteren Begründung des Antrags wurde ausgeführt: In der Praxis habe sich die Unzulässigkeit der Widerklage gegen die Ehefrau des aus eigenem Rechte klagenden Ehemanns besonders dann als ein fühlbarer Mißstand herausgestellt, wenn wegen Ablaufs der Antragsfrist eine Privatklage gegen die Ehefrau nicht mehr zulässig sei. Auch sei es nicht gerechtfertigt, daß die verletzte Ehefrau in dem von dem Manne geführten Prozeß als Zeugin eidlich vernommen werden dürfe. Durch die Zulassung der Widerklage werde dem abgeholfen. Allerdings ergebe sich hieraus für eine am Prozesse nicht beteiligte Person die Pflicht, eine Parteirolle zu übernehmen; allein dies sei im geltenden Rechte nicht ohne Vorgang, da nach §. 501 der Str.Pr.O. unter Umständen dem Anzeigenden die Kosten des Verfahrens auferlegt werden könnten.

Von anderer Seite wurde darauf hingewiesen, daß der Antrag jedenfalls insofern zu weit gehe, als er auch die Fälle des § 196 des St.G.B. mit umfasse. Zunächst werde der amtliche Vorgesetzte im Falle des §. 196 kaum jemals auf die Erhebung einer Privatklage angewiesen sein. Sollte aber dieser Fall eintreten, so dürfe der amtliche Vorgesetzte einer Widerklage aus der Person des beleidigten Beamten schon deshalb nicht ausgesetzt sein, weil er nicht, wie der Ehemann im Falle des §. 195, die Rechte der beleidigten Person, sondern die Ehre des Amtes wahre (zu vergl. Entsch. des Reichsgerichts in Straff. Bd. 4 S. 220). Infolge dieses Einwandes beschränkte der Antragsteller seinen Vorschlag auf den Fall des §. 195 des St.G.B. und änderte ihn demgemäß dahin ab,

> daß er hinter „sondern" die Worte „gemäß §. 195 des St.G.B." einschob und den Inhalt der beigefügten Klammer strich.

Auch in dieser Beschränkung wurde der Antrag mit 14 gegen 6 Stimmen abgelehnt.

Die Mehrheit erachtete den Vorschlag zunächst schon aus allgemeinen Gründen für bedenklich; denn eine Widerklage des Angeklagten könne begrifflich nur gegen den Kläger erhoben werden, nicht aber gegen eine am Prozesse nicht beteiligte Person. Nicht minder stünden dem Antrage praktische Bedenken entgegen. Der Antrag werde in vielen Fällen zu Vertagungen führen, da die Ehefrau des Privatklägers bei der Verhandlung häufig nicht anwesend sein werde, über Klage und Widerklage aber gleichzeitig erkannt werden müsse. Auch sei damit zu rechnen, daß der Angeklagte gegen die Ehefrau eine unbegründete Widerklage erhebe, nur um das Verfahren zu verschleppen und um das Zeugnis der Ehefrau zu beseitigen. Insoweit der Antrag dem Angeklagten die Möglichkeit verschaffen wolle, trotz Ablaufs der Antragsfrist die Ehefrau wegen der von ihr begangenen Straftat im Wege der Widerklage zu belangen, stehe ihm das materielle Strafrecht im Wege. Denn der §. 198 und der §. 232 Abs. 3 des St.G.B. gewährten bei wechselseitigen Beleidigungen und Körperverletzungen dem einen Teile nur dann das Recht, auch nach dem Ablaufe der Frist noch Strafantrag zu stellen, wenn der andere Teil selbst auf Bestrafung angetragen habe. Hiervon könne aber nicht die Rede sein, wenn der Ehemann aus eigenem Rechte klage.

2. Der Antrag:

> Das Gericht kann bei Erhebung einer zweiten oder ferneren Widerklage deren abgesonderte Verhandlung anordnen.

wurde einstimmig angenommen.[1])

---

[1]) Zu vergl. Reichstagsdrucks. 1900/01 ad Nr. 220 S. 66, 67.

Die Kommission erwog: Da eine Widerklage bis zur Beendigung der Schlußvorträge in erster Instanz jederzeit gestattet sei und andererseits über Klage und Widerklage gleichzeitig erkannt werden müsse, so könne der Beschuldigte durch Erhebung mehrfacher Widerklagen wiederholte Vertagungen herbeiführen und seine Verurteilung ungebührlich hinausschieben. Dem solle durch die vorgeschlagene Vorschrift entgegengetreten werden.

3. Der Antrag:

> Der §. 428 Abs. 3 der Str.Pr.O. ist dahin zu ergänzen, daß die Übernahme der Hauptklage durch die Staatsanwaltschaft sich auf die Widerklage und umgekehrt die Übernahme der Widerklage sich auf die Hauptklage zu erstrecken hat.

wurde mit 18 gegen 2 Stimmen angenommen. Die Mehrheit sah die Vorschrift als eine notwendige Folge der von der Kommission gebilligten Vorschrift an, nach welcher die Staatsanwaltschaft das von ihr übernommene Verfahren in der Lage fortzuführen hat, in welcher sie es übernommen hat (Protokolle S. 298 flg.). Gegenüber dem Bedenken, daß danach die Staatsanwaltschaft unter Umständen auch zur Übernahme einer unbegründeten Widerklage oder Hauptklage genötigt sein würde, wurde darauf hingewiesen, daß die Staatsanwaltschaft, wie sie das Recht habe, zu Gunsten des Verurteilten Rechtsmittel einzulegen, so auch hier in der Lage sei, auf die Freisprechung des zu Unrecht Angegriffenen hinzuwirken.

4. Hat einer von mehreren zur Privatklage Berechtigten die Klage erhoben, so steht den übrigen nach §. 415 Abs. 2 der Str.Pr.O. nur der Beitritt zu dem eingeleiteten Verfahren und zwar in der Lage zu, in der es sich zur Zeit der Beitrittserklärung befindet. Nach §. 415 Abs. 3 äußert jede in der Sache selbst ergangene Entscheidung zu Gunsten des Beschuldigten ihre Wirkung auch gegenüber solchen Berechtigten, welche die Privatklage nicht erhoben haben.

Der Antrag:

> Mehrere zur Widerklage Berechtigte unterstehen entsprechend dem §. 415 Abs. 2, 3.

wurde einstimmig angenommen. Die Kommission erachtete diese Vorschrift für eine zweckmäßige und dem Sinne des Gesetzes entsprechende Ergänzung.

5. Der Antrag:

> Ist die Widerklage erst im Verhandlungstermin erhoben, so kann der Widerangeklagte zur Vorbereitung seiner Verteidigung Vertagung verlangen.

wurde mit 15 gegen 5 Stimmen angenommen. Die Mehrheit hielt diese Vorschrift für erforderlich, weil nach dem geltenden Rechte der Widerangeklagte in dem bezeichneten Falle weder aus dem §. 264 Abs. 4 noch aus dem §. 265 der Str.Pr.O. ein unbedingtes Recht auf Vertagung herzuleiten vermöge. Dieses Recht sei ihm im Interesse seiner Verteidigung billiger Weise nicht zu versagen. Daher dürfe die Möglichkeit, daß die Befugnis unter Umständen auch zu Verschleppungen mißbraucht werden könnte, nicht in Betracht kommen.

6. Endlich lag noch der Antrag vor:

> Zur Widerklage geeignet ist auch der Tatbestand der falschen Anschuldigung (§. 164 des St.G.B.), wenn diese durch die schwebende Privatklage begangen sein soll.

Zur Begründung wurde ausgeführt, daß es sich in der Praxis als wünschenswert herausgestellt habe, dem Angeklagten die Möglichkeit zu verschaffen, eine durch die Privatklage begangene falsche Anschuldigung in demselben Verfahren zur Bestrafung zu bringen.

Es wurde erwidert: Der Antrag sei mit dem geltenden materiellen Strafrecht insofern nicht vereinbar, als nach §. 164 Abs. 2 des St.G.B. mit dem Verfahren über eine falsche Anschuldigung innegehalten werden soll, solange ein infolge der Anzeige eingeleitetes Verfahren anhängig ist. Die Gründe, welche zu dieser Vorschrift geführt hätten, träfen auch hier zu. Zudem werde der Nachweis der falschen Anschuldigung, der an sich schwer zu führen sei, im Privatklageverfahren kaum jemals erbracht werden können, weil hier auf das wichtigste Beweismittel, das Zeugnis des zu Unrecht Beschuldigten, verzichtet werden müsse. Endlich sei zu befürchten, daß die vorgeschlagene Bestimmung in vielen Fällen zur Erhebung chikanöser Widerklagen Anlaß geben werde.

Der Antrag wurde wieder zurückgezogen.

VIII. Nach §. 431 Abs. 2, 4 der Str.Pr.O. wird das Verfahren eingestellt, wenn der Privatkläger in der Hauptverhandlung weder erscheint noch durch einen Rechtsanwalt vertreten wird. Gegen den Einstellungsbeschluß kann der Privatkläger binnen einer Woche nach der Versäumung des Termins die Wiedereinsetzung in den vorigen Stand nur unter der Voraussetzung des §. 44[1]) beanspruchen.

Hierzu lagen folgende Anträge vor:

1. Die Wiedereinsetzung soll auch dann zugelassen werden, wenn die Versäumung auf ein Verschulden des Vertreters des Privatklägers oder auf andere entschuldbare Zufälle zurückzuführen ist.
2. Beim Ausbleiben des Privatklägers oder seines Vertreters ist in die Verhandlung einzutreten. Die Klage soll erst dann als zurückgenommen gelten, wenn der Privatkläger oder sein Vertreter bis zum Schlusse der Beweisaufnahme nicht erscheint.
3. Wenn der Privatkläger im Verfahren erster Instanz und, soweit der Angeklagte Berufung eingelegt hat, im Verfahren zweiter Instanz in der Hauptverhandlung nicht erscheint, auch durch einen Rechtsanwalt nicht vertreten ist, so hat das Gericht durch einen nach §. 44 der Str.Pr.O. anfechtbaren Beschluß auszusprechen, daß der Privatkläger die durch den Termin verursachten Kosten des Verfahrens zu tragen habe. Wenn in der alsbald neu anzuberaumenden weiteren Hauptverhandlung der Privatkläger weder erscheint noch durch einen Rechtsanwalt vertreten ist, oder in einem anderen Termin ausbleibt, obwohl das Gericht sein persönliches Erscheinen angeordnet hatte, oder eine Frist nicht einhält, die ihm unter Androhung der Einstellung des Verfahrens gesetzt war, so gilt die Privatklage als zurückgenommen.

---

[1]) D. h. wenn er durch Naturereignisse oder andere unabwendbare Zufälle am Erscheinen verhindert war oder von einer Zustellung ohne sein Verschulden keine Kenntnis erlangt hatte.

Die Antragsteller hoben übereinstimmend hervor, daß die Anwendung des geltenden Rechtes nicht selten zu Härten führe, da das Ausbleiben des Privatklägers oder seines Vertreters, wenn auch nicht durch einen unabwendbaren Zufall, so doch durch Umstände veranlaßt sein könne, welche den völligen Verlust des Privatklagerechts nicht zu rechtfertigen vermöchten. Der Privatkläger gerate heute oft ohne sein Verschulden in den falschen Verdacht, daß er die Klage nicht aufrechterhalten wolle, weil die gegen seine Ehre gerichteten Angriffe begründet gewesen seien. Von diesen Erwägungen geleitet, habe bereits im Jahre 1901 die Reichstagskommission sich für eine den gleichen Zweck verfolgende Vorschrift ausgesprochen. [1]

Die Mehrheit der Kommission verkannte zwar die Berechtigung dieser Ausführungen nicht, vermochte jedoch in keinem der gestellten Anträge ein geeignetes Mittel zur Abhilfe zu erblicken.

Gegen den Antrag 1 wurde geltend gemacht, es sei nicht angängig, den Grundsatz, daß ein Verschulden des Vertreters einen Grund für die Wiedereinsetzung des Angeklagten in den vorigen Stand nicht darstelle, hier zu durchbrechen. Vielmehr könne nur in Frage kommen, ob in dieser Beziehung die Voraussetzungen einer Wiedereinsetzung in den vorigen Stand im allgemeinen zu erweitern seien, was einer späteren besonderen Beratung vorbehalten bleiben müsse. Mit Rücksicht hierauf wurde der Antrag 1 zurückgezogen.

Der Antrag 2 wurde mit der Ausführung bekämpft: Die in Abwesenheit des Privatklägers vorgenommene Beweisaufnahme erweise sich, wenn der Privatkläger bis zum Schlusse der Verhandlung nicht erscheine, als nutzlos; finde er sich nachträglich ein, so werde sie häufig wenigstens teilweise wiederholt werden müssen. Andererseits sei mit der vorgeschlagenen Bestimmung dem Privatkläger in denjenigen Fällen nicht geholfen, in welchen die Beweisaufnahme infolge des Geständnisses des Angeklagten oder aus anderen Gründen sich rasch erledige.

Gegen den Antrag 3 wurde geltend gemacht, daß er zu häufigen Vertagungen und somit zu einer Verzögerung des Verfahrens führen werde. Andererseits wurde es für zu weit gehend erachtet, daß bei dem Ausbleiben des Privatklägers im zweiten Termine stets die Zurücknahme der Klage fingiert werden solle.

Der Antrag 2 wurde mit 14 gegen 5, der Antrag 3 mit 12 gegen 7 Stimmen abgelehnt.

IX. Nach §. 433 der Str.Pr.O. hat der Tod des Privatklägers regelmäßig die Einstellung des Verfahrens zur Folge. Nur im Falle der verleumderischen Beleidigung kann die Klage von den Eltern, den Kindern oder dem Ehegatten des Privatklägers binnen einer Präklusivfrist von zwei Monaten fortgesetzt werden. Andererseits steht der Tod des Privatklägers der Erhebung der öffentlichen Klage durch die Staatsanwaltschaft, sofern sie im öffentlichen Interesse liegt, nicht entgegen.

Hierzu lagen die Anträge vor:

---

[1]) Zu vergl. Reichstagsdruckſ. 1900/01 ad Nr. 220 S. 66, 67.

1. Im Falle des Todes des Privatklägers soll die Staatsanwaltschaft auch dann zur Übernahme der Verfolgung berechtigt sein, wenn ein öffentliches Interesse nicht vorliegt; die Übernahme hat binnen der im §. 431 Abs. 3 vorgesehenen Frist zu erfolgen.
2. Hat der Privatkläger nicht als Verletzter, sondern auf Grund des Rechtes, selbständig auf Bestrafung anzutragen, die Klage erhoben, so soll der Tod des Privatklägers die Einstellung des Verfahrens nur dann zur Folge haben, wenn nicht der Verletzte selbst das Verfahren fortsetzt.

Beide Anträge wurden einstimmig angenommen.

Für die Annahme des Antrags 1 war die Erwägung maßgebend, daß das geltende Recht zu erheblichen Mißständen führe. Sei die Privatklage begründet gewesen, so bedeute es eine empfindliche Härte für die Erben des Privatklägers, daß ihnen die Kosten des Verfahrens sowie die dem Beschuldigten erwachsenen notwendigen Auslagen zur Last fallen, während der Angeklagte frei ausgehe. Sei dagegen der Angeklagte unschuldig, so gehe er unbilligerweise seines Anspruchs auf Freisprechung verlustig. Diese Übelstände würden sich infolge der Ausdehnung der Privatklage noch empfindlicher geltend machen. Ihnen werde am geeignetsten dadurch vorgebeugt, daß die Staatsanwaltschaft in die Lage versetzt werde, auch wenn ein öffentliches Interesse an der Strafverfolgung nicht besteht, im Interesse der Parteien die Verfolgung zu übernehmen.

Für den zweiten Antrag spreche die Erwägung, daß, wenn die Privatklage auf Grund selbständiger Antragsberechtigung erhoben sei, nach dem Tode des Privatklägers das Recht des Verletzten auf Bestrafung des Täters fortbestehe; es liege im Interesse beider Parteien, daß der Verletzte nicht genötigt sei, eine neue Klage zu erheben, sondern die Befugnis erhalte, das bisherige Verfahren fortzusetzen.

X. Endlich nahm die Kommission einstimmig den Antrag an:[1])

Ein im Privatklageverfahren zu Protokoll des Gerichts abgeschlossener Vergleich gewährt einen vollstreckbaren Titel im Sinne der §§. 104, 794 der Zivilprozeßordnung.

Es wurde erwogen: Da der im Privatklageverfahren abgeschlossene Vergleich als ein zur Zwangsvollstreckung geeigneter Titel nicht angesehen werde, so sei der Privatkläger gezwungen, eine neue Klage anzustrengen, wenn der Angeklagte sich weigere, die in dem Vergleich übernommenen Verpflichtungen, insbesondere hinsichtlich der Kosten des Privatklageverfahrens, zu erfüllen. Hierdurch werde der Abschluß von Vergleichen im Privatklageverfahren in unerwünschter Weise erschwert.

[1]) Zu vergl. Reichstagsdrucks. 1900/01 ad Nr. 220 S. 68, 69.

37. Sitzung.

23. Januar 1904.

Nach §. 447 der Str.Pr.O. ist die Erlassung eines amtsrichterlichen Strafbefehls nur zulässig bei Übertretungen und, von einigen Ausnahmen abgesehen, bei denjenigen Vergehen, welche lediglich mit Gefängnis von höchstens drei Monaten oder Geldstrafe von höchstens sechshundert Mark bedroht sind. Durch den Strafbefehl darf jedoch keine andere Strafe als Geldstrafe von höchstens einhundertfünfzig Mark oder Freiheitsstrafe von höchstens sechs Wochen, sowie eine etwa verwirkte Einziehung festgesetzt werden.

Durch den Entwurf von 1895 wurde vorgeschlagen, den Strafbefehl unter Beibehaltung der festgesetzten Strafgrenze auch bei dem qualifizierten Hausfriedensbruche (§. 123 Abs. 3 des St.G.B.) und der Bedrohung (§. 241) zuzulassen. Dem Vorschlage sind die Reichstagskommissionen von 1896, 1899 und 1900 einstimmig beigetreten.

Im Anschlusse hieran sind unter O des Fragebogens die Fragen gestellt:

I. Empfiehlt es sich, die Voraussetzungen, unter denen ein amtsrichterlicher Strafbefehl erlassen werden kann, zu erweitern?

II. In welcher Weise würde dies zu geschehen haben? (Str.Pr.O. §§. 447 bis 452.)

I. Es herrschte in der Kommission Übereinstimmung darüber, daß sich die Einrichtung des Strafbefehls bewährt habe, da sie geeignet sei, bei der großen Menge geringfügiger Strafsachen die erwünschte Vereinfachung und Beschleunigung des Verfahrens herbeizuführen. Sie erspare der Staatskasse Kosten und den Behörden Arbeit und Schreibwerk, die mit der geringen Bedeutung der Sache in keinem Verhältnisse stehen würden. Sie erleichtere die den Zeugen aus der Zeugnispflicht erwachsende Last, vermindere die Zahl der Eidesleistungen und gereiche dem Beschuldigten selbst zum Vorteil, indem sie ihm Kosten, Zeitversäumnisse, Verlust von Arbeitsverdienst und vor allem den Zwang, in öffentlicher Verhandlung auf der Anklagebank erscheinen zu müssen, mit allen für sein Ansehen, seinen Erwerb und sein Fortkommen damit verbundenen Nachteilen erspare. Sie erhöhe die Wirkung der Strafverfolgung, indem sie ermögliche, daß der Tat die Strafe fast auf dem Fuße folge.

Andererseits sei nicht zu verkennen, daß das Verfahren der Mündlichkeit und Öffentlichkeit, somit der wichtigsten Mittel zur Erforschung der Wahrheit und zu einer gerechten Abmessung der Strafe entbehre. Bald entgehe der Täter der verdienten strengen Bestrafung, weil der volle Umfang seiner Verschuldung bei den polizeilichen Vorermittelungen nicht erkannt wurde, bald treffe ihn eine völlig ungerechtfertigte oder doch über Gebühr hohe Strafe, weil er die rechtzeitige Erhebung des Einspruchs versäumte. Letzteres beruhe auf den verschiedensten Gründen, zuweilen nur auf Unverstand oder Nachlässigkeit, unter Umständen aber auch darauf, daß der Betroffene die Übernahme einer ungerechten Strafe für ein geringeres Übel halte, als die ihm aus einer öffentlichen Hauptverhandlung auch im Falle der Freisprechung erwachsenden Nachteile. Die Gefahr von ungerechten Bestrafungen werde durch die Zulässigkeit der Ersatzzustellung und durch die enge Begrenzung der gegen den Ablauf der Einspruchsfrist gewährten Wiedereinsetzung in den vorigen Stand erhöht. Überhaupt führe der Strafbefehl zu einer an Äußerlichkeiten haftenden, den Grad der Verschuldung nicht genügend berücksichtigenden, schematischen Strafbemessung, ja geradezu zu Strafaxen, die lediglich an den objektiven Befund anknüpften. Er schwäche die abschreckende Wirkung der Strafgesetze nicht nur dem Verurteilten gegenüber, indem ihm nicht in mündlicher Verhandlung die Strafwürdigkeit seines Tuns nachhaltig und mit Ernst zu Gemüte geführt werden könne, sondern auch der Allgemeinheit gegenüber, indem ihr das strafrechtliche Einschreiten in der Regel unbekannt bleibe. Eine Vereinfachung und Beschleunigung des Verfahrens werde übrigens nur dann erreicht, wenn der Beschuldigte sich dem Strafbefehl unterwerfe; andernfalls führe der Strafbefehl im Gegenteile zu einer unnötigen Verweitläufigung und Verlängerung.

Bei diesen sich gegenüberstehenden Vorzügen und Nachteilen des Strafbefehls stimmte die Kommission darin überein, daß er nur innerhalb gewisser, vorsichtig zu bestimmender Grenzen zugelassen werden dürfe. In den durch das geltende Recht gezogenen Grenzen seien die Vorteile der Einrichtung hervorgetreten, ohne daß sich eine Schädigung der Strafrechtspflege ergeben habe. Insbesondere habe die weitaus größere Zahl der von der Staatsanwaltschaft gestellten Strafbefehlsanträge ihre Erledigung ohne mündliche Verhandlung durch den Strafbefehl gefunden.[1]) Hiernach könne in der Tat in Erwägung gezogen werden, ob nicht die Voraussetzungen des Strafbefehls zu erweitern seien. Hierbei komme zunächst eine Erweiterung des Kreises der dem Strafbefehle zugänglichen strafbaren Handlungen in Betracht. Einverständnis herrschte darüber, daß der Strafbefehl nur auf solche strafbaren Handlungen erstreckt werden dürfe, bei denen es sich um einfache, weiterer Aufklärung in der Regel nicht bedürftige Tatbestände handele. Von einer Seite wurde der Standpunkt vertreten, daß unter der gedachten Voraussetzung strafbare Handlungen auch von schwererer krimineller Bedeutung Berücksichtigung finden könnten. Vorbehaltlich der noch zu bestimmenden Strafgrenze und im Vertrauen darauf, daß innerhalb dieser Grenze

---

[1]) Nach der Deutschen Justizstatistik Jahrg. XI S. 236 entfielen im Reiche auf je 1000 erledigte Anträge solche, welche ihre Erledigung durch Strafbefehl gefunden haben: 1896/1900 878, 1901: 887.

die Staatsanwaltschaften und Gerichte von der ihnen eingeräumten Befugnis einen vorsichtigen, die Rechtspflege nicht benachteiligenden Gebrauch machen würden, könne so weit gegangen werden, daß von der Zulässigkeit des Strafbefehls keine der strafbaren Handlungen, die zur Zuständigkeit der Schöffengerichte gehören (§. 27 des G.V.G.) oder ihnen zur Aburteilung überwiesen werden können (§. 75 des G.V.G.), ferner auch nicht die Verbrechen des einfachen Diebstahls im Rückfall oder des einfachen Betrugs im Rückfalle von vornherein ausgeschlossen werden. Gerade bei Verbrechen letzterer Art liege zuweilen, z. B. bei Geständnis des Täters, die Sache so einfach, daß die Strafe unbedenklich durch Strafbefehl auferlegt werden könne. Hierzu komme, daß im Falle der Vorführung des Beschuldigten aus der Haft eine vorgängige mündliche Verhandlung mit ihm dem Richter ermöglicht sei. Von anderer Seite wurde angeregt, eine generelle Ausdehnung der Zulässigkeit des Srafbefehls wenigstens insoweit eintreten zu lassen, als ihm alle Vergehen unterliegen sollen, die ausschließlich mit Geldstrafe bedroht sind.

Zwei diesen Anregungen entsprechende Anträge wurden jedoch zurückgezogen, nachdem die überwiegende Mehrheit sich dahin ausgesprochen hatte, daß immer nur einzelne, bestimmt zu bezeichnende Delikte, und zwar von vornherein nur solche von geringerer krimineller Bedeutung, in Betracht kommen könnten. Alle strafbaren Handlungen, welche die sittlichen Grundlagen des Gemeinwesens berühren oder bei denen aus anderen Gründen das öffentliche Interesse besonders beteiligt sei, müßten von vornherein ausgeschieden werden. Insbesondere sei gegenüber den Vermögensdelikten, auch mit Rücksicht auf den bei ihnen Platz greifenden Strafverschärfungsgrund des Rückfalls, besondere Vorsicht geboten, wenngleich dem Mandatsverfahren bei Forst- und Felddiebstählen partikularrechtlich unleugbar eine große praktische Bedeutung zukomme. Nicht minder bedenklich sei es, den Strafbefehl auf weitere Vergehen gegen die zum Schutze der Arbeiter erlassenen Vorschriften der Gewerbeordnung zu erstrecken. Diese Vorschriften seien sozialpolitisch von großer Bedeutung, und schon nach dem geltenden Rechte habe es sich als ein Mißstand herausgestellt, daß Zuwiderhandlungen der Arbeitgeber gegen jene Vorschriften häufig mit allzu geringer Strafe geahndet würden.

Gegen eine vorsichtige Erweiterung des Kreises der dem Strafbefehl unterliegenden strafbaren Handlungen komme der Umstand, daß nach der Militärstrafgerichtsordnung (§. 349 Abs. 1) die Strafverfügung auf Übertretungen beschränkt sei, nicht in Betracht, da diese Beschränkung durch die im §. 3 des Einführungsgesetzes zum Militärstrafgesetzbuche vorgesehene Möglichkeit der Verhängung nicht unerheblicher Strafen im Disziplinarweg[1] ausgeglichen werde.

Was die Frage anlangt, ob die im §. 447 Abs. 2 vorgesehene Strafgrenze zu erhöhen sei, so vermochte die Mehrheit ein praktisches Bedürfnis hierfür schon deshalb nicht anzuerkennen, weil die von den Gerichten im Wege des Strafbefehls verhängten Strafen schon jetzt die Höchstgrenze fast niemals erreichten, vielmehr in der Regel weit unter ihr zurückblieben. Deshalb sei die jetzige

---

[1]) Im Disziplinarwege können festgesetzt werden vier Wochen gelinden oder Stubenarrestes, drei Wochen mittleren, vierzehn Tage strengen Arrestes.

Grenze vollständig ausreichend, auch wenn der Kreis der dem Strafbefehle zugänglichen strafbaren Handlungen vermehrt werde. Gegen eine höhere Bemessung der Strafgrenze spreche auch die allgemeine Erwägung, daß der Erlaß eines Strafbefehls sich nur dann empfehle, wenn angenommen werden dürfe, daß sich der Täter bei der im Strafbefehle festgesetzten Strafe beruhigen werde. Diese Voraussetzung treffe bei höheren Strafen nicht zu. Eher könnte die Frage aufgeworfen werden, ob nicht ein in die Rechte der Person so tief eingreifendes Strafübel wie die Freiheitsstrafe dem Strafbefehle ganz zu entziehen, oder ob wenigstens der zulässige Höchstbetrag der Strafen herabzusetzen sei. Auch die Militärstrafgerichtsordnung (§. 349 Abs. 2) bestimme die Höchstgrenze für die in einer Strafverfügung festzusetzende Freiheitsstrafe auf nur vierzehn Tage Haft. Die Österreichische Strafprozeßordnung (§. 460) habe sogar die obere Strafgrenze für das „Mandatsverfahren" auf nur drei Tage Arrest und 15 Gulden Geldstrafe festgesetzt. Ein Antrag in der bezeichneten Richtung wurde jedoch nicht gestellt. Dagegen wurde von anderer Seite beantragt,

1. den Höchstbetrag
   a) der Freiheitsstrafe für alle Vergehen und Übertretungen auf drei Monate, für die in Betracht kommenden Verbrechen (nämlich für einfachen Diebstahl und Betrug im wiederholten Rückfall) aber auf ein Jahr mit der Maßgabe festzusetzen, daß auch auf Überweisung an die Landespolizeibehörde, auf Einziehung und Unbrauchbarmachung erkannt und daß im Falle einer Gesamtstrafe dieser Betrag noch überschritten werden kann,
   b) der Geldstrafe auf 600 M. zu erhöhen;
2. für die im Strafbefehle zu erkennende Geldstrafe eine Höchstgrenze überhaupt nicht vorzusehen.

Beide Anträge wurden im Laufe der Beratung zurückgezogen.

Der Vorsitzende stellte fest, daß volle Übereinstimmung der Kommission darüber bestehe, daß

die unter O I gestellte Frage zu bejahen,

die unter O II gestellte Frage dahin zu beantworten sei, daß die Ausdehnung der Zulässigkeit des Strafbefehls durch eine Erweiterung des Kreises der in Betracht kommenden Delikte zu geschehen habe.

Die Frage,

ob dies auch durch Einführung einer höheren Strafgrenze zu geschehen habe,

wurde mit 11 gegen 8 Stimmen verneint.

II. Bei der Beratung darüber, auf welche einzelnen strafbaren Handlungen die Zulässigkeit des Strafbefehls auszudehnen sei, wurde beantragt,

sich für die Einbeziehung folgender Delikte auszusprechen:

1. des Widerstandes gegen die Staatsgewalt im Falle des §. 113 des St.G.B.,
2. des Hausfriedensbruchs im Falle des §. 123 Abs. 3 des St.G.B.,
3. der Beleidigung im Falle des §. 185 des St.G.B.,
4. der Körperverletzung in den Fällen der §§. 223, 230 des St.G.B.,

5. der Bedrohung im Falle des §. 241 des St.G.B.,
6. des strafbaren Eigennutzes im Falle des §. 285 des St.G.B.,
7. des strafbaren Eigennutzes im Falle des §. 286 des St.G.B.,
8. der Sachbeschädigung im Falle des §. 303 des St.G.B.

Der Antrag wurde zu 2 mit 16 gegen 3 Stimmen, zu 1 und 6 mit 17 gegen 2 Stimmen, im übrigen mit 18 Stimmen gegen eine Stimme angenommen, und zwar zu 2 bis 5, 8 vorbehaltlich der Frage, ob der Strafbefehl auch im Falle der Privatklage zulässig sein soll, zu 7 mit Rücksicht auf die derzeitige Zuständigkeit der Strafkammer, vorbehaltlich einer anderweitigen Regelung der Zuständigkeit.

Die überwiegende Mehrheit war der Ansicht, daß die Tatbestände aller der im Antrage berücksichtigten Deliktsarten verhältnismäßig einfach seien, daß in diesen Fällen sehr häufig der Sachverhalt weiterer Aufklärung nicht bedürfe und Verfehlungen von nur geringer krimineller Bedeutung in Frage stünden. Durch die beantragte Erweiterung werde eine sehr erwünschte Vereinfachung und Beschleunigung des Verfahrens ermöglicht, ohne nach anderer Richtung bedenkliche Folgen herbeizuführen.

Gegen eine Berücksichtigung des mit Waffen oder von mehreren gemeinschaftlich begangenen Hausfriedensbruchs (§. 123 Abs. 3) wurde das Bedenken erhoben, daß, während bei allen übrigen im Antrage bezeichneten Delikten schon im Regelfalle, bei den Fällen des Widerstandes (§. 113) wenigstens im Falle mildernder Umstände, Geldstrafe und Gefängnis im gesetzlichen Mindestbetrag angedroht sei, im Falle des §. 123 Abs. 3 mindestens auf eine Woche Gefängnis erkannt werden müsse. Die Mehrheit der Kommission war der Ansicht, daß trotzdem die Fälle des qualifizierten Hausfriedensbruchs häufig sehr leicht lägen; die Bestimmung einer Mindeststrafe von einer Woche Gefängnis für diese Fälle werde in der Praxis als ein Mißstand empfunden; daher könne daraus kein Grund entnommen werden, den Strafbefehl hier von vornherein auszuschließen. Der Entwurf von 1895 habe auf demselben Standpunkte gestanden. Gegenüber den weiteren Bedenken, daß im Falle des §. 123 Abs. 3 die Erschwerung in der Regel auf der „gemeinschaftlichen Begehung seitens mehrerer" beruhe und sich eine unerwünschte Verwickelung ergebe, wenn der Einspruch nur von einem der Beteiligten eingelegt werde, wurde darauf hingewiesen, daß das Gleiche schon nach dem geltenden Rechte in allen Fällen der Teilnahme eintrete. Mißstände hätten sich daraus nicht ergeben.

Gegen die Einbeziehung des Widerstandes gegen die Staatsgewalt wurde geltend gemacht, daß bei diesem Delikt um deswillen an der Notwendigkeit der öffentlichen Verhandlung festzuhalten sei, weil durch sie der Verwaltung die Möglichkeit geboten werde, die Tätigkeit der Vollstreckungsbeamten zu überwachen. Demgegenüber wurde darauf hingewiesen, daß es eine Reihe leichter Fälle des Widerstandes gebe, bei denen jene Rücksicht nicht in Betracht komme.

Gegen die Aufnahme der §§. 285, 286 wurde geltend gemacht, daß die Wirte, denen eine Befassung mit Glücksspielen zur Last gelegt werde, regelmäßig Einspruch erheben würden. Die Begriffe des Glückspiels, der öffentlichen Lotterie und Ausspielung seien rechtlich nicht unzweifelhaft. Auch könne diesen Delikten eine größere kriminelle Bedeutung nicht abgesprochen werden, wie denn für die Fälle des §. 286 derzeit die Strafkammer zuständig sei. Demgegenüber wurde darauf hingewiesen, daß die Regelung der Zuständigkeit vorbehalten bleibe. Wenn im übrigen den Bedenken auch nicht jede Berechtigung abgesprochen werden könne, so könnten sie doch nicht dahin führen, in den Fällen der §§. 285, 286 die Zulässigkeit des Strafbefehls von vornherein auszuschließen. Sehr leichte, für die Erledigung durch Strafbefehl geeignete Fälle, z. B. das Ausspielen von Gänsen in Wirtschaften, von Früchten u. dergl. durch herumziehende Händler, seien nicht selten.

III. Die Frage,

ob der Erlaß eines Strafbefehls wegen der im Wege der Privatklage verfolgten strafbaren Handlungen zulässig sein soll,

wurde von der Kommission mit 11 gegen 8 Stimmen bejaht.

Die Mehrheit ging davon aus:

Die Zulässigkeit des Strafbefehls bei Deliktsarten, die für dieses Verfahren im Falle der öffentlichen Klage als geeignet angesehen worden seien, könne um so weniger Bedenken unterliegen, wenn wegen mangelnden öffentlichen Interesses die Verfolgung in die Hand des Verletzten gelegt werde. Denn im letzteren Falle müßten die Gründe, welche die Erledigung der Sache im Wege des Strafbefehls rechtfertigten, nämlich Einfachheit, Liquidität und geringe kriminelle Bedeutung des Tatbestandes in erhöhtem Maße zutreffen. Andererseits lägen diese Voraussetzungen häufig nur bei den durch Privatklage, nicht aber bei den von Amtswegen verfolgten Straffällen (z. B. des §. 223a des St.G.B.) vor. Es könne allerdings noch in Frage kommen, ob etwa die Aufgaben, die bei dem Strafbefehle der Staatsanwaltschaft zufielen, so beschaffen seien, daß sie dem Privatkläger nicht wohl übertragen werden könnten. In dieser Beziehung wurden folgende Bedenken geltend gemacht:

Dem Staatsanwalte falle in erster Linie die Wahl der Verfahrensart zu. Auf Grund der polizeilichen oder der von ihm selbst angestellten Ermittelungen habe er dazu Stellung zu nehmen, ob der Sachverhalt so einfach und geklärt sei, daß sich die Erledigung im Wege des Strafbefehls rechtfertige, oder ob eine mündliche Verhandlung angemessen erscheine. Hierzu sei der Staatsanwalt wohl in der Lage, da ihm alle geeigneten Mittel zur Erforschung des Sachverhalts zu Gebote stünden und er auf Grund seiner Erfahrungen auch zu beurteilen vermöge, ob Einspruch gegen den Strafbefehl zu erwarten sei. Der Staatsanwalt lasse sich bei seiner Entschließung auch nur von sachlichen Gesichtspunkten leiten. Anders der Privatkläger. Er entbehre der Unterlage amtlicher Ermittelungen, er könne schon aus diesem Grunde und mangels anderweitiger Erfahrungen eine zweckentsprechende Auswahl der Verfahrensart nicht treffen. Er werde sich dabei auch vielfach nicht von sachlichen Gesichtspunkten leiten lassen. Unter Umständen werde er auf Grund völlig haltloser Unterlagen einen Strafbefehl erwirken. Vielfach werde er dabei unlautere Zwecke verfolgen, von Feindschaft, Rachsucht, Konkurrenzneid und dergleichen getrieben sein. Für den Betroffenen stehe dann der Strafbefehl in seiner Wirkung fast einer Beleidigung gleich. Die Erhebung von Einsprüchen gegen derartige Strafbefehle werde häufig sein. Die Erwirkung des Strafbefehls von der einen, die Erhebung des Einspruchs von der anderen Seite werde dazu beitragen, die Parteien gegen einander zu erbittern. Gerade in Privatklagesachen, namentlich bei Beleidigungen, sei die mündliche Verhandlung geeignet, eine zwischen den Parteien gewöhnlich schon längere Zeit anhaltende Spannung zu beseitigen und die Versöhnung herbeizuführen. In Folge der durch den Strafbefehl eingetretenen Erbitterung aber werde die Aussicht auf einen Vergleich verringert. Weitere Bedenken seien daraus abzuleiten, daß im Antrag auf Erlaß eines Strafbefehls auch die auszusprechende Strafe zu bezeichnen sei. Der Verletzte werde dazu neigen, die ihm angetane Unbill zu überschätzen und regelmäßig die Höchstbeträge der zulässigen Strafen beantragen. Allerdings bedürfe es der Zustimmung des Amtsrichters zu der beantragten Strafe. Habe der Amtsrichter gegen die vom Staatsanwalte beantragte Strafe Bedenken, so trete er mit ihm in's Benehmen und die Meinungsverschiedenheiten fänden in der Regel ohne weiteres ihren Ausgleich. Dagegen vertrage es sich nicht mit der Würde der Strafrechtspflege, daß die Höhe der Strafe zum Gegenstand einer Vereinbarung zwischen dem Gericht und einer Privatperson gemacht wird. Wollte man den Richter ermächtigen, ohne Rücksicht auf das Begehren des Privatklägers die Höhe der Strafe zu bestimmen und dem Privatkläger etwa nur das Recht des Einspruchs hiergegen gewähren, so würde der Einspruch regelmäßig erhoben werden und somit die Sache doch zur Hauptverhandlung kommen. Bleibe dagegen der Einspruch dem Privatkläger versagt, so werde er von der Beantragung eines Strafbefehls selten Gebrauch machen, da er im ordentlichen Verfahren zufolge des ihm zustehenden Rechtsmittels der Berufung eher Aussicht zu haben glauben werde, die von ihm gewünschte Bestrafung herbeizuführen. Wie man also das Verfahren auch gestalten möge, werde der Strafbefehl bei der Privatklage keine praktische Bedeutung gewinnen können.

Die Mehrheit konnte diese Bedenken für durchschlagend nicht erachten. Zunächst würden auch dem Privatklageverfahren häufig bereits amtliche Ermittelungen vorausgehen. Sehr oft werde nämlich zunächst die Staatsanwaltschaft angerufen werden, welche ihrerseits Vorermittelungen anstelle und dann auf Grund derselben mangels eines öffentlichen Interesses den Verletzten zur Privatklage verweise. Nach den Beschlüssen der Kommission sei aber die Staatsanwaltschaft verpflichtet, dem Verletzten oder dessen Vertreter die von ihr geführten Verhandlungen auf Verlangen zur Einsicht mitzuteilen. Vor allem aber stehe dem Bedenken, daß der Strafbefehl auf ungenügender Grundlage erfolgen könne, der Umstand entgegen, daß der Amtsrichter dazu berufen sei, über die tatsächliche und rechtliche Begründung des Antrags und über die Angemessenheit der gewählten Verfahrensart zu entscheiden. Auch sei diesem unbenommen, Ermittelungen im Interesse besserer Aufklärung der Sache selbst zu bewirken. Übrigens sei auch dann, wenn der Richter dem Antrage des Staatsanwalts auf Erlaß eines Strafbefehls stattgebe, keine unbedingte Gewähr der Richtigkeit des behaupteten Tatbestandes vorhanden. Es bleibe wie in diesem Falle, so auch gegenüber dem Antrage des Privatklägers dem Richter überlassen, zu entscheiden, ob der behauptete Tatbestand hinreichend liquid und der Strafbefehl gerechtfertigt sei.

Was aber die Bemessung der Strafe anlange, so seien die Fälle nicht selten, in denen der Privatkläger lediglich eine Genugtuung für Eingriffe in seine Rechte erstrebe; derselbe werde daher durchaus nicht immer den Antrag auf übertriebene, sondern häufig auf Strafen richten, die auch dem Amtsrichter angemessen erscheinen würden. Unter Umständen werde er sogar geneigt sein, die Bemessung der Strafe ganz dem Richter zu überlassen. Die nähere Regelung des Strafbefehlsverfahrens auf Antrag des Privatklägers sei vorzubehalten. Dieser Regelung könne die Entscheidung insbesondere auch der Frage vorbehalten bleiben, ob dem Strafbefehl in Beleidigungssachen dadurch eine noch größere praktische Bedeutung zu verschaffen sei, daß die im §. 200 des St.G.B. für den Fall der Öffentlichkeit der Beleidigung vorgeschriebene Ermächtigung des Beleidigten, die Verurteilung öffentlich bekannt zu machen, durch den Strafbefehl ausgesprochen werden dürfe. Es wurde darauf hingewiesen, daß schon jetzt nach § 16 des Gesetzes, betreffend den Verkehr mit Nahrungsmitteln, Genußmitteln und Gebrauchsgegenständen, vom 14. Mai 1879 die öffentliche Bekanntmachung der aus diesem Gesetz erfolgenden Verurteilungen auch im Strafbefehl angeordnet werden könne. Partikularrechtlich habe man vor 1879 mit dem Strafbefehl im Privatklagesachen nur günstige Erfahrungen gemacht.[1]) Der mit dem Mandatsverfahren verbundene Vorzug der Kostenersparnis falle gerade für die Strafverfolgung im Wege der Privatklage besonders ins Gewicht.

IV. Hierauf wurde die Beratung über den Strafbefehl abgebrochen. Als Beginn der nächsten Tagung wurde der 8. März festgesetzt. Auf die Tagesordnung wurden die zu O gestellten Anträge, soweit sie noch nicht erledigt sind, sowie die Fragen zu P, Q, R und S des Fragebogens gesetzt.

---

[1]) Zu vergl. z. B. die Artikel 368a flg. der revidierten Strafprozeßordnung für das Königreich Sachsen.

38. Sitzung.

8. März 1904.

Strafbefehlsverfahren.

I. Die Kommission setzte die Beratung der Frage O des Programms fort und wandte sich zunächst zu der Frage, welche Nebenstrafen und Nebenfolgen in einem Strafbefehle zuzulassen seien.

Nach §. 447 Abs. 2 der Str.Pr.O. darf neben der Strafe nur eine etwa verwirkte Einziehung durch einen Strafbefehl festgesetzt werden; die Überweisung des Beschuldigten an die Landespolizeibehörde darf nach Abs. 3 nicht ausgesprochen werden.

Es war folgender Antrag gestellt:

In einem Strafbefehle darf auch
a) die Unbrauchbarmachung von Gegenständen,
b) die Überweisung an die Landespolizeibehörde,
c) die Zuerkennung einer Buße
ausgesprochen werden.

Die Kommission nahm den Antrag a einstimmig an. Zugleich wurde als übereinstimmende Meinung festgestellt, daß auch die Befugnis, die Bestrafung auf Kosten des Schuldigen öffentlich bekannt zu machen und die öffentliche Bekanntmachung der Bestrafung in einem Strafbefehle festgesetzt werden dürfe. Für beide Entschließungen war maßgebend, daß nach den früheren Beschlüssen der Kommission[1]) die Beleidigung in den Kreis der durch Strafbefehle zu ahndenden Straftaten fallen soll (zu vergl. §§. 41, 200 des St.G.B.). Es wurde darauf hingewiesen, daß auch das Nahrungsmittelgesetz die Anordnung der öffentlichen Bekanntmachung im Strafbefehle für zulässig erklärt habe.[2])

---

[1]) Zu vergl. das Protokoll der 37. Sitzung S. 317.

[2]) §. 16 des Gesetzes vom 14. Mai 1879 (Reichs-Gesetzbl. S. 145); zu vergl. auch §. 7 des Gesetzes, betr. den Verkehr mit blei- und zinkhaltigen Gegenständen, vom 25. Juni 1887 (Reichs-Gesetzbl. S. 273); §. 14 des Gesetzes, betr. die Verwendung gesundheitsschädlicher Farben 2c., vom 5. Juli 1887 (Reichs-Gesetzbl. S. 277); §. 20 des Gesetzes, betr. den Verkehr mit Butter, Käse, Schmalz und deren Ersatzmitteln, vom 15. Juni 1897 (Reichs-Gesetzbl. S. 475); §. 29 des Gesetzes, betr. die Schlachtvieh- und Fleischbeschau, vom 3. Juni 1900 (Reichs-Gesetzbl. S. 547); §. 19 des Gesetzes, betr. den Verkehr mit Wein 2c., vom 24. Mai 1901 (Reichs-Gesetzbl. S. 175).

Die Anträge b und c wurden mit 17 Stimmen gegen eine Stimme abgelehnt.

Für den Antrag, die Überweisung an die Landespolizeibehörde entgegen der Vorschrift des §. 447 Abs. 3 der Str.Pr.O. zuzulassen, war geltend gemacht worden, daß hierdurch Zeit und Kraft infolge des Fortfalls der mündlichen Verhandlung erspart werde. Eine persönliche Kenntnis des Beschuldigten sei zur Anordnung dieser Maßregel nicht unbedingt nötig, vielmehr ergebe sich das Vorleben mit den Vorstrafen und damit die Zulässigkeit und Zweckmäßigkeit der Überweisung meist aus den Akten. Es empfehle sich daher, wenigstens die Möglichkeit zuzulassen, daß im Strafbefehle die Überweisung an die Landespolizeibehörde ausgesprochen werde.

Die Mehrheit gelangte zur Ablehnung des Antrags auf Grund der Erwägung, daß es nicht angezeigt sei, eine solche Maßregel, welche in ihrer Schwere über die sonst in Strafbefehlen festgesetzten Strafen weit hinausgehe, ohne mündliche Verhandlung und ohne Anhörung des Beschuldigten auszusprechen. Die häufig aus der Verhandlung ersichtliche Tatsache, daß der Beschuldigte garnicht zur Arbeit fähig sei, lasse sich aus den Akten nicht feststellen. Zudem werde die beantragte Änderung des geltenden Rechtes praktisch ohne Erfolg bleiben. Aus der großen Zahl von Berufungen, die sich nur gegen die Überweisung an die Landespolizeibehörde richteten, lasse sich der Schluß ziehen, daß gegen einen die Überweisung anordnenden Strafbefehl regelmäßig Einspruch eingelegt werden würde.

Zur Begründung des Antrags c war ausgeführt worden, daß, nachdem die Kommission die Verfolgung der Beleidigung und der Körperverletzung im Wege des Strafbefehls zugelassen habe, auch die Zuerkennung einer Buße gestattet werden müsse. Allerdings sei der Vorschlag nur durchführbar, wenn das Verfahren sachgemäß geändert, insbesondere dem Richter gestattet werde, den Betrag der Buße ohne Rücksicht auf den gestellten Antrag selbständig festzusetzen.

Bei der Ablehnung des Antrags erwog die Kommission:

Nach §. 188 des St.G.B. schließe die erkannte Buße die Geltendmachung eines weiteren Entschädigungsanspruchs aus. Ohne mündliche Verhandlung sei aber der Richter nicht in der Lage, festzustellen, welche Buße angemessen sei. Das Verfahren werde sich auch, wenn man dem Antrage stattgebe, umständlicher gestalten. Denn einmal werde der Beschuldigte in der Regel wegen der Höhe der Buße Einspruch einlegen und ferner könne der Verletzte, wenn öffentliche Klage erhoben werde, nur als Nebenkläger eine Buße fordern. Zu diesem Zwecke müßte ihm der Strafbefehl zugestellt und das Recht zum Einspruche beigelegt werden. Die Zuerkennung einer Buße passe daher nicht in den Rahmen des Strafbefehlsverfahrens.

II. Die Kommission schritt zur Beratung der Anträge:

1. Es empfiehlt sich, die Zulässigkeit der Festsetzung eines Verweises durch Strafbefehl auszusprechen.
2. Gegen Personen, welche zur Zeit der Begehung der strafbaren Handlung das achtzehnte Lebensjahr nicht vollendet haben, sind Strafbefehle unzulässig, es sei denn, daß nur ein Verweis ausgesprochen wird.

A. Es wurde zunächst die Frage erörtert,

ob der Erlaß eines Strafbefehls gegen einen Beschuldigten, der das achtzehnte Lebensjahr nicht vollendet hat, überhaupt zulässig sein solle.

Hierbei ging die Kommission davon aus, daß die Frage nach dem geltenden Rechte in der Theorie streitig sei, in der Praxis jedoch im Anschluß an das Urteil des Reichsgerichts vom 21. November 1893 (Entsch. in Strafsachen Bd. 24 S. 413), welches die Hauptverhandlung gegen einen jugendlichen Angeklagten in dessen Abwesenheit für statthaft erachtet, durchgehend bejaht werde. Es wurde erwähnt, daß die preußische Justizverwaltung, die im Artikel 59 Abs. 1 der Geschäftsanweisung für die Amtsanwälte, vom 28. August 1879 (Justiz-Ministerialbl. S. 260) den Antrag auf Erlaß eines Strafbefehls in diesem Falle für unzulässig erklärt hatte, in der allgemeinen Verfügung vom 28. November 1895 (Justiz-Ministerialbl. S. 414) diesen Standpunkt aufgegeben hat.[1])

Einige Mitglieder hielten Strafbefehle gegen Personen, die zur Zeit der Begehung der Tat das achtzehnte Lebensjahr nicht vollendet hatten, sowohl nach geltendem Rechte für unzulässig, als auch de lege ferenda nicht für wünschenswert. In dieser Beziehung wurde ausgeführt:

Ein Strafbefehl dürfe nur dann erlassen werden, wenn der Tatbestand in objektiver und subjektiver Hinsicht zu keinen Zweifeln Anlaß gebe. Bei Personen zwischen dem zwölften und achtzehnten Lebensjahre sei aber der subjektive Tatbestand aus den Akten niemals zweifellos feststellbar. Die Entscheidung, ob ein Beschuldigter bei Begehung der Tat die zur Erkenntnis ihrer Strafbarkeit erforderliche Einsicht besessen habe, könne nicht, wie das Reichsgericht annehme, auf Grund aller im Strafverfahren überhaupt zulässigen Beweismittel getroffen werden, sondern hierzu sei eine persönliche Gegenüberstellung des Richters und des Beschuldigten, eine mündliche Verhandlung in allen Fällen erforderlich. Gerade bei jugendlichen Beschuldigten spiele ferner die Persönlichkeit für die Bemessung der Strafe eine große Rolle. Der Erlaß von Strafbefehlen gegen jugendliche Beschuldigte empfehle sich auch deshalb nicht, weil diese erfahrungsgemäß häufig aus unzureichenden Gründen den Einspruch unterlassen, sei es aus Unachtsamkeit oder weil sie die Bedeutung des ihnen zugestellten Schriftstücks nicht erfaßten, oder auch, weil sie davor zurückscheuten, daß ihre Verfehlungen den Eltern oder Vormündern bekannt und in der Öffentlichkeit besprochen würden. Den Schäden einer öffentlichen Verhandlung könne durch erweiterte Ausschließung der Öffentlichkeit vorgebeugt werden. Eine mündliche Verhandlung gebe auch die Möglichkeit, geeignetenfalls die Zwangserziehung anzuordnen.

Demgegenüber wurde hervorgehoben, daß diese Bedenken nicht für ausschlaggebend erachtet werden könnten, wenn auch nicht zu verkennen sei, daß gegen jugendliche Beschuldigte von Strafbefehlen besonders vorsichtig Gebrauch gemacht werden müsse. In zahlreichen Fällen lasse sich ohne mündliche Verhandlung feststellen, ob der Beschuldigte die Einsicht der Strafbarkeit besessen habe. Eine Untersuchung des subjektiven Tatbestandes sei auch bei strafmündigen Personen

---

[1]) In Bayern ist schon im §. 15 Abs. 1 der Vorschriften über die Behandlung der schöffengerichtlichen Strafsachen vom 20. August 1879 (Justiz-Ministerialbl. von 1879, Beilage S. 10) die grundsätzliche Zulässigkeit des Strafbefehlsverfahrens gegen Jugendliche anerkannt.

erforderlich. Ebenso, wie auf Grund aller zulässigen Beweismittel die Frage der Zurechenbarkeit geprüft werden könne, müsse dies auch bei der gemäß § 56 des St.G.B. zu treffenden Feststellung möglich sein. Bei manchen Straftaten, z. B. bei Tierquälereien, könne in der Regel ohne weiteres angenommen werden, daß der jugendliche Beschuldigte das nötige Unterscheidungsvermögen besitze. Ebenso werde dies der Fall sein, wenn bereits wegen einer gleichen Straftat einmal eine Bestrafung erfolgt sei. Etwaige Zweifel an der Einsicht könnten häufig auch ohne Verhandlung durch Einholung schriftlicher Auskünfte der Eltern, Vormünder, Geistlichen und Lehrer[1]) geklärt werden. Zur Anordnung der Zwangserziehung werde bei der Geringfügigkeit der durch Strafbefehle gerügten Verfehlungen fast niemals eine Veranlassung gegeben sein.

Gerade gegenüber zuchtlosen Jugendlichen sei ein schnelles und energisches Vorgehen erforderlich. Eine mündliche Verhandlung gegen Jugendliche müsse tunlichst vermieden werden, da hiermit leicht aus geringfügiger Ursache die Zukunft des Beschuldigten geschädigt werde. Die feierliche Gerichtsverhandlung werde bei manchem jugendlichem Beschuldigten das Gefühl erwecken, daß er eine wichtige Persönlichkeit sei.

Der Strafbefehl sei somit tatsächlich gegenüber dem ordentlichen Verfahren eine Wohltat für den jugendlichen Beschuldigten, die ihm nicht entzogen werden dürfe. Er sei ferner aus praktischen Gründen nicht zu entbehren. In vielen Fällen, so z. B. in Forst- und Feldrügesachen und bei Übertretungen auf dem Gebiete des Fortbildungsschulwesens, werde es in der Praxis zu unerträglichen und überflüssigen Belästigungen aller Beteiligten führen, wenn ein Strafbefehl gegen jugendliche Beschuldigte ausgeschlossen werde, besonders in denjenigen Bundesstaaten, in denen polizeiliche Strafverfügungen nicht zugelassen seien.

Mißstände hätten sich aus der Zulassung des Strafbefehls gegen Jugendliche bisher nicht ergeben und sie seien auch künftig nicht zu befürchten, weil erwartet werden dürfe, daß die Staatsanwaltschaft und die Richter ungeeignete Fälle ausscheiden werden. Überdies könnten durch die später zu beratenden Anträge über die Benachrichtigung der gesetzlichen Vertreter genügende Kautelen zum Schutze der Jugendlichen geschaffen werden.

B. Was sodann die Frage des Verweises anlangt, so bestand Übereinstimmung darüber, daß nach geltendem Rechte die Strafe des Verweises nach dem klaren Wortlaute des §. 447 der Str.Pr.O. in einem Strafbefehle nicht ausgesprochen werden dürfe, obschon dies in der Praxis bisweilen geschehe.

Gegen die in dem Antrag 1 vorgeschlagene Zulassung des Verweises wurde geltend gemacht:

Ob ein Verweis angezeigt sei, könne der Richter in der Regel nur beurteilen, wenn er die Persönlichkeit des Angeklagten in der mündlichen Verhandlung kennen gelernt habe. Außerdem werde ein durch Strafbefehl festgesetzter Verweis in der Regel schriftlich erteilt werden, um dem Beschuldigten nicht durch die Ladung vor den Richter die Vorteile des Strafbefehlsverfahrens wieder zu

[1]) Bei schulpflichtigen Kindern ist dies in Bayern der Staatsanwaltschaft vorgeschrieben (Bekanntmachung vom 18. Mai 1894 Justiz-Ministerialbl. S. 97).

entziehen. Die schriftliche Form sei zwar schon nach geltendem Rechte zulässig,[1]) mache aber meistens auf den Verurteilten keinen Eindruck.

Die überwiegende Mehrheit hielt dieses Bedenken gegenüber den Vorteilen der Zulassung des Verweises nicht für ausschlaggebend. Sie erwog, daß die Feststellung besonders leichter Fälle (§. 57 Ziffer 4 des St.G.B.) in der Praxis keine Schwierigkeiten machen werde. Der Verweis werde andererseits an Bedeutung gewinnen, wenn er alsbald nach der Tat erteilt werde. Bei den auf Grund von Urteilen erteilten Verweisen sei es ein Übelstand, daß der Angeklagte zweimal zum Gericht gehen, eventuell also zweimal die Schule versäumen müsse. Auch die in der Praxis häufig eintretende Umwandlung einer im Strafbefehl erkannten Geldstrafe in eine Freiheitsstrafe müsse bei jugendlichen Beschuldigten tunlichst eingeschränkt werden. Hierzu biete die Möglichkeit der Erteilung eines Verweises durch Strafbefehl ein gutes Mittel.

Die mit dem Antrage 2 geforderte Einschränkung der gegen jugendliche Beschuldigte durch Strafbefehl festzusetzenden Strafen auf den Verweis wurde damit begründet, daß sie dazu beitragen solle, die Verhängung der Geld- und Freiheitsstrafen von jugendlichen Personen möglichst fern zu halten. Könnten diese Strafen nach wie vor durch Strafbefehl ausgesprochen werden, so würde von der Festsetzung eines Verweises mittels Strafbefehls selten Gebrauch gemacht werden. Der Vorschlag fand keine Unterstützung; es wurde ihm entgegengehalten, daß er der Zulassung des Strafbefehls gegen jugendliche Personen einen großen Teil seiner praktischen Bedeutung nehmen würde.

C. Bei der Abstimmung wurde zunächst die Frage nach der Zulässigkeit von Strafbefehlen gegen jugendliche Beschuldigte in Gegenwart von 18 Mitgliedern mit 16 gegen 2 Stimmen bejaht; sodann wurde der Antrag 1 mit 15 gegen 3 Stimmen angenommen, der Antrag 2 mit 17 Stimmen gegen eine Stimme abgelehnt.

III. Die Kommission ging zur Beratung des Verfahrens bei Strafbefehlen über.

Zu der Frage, wer den Strafbefehl zu erlassen habe, lagen folgende Anträge vor:

1. Bei den zur Zuständigkeit der Strafkammer gehörenden Vergehen erläßt die Beschlußkammer den Strafbefehl. Erfolgt in diesen Fällen rechtzeitig Einspruch, so wird zur Hauptverhandlung vor der Strafkammer geschritten, falls nicht auf Antrag der Staatsanwaltschaft Verhandlung und Entscheidung dem Schöffengericht überwiesen werden.

   Im übrigen finden die Vorschriften der §§. 447 bis 452 der Str.Pr.O. entsprechende Anwendung.
2. Bei Vergehen, deren Aburteilung den Schöffengerichten überwiesen werden kann (§. 75 des G.V.G.), soll der Strafbefehl von der Strafkammer in gleicher Weise wie der amtsrichterliche mit der Bestimmung erlassen werden, daß im Falle des Einspruchs die Verhandlung und Entscheidung dem Schöffengericht überwiesen werden soll.

---

[1]) Zu vergl. die Entscheidungen des Reichsgerichts vom 26. Januar 1893 und 30. Juli 1898 (Entsch. in Strafsachen Bd. 23 S. 403 und Bd. 31 S. 282).

Für beide Anträge wurde geltend gemacht, daß die Bestimmungen über die Zuständigkeit eine Änderung nur erfahren dürften, soweit dies im sachlichen Interesse nötig erscheine. Gegen den Erlaß des Strafbefehls durch die Strafkammern seien aber praktische Bedenken nicht zu erheben; im Gegenteil seien die Strafkammern infolge der größeren Ständigkeit ihrer Besetzung vielleicht sogar geeigneter, den Strafbefehl zu erlassen, weil den Mitgliedern der Strafkammer die einschlägigen Verhältnisse oft besser bekannt sein würden als dem häufiger wechselnden Amtsrichter. Im übrigen ging der Antrag 1 davon aus, daß erst nach Erhebung des Einspruchs wegen einer etwaigen Überweisung der Sache an das Schöffengericht befunden werden soll. Der Urheber des Antrags 2 war der Ansicht, daß die Staatsanwaltschaft sich schon, bevor sie den Erlaß eines Strafbefehls beantrage, darüber schlüssig machen könne, ob sie eine Verhandlung vor dem Schöffengerichte für angemessen halte.

Gegenüber den Anträgen wurde darauf hingewiesen, daß nach den früheren Beschlüssen der Kommission das Gericht bei der Überweisung nicht mehr mitwirken solle[1]) und daß beim abgekürzten Verfahren der Amtsrichter allein — und zwar in allen Vergehenssachen — für zuständig erklärt sei.[2]) Der Amtsrichter sei auch vermöge seiner genaueren Kenntnis der Verhältnisse besser geeignet, über den Antrag auf Erlaß des Strafbefehls zu befinden; namentlich werde er bei jugendlichen Beschuldigten schneller und einfacher die nötigen Feststellungen über die Frage der Einsicht treffen können. Die Beschlußkammer sei für andere Zwecke geschaffen, sie dürfe ebensowenig wie die erkennende Strafkammer mit derartigen Sachen belastet werden. Der Zweck des Strafbefehlsverfahrens, nämlich die Promptheit der Entscheidung, sei nur durch die amtsrichterliche Zuständigkeit zu erreichen.

Nachdem darauf beide Anträge zurückgezogen waren, wurde als übereinstimmende Meinung der Kommission festgestellt, daß zum Erlaß des Strafbefehls in allen Fällen der Amtsrichter zuständig sein solle.

IV. Es wurde ferner darüber beraten, wem das Recht zustehen solle, den Erlaß des Strafbefehls zu veranlassen.

Hierzu lagen folgende Anträge vor:

1. Auch der Beschuldigte kann den Antrag auf Erledigung des Verfahrens durch Strafbefehl bei der Staatsanwaltschaft oder bei Gericht stellen. Ohne Zustimmung der Staatsanwaltschaft darf dem Antrage nicht entsprochen werden. Hält der Staatsanwalt oder der Richter eine solche Erledigung nicht für angemessen, so haben sie den Beschuldigten unter Angabe der Gründe zu bescheiden. Beschwerde ist ausgeschlossen.

2. a) Der Privatkläger kann den Antrag auf Strafbefehl stellen.
   b) Der Strafbefehl kann im Privatklageverfahren auch von Amtswegen erlassen werden.

---

[1]) Zu vergl. das Protokoll der 25. Sitzung S. 186.

[2]) Zu vergl. die Protokolle der 27. Sitzung S. 205 und der 28. Sitzung S. 209 flg.

Der Antrag 1 wurde von dem Antragsteller dahin erläutert, daß der Beschuldigte nicht etwa berechtigt sein solle, selbst eine bestimmte Strafe zu beantragen, sondern daß ihm nur das Recht zustehen solle, die Erledigung der Sache durch Strafbefehl zu beantragen mit der Maßgabe, daß ihm hierauf im Falle der Ablehnung ein nicht anfechtbarer Bescheid erteilt werden müsse. Der Vorschlag finde eine Analogie in dem abgekürzten Verfahren, dessen Einleitung nach den Beschlüssen der Kommission[1]) der Beschuldigte beantragen könne. Diese Wohltat müsse auch im Strafbefehlsverfahren zugelassen werden. Gegen Mißbräuche schütze das im Antrage vorgesehene Erfordernis der Zustimmung von Staatanwaltschaft und Gericht.

Die Kommission lehnte den Antrag mit 16 gegen 3 Stimmen ab, indem sie erwog:

Der Vorschlag habe rechtlich keine Bedeutung, weil dem Beschuldigten jetzt schon freistehe, bei der Staatsanwaltschaft die Erledigung durch Strafbefehl anzuregen. Er sei aber auch praktisch garnicht durchführbar. Zunächst komme in Betracht, daß der Beschuldigte häufig nicht rechtzeitig erfahren werde, daß das Verfahren gegen ihn eingeleitet sei oder durchgeführt werden solle. Auch bleibe unklar, bis zu welchem Stadium des Verfahrens dem Beschuldigten das Antragsrecht zustehen solle. Sodann werde der Vorschlag eine weitere Belastung der Staatsanwaltschaft und eine Verlängerung des Verfahrens veranlassen, auch zu einem unangemessenen Paktieren zwischen dem Beschuldigten und den Organen des Staates führen. Das abgekürzte Verfahren biete insofern keine Analogie, als der Beschuldigte dort auf das voll besetzte Gericht verzichte, während ihm nach dem Antrage gegen den von ihm selbst veranlaßten Strafbefehl immer noch der Einspruch zustehen würde.

Für den Antrag 2a wurde geltend gemacht, daß das Antragsrecht des Privatklägers zwar ohne weiteres aus der Zulassung des Strafbefehls in Privatklagesachen[2]) herzuleiten sei. Es werde sich aber empfehlen, das Recht ausdrücklich im Gesetze festzustellen.

Die Kommission stimmte diesen Erwägungen zu und nahm den Antrag einstimmig an.

Dagegen lehnte die Kommission den Antrag 2b mit 12 gegen 7 Stimmen ab.

Zur Unterstützung dieses Antrags war auf die günstigen Erfahrungen hingewiesen worden, die in Sachsen unter der Geltung der revidierten Strafprozeßordnung vom 1. Oktober 1868 gemacht seien, nach welcher Strafverfügungen von Amtswegen auf Privatklage zulässig waren.[3]) Es wurde ferner ausgeführt: Der Privatkläger werde selten geneigt sein, von sich aus einen Strafbefehl zu beantragen; ohne die Zulassung des Strafbefehls von Amtswegen würde daher der Strafbefehl in Privatklagesachen keine praktische Bedeutung erlangen.

Für die Mehrheit war die Erwägung maßgebend, daß der Privatkläger oft ein berechtigtes Interesse an einer öffentlichen Verhandlung habe. Dieses

---

[1]) Zu vergl. das Protokoll der 28. Sitzung S. 214.

[2]) Zu vergl. das Protokoll der 37. Sitzung S. 319.

[3]) Artikel 370, 371 und 368 a.

Interesse könne verletzt werden, wenn der Richter die Befugnis erhalte, gegen den Willen des Privatklägers einen Strafbefehl zu erlassen.

V. Nach §. 448 Abs. 2 Satz 1 der Str.Pr.O. hat der Amtsrichter, wenn er Bedenken findet, die Strafe ohne Hauptverhandlung festzusetzen, die Sache zur Hauptverhandlung zu bringen. Hierzu war beantragt:

1. Der Amtsrichter hat den Antrag durch Beschluß abzulehnen, wenn die Voraussetzungen des §. 178 Abs. 1 der Str.Pr.O. vorliegen oder der Beschuldigte der ihm zur Last gelegten Tat nicht hinreichend verdächtig erscheint.
2. Der Amtsrichter ist befugt, vor Erlaß des Strafbefehls einzelne Ermittelungen vorzunehmen.
3. Die richterliche Vernehmung des Beschuldigten soll auch, nachdem Strafbefehl beantragt ist, vor der Entscheidung über diesen Antrag bewirkt werden können.

Die Kommission nahm den Antrag 1 mit 18 gegen eine Stimme, den Antrag 2 einstimmig an. Der Antrag 3 war durch die Annahme des Antrags 2 erledigt.

Die Kommission ging hierbei davon aus, daß es nach geltendem Rechte zweifelhaft sei, ob der Amtsrichter den Antrag der Staatsanwaltschaft zurückweisen könne, wenn er die Klage für unzulässig oder unbegründet halte, und ob der Amtsrichter vor Erlaß des Strafbefehls zu Beweiserhebungen berechtigt sei.[1] Es wurde für zweckmäßig erachtet, die Zulässigkeit in beiden Fällen ausdrücklich festzustellen. Die von einem Mitgliede gegen den Antrag 1 hervorgehobene Möglichkeit, daß gegen den zurückweisenden Beschluß Beschwerde eingelegt werden könne und dadurch eine Erschwerung des Verfahrens eintrete, schien der überwiegenden Mehrheit gegenüber dem Bedürfnisse der Praxis und der durch §. 201 der Str.Pr.O. gegebenen Analogie nicht ausschlaggebend.

Dem Antrage 2 wurde der Vorzug vor dem Antrage 3 gegeben, weil kein Anlaß vorliege, die Zulässigkeit der richterlichen Ermittelungen auf die Vernehmung des Beschuldigten zu beschränken.

VI. Nach §. 448 Abs. 2 Satz 2 der Str.Pr.O. ist die Sache zur Hauptverhandlung zu bringen, wenn der Amtsrichter eine andere als die beantragte Strafe festsetzen will und die Staatsanwaltschaft bei ihrem Antrage beharrt.

Es war beantragt, unter Aufhebung dieser Vorschrift

1. zu bestimmen, daß auf eine andere als die beantragte Strafe erkannt werden darf.

Für den Fall der Ablehnung war folgender Antrag gestellt:

2. Ist der Strafbefehl vom Privatkläger beantragt, so kann der Amtsrichter eine geringere als die beantragte Strafe festsetzen.

Zur Begründung wurde darauf hingewiesen, daß die fragliche Vorschrift der Strafprozeßordnung eine für die Praxis beschwerliche Starrheit des Verfahrens schaffe. Mindestens müsse für die Privatklagesachen im Sinne des Antrags 2

[1] Zu vergl. Löwe, Kommentar zur Strafprozeßordnung, 11. Aufl., Note 2 und 4 c zum §. 448.

Vorsorge getroffen werden, weil dem Privatkläger jeder Maßstab für seinen Antrag fehle und er regelmäßig eine zu hohe Strafe beantrage, eine Einigung zwischen dem Richter und dem Privatkläger daher selten zu erzielen sein werde.

Die Mehrheit der Kommission vertrat den Standpunkt, daß an dem geltenden Grundsatze festzuhalten sei, da das Strafbefehlsverfahren schon der durch die Öffentlichkeit und Mündlichkeit geschaffenen Garantien entbehre. Stimme der Staatsanwalt oder der Privatkläger mit dem Richter in der Beurteilung der Straftat nicht überein, so bedürfe es zur Aufklärung des Sachverhalts einer mündlichen Verhandlung. In vielen Fällen unterwerfe sich der Beschuldigte dem Strafbefehl in der Erwägung, daß die Strafe, welche der Staatsanwalt und der Richter übereinstimmend für angemessen hielten, gerecht sein werde. Falle diese Voraussetzung fort, so werde die Zahl der Einsprüche steigen. Das Verfahren werde ferner insofern umständlicher, als gegen den Beschluß, der eine geringere Strafe als beantragt festsetze, die Beschwerde stattfinden würde.

Die Kommission lehnte daher beide Anträge ab und zwar den Antrag 1 mit 17 gegen 2 Stimmen, den Antrag 2 mit 10 gegen 9 Stimmen.

VII. Zu dem den notwendigen Inhalt eines Strafbefehls bestimmenden §. 449 der Str.Pr.O. war folgender Zusatz beantragt:

> Der Strafbefehl gegen einen Beschuldigten, welcher zur Zeit der Tat das achtzehnte Lebensjahr nicht vollendet hatte, soll angeben, wodurch sich der Richter die Überzeugung von dem Vorliegen der zur Erkenntnis der Strafbarkeit erforderlichen Einsicht verschafft hat.

Die Kommission lehnte den Antrag mit 15 gegen 4 Stimmen ab, indem sie erwog:

Es sei zwar, namentlich nachdem der Kreis der durch Strafbefehle verfolgbaren Straftaten durch die Beschlüsse der Kommission erweitert worden sei, an sich wünschenswert, Kautelen dafür zu schaffen, daß die Erwägungen über die Frage der Einsicht bei Jugendlichen mit möglichster Sorgfalt angestellt würden. Die vorgeschlagene Bestimmung sei aber dazu nicht geeignet. Eine kurze Begründung etwa dahin, die Einsicht folge ohne weiteres aus der Natur der Straftat oder der Art der Begehung, sei ohne praktischen Wert. Eine längere Begründung werde eine zu große Belastung des Richters herbeiführen und die Einfachheit und Schnelligkeit des Verfahrens beeinträchtigen. Überdies stehe der Vorschlag im Widerspruche mit dem Systeme des Verfahrens, welches grundsätzlich eine Begründung des Strafbefehls ausschließe.

VIII. Zum §. 450 der Str.Pr.O. war folgender Antrag gestellt:

1. Nur auf Grund persönlicher Zustellung an den Beschuldigten soll der Strafbefehl die Wirkung eines rechtskräftigen Urteils erlangen können (nicht durch Zustellung gemäß §§. 181 bis 183 der Zivilprozeßordnung). Vereinfachte Zustellung nach §. 39 der Str.Pr.O., soweit sie persönlich und durch einen Bediensteten des Gerichts, der Staatsanwaltschaft oder der Polizei erfolgt, soll als genügend zugelassen werden.

Im Laufe der Beratung wurde ferner beantragt:

2. §. 39 der Str.Pr.O. ist folgendermaßen zu fassen:
Bei denjenigen Zustellungen, welche von Amtswegen erfolgen, können durch Anordnung der Landesjustizverwaltung einfachere Formen für den Nachweis der Zustellung zugelassen werden.

Der Antrag 1 bezweckte den Ausschluß der Ersatzzustellung bei Strafbefehlen. Von dem Antragsteller wurde zur Begründung hervorgehoben, daß der Strafbefehl eine für den Beschuldigten folgenschwere Entscheidung enthalte. Bei Ersatzzustellungen erhalte der Beschuldigte häufig gar keine Kenntnis von dem Strafbefehle. Die Schwierigkeiten der persönlichen Zustellung ließen sich überwinden, wenn in Anlehnung an den §. 39 der Str.Pr.O. die Zustellung des Strafbefehls durch die in dem Antrage bezeichneten Beamten gestattet werde.

Der Urheber des Antrags 2 hielt gleichfalls die persönliche Zustellung des Strafbefehls für zweckmäßig, erachtete aber Sondervorschriften für den Nachweis dieser Zustellung nicht für angezeigt. Er wollte vielmehr, entsprechend dem Entwurfe von 1895, den §. 39 der Str.Pr.O. auf alle Zustellungen von Amtswegen ausdehnen, da die in der neuen Fassung der Zivilprozeßordnung (§§. 209 bis 212) vorgesehene Vereinfachung dieser Zustellungen noch nicht genüge; die nähere Regelung überlasse man am besten gemäß §. 39 der Str.Pr.O. den mit den lokalen Verhältnissen vertrauten Landesjustizverwaltungen.

Aus der Mitte der Kommission wurde von mehreren Mitgliedern die Ansicht vertreten, daß die Ersatzzustellung trotz der ihr innewohnenden Mängel auch im Strafbefehlsverfahren unentbehrlich sei. Die eine persönliche Zustellung anordnenden Vorschriften der §§. 350 und 139 flg. der Militärstrafgerichtsordnung dürfe man nicht zum Vergleiche heranziehen; da in Militärverhältnissen der Aufenthalt des Beschuldigten fast immer bekannt und der Beschuldigte auch regelmäßig leicht zu erreichen sei. In bürgerlichen Strafsachen sei, zumal in großen Städten, die persönliche Zustellung nicht durchführbar. Die gleichen Gründe, die gegen die Ersatzzustellung vorgebracht seien, sprächen auch gegen die Zulassung eines Verfahrens gegen Abwesende. Die angeregte Frage berühre überdies das System der Zustellungen überhaupt und könne daher bei der gegenwärtigen Gelegenheit nicht zum Austrage gebracht werden.

Beide Anträge wurden darauf zurückgezogen.

IX. Zur Frage, ob der Strafbefehl dem gesetzlichen Vertreter des Beschuldigten zuzustellen sei, lag der Antrag vor:

1. Hat der Beschuldigte einen gesetzlichen Vertreter, so soll der Strafbefehl auch diesem zugestellt werden.

Hierzu war der Unterantrag gestellt:

2. Die Einspruchsfrist für den gesetzlichen Vertreter läuft selbständig seit der Zustellung an ihn.

Der Antrag 1 wurde von dem Antragsteller dahin erläutert, daß die Zustellung an den gesetzlichen Vertreter erfolgen solle, soweit dies ohne außergewöhnliche Schwierigkeiten möglich sei, und daß die Einspruchsfrist immer von der Zustellung an den Beschuldigten ab laufen solle.

Dies gab Veranlassung zur Stellung der weiteren Unteranträge:

3. Die Einspruchsfrist beginnt mit der zeitlich zuletzt erfolgten Zustellung;
4. In dem Antrag 1 ist das Wort „zugestellt“ durch das Wort „mitgeteilt“ zu ersetzen.

Die Kommission lehnte den Antrag 1 mit 10 gegen 8 Stimmen in der ursprünglichen Fassung ab, nahm ihn dagegen mit der zu 4 beantragten Änderung mit 12 gegen 6 Stimmen an und faßte somit den Beschluß:

Hat der Beschuldigte einen gesetzlichen Vertreter, so soll der Strafbefehl auch diesem mitgeteilt werden.

Mit dieser Abstimmung waren die eine Zustellung voraussetzenden Unteranträge 2 und 3 erledigt.

Bei der Beschlußfassung ging die Kommission davon aus, daß nach geltendem Rechte eine Zustellung des Strafbefehls an den gesetzlichen Vertreter nicht erforderlich sei.[1]) Die in der Theorie streitige, von der Praxis zumeist bejahte Frage, ob der gesetzliche Vertreter selbständig zur Erhebung des Einspruchs berechtigt sei (die durch den Antrag 2 implicite im bejahenden Sinne entschieden wird), blieb heute vorläufig dahingestellt. Es wurde zunächst nur erörtert, ob es empfehlenswert sei, daß der gesetzliche Vertreter von dem Strafbefehle Kenntnis erhalte und in welcher Form diese Kenntnis zu vermitteln sei.

Hierbei erwog die Kommission: Wenn es sich auch bei Strafbefehlen meistens nur um leichte Verfehlungen handele und wenn eine solche auch bisweilen ohne Schaden dem gesetzlichen Vertreter unbekannt bleiben dürfe, so sei es doch in der Regel dringend zu wünschen, daß der gesetzliche Vertreter von der Bestrafung höre und zwar nicht nur im Interesse der Erziehung des Minderjährigen, sondern auch um zu verhindern, daß die Erhebung des Einspruchs aus unzureichenden Gründen unterbleibe. Die Tatsache, daß bei Haftbefehlen und Urteilen, mit Ausnahme des Falles des §. 268 der Str.Pr.O.,[2]) die Zustellung an den gesetzlichen Vertreter gesetzlich nicht vorgeschrieben sei, dürfe nicht zum Vergleiche herangezogen werden. Denn in beiden Fällen trete die richterliche Verfügung in ganz anderer Weise als bei dem Strafbefehl in die öffentliche Erscheinung, so daß der gesetzliche Vertreter ohne förmliche Benachrichtigung in der Regel Kenntnis von dem Vorgefallenen erhalten werde; auch sei die Beschwerde gegen den Haftbefehl nicht an eine Frist gebunden.

Über die Form, in der dem gesetzlichen Vertreter die als wünschenswert erkannte Mitteilung zu machen sei, gingen die Ansichten auseinander. Die von einer Seite angeregte Umwandlung des Antrags 1 in eine zwingende Vorschrift wurde für praktisch unausführbar gehalten. Auch gegen die nur instruktionell eine förmliche Zustellung anordnende Bestimmung des Antrags 1 waren die Bedenken ausschlaggebend, daß diese der nötigen Klarheit entbehrende Vorschrift das Verfahren erschweren und häufig unausführbar sein werde. Die Mehrheit hielt vielmehr für ausreichend, wenn vorgeschrieben werde, daß dem

---

[1]) Zu vergl. Löwe, Kommentar zur Strafprozeßordnung, 11. Auflage. Note 9a zum §. 37.

[2]) D. h. bei Urteilen, durch welche die Unterbringung des Angeklagten in eine Erziehungs- oder Besserungsanstalt angeordnet wird.

gesetzlichen Vertreter in nicht förmlicher Weise Mitteilung von dem Strafbefehle zu machen sei. Durch eine solche Mitteilung werde der gesetzliche Vertreter in die Lage gesetzt, die von ihm für nötig erachteten erzieherischen Maßnahmen zu treffen und den Minderjährigen geeignetenfalls zum Einspruch zu veranlassen oder über die Folgen der Unterlassung des Einspruchs zu belehren.

Gegen den zum Beschluß erhobenen Antrag war geltend gemacht worden, daß derartige Bestimmungen besser im Wege der Verwaltung getroffen würden, wobei auf die hinsichtlich der Hauptverhandlung in Preußen erlassene Verfügung vom 11. August 1902[1]) und von anderer Seite auf die hessische Verordnung vom 17. Januar 1903[2]) verwiesen wurde. Die Mehrheit erachtete jedoch zur allgemeinen Durchführung des Grundsatzes dessen Aufnahme in das Gesetz für wünschenswert.

X. Es war endlich noch der Antrag zu beraten:

Es empfiehlt sich, von der Zustellung des Strafbefehls abzusehen, wenn der verhaftete oder vorläufig festgenommene Beschuldigte dem Richter vorgeführt worden ist und auf mündliche Eröffnung des Strafbefehls zu Protokoll auf Erhebung des Einspruchs verzichtet hat.

Gegen den Antrag wurde darauf hingewiesen, daß der Zweck desselben bereits in genügender Weise durch die Vorschriften über das abgekürzte Verfahren erreicht werden könne. Der Beschuldigte werde nicht immer in der Lage sein, sich die Bedeutung seiner Erklärung klar zu machen; auch liege die Gefahr nahe, daß Unterbeamte versuchen würden, den Beschuldigten zu einem Verzichte zu bewegen.

Die Mehrheit hielt diese Bedenken nicht für stichhaltig. Sie erwog: Eine unzulässige Beeinflussung sei nicht zu befürchten, zumal es sich in der Regel um geringfügige Fälle handle, bei denen der Beschuldigte die Tragweite seines Verzichts übersehen könne. Der Antrag empfehle sich aus praktischen Gründen. Es werde dadurch eine in einzelnen Teilen des Reichs schon jetzt bestehende Praxis, deren Zulässigkeit nach geltendem Rechte zweifelhaft sei, gesetzlich sanktioniert. Die Praxis habe sich bewährt und sei noch einfacher als das abgekürzte Verfahren.

Der Antrag wurde mit 11 gegen 7 Stimmen angenommen.

---

[1]) Preuß. Justiz-Ministerialbl. 1902 S. 223, 224. Die Verfügung betrifft jedoch nur Minderjährige unter achtzehn Jahren.

[2]) Amtsblatt des Großh. Hessischen Ministeriums der Justiz 1903 Nr. 1.

39. Sitzung.

9. März 1904.

Strafbefehl. Strafverfügung. Strafbescheid.

I. Die Kommission begann mit der Beratung der Frage, inwieweit die allgemeinen Bestimmungen der Strafprozeßordnung über Rechtsmittel auf den Einspruch anzuwenden seien.

Es lag zunächst der Antrag vor:

1. Auf die Erhebung des Einspruchs sollen die allgemeinen Bestimmungen über die Einlegung von Rechtsmitteln (§§. 338 bis 343 der Str.Pr.O.) Anwendung finden.

Hierzu war der Unterantrag gestellt, den Antrag dahin zu fassen:

2. Auf die Erhebung des Einspruchs sollen die §§. 339 bis 342 der Str.Pr.O. entsprechende Anwendung finden.

Die Kommission ging von der Ansicht aus, daß der Einspruch im technischen Sinne kein Rechtsmittel sei[1]) und daß daher nach geltendem Rechte die im 1. Abschnitte des 3. Buches der Strafprozeßordnung enthaltenen allgemeinen Vorschriften über Rechtsmittel unmittelbar auf den Einspruch nicht anwendbar seien; sie erachtete es aber, angesichts der in der Theorie über die entsprechende Anwendbarkeit dieser Vorschriften bestehenden Meinungsverschiedenheiten, für angezeigt, ihre Ansicht hinsichtlich der Anwendbarkeit für jede einzelne Vorschrift ausdrücklich festzustellen.

Im Anschluß an die herrschende Meinung bestand Übereinstimmung darin, daß die §§. 339, 341 und 342 auf den Einspruch entsprechend anwendbar sein sollten.[2])

Dagegen gingen die Meinungen darüber, ob auch die §§. 338 und 343 sowie der §. 340 entsprechend anzuwenden seien, auseinander.

a) Nach §. 338 der Str.Pr.O. hat die Staatsanwaltschaft das Recht zur Einlegung von Rechtsmitteln, und zwar auch zu Gunsten des Beschuldigten; nach §. 343 der Str.Pr.O. kann jedes von der Staatsanwaltschaft eingelegte Rechtsmittel zu Gunsten des Beschuldigten wirken.

---

[1]) Zu vergl. die Motive zum Entwurfe der Strafprozeßordnung, Hahn, Materialien 2. Aufl. Bd. I S. 286: die überwiegende Mehrheit der Schriftsteller ist gleicher Ansicht; anderer Meinung Meves in Holtzendorff's Handbuch Bd. II. S. 398.

[2]) §. 339 gibt dem Verteidiger das Recht zur Einlegung von Rechtsmitteln, jedoch nicht gegen den ausdrücklichen Willen des Beschuldigten; §. 341 regelt die Form der Einlegung seitens der nicht auf freiem Fuße befindlichen Beschuldigten; §. 342 bestimmt, daß ein Irrtum in der Bezeichnung des zulässigen Rechtsmittels unschädlich ist.

Für die entsprechende Anwendung dieser Vorschriften auf den Einspruch wurde geltend gemacht, daß bei Veränderung der Sachlage der Staatsanwalt gegründete Veranlassung haben könne, eine öffentliche Verhandlung herbeizuführen. Ebenso stehe es mit dem Privatkläger, der nach Maßgabe des §. 430 der Str.Pr.O. dem Staatsanwalt auch hinsichtlich des Einspruchs gleichzustellen sei.

Die Kommission versagte mit 17 gegen 3 Stimmen dem Staatsanwalt und mit 18 gegen 2 Stimmen dem Privatkläger das Recht zur Erhebung des Einspruchs, indem sie davon ausging, daß der Staatsanwalt und der Privatkläger gegen die gemäß ihrem Antrag erfolgte Entscheidung keine Einwendungen erheben dürften und daß auch in der Praxis ein Bedürfnis hierzu nicht vorhanden sei.

Mit diesem Beschlusse war die entsprechende Anwendung der §§. 338 und 343 der Str.Pr.O abgelehnt.

b) Nach dem §. 340 der Str.Pr.O. können der gesetzliche Vertreter eines Beschuldigten, desgleichen der Ehemann einer beschuldigten Frau binnen der für den Beschuldigten laufenden Frist selbständig von den zulässigen Mitteln Gebrauch machen.

Die Praxis und die Mehrzahl der Theoretiker hält den §. 340 nach geltendem Rechte auf den Einspruch für entsprechend anwendbar. Auch die Kommission erklärte sich mit 17 gegen 3 Stimmen für diese Auffassung.

Von der Minderheit war geltend gemacht worden:

Theoretisch sei es nicht zu billigen, wenn dem gesetzlichen Vertreter gestattet werde, das in der Annahme des Strafbefehls durch den Beschuldigten liegende Anerkenntnis des staatlichen Strafanspruchs zu widerrufen. Aber auch praktisch sei die Anwendung des §. 340 bedenklich. Bei den eigentlichen Rechtsmitteln habe man dem gesetzlichen Vertreter das in dem §. 340 bestimmte Recht geben können, weil eine Verschlechterung der Lage des Angeklagten wegen des in den §§. 372 und 398 der Str.Pr.O. enthaltenen Verbots der reformatio in peius ausgeschlossen sei und weil die Kosten eines von dem gesetzlichen Vertreter erfolglos eingelegten Rechtsmittels gemäß dem §. 505 der Str.Pr.O. nicht dem Beschuldigten, sondern dem Vertreter zur Last fielen. Beim Einspruche sei dies anders. Der §. 505 der Str.Pr.O. sei nicht anwendbar und das Verbot der reformatio in peius komme hier nicht in Betracht. Es bestehe daher die Möglichkeit, daß der Beschuldigte infolge eines gegen seinen Willen von dem gesetzlichen Vertreter erhobenen Einspruchs vermehrte Kosten und eine härtere Strafe zu tragen habe. In der Praxis seien auch Fälle vorgekommen, in denen ein gesetzlicher Vertreter oder der Ehemann Einspruch erhoben habe, um eine härtere Bestrafung zu veranlassen oder durch die öffentliche Verhandlung Material zu einem Ehescheidungsprozesse zu sammeln. Die in der Theorie namentlich von Löwe[1]) vertretene Ansicht, daß eine reformatio in peius bei der Erhebung des Einspruchs durch den gesetzlichen Vertreter ausgeschlossen und daß der §. 505 der Str.Pr.O. entsprechend anwendbar sei, habe zwar in der Praxis viele Anhänger gefunden, entbehre aber der gesetzlichen Grundlage. Im übrigen sei auch, namentlich mit Rücksicht auf den gestern gefaßten Beschluß, nach welchem

---

[1]) Kommentar zur Strafprozeßordnung, 11. Aufl. Note 3 zu §. 451.

dem gesetzlichen Vertreter von dem Strafbefehle Mitteilung zu machen ist, ein praktisches Bedürfnis nicht vorhanden. Es genüge, daß der gesetzliche Vertreter für den Beschuldigten in dessen Namen den Einspruch erheben oder den Beschuldigten dazu veranlassen könne.

Die Mehrheit erwog demgegenüber:

Das geltend gemachte theoretische Bedenken sei nicht stichhaltig. Von einem Anerkenntnisse des Strafanspruchs durch Unterlassung des Einspruchs könne, zumal bei nicht geschäftsfähigen Personen, nicht füglich die Rede sein. Die ratio legis für den §. 340 der Str.Pr.O. sei, wie auch die Motive[1] ergäben, die Rücksicht auf das Verhältnis gewesen, in dem der gesetzliche Vertreter zu der durch ihn vertretenen Person, der Ehemann zu seiner Ehefrau stehe. Man sei davon ausgegangen, daß derjenige, der nach rechtlichen und sittlichen Grundsätzen zur Wahrung der Interessen des Beschuldigten berufen sei, durch eine Bestrafung der von ihm vertretenen Person selbst betroffen werde und daher zur Einlegung von Rechtsmitteln berechtigt sein müsse. Die gleichen Erwägungen seien auch bei dem Einspruche maßgebend und müßten umsomehr zu dem gleichen Ergebnisse führen, als gerade bei Strafbefehlen mehr als bei Urteilen dem Vertretenen häufig das Verständnis für die Tragweite der Sache mangele. Es genüge nicht, wenn der gesetzliche Vertreter mit Zustimmung des Beschuldigten für diesen Einspruch erheben könne; die dem gesetzlichen Vertreter obliegende Sorge für Wohl und Wehe des Vertretenen mache es vielmehr notwendig, daß er unabhängig von dem Willen des Vertretenen zu handeln im Stande sei.

Es sei allerdings — im Gegensatze zu der von Löwe vertretenen Ansicht — nicht zu leugnen, daß der Beschuldigte dadurch eine härtere Strafe und höhere Kosten zu tragen haben könnte. Allein auf allen Gebieten des Rechtslebens müsse der Vertretene die ungünstigen Folgen einer von seinem Vertreter vorgenommenen Maßnahme tragen. In der auf den Einspruch des gesetzlichen Vertreters erfolgten höheren Bestrafung liege auch keine Ungerechtigkeit gegen den Beschuldigten. Dieser erhalte nur die Strafe, die sich bei genauerer Würdigung des Falles als die angemessene herausgestellt habe. Ein rechtlicher Anspruch des Beschuldigten darauf, daß eine infolge ungenauer Kenntnis der Sachlage im Strafbefehl ausgesprochene und nach Lage des Falles zu niedrige Strafe nicht erhöht werde, könne nicht anerkannt werden.

Das Ergebnis der Beratung war demnach die Annahme des Antrags 2, nach welchem die §§. 339 bis 342 der Str.Pr.O. auf den Einspruch entsprechend angewendet werden sollen.

II. Nach geltendem Rechte kann der Einspruch nicht, wie die Berufung (Str.Pr.O. §. 359), auf bestimmte Beschwerdepunkte beschränkt werden. In dieser Beziehung war beantragt:

> Es ist zu bestimmen, daß der Einspruch auch auf das Strafmaß beschränkt, über diesen Einspruch ohne Hauptverhandlung entschieden und eine solche Entscheidung mit der sofortigen Beschwerde angefochten werden kann.

---

[1]) Hahn, Materialien 2. Aufl. Bd. I S. 245.

Zur Begründung wurde ausgeführt, daß in der beantragten Weise auf rasche und billige Art die Herabsetzung einer zu hohen Strafe erreicht werden könne. Die Angemessenheit der Strafe werde das Beschwerdegericht auch ohne Verhandlung auf Grund der Akten prüfen können.

Von anderer Seite wurde die Zulassung eines auf das Strafmaß beschränkten Einspruchs zwar befürwortet, zur Entscheidung über diesen Einspruch aber eine mündliche Verhandlung für unerläßlich erachtet.

Die Mehrheit erklärte sich gegen den Antrag. Es wurde ausgeführt:

Ein teilweiser Einspruch sei dem ganzen Systeme des Verfahrens zuwider, da der Einspruch begrifflich den Zweck habe, den Strafbefehl völlig auszuschalten und die Streitsache in ihrer Gesamtheit dem ordentlichen Gerichte zu unterbreiten. Abgesehen hiervon stünden dem Antrage praktische Bedenken entgegen. Die Zulassung eines auf das Strafmaß beschränkten Einspruchs werde das Gericht in die unangenehme Lage versetzen, eine Verurteilung auch dann aussprechen zu müssen, wenn es den Angeklagten für völlig unschuldig halte. Im übrigen gestalte der Antrag das Verfahren insofern umständlicher, als er, je nachdem der Einspruch ganz oder teilweise erhoben sei, verschiedene Rechtsbehelfe zulasse; er werde auch ein Paktieren zwischen dem Richter und dem Angeklagten veranlassen, das mit der Würde des Gerichts nicht verträglich sei. Gerade wenn Zweifel über die Angemessenheit des Strafmaßes bestünden, bedürfe es zur Aufklärung einer mündlichen Verhandlung. Gegenüber diesen Bedenken könne der Umstand nicht ausschlaggebend sein, daß bei Zulassung des beschränkten Einspruchs die Kosten vermindert würden.

Die Kommission lehnte auf Grund dieser Erwägungen den Antrag mit 17 gegen 3 Stimmen ab.

III. Nach §. 345 der Str.Pr.O. kann die Zurücknahme eines Rechtsmittels nach dem Beginne der Hauptverhandlung bis zur Verkündung des Urteils mit Zustimmung des Gegners erfolgen. Dagegen darf gemäß §. 451 Abs. 1 der Str.Pr.O. der Einspruch nur bis zum Beginne der Hauptverhandlung zurückgenommen werden; bis zu diesem Zeitpunkte kann auch die Staatsanwaltschaft die Klage fallen lassen.

Es lagen die Anträge vor:

1. a) Auf die Zurücknahme des Einspruchs soll die Vorschrift des §. 345 der Str.Pr.O. entsprechende Anwendung finden.
   b) In gleicher Weise wie die Zurücknahme des Einspruchs soll die Zurücknahme der Klage zulässig sein.
2. Der Einspruch kann bis zur Verkündung des Urteils zurückgenommen werden.[1]

Die vorgeschlagene Erweiterung des Rechtes zur Zurücknahme des Einspruchs wurde unter Hinweis auf die Motive zur Strafprozeßordnung[2] mit der

---

[1]) Der Antrag 2 entspricht den Beschlüssen der Reichstagskommissionen (Reichstagsdrucks. 1898/1899 Nr. 203 S. 42, 107 und 1900/1901 Nr. 220 S. 4, ad Nr. 220 S. 68, 69), welche die Zurücknahme des Einspruchs (und der Klage) bis zur Verkündung des Urteils ohne Zustimmung des Gegners gestatten wollten.

[2]) Hahn, Materialien 2. Aufl. Bd. I S. 286.

Ausführung bekämpft, daß dem Beschuldigten nicht die Befugnis eingeräumt werden dürfe, das Verfahren, nachdem es infolge seines Einspruchs zur Hauptverhandlung gekommen sei, durch eine einseitige Erklärung willkürlich zu beenden und so hindernd in die begonnene Gesamtwürdigung der Tat einzugreifen, da diese Befugnis gegen die Ordnung des Verfahrens und die Rücksicht auf die Autorität der Gerichte verstoßen würde. Ein Bedürfnis hierfür könne auch nicht anerkannt werden, weil der Beschuldigte bis zum Beginne der Verhandlung genügend Zeit habe, sich darüber schlüssig zu machen, ob er den Einspruch zurücknehmen wolle. Im übrigen sprächen erhebliche praktische Bedenken gegen die Anträge. Es liege die Gefahr nahe, daß manche Richter geneigt sein würden, dem Angeklagten zur Zurücknahme des Einspruchs in der Verhandlung zuzureden. Ein derartiges Paktieren mit dem Angeklagten entspräche nicht der Würde des Gerichts und würde dem Ansehen der Justiz schaden, da es in dem Publikum den Glauben erwecken könnte, daß der Richter auf die Zurücknahme des Einspruchs hinwirke, um die Sache möglichst schnell zu erledigen. Besonders bedenklich sei die Zulassung der Zurücknahme in dem Falle, daß sich in der mündlichen Verhandlung der Verdacht einer schwereren Tat ergeben habe. Hier könnte der Beschuldigte jede weitere Verfolgung damit abschneiden, daß er den Einspruch zurücknehme. Dieses Bedenken richte sich hauptsächlich gegen den Antrag 2, der die Zurücknahme gegen den Willen der Staatsanwaltschaft zulasse, bleibe aber auch für den Fall der Annahme des Antrags 1a bestehen, da die Amtsanwälte in vielen Teilen Deutschlands nicht juristisch vorgebildet seien und deshalb nicht immer imstande sein würden, die Sachlage zu übersehen.

Gegen die mit dem Antrage 1b verlangte Ausdehnung des Rechtes, die öffentliche Klage zurückzunehmen, wurde geltend gemacht, daß sie mit dem im §. 154 der Str.Pr.O. ausgesprochenen Grundsatze nicht vereinbar sei. Allerdings sei dieser Grundsatz bereits von dem geltenden Rechte durchbrochen. Das sei aber nur deshalb geschehen, weil vor dem Erlasse des Strafbefehls die Sachlage nicht immer genügend aufgeklärt werden könne. Nach Erhebung des Einspruchs sei die Staatsanwaltschaft in der Lage, bei etwaigen Zweifeln an der Schuld geeignete Ermittelungen noch vor der Hauptverhandlung anzustellen und gegebenen Falles die Klage rechtzeitig fallen zu lassen.

Die Mehrheit der Kommission war der Ansicht, daß die bisherige Bestimmung des §. 451 Abs. 1 der Str.Pr.O. sich in der Praxis als ungenügend erwiesen habe und daß die gegen eine Änderung erhobenen Bedenken, welche mehr doktrinärer Natur seien, nicht für durchschlagend erachtet werden könnten. Das Wesen des Strafbefehls liege darin, daß eine Strafe ohne nähere Untersuchung der Sache verhängt werde. Demgemäß komme es in diesem Verfahren häufig vor, daß sich in der Hauptverhandlung alsbald die Unschuld des Angeklagten herausstelle, und es sei dringend erwünscht, daß in einem solchen Falle die Sache durch Zurücknahme der Klage zum sofortigen Abschlusse gebracht werden könne. Andererseits ergebe die Erfahrung, daß der Beschuldigte sich öfters im Laufe der Verhandlung bereit erkläre, den Einspruch zurückzunehmen; wenn trotzdem die Verhandlung bis zum Urteile durchgeführt werden müsse, so verursache dies unnötige Weiterungen und Kosten. Daß Richter aus unsachlichen

Gründen dem Angeklagten zur Zurücknahme des Einspruchs zureden würden, sei nicht zu befürchten. Von der Zustimmung des Gegners müsse allerdings die Zurücknahme abhängig gemacht werden, und zwar sowohl im Interesse der Strafrechtspflege, damit nicht der Beschuldigte, wenn er eine Erhöhung der Strafe voraussehe, dem durch Zurücknahme des Einspruchs vorbeuge, als auch im Interesse des Beschuldigten, damit nicht eine Freisprechung durch Zurücknahme der Klage verhindert werden könne. Daher sei der Antrag 2 unannehmbar. Durch die Zustimmung des Gegners werde aber die Möglichkeit eines Mißbrauchs verhütet. Daß die Staatsanwaltschaft, wenn sich in der Hauptverhandlung der Verdacht eines Delikts schwererer Art ergebe, der Zurücknahme des Einspruchs zustimmen sollte, erscheine ausgeschlossen; im übrigen würde dies der Verfolgung des schwereren Delikts nicht im Wege stehen, weil insoweit nach der ständigen Rechtsprechung des Reichsgerichts[1]) die Strafklage durch den Strafbefehl nicht verbraucht werde.

Die Kommission lehnte aus den dargelegten Gründen den Antrag 2 mit 17 gegen 3 Stimmen ab und nahm den Antrag 1a mit 14 gegen 6 Stimmen und den Antrag 1b mit 17 gegen 3 Stimmen an.

Der §. 344 Abs. 1 Satz 1 der Str.Pr.O. bestimmt, daß die Zurücknahme eines Rechtsmittels sowie der Verzicht auf die Einlegung auch vor Ablauf der Einlegungsfrist wirksam erfolgen kann. Das Gleiche gilt für den Einspruch schon jetzt gemäß §. 449 Abs. 2 und §. 451 Abs. 1. Die Kommission erachtete es aber mit Rücksicht darauf, daß nach dem eben gefaßten Beschlusse der §. 451 Abs. 1 in seiner gegenwärtigen Fassung fortfallen würde, behufs Klarstellung ihrer Absicht einstimmig für angezeigt, ausdrücklich zu beschließen, daß auch der §. 344 Abs. 1 Satz 1 auf den Einspruch entsprechende Anwendung finden solle.

Es wurde ferner als übereinstimmende Ansicht der Kommission festgestellt, daß der Abs. 2 des §. 344 der Str.Pr.O., nach welchem der Verteidiger zur Zurücknahme eines Rechtsmittels einer ausdrücklichen Ermächtigung bedarf, gleichfalls auf die Zurücknahme des Einspruchs entsprechend anzuwenden sei, wie dies schon für das geltende Recht von der herrschenden Meinung angenommen werde.

IV. Nach §. 452 Abs. 1 der Str.Pr.O. ist bei unentschuldigtem Ausbleiben des Angeklagten in der Hauptverhandlung der Einspruch ohne Beweisaufnahme durch Urteil zu verwerfen. Gegen das Urteil kann nach Abs. 2 die Wiedereinsetzung in den vorigen Stand dann nicht beansprucht werden, wenn diese bereits gegen den Ablauf der Einspruchsfrist gewährt worden war. Es war beantragt, den §. 452 durch folgende Vorschrift zu ersetzen:

> Bei dem Ausbleiben des Beschuldigten sollen die Bestimmungen des §. 370 der Str.Pr.O. entsprechende Anwendung finden.

Der Antrag hat eine sachliche Bedeutung nur insofern, als er die Sondervorschrift des §. 452 Abs. 2 beseitigen würde, wurde aber gerade aus diesem Grunde von verschiedenen Seiten bekämpft und darauf zurückgezogen.

---

[1]) Zu vergl. Entsch. des Reichsgerichts in Strafs. Bd. 28 S. 83.

V. Nach dem Abs. 3 des §. 451 der Str.Pr.O. ist das Schöffengericht bei der Urteilsfällung an den in dem Strafbefehl enthaltenen Ausspruch nicht gebunden.

Es lag der Antrag vor,

1. anstatt des Abs. 3 des §. 451 der Str.Pr.O. zu setzen:

   Das Urteil darf eine härtere Strafe, als in dem Strafbefehl ausgesprochen ist, nicht verhängen.

Hierzu war der Unterantrag gestellt,

2. den Antrag 1 dahin zu fassen:

   Sofern der Einspruch von dem gesetzlichen Vertreter des Beschuldigten erhoben ist, darf das Urteil eine härtere Strafe, als in dem Strafbefehl ausgesprochen ist, nicht verhängen.

Im Laufe der Debatte wurde der Antrag 2 zurückgezogen, aber von dem Urheber des Antrags 1 als Eventualantrag wieder aufgenommen.

Zur Begründung der Anträge wurde ausgeführt:

Es führe in der Praxis zu unnötigen und dem Volksbewußtsein unverständlichen Härten, daß auf den Einspruch des Beschuldigten eine strengere Strafe erkannt werden könne. Das für die Rechtsmittel im eigentlichen Sinne ausgesprochene Verbot der reformatio in peius (Str.Pr.O. §. 372, §. 398 Abs. 2) müsse auch hier gelten. Manche Richter seien geneigt, einem Beschuldigten, der ihrer Ansicht nach zu Unrecht den Einspruch erhoben habe, aus diesem Grunde eine härtere Strafe zuzuerkennen. Hierdurch werde bisweilen der Beschuldigte zurückgehalten, von dem ihm gesetzlich zustehenden Rechte des Einspruchs Gebrauch zu machen. Wenn man die reformatio in peius ausschließe, falle auch die Besorgnis fort, daß Beschuldigte unter dem Drucke des Zuredens von Seiten des Gerichts den Einspruch zurücknähmen. Mindestens müsse eine härtere Strafe dann ausgeschlossen werden, wenn ein gesetzlicher Vertreter den Einspruch erhebe, zumal hiermit nur ein in der Praxis tatsächlich bestehender Zustand sanktioniert werde. Gegen frivole Einsprüche werde die Gefahr der vermehrten Kostenlast und die Scheu vor öffentlichen Verhandlungen genügenden Schutz bieten.

Die Mehrheit erwog demgegenüber: Die Gesichtspunkte, welche bei den eigentlichen Rechtsmitteln zu der Ausschließung der reformatio in peius geführt hätten, träfen bei dem Einspruche nicht zu. Mit dem Einspruche beginne erst das ordnungsmäßige Verfahren; der Strafbefehl werde durch den Einspruch vollständig beseitigt und müsse daher für die Untersuchung des Falles gänzlich ausscheiden. Werde ein Rechtsmittel eingelegt, so habe schon vor dem angefochtenen Urteil eine Klärung des Sachverhalts durch eine mündliche Verhandlung stattgefunden. Zudem könne bei Rechtsmitteln die Staatsanwaltschaft eine reformatio in peius dadurch ermöglichen, daß sie selbst das Rechtsmittel einlege. Hier sei beides nicht der Fall und daher müsse bei der auf den Einspruch folgenden ersten mündlichen Verhandlung das Gericht in der Lage sein, frei über die Sache zu urteilen. Das Gleiche müsse aus den bei der Beratung des Einspruchsrechts des gesetzlichen Vertreters bereits hervorgehobenen Gründen gelten, wenn der Einspruch von dem gesetzlichen Vertreter erhoben sei. Auch hier greife die Erwägung durch, daß der Angeklagte, wenn auch der Einspruch von seinem Standpunkt aus sich als unzweckmäßig erweise, dennoch die Strafe erhalten müsse, die er nach dem Gesetze verdient habe. Da durch das Urteil die Strafklage vollständig verbraucht werde, würde es zu unerträglichen Zuständen führen, wenn man das Gericht an die in dem Strafbefehle verhängte Strafe binden wollte. Es müßte alsdann, wenn die Tat in dem Strafbefehl als Übertretung angesehen sei, in der Hauptverhandlung aber als Verbrechen sich herausstelle, die Übertretungsstrafe als Sühne für das Verbrechen aufrechterhalten werden. Überdies würde die Zahl der frivolen Einsprüche steigen; denn gerade bei einem großen Teile der durch Strafbefehle verfolgten Personen sei eine Scheu vor der Öffentlichkeit nicht vorhanden und die Verpflichtung zur Tragung der Kosten schrecke die Zahlungsunfähigen nicht. Unter diesen Umständen würde die Staatsanwaltschaft einen Strafbefehl nur noch beantragen, wenn sie mit Sicherheit voraussehen könne, daß der Einspruch nicht erhoben werde, das Verfahren mithin seine praktische Bedeutung zum großen Teile einbüßen.

Von Seiten der Minderheit wurde erwidert, daß die nachträgliche Verfolgung eines erst in der Hauptverhandlung zu Tage getretenen schweren Delikts nicht ausgeschlossen sein werde, da die Anträge ohne weiteres eine entsprechende Modifikation der Grundsätze über den Verbrauch der Strafklage zur Folge hätten.

Die Mehrheit hielt die Berechtigung dieser Auffassung für zweifelhaft, erachtete auch eine derartige Durchbrechung der bezeichneten Grundsätze für unzweckmäßig und lehnte den Antrag 1 mit 18 gegen 2, den Antrag 2 mit 16 gegen 4 Stimmen ab.

VI. Der Antrag:

> Ist der Einspruch gegen einen Strafbefehl auch oder nur gegen das Strafmaß oder die Strafart gerichtet, so können, wenn der Einspruch Erfolg hat, die Kosten ganz oder teilweise der Staatskasse auferlegt werden.

war von dem Antragsteller selbst dahin erläutert worden, daß die Vorschrift des §. 499 der Str.Pr.O., wonach im Falle der Freisprechung die Kosten der Staatskasse aufzuerlegen sind, nicht berührt werden solle.

Es war der Unterantrag gestellt,

> das Wort „können" durch „müssen" zu ersetzen.

Zur Begründung des Hauptantrags wurde ausgeführt:

Der Einspruch werde häufig nur erhoben, um ein geringeres Strafmaß oder eine leichtere Strafart zu erreichen. Wenn einem solchen Einspruche stattgegeben werde, so sei es unbillig, daß der Angeklagte nach §. 497 der Str.Pr.O. gleichwohl die gesamten Kosten des Verfahrens zu tragen habe. Hierdurch werde der erstrittene Vorteil tatsächlich illusorisch. Wenn in dem Strafbefehl eine nicht angemessene Strafe festgesetzt sei, die erst durch das Urteil auf das richtige Maß herabgesetzt werde, so müsse der Staat die durch den Mißgriff seiner Organe entstandenen Kosten tragen. Der Einspruch sei in dieser Beziehung wie ein Rechtsmittel zu behandeln, und der Grundsatz des §. 505 Abs. 1 Satz 3 der Str.Pr.O., daß bei teilweisem Erfolge des Rechtsmittels das Gericht die Kosten desselben angemessen verteilen könne, müsse auch hier entsprechende Anwendung finden. Es empfehle sich jedoch nicht, eine zwingende Vorschrift aufzustellen. Diese werde die Staatskasse allzusehr belasten und die Gefahr in sich tragen, daß bei Beurteilung des Einspruchs die daraus folgende Kostenentscheidung von Einfluß sein könnte. Es genüge, wenn man, wie in den Fällen der §§. 499, 501, 503 bis 505 der Str.Pr.O. das freie Ermessen des Gerichts entscheiden lasse.

Für den Unterantrag wurde ausgeführt, daß es sich um eine Forderung der Gerechtigkeit handele und daher eine zwingende Vorschrift am Platze sei. Es wurde von dem Antragsteller darauf hingewiesen, daß eine gleiche Vorschrift in Baden früher geltendes Recht gewesen sei und sich wohl bewährt habe.[1])

Die Kommission lehnte den Antrag mit 11 gegen 8 Stimmen ab, nachdem der Unterantrag im Laufe der Beratung zurückgezogen worden war.

Hierfür waren folgende Erwägungen maßgebend:

Nach dem Systeme der Strafprozeßordnung habe der Angeklagte, wenn er zu Strafe verurteilt worden sei, die Kosten des Verfahrens zu tragen. Dieses System führe nicht nur in dem Falle, von welchem die Anträge ausgingen, sondern auch sonst zu gewissen Unbilligkeiten; so wenn ein in erster Instanz freigesprochener und in zweiter Instanz verurteilter Angeklagter die Kosten beider Instanzen zu tragen habe, oder wenn bei einer Anklage wegen fortgesetzten Diebstahls nur ein Einzelfall festgestellt werde, dem Angeklagten aber dennoch auch die durch die Verhandlung der anderen Einzelfälle entstandenen Kosten auferlegt werden müßten. Jenen Grundsatz hier zu durchbrechen, liege keine Veranlassung vor. Wenn der Amtsrichter und der Staatsanwalt über Höhe und Art der angemessenen Strafe sich nicht hätten einigen können und daher die Sache ohne Strafbefehl zur Hauptverhandlung habe gebracht werden müssen, so habe der Angeklagte, falls er verurteilt werde, alle Kosten zu tragen. Es sei kein Grund vorhanden, ihn günstiger zu stellen, wenn zunächst ein Strafbefehl erlassen worden sei und der Angeklagte mittels des Einspruchs nur eine Änderung der Strafe erzielt habe. Denn ein Recht des Angeklagten auf Erledigung der Sache durch Strafbefehl habe die Kommission ausdrücklich verneint und durch die Erhebung des Einspruchs sei der Strafbefehl in jeder Beziehung beseitigt. Besondere Kosten erwüchsen dem Angeklagten durch das vorangegangene Strafbefehlsverfahren nicht, da gemäß dem §. 63 des deutschen Gerichtskostengesetzes die Gebühr für den Strafbefehl nur entstehe, wenn dieser ohne eine mündliche Verhandlung rechtskräftig werde. Ein weiteres Bedenken gegen die Anträge sei daraus zu entnehmen, daß durch ihre Annahme die praktische Bedeutung des Strafbefehlsverfahrens beeinträchtigt werden würde, weil die Staatsanwaltschaft in der Befürchtung einer Belastung der Staatskasse mit Kosten vielleicht seltener Strafbefehle beantragen werde.

---

[1]) Zu vergl. §. 316 Abs. 4 und §. 426 Abs. 2 der badischen Strafprozeßordnung vom 18. März 1864.

VII. Nach §. 450 der Str.Pr.O. erlangt ein Strafbefehl, gegen welchen nicht rechtzeitig Einspruch erhoben ist, die Wirkung eines rechtskräftigen Urteils.

Diese Bestimmung hat zu dem Zweifel Anlaß gegeben, ob der rechtskräftig gewordene Strafbefehl auch die dem rechtskräftigen Urteil eigene Wirkung des Klagverbrauchs in sich trägt. Nach der von dem Reichsgericht in ständiger Rechtsprechung vertretenen Meinung [1]) wird durch den Strafbefehl das Strafklagerecht nicht in gleichem Umfange verbraucht, wie durch ein auf Grund mündlicher Verhandlung ergangenes Urteil; er schließt vielmehr eine weitere Verfolgung derselben Tat unter einem noch nicht gewürdigten straferhöhenden Gesichtspunkte nicht aus. Diese Rechtsprechung, die in der Literatur nicht unangefochten geblieben ist, gründet sich im wesentlichen auf die Ausführung, daß der völlige Klagverbrauch die Möglichkeit einer Würdigung der Tat nach allen rechtlichen Gesichtspunkten zur Voraussetzung habe, eine solche Möglichkeit aber nur für den in mündlicher Verhandlung erkennenden Richter (§. 263 der Str.Pr.O.) bestehe.

Um jeden Zweifel in dieser Hinsicht gesetzlich auszuschließen, war beantragt:

1. Die Strafklage gilt als verbraucht, sofern nicht bei erneuter Strafverfolgung die Tat unter einen im Strafbefehle noch nicht gewürdigten, eine erhöhte Strafbarkeit begründenden rechtlichen Gesichtspunkt gebracht wird.
2. Ein Strafbefehl, gegen welchen nicht rechtzeitig Einspruch erhoben ist, erlangt die Wirkung eines rechtskräftigen Urteils auch in Ansehung des Verbrauchs der Strafklage.

Für den Antrag 2 führte der Antragsteller aus:

Die Rechtsprechung des Reichsgerichts entspreche zwar dem Rechtsgefühl und dem praktischen Bedürfnisse, jedoch sei eine Durchbrechung des Prinzips „ne bis in idem" theoretisch hier nicht zu rechtfertigen. Es könne nicht als richtig anerkannt werden, daß der völlige Verbrauch der Strafklage ein Korrelat zu dem §. 263 der Str.Pr.O. sei, sonst würde bei allen gegen Abwesende ergangenen Urteilen, ja sogar wegen der in dem §. 244 Abs. 2 der Str.Pr.O. zugelassenen Beschränkung der Beweisaufnahme, bei allen von den Schöffengerichten und bei den von den Berufungsstrafkammern in Übertretungs- und Privatklagesachen erlassenen Urteilen ein vollständiger Klagverbrauch nicht eintreten dürfen. Im übrigen habe schon nach geltendem Rechte der Richter die Möglichkeit, die Sache, in welcher der Erlaß eines Strafbefehls beantragt sei, statt dessen zur Hauptverhandlung zu bringen und so nach allen Richtungen hin aufzuklären; nach den Beschlüssen der Kommission dürfe er ferner vorher Ermittelungen anstellen, sodaß man nicht sagen könne, die Prüfung der Tat nach allen Richtungen sei ihm nicht möglich. Endlich verstoße die vom Reichsgerichte vertretene Auffassung gegen den §. 73 des St.G.B., wonach bei Verletzung mehrerer Strafgesetze nur das schwerste Gesetz zur Anwendung kommen dürfe.

---

[1]) Zu vergl. Entsch. des Reichsgerichts in Straff. Bd. 28 S. 83, Bd. 29 S. 156 und Bd. 34 S. 165.

Demgegenüber wurde jedoch geltend gemacht:

Der Satz „ne bis de eadem re sit accusatio" sei eine Folge des Grundsatzes, daß der Richter im Strafverfahren nicht, wie im Zivilprozeß, an die Parteianträge gebunden, sondern vielmehr verpflichtet und in der Lage sei, die seiner Urteilsfindung unterbreitete Tat nach allen Richtungen hin zu prüfen und durch seine Entscheidung zu erschöpfen. Diese Voraussetzung fehle bei dem Strafbefehlsverfahren, bei dem die richterliche Beurteilung nicht unbegrenzt ausdehnungsfähig, sondern an den Antrag des Anklägers gebunden sei. Die vom Reichsgerichte vertretene Auffassung sei hiernach logisch richtig; sie entspreche aber auch allein den Forderungen der Gerechtigkeit. Es könne hierfür auf die zu V dieses Protokolls erwähnten Erörterungen Bezug genommen werden. Es widerspreche dem Rechtsgefühle, daß beispielsweise ein Mordversuch strafrechtlich nicht mehr verfolgbar sein solle, weil die Tat bereits durch einen rechtskräftig gewordenen Strafbefehl als unbefugtes Schießen geahndet sei. Bei der Unzulänglichkeit des Strafbefehlsverfahrens dürfe man dem Strafbefehl eine derart weittragende Bedeutung nicht beilegen.

Hierauf wurde der Antrag 2 zurückgezogen, der Antrag 1 einstimmig angenommen.

Die ferner noch gestellten Anträge:

1. Gegen Abwesende soll ein Strafbefehl rechtskräftig erlassen werden können unter den Voraussetzungen des §. 319 Abs. 1 der Str.Pr.O. (in der von der Kommission beschlossenen Fassung[1]) und auf Grund einer Zustellung des Strafbefehls unter sinngemäßer Anwendung der für die Zustellung der Ladung im §. 320 der Str.Pr.O. gegebenen Vorschriften mit Androhung der Rechtskraft für den Fall, daß nicht innerhalb der dort bezeichneten Frist Einspruch eingelegt werde. Der Einspruch soll auch von den im §. 322 der Str.Pr.O. bezeichneten Personen eingelegt werden können. Auf Einspruch soll Hauptverhandlung gemäß den §§. 322 flg. der Str.Pr.O. stattfinden. Einer Ladung des Beschuldigten, der keine Erklärung abgegeben hat, bedarf es nicht.
2. Gegen abwesende Wehrpflichtige soll in gleicher Weise in den Fällen des §. 470 der Str.Pr.O., gemäß dem §. 471 der Str.Pr.O. Strafbefehl auf Grund der im §. 472 der Str.Pr.O. bezeichneten Erklärung erlassen werden können.

wurden, ohne daß eine Beratung stattfand, zurückgezogen.

Hiermit war die Beratung der zu O des Fragebogens gestellten Anträge beendet.

VIII. Die Kommission schritt zur Beratung der zu P des Fragebogens gestellten Frage:

> Sind Vorschriften darüber erforderlich, bis zu welchem Zeitpunkte die Polizeibehörde ihre Strafverfügung und die Verwaltungsbehörde ihren Strafbescheid zurücknehmen darf?
>
> (Str.Pr.O. §§. 454, 460)

---

[1]) Zu vergl. das Protokoll der 29. Sitzung S. 233.

Die Frage wurde ohne Debatte mit 18 Stimmen gegen eine Stimme bejaht.

Es waren folgende Anträge gestellt:

1. a) Die Zurücknahme der Strafverfügung durch die Polizeibehörde soll bis zur Übersendung der Akten an die Staatsanwaltschaft erfolgen dürfen.
   b) Von da ab soll die Zurücknahme durch die Staatsanwaltschaft in gleicher Weise wie die Zurücknahme der Klage im Verfahren auf Grund Strafbefehls erfolgen dürfen.
2. a) Die Zurücknahme des Strafbescheids durch die Verwaltungsbehörde soll bis zur Übersendung der Akten an die Staatsanwaltschaft erfolgen dürfen.
   b) Von da ab soll die Zurücknahme durch die Staatsanwaltschaft mit Zustimmung der Verwaltungsbehörde in gleicher Weise wie die Zurücknahme der Klage im Verfahren auf Grund Strafbefehls zulässig sein.

Hierzu waren die Unteranträge gestellt:

3. in dem Antrag 1b hinter dem Worte „Staatsanwaltschaft" einzufügen:
   mit Zustimmung der Polizeibehörde;
4. den Antrag 1b dahin zu fassen:
   Von da ab soll die Zurücknahme durch die Polizeibehörde mit Zustimmung der Staatsanwaltschaft in gleicher Weise wie die Zurücknahme der Klage im Verfahren auf Grund Strafbefehls erfolgen dürfen.

Im Laufe der Debatte wurde der Antrag 4 zurückgezogen.

Die Kommission nahm zunächst einstimmig die Anträge 1a und 2a an, die den Vorschriften des geltenden Rechtes entsprechen.[1]) Alsdann wurde der Antrag 1b mit dem Unterantrage 3 mit 16 gegen 3 Stimmen und der Antrag 2b mit 17 gegen 2 Stimmen angenommen.

Hierbei wurde erwogen: Nach den früheren Beschlüssen der Kommission sei die Zurücknahme der Klage im Strafbefehlsverfahren auch nach dem Beginne der auf erhobenen Einspruch anberaumten Hauptverhandlung zulässig, wenn der Angeklagte zustimme. Die gleichen Erwägungen müßten auch hier maßgebend sein, mit dem Unterschiede jedoch, daß außer der Zustimmung des Angeklagten auch die Zustimmung der Polizeibehörde oder der Verwaltungsbehörde zu verlangen sei, da diese Behörden ein wohlgegründetes Interesse an einer gerichtlichen Entscheidung der Sache haben könnten.

Für den Antrag 1b in der ursprünglichen Fassung war geltend gemacht worden, daß es unnötig sei, die Zustimmung der Polizeibehörde zu erfordern,

---

[1]) Zu vergl. §. 454 Abs. 2 und §. 460 der Str Pr.O. — Nach den Beschlüssen der VIII. Kommission des Reichstags von 1900 sollten die Polizeibehörde und die Verwaltungsbehörde das Recht zur Zurücknahme bis zur Anberaumung der Hauptverhandlung haben (Reichstagsdrucks. ad Nr. 220 S. 70, 71).

da man der Staatsanwaltschaft die alleinige Prüfung der Frage überlassen könne, ob die Interessen der Polizeibehörde die weitere Verfolgung der Sache geboten erscheinen ließen.

IX. Die weiteren noch zu P gestellten Anträge gingen zwar über den Rahmen des Fragebogens hinaus; die Kommission beschloß jedoch, die Beratung vorzunehmen.

Es wurden darauf die Anträge:

1. Die Zurücknahme des Antrags auf gerichtliche Entscheidung soll in gleicher Weise wie die Zurücknahme des Einspruchs zulässig sein.
2. Für den Antrag auf gerichtliche Entscheidung sollen die Vorschriften der §§. 339 bis 342 der Str.Pr.O. entsprechende Anwendung finden.

ohne Debatte angenommen, und zwar der Antrag 1 einstimmig, der Antrag 2 mit 17 gegen 2 Stimmen. Der Antragsteller hatte darauf hingewiesen, daß der Antrag auf gerichtliche Entscheidung gleichmäßig mit dem Einspruche zu behandeln sei.

Die ferner vorliegenden Anträge:

1. Der §. 458 der Str.Pr.O. kann entbehrt werden.[1])
2. Anstatt des Abs. 3 des §. 457 der Str.Pr.O. ist zu setzen:

   Das Urteil darf eine härtere Strafe, als in der polizeilichen Strafverfügung ausgesprochen ist, nicht verhängen.[2])

wurden, ohne daß eine Debatte stattfand, zurückgezogen.

X. Zu dem ferner gestellten Antrage:

> Ist der Antrag auf gerichtliche Entscheidung gegen eine polizeiliche Strafverfügung auch oder nur gegen das Strafmaß oder die Straftat gerichtet, so können, wenn der Antrag Erfolg hat, die Kosten ganz oder teilweise der Staatskasse auferlegt werden.

bemerkte der Antragsteller, daß die Erläuterung zu dem gleichlautenden unter VI erwähnten Antrag auch hier Platz greife. Der wiederum gestellte Unterantrag:

> das Wort „können" durch das Wort „müssen" zu ersetzen,

wurde zu Gunsten des Hauptantrags zurückgezogen und dieser selbst sodann mit 10 gegen 8 Stimmen abgelehnt.

Für die Anträge waren dieselben Gründe, wie für die zu VI dieses Protokolls bezeichneten Anträge angeführt worden. Es wurde ferner hervorgehoben, daß gerade die Polizeistrafen oft unverhältnismäßig hoch seien, da manche Gemeinden hieraus besondere Einnahmen zu erzielen bestrebt seien, daß aber gleichwohl den Beschuldigten die Rücksicht auf die selbst im Falle einer Herabsetzung der

---

[1]) Der §. 458 der Str.Pr.O. lautet:

Stellt sich nach dem Ergebnisse der Hauptverhandlung die Tat des Angeklagten als eine solche dar, bei welcher die Polizeibehörde zum Erlaß einer Strafverfügung nicht befugt war, so hat das Gericht die letztere durch Urteil aufzuheben, ohne in der Sache selbst zu entscheiden.

[2]) Zu vergl. die Debatte über den gleichlautenden zu dem §. 451 der Str.Pr.O. gestellten Antrag unter V dieses Protokolls.

Strafe ihn treffenden Gerichtskosten häufig davon abhalte, die gerichtliche Entscheidung zu beantragen.

Für die Mehrheit waren die gleichen Erwägungen maßgebend, die zur Ablehnung des entsprechenden Antrags für das Strafbefehlsverfahren geführt hatten. Im übrigen wurde betont, daß die Staatskasse nicht darunter leiden dürfe, wenn die Kommunen zu hohe Polizeistrafen verhängten.

XI. Endlich war noch folgender Antrag gestellt:

> Die Polizeibehörde, welche die Strafverfügung erlassen hat, oder eine derselben vorgesetzte Behörde sollen berechtigt sein, sich dem Verfahren als Nebenkläger anzuschließen. Die Landeszentralbehörden können über die Befugnis hierzu nähere Bestimmungen erlassen.

Hierzu lag der Unterantrag vor,

> den Abs. 2 des Antrags dahin zu fassen:
>
> > Die Landeszentralbehörden haben im Einzelfalle die Behörde, welche hierzu befugt sein soll, zu bestimmen.

Zur Begründung des Antrags wurde auf die Bestimmung des §. 467 der Str.Pr.O. hingewiesen, wonach den Verwaltungsbehörden, die einen Strafbescheid erlassen haben, die entsprechende Befugnis bereits eingeräumt sei. In der Praxis habe sich das Bedürfnis herausgestellt, daß die Polizeibehörden selbst vor dem Gerichte die Gründe darlegten, aus denen eine Strafverfügung oder die der Strafverfügung zu Grunde liegende Polizeiverordnung erlassen worden sei. Es handele sich häufig um verwaltungsrechtliche Angelegenheiten, welche die Staatsanwaltschaft nicht vollständig übersehen könne, und die daher von der Staatsanwaltschaft und namentlich von den Amtsanwälten nicht immer mit dem im allgemeinen Staatsinteresse wünschenswerten Nachdrucke vertreten würden. Müsse die Polizei die Staatsanwaltschaft erst informieren, so erfordere dies Schreibereien und Zeitverlust, die man besser vermeide. Für die Staatsanwaltschaft selbst sei es namentlich erwünscht, wenn sie die Einlegung und Vertretung eines von ihr nicht für angebracht gehaltenen Rechtsmittels der Polizeibehörde selbst überlassen könne.

Zu Gunsten des Unterantrages wurde noch ausgeführt, daß die praktische Bedeutung des Antrags erhöht werde, wenn die Zentralbehörde im Einzelfalle zur Bestimmung der zum Anschluß an die Klage befugten Behörde berufen würde.

Die Mehrheit erwog demgegenüber: Das in dem §. 467 der Str.Pr.O. den Verwaltungsbehörden gegebene Recht dürfe nicht zum Vergleiche herangezogen werden, da es sich bei jenen Sachen in der Regel um rein technische Fragen handele, denen die Staatsanwaltschaft fern stehe. Grundsätzlich erscheine es bedenklich, neben dem Staatsanwalt einen zweiten Anklagevertreter zu schaffen. Die Stellung des Angeklagten werde verschlechtert, wenn der Polizeivertreter seine bisweilen einseitige Auffassung dem Gerichte nicht als Zeuge, sondern als ein mit Staatsautorität umkleidetes Organ der Rechtspflege vortrage, zumal falls Laienrichter zur Entscheidung berufen seien. Auch entstehe für den Angeklagten unter Umständen eine große Belastung dadurch, daß er der Polizeibehörde als Nebenklägerin die notwendigen Auslagen zu erstatten habe. Bei der

Hartnäckigkeit, mit welcher manche Polizeibehörde auf ihrer Ansicht zu beharren geneigt sei, werde die Einlegung von Rechtsmitteln sehr zunehmen. Habe die Polizei mit dem Rechtsmittel Erfolg, so ergebe sich gemäß dem §. 441 Abs. 2 der Str.Pr.O. für die Staatsanwaltschaft die ihrer Stellung nicht angemessene Folge, daß sie den weiteren Betrieb der Sache übernehmen müsse, auch wenn sie die Strafverfügung für zu Unrecht erlassen halte. Endlich aber könne ein praktisches Bedürfnis für den Antrag nicht anerkannt werden, da sich die erforderliche Information der Staatsanwaltschaft durch Besprechung oder durch schriftlichen Verkehr mit den Polizeibehörden unschwer erreichen lasse.

Die Kommission lehnte daher den Abs. 1 des Hauptantrags mit 15 gegen 3 Stimmen ab. Durch diese Abstimmung waren der Abs. 2 des Hauptantrags und der Unterantrag erledigt.

Die Beratung der zu P des Fragebogens gestellten Anträge war hiermit beendet.

40. Sitzung.

10. März 1904.

Strafvollzug.

I. Der Vorsitzende teilte mit, daß ihm von dem Staatssekretär des Reichs-Justizamts eine von dem Reichstag am 27. Februar 1904 auf Antrag der Abgeordneten Gröber und Genossen angenommene Resolution (Nr. 263 der Drucksachen) mit dem Anheimgeben übermittelt worden sei, eine Besprechung der Kommission über die den Gegenstand derselben bildenden Fragen herbeizuführen.

Die Resolution gehe dahin:

> Den Herrn Reichskanzler zu ersuchen, dem Reichstag einen Gesetzentwurf vorzulegen, durch welchen den Untersuchungsgefangenen allgemein, sowie den zu Gefängnisstrafe verurteilten Personen, wenn ihre Handlung nach der im Urteile zu treffenden Bestimmung nicht eine ehrlose Gesinnung bekundet hat, gestattet wird, während der Dauer der Untersuchungshaft oder Gefängnisstrafe sich selbst zu beköstigen und in einer ihrem Beruf und Bildungsgrad angemessenen Weise selbst zu beschäftigen.

Soweit die Resolution die Behandlung der Untersuchungsgefangenen betreffe, werde die Kommission erst in der zweiten Lesung bei der wiederholten Erörterung der auf die Untersuchungshaft bezüglichen Vorschriften darauf zurückkommen können. Im übrigen werde er die Resolution nach dem Schlusse der Besprechung über die Fragen Q I und II des Fragebogens zur Erörterung stellen.

II. Es wurde nunmehr in die Besprechung dieser Fragen eingetreten.

Die reichsgesetzliche Regelung des Strafvollzugs ist bereits bei den Verhandlungen über den Entwurf eines Strafgesetzbuchs für den Norddeutschen Bund vom Reichstage beantragt,[1]) vom Bundesrat aber mit Rücksicht auf die damalige Lage der Strafprozeß-Gesetzgebung abgelehnt worden. Dagegen hat die bei der Beratung der Strafprozeßordnung vom Reichstag am 21. Dezember 1876 angenommene Resolution[2]), welche die Aufforderung zur Vorlegung eines die Strafvollstreckung gleichmäßig regelnden Gesetzentwurfs enthielt, die Veranlassung zur Ausarbeitung eines Gesetzentwurfs über die Vollstreckung der Freiheitsstrafen gegeben[3]), der 1879 dem Bundesrate vorgelegt worden ist. Dieser

---

[1]) Sitzung vom 4. März 1870 (Stenogr. Ber. S. 189).

[2]) Stenogr. Ber. S. 998.

[3]) Abgedruckt in den Blättern für Gefängniskunde Bd. XIV. S. 1—11 und bei Krohne, Lehrbuch der Gefängniskunde. Stuttgart 1889 S. 553 flg.

Entwurf ist seinerzeit gescheitert, und zwar hauptsächlich deshalb, weil er die Vollstreckung der Strafen in Einzelhaft in weitestem Umfang in Aussicht nehmen zu müssen glaubte, die Durchführung dieser Vorschrift aber damals die Aufwendung außerordentlicher Kosten verursacht haben würde. Die verbündeten Regierungen haben jedoch die mit dem Entwurf angestrebten Ziele nicht aus den Augen verloren, sie sind vielmehr bei dem Bau und der Einrichtung neuer Gefängnisse bemüht gewesen, denselben näher zu kommen.[1]) Wenn hierdurch die finanziellen Schwierigkeiten mehr und mehr an Bedeutung verloren haben, so ist seitdem der reichsgesetzlichen Regelung des Strafvollzugs ein neues Hemmnis dadurch erwachsen, daß in weiten Kreisen die Überzeugung Platz gegriffen hat, es habe sich das bestehende System der Freiheitsstrafen nicht bewährt und bedürfe bei einer Revision des Strafgesetzbuchs einer gänzlichen Umgestaltung.[2]) Mit Rücksicht hierauf haben die verbündeten Regierungen bisher Bedenken getragen, die reichsgesetzliche Regelung des Strafvollzugs in die Wege zu leiten, da ihrer Ansicht nach eine solche erst vorgenommen werden könnte, wenn zuvor über die etwaige Umgestaltung des jetzigen Strafensystems entschieden ist. Um jedoch den Wünschen des Reichstags, die vor allem auch auf die Herbeiführung einheitlicher Grundsätze über die Beschäftigung, Bekleidung, Beköstigung und sonstige Behandlung der Gefangenen gerichtet waren,[3]) schon vor Erlaß eines Strafvollzugsgesetzes tunlichst entgegen zu kommen und damit zugleich die spätere Gesetzgebung vorzubereiten und zu erleichtern, haben es die verbündeten Regierungen für angezeigt erachtet, zunächst auf dem Wege der Verwaltung gemeinsame Grundsätze über den Vollzug der Freiheitsstrafen zu vereinbaren. Diese Grundsätze sind im Reichs-Justizamt entworfen worden und haben am 28. Oktober 1897 die Zustimmung des Bundesrats gefunden.[4])

Im Anschluß an diese Vorgänge sind der Kommission zu Q des Fragebogens folgende Fragen vorgelegt worden:

I. Sollen die Vorschriften der Strafprozeßordnung über die Strafvollstreckung (§§. 481 bis 495) durch Bestimmungen über den Vollzug der einzelnen Strafarten ergänzt werden? Oder

II. empfiehlt es sich mit Rücksicht auf die Revision des Strafgesetzbuchs von einer gesetzlichen Regelung des Strafvollzugs zur Zeit abzusehen?

Hierzu lagen folgende Anträge vor:

A. 1. Die Vorschriften der Strafprozeßordnung über die Strafvollstreckung sind durch reichsgesetzliche Bestimmungen über den Vollzug gerichtlich erkannter Freiheitsstrafen zu ergänzen.

---

1) Beispielsweise ist in den zum Ressort des Königlich Preußischen Ministeriums des Innern gehörenden Anstalten die Zahl der Einzelzellen derartig vermehrt worden, daß 1903 für je 100 Gefangene 40 solcher Zellen zur Verfügung standen, während es im Jahre 1879 nur 15 waren.

2) Zu vergl. die Erklärung des Staatssekretärs des Reichs-Justizamts in der Reichstagssitzung vom 21. Mai 1890 (Stenogr. Ber. S. 201).

3) Zu vergl. Beschluß des Reichstags vom 24. März 1892 (Stenogr. Ber. S. 4997).

4) Abgedruckt im Zentral-Blatt für das Deutsche Reich 1897 S. 308 flg.

2. Es empfiehlt sich aber mit Rücksicht auf die Revision des Strafgesetzbuchs, von einer gesetzlichen Regelung des Strafvollzugs zur Zeit abzusehen.

B. 1. Mit Rücksicht auf die Revision des Strafgesetzbuchs empfiehlt es sich, von einer allgemeinen gesetzlichen Regelung des Strafvollzugs zur Zeit abzusehen.

2. Folgende grundsätzliche Forderungen sind in die Strafprozeßordnung aufzunehmen:
   a) Trennung der Strafanstalten nach Strafarten;
   b) gesonderte Anstalten für jugendliche Gefangene;
   c) gesonderte Anstalten oder Gebäude oder wenigstens Gebäudeabteilungen für männliche und weibliche Gefangene;
   d) weibliches Aufsichtspersonal für weibliche Gefangene;
   e) Einzelhaft als Regel, soweit von ihr nicht eine Gefahr für den Körper- oder Geisteszustand des Gefangenen zu besorgen ist;
   f) Sonderung der Gefangenen nach Individualitäten, namentlich Absonderung der vorbestraften, der rückfälligen und der gemeinen Verbrecher;
   g) Einrichtung besonderer Abteilungen für geisteskranke Gefangene bei bestimmten größeren Strafanstalten.

Die Kommission war einstimmig der Meinung, daß eine reichsgesetzliche Regelung des Strafvollzugs an sich im Interesse der Rechtseinheit und der Gleichheit vor dem Gesetze dringend erwünscht sei. Da das Strafgesetzbuch den Unterschied zwischen den einzelnen Arten der Freiheitsstrafen nur durch wenige allgemeine Bestimmungen bezeichnet habe, so sei es in weitem Umfange dem Ermessen der Verwaltung überlassen, welchen Inhalt sie der einzelnen Strafart geben wolle. Dies führe dazu, daß die Vollstreckung der gleichen Strafart nicht nur in dem einen Bundesstaat anders als in dem anderen, sondern auch innerhalb desselben Staates sich ganz verschieden gestalte und daß zuweilen sogar der Unterschied zwischen Zuchthausstrafe und Gefängnisstrafe verwischt werde.

Gleichwohl hielt die Kommission eine *allgemeine* reichsgesetzliche Regelung des Strafvollzugs zur Zeit nicht für ausführbar. Es wurde erwogen: Die Vorschriften über den Strafvollzug stünden im engsten Zusammenhange mit der Regelung des Strafensystems im materiellen Strafrechte. Gerade diese Materie sei aber gegenwärtig in hohem Grade streitig und werde bei der bevorstehenden Revision des Strafgesetzbuchs möglicherweise ganz abweichend von den jetzt geltenden Bestimmungen geregelt werden. Solange sich nicht übersehen lasse, welches Strafensystem und welcher Strafzweck dem künftigen deutschen Strafrechte zu Grunde liegen werde, sei es untunlich, den Vollzug der einzelnen Strafen durch ein Reichsgesetz zu regeln; man laufe sonst Gefahr, mit großem Kostenaufwand Anstalten zu errichten und Einrichtungen zu treffen, die bei der Einführung eines neuen Strafgesetzbuchs sich als überflüssig erweisen würden.

Eine Meinungsverschiedenheit bestand in der Kommission nur bezüglich der Frage, ob es sich nicht empfehle, wenigstens einige allgemeine Grundsätze über den Strafvollzug auf der Grundlage des jetzt geltenden Strafensystems in die Strafprozeßordnung aufzunehmen.

Diese Frage wurde von einem Teile der Mitglieder im Anschluß an die Anträge unter B 2 bejaht, indem ausgeführt wurde: Eine Reform des materiellen Strafrechts sei im Hinblick auf die zahlreichen von der Wissenschaft noch nicht ausgetragenen Streitpunkte und mit Rücksicht auf die im Reichstage zu erwartenden Schwierigkeiten für eine absehbare Zeit kaum in Aussicht zu nehmen. Man solle die Regelung des Strafvollzugs nicht auf diese ungewisse Zukunft verschieben, zumal es wohl angängig sei, über einzelne besonders wichtige Fragen, wie Disziplinarbestrafung, Selbstbeschäftigung und Selbstbeköstigung der Gefangenen, schon jetzt, nötigenfalls unter Zuziehung erfahrener Strafanstaltsbeamten, schlüssig zu werden. Für die unter B 2 bezeichneten Anträge wurde insbesondere geltend gemacht: Wie auch das Strafensystem des Strafgesetzbuchs künftig ausgestaltet werden möge, eine gänzliche Abschaffung der Freiheitsstrafe werde sicherlich nicht eintreten; die vorgeschlagenen allgemeinen Grundsätze über die Einrichtung der Strafanstalten und die Trennung der Gefangenen würden daher in jedem Falle ihre Bedeutung behalten.

Die Mehrheit der Kommission hielt es jedoch zur Zeit für untunlich, auch nur gewisse allgemeine Vorschriften über den Strafvollzug in die Strafprozeßordnung aufzunehmen. Sie erwog: Es sei nicht möglich, einzelne Fragen aus dem Systeme des gesamten Strafvollzugs heraus zu nehmen und gesondert zu behandeln; auf diesem Wege ließe sich nur ein unvollkommenes Stückwerk schaffen. Zudem werde man stets genötigt sein, in das materielle Strafrecht und dessen Vorschriften über die einzelnen Strafarten hinüberzugreifen, wozu die Kommission sich nicht als berufen erachten könne. Auch Vorschläge wie die in dem Antrage unter B 2 enthaltenen würden möglicherweise bei der Reform des Strafgesetzbuchs ihre Bedeutung verlieren, wenn etwa die Freiheitsstrafe für jugendliche Verbrecher ganz beseitigt, das Prinzip der Einzelhaft aufgegeben oder in größerem Umfange zum Systeme der Außenarbeit übergegangen werden sollte. Diese allgemeinen Bedenken müßten für durchschlagend erachtet werden und es sei deshalb auf den Vorschlag, erfahrene Strafvollzugspraktiker zu der Beratung zuzuziehen, nicht weiter einzugehen. Schließlich seien die in Deutschland auf dem Gebiete des Strafvollzugs bestehenden Zustände, wenn auch der Verbesserung bedürftig, so doch keineswegs unerträglich und brauchten einen Vergleich mit den Einrichtungen im Auslande nicht zu scheuen. Namentlich hätte die Durchführung der im Jahre 1897 zwischen den Bundesregierungen vereinbarten Grundsätze manchen Übelständen bereits Abhilfe verschafft.

Bei der Abstimmung wurde die Frage:

> Erscheint es zur Zeit angezeigt, die Vorschriften der Strafprozeßordnung über die Strafvollstreckung durch Bestimmungen über den Vollzug der Freiheitsstrafen zu ergänzen?

mit 11 gegen 9 Stimmen verneint. Damit waren die Fragen I und II des Fragebogens und die Anträge unter A und B erledigt.

Ein Antrag, welcher für den Fall der Bejahung jener Frage grundlegende Bestimmungen über den Vollzug der im Strafgesetzbuche vorgesehenen Freiheitsstrafen zur Aufnahme in die Strafprozeßordnung vorgeschlagen hatte, war nunmehr gegenstandslos geworden. Er hatte folgenden Wortlaut:

1. In den Gerichtsgefängnissen werden vollstreckt:
   a) die Haftstrafen,
   b) Gefängnisstrafen, wenn der Verurteilte das achtzehnte Lebensjahr noch nicht vollendet und nicht länger als einen Monat, dann, wenn er das achtzehnte Lebensjahr vollendet und nicht länger als drei Monate im Gefängnisse zu verbleiben hat.
2. Die übrigen Freiheitsstrafen werden in Anstalten (Zuchthaus, Gefangenenanstalt, Festung) vollstreckt, in denen nur je eine Strafart vollzogen wird.
3. Männliche und weibliche Verurteilte dürfen nicht in derselben Anstalt untergebracht werden; in den Gerichtsgefängnissen sind sie räumlich zu trennen.

   Jugendliche und Erwachsene sind in den Gerichtsgefängnissen und Anstalten räumlich zu trennen.

   Weibliche Verurteilte werden nur von weiblichen Bediensteten unmittelbar überwacht.
4. Die Strafe wird in den Gerichtsgefängnissen in Einzelhaft vollzogen. In den Gefangenenanstalten und Zuchthäusern werden Verurteilte, die schon im Zuchthaus oder in einer Korrektionsanstalt verwahrt waren, sowie Verurteilte, die innerhalb der letzten fünf Jahre vor der Einlieferung entweder in einer Gefangenenanstalt verwahrt waren oder in einem Gerichtsgefängnisse dreimal Gefängnisstrafe oder geschärfte Haftstrafe verbüßt haben (Rückfällige), für die Dauer der ersten drei Monate der Strafzeit in Einzelhaft, dann in gemeinsamer Haft gehalten.

   Nicht Rückfällige verbüßen in den Gefangenenanstalten und Zuchthäusern die Strafe in Einzelhaft. Erwachsene können nach drei Jahren, Jugendliche nach einem Jahre Strafzeit die Versetzung in die gemeinsame Haft beanspruchen.

   Die Einzelhaft ist durch gemeinsamen Kirchen- und Schulbesuch, sowie Aufenthalt im Freien zu unterbrechen.

   Bei gemeinsamer Haft sind die Rückfälligen, dann von den nicht Rückfälligen diejenigen Verurteilten in gesonderten Abteilungen zu verwahren, denen die bürgerlichen Ehrenrechte aberkannt sind.

   Den Festungsgefangenen ist ein einfach ausgestattetes Zimmer zur ausschließlichen Benutzung als Wohn- und Schlafraum zuzuweisen.
5. Festungsgefangene dürfen sich täglich drei Stunden, die übrigen Gefangenen täglich eine Stunde im Freien bewegen.
6. Jeder Gefangene hat das Recht auf den Zuspruch eines Geistlichen seines Bekenntnisses; die Gefangenen, mit Ausnahme der Festungsgefangenen, müssen an dem am Strafort eingeführten Gottesdienst ihres Bekenntnisses teilnehmen, desgleichen am Schulunterrichte, wenn sie nur die Volksschule besucht haben. Zur Teilnahme an den kirchlichen Heilsmitteln wird kein Gefangener gezwungen.

7. Den Gefangenen, mit Ausnahme der Festungsgefangenen, ist, soweit dies nach dem Strafgesetzbuche zulässig ist, oder soweit sie es selbst verlangen, Arbeit zuzuweisen. Die tägliche Arbeitszeit beträgt in Zuchthäusern höchstens zwölf, in den Gefangenenanstalten und Gerichtsgefängnissen höchstens elf Stunden.

   Die Arbeitskraft der Gefangenen darf nicht an private Unternehmer vermietet werden.
8. Selbstbeköstigung ist nur den Festungsgefangenen gestattet. Diese, dann die Verurteilten, die in den Gerichtsgefängnissen einfache Haft oder Gefängnisstrafe verbüßen, dürfen angemessene eigene Kleidung und Wäsche benutzen.
9. Der schriftliche Verkehr der Gefangenen, mit Ausnahme der Festungsgefangenen, wird überwacht. Eingaben an Gerichte, Staatsanwaltschaften und die Aufsichtsbehörde dürfen nicht zurückgehalten werden. Festungsgefangene dürfen sich Bücher und Schriften beschaffen, die nicht in der Sammlung der Anstalt vorhanden sind.
10. Als Vergünstigungen sind statthaft:
    a) Zulassung von Besuchen, bei Festungsgefangenen auch ohne Überwachung der Zusammenkunft durch Beamte;
    b) Arbeitsbelohnungen, dann deren Verwendung zur Beschaffung von Zusatzkost;
    c) Selbstbeschäftigung und Beschaffung von Büchern und Schriften, die nicht in der Sammlung vorhanden sind in Gerichtsgefängnissen und Gefangenenanstalten;
    d) die Benutzung angemessener eigener Kleidung in den Gefangenenanstalten.
11. Disziplinarstrafmittel dürfen die Gesundheit des einzelnen Gefangenen nicht schädigen.

    Körperliche Züchtigung, Fesselung, Lattenarrest sind als Disziplinarstrafmittel ausgeschlossen.

    Einzelhaft ist als Disziplinarstrafmittel auch nach Ablauf der in Nr. 4 Abs. 2 bezeichneten Fristen zulässig.
12. Nur mit Rücksicht auf die Gesundheit der Verurteilten sowie in Notfällen sind ausnahmsweise Abweichungen von vorstehenden Vorschriften zulässig.

    Einwendungen gegen die Art der Strafvollstreckung werden, wenn sie sich auf die Verletzung dieser Vorschriften stützen, von den Gerichten (§. 494 der Str.Pr.O.), sonst von den Aufsichtsbehörden entschieden.

III. Die Kommission ging sodann zur Beratung der eingangs mitgeteilten Resolution des Reichstags über, insoweit diese den Vollzug der Gefängnisstrafe betrifft.

Nach geltendem Rechte (§. 16 Abs. 2 des St.G.B.) können die zur Gefängnisstrafe Verurteilten in einer Gefangenenanstalt auf eine ihren Fähigkeiten und Verhältnissen angemessene Weise beschäftigt werden. Nach den vom Bundesrat im Jahre 1897 aufgestellten Grundsätzen (§. 17) soll die Zuweisung von Arbeit an die Gefängnissträflinge die Regel bilden. Sofern sie sich im Besitze der bürgerlichen Ehrenrechte befinden und Zuchthausstrafe noch nicht verbüßt haben, kann ihnen mit Genehmigung der Aufsichtsbehörde gestattet werden, sich selbst zu beschäftigen. Die Gestattung kann von der Zahlung einer Entschädigung abhängig gemacht werden. Die Selbstbeschäftigung unterliegt der Beaufsichtigung des Gefängnisvorstandes. In Ansehung der Beköstigung der Gefangenen bestehen reichsgesetzliche Vorschriften nicht.

Was die Beköstigung der Gefangenen anlangt, so enthält §. 23 des Bundesratsbeschlusses den Grundsatz, daß die Kost so zu gestalten ist, daß die Gesundheit und Arbeitsfähigkeit der Gefangenen erhalten bleibt und daß auf Gutachten des Arztes vom Vorstande bestimmt wird, ob zur Erhaltung der Gesundheit und Arbeitsfähigkeit Einzelner Abweichungen von der allgemeinen Kost einzutreten haben. Inwieweit Gefängnissträflingen die Selbstbeköstigung gestattet werden darf, soll nach §. 24 der Grundsätze von der obersten Aufsichtsbehörde bestimmt werden. Selbstbeschäftigung und Selbstbeköstigung wird also gegenwärtig den Gefängnissträflingen nur als Vergünstigung im Verwaltungswege zugebilligt.

Im Gegensatze hierzu verlangt die Resolution, daß ein Teil der zur Gefängnisstrafe verurteilten Personen, nämlich alle diejenigen, deren Handlung nach der im Urteile vom Richter zu treffenden Bestimmung nicht eine ehrlose Gesinnung bekundet hat, das Recht haben sollen, während der Dauer der Gefängnisstrafe sich selbst zu beköstigen und in einer ihrem Beruf und Bildungsgrad angemessenen Weise sich selbst zu beschäftigen.

1. Die Kommission war darin einig, daß eine Regelung, wie sie in der Resolution vorgeschlagen werde, den erheblichsten Bedenken unterliege.

a) Von einigen Mitgliedern wurde geltend gemacht, daß die gesetzliche Verwirklichung der Resolution einen Eingriff in das materielle Strafrecht bedeute, indem eine neue Strafart, eine begünstigte Gefängnisstrafe, eingeführt werden solle, auf welche gegebenenfalls der Richter zu erkennen habe. Damit werde in erheblichem Maße der künftigen Gestaltung des Systems der Freiheitsstrafen vorgegriffen. Wollte man aber annehmen, daß der Antrag nur eine Frage des Vollzugs betreffe, so komme in Betracht, daß sich die Kommission bereits dahin ausgesprochen habe, daß eine reichsgesetzliche Regelung des Vollzugs der Freiheitsstrafen zur Zeit nicht angezeigt erscheine; es sei daher nur folgerichtig, auch in Ansehung der in der Resolution berührten Einzelfragen (Selbstbeköstigung und Selbstbeschäftigung) zur Zeit bestimmte Vorschläge nicht zu machen.

b) Eine erhebliche Mehrheit hielt es außerdem für untunlich, einzelnen Gefängnissträflingen ein Recht auf Selbstbeschäftigung und Selbstbeköstigung zu gewähren. Der mit diesem Rechte ausgestattete Gefängnissträfling sei hinsichtlich der Beschäftigung dem zu Haftstrafe Verurteilten gleichgestellt, hinsichtlich der Beköstigung sogar in einer besseren Lage als dieser, der ein Recht auf Selbstbeköstigung nicht habe. Ein solches Recht gefährde, wenn seine Ausübung nicht erheblichen Einschränkungen unterliege, in hohem Maße die im Gefängnisse notwendig aufrecht zu erhaltende Ordnung und Sicherheit. Bei der Selbstbeköstigung sei stets zu besorgen, daß mit den von außen in das Gefängnis eingebrachten Speisen Mitteilungen oder Gegenstände, welche dem Sträfling zur Flucht dienen könnten, eingeschleppt würden. Diese Gefahr werde auch dann nicht beseitigt, wenn man für die Beschaffung der Speisen nur einen für vertrauenswürdig gehaltenen Speisewirt zulasse, zumal an kleineren Orten es nicht immer möglich sein werde, einen solchen ausfindig zu machen. Auch bei der Selbstbeköstigung bleibe die Verwaltung dafür verantwortlich, daß die Grenzen eines mäßigen Genusses nicht überschritten, namentlich durch den Genuß von alkoholischen Getränken nicht Störungen der Ordnung und Sicherheit des Hauses verursacht würden. Es werde somit eine genaue Kontrolle der selbstbeschafften Speisen erforderlich sein. Ebensowenig könne das Recht auf eine dem Beruf und Bildungsgrade des Gefangenen angemessene Selbstbeschäftigung uneingeschränkt gestattet werden. Es müsse insbesondere verhindert werden, daß der Gefangene ohne Aufsicht über Arbeitsgeräte verfüge, die er zur Flucht oder zum Selbstmord oder als Waffe gegen die Gefängnisbeamten gebrauchen könnte, oder daß er solche Geräte während der Selbstbeschäftigung sich heimlich zurichte. Wolle man aber zur Beseitigung dieser Gefahren die Selbstbeköstigung und Selbstbeschäftigung der zahlreichen hierzu berechtigten Gefangenen einer genauen Aufsicht unterwerfen, so werde die Kontrolle unverhältnismäßige Kosten verursachen und sich in vielen Gefängnissen überhaupt nicht durchführen lassen. Heute habe die Gefängnisverwaltung, indem sie die Selbstbeköstigung und Selbstbeschäftigung als eine Vergünstigung wegen guter Führung gestatten könne, ein sehr geeignetes Mittel in der Hand, um bessernd und erzieherisch auf den Gefangenen einzuwirken; dieses Mittel werde ihr genommen, wenn ein Teil der Gefangenen von vornherein mit dem Rechte auf Selbstbeschäftigung und Selbstbeköstigung in das Gefängnis eintrete. Andererseits müsse der Verwaltung die Möglichkeit offen stehen, im Falle des Mißbrauchs das Recht zu entziehen; dem stehe aber entgegen, daß dem Gefangenen das Recht durch gerichtliche Entscheidung zugesprochen werden solle. Des weiteren gefährde die Verleihung des Rechtes auf Selbstbeköstigung und Selbstbeschäftigung an zahlreiche Gefangene in hohem Maße den geordneten Betrieb der ökonomischen Verwaltung des Gefängnisses, zumal wenn etwa der einzelne Gefangene bald sich Arbeit und Kost zuweisen lasse, bald wieder Selbstbeschäftigung und Selbstbeköstigung verlange. Gehe man aber davon aus, daß nur die wohlhabenderen Gefangenen von dem ihnen verliehenen Rechte Gebrauch machen würden, weil nur sie imstande seien, die eigene Kost und die Entschädigung an den Staat für den ihm entgehenden Arbeitsertrag zu bezahlen, so ergebe sich aus der Durchführung der Vorschläge der Resolution eine vom sozialpolitischen Gesichtspunkt aus nicht zu billigende Bevorzugung der reicheren Gefangenen bei der Vollziehung der Strafen. Diese Bevorzugung wirke gleichzeitig als eine erhebliche Strafverschärfung für diejenigen Gefangenen, welchen das Recht auf Selbstbeköstigung und Selbstbeschäftigung nicht zustehe und die zusehen müßten, daß die anderen sich selbst beschäftigen und beköstigen. Man werde daher die vorgeschlagene Scheidung der Sträflinge in zwei Klassen höchstens in der Einzelhaft, nicht aber in der Gemeinschaftshaft durchführen können. Hierzu werde aber der gegenwärtige Bestand an Gefängniszellen kaum hinreichen.

c) Allgemein wurde es für untunlich erachtet, die Gewährung des Rechtes auf Selbstbeköstigung und Selbstbeschäftigung davon abhängig zu machen, ob die Tat des Verurteilten eine ehrlose Gesinnung bekundet habe. Es wurde ausgeführt: Der Begriff der ehrlosen Gesinnung habe zwar bereits im §. 20 des St.G.B. Verwendung gefunden, wonach in den Fällen, in welchen das Gesetz wahlweise Zuchthaus oder Festungshaft androht, auf Zuchthaus nur erkannt werden darf, wenn festgestellt wird, daß die strafbare Handlung aus einer ehrlosen Gesinnung entsprungen ist. Allein die wenigen hierfür in Betracht kommenden Verbrechen[1]) seien von besonderer Art und kämen so selten vor,[2]) daß bisher aus der praktischen Anwendung jener Vorschrift Schwierigkeiten nicht entstanden seien. Dies werde sich ändern, wenn bei jedem mit Gefängnisstrafe zu ahndenden Delikte der Richter feststellen müsse, ob der Täter aus ehrloser Gesinnung gehandelt habe. Es werde sich dann zeigen, daß dieser Begriff nicht geeignet sei, um für eine verschiedenartige Behandlung des Verurteilten beim Strafvollzuge die Grundlage zu bilden. Beispielsweise werde man nicht von jedem Messerstecher sagen können, daß er aus ehrloser Gesinnung die Mißhandlung begangen habe, und doch sei es nicht angängig, ihm ein Recht auf bevorzugte Behandlung im Gefängnisse zuzubilligen. In vielen Fällen sei der Richter gar nicht in der Lage, über die Gesinnung des Täters ein Urteil abzugeben, namentlich wenn er im Kontumazialverfahren entscheide oder die Strafe im Strafbefehle festsetze. Werde aber durch Verweigerung des Rechtes auf Selbstbeschäftigung und Selbstbeköstigung zum Ausdrucke gebracht, daß der Täter ehrlos gehandelt habe, so könnten hieraus für das spätere Fortkommen und die Ehre des Verurteilten Nachteile entstehen, welche durch die Verurteilung selbst nicht gerechtfertigt würden.

2. Wenngleich somit die in der Resolution Gröber und Genossen enthaltenen Vorschläge von keiner Seite für durchführbar erachtet wurden, so teilten doch verschiedene Mitglieder den der Resolution zu Grunde liegenden Gedanken, daß eine gleichmäßige Behandlung aller zur Gefängnisstrafe Verurteilten zu Unbilligkeiten führe und daß sich in der Praxis vielfach das Bedürfnis nach einem weniger drückenden Vollzuge der Gefängnisstrafen geltend gemacht habe. In dieser Richtung wurden im Laufe der Debatte über die Resolution mehrere Anträge gestellt, die von verschiedenen Gesichtspunkten ausgingen.

a) Einige Mitglieder legten Wert darauf, daß der erkennende Richter, wie auch in der Resolution vorgeschlagen sei, im Urteil über die Art des Vollzugs der Gefängnisstrafe Anordnung treffen könne. Sie wollten aber den Richter freier gestellt haben, als dies nach der Resolution der Fall sei, und

---

[1]) Hochverrat (§§. 81, 83—86), militärischer Landesverrat (§§. 88, 89), Tätlichkeiten gegen Bundesfürsten, Mitglieder eines bundesfürstlichen Hauses oder den Regenten eines Bundesstaats (§§. 94, 96, 98, 100), gewaltsame Unternehmungen gegen gesetzgebende Versammlungen oder ihre Mitglieder (§§. 105, 106).

[2]) Nach den Ergebnissen der Kriminalstatistik ist innerhalb von 20 Jahren (1882 bis 1901) auf Grund der in der Anmerkung 1 angeführten Bestimmungen nur gegen 7 Personen auf Festungshaft erkannt worden, wobei dahin gestellt bleiben muß, ob dies wegen Annahme mildernder Umstände oder auf Grund des §. 20 St.G.B. geschehen ist.

insbesondere den Ausspruch über die ehrlose oder nicht ehrlose Gesinnung vermieden wissen.

Ein Mitglied stellte deshalb den Antrag:

> Es empfiehlt sich, eine gesetzliche Bestimmung dahin zu treffen, daß der Richter ermächtigt wird, im Erkenntnis auszusprechen, daß dem zur Gefängnisstrafe Verurteilten bestimmte Vergünstigungen (z. B. Selbstbeschäftigung, Selbstbeköstigung) zugebilligt werden.

Es sollte damit dem Richter die Möglichkeit gegeben werden, in geeigneten Fällen einen milderen Strafvollzug eintreten zu lassen.

Ein anderes Mitglied schlug vor, auszusprechen, daß jeder Gefangene sich diejenigen Bequemlichkeiten verschaffen dürfe, welche mit dem Zwecke der Strafe und mit der Ordnung und Sicherheit im Gefängnisse vereinbar seien. Im einzelnen Falle solle die Vollstreckungsbehörde entscheiden, der Verurteilte aber hiergegen sich an das Gericht wenden können.

Von einem dritten Mitgliede wurde im Hinblick auf die Schwierigkeiten, welche aus der verschiedenartigen Behandlung von Sträflingen derselben Gefangenenanstalt sich ergeben würden, es für zweckmäßiger erachtet, dem Richter die Anordnung zu ermöglichen,

> daß der zu Gefängnisstrafe Verurteilte die Strafe im Wege der Festungshaft unter Umwandlung der Dauer der Strafe gemäß §. 21 des St.G.B. verbüße.

Von anderer Seite wurde angeregt, von einer Umwandlung der Dauer der Strafe abzusehen, vielmehr, ähnlich wie es im Bayerischen Strafgesetzbuche von 1813 (Art. 19) geschehen sei, den Richter zu ermächtigen, im einzelnen Falle anstatt der Gefängnisstrafe auf Festungshaft von gleicher Dauer zu erkennen.

Endlich wurde unter Bezugnahme darauf, daß die Festungshaft sich als ein wenig zweckmäßiges Strafmittel erwiesen habe, vielfach gar nicht als Strafe empfunden werde und deshalb nicht noch weiter ausgedehnt werden dürfe, der Vorschlag gemacht, die Kommission möge den Wunsch nach einer gesetzlichen Verwirklichung der im Jahre 1903 von der Versammlung des Vereins deutscher Strafanstaltsbeamten in Stuttgart gefaßten Beschlüsse (Blätter für Gefängniskunde Bd. 38 S. 87) aussprechen, wonach ein neues Strafensystem auf folgenden Grundsätzen aufzubauen sei:

> Es ist eine Differenzierung der mit Arbeitszwang verbundenen Freiheitsstrafe unerläßlich in der Richtung, daß unter dem Namen „Zuchthaus" eine ipso jure mit Ehrverlust verbundene Freiheitsstrafe unterschieden wird von dem Gefängnisse, welches ehrenmindernde Wirkung nicht hat und ihrer bürgerlichen Ehrenrechte verlustige Personen nicht trifft.
>
> Diese Unterscheidung soll sich des ferneren erstrecken auf den Strafvollzug, und zwar insbesondere in der Richtung, daß der Zuchthäusler unbedingtem Zwange zu den in der Anstalt eingeführten Arbeiten unterliegt, und daß ihm keinerlei Vergünstigungen zuteil werden, während der Gefangene verlangen darf, in Einzelhaft gehalten zu werden, seine eigene Kleidung zu tragen, sich selbst zu beköstigen, und dem Arbeitszwang in freierer Weise unterworfen werden kann.

Gegen die sämtlichen Vorschläge wurde geltend gemacht, daß sie ebenso wie die Resolution des Reichstags eine nicht zu den Aufgaben der Kommission gehörende wesentliche Abänderung des materiellen Strafrechts bezielten. Die Anträge wurden deshalb im Laufe der Debatte wieder zurückgezogen.

b) Einige Mitglieder wollten dem zuletzt angegebenen Bedenken dadurch Rechnung tragen, daß sie Vorschriften vorschlugen, die sich an die Strafvollzugsbeamten richten und die Vollstreckung lediglich der gegenwärtig geltenden Strafen regeln sollten.

In dieser Richtung wurde beantragt:

> Es empfiehlt sich, bei der Gestaltung des Strafvollzugs darauf Rücksicht zu nehmen, ob der zur Freiheitsstrafe Verurteilte durch die begangene strafbare Handlung eine ehrlose Gesinnung bekundet hat.

Der Antrag wurde im Anschluß an die für den 26. Deutschen Juristentag[1]) über die Frage: „Nach welchen Grundsätzen ist die Revision des Strafgesetzbuchs in Aussicht zu nehmen?" erstatteten Gutachten besprochen, sodann aber von dem Antragsteller mit der Begründung zurückgezogen, daß eine Regelung des Strafvollzugs im Sinne des Antrags nur im Zusammenhange mit einer Reform des Strafensystems überhaupt stattfinden könne.

In der gleichen Richtung bewegte sich der Antrag:

> Es empfiehlt sich zu bestimmen, daß Gefängnissträflingen mit Ausnahme derjenigen, denen die bürgerlichen Ehrenrechte aberkannt und die rückfällig sind, auf Verlangen Selbstbeschäftigung und Selbstbeköstigung von dem Gefängnisvorstande gestattet werden kann und soll, falls Gesundheitsrücksichten diese gebieten oder wenn nach der bisherigen Lebensführung der Gefangenen die Verpflegung mit Anstaltskost eine besondere Härte in sich schließt.

Es sollte damit ebenfalls nur eine Instruktion für den Strafvollzugsbeamten gegeben und insbesondere im Gegensatze zu dem Beschlusse des Reichstags zum Ausdrucke gebracht werden, daß den Sträflingen ein Recht auf Selbstbeköstigung und Selbstbeschäftigung nicht zustehe. Gegen diesen Antrag wurde das Bedenken erhoben, daß er dem Ermessen der Strafvollzugsbehörden einen zu weiten Spielraum lasse und eine wesentliche Änderung des gegenwärtigen Rechtszustandes kaum herbeiführe. Überdies sei nicht ersichtlich, was unter rückfälligen Sträflingen zu verstehen sei und weshalb, falls Gesundheitsrücksichten es gebieten, nicht auch den Rückfälligen oder mit dem Verluste der bürgerlichen Ehrenrechte Bestraften Selbstbeköstigung gewährt werden dürfe. Hierauf wurde auch dieser Antrag wieder zurückgezogen.

Es blieb schließlich noch ein Antrag übrig, welcher lediglich bezweckte, eine Abstimmung der Kommission über ihre Stellung zu dem Beschlusse des Reichstags zu ermöglichen, und welcher dahin ging:

> Es empfiehlt sich nicht, den Gefängnissträflingen oder bestimmten Kategorien derselben ein Recht auf Selbstbeköstigung oder Selbstbeschäftigung zu geben.

Dieser Antrag wurde mit 14 gegen 4 Stimmen angenommen.

---

[1]) Verhandlungen Bd. 1 S. 259 flg., Bd. 2 S. 237 flg.

41. Sitzung.

11. März 1904.

Anrechnung der Untersuchungshaft. Öffentlichkeit.

I. Die Kommission trat in die Beratung der Frage, betreffend die Anrechnung einer vom Verurteilten erlittenen Untersuchungshaft, ein.

Zufolge §. 60 des St.G.B. kann bei Fällung des Urteils nach dem Ermessen des Gerichts die vom Verurteilten bereits erlittene Untersuchungshaft auf die erkannte Strafe ganz oder teilweise angerechnet werden. Im §. 482 der Str.Pr.O ist bestimmt, unter welchen Voraussetzungen die nach Erlaß des Urteils erlittene Untersuchungshaft unverkürzt auf die zu vollstreckende Freiheitsstrafe in Anrechnung zu bringen ist. Mit Rücksicht auf den Zusammenhang dieser Vorschriften erachtete die Kommission es für geboten, auch die durch das Strafgesetzbuch geregelte Frage der Anrechnung einer vor Erlaß des Urteils erlittenen Untersuchungshaft in den Kreis ihrer Erörterungen zu ziehen.

1. Übereinstimmung herrschte darüber, daß die dem ausländischen Rechte[1]) vielfach unbekannte Einrichtung einer Anrechnung der Untersuchungshaft der Billigkeit entspreche und nicht zu entbehren sei. Denn die Untersuchungshaft sei ein Übel, das in seiner Wirkung auf den Verhafteten dem Vollzug einer Freiheitsstrafe nahezu gleichkomme, unter Umständen sogar wegen der Ungewißheit der Dauer ihn noch in höherem Maße bedrücke. Der Beschuldigte habe aber nicht immer durch einen wirklichen Flucht- oder Kollusionsversuch die Anordnung der Untersuchungshaft veranlaßt. Vielmehr werde die längere Dauer der Haft nicht selten durch Umstände herbeigeführt, die ganz außerhalb der Person des Beschuldigten lägen.

Mit Rücksicht hierauf wurde von einer Seite der Standpunkt vertreten, daß allgemein jede Untersuchungshaft auf die erkannte Strafe anzurechnen sei. Ein Antrag in dieser Richtung wurde jedoch nicht gestellt.

Von anderer Seite wurde die obligatorische Anrechnung der Untersuchungshaft wenigstens insoweit für billig und unbedenklich erachtet, als die erkannte Strafe in Festungshaft oder einfacher Haft bestehe; denn in diesem Falle sei das Übel der Untersuchungshaft dem Strafübel völlig gleichwertig. Dementsprechend wurde beantragt:

> Eine erlittene Untersuchungshaft ist unverkürzt auf diejenige erkannte Strafe anzurechnen, welche in der bloßen Freiheitsentziehung ohne Arbeitszwang besteht.

---

[1]) So in Belgien, Luxemburg, Italien, England und — abgesehen von dem Gesetze vom 15. Februar 1892 — auch in Frankreich.

Die große Mehrzahl der Kommission war dagegen der Ansicht, daß an dem Grundgedanken der Vorschrift des §. 60 des St.G.B. festzuhalten sei, wonach das Gericht im Einzelfalle zu befinden habe, ob die Untersuchungshaft von dem Angeklagten verschuldet sei und in welcher Weise sie ihm angerechnet werden solle. Es müsse davon ausgegangen werden, daß die Untersuchungshaft nach dem Gesetze die Durchführung des staatlichen Strafanspruchs sichern solle, und daß an sich jeder die Folgen tragen müsse, wenn er der Flucht oder der Kollusion sich auch nur verdächtig gemacht habe. Sei die Haft dem Gesetz entsprechend verhängt, so könnten nur Billigkeitsgründe zu einer Anrechnung führen und hierüber habe nach Lage der Umstände das Gericht zu entscheiden. Eine ausnahmslose und völlige Anrechnung würde überdies den verhafteten gegenüber dem auf freiem Fuße befindlichen Verurteilten ohne Grund begünstigen, da dieser sich dem Vollzuge der ganzen Strafe zu unterwerfen habe. Dem Verurteilten, dessen Strafe infolge der Anrechnung als verbüßt angesehen werde, komme ferner nicht ernsthaft zum Bewußtsein, daß er bestraft sei. Dagegen wirke die vom Richter ohne gesetzlichen Zwang bewilligte Anrechnung der Haft auf den Angeklagten versöhnend und werde von ihm als eine zur Besserung anspornende Wohltat empfunden. Endlich entspreche die obligatorische Anrechnung auch insofern nicht der Billigkeit, als die Verbüßung der Untersuchungshaft den Gefangenen doch erheblich günstiger stelle als die Verbüßung einer Straftat. Wenngleich in letzterer Beziehung bei einer in bloßer Freiheitsentziehung bestehenden Strafe der Unterschied nicht erheblich sei, so könne doch auch insoweit der obligatorischen Anrechnung nicht zugestimmt werden. Zunächst führe der in dieser Richtung gestellte Antrag folgerichtig dahin, die Anrechnung auch für die mit Arbeitszwang verbundenen Freiheitsstrafen unter Anwendung der für die Umwandlung der Freiheitsstrafen in §. 21 des St.G.B. gegebenen Bestimmungen vorzuschreiben. Der Vorschlag gehe auch zu weit, insofern in Fällen eines Fluchtversuchs oder tatsächlich versuchter Kollusion oder wenn sonst die Untersuchungshaft durch grobe Fahrlässigkeit verschuldet sei, die Anrechnung keinesfalls gerechtfertigt erscheine. Ferner werde ein Recht auf Anrechnung den schuldigen Verhafteten veranlassen, die Sache möglichst zu verzögern; während er heute den Wunsch habe, bald zur Hauptverhandlung zu kommen, werde er sich künftig bemühen, sie hinauszuziehen, um einen möglichst großen Teil der zu erwartenden Strafe bereits in der Untersuchungshaft abzumachen. Der Antrag, wie er gestellt sei, ermangele aber auch jeder praktischen Bedeutung. Denn der zu Festungshaft Verurteilte werde sich nur in seltenen Fällen vorher in Untersuchungshaft befunden haben. Bei den nur mit Haft bedrohten Straftaten aber sei die Zulässigkeit der Untersuchungshaft in der Regel gesetzlich ausgeschlossen (§. 113 der Str.Pr.O.); in den Fällen, in welchen sie ausnahmsweise zulässig sei, werde es sich aber meist um Übertretungen des §. 361 Nr. 3 bis 8 des St.G.B. handeln, bei welchen die Strafe nicht in einfacher Freiheitsentziehung, sondern in Haft mit Arbeitszwang bestehe (§. 362 des St.G.B.).

Der Antrag wurde darauf zurückgezogen.

2. Obgleich hiernach die Kommission eine die Anrechnung der Untersuchungshaft allgemein vorschreibende Regel nicht befürworten konnte, erachtete sie doch in einer Richtung eine Änderung des geltenden Rechtes für geboten.

Nach der Rechtsprechung des Reichsgerichts sei das Gericht, selbst wenn von dem verhafteten Angeklagten ein Antrag auf Anrechnung der Untersuchungshaft gestellt sei, nicht verpflichtet, sich über diesen Antrag auszusprechen; das Schweigen der Urteilsgründe gelte als Ablehnung.[1] Hiernach fehle jede Gewähr dafür, daß die Gerichte bei der Entscheidung über die Anrechnung sich von bestimmten sachlichen Erwägungen leiten lassen; auch stehe dem Angeklagten, wenn etwa die Prüfung der Anrechnungsfrage ganz übersehen worden sei, hiergegen ein Rechtsbehelf nicht zu.

Um einen Eingriff in das materielle Recht möglichst zu vermeiden und doch den hauptsächlichsten Mißstand, der sich aus der Prozeßordnung ergeben habe, zu beseitigen, wurde zunächst von einer Seite folgender Antrag gestellt:

> Wenn in der Hauptverhandlung der Antrag gestellt worden ist, die bis zur Verkündung des Urteils von dem Angeklagten erlittene Untersuchungshaft ganz oder teilweise auf die Strafe anzurechnen, so hat das Gericht eine von dem Antrag abweichende Entscheidung im Urteile mit Gründen zu versehen.

Der Antrag wurde von der überwiegenden Mehrheit der Kommission nicht für genügend erachtet; ihm wurde entgegengehalten, daß man das Erfordernis einer ausdrücklichen Entscheidung über die Anrechnung nicht von einem Antrage des Angeklagten abhängig machen dürfe; denn die meisten Angeklagten und insbesondere diejenigen, welche keinen Verteidiger haben, würden gar nicht wissen, daß sie nur durch Stellung eines Antrags eine solche Entscheidung herbeiführen können. Insofern aber die verteidigten Angeklagten hierin besser gestellt seien, führe der Vorschlag zu einer ungerechtfertigten Bevorzugung der wohlhabenderen Klassen der Bevölkerung. Hiernach wurde der Antrag zurückgezogen.

In Berücksichtigung der oben erwähnten Bedenken wurde von anderer Seite beantragt:

> a) Das Gericht hat in allen Fällen über Anrechnung oder Nichtanrechnung der Untersuchungshaft Bestimmung zu treffen und seine Entscheidung in dem Urteile zu begründen.

Zur Begründung wurde ausgeführt: Auch bei diesem Vorschlage werde ein Eingriff in das materielle Recht vermieden; denn der Grundgedanke des §. 60 des St.G.B. werde nicht verlassen, vielmehr werde nur sichergestellt, daß demselben stets mit Sorgfalt Rechnung getragen werde, indem bei dem Mangel einer mit Gründen versehenen Entscheidung über die Anrechnungsfrage eine Ergänzung des Urteils oder seine Aufhebung durch das übergeordnete Gericht einzutreten habe.

Von dritter Seite wurde auch dieser Vorschlag nicht für ausreichend erachtet, um dem bestehenden Übelstand abzuhelfen. Zudem führe er zu einer Verlängerung des Verfahrens, indem er den Betroffenen auf den Weg des Rechtsmittels verweise. Zweckmäßiger sei es, durch das Gesetz selbst vorzuschreiben, welche Folgen einzutreten haben, wenn das Urteil eine mit Gründen versehene Entscheidung über die Anrechnung nicht enthalte, und zwar habe dies in einem

---

[1] Zu vergl. Entsch. des Reichsgerichts in Straff. Bd. 35 S. 234.

der bisherigen Rechtsprechung gerade entgegengesetzten Sinne zu geschehen. Das Schweigen der Urteilsgründe müsse als Bewilligung der Anrechnung gelten. Diese Regelung entspreche der Billigkeit; sie werde auch am sichersten dazu führen, daß eine gründliche Prüfung der Anrechnungsfrage niemals unterbleibe. Sollte dies gleichfalls in vereinzelten Fällen geschehen oder sollte nur versehentlich bei Verkündung des Urteils die Frage der Anrechnung übergangen werden, so könne dem mit Rücksicht auf die sonstigen Vorzüge einer solchen Regelung entscheidendes Gewicht nicht beigelegt werden. Dementsprechend wurde der Antrag gestellt:

b) Die Untersuchungshaft, die der Angeklagte bis zur Verkündung des erstinstanzlichen Urteils erlitten hat, ist unverkürzt auf die zu vollstreckende Strafe anzurechnen, soweit nicht das erkennende Gericht unter Angabe der Gründe im Urteil anders entscheidet.

Die Mehrheit der Kommission hielt jedoch diesen Antrag für zu weit gehend. Wenngleich er in prozessuale Form gekleidet sei, laufe er doch auf eine Abänderung des materiellen Rechtes hinaus. Denn er statuiere ein Recht auf Anrechnung der vor dem Urteil erlittenen Untersuchungshaft, das dem Verurteilten nur durch eine besondere, mit Gründen versehene Entscheidung des Gerichts wieder entzogen werden könne. Diese Entziehung habe übrigens etwas Gehässiges an sich. Während der Richter heute durch den §. 60 St.G.B. in die Lage versetzt sei, dem Verurteilten eine besondere Wohltat erweisen zu können, handele es sich nach der vorgeschlagenen Regelung nur darum, ob ihm neben der Strafe ein weiteres Übel aufzuerlegen sei. Auch sei es bedenklich, durch die Präsumtion zu Gunsten der Anrechnung der richterlichen Entscheidung unter Umständen einen Inhalt unterzuschieben, der gar nicht gewollt sei, zumal wenn die Nichtanrechnung ausdrücklich beschlossen und nur versehentlich nicht verkündet sein sollte.

Bei der Abstimmung wurde der Antrag b mit 10 gegen 8 Stimmen abgelehnt, der Antrag a einstimmig angenommen.

3. In Ansehung der nach Erlaß des Urteils erlittenen Untersuchungshaft ist im §. 482 der Str.Pr.O. vorgeschrieben, daß auf die zu vollstreckende Freiheitsstrafe unverkürzt diejenige Untersuchungshaft anzurechnen ist, welche der Angeklagte erlitten hat, seit er auf Einlegung eines Rechtsmittels verzichtet oder das eingelegte Rechtsmittel zurückgenommen hat oder seitdem die Einlegungsfrist abgelaufen ist, ohne daß er eine Erklärung abgegeben hat.

Die Kommission war darin einig, daß die geltende Vorschrift in der Praxis zu erheblichen Mißständen geführt habe. Der verhaftete Verurteilte sei demnach vor die Wahl gestellt, entweder auf ein vielleicht Erfolg versprechendes Rechtsmittel zu verzichten oder seine Untersuchungshaft verlängert zu sehen. In dieser Zwangslage werde oft ein übereilter Verzicht erklärt, zumal sich der Angeklagte infolge der Verurteilung meist in einem Zustande seelischer Aufregung befinde. Es sei eine mißliche Aufgabe für den Vorsitzenden, den Verurteilten sogleich nach der Urteilsverkündung über den Verzicht auf das Rechtsmittel befragen zu müssen. Auch lehre die Erfahrung, daß der Angeklagte, wenn er sich vor Gericht die Erklärung noch vorbehalten habe, demnächst im Untersuchungsgefängnisse von dem Aufsichtspersonale nicht selten durch den Hinweis auf die

Verkürzung der Haft zum Verzichte veranlaßt werde. Bei den Beratungen, welche sich im Reichstag an den Entwurf der Strafprozeßnovelle von 1895 angeknüpft haben, sei zur Beseitigung dieser Mißstände vorgeschlagen worden, den Verzicht des Verurteilten auf Rechtsmittel für widerruflich zu erklären.[1]) Indessen werde den Bedürfnissen des Verurteilten einfacher und besser Rechnung getragen, wenn man vorschreibe, daß auch ohne Verzichtserklärung die nach der Urteilsverkündung erlittene Untersuchungshaft regelmäßig angerechnet werden müsse. Allerdings sei zuzugeben, daß eine solche Vorschrift es dem Angeklagten, der zu einer Freiheitsstrafe von nicht mehr als einer Woche verurteilt sei, ermögliche, die Strafe völlig in der Untersuchungshaft zu verbüßen, indem er entweder eine Erklärung über den Rechtsmittelverzicht unterlasse oder das Rechtsmittel einlege, um es alsbald wieder zurückzunehmen. Allein dies könne gegenüber den großen Vorzügen jener Regelung nicht entscheidend in das Gewicht fallen, zumal es bei so kurzen Freiheitsstrafen nicht viel verschlage, ob der Verurteilte die Strafzeit in der Untersuchungshaft oder in dem Gefängnis unter Arbeitszwang verbringe.

Hiernach wurde folgender Antrag:

> Auf die zu vollstreckende Freiheitsstrafe ist unverkürzt diejenige Untersuchungshaft anzurechnen, welche der Angeklagte nach der Verkündung des Urteils erster Instanz erlitten hat.
>
> Hat der Angeklagte rechtzeitig ein Rechtsmittel gegen das Urteil eingelegt und es nicht vor Ablauf der Einlegungsfrist wieder zurückgenommen, so wird die Untersuchungshaft bis zu dem Zeitpunkte nicht angerechnet, bis zu welchem das Rechtsmittel die Vollstreckung der Strafe hemmt.

einstimmig angenommen.

Bei der Beratung waren Zweifel darüber entstanden, ob nicht die Fassung des Abs. 2 der Auffassung Raum geben könne, daß bei Einlegung eines Rechtsmittels jede Anrechnung der nach der Urteilsverkündung erlittenen Untersuchungshaft ausgeschlossen sei. Die Kommission war darin einig, daß dies durch den Abs. 2 nicht zum Ausdrucke gebracht werden solle, daß das höhere Gericht vielmehr auch durch die Einlegung eines Rechtsmittels von Seiten des Angeklagten nicht behindert sei, gemäß §. 60 des St.G.B. demselben die Untersuchungshaft ganz oder teilweise anzurechnen. Zur Beseitigung eines etwaigen Mißverständnisses wurde ein Zusatzantrag:

> Die Anwendbarkeit des §. 60 des St.G.B. wird durch die vorstehenden Bestimungen nicht berührt.

gleichfalls einstimmig angenommen.

4. Im Anschluß an die unter 3 gefaßten Beschlüsse wurde ferner beantragt, die unverkürzte Anrechnung der nach der Verkündung des erstinstanzlichen Urteils erlittenen Untersuchungshaft auch bei Einlegung eines Rechtsmittels dann eintreten zu lassen,

---

[1]) Stenogr. Ber. 1895/97 Bd. 5 S. 3472 ff.: Reichstagsdrucks. 1898/1900 Nr. 203 S. 33 flg., 1900/1901 Nr. 220 S. 28.

a) wenn der Angeklagte durch das Rechtsmittel eine Änderung des Urteils zu seinen Gunsten oder Aufhebung des Urteils und Zurückverweisung der Sache an die Vorinstanz erzielt hat;

b) wenn er bei Zuerkennung einer Gesamtstrafe das Urteil nur hinsichtlich eines Teiles der festgestellten Straftaten angefochten hat; die Untersuchungshaft wird hier aber nur bis zur Höhe der nicht angefochtenen Einsatzstrafen angerechnet.

Zu Gunsten des Antrags wurde ausgeführt: Es sei unbillig, daß der Angeklagte, welcher gegen ein ihn verurteilendes Erkenntnis ein Rechtsmittel einlege, auch dann kein Recht auf unverkürzte Anrechnung der seit dem Urteil erlittenen Untersuchungshaft habe, wenn er mit dem Rechtsmtttel einen teilweisen Erfolg erziele, sei es, daß das Urteil zu seinen Gunsten abgeändert oder daß es aufgehoben und die Sache an die Vorinstanz zurückverwiesen werde. In beiden Fällen zeige der Erfolg, daß der Angeklagte über das erste Urteil sich mit Grund beschwert habe; er könne deshalb für die durch das Rechtsmittel verursachte Verlängerung der Untersuchungshaft nicht verantwortlich gemacht werden; bleibe diese gleichwohl bei der Berechnung der Strafzeit außer Betracht, so gehe er des erzielten Erfolgs mehr oder weniger wieder verlustig. Als eine Änderung des Urteils im Sinne des Antrags müsse es auch angesehen werden, wenn der Angeklagte in der zweiten Instanz unter Anwendung eines milderen Strafgesetzes (z. B. wegen Unterschlagung anstatt wegen Diebstahls) verurteilt werde, möge auch die Strafe unverändert geblieben sein.

Was insbesondere den Fall einer Gesamtstrafe anlange, so könnten, wenn das Urteil nur hinsichtlich eines Teiles der festgestellten Straftaten angefochten sei, auch die wegen der übrigen Straftaten ausgeworfenen Strafen nicht vollstreckt werden, weil nach §. 483 der Str.Pr.O. die Strafvollstreckung nur auf Grund einer mit der Bescheinigung der Vollstreckbarkeit versehenen beglaubigten Abschrift der Urteilsformel erfolgen dürfe, in dieser aber die Einzelstrafen nicht angegeben seien. Außerdem scheitere die Vollstreckung der nicht angefochtenen Einzelstrafen vor Erlaß des endgültigen Urteils auch daran, daß sie in ihrer Höhe durch die Annahme der Realkonkurrenz beeinflußt sein und bei der Festsetzung der neuen Gesamtstrafe gemindert werden könnten.[1]) Der verhaftete Verurteilte müsse deshalb weiter in Untersuchungshaft bleiben, obwohl er zur Verbüßung der nicht angefochtenen Strafen bereit sei. Aus diesem Grunde entspreche es der Billigkeit, daß ihm die nach dem Urteil erlittene Untersuchungshaft wenigstens bis zu der Höhe der nicht angefochtenen Strafen stets angerechnet werde.

Gegen die Vorschläge wurden folgende Bedenken geltend gemacht: Insoweit der teilweise Erfolg des vom Angeklagten eingelegten Rechtsmittels eine Anrechnung der seit dem Urteil erlittenen Untersuchungshaft als billig erscheinen lasse, sei das Gericht, welches auf die mildere Strafe oder nach erfolgter Zurückverweisung auf die neue Strafe oder im Falle der Aufhebung eines Teiles der Gesamtstrafe auf die neue Gesamtstrafe erkenne, schon jetzt auf Grund des §. 60 des St.G.B. in der Lage, jenem Bedürfnisse Rechnung zu tragen.

---

[1]) Zu vergl. Entsch. der vereinigten Strafsenats des Reichsgerichts Bd. 25 S. 297 flg.

Die vorgeschlagene obligatorische Anrechnung bringe aber die Gefahr mit sich, daß Verurteilte mutwillig Rechtsmittel einlegen würden, um einen Teil der Strafe schon während der Untersuchungshaft verbüßen zu können. Ferner erlange der Angeklagte, wenn er nach der Aufhebung eines Urteils wegen eines Formfehlers und der Zurückverweisung der Sache in die Vorinstanz zu der gleichen Strafe verurteilt werde, durch die Anrechnung der ganzen Untersuchungshaft einen nicht gerechtfertigten Vorteil. Dies gelte auch dann, wenn die Abänderung des Urteils zu Gunsten des Angeklagten so geringfügig sei, daß sie gegenüber dem Gesamtinhalte der Entscheidung nicht in Betracht kommen könne. Der §. 60 des St.G.B. werde daher im allgemeinen genügen, zumal wenn das Gericht demnächst verpflichtet sei, in jedem Falle über die Anrechnung oder Nichtanrechnung der Untersuchungshaft im Urteile sich auszusprechen. Nur für einen besonderen Fall sei zuzugeben, daß das gegenwärtige Recht zu Härten führen könne, wenn nämlich der Angeklagte wegen mehrerer Straftaten zu einer Gesamtstrafe verurteilt worden sei, das Urteil hinsichtlich einer Straftat unangefochten gelassen habe, bezüglich der anderen aber mittels des von ihm eingelegten Rechtsmittels seine Freisprechung erziele. In diesem Falle bleibe die für die nicht angefochtene Straftat festgesetzte Einzelstrafe bestehen, ohne daß ein Gericht noch in die Lage komme, über die Anrechnung der inzwischen erlittenen Untersuchungshaft auf die unberührt gebliebene Einzelstrafe Bestimmung zu treffen.

Mit Rücksicht hierauf wurde von einer Seite beantragt,

> den Antrag b mit der Abänderung anzunehmen, daß hinter den Worten „angefochten hat" die Worte „mit dem Erfolge der Beseitigung einer dafür ausgeworfenen Einzelstrafe und ohne daß eine Anwendung des §. 60 St.G.B. noch möglich ist" eingefügt werden.

Von anderer Seite wurde auch in dem bezeichneten Falle nicht für geboten erachtet, die Anrechnung der Untersuchungshaft obligatorisch zu machen. Höchstens könne in Frage kommen, ob man das Gericht in die Lage versetzen solle, auch hier nach freiem Ermessen darüber zu befinden, ob die inzwischen erlittene Untersuchungshaft ganz oder teilweise anzurechnen sei.

Der Antrag a sowie der Antrag b ohne den vorgeschlagenen Zusatz wurde mit 9 gegen 9 Stimmen abgelehnt, wobei die Stimme des Vorsitzenden den Ausschlag gab. Der Antrag b mit dem Zusatzantrage wurde hierauf mit 15 gegen 3 Stimmen angenommen.

5. Der Antrag,

> an den §. 482 der Str.Pr.O. folgenden zweiten Absatz anzufügen:
>
> > Erfolgt in einem auf Grund des §. 450 eingeleiteten neuen Verfahren die Verurteilung zu einer Freiheits- oder Geldstrafe, so ist die infolge eines Strafbefehls vollstreckte Strafe auf die neuzuerkennende Strafe unverkürzt in der Weise anzurechnen, daß eine verbüßte Freiheitsstrafe auf die neuerkannte Strafe mit ihrer ganzen Zeitdauer, auf eine Geldstrafe nach Umrechnung in eine entsprechende Geldstrafe unter Anwendung des §. 29 des St.G.B. mit dem Betrage der letzteren, eine vollstreckte Geldstrafe auf eine neuerkannte Freiheitsstrafe unter gleicher Umrechnung in eine entsprechende

Freiheitsstrafe mit der vollen Zeitdauer der letzteren, auf eine neu-erkannte Geldstrafe mit ihren vollen Betrag angerechnet wird.

wurde mit 15 gegen 3 Stimmen angenommen.

Die Mehrheit hielt die Vorschrift für eine billige und zweckmäßige Ergänzung der von der Kommission bereits beschlossenen Vorschrift,[1]) nach welcher die Strafklage durch einen ohne Einspruch gebliebenen Strafbefehl nicht als verbraucht gilt, wenn bei erneuter Strafverfolgung die Tat unter einen im Strafbefehle noch nicht gewürdigten, eine erhöhte Strafbarkeit begründenden rechtlichen Gesichtspunkt gebracht wird. Die Minderheit hatte gegen den Antrag an sich nichts einzuwenden, hielt ihn aber für überflüssig, da die Rechtsprechung[2]) heute bereits auf demselben Standpunkte stehe.

6. Die folgenden, hinsichtlich der Strafvollstreckung noch gestellten Anträge wurden, ohne daß eine Beratung stattfand, zurückgezogen:

a) Es sind die Zusätze zu machen

zu §. 483 der Str.Pr.O.:

Der Verweis wird dem Verurteilten vom Vorsitzenden des Gerichts mündlich erteilt.

zu §. 487 der Str.Pr.O.:

Die Vollstreckung kann mit Zustimmung des Verurteilten aufgeschoben werden, wenn das Urteil sich noch auf andere Angeklagte erstreckt und einer von diesen ein Rechtsmittel eingelegt hat, dessen Erfolg auch für den Verurteilten von Bedeutung ist.

zu §. 489 der Str.Pr.O.:

Wird der Verurteilte wegen Fluchtverdachts verhaftet, bevor eine Ladung zum Strafantritt an ihn ergangen oder die Frist zum Strafantritt abgelaufen ist, so ist die Strafzeit vom Tage der Verhaftung an zu berechnen.

Ist ein Gefangener entsprungen, so ist auch der Vorstand des Gefängnisses zur Erlassung eines Steckbriefs befugt.

zu §. 493 der Str.Pr.O.:

wenn nicht der Verurteilte mit der Absicht, die Strafvollstreckung zu unterbrechen, die Krankheit herbeigeführt oder vorgetäuscht hat.

zu §. 494 der Str.Pr.O.:

Vor der Entscheidung ist der Staatsanwaltschaft und, soweit tunlich, dem Verurteilten Gelegenheit zu geben, Anträge zu stellen und zu begründen.

zu §. 495 der Str.Pr.O.:

Zur Leistung des Offenbarungseids ist der zu einer Vermögensstrafe Verurteilte nicht verpflichtet.

b) Die Vollstreckung einer rechtskräftig erkannten Freiheitsstrafe darf durch Vollziehung der in einer anderen Sache angeordneten Untersuchungshaft nur gehemmt werden, wenn

α) die Untersuchungshaft wegen Verdachts der Verdunkelung angeordnet ist;

---

[1]) Zu vergl. Protokolle S. 343 flg.

[2]) Entsch. des Reichsgerichts in Straff. Bd. 9 S. 321 (324).

β) die Untersuchungshaft zwar nur wegen Verdachts der Flucht angeordnet ist, für die Zwecke der Untersuchung aber die dauernde Anwesenheit des Strafgefangenen am Orte der Untersuchung notwendig erscheint und dort eine Strafanstalt, in welcher die Art der wider jenen erkannten Strafe zu vollstrecken ist, sich nicht befindet.

II. Die Kommission ging zu den die Öffentlichkeit des Verfahrens betreffenden Vorschriften des Gerichtsverfassungsgesetzes (§§. 170, 173 bis 176) über.

1. Zunächst gelangte zur Erörterung die unter R I 1 des Fragebogens gestellte Frage,

ob Erfahrungen darauf hinweisen, die Öffentlichkeit im Verfahren vor dem Amtsrichter ohne Zuziehung von Schöffen auszuschließen oder einzuschränken.

Die Kommission beschloß einstimmig, die Frage zu verneinen. Es wurde erwogen:

Wenn auch zuzugeben sei, daß die Öffentlichkeit der Verhandlungen unter Umständen schweren Schaden für den Angeklagten und für die Zeugen mit sich bringen könne und daß die unbeteiligten Zuhörer bei den Gerichtsverhandlungen häufig nur eine unberechtigte Neugierde befriedigen wollten, so müßten doch diese Erwägungen vor den großen Vorzügen der Öffentlichkeit zurücktreten. Die öffentliche Verhandlung biete eine wertvolle Garantie für eine ordnungsmäßige Rechtsprechung und sei deshalb geeignet, das Vertrauen der Bevölkerung zur Tätigkeit der Gerichte zu stärken. Die Öffentlichkeit der Verhandlung trage auch nicht unwesentlich zur Erforschung des Tatbestandes bei, weil die Zeugen eher bei der Wahrheit blieben, wenn sie sich von den Zuhörern kontrolliert wüßten, und weil die Anwesenheit Unbeteiligter nicht selten die Ermittelung wichtiger Zeugen erleichtere. Endlich mache die Öffentlichkeit des Verfahrens das Publikum mit der Rechtspflege im allgemeinen näher vertraut, was schon wegen der Mitwirkung zahlreicher Laien bei der Rechtsprechung nicht ohne Wert sei. Jede über das Bedürfnis hinausgehende Einschränkung der Öffentlichkeit müsse daher als ein Rückschritt betrachtet werden, der erheblichen politischen Bedenken unterliege, und eine Abänderung des bestehenden Rechtes im Sinne einer weiteren Beschränkung der Öffentlichkeit werde nur empfohlen werden können, wenn ein dringendes Bedürfnis nachgewiesen sei. Dies sei aber hinsichtlich des Verfahrens vor dem Amtsrichter ohne Zuziehung von Schöffen nicht anzuerkennen. Gerade dieses Verfahren dürfe man der Garantie der Öffentlichkeit um so weniger entkleiden, als es ohnehin schon mancher Garantien des allgemeinen Strafverfahrens entbehre. Zudem sei ein praktisches Bedürfnis hierfür insofern kaum vorhanden, als zu den Verhandlungen vor dem Amtsrichter ohnehin nur selten Zuhörer erscheinen, da die Stunde des Termins vorher nicht bekannt sei.

2. Es wurde sodann die unter R I 2 des Fragebogens gestellte Frage erörtert,

ob Erfahrungen darauf hinweisen, die Öffentlichkeit im Verfahren wegen Beleidigungen auszuschließen oder einzuschränken.

In der Kommission herrschte Übereinstimmung darüber, daß sich aus der Öffentlichkeit des Verfahrens in Beleidigungssachen Mißstände ergeben haben.

In diesen Sachen kämen oft die intimsten Angelegenheiten des Privatlebens zur Sprache und die Parteien, die sich in Privatklagesachen meist erbittert gegenüber stünden, seien geneigt, derartige Angelegenheiten auch ohne zwingenden Anlaß in die Verhandlung zu ziehen, nur um den Gegner der Öffentlichkeit gegenüber bloßzustellen. Nicht selten würden Beleidigungen lediglich in der Absicht verübt, um in einem daraus entstehenden Prozesse die Gelegenheit zur öffentlichen Bloßstellung des Beleidigten zu erhalten. Die Gefährlichkeit solcher Angriffe werde noch dadurch verstärkt, daß sie durch Wiedergabe der gerichtlichen Verhandlung in der Presse dem größeren Publikum zugänglich gemacht würden. Der Beleidigte nehme von der Stellung eines Strafantrags oder der Erhebung einer Privatklage nicht selten Abstand, weil er sich derartigen Gefahren nicht aussetzen wolle. Diese Mißstände hätten vielfach zu dem Vorwurfe geführt, daß unter dem geltenden Rechte die Ehre und der gute Ruf einer Person nicht genügenden Schutz genieße.

Trotz dieser nicht in Abrede zu stellenden Übelstände sprachen sich mehrere Mitglieder mit Entschiedenheit gegen jede Einschränkung der Öffentlichkeit in Beleidigungssachen aus. Allerdings bringe es der Gegenstand der Beleidigungsprozesse mit sich, daß häufig die Interessen der Beleidigten durch die Öffentlichkeit der Verhandlung gefährdet würden. Der Grundsatz der Öffentlichkeit beruhe jedoch auf dem Interesse der Allgemeinheit; diesem gegenüber müsse das Interesse einer Privatperson, die im einzelnen Falle durch die Öffentlichkeit Schaden erleide, zurücktreten. Nur wenn auch das öffentliche Interesse die Ausschließung der Öffentlichkeit geboten erscheinen lasse, dürfe die Ausschließung erfolgen. Hierbei sei es unerheblich, ob sich das Interesse der Allgemeinheit gerade auf die einzelne zur Verhandlung stehende Beleidigungsklage beziehe; auch im Zivilprozesse habe die Allgemeinheit in der Regel kein Interesse an der öffentlichen Verhandlung der einzelnen Sache, wohl aber daran, daß grundsätzlich alle Sachen öffentlich verhandelt würden. Überdies habe das Publikum gerade bei Beleidigungsprozessen ein berechtigtes Interesse daran, von ihrem Verlaufe Kenntnis zu erhalten, sofern es sich um öffentliche oder um solche Beleidigungen handele, die eine im öffentlichen Leben stehende Person betroffen haben. Auch in anderen als Beleidigungssachen komme es vor, daß Gegenstände des Privatlebens, die regelmäßig geheim gehalten würden, der Öffentlichkeit preisgegeben werden müßten; es sei daher nicht gerechtfertigt, den Beleidigungsprozessen in dieser Beziehung eine Ausnahmestellung einzuräumen. Wenn wegen der Scheu vor der Öffentlichkeit Beleidigungsklagen zuweilen unterbleiben, so werde das öffentliche Interesse hierdurch kaum berührt, und die etwaige Verletzung eines privaten Interesses müsse zurückstehen. Wenn aber zuweilen über das in der Sache begründete Interesse hinaus die Öffentlichkeit zu Bloßstellungen des Gegners mißbraucht werde, so könne dem durch eine energischere Handhabung der Sitzungspolizei (§§. 177 flg. des Gerichtsverfassungsgesetzes) sowie des Rechtes des Vorsitzenden, ungeeignete oder nicht zur Sache gehörige Fragen zurückzuweisen (§. 240 Abs. 2 der Str.Pr.O.), unter Umständen auch durch einen häufigeren Gebrauch der Befugnis, die Öffentlichkeit wegen Gefährdung der Sittlichkeit auszuschließen, entgegengetreten werden. Die Klagen über einen ungenügenden Schutz der Ehre seien nicht sowohl auf die Öffentlichkeit des Verfahrens, als auf Mängel des materiellen Rechtes und auf die Rechtsprechung der Gerichte zurückzuführen, die wegen Beleidigung auf allzu geringe Strafen zu erkennen geneigt seien. Hiernach bestehe kein ausreichender Grund, die Grundsätze der Öffentlichkeit des Verfahrens in Beleidigungssachen zu durchbrechen.

Die überwiegende Mehrheit der Kommission erkannte zwar an, daß nur mit aller Vorsicht an eine Einschränkung jener Grundsätze herangetreten werden dürfe, erachtete jedoch die Mißstände, die sich aus dem geltenden Rechte ergeben haben, für so bedeutend, daß Abhilfe geschaffen werden müsse. Allerdings habe das private Interesse hinter dem öffentlichen Interesse zurückzustehen. In den Beleidigungsprozessen handele es sich aber zumeist um Dinge, welche die Öffentlichkeit überhaupt nicht berühren. Die Skandalsucht tummele sich hier oft im Schutze der Öffentlichkeit in ungebärdigster Weise, ohne daß auch nur das geringste Interesse der Allgemeinheit an den an das Licht gezogenen Privatangelegenheiten bestehe. Wenn geltend gemacht werde, daß auch im Zivilprozesse die Öffentlichkeit des Verfahrens gelte, ohne daß ein öffentliches Interesse an den darin verhandelten Streitigkeiten bestehe, so müsse darauf hingewiesen werden, daß tatsächlich dort in viel geringerem Maße die Öffentlichkeit eine Rolle spiele. Das in Beleidigungsprozessen Verhandelte werde dagegen, soweit es der Klatschsucht Nahrung zu geben geeignet sei, häufig durch die Presse oft noch in verzerrter Form weitergetragen. Dadurch würden berechtigte Interessen der Beteiligten ohne Grund in erheblicher Weise verletzt. Auch der Angeklagte leide nicht selten unter der Öffentlichkeit der Verhandlung. Wenngleich nun derartige Mißstände auch in anderen Strafsachen nicht ausgeschlossen seien, so zeigten sie sich doch, namentlich infolge einer rücksichtslosen Ausnutzung des Fragerechts im Privatklageverfahren, bei der Verhandlung über Beleidigungen am häufigsten. Daß den Mißbräuchen durch eine schärfere Handhabung der Sitzungspolizei seitens des Vorsitzenden vorgebeugt werden könne, müsse nach den Erfahrungen bezweifelt werden. Wenn unter diesen Umständen ehrliebende Personen eine gerechtfertigte Scheu hätten, sich in Beleidigungsprozesse einzulassen, so sei der Vorwurf eines nicht ausreichenden Schutzes der Ehre in der Tat auch durch die ausnahmslose Öffentlichkeit des Verfahrens in Beleidigungssachen begründet.

Hiernach entschied sich die Kommission mit 13 gegen 4 Stimmen dahin,

> daß eine Einschränkung der Öffentlichkeit im Verfahren wegen Beleidigungen über das geltende Recht hinaus zuzulassen sei.

Bereits vor dieser Abstimmung war ein Antrag, der einen Mittelweg insofern einschlagen wollte, als nach ihm eine größere Einschränkung der Öffentlichkeit nur insoweit nicht zugelassen werden sollte, als es sich um Beleidigungen durch der Presse handele, wieder zurückgezogen worden.

Dagegen lag noch ein Antrag vor, der dahin ging,

> die Einschränkung der Öffentlichkeit nur im Privatklageverfahren wegen Beleidigungen eintreten zu lassen.

Für den Antrag wurde geltend gemacht, daß die vom Staatsanwalte verfolgte Beleidigung das öffentliche Interesse berühre und deshalb auch nach Maßgabe der allgemeinen Vorschriften öffentlich verhandelt werden müsse.

Die Mehrheit der Kommission vertrat den Standpunkt, daß die Verschiedenheit des Verfahrens, in welchem die Beleidigung verfolgt werde, nicht abweichende Vorschriften hinsichtlich der Beschränkung der Öffentlichkeit rechtfertigen könne. Das öffentliche Interesse an der Strafverfolgung, welches die Voraussetzung für die Erhebung der öffentlichen Klage wegen Beleidigung bilde, verhindere nicht, daß die Öffentlichkeit der Verhandlung aus bestimmten Gründen ausgeschlossen werde, und unnötige Bloßstellungen der Beteiligten, die man tunlichst verhüten wolle, kämen auch bei den Verhandlungen über die vom Staatsanwalte verfolgten Beleidigungen vor.

Die Kommission beschloß mit 14 gegen 3 Stimmen, daß eine weitergehende Beschränkung der Öffentlichkeit bei der Verfolgung von Beleidigungen im Wege der Privatklage zulässig sein solle, und sodann mit 9 gegen 8 Stimmen, daß dasselbe bei der Verfolgung von Beleidigungen im Wege der öffentlichen Klage zu gelten habe.

3. Die Kommission wandte sich zu der für den Fall der Bejahung der Frage gestellten weiteren Frage (R II des Fragebogens),

> welche Vorschriften zum Zwecke einer weitergehenden Beschränkung der Öffentlichkeit im Verfahren wegen Beleidigungen geboten seien.

Übereinstimmung herrschte darüber, daß die Ausschließung der Öffentlichkeit im einzelnen Falle von der Entscheidung des Gerichts abhängen müsse.

Hinsichtlich der Frage, inwieweit den Beteiligten eine Einwirkung auf die Beschlußfassung zu gewähren sei, war beantragt, daß die Ausschließung der Öffentlichkeit beschlossen werden könne

a) auf Antrag eines Privatklägers oder Widerklägers;
b) auf Antrag einer Partei mit Zustimmung des Gegners;
c) wenn es von einer der Parteien beantragt wird;
d) nur auf übereinstimmenden Antrag der Parteien.

Die Anträge a und b wurden zurückgezogen. Die Kommission entschied sich mit 9 gegen 8 Stimmen zu Gunsten des Antrags d.

Die Mehrheit trug Bedenken, die Ausschließung der Öffentlichkeit auch beim Widerspruch einer der Parteien zuzulassen, um nicht den Richter dem Verdacht einer parteiischen Bevorzugung des Antragstellers auszusetzen. Es wurde ausgeführt, daß beide Parteien ein gleiches und berechtigtes Interesse an der Öffentlichkeit der Verhandlung haben könnten: der Angeklagte, um vor der Öffentlichkeit seine Unschuld und die Wahrheit seiner Behauptungen nachzuweisen; der Beleidigte, insbesondere der öffentlich Beleidigte, um sich in der Öffentlichkeit von den gegen ihn erhobenen Vorwürfen zu reinigen. Wenn der Richter beim Widerstreite dieser Interessen nach freiem Ermessen über den Widerspruch des Einen hinweg zu Gunsten des Anderen entscheide, so werde ihm der Vorwurf der Willkür kaum jemals erspart bleiben. Die öffentliche Verhandlung bringe allerdings gewisse Gefahren für die Ehre der Beteiligten mit sich; noch gefährlicher aber sei es, durch ungerechtfertigte Ausschließung der Öffentlichkeit den Schutz der Ehre zu erschweren.

Die Minderheit hatte geltend gemacht: Ein übereinstimmender Antrag auf Ausschließung der Öffentlichkeit werde seitens der Parteien kaum jemals gestellt werden, da deren Interessen sich stets gegenüberstünden. Die Neuerung werde deshalb, wenn dieses Erfordernis aufgestellt werde, ohne praktischen Wert sein. Außerdem werde hierdurch der Zweck der Neuerung illusorisch gemacht, da es dann nicht möglich sei, denjenigen, welcher die Öffentlichkeit der Verhandlung zur Bloßstellung seines Gegners benutzen wolle, hieran zu hindern.

Ein weiterer Antrag,

> in Privatklagesachen auch für die Verkündung der Urteilsgründe oder eines Teiles derselben die Ausschließung der Öffentlichkeit auf Antrag des Privatklägers oder des Widerklägers zuzulassen,

wurde zurückgezogen.

42. Sitzung.

12. März 1904.

Öffentlichkeit. Herbeiführung größerer Ständigkeit der Schöffengerichte.

I. Es wurde zur Beratung der Frage R I 3 des Fragebogens übergegangen,

ob Erfahrungen darauf hinweisen, die Öffentlichkeit im Verfahren gegen jugendliche Personen, insbesondere gegen schulpflichtige Kinder auszuschließen oder einzuschränken, und welche Vorschriften gegebenenfalls zu diesem Zwecke geboten sind.

1. Die Kommission beschloß, einem dahin gestellten Antrage gemäß, einstimmig:

Es empfiehlt sich eine Vorschrift, wonach im Verfahren gegen Personen, die das achtzehnte Lebensjahr noch nicht vollendet haben, die Öffentlichkeit ganz oder teilweise ausgeschlossen werden kann.

Zu dem Beschlusse führten folgende Erwägungen:

Es sei ein Mißstand, daß heute auch im Verfahren gegen jugendliche Personen die Ausschließung der Öffentlichkeit nur wegen Gefährdung der öffentlichen Ordnung oder wegen Gefährdung der Sittlichkeit erfolgen könne. Das Betreten der Anklagebank in öffentlicher Verhandlung könne für den jugendlichen Angeklagten und sein späteres Fortkommen Folgen haben, die nicht im Verhältnisse zu der Schwere der vielleicht im Leichtsinne begangenen Tat stünden. Manche jugendliche Angeklagte würden durch die Öffentlichkeit der Verhandlung eingeschüchtert und erschwerten dadurch dem Gerichte die Prüfung der Frage, ob sie die zur Erkenntnis der Strafbarkeit erforderliche Einsicht besessen haben. Auch sonst wirke die öffentliche Verhandlung ungünstig auf die jugendlichen Angeklagten ein; bei manchen werde das Ehrgefühl abgestumpft; andere wieder fühlten sich als Mittelpunkt der ganzen Gerichtsverhandlung und seien bestrebt, durch ungezogenes Benehmen den Beifall ihrer im Zuhörerraume sie beobachtenden Altersgenossen zu gewinnen. Hierdurch würden diese geradezu angefeuert, in der Begehung von Straftaten es jenen gleich zu tun. Diese Nachteile der Öffentlichkeit würden durch die ausführlichen Berichte der Presse über die Gerichtsverhandlungen nur noch vergrößert.

Es liege deshalb sowohl im Interesse des Angeklagten selbst als auch in dem der Allgemeinheit, daß im Verfahren gegen Jugendliche eine Ausschließung der Öffentlichkeit in weiterem Umfange zugelassen werde, und es könne sich sogar fragen, ob man nicht so weit gehen solle, gegen Jugendliche grundsätzlich nur in nichtöffentlicher Sitzung zu verhandeln. Hiergegen sprächen jedoch verschiedene Erwägungen. Es gebe Fälle, in welchen die öffentliche Verhandlung dem Rufe und Ehrgefühle des jugendlichen Angeklagten kaum mehr einen Schaden zufügen könne, in denen aber andererseits, wie bei Roheitsdelikten, Baumfreveln u. dergl. die Allgemeinheit ein Interesse daran habe, daß durch die öffentliche Verhandlung die strenge Bestrafung der Tat bekannt werde und abschreckend wirke. Auch müsse der unschuldig angeklagte Jugendliche in der Lage bleiben, seine Unschuld in öffentlicher Verhandlung nachweisen zu können. Es sei deshalb zweckmäßig, die Ausschließung der Öffentlichkeit gegen Jugendliche im einzelnen Falle in das Ermessen des Gerichts zu stellen.

Zweifelhaft könne es ferner sein, bis zu welcher Altersgrenze man hierbei gehen solle. Für die Bemessung der Grenze auf sechzehn Jahre[1]) spreche zwar die Erwägung, daß gerade unter den Angeklagten zwischen sechzehn und achtzehn Jahren sich viele befänden, die Roheitsdelikte begangen hätten, keiner besonderen Schonung bedürften und sich vielleicht sogar nach einer geheimen Verhandlung mit ihren angeblichen Heldentaten vor Gericht brüsten würden, während sie in der öffentlichen Verhandlung eine klägliche Rolle gespielt haben würden. Allein andererseits sei zu bedenken, daß auch unter den Angeklagten dieser Altersstufen sich Schüler befinden könnten und daß insbesondere im Interesse der weiblichen Jugend zwischen sechzehn und achtzehn Jahren die Möglichkeit einer geheimen Verhandlung sehr wünschenswert sei. Die Heraufsetzung der Grenze auf achtzehn Jahre schaffe eine Übereinstimmung mit den §§. 56, 57 des St.G.B. und sei um so weniger bedenklich, als das Gericht es in der Hand habe, in den geeigneten Fällen von der Ausschließung der Öffentlichkeit abzusehen. Einverständnis herrsche darüber, daß bei der Berechnung des Alters die Zeit der Verhandlung, nicht die Zeit der Begehung der Tat maßgebend sein müsse.

2. Der von mehreren Seiten gestellte Antrag,

   daß zur Ausschließung der Öffentlichkeit wegen jugendlichen Alters des Angeklagten die Zustimmung der Prozeßbeteiligten erforderlich sein solle,

wurde mit 13 gegen 7 Stimmen angenommen.

Die Mehrheit glaubte auch hier daran festhalten zu müssen, daß die Öffentlichkeit der Verhandlung als eine wesentliche Garantie für eine ordnungsmäßige Rechtsprechung nicht beim Widerspruche des Angeklagten oder des Staatsanwalts oder des Privatklägers in Wegfall kommen dürfe.

Seitens der Minderheit war ausgeführt worden, daß die allgemeinen Interessen und die persönlichen Interessen des Angeklagten auch dann genügend gewahrt seien, wenn das Gericht nach freiem Ermessen über den Ausschluß der Öffentlichkeit zu beschließen habe. Sei die Zustimmung des Jugendlichen selbst erforderlich, so werde gerade derjenige Angeklagte, der in der öffentlichen Verhandlung anmaßend auftreten und seinen Freunden imponieren wolle, leicht die Zustimmung verweigern. Es werde deshalb durch das Erfordernis der Zustimmung des Angeklagten nur die praktische Verwertbarkeit der vorgeschlagenen Neuerung in Frage gestellt.

---

[1]) Hierauf ging ein im Laufe der Beratung wieder zurückgezogener Antrag.

3. Es wurde auch die Frage erörtert, wie es mit der Öffentlichkeit zu halten sei, wenn jugendliche Angeklagte gemeinsam mit Erwachsenen zur Aburteilung gelangen sollten. Von einer Seite wurde ausgeführt, daß dann die Öffentlichkeit Platz zu greifen habe. Von anderen Mitgliedern wurde betont, daß die Interessen des jugendlichen Angeklagten den Vorrang haben müßten, somit die Öffentlichkeit ausgeschlossen werden könne. Von dritter Seite wurde eine nichtöffentliche Verhandlung, sofern auch der erwachsene Angeklagte zustimme, für unbedenklich erklärt. Durch den unter 2 erwähnten Beschluß, welcher die Ausschließung der Öffentlichkeit nur unter Zustimmung aller Prozeßbeteiligten zuläßt, galt die Frage im Sinne der zuletzt gedachten Meinung als entschieden.

4. Die weiter vorgeschlagene Bestimmung:

> Der Antrag auf Ausschließung der Öffentlichkeit kann schon vor der Hauptverhandlung gestellt werden.
>
> In diesem Falle ist über den Antrag vor Beginn der Hauptverhandlung in nichtöffentlicher Sitzung zu beschließen.

wurde zu Abs. 1 mit 17 gegen 3 Stimmen, zu Abs. 2 einstimmig angenommen.

Die Mehrheit hielt die Vorschrift des Abs. 1 für zweckmäßig, damit die Verhandlung gegen Jugendliche von vornherein in nichtöffentlicher Sitzung begonnen werden könne. Es werde sich dann bei größeren Gerichten ermöglichen lassen, gegen Jugendliche in besonderen Sammelterminen zu verhandeln. Dabei wurde vorausgesetzt, daß der Beschluß von dem später erkennenden Gerichte zu fassen sei.

Seitens der Minderheit war die Vorschrift für zu weit gehend erachtet worden. Es sei genügend, wenn die Beweisaufnahme und die Sachvorträge in nichtöffentlicher Sitzung erfolgten, zumal die Verkündung des Urteils gemäß §. 174 Abs. 1 des G.V.G. doch öffentlich erfolgen müsse.

5. Die Frage, ob im Falle der Ausschließung der Öffentlichkeit etwa den Eltern, Vormündern, Lehrern oder Erziehern des Jugendlichen durch eine besondere Bestimmung ein Recht auf Anwesenheit zu gewähren sei, wurde allseitig verneint. Es wurde erwogen: Soweit die bezeichneten Personen gesetzliche Vertreter des jugendlichen Angeklagten seien, hätten sie nach §. 149 der Str.Pr.O. das Recht, als Beistände zur Verhandlung zugelassen zu werden. Im übrigen stehe es nach §. 176 des G.V.G. dem Gerichte jederzeit frei, einzelnen Personen den Zutritt zur nichtöffentlichen Verhandlung zu gestatten. Anderen Personen als den gesetzlichen Vertretern ein unbedingtes Recht auf Anwesenheit bei der Verhandlung zu gewähren, sei um so weniger angebracht, als das Gericht im Interesse der Sache die Möglichkeit haben müsse, einem Vater, dem die elterliche Gewalt entzogen worden sei und der sein Kind vielleicht gerade zu der Straftat angestiftet habe, von der Teilnahme an der Verhandlung auszuschließen.

6. Der Antrag:

> Wird die Öffentlichkeit im Verfahren wegen Beleidigung oder im Verfahren gegen Jugendliche ausgeschlossen, so ist bei der Verkündung des dahin gehenden Gerichtsbeschlusses die Angabe von Gründen für

diese Maßnahme nicht erforderlich, sondern die Bezugnahme auf die einschlägige Gesetzesbestimmung genügend.

wurde einstimmig angenommen. Die Kommission hielt diese Vorschrift für eine sinngemäße Ergänzung des §. 175 Abs. 1 des G.V.G., die infolge der beschlossenen Erweiterung der Ausschließung der Öffentlichkeit notwendig sei. Wenn im Verfahren gegen Jugendliche die Ausschließung der Öffentlichkeit vor der Hauptverhandlung beschlossen worden sei, so greife die Vorschrift selbstredend nicht Platz.

II. Die Kommission ging zu den Fragen, betreffend die Zuziehung von Laien zur Rechtsprechung über und wandte sich zunächst zur Frage S I des Fragebogens:

> Empfiehlt es sich, die Ständigkeit der Schöffengerichte in der Art herzustellen, daß für einen längeren Zeitraum dieselben Schöffen an allen Sitzungen teilnehmen, und welche Einrichtungen wären zu diesem Zwecke zu treffen?
> (G.V.G. §§. 43, 45.)

Nach geltendem Rechte (§. 43 Abs. 2 des G.V.G.) soll jeder Schöffe höchstens zu fünf ordentlichen Sitzungstagen im Jahre herangezogen werden.

Von verschiedenen Seiten wurde ausgeführt: Es sei wünschenswert, daß die Schöffen mehr Übung in der Rechtsprechung bekämen, damit sie sich im Gerichtssaal und im Beratungszimmer sicherer fühlten und namentlich eine größere Befähigung erlangten, den ihnen durch die Verhandlung vorgeführten Tatbestand zutreffend zu würdigen, damit sie ferner gegen Beeinflussungsversuche der Angeklagten widerstandsfähiger und gegenüber der Autorität des Vorsitzenden selbständiger würden.

Gleichwohl war die Kommission einstimmig der Meinung, daß eine Vorschrift, wonach dieselben Schöffen für einen längeren Zeitraum an allen Sitzungen teilzunehmen haben, nicht zu empfehlen sei. Sie hielt eine solche Ständigkeit der Schöffengerichte schon wegen des Mangels an geeigneten Schöffen für undurchführbar. Eine dauernde Heranziehung sei nur bei ökonomisch gut gestellten Personen möglich. Wollte man aber die Schöffen nur aus den wohlhabenderen Kreisen wählen, so würde der volkstümliche Charakter der Schöffengerichte gefährdet und das Vertrauen in ihre Rechtsprechung beeinträchtigt werden. Auch würden gerade diejenigen Schöffen, deren Berufung für eine fortlaufende Reihe von Sitzungstagen erfolgt sei, leichter den Beeinflussungen der Angeschuldigten ausgesetzt sein.

Dagegen hielt eine Anzahl von Mitgliedern es für möglich, daß die Schöffen wenigstens öfter als fünfmal jährlich zu den Sitzungen herangezogen würden. In dieser Richtung lagen zwei Anträge vor:

1. Jeder Schöffe soll allmonatlich zu einem ordentlichen Sitzungstage herangezogen werden.
2. Die Bestimmung der Zahl der Hauptschöffen soll in der Art erfolgen, daß voraussichtlich jeder höchstens zu zehn ordentlichen Sitzungstagen im Jahre herangezogen wird.

Gegen den Antrag 1 wurde zu Gunsten des Antrags 2 eingewendet, daß nicht bei allen Amtsgerichten allmonatlich Schöffensitzungen stattfänden. Außerdem sei es bedenklich, für alle Bezirke in gleicher Weise die zwölfmalige Heranziehung der Schöffen einzuführen. Die Vorschrift des Antrags 2, wonach die Schöffen „höchstens“ an zehn Sitzungstagen teilzunehmen hätten, gewähre dagegen der Justizverwaltung die Möglichkeit, bei der Bestimmung der für jedes Amtsgericht erforderlichen Zahl von Schöffen (§. 43 Abs. 1 des G.V.G.) auf die Verhältnisse der ländlichen Bezirke, in welchen namentlich der weniger wohlhabenden Bevölkerung die Reise zu dem entfernt gelegenen Amtsgerichtssitz oft recht erschwert sei, die entsprechende Rücksicht zu nehmen.

Der Antrag 1 wurde darauf zu Gunsten des Antrags 2 zurückgezogen.

Eine Reihe von Mitgliedern sprach sich auch gegen den Antrag 2 aus. Es wurde geltend gemacht: Es bestehe kein Bedürfnis für eine häufigere Heranziehung der Schöffen. Daß sie Routine in der Rechtsprechung erlangten, sei nicht erforderlich und nicht einmal wünschenswert. Sie sollten vor allen Dingen mit offenem Kopfe den gelehrten Richter bei der Würdigung tatsächlicher Verhältnisse unterstützen; hierin würden sie aber durch eine etwas häufigere Heranziehung eine erheblich größere Übung nicht erlangen. Bleibe die Vorschrift des §. 35 Nr. 2 des G.V.G. bestehen, wonach die zu mehr als fünf Sitzungen im Jahre herangezogenen Schöffen im nächsten Geschäftsjahre die Berufung zum Schöffenamt ablehnen dürfen, so werde man im Falle einer Vermehrung der Zahl der auf jeden Schöffen fallenden Sitzungen nicht mehr in der Lage sein, durch Heranziehung der Schöffen zu weniger als fünf Sitzungen sich einen Stamm von tüchtigen Schöffen auf Jahre hinaus zu erhalten. Zudem sei die Verpflichtung zur Teilnahme an zehn Sitzungen im Jahre eine zu große Belastung der Schöffen. Man müsse berücksichtigen, daß die zum Schöffenamte geeigneten Personen vielfach noch zu anderen öffentlichen Ämtern herangezogen würden. In den Kreisen dieser Personen herrsche heute schon Klage über die drückende Pflicht zur Übernahme von Ämtern. Wollte man verhüten, daß die Schöffen ihr Amt ungern ausüben, so werde man ihnen im Falle einer häufigeren Heranziehung jedenfalls eine Geldentschädigung gewähren müssen.

Einige Mitglieder erklärten, eine häufigere Heranziehung nur in der Voraussetzung empfehlen zu können, daß das Schwurgericht abgeschafft und dadurch eine größere Anzahl von Personen für den Schöffendienst frei werde, die jetzt zu dem beschwerlicheren Amte eines Geschworenen berufen würden.

Es wurde deshalb über den Antrag 2 zunächst für den Fall abgestimmt, daß das Schwurgericht beibehalten werden solle. Nachdem der Antrag unter dieser Voraussetzung mit 12 gegen 8 Stimmen angenommen war, erübrigte sich eine nochmalige Abstimmung für den Fall der Abschaffung des Schwurgerichts.

III. Nach §. 45 Abs. 2 des G.V.G. wird die Reihenfolge, in welcher die Hauptschöffen an den einzelnen ordentlichen Sitzungen des Jahres teilnehmen, durch das Los bestimmt.

Hierzu wurde ausgeführt: Eine Folge dieser Vorschrift sei, daß die Zwischenräume zwischen den Sitzungen, zu denen der einzelne Schöffe herangezogen werde, oft sehr groß, oft dagegen zu klein seien. Eine Heranziehung in gleichmäßigen Zeitabschnitten sei zweckmäßiger und für den Schöffen selbst angenehm. Die Auslosung hindere auch eine Rücksichtnahme darauf, daß den einzelnen Schöffen die Heranziehung zu gewissen Zeiten, z. B. den ländlichen Schöffen zur Zeit der Aussaat oder der Ernte, besonders ungelegen sei. Diese Mängel würden beseitigt, wenn der Amtsrichter ermächtigt sei, die Reihenfolge der Schöffen frei festzusetzen, anstatt sie durch Auslosung zu bestimmen. Wenn dies im voraus für das nächste Geschäftsjahr geschehe, so sei eine Beeinflussung der Rechtsprechung unmöglich. Denn der Amtsrichter könne zur Zeit der Verteilung der Schöffen auf die einzelnen Sitzungen noch nicht wissen, welche Sachen an diesen Tagen zur Verhandlung kämen.

Mit diesen Ausführungen wurde der Antrag begründet:

> Der Amtsrichter bestimmt für das ganze Jahr im voraus, an welchen ordentlichen Sitzungen des Schöffengerichts die erwählten Schöffen teilnehmen sollen.

Der Antrag wurde jedoch mit 14 gegen 6 Stimmen abgelehnt.

Die Mehrheit erwog: Es sei schon deshalb wünschenswert, an der Auslosung festzuhalten, weil es nach der Volksmeinung als eine Garantie für die Unabhängigkeit der Laiengerichte gelte, daß ihre Zusammensetzung nicht auf Willkür, sondern auf Zufall beruhe; namentlich für aufgeregte Zeiten sei dies nicht ohne Bedeutung. Bei der Bestimmung der Schöffen durch den Amtsrichter ohne Auslosung sei eine Rücksichtnahme auf die zu verhandelnden Sachen immerhin nicht ausgeschlossen. Jedenfalls müsse es vermieden werden, daß der Amtsrichter auch nur in den Verdacht komme, als ob er bei der Verteilung der Schöffen auf die einzelnen Sitzungstage die anstehenden Sachen in Rücksicht ziehe oder einzelne Schöffen bevorzuge.

IV. Hierauf wurde die Beratung geschlossen. Als Beginn der nächsten Tagung wurde der 12. April festgesetzt. Auf die Tagesordnung wurden die Fragen unter S, soweit sie noch nicht erledigt sind, sowie die Fragen unter T des Fragebogens gestellt.

43. Sitzung.

12. April 1904.

Entscheidungen des Amtsrichters ohne Schöffen.

I. Die Kommission trat in die Beratung der Frage S II des Fragebogens ein:

Soll der Amtsrichter in erweitertem Umfang ohne Zuziehung von Schöffen entscheiden (G.V.G. §. 30, Str.Pr.O. §. 211), etwa:

1. bei Übertretungen ohne Einschränkung?
2. im Falle des Geständnisses des Angeklagten auch bei Vergehen?
3. oder empfiehlt es sich, in allen jetzt vor die Schöffengerichte gehörenden Sachen den Amtsrichter zunächst allein entscheiden und nur die Berufung gegen seine Entscheidung an ein beim Amtsgericht oder beim Landgerichte zu bildendes Schöffengericht gelangen zu lassen?

Die überwiegende Mehrheit der Kommission ging davon aus, daß die Beteiligung der Schöffen an der Rechtsprechung segensreich gewirkt habe und daß daher im allgemeinen nicht eine Beschränkung, sondern nur eine weitere Ausdehnung des Schöffengerichtssystems in Frage kommen könne.

a) Von diesem Standpunkt aus gelangte die Kommission zur Verneinung der Unterfrage 3 mit 18 Stimmen gegen eine Stimme.

Ein Mitglied hielt die Mitwirkung von Schöffen bei den Amtsgerichten für entbehrlich, da in zweifelhaften Sachen meist doch Berufung eingelegt werde und in unzweifelhaften die Entscheidung unbedenklich durch den Amtsrichter allein erfolgen könne. Die Mehrheit erwog jedoch, daß die Bejahung dieser Frage eine Beseitigung des jetzigen Schöffengerichts bedeuten würde, für welche sachliche Gründe nicht vorlägen. Sehe man die Mitwirkung von Schöffen als einen Gewinn für die Rechtsprechung an, so dürfe man sie nicht erst in der Berufungsinstanz zuziehen, vielmehr müsse man schon die erste Instanz dementsprechend ausgestalten. Insbesondere entscheide ein Kollegialgericht erfahrungsmäßig am besten über das Strafmaß. Wenn der Amtsrichter zunächst allein entscheide, so sei zu befürchten, daß gegen seine Urteile sehr häufig wegen der Höhe der Strafe Berufung eingelegt werde. Verweise man die Berufung an ein beim Landgerichte zu bildendes Schöffengericht, so werde vielfach infolge der Entfernung des Landgerichtssitzes die Rechtsprechung für das Publikum verteuert werden. Richte man dagegen die Berufungsinstanz bei dem Amtsgericht ein, so müsse das Ansehen des zuerst allein entscheidenden Amtsrichters geschädigt und das kollegiale Verhältnis unter den Richtern empfindlich gestört werden. Sei aber derselbe Amtsrichter, der die erste Entscheidung gefällt habe, auch der Vorsitzende des Berufungsgerichts, was bei allen nur mit einem Amtsrichter besetzten Amtsgerichten regelmäßig eintreten werde, so fehle die ausreichende Garantie dafür, daß die Sache in der Berufungsinstanz unbefangen geprüft werde.

b) Auch die Unterfrage 2, ob im Falle des Geständnisses bei Vergehen der Amtsrichter ohne Zuziehung von Schöffen entscheiden solle, wurde mit 18 Stimmen gegen eine Stimme verneint. Vereinzelt wurde die Meinung vertreten, von der Mitwirkung der Schöffen könne hier abgesehen werden, da es sich im Falle eines Geständnisses nur noch um die Subsumtion der feststehenden Tatsachen unter den Rechtsbegriff und um das Strafmaß handle. Die überwiegende Mehrheit war jedoch der Ansicht, daß über den Wert des Geständnisses, welches im Strafprozesse lediglich Beweismittel sei, das ordentlich besetzte Gericht entscheiden müsse, zumal hierbei häufig auch die Bedeutung eingestandener Tatsachen für die Feststellung des Verschuldens zu prüfen sei. Die Schöffen selbst würden kein richtiges Bild von dem Gange der Rechtspflege bekommen, wenn sie nicht auch über geständige Angeklagte zu urteilen hätten. Werde das Geständnis erst in der Hauptverhandlung abgelegt, so sei es mißlich, die Schöffen dann von der weiteren Mitwirkung bei der Urteilsfindung auszuschließen. Andererseits führe es zu einer unerwünschten Verzögerung, wenn der Amtsrichter im Falle eines Widerrufs des Geständnisses die Verhandlung vertagen und nunmehr Schöffen zuziehen müßte. Endlich sei es von besonderem Werte für eine zutreffende Bemessung der Strafe auch im Falle eines Geständnisses, wenn das Urteil nicht sogleich und von dem Amtsrichter allein, sondern erst nach Beratung mit den Schöffen gesprochen werde. Die Kommission des Reichstags habe zwar bei der Beratung der Initiativanträge Rintelen und Lenzmann-Munckel beschlossen, die Entscheidung des Amtsrichters ohne Zuziehung von Schöffen bei Vergehen im Falle des Geständnisses wenigstens dann zuzulassen, wenn der vorgeführte Angeklagte auf die Zuziehung der Schöffen verzichte.[1]) Allein hiergegen spreche die Erwägung, daß grundsätzlich die Erklärungen des Angeklagten nicht für die Zuständigkeit der Gerichte maßgebend sein dürften. Insoweit das Geständnis des Angeklagten eine Vereinfachung des Verfahrens wünschenswert erscheinen lasse, sei diesem Gesichtspunkte durch die Beschlüsse über die Gestaltung des abgekürzten Verfahrens genügend Rechnung getragen.

c) Geteilt waren die Ansichten in Ansehung der Unterfrage 1, ob der Amtsrichter bei allen Übertretungen ohne Zuziehung von Schöffen entscheiden solle.

Von mehreren Mitgliedern wurde die Bejahung dieser Frage befürwortet. Bei den meisten Übertretungen stehe die geringe Bedeutung der Sache in einem Mißverhältnisse zu der Besetzung des erkennenden Gerichts mit drei Richtern

---

[1]) Zu vergl. Reichstagsdrucks. ad Nr. 220 von 1900/01, §. 211c auf S. 33.

und zu den von den Schöffen zu bringenden Opfern an Zeit und Geld. In tatsächlicher Hinsicht lägen die Übertretungen in der Regel so einfach, daß die Mitwirkung von Laien bei der Entscheidung wohl entbehrt werden könne. Schwierigkeiten ergäben sich meist nur auf rein rechtlichem Gebiete; hierbei werde aber ohnehin die Mitwirkung der Laien regelmäßig versagen. Die Schöffen äußerten denn auch oft selbst, daß sie bei der Aburteilung der Übertretungen entbehrlich seien; durch solche Empfindungen werde aber ihre Berufsfreudigkeit geschmälert. Hierzu komme, daß gerade bei den kleinen Übertretungen des täglichen Lebens eine schnelle und gleichförmige Justiz von Wert sei, die von einem ständigen Einzelrichter eher erwartet werden dürfe als von einem stets wechselnden schöffengerichtlichen Kollegium. Allerdings werde, wenn der Amtsrichter bei Übertretungen ohne Schöffen entscheide, es sich nicht umgehen lassen, daß er auch über den Einspruch gegen den von ihm selbst erlassenen Strafbefehl allein zu befinden habe. Dies verschlage jedoch nichts, da der Einspruch kein Rechtsmittel sei, sondern nur die bessere Aufklärung des Richters mittels der Hauptverhandlung herbeiführen solle.

Die Mehrheit der Kommission vermochte sich diesen Ausführungen nicht anzuschließen. Sie hielt auch hier an der Auffassung fest, daß die Mitwirkung der Laien bei der Rechtsprechung, die sich trefflich bewährt habe, nur im Falle zwingender Notwendigkeit einer Einschränkung unterworfen werden dürfe. Es sei nicht richtig, wenn man den Übertretungen Bedeutung abspreche. Die Verurteilung wegen einer Übertretung greife vielmehr unter Umständen in die Interessen des Angeklagten viel tiefer ein, als die Verurteilung wegen eines Vergehens; nicht minder sei das öffentliche Interesse bei manchen Übertretungen in erheblichem Maße beteiligt. Die Schöffen seien auch bei Übertretungen häufig in der Lage, auf Grund ihrer Kenntnis der Verhältnisse bei der Beurteilung in ersprießlicher Weise mitzuwirken, zumal in ländlichen Bezirken, in denen der Amtsrichter den örtlichen Verhältnissen oft weniger nahe stehe. Gerade bei den kleineren Straffachen sei die Besorgnis nicht von der Hand zu weisen, daß der Amtsrichter, falls er ohne Schöffen entscheide, die besondere Lage des einzelnen Falles nicht immer in genügendem Maße in Rücksicht ziehe. Hierzu komme, daß der Wert, welchen die Übertretungsvorschriften für die Allgemeinheit haben, in der Bevölkerung vielfach verkannt werde; lasse man die Schöffen bei der Entscheidung dieser Übertretungen mitwirken, so werde sich das Verständnis für die Bedeutung der Strafbestimmungen erweitern; schließe man sie aber von der Mitwirkung aus, so werde die Verurteilung häufig als eine bloße Chikane der Behörden empfunden werden. Dem praktischen Bedürfnisse nach einer raschen und einfachen Erledigung der Übertretungen sei durch die Vorschriften über das abgekürzte Verfahren und durch die Zulässigkeit des Strafbefehls genügend Rechnung getragen.

Bei der Abstimmung wurde demgemäß die Frage, ob der Amtsrichter bei Übertretungen allein ohne Schöffen entscheiden solle, mit 13 gegen 6 Stimmen verneint.

Im Laufe der Beratung war von verschiedenen Seiten hervorgehoben worden, daß man möglicherweise zu einer anderen Beantwortung der Frage gelangen werde, wenn die Kommission sich für die Einführung mittlerer und großer Schöffengerichte entscheiden und die Durchführbarkeit dieses Beschlusses davon abhängig sein sollte, daß in der untersten Instanz ein erheblicher Teil der jetzt benötigten Schöffen in Wegfall käme. Ein Teil der Mitglieder vertrat die Meinung, daß man auch für diesen Fall an der Mitwirkung der Schöffen in Übertretungssachen festhalten solle, zumal die Ausschließung der Schöffen von der Entscheidung dieser Sachen den Bedarf an Schöffen nicht wesentlich vermindern werde, weil bei den meisten Amtsgerichten die Übertretungssachen nicht in besonderen Sitzungen, sondern mit Vergehenssachen gemischt zur Verhandlung kämen. Von anderer Seite wurde es jedoch für erforderlich erachtet, besonders zum Ausdrucke zu bringen, daß die Kommission, wenn etwa später sich die Notwendigkeit, an Schöffen zu sparen, herausstellen sollte, die Ausschließung der Schöffen von der Mitwirkung bei den Übertretungssachen als das am wenigsten bedenkliche Mittel ansehen würde.

Es wurde daher die weitere Frage zur Abstimmung gebracht,

> ob der Amtsrichter für den Fall bei Übertretungen allein entscheiden solle, daß es nötig werde, an Schöffen zu sparen, um die mittleren und großen Schöffengerichte einführen zu können.

Diese Frage wurde mit 15 gegen 4 Stimmen bejaht.

II. Die Kommission wandte sich sodann zu den Fragen S III 1, 2 und S IV 1, 2 des Fragebogens, welche die Einführung von Schöffengerichten an Stelle der Strafkammern und der Schwurgerichte betreffen.

Die Beratung wurde, bevor sie zu einem Ergebnisse geführt hatte, durch den Schluß der Sitzung abgebrochen.

44. Sitzung.

13. April 1904.

Schöffengerichte an Stelle der Strafkammern und Schwurgerichte.

I. Als im Jahre 1873 dem Bundesrate der Entwurf eines Gerichtsverfassungsgesetzes vorgelegt wurde, befand sich nur noch in Mecklenburg-Schwerin, Mecklenburg-Strelitz, Sachsen-Altenburg, Schaumburg-Lippe, Lippe und Lübeck die Rechtsprechung ausschließlich in den Händen rechtsgelehrter Richter. Die übrigen Staaten teilten sich in zwei Gruppen. In den alten Landesteilen Preußens, in Bayern, Hessen, Braunschweig, Elsaß-Lothringen und einigen kleineren Staaten wirkten die Laien nur in den Schwurgerichten mit. In den neuen Landesteilen Preußens, in Sachsen, Württemberg, Baden, Oldenburg, Bremen und Hamburg bestanden neben den Schwurgerichten auch Schöffengerichte, die aber wieder verschieden organisiert waren. Der dem Bundesrate vorgelegte Entwurf beruhte auf dem Gedanken, daß die Laien in sämtlichen Strafgerichten neben den rechtsgelehrten Richtern zur Rechtsprechung berufen sein sollten. Es wurden daher drei Arten von Schöffengerichten vorgeschlagen, kleine Schöffengerichte mit einem Amtsrichter und zwei Schöffen, mittlere mit drei Landrichtern und vier Schöffen und große mit drei Landrichtern und sechs Schöffen. Der Entwurf erfuhr jedoch im Bundesrat eine durchgreifende Änderung. Der im Jahre 1874 dem Reichstage vorgelegte Entwurf behielt die Schöffengerichte nur für die unterste Ordnung bei, entfernte die Laien aus den Gerichten mittlerer Ordnung und führte in der obersten Ordnung Schwurgerichte ein. Man hielt es zwar, wie aus den Motiven[1]) hervorgeht, nach wie vor für dringend wünschenswert, die Laien soweit als irgend tunlich an der Rechtsprechung teilnehmen zu lassen, und gab auch an sich der Form der Schöffengerichte den Vorzug vor den Schwurgerichten. Wenn man gleichwohl von der Mitwirkung der Laien in den Gerichten mittlerer Ordnung absah, so geschah dies lediglich deshalb, weil man es für unmöglich hielt, das zur Besetzung der mittleren Schöffengerichte erforderliche Material an Schöffen zu finden. An die Stelle der Schwurgerichte große Schöffengerichte zu setzen, trug man Bedenken, weil das Schwurgericht nahezu ein Weltinstitut geworden, die Schöffengerichte aber, bis dahin nur in beschränktem Umfang eingeführt, als Gerichte höchster Ordnung in keinem Staate erprobt waren, und es daher zweifelhaft erschien, ob man ein durch das Rechtsbewußtsein des Volkes getragenes Institut durch eine Einrichtung ersetzen könne, welche sich in größerem Umfange noch nicht bewährt habe. Die Reichs-Justizkommission stimmte der Beibehaltung der Schwurgerichte zu, konnte sich aber zunächst nicht davon über-

---

[1]) Hahn, Materialien zum Gerichtsverfassungsgesetze 2. Aufl. S. 33 flg.

zeugen, daß es unmöglich sei, für die mittleren Schöffengerichte das genügende Material zu beschaffen. Sie beschloß deshalb in erster Lesung, kleine Schöffengerichte, bestehend aus einem Richter und zwei Schöffen, große Schöffengerichte, bestehend aus zwei Richtern und drei Schöffen, und Schwurgerichte einzuführen. Nachdem jedoch zwischen der ersten und zweiten Lesung in mehreren Bundesstaaten, namentlich in Preußen und Bayern, durch eine Umfrage bei den Appellationsgerichten und Oberstaatsanwälten erneut festgestellt worden war, daß die Einführung der mittleren Schöffengerichte an der Unmöglichkeit, in genügender Zahl geeignete Schöffen zu finden, scheitern müsse, erklärten die verbündeten Regierungen die Beschlüsse der Justizkommission insoweit für unannehmbar. Infolgedessen wurde bei der zweiten Lesung beschlossen, die Gerichte mittlerer Ordnung lediglich mit Berufsrichtern zu besetzen.

Bei den Reformversuchen des letzten Jahrzehnts wurde die Einführung des Laienelements in die Strafkammern verschiedentlich aus der Mitte des Reichstags und seiner Kommissionen[1]) wieder angeregt. Die dahin gehenden Anträge gelangten indessen nicht zur Annahme.

Im Anschluß an diese Vorgänge sind der Kommission die Fragen vorgelegt worden:

unter S III:

Empfiehlt es sich, an Stelle der Strafkammern Schöffengerichte einzuführen, und zwar:

1. für sämtliche jetzt vor die Strafkammern gehörenden Sachen, oder
2. für einen Teil dieser Sachen?
(G.V.G. §§. 30 bis 57, 77.)

unter S IV:

Ist es nach den praktischen Erfahrungen, welche mit den Schwurgerichten gemacht worden sind, angezeigt, an dieser Einrichtung festzuhalten, oder wäre es für die Rechtspflege etwa ein Gewinn, an Stelle der Schwurgerichte Schöffengerichte einzuführen, und zwar:

1. für sämtliche jetzt vor die Schwurgerichte gehörenden Sachen, oder
2. für einen Teil dieser Sachen?
(G.V.G. §§. 30 bis 57, 79 bis 99.)

Die gestrige und heutige Beratung über diese Fragen hatte das Ergebnis, daß beschlossen wurde

a) einstimmig: Es empfehle sich, an Stelle der Strafkammern Schöffengerichte einzuführen, und zwar für sämtliche jetzt vor die Strafkammern gehörenden Sachen.

b) mit 17 Stimmen gegen eine Stimme: Es sei nach den praktischen Erfahrungen, die mit den Schwurgerichten gemacht worden sind, nicht angezeigt, an dieser Einrichtung festzuhalten.

---

[1]) Reichstagsdrucks. 1895/96 Nr. 417 (Antrag Rembold, Gröber u. Gen.), 1898/1900 Nr. 203 S. 9, 1900/1901 Nr. 220 S. 4 flg.

und darauf

c) einstimmig: Es empfehle sich, an Stelle der Schwurgerichte im vollen Umfang ihres gegenwärtigen Bestehens Schöffengerichte einzuführen.

II. Die Kommission ging davon aus, daß der jetzige Aufbau der Strafgerichte prinzipwidrig und inkonsequent sei, insofern geringfügige Sachen unter Mitwirkung des Laienelements bei Beurteilung der Schuld- und Straffrage, ernstere Vergehen lediglich durch Berufsrichter unter Ausschluß der Laien, die schwersten Verbrechen aber in Ansehung der Schuldfrage nur durch Laien entschieden werden. Es herrschte Übereinstimmung darüber, daß bei einer Reform des Gesetzes in erster Linie diese PrinzipLosigkeit beseitigt werden müsse. Der gegenwärtige Rechtszustand lasse sich nur aus äußerlichen Gründen und als ein Kompromiß zwischen den beiden sich entgegenstehenden prinzipiellen Ansichten über die Bedeutung des Laienelements bei der Rechtsprechung erklären, logisch aber überhaupt nicht rechtfertigen. Man könne von der Annahme ausgehen, daß die dem Laien innewohnende Urteilskraft ihn nur zur Beurteilung unbedeutender Fälle befähige, und ihn daher bei den Gerichten der niederen Ordnung zuziehen, bei den höheren beseitigen. Dann sei es aber völlig widersinnig, die Laien bei der Beurteilung der schwersten Verbrechen wieder heranzuziehen und sie dabei sogar über die Schuldfrage allein ohne Mitwirkung des juristischen Elements entscheiden zu lassen. Man könne auch der Ansicht sein, daß nur bei sehr wichtigen Sachen an die Laien die Zumutung gestellt werden dürfe, Zeit und Arbeit der Rechtsprechung zu widmen, und daß auch nur in solchen Sachen das Volksbewußtsein ihre Mitwirkung verlange. Dann sei es aber wieder nicht verständlich, daß man die Laien auch bei der Beurteilung der kleinsten Sachen mitwirken lasse. Man werde demnach, wenn man die Gerichtsorganisation nach einem einheitlichen Prinzipe gestalten wolle, sich zu entscheiden haben, ob die Laien überhaupt an der Rechtsprechung in Strafsachen teilnehmen sollen oder ob diese Aufgabe den gelehrten Richtern allein verbleiben soll. Je nach der Beantwortung der Frage werde man die Laien in allen Strafprozessen heranzuziehen oder von allen Strafgerichten auszuschließen haben.

III. Die Kommission war einhellig der Meinung, daß die Mitwirkung der Laien an der Strafrechtspflege in hohem Grade nützlich sei und daß angesichts der allgemeinen im Volke herrschenden Rechtsüberzeugung diese Mitwirkung nicht entbehrt werden könne.

Dieser Auffassung schlossen sich insbesondere auch diejenigen Mitglieder an, welche der Ansicht waren, daß die jetzigen Strafkammern namentlich in den juristisch schwierigen Sachen vortrefflich gewirkt hätten, und daß gelehrte Richter bei ihrer großen Erfahrung zu einer wirksamen Bekämpfung des gewerbs- und gewohnheitsmäßigen Verbrechertums und infolge ihrer längeren Selbstzucht zu einer unbefangenen und leidenschaftslosen Beurteilung in Prozessen von politischer Bedeutung vielleicht besser geeignet seien als Laienrichter. Auch diese Mitglieder verkannten nicht, daß die Justiz mehr als bisher von dem Vertrauen der Bevölkerung getragen sein müsse, und glaubten, als ein geeignetes Mittel zur Stärkung dieses Vertrauens die Beteiligung des Laienelements an der Rechtsprechung aller Gerichte um so mehr empfehlen zu können, als nach ihrer Auffassung den gelehrten Richtern auch in Zukunft der Einfluß nicht genommen sein werde, der ihnen wegen ihrer juristischen Erfahrung und ihrer besseren Rechtskenntnis mit Recht zukomme.

Im übrigen wurden die großen Vorzüge einer Beteiligung der Laien an der Rechtsprechung in der Kommission allgemein anerkannt. Es wurde ausgeführt:

Die Laien hätten auf zahlreichen Gebieten des Lebens Erfahrungen gesammelt, die dem Berufsrichter fehlen. Sie seien durch ihre nähere Fühlung mit Volkskreisen, zu denen der Berufsrichter selten in Berührung trete, häufig besser als der Richter in der Lage, den einzelnen Straffall in seiner Eigentümlichkeit zu beurteilen. Ihre Kenntnis der allgemeinen Lebensverhältnisse mache sie zu einem wertvollen Organe der Rechtsprechung. Der Richter werde, wenn neben ihm Laien mit zur Entscheidung berufen seien, vor einer Auffassung bewahrt, welche dem wirklichen Leben fremd sei. Er könne die Ansicht der Laien jederzeit als einen Maßstab für die Richtigkeit seiner eigenen Ansicht ansehen. Widerspreche sein Urteil der Überzeugung gebildeter Laien, so werde er mindestens sich veranlaßt sehen, nochmals sorgfältig zu erwägen, ob er das Richtige getroffen. Die Mitwirkung der Laien sei daher geeignet, eine Divergenz zwischen dem Urteile des Gerichts und dem Rechtsbewußtsein des Volkes zu verhüten.

Insbesondere bei der Aufnahme der Beweise sei der Laie sehr häufig im Stande, durch seine Kenntnis der persönlichen und örtlichen Verhältnisse, durch seine Bekanntschaft mit den geschäftlichen Gewohnheiten und Auffassungen, mit dem Charakter und der Mundart der Bevölkerung dem Richter ein Verständnis zu vermitteln, das diesem sonst fehlen würde. Eine sehr schwere Gefahr, der die Berufsrichter, namentlich die schon lange in der Strafrechtspflege beschäftigten oder mit Arbeit überbürdeten Richter, ausgesetzt seien, bestehe darin, daß sie allmählich abstumpften, nicht mehr das volle Interesse für den Einzelfall hätten und infolge ihrer Routine zu einer schablonenmäßigen Behandlung der Beweisfrage gelangten. Der Berufsrichter gewöhne sich leicht daran, ohne genügende Würdigung der einzelnen Personen von vornherein dem beeidigten Zeugen, auch wenn er der Geschädigte sei, größeren Glauben beizumessen als dem nicht beeidigten oder den Verwandten des Angeklagten jede Glaubwürdigkeit abzusprechen. Da der weitaus größte Teil der Angeklagten schuldig sei, trete der Jurist leicht mit dem Gedanken an die Sache heran, daß wohl auch dieser Angeklagte schuldig sein werde, falls es ihm nicht gelingen sollte, einen Entlastungsbeweis zu führen. Auch begnüge sich der Berufsrichter zuweilen mit der Feststellung des gesetzlichen Tatbestandes, ohne auf die Beweggründe des Angeklagten und die Umstände, welche dem Falle erst sein Gepräge gäben, die gebührende Rücksicht zu nehmen. Ein ausgezeichnetes Mittel gegen alle diese Gefahren sei das Zusammenwirken des Berufsrichters mit Männern, die in der richterlichen Tätigkeit verhältnismäßig neu seien, bei denen jeder Straffall das volle Interesse in Anspruch nehme und die der Verhandlung mit ganzer Aufmerksamkeit zu folgen bestrebt seien. Von ihnen dürfe man mit Recht eine genaue Prüfung jedes einzelnen Beweismittels und insbesondere eine peinliche Würdigung des Indizienbeweises erwarten. Sie würden dem Berufsrichter, der die Verhandlung zu leiten und sein Augenmerk auf die Beobachtung der Förmlichkeiten zu richten habe, der auch gewöhnt sei, schon während der Beweisaufnahme die einzelnen erwiesenen Tatsachen unter den gesetzlichen Tatbestand zu subsumieren, bei der Beweisaufnahme eine wertvolle Unterstützung bieten können.

Nicht geringere Vorteile ergäben sich aus der Mitwirkung der Laien bei der Beratung. Sie mache es unmöglich, daß ein Urteil übereilt unter dem unmittelbarsten Eindrucke der Verhandlung gesprochen werde, zwinge vielmehr den Richter, zunächst die Ergebnisse der Beweisaufnahme mit den Laien durchzusprechen und den Fall nach der tatsächlichen und nach der rechtlichen Seite gründlich zu prüfen. Dieser Gedankenaustausch sei namentlich für einen jüngeren Richter von hohem Werte, da er ihm Gelegenheit gebe, sich die größere Lebenserfahrung der Laien nutzbar zu machen. Diese Lebenserfahrung werde in besonderem Maße auch bei der Festsetzung der Strafe sich geltend zu machen wissen sowie den gelehrten Richter vor einem unberechtigten Präjudizienkultus bewahren.

Von wesentlicher Bedeutung sei endlich, daß durch die Teilnahme der Laien an der Rechtsprechung das Vertrauen der Bevölkerung zur Strafrechtspflege gestärkt und die letztere vor Verdächtigungen bewahrt werde. Das Recht werde nicht mehr gleichsam geheimnisvoll hinter einem Vorhange, sondern im vollen Lichte der Öffentlichkeit gesprochen. Durch die Teilnahme der Laienrichter an der Beratung werde dem Volke eine Gewähr dafür geleistet, daß jedes belastende und entlastende Moment sorgfältig erwogen und daß ohne Rücksicht auf nicht zur Sache gehörende Umstände das Recht gesprochen werde. Das Vertrauen des Volkes zur Gerechtigkeit und Unabhängigkeit der Gerichte sei aber beinahe ebenso wichtig wie diese Unabhängigkeit selbst. Auch dürfe die öffentliche Meinung in einer solchen Angelegenheit nicht unbeachtet bleiben und diese verlange es, daß den Laien in allen Strafgerichten eine Teilnahme an der Rechtsprechung eingeräumt werde.

IV. Was die Form anlangt, in welcher die Mitwirkung der Laien stattzufinden habe, so meinte die Kommission, daß das Gesagte unabweislich zum Systeme des Schöffengerichts auf allen Stufen der Strafgerichtsbarkeit hinführen müsse. Hier allein kämen die hervorgehobenen Vorzüge der Beteiligung des Laienelements in vollem Umfange zur Geltung. Eine ausschließliche Laien-Rechtsprechung sei ebensowenig angebracht, wie eine ausschließliche Juristen-Rechtsprechung. Der Vorzug liege in dem gegenseitigen Gedankenaustausch und in dem vertrauensvollen Zusammenwirken beider Elemente bei der gesamten Urteilsfindung. Hierdurch allein würden Mißverständnisse bei dem einen Teile des Gerichts über die Auffassung des anderen Teiles verhütet und sei eine sachgemäße Würdigung des Falles nach jeder Richtung hin gewährleistet. Die Schöffengerichte hätten sich denn auch seit ihrem Bestehen überall bewährt und sich das Vertrauen der Bevölkerung in besonderem Maße zu erwerben gewußt. Dies werde in der Literatur und von der Praxis nahezu übereinstimmend anerkannt. Überall werde betont, daß sich die Schöffen in Rechtsfragen der Belehrung seitens des gelehrten Richters nicht unzugänglich erwiesen, jedoch keineswegs ihm gegenüber ihre Unabhängigkeit Preis gäben. Auch die Erfahrungen, die man vor dem Jahre 1879 im Königreiche Sachsen mit Schöffengerichten auf der mittleren Stufe gemacht habe, seien ganz überwiegend günstige gewesen. Von besonderem Interesse sei in dieser Beziehung eine Umfrage, welche die Sächsische Regierung über die Bewährung jener aus drei gelehrten Richtern und aus vier Schöffen bestehenden Gerichte im Jahre 1873 veranstaltet habe. Es hätten sich damals von 45 um ein Gutachten angegangenen, durch Bildung, Lebensstellung und Erfahrung besonders ausgezeichneten Schöffen 36, von 17 Bezirksgerichten 16, von 11 Anwälten, die zugleich von Zeit zu Zeit als Richter im Schöffengerichte tätig gewesen seien, 10 und endlich sämtliche 14 Staatsanwaltschaften für die Beibehaltung dieser Schöffengerichte ausgesprochen. Fast durchweg sei hervorgehoben worden, daß stets bei der gemeinschaftlichen Beratung alle für die Beurteilung des Falles wesentlichen Momente in einer für die gegenseitige Klärung förderlichen und in erschöpfender Weise zur Erörterung gelangt seien, daß fast ausnahmslos eine völlige Verständigung zwischen den Auffassungen der Juristen und der Laien erzielt und daß endlich die Selbständigkeit der Laien nicht unterdrückt worden sei, ihre Ansichten vielmehr klärend auf den Berufsrichter eingewirkt hätten.

Die Kommission gelangte somit zu dem Ergebnisse, daß es notwendig sei, die Strafkammern zu verbessern durch Zuziehung von Laien; daß es aber nicht minder geboten sei, die Schwurgerichte zu verbessern durch Herstellung einer organischen Verbindung zwischen gelehrten Richtern und Laien in einem einzigen Richterkollegium.

V. 1. In der eingehenden Beratung, welche die Kommission dem Schwurgerichte widmete, wurde zunächst daran erinnert, daß dasselbe im englischen Rechte seinen Ursprung hat. In England entscheiden die Geschworenen über die gesamte Schuldfrage; dem Richter ist aber ein erheblicher Einfluß eingeräumt. Hat er die Überzeugung, daß ein Wahrspruch auf Schuldig wegen Mangels an Beweisen oder wegen Fehlens eines für den Tatbestand der strafbaren Handlung wesentlichen Umstandes nicht erfolgen kann, so darf er die Verhandlung vor ihrer Beendigung abbrechen und die Geschworenen anweisen, ein Nichtschuldig auszusprechen. Er darf ferner, wenn die Verhandlung zu Ende geführt ist, seine persönliche Auffassung nicht nur in Ansehung der Rechtsfrage aussprechen; er darf auch das Beweismaterial darlegen, die Resultate der Beweisaufnahme auseinandersetzen und die Glaubwürdigkeit der Zeugen besprechen, wenn er auch mit seiner persönlichen Ansicht über das schließliche Resultat der Beweisaufnahme zurückhalten soll. Namentlich hat er die gesetzlichen Beweisregeln zu besprechen. An die letzteren sowie an die von dem Richter geäußerten Rechtsanschauungen sind die Geschworenen nach englischer Praxis absolut gebunden. Die Kommission glaubte, daß die Erfahrungen, welche man in England mit einem derartig gestalteten Schwurgerichte gemacht habe, für Deutschland nicht in Betracht kommen könnten. Auch sei es nicht möglich, jetzt das Schwurgericht etwa nach englischem Muster einzurichten, da die dortige

Institution in der englischen Gerichtsverfassung wurzele, sich aus der geschichtlichen Entwickelung erkläre, im Zusammenhange mit dem ungeschriebenen materiellen Rechte stehe und zum erheblichen Teile auf der unbedingten Autorität beruhe, die in England infolge einer Jahrhunderte langen Tradition der Richter den Laien gegenüber besitze.

In Frankreich besteht eine vollständige Trennung zwischen der Tatfrage und der Rechtsfrage. Die Geschworenen haben lediglich über die Tat, die Richter über die Subsumtion der von den Geschworenen festgestellten Tatsachen unter das Gesetz und über die Freisprechung oder Bestrafung des Angeklagten zu entscheiden. Es kann daher vorkommen, daß das Gericht den Angeklagten freispricht, wenn es der Ansicht ist, daß die durch die Geschworenen festgestellten Tatsachen den Tatbestand eines Delikts nicht darstellen (La cour prononcera l'absolution de l'accusé, si le fait dont il est déclaré coupable n'est pas défendu par une loi pénale).[1]

Das Schwurgericht wurde in der Form, die es in Frankreich angenommen hatte, im Anfange des neunzehnten Jahrhunderts in den linksrheinischen, der französischen Herrschaft unterworfenen Landesteilen eingeführt und blieb daselbst auch in Kraft, nachdem die französische Herrschaft beseitigt war. Im übrigen Deutschland schenkte man ihm keine Aufmerksamkeit, bis man im Jahre 1848 begann, es als eine freiheitliche Institution zu betrachten, und seine Einführung eine Forderung des Liberalismus wurde. Man fürchtete namentlich in politischen Prozessen die von der Staatsregierung abhängigen Berufsrichter und erblickte in den unabhängigen, nach freier Überzeugung Recht sprechenden und an keine gesetzlichen Beweisregeln gebundenen Laien gerechtere und weisere Richter. Demgemäß wurde die Schaffung von Schwurgerichten für schwere Verbrechen und für alle politischen Vergehen in die Grundrechte des Jahres 1848 aufgenommen, und es erfolgte nach und nach in den meisten deutschen Staaten ihre Einführung. Hierbei war überall das französische Vorbild zu Grunde gelegt. Im Laufe der Jahre vollzog sich jedoch in einem wesentlichen Punkte eine Wandlung. Die Wissenschaft hatte den Nachweis geführt, daß die Trennung der Tatfrage von der Rechtsfrage unmöglich sei. Infolgedessen wurde allgemein in dieser Beziehung mit dem französischen Systeme gebrochen, die Beantwortung der gesamten Schuldfrage den Geschworenen überwiesen und dem Gerichte nur die Bemessung der Strafe belassen.

Die Schwurgerichte waren daher, bevor das Gerichtsverfassungsgesetz und die Strafprozeßordnung in Kraft traten, in den verschiedenen deutschen Staaten im wesentlichen gleichartig gestaltet und in ihrer damaligen Verfassung sind sie auch in die neuen Gesetze übergegangen.

2. Indem die Kommission im Anschluß an diese geschichtliche Entwickelung die Frage erörterte, ob sich in Deutschland das Schwurgericht bewährt, und ob die Zuversicht, daß diese Einrichtung die Erforschung der materiellen Wahrheit und den Sieg der Gerechtigkeit am sichersten gewährleiste, sich als gerechtfertigt erwiesen habe, ergab sich, daß nur ein einziges Mitglied sich für die Bejahung dieser Frage aussprechen zu können glaubte. Auch dieses Mitglied erkannte

[1]) Code d'instruction criminelle art. 364.

an, daß das Schwurgericht in vielfacher Hinsicht mit großen Mängeln behaftet sei, meinte jedoch, es müsse der Versuch gemacht werden, ob man nicht diesen Mängeln ohne eine völlige Beseitigung des ganzen Instituts Abhilfe verschaffen könne. Die seit dem Jahre 1879 gemachten Erfahrungen sprächen nicht für die Notwendigkeit der Abschaffung des Schwurgerichts, sie seien vielmehr im allgemeinen als gute zu bezeichnen. Die Schwurgerichte pflegten häufiger als andere Gerichte in den Fällen, in welchen ein non liquet vorliege, ein Nichtschuldig auszusprechen, was durchaus sachgemäß sei. Ein großer Vorzug der Schwurgerichte sei auch, daß wegen des umständlichen dabei in Bewegung gesetzten Apparats die Vorbereitung der einzelnen Sachen stets eine außerordentlich sorgfältige sei.

Allerdings seien auch Fehlsprüche der Schwurgerichte vorgekommen; allein diese müßten zumeist auf die für die Geschworenen verwirrenden Sachvorträge des Staatsanwalts und des Verteidigers sowie darauf zurückgeführt werden, daß die Vorsitzenden nicht immer für dieses schwierige Amt geeignet seien. Man möge daher Bedacht darauf nehmen, die Schwurgerichtsvorsitzenden ständiger zu machen als bisher. Auch werde der erwünschte nähere Zusammenhang zwischen dem Gericht und der Geschworenenbank sich wohl herbeiführen lassen. Insbesondere sei den Geschworenen eine größere Einwirkung auf den Umfang der Beweisaufnahme zu verstatten. Der wesentlichste Vorzug des Schwurgerichts bestehe darin, daß in ihm die Laien das Recht selbständig und auf ihre alleinige Verantwortung zu finden haben. Allerdings seien die Schwurgerichte eine politische Einrichtung; aber als solche müßten sie wenigstens für Preßdelikte und für politische Verbrechen erhalten bleiben; da man den Begriff der politischen Verbrechen schwer bestimmen könne, so empfehle es sich, die Schwurgerichte mit der vollen bisherigen Kompetenz beizubehalten. Richtig sei allerdings, daß man gegen die Urteile der Schwurgerichte das Rechtsmittel der Berufung nicht geben könne; es sei indessen bisher ohne Berufung gegangen und werde auch weiterhin ohne solche gehen. Jedenfalls habe man mit den großen Schöffengerichten, welche an die Stelle der Schwurgerichte treten sollten, noch keine Erfahrungen gemacht. Daraus, daß sich die kleinen Schöffengerichte bewährt hätten, sei nicht ohne weiteres zu folgern, daß sich auch große Schöffengerichte bewähren würden. Zum mindesten sei deshalb mit der Umwandlung der Schwurgerichte in große Schöffengerichte noch zu warten, bis man mit den an die Stelle der Strafkammern tretenden mittleren Schöffengerichten praktische Erfahrungen gesammelt haben werde.

3. Die anderen Mitglieder der Kommission vermochten sich diesen Ausführungen nicht anzuschließen. Zwar waren die Ansichten unter ihnen geteilt hinsichtlich der Erfahrungen, welche man in den letzten Jahrzehnten mit den Schwurgerichten in Deutschland gemacht habe. Während die überwiegende Mehrzahl unter Anführung vieler Einzelfälle der Ansicht Ausdruck gab, daß diese Erfahrungen sehr schlechte seien, und die Schwurgerichte zahlreiche, nicht auf Zufälligkeiten, sondern auf der Organisation selbst beruhende Fehlsprüche sowohl zu Gunsten wie auch zu Ungunsten der Angeklagten abgegeben hätten, erklärten einzelne andere Mitglieder, daß sie persönlich im allgemeinen nicht gerade ungünstige Erfahrungen mit der Rechtsprechung der Schwurgerichte

gemacht hätten. Im übrigen aber waren sie alle übereinstimmend der Meinung, daß eine Beseitigung der zahlreichen und schwerwiegenden Mängel des heutigen schwurgerichtlichen Verfahrens ohne eine Umwandlung der Schwurgerichte in große Schöffengerichte nicht möglich sei, weil jene Mängel mit der Form des Schwurgerichts untrennbar verbunden seien. Wenn insbesondere zu Gunsten des Schwurgerichts hervorgehoben worden sei, daß die Geschworenen das Recht ganz selbständig zu finden hätten, so habe man gerade hierin einen der schlimmsten Nachteile der Einrichtung zu sehen. Denn die Erfahrung zeige immer von neuem, daß die Geschworenen bei der Beratung keineswegs selbständig zu Werke gingen, sondern in hohem Grade von äußeren Einwirkungen abhängig seien und leicht derjenigen Auffassung sich zuwendeten, die am energischsten und oratorisch geschicktesten vertreten werde. Ein tüchtiger und redegewandter Staatsanwalt habe in der Regel bei den Geschworenen das Übergewicht über einen weniger geschickten Verteidiger und umgekehrt. Auch im Beratungszimmer mache sich stets der große Einfluß des redefertigen Geschworenen über Gebühr geltend und führe Zufallsentscheidungen herbei.

Im einzelnen war die Kommission der Meinung, daß alle die charakteristischen Unterschiede zwischen dem schwurgerichtlichen und dem sonstigen Strafverfahren sich in der Praxis als ebensoviele schwere Schäden für die Rechtspflege an den Schwurgerichten herausgestellt hätten. Hierhin sei namentlich zu rechnen:

a) das Ablehnungsrecht der Prozeßparteien;

b) die Teilung des Gerichts in zwei getrennte Organe, in Verbindung mit der Fragestellung und der Rechtsbelehrung,

c) der mit Gründen nicht versehene Wahrspruch.

Dies wurde im einzelnen näher ausgeführt.

Zu a. Nach allgemeinen Rechtsgrundsätzen seien die Prozeßbeteiligten gezwungen, sich dem Richter, der vom Gesetze zur Entscheidung des Rechtsfalls berufen sei, zu unterwerfen, falls nicht etwa Tatsachen glaubhaft gemacht werden, aus denen sich Bedenken gegen die Unparteilichkeit des Richters ergeben. Dieser Zustand entspreche der Natur der Sache und der Stellung der Richter. Der Gedanke, daß die Partei sich den Richter, der über sie urteilen soll, nach ihrem Ermessen aussuchen dürfe, gelte im allgemeinen als ein ungeheuerlicher. Gleichwohl seien im schwurgerichtlichen Verfahren beide Prozeßbeteiligte berechtigt, ohne Angabe, geschweige denn Glaubhaftmachung von Gründen, einem Teile der Geschworenen, die durch das Gesetz und durch das Vertrauen der zuständigen Organe zu Richtern berufen seien und als Vertreter des Volkes Recht sprechen sollten, das Richteramt willkürlich zu entziehen. Offenbar entspringe dieses Recht der peremtorischen Ablehnung, durch welches das Ansehen der Geschworenen erheblich herabgedrückt werde, dem Mißtrauen, welches die Gesetzgebung selbst dem Schwurgericht entgegenbringe. Der hierdurch geschaffene Rechtszustand würde noch einigermaßen zu ertragen sein, wenn eine Gewähr dafür bestünde, daß das Ablehnungsrecht lediglich aus sachlichen Gründen geltend gemacht werde. Davon sei aber nicht die Rede; das Ablehnungsrecht werde in der Praxis oft geradezu komödienhaft gehandhabt. Abgesehen von den zahlreichen Fällen, in welchen die Ablehnung nur aus persönlicher Gefälligkeit gegen den zur Übernahme der ihm angesonnenen Arbeit nicht geneigten Geschworenen erfolge, finde die Ablehnung meist aus Gründen statt, die keineswegs in dem Bestreben wurzeln, die Feststellung der materiellen Wahrheit zu fördern. Jede Partei suche denjenigen Geschworenen zu beseitigen, von dem sie erwarte, daß er aus irgendwelchen intellektuellen, moralischen oder sozialen Gründen einen dem von ihr vertretenen Interesse ungünstigen Wahrspruch abgeben werde. Der eine Geschworene werde abgelehnt, weil ihm die zur Abgabe des Richterspruchs erforderliche Unabhängigkeit fehle, der andere, weil er allzu unabhängig sei; dieser, weil er an einem zu großen Mangel an Intelligenz leide, jener, weil er zu viel Verstand besitze. In diesem Stadium des Verfahrens machten sich somit Bestrebungen geltend, von denen man nur sagen könne, daß sie in keiner Weise die Rechtspflege und das Ansehen der zur Ausübung des Richteramts Berufenen zu heben geeignet seien, vielmehr für einen großen Teil der letzteren zu einer nutzlosen Zeitvergeudung führen müßten. Das in dieser Weise ausgestaltete Ablehnungsrecht sei aber kein zufälliger Bestandteil des schwurgerichtlichen Verfahrens; es finde sich in gleicher Form sowohl in England wie in Frankreich und in allen deutschen Partikularrechten, die das Schwurgericht eingeführt hätten; es werde daher, solange das Schwurgericht selbst in seiner jetzigen Gestalt erhalten bleibe, trotz seiner Schattenseiten weder beseitigt noch auch nur eingeschränkt werden können.

Zu b. Große Übelstände ergäben sich weiterhin aus der Trennung des Gerichts in zwei besondere Kollegien; unter dieser Trennung leide die Tätigkeit des Gerichtshofes nicht minder als die der Geschworenenbank.

Zwar lasse sich der Mißstand, daß über den Umfang der Beweisaufnahme nicht die Geschworenen, die über deren Ergebnisse zu entscheiden berufen seien, sondern der Gerichtshof allein befinde, vielleicht durch eine Änderung des Gesetzes im Rahmen des jetzigen schwurgerichtlichen Verfahrens einigermaßen beseitigen. Unzertrennlich verbunden mit dem Schwurgerichte sei aber der Übelstand, daß über die Resultate einer oft lange dauernden und komplizierten Beweiserhebung die Geschworenen allein entscheiden müßten, obwohl sie ohne die sachkundige Leitung des erfahrenen Berufsrichters häufig gar nicht im Stande seien, den vor ihnen aufgehäuften Stoff zu sichten. Daraus ergebe sich die große Gefahr, daß ein einzelner, durch Intelligenz oder soziale Stellung hervorragender Geschworener auf die vielen im Richteramt unerfahrenen Männer, welche sich stets in der Jury befinden würden, bei der Beratung und Abstimmung einen entscheidenden Einfluß ausübe.

Noch schlimmer sei es, daß die Geschworenen, indem sie die Schuldfrage in ihrem ganzen Umfange zu beantworten haben, nicht blos über die Beweisergebnisse, sondern auch über die Rechtsfrage allein entscheiden müssen. Ursprünglich habe man in Deutschland, dem französischen Vorbild entsprechend, die Tatfrage von der Rechtsfrage getrennt und den Geschworenen lediglich die erstere überwiesen, während das Gericht über die Subsumtion der festgestellten Tatsachen unter das Gesetz zu entscheiden gehabt habe. Nachdem sich indessen herausgestellt habe, daß eine solche Trennung praktisch sich nicht durchführen lasse, sei eigentlich der ganzen Institution der Boden entzogen gewesen. Gleichwohl habe man damals sich nicht entschließen können, das Schwurgericht, das sich der Gunst des Volkes noch erfreute, preiszugeben; die Gesetzgebung habe vielmehr die gesamte Schuldfrage einschließlich der Rechtsfrage den Geschworenen übertragen. Diese Erweiterung der Aufgabe der Geschworenen berge die größten Gefahren in sich und habe erfahrungsmäßig zahlreiche Fehlsprüche verschuldet. Denn die Aufgabe, das Recht zu finden, erfordere juristisches Wissen und juristische Übung in der Anwendung des Rechtes. Der Laie, dem die Grundbegriffe des Strafrechts mehr oder weniger unbekannt seien, habe nicht die Fähigkeit, die Rechtsfrage zu beantworten, wenn ihm nicht von den juristischen Mitgliedern des Gerichts Hilfe werde. Gleichwohl sei auch dieser Übelstand mit dem jetzigen schwurgerichtlichen Verfahren unzertrennlich verbunden, weil die Sonderung von Tat- und Rechtsfrage, die als Versuch einer Verbesserung allein in Frage kommen könnte, nach wie vor als undurchführbar bezeichnet werde müssen.

Der Gesetzgeber habe sich den schweren Gefahren, die eine Zuweisung der Rechtsfrage an die Geschworenen mit sich bringen müsse, von Anfang an nicht verschlossen. Durch die Formulierung bestimmter Fragen und durch die Rechtsbelehrung des Vorsitzenden habe er geglaubt, denselben abhelfen zu können. Allein dieser Erfolg werde nicht nur nicht erreicht, sondern die Fragestellung berge wie die Rechtsbelehrung wieder neue Gefahren für die Rechtsprechung in sich.

α) Durch die Vorlegung bestimmter Fragen solle dafür Sorge getragen werden, daß die Geschworenen sich nicht ins allgemeine verlieren, sondern sich darauf beschränken, zu prüfen, ob die Tatsachen, welche den Gegenstand der Untersuchung und Verhandlung gebildet haben, erwiesen sind und ob der festgestellte Sachverhalt die Anwendung eines bestimmten Strafgesetzes gegen den Angeklagten rechtfertigt. Hierdurch werde aber, obgleich nach dem Sinne und Wortlaute des Gesetzes die Geschworenen in der Beantwortung der Schuldfrage völlig frei sein sollen, in ihre Entscheidung in erheblicher Weise eingegriffen. Denn die Geschworenen würden durch das Gericht in ihrer freien Beurteilung jedenfalls insofern beschränkt, als durch die Normierung der Fragen wenigstens negativ entschieden sei, daß die Tat des Angeklagten unter einen anderen strafrechtlichen Gesichtspunkt als den in dem Fragebogen hervorgehobenen nicht falle. Dies sei um so schwerwiegender, als infolge der Trennung der beiden Organe der Vorsitzende außer Stande sei, sich darüber zu vergewissern, welche Ergebnisse der Verhandlung etwa den Geschworenen als eine geeignete Grundlage für die Verurteilung erschienen seien. Beurteile der Vorsitzende die Anschauungen der Geschworenen unrichtig, so könne es leicht dazu kommen, daß die Geschworenen den Angeklagten zwar für schuldig halten, ihn aber doch für nichtschuldig erklären müssen, weil diejenige Beurteilung der Tat, welche sie für die richtige halten, in den Fragen nicht berücksichtigt sei. Aber auch wenn sich Richter und Geschworene verstehen, werde es in zahlreichen Fällen doch unmöglich sein, die Gesamtheit der für die rechtliche Beurteilung des Falles in Betracht kommenden Möglichkeiten in Frage und Antwort zu erschöpfen. Es komme hinzu, daß häufig die Zahl der Fragen eine so große und ihre dem Wortlaute des Gesetzes angepaßte Fassung eine so komplizierte sei, daß selbst sehr gewandte Geschworene den Überblick über dieselben verlören, die große

Mehrzahl aber, wie die Erfahrung immer wieder zeige, trotz wiederholter Belehrung den Inhalt nicht verstehe.

Gleichwohl sei innerhalb des jetzigen schwurgerichtlichen Verfahrens auch auf diesem Gebiete eine Reform nicht möglich. Bei der Trennung der beiden richterlichen Kollegien werde man die Vorlegung bestimmt formulierter Fragen niemals entbehren können. Insbesondere sei es nach dem System unseres Strafprozesses nicht möglich, die Geschworenen etwa blos auf Grund der Anklage ein „Schuldig" oder „Nichtschuldig" aussprechen zu lassen. Denn es sei eine tägliche Erfahrung, daß auf Grund der mündlichen Verhandlung in zahlreichen Fällen von dem Inhalte der Anklage sowohl in der rechtlichen Beurteilung als auch in tatsächlicher Beziehung abgewichen werden müsse. Wolle man den Geschworenen die Möglichkeit einer solchen abweichenden Beurteilung entziehen, so werde oft eine Freisprechung nur deshalb erfolgen, weil der Ankläger die Straftat nicht richtig beurteilt habe. Ein solcher Formalismus würde aber mit dem Prinzip unseres Strafprozesses, überall die materielle Wahrheit zur Geltung zu bringen, in direktem Widerspruche stehen.

β) Die Rechtsbelehrung solle dem mangelnden juristischen Verständnisse der Geschworenen abhelfen. Allein es sei selbstverständlich, daß demjenigen, dem die elementarsten Rechtsbegriffe fehlen, nicht in wenigen Minuten die allgemeinen und die für den einzelnen Fall besonders in Betracht kommenden Rechtsgrundsätze in der Weise beigebracht werden können, daß er nunmehr zur selbständigen Entscheidung eines Rechtsfalls befähigt ist. In zahlreichen Fällen werde die Rechtsbelehrung, weil sie falsch oder garnicht verstanden sei, eine Quelle von Irrtümern und Fehlsprüchen. Es sei unausführbar, alle denkbaren tatsächlichen und rechtlichen Eventualitäten in der Rechtsbelehrung zu erschöpfen. Der Mangel jeder näheren Verbindung und eines freien Gedankenaustauschs zwischen dem Vorsitzenden und den Geschworenen mache es dem ersteren unmöglich, in seinem Vortrage die Zweifel, die sich bei den Geschworenen regen, zu besprechen. Beschränke er sich ganz auf die abstrakten Rechtsbegriffe, so verwische er mit der Rechtsbelehrung den frischen Eindruck der Verhandlung und der Schlußvorträge der Prozeßbeteiligten. Wende er sich dagegen auch dem konkreten Falle zu, so überschreite er nur zu leicht die ihm vom Gesetze gezogenen Schranken und gebe in der einen oder der anderen Richtung dem Verdacht einer einseitigen Auffassung Raum. Jedes Wort müsse in seiner möglichen Wirkung auf die Geschworenen peinlich erwogen werden, und gleichwohl sei die Möglichkeit einer Berichtigung oder Klarstellung mißverständlicher oder unrichtiger Ausführungen den Prozeßbeteiligten gesetzlich entzogen. Damit sei dem Vorsitzenden eine Verantwortung auferlegt, die er in vielen Fällen nicht zu tragen vermöge.

Es sei zwar richtig, daß die Geschworenen, wenn sie in rechtlicher Beziehung noch Zweifel hätten, sich vom Vorsitzenden weitere Belehrung erbitten könnten. Aber erfahrungsgemäß machten die Geschworenen hiervon nur selten Gebrauch, weil sie sich scheuten, vor der Öffentlichkeit zu bekennen, daß sie trotz der Parteivorträge und trotz der Rechtsbelehrung über die rechtlichen Gesichtspunkte noch nicht hinreichend aufgeklärt seien. Vor allem aber wüßten sie meist selbst nicht, daß sie sich in rechtsirrigen Anschauungen bewegten.

Dennoch sei eine Reform auch in dieser Beziehung ausgeschlossen. Wenn man die getrennte Beratung der Geschworenen beibehalten wolle, könne auch die Rechtsbelehrung nicht entbehrt werden; denn es sei trotz ihrer Mängel zweifellos noch immer besser, daß der Versuch gemacht werde, die Geschworenen zu belehren, als daß man sie ohne jede rechtliche Unterweisung ihres verantwortungsvollen Amtes walten lasse. Man habe zwar geglaubt, ein Heilmittel darin zu finden, daß man den Vorsitzenden an der Beratung der Geschworenen teilnehmen oder ihn wenigstens dabei anwesend sein lasse, um etwaige rechtliche Bedenken der Geschworenen aufzuklären. Eine dahingehende Änderung des Gesetzes würde aber dem Grundgedanken des Schwurgerichtsverfahrens widerstreiten, die Rechtsbelehrung im Beratungszimmer jeder Kontrole entziehen und daher wohl auf keiner Seite Beifall finden.

Zu schweren Mißständen müsse es andererseits führen, daß der Gerichtshof die Strafe festsetze, obgleich er die Gründe, welche die Geschworenen zu ihrem Wahrspruche geführt haben, nicht kenne, obgleich er nicht wisse, warum die Rechtswidrigkeit der Tat bejaht, warum die Zurechnungsfähigkeit des Angeklagten für festgestellt angesehen, weshalb die behaupteten Schuld- oder Strafausschließungsgründe verneint oder mildernde Umstände, die in vielen Momenten gefunden werden können, als vorliegend angesehen worden sind. Die gänzliche Ausschließung der Geschworenen von der Festsetzung der Strafe ermögliche es dem Gerichtshof, einen von ihm für zu milde gehaltenen Spruch der Geschworenen im Rahmen des anzuwendenden Strafgesetzes durch besonders schwere Strafen zu korrigieren. Auch diese Übelstände könnten, wenn die Trennung der beiden Kollegien beibehalten werde, niemals beseitigt werden.

Zu c. Eine der bedenklichsten Seiten des schwurgerichtlichen Verfahrens sei, daß das Verdikt, welches das Schuldig oder Nichtschuldig über den Angeklagten ausspreche, nicht mit Gründen versehen sei. Während es sonst als ein Fundamentalsatz des Prozeßrechts gelte, daß jedes Urteil begründet werden müsse, auch wenn es sich nur um die unbedeutendsten Parteiinteressen handle, erfahre bei der Verurteilung wegen der schwersten Verbrechen und bei der Verhängung der schwersten Strafen weder der Angeklagte noch die Öffentlichkeit, weshalb das Gericht den Angeklagten für schuldig erachtet hat. Gleichwohl sei eine Berufung nicht gegeben; das Revisionsgericht werde, da die Revision nur auf Prozeßverstöße gegründet werden könne, zu einer rein formalistischen Rechtsprechung gezwungen, und für eine Wiederaufnahme des Verfahrens ermangele es an jeder festen Grundlage. Weil eine Begründung des Spruchs nicht vorgeschrieben sei, so fehle jede Gewähr dafür, daß bei der Beratung das Ergebnis der Beweisaufnahme sorgfältig geprüft und nicht aus Voreingenommenheit oder aus einem dunklen Gefühle heraus das Urteil gesprochen worden sei. Es liege die Gefahr überaus nahe, daß die Geschworenen in dem Bewußtsein, keinerlei Gründe für ihre Entscheidung offenbaren zu müssen und keiner Nachprüfung ausgesetzt zu sein, sich geradezu als allmächtig und außerhalb des Gesetzes stehend betrachten. Es sei unleugbar, daß die Geschworenen diese ihre Macht nicht selten dazu benutzten, um gegen Angeklagte, die vor dem Gesetze schuldig seien, Gnade zu üben. Auf der anderen Seite sei es aber mehrfach vorgekommen, daß Geschworene einen Angeklagten, den sie wegen wissentlichen Meineids nicht verurteilen, jedoch auch nicht ganz straflos ausgehen lassen wollten, des fahrlässigen Falscheides schuldig erklärten, obwohl er dieses Delikt nicht begangen habe. Es sei selbstverständlich, daß im Rahmen des Schwurgerichts auch dieser große Mangel nicht behoben werden könne; denn es sei ausgeschlossen, von den Geschworenen eine Begründung ihres Verdiktes zu erlangen. Und doch dürfe man behaupten, daß die Schwurgerichte, wenn die Sprüche der Geschworenenbank mit Gründen versehen werden müßten, von der allgemeinen Empörung des Volkes längst beseitigt sein würden.

Das Mißtrauen, welches der Gesetzgeber selbst gegenüber diesem mit Gründen nicht versehenen Spruche gehegt habe, komme deutlich zum Ausdruck in der Befugnis des Gerichts, die Sache zur neuen Verhandlung vor das Schwurgericht der nächsten Sitzungsperiode zu verweisen, wenn es einstimmig der Ansicht sei, daß die Geschworenen sich in der Hauptsache zum Nachteile des Angeklagten geirrt haben. Auch diese Bestimmung, welche das Ansehen der Geschworenen in erheblichem Maße zu schwächen geeignet sei, werde vom jetzigen Schwurgerichte wohl nicht zu trennen sein. Sie sei in Frankreich geltendes Recht[1]) und in allen deutschen Partikulargesetzen enthalten gewesen; in England habe der Vorsitzende sogar die Befugnis, sofort ein neues Verdikt von den Geschworenen zu fordern. Der Entwurf zur jetzigen Strafprozeßordnung habe zwar in der Erkenntnis, daß die Bestimmung ein Mißtrauen gegen die Geschworenen zum Ausdrucke bringe, den Versuch gemacht, dem Gericht jene Befugnis zu entziehen; der Reichstag habe aber beschlossen, die Vorschrift in die Strafprozeßordnung wieder aufzunehmen.

VI. Indem die Kommission mit Ausnahme eines einzigen Mitgliedes von der Überzeugung durchdrungen war, daß eine Beseitigung der schweren, ein segensreiches Wirken verhindernden Mängel des schwurgerichtlichen Verfahrens unter Beibehaltung der jetzigen Form des Schwurgerichts nicht möglich sei, andererseits aber einmütig der Ansicht huldigte, daß im Interesse der Rechtspflege die Teilnahme der Laien an der Rechtsprechung dringend erwünscht erscheine, gelangte sie zu dem einstimmigen Beschlusse, die Einführung von großen Schöffengerichten an Stelle der Schwurgerichte zu empfehlen. Alle Bedenken, welche gegen das Schwurgericht mit Recht vorgebracht würden, kämen bei großen Schöffengerichten in Wegfall. Im Schöffengerichte finde keine Teilung der Arbeit statt; Richter und Schöffen berieten und beschlössen nicht getrennt, sondern seien zu einem Kollegium vereint. Nicht durch Vorlegung von bindenden Fragen seitens eines mit den Anschauungen der Laien nicht vertrauten Richters, sondern im gemeinsamen Gedankenaustausch und in freier Würdigung des Straffalls werde die Entscheidung über die Schuldfrage herbeigeführt. Über die Rechtsfragen entschieden die Laien nicht allein, sondern in Gemeinschaft mit den Richtern, die ihnen Anregung geben und auf Grund ihrer Rechtskenntnis sie vor Fehlsprüchen bewahren könnten. An die Stelle der akademischen Rechtsbelehrung trete die gemeinschaftliche Diskussion, bei der jeder auftauchende Zweifel sofort gehoben werden könne und ein Mißverständnis fast ausgeschlossen sei. Die Strafe werde nicht von Richtern, welche die Gründe der

[1]) Art. 352 Code d'instruction criminelle.

Verurteilung nicht kennen, sondern von demselben Organe, das die Schuldfrage bejaht hat, festgestellt, sodaß eine Gewähr dafür gegeben sei, daß die Entscheidung über das Strafmaß sich in innerem Einklange mit der Entscheidung über die Schuldfrage befinde. Das Urteil endlich werde mit Gründen versehen, welche eine Rechtfertigung der Entscheidung in tatsächlicher und rechtlicher Beziehung enthielten und eine Nachprüfung der Entscheidung durch ein höheres Gericht und im Falle einer Wiederaufnahme des Verfahrens ermöglichten.

Die Kommission verhehlte sich hierbei nicht, daß manche Kreise der Bevölkerung trotz der schlechten Erfahrungen, welche sie mit dem Schwurgerichte gemacht haben, sich gegen seine Abschaffung sträuben und seine Beseitigung als eine Verletzung liberaler Grundsätze betrachten würden. Sie war jedoch der Überzeugung, daß dieser Widerstand durch sachgemäße Belehrung überwunden werden könne. Allerdings sei die Einführung des Schwurgerichts im Jahre 1848 nicht ohne Grund als eine politische Notwendigkeit angesehen worden. Man habe von dem Schwurgerichte damals namentlich zweierlei erhofft: den Ersatz der von der Staatsgewalt abhängigen Richter durch unabhängige, dem Einflusse der Regierung nicht unterliegende Richter, und die Loslösung von den mittelalterlichen Beweistheorien. In beiden Beziehungen habe das Schwurgericht den Erwartungen entsprochen. Nachdem aber nunmehr die äußere Unabhängigkeit der Richter im ganzen Reiche gewährleistet, die Beweistheorien unwiederbringlich beseitigt und an ihre Stelle jetzt für jeden deutschen Richter die freie richterliche Überzeugung getreten sei, könne die Aufgabe des Schwurgerichts als erfüllt angesehen werden. Der politische Charakter des Schwurgerichts sei denn auch im Laufe der Zeit mehr und mehr in den Hintergrund getreten. Die Bevölkerung stehe ihm in vielen Gegenden kühl gegenüber, die frühere Vorliebe sei in weiten Kreisen geschwunden; insbesondere habe man es in den Kreisen der Verteidiger längst als eine unrichtige Auffassung erkannt, daß die Geschworenen im Zweifel immer zu Gunsten des Angeklagten entschieden. Früher habe man sich für das Schwurgericht begeistert, weil es die einzige bekannte Gestalt des Laiengerichts gewesen sei. Inzwischen habe man aber in den Schöffengerichten andere und bessere Laiengerichte kennen gelernt. Die Kommission glaubte deshalb vertrauen zu dürfen, daß ein großes Schöffengericht, in dem die Laien die Mehrheit über die gelehrten Richter besäßen und in welchem sie nicht nur bei der Schuldfrage, sondern auch bei der Straffrage entscheidend mitzuwirken berufen seien, heute von der großen Mehrzahl auch der nichtjuristischen Bevölkerung als ein Fortschritt und ein willkommener Gewinn für die Rechtspflege anerkannt werden würde.

VII. Im Laufe der Beratung war mehrfach auch die Frage berührt worden, ob sich überall in Deutschland die zur Besetzung mittlerer und großer Schöffengerichte erforderliche Zahl von Schöffen finden lassen werde, namentlich wenn man noch die etwaige Einführung der Berufung in Betracht ziehe. Die Kommission war der Ansicht, daß sich ein strikter Nachweis für das Vorhandensein der erforderlichen Schöffen allerdings nicht führen lasse. Man wisse nicht, wieviele zum Schöffenamte geeignete Personen in Deutschland vorhanden seien und könne auch zur Zeit nicht übersehen, wieviele Schöffen gebraucht würden.

Dies werde sich erst beurteilen lassen, wenn feststünde, wie die Schöffengerichte auf den einzelnen Stufen zusammengesetzt seien und wie die sachliche Zuständigkeit der Gerichte in Zukunft geregelt werde. Die Kommission hatte aber in ihrer überwiegenden Mehrheit keinen Zweifel, daß es an der erforderlichen Zahl von Schöffen nicht fehlen werde. Bisher habe sich ein Mangel an Schöffen und Geschworenen wohl nirgends gezeigt; es sei vielmehr in weiten Teilen des Reichs unzweifelhaft ein Überschuß an geeigneten Persönlichkeiten vorhanden. Auch könne unbedenklich bei der Auswahl der Schöffen mehr als bisher auf die unterrichteteren Elemente des Arbeiterstandes zurückgegriffen werden, die auf anderen Gebieten der staatlichen und kommunalen Verwaltung vielfach reges Interesse und großes Verständnis für die ihnen zugewiesenen Aufgaben gezeigt hätten. Das Vertrauen zur Rechtsprechung werde dadurch auch in jenen Kreisen nur gewinnen können. Zudem sei in Betracht zu ziehen, daß man durch die bessere Ausnutzung der in den Geschworenenlisten verzeichneten Kräfte, von denen heute nur der kleinere Teil wirklich zur Verwendung komme, ferner durch Heranziehung der Schöffen zu einer größeren Zahl von Sitzungen als bisher, endlich durch die Ausdehnung des abgekürzten Verfahrens und durch die im Notfalle mögliche Ausschließung der Schöffen von der Mitwirkung bei den Übertretungen eine beträchtliche Anzahl von Schöffen gewinnen werde. Jedenfalls dürfe, wenn wirklich in einzelnen Gegenden die Beschaffung der genügenden Zahl von geeigneten Schöffen Schwierigkeiten machen sollte, dies kein Grund dafür sein, daß man der überwiegenden Mehrheit des Volkes die großen Vorteile vorenthalte, welche mit der Beteiligung der Laien an allen Strafgerichten verbunden seien. Der von den verbündeten Regierungen im Jahre 1874 vertretenen Auffassung, daß es unmöglich sei, die für die mittleren Schöffengerichte erforderlichen Schöffen zu finden, könne heute eine maßgebende Bedeutung nicht mehr beigelegt werden. Denn inzwischen habe sich nicht nur die Bevölkerung beträchtlich vermehrt, sondern auch der allgemeine Wohlstand und die Bildung der unteren Volksklassen habe erheblich zugenommen.

45. Sitzung.

14. April 1904.

Art der Mitwirkung der Schöffen. Besetzung der Schöffengerichte.

I. Die Kommission ging zur Frage S III 3 des Fragebogens über:

Sollen die Schöffen in der Art mitwirken, daß sie

a) das Richteramt während der Hauptverhandlung in vollem Umfang ausüben, oder

b) nur an der Entscheidung über die Tat- und Schuldfrage teilnehmen?

Die Frage ist nur für die an Stelle der Strafkammer tretenden Schöffengerichte gestellt. Die Kommission glaubte indessen, sie auch für die nach dem gestrigen Beschluß an Stelle der Schwurgerichte tretenden Schöffengerichte beantworten zu sollen.

1. Die Kommission nahm einstimmig den Antrag an,

daß die Schöffen im allgemeinen das Richteramt während der Hauptverhandlung in vollem Umfang ausüben sollen.

Sie erwog dabei:

Es sei das Charakteristische eines Laiengerichts in der Form des Schöffengerichts, daß die Laien mit den gelehrten Richtern zu einem einheitlichen Kollegium verschmolzen seien. Hierin liege der Hauptvorzug des Schöffengerichts vor dem Schwurgerichte. In einem einheitlichen Richterkollegium sei es aber an sich selbstverständlich, daß bei der Entscheidung aller dem Gerichte zur Beurteilung unterbreiteten Fragen sämtliche Mitglieder mitzuwirken haben. Man müsse daher grundsätzlich den Schöffen das Richteramt in vollem Umfange zuweisen. Dieser Rechtszustand habe sich bei den gegenwärtigen Schöffengerichten auch durchaus bewährt. Es liege kein Grund vor, in dieser Beziehung künftig zwischen den kleinen Schöffengerichten und den mittleren und großen einen Unterschied zu machen. Noch weniger bestehe eine Veranlassung, das bisher bewährte Recht für die kleinen Schöffengerichte zu ändern. Die Ausschließung eines Teiles der Mitglieder des Richterkollegiums bei der Entscheidung einzelner Fragen sei nur geeignet, das harmonische Zusammenwirken zu stören.

Ganz abzuweisen sei der Gedanke, daß man die Schöffen etwa nur an der Entscheidung über die Schuldfrage, nicht aber auch an der Strafzumessung teilnehmen lasse. Der Laienrichter interessiere sich, nachdem die Schuldfrage zu Ungunsten des Angeklagten beantwortet sei, naturgemäß weniger für die

Subsumtion der Tat unter ein bestimmtes Strafgesetz als für die praktische Folge, welche das Urteil für den Angeklagten habe, d. h. für die auszusprechende Strafe. Wenn man den Schöffen von der Entscheidung über dieses für ihn bedeutungsvollste Moment ausschließe, werde seine Berufsfreudigkeit leicht beeinträchtigt werden. Außerdem würde dann wie beim Schwurgerichte das schließliche Urteil nicht ein einheitliches Ganzes, sondern aus zwei Entscheidungen zusammengesetzt sein. Dies gefährde die innere Übereinstimmung zwischen den beiden Entscheidungen und setze die Berufsrichter in die Lage, bei der Strafzumessung die vom Gesamtkollegium über die Schuldfrage getroffene Entscheidung in ihrem Sinne zu korrigieren. Der Strafrechtspflege schade es auch nichts, wenn die Schöffen bei der Straffestsetzung mitwirkten; dies sei vielmehr nur vorteilhaft. Allerdings seien sie nicht in der Lage, den ihnen vorgelegten Fall mit ähnlich liegenden zu vergleichen und dementsprechend die Strafe auszumessen. Allein in dieser Beziehung könne der Berufsrichter helfend eingreifen. Andererseits gewähre die Auffassung, die sich der gebildete Laie auf Grund seiner Lebenserfahrungen von der Schwere der Straftat und über die Höhe der aufzuerlegenden Strafe gemacht habe, dem Berufsrichter einen wertvollen Maßstab dafür, welche Strafe im Einzelfall als eine gerechte anzusehen sei. Die Mitwirkung der Laien bei der Ausmessung der Strafe werde daher mit dazu beitragen, daß die erkannten Strafen mit dem allgemeinen Volksempfinden im Einklange stünden.

Ebensowenig sei es angebracht, die Schöffen etwa nur bei dem Urteile, nicht aber auch bei den während der Hauptverhandlung ergehenden sonstigen Entscheidungen teilnehmen zu lassen. Soweit solche Entscheidungen sich auf den Inhalt oder den Umfang der Beweisaufnahme bezögen, sei die Teilnahme der Schöffen selbstverständlich, da sie über das Ergebnis der Beweisaufnahme zu entscheiden berufen seien. Soweit es sich aber um rein prozessuale Fragen handle, sei eine Ausschließung der Schöffen schon deshalb unmöglich, weil in zahlreichen Fällen der Zweifel auftauchen werde, ob es sich um reine Prozeßfragen oder um Beweisfragen handle. Allerdings seien die prozessualen Fragen meist juristischer Natur. Allein die Erfahrung zeige, daß die Schöffen dabei der Ansicht der Richter sich gern anschlössen. Jedenfalls sei es nicht gerechtfertigt, die Schöffen von der Entscheidung der meist weniger wichtigen prozessualen Rechtsfragen auszuschließen, sie aber im Urteil auch über die Rechtsfrage mitentscheiden zu lassen.

2. Nur in einer Beziehung erschien es einem erheblichen Teile der Kommission bedenklich, den Schöffen die volle Ausübung des Richteramts zuzugestehen.

Es lag der Antrag vor:

> An den Entscheidungen über die Ausschließung oder Ablehnung von Richtern und Schöffen nehmen die Schöffen nicht teil.

Nach geltendem Rechte steht die Entscheidung über die Ausschließung oder die Ablehnung eines Richters im allgemeinen dem Gerichte zu, welchem der Abgelehnte angehört (§. 27 Abs. 1 der Str.Pr.O.). In Ansehung der Schöffengerichte besteht die besondere Vorschrift, daß über die Ausschließung und Ablehnung von Schöffen der Amtsrichter, über die des Amtsrichters das Landgericht entscheidet (§. 27 Abs. 2 Satz 1, §. 31 Abs. 2 Satz 1).

Zu Gunsten des Antrags wurde ausgeführt: Es sei wünschenswert, in Übereinstimmung mit dem geltenden Rechte auch bei den neuen Schöffengerichten den Schöffen die Mitwirkung bei der Entscheidung über die Ausschließung und Ablehnung der Schöffen oder Richter zu versagen. Es liege kein Grund vor, den Schöffen künftig bei den neuen Schöffengerichten größere Befugnisse zu erteilen, als sie heute bei den kleinen Schöffengerichten besäßen. Der Standpunkt des geltenden Gesetzes sei aus inneren Gründen durchaus berechtigt. Denn auch wenn das Ablehnungsgesuch in der Hauptverhandlung angebracht werde, sei die Entscheidung darüber doch nicht ein notwendiger Bestandteil der Hauptverhandlung.[1]) Daraus folge, daß der Vorsitzende die Hauptverhandlung unterbrechen und inzwischen eine Entscheidung über das Ablehnungsgesuch herbeiführen könne. Er werde also immer in der Lage sein, auf diesem Wege die Schöffen von der Entscheidung über die Ablehnung eines Richters auszuschließen. Werde aber hiernach verfahren, so würden die Schöffen sich mit Recht und weit mehr verletzt fühlen, als wenn das Gesetz selbst sie von der Entscheidung über die Ablehnung ausschließe. Einer Beteiligung der Schöffen bei diesen Entscheidungen stünden auch andere Bedenken entgegen. Wenn man an Stelle eines abgelehnten Schöffen zunächst einen Hilfsschöffen herbeirufen müßte, so würden bedeutende Verzögerungen nicht zu vermeiden sein, während an die Stelle eines abgelehnten Richters immer ohne großen Zeitaufwand ein Ersatzrichter treten könne. Zudem handele es sich bei der Ablehnung eines Richters nicht selten um dessen frühere Amtstätigkeit in derselben oder in einer anderen Rechtsangelegenheit, oder die Ablehnungsgründe lägen auf dem disziplinaren Gebiet; es sei nicht möglich, die Schöffen hierüber mitentscheiden zu lassen, wenn man nicht Gefahr laufen wolle, daß das ersprießliche Zusammenwirken zwischen Richtern und Schöffen empfindlich gestört werde.

Gegen den Antrag wurde geltend gemacht: Der Gedanke, daß das Schöffengericht als ein einheitliches Kollegium tätig zu werden habe, müsse vollständig durchgeführt werden. Es sei um so weniger angebracht, diesen Grundsatz bei der Entscheidung über Ablehnungsgesuche zu durchbrechen, als solche Gesuche im größten Teile des Reichs nur selten vorkämen. Die Zuziehung eines Hilfsschöffen für einen abgelehnten Schöffen werde in der Regel leicht und rasch zu bewirken sein; ganz ohne Verzögerung sei auch die Einberufung eines Vertreters für einen abgelehnten Berufsrichter meist nicht zu bewerkstelligen. Würden etwa die mittleren Schöffengerichte nur mit zwei gelehrten Richtern besetzt, so werde eine Ausschließung der Schöffen von der Entscheidung über Ablehnungsgesuche zur Folge haben, daß jedes derartige Gesuch eine Vertagung der Verhandlung erforderlich mache, weil das Gericht niemals beschlußfähig bleibe. Man könne auch den Schöffen nicht zumuten, mit einem Richter, den sie selbst für befangen hielten, zusammen tätig werden zu müssen.

Gegenüber diesen verschiedenen Auffassungen wurde ein Vermittelungsvorschlag dahin gemacht, daß man den Schöffen die Mitwirkung bei der Entscheidung über Ablehnungsgesuche wenigstens insoweit zugestehen solle, als diese sich gegen einen Schöffen richteten.

---

[1]) Zu vergl. Löwe, Kommentar zur Strafprozeßordnung 11. Aufl. Note 1 b zu §. 27.

Es wurde demgemäß über den Antrag gesondert abgestimmt. Die Kommission beschloß mit 11 gegen 9 Stimmen, daß in den neuen Schöffengerichten die Schöffen an der Entscheidung über die Ausschließung oder Ablehnung von Schöffen teilnehmen sollen. Dagegen wurde mit 10 gegen 10 Stimmen, wobei die Stimme des Vorsitzenden den Ausschlag gab, beschlossen, daß die Schöffen an der Entscheidung über die Ausschließung oder Ablehnung von Richtern nicht mitwirken sollen.

II. Zu der Frage, ob es sich empfehle, die bisherige Dreiteilung der Strafgerichte erster Instanz beizubehalten oder durch eine Zweiteilung zu ersetzen, war der Antrag gestellt:

a) Die heute durch das Schöffengericht, die Strafkammer und das Schwurgericht ausgeübte Gerichtsbarkeit in Strafsachen soll an zwei nach dem Schöffengerichtssystem organisierte Gerichte überwiesen werden.

b) Das bei dem Amtsgerichte gebildete Schöffengericht soll mit einem Richter und zwei Schöffen, der bei dem Landgerichte gebildete Strafgerichtshof in der Regel mit zwei Richtern und drei Schöffen, jedoch bei der Entscheidung über Verbrechen, welche mit dem Tode, mit lebenslänglichem Zuchthaus oder mit lebenslänglicher Festungshaft bedroht sind, mit drei Richtern und vier Schöffen besetzt sein.

Der Antrag wurde mit 19 Stimmen gegen die Stimme des Antragstellers abgelehnt.

Für den Antrag war geltend gemacht worden:

Die Dreiteilung der Gerichte erster Instanz beruhe auf der Dreiteilung der strafbaren Handlungen im materiellen Strafrechte. Der Grundsatz, daß die Gerichte der untersten Stufe die Übertretungen, die mittleren Gerichte die Vergehen und die Gerichte der obersten Stufe die Verbrechen aburteilen sollten, sei aber so vielfach durchbrochen, daß er in Wahrheit nicht bestehe. Es empfehle sich daher, die Organisation der Gerichte durch Annahme der Zweiteilung zu vereinfachen. Dies schließe nicht aus, daß man auf der oberen Stufe für besonders schwere Verbrechen eine verstärkte Besetzung des Gerichts vorsehe, wie es früher in der Württembergischen Strafprozeßordnung vom 17. April 1868[1]) geschehen sei. Die Zweiteilung biete den Vorteil, daß die Zahl der Unzuständigkeitserklärungen vermindert werde und man mit einer einheitlichen Schöffenliste für die oberen Gerichte auskommen könne.

Die überwiegende Mehrheit war der Meinung, daß der Antrag tatsächlich doch auf eine Dreiteilung der Gerichte hinauskomme. Es müsse aber zu praktischen Unzuträglichkeiten führen, wenn in derselben Sitzung einmal schwere Verbrechen, dann wieder leichtere verhandelt und hierbei mehrere überzählige Richter ausgeschieden würden. Eine gemeinsame Schöffenliste für die Gerichte der mittleren und der obersten Stufe könne auch dann geführt werden, wenn

---

[1]) Artikel 16 schrieb vor, daß bei den Schwurgerichten neben den zwölf Geschworenen drei Richter, falls aber ein Todesurteil in Frage kommt, fünf Richter den Gerichtshof bilden sollen (Regierungsblatt für das Königreich Württemberg 1868 Nr. 18 S. 5 b).

man getrennte Gerichte vorsehe. Vor allem aber könne die vorgeschlagene Organisation nicht als ein vollwertiger Ersatz für die jetzt bestehende Gerichtsverfassung angesehen werden.

III. Ohne weitere Debatte wurde die einstimmige Ansicht der Kommission dahin festgestellt, daß sowohl das Schöffengericht der mittleren Stufe als auch das Schöffengericht der obersten Stufe bei dem Landgerichte gebildet werden solle.

IV. Die Kommission beriet nunmehr die Frage, in welcher Weise die mittleren und die großen Schöffengerichte zusammenzusetzen seien.

Es lagen folgende Anträge vor:

1. Das mittlere Schöffengericht besteht als Gericht erster Instanz aus zwei Richtern und drei Schöffen; als Berufungsgericht entscheidet es, wenn das angefochtene Urteil von dem Amtsrichter allein abgegeben ist, in der Besetzung von einem Richter und zwei Schöffen; wenn das angefochtene Urteil von den kleinen Schöffengerichten abgegeben ist, in der Besetzung von zwei Richtern und drei Schöffen. Das große Schöffengericht besteht aus drei Richtern und vier Schöffen.
2. Die mittleren Schöffengerichte (als Gerichte erster Instanz wie als Berufungsgerichte und zwar auch in Übertretungssachen) bestehen aus drei Richtern und vier Schöffen, die großen aus drei Richtern und sechs Schöffen.
3. Falls es nach dem zu Gebote stehenden Schöffenmateriale möglich ist, empfiehlt es sich, die Schöffengerichte nach dem Antrage 2 zu besetzen, andernfalls sind die mittleren Schöffengerichte mit drei Richtern und zwei Schöffen, die großen mit drei Richtern und vier Schöffen zu besetzen.
4. Das mittlere Schöffengericht besteht aus einem Richter und vier Schöffen, das große aus drei Richtern und sechs Schöffen.

1. Die Kommission war darin einig, daß die Gesamtzahl der Mitglieder des Gerichts in allen Fällen eine ungerade sein müsse.[1])

2. Ferner wurde grundsätzliches Einverständnis darüber erzielt, daß sowohl die mittleren als auch die großen Schöffengerichte, wenn irgend möglich, so einzurichten seien, daß die Schöffen gegenüber den Berufsrichtern in der Mehrzahl sind. Es wurde darauf hingewiesen, daß auf diesem Grundsatze bereits der Entwurf eines Gerichtsverfassungsgesetzes aus dem Jahre 1873 [2]) beruht habe.

---

[1]) Eine gerade Gesamtzahl wurde vorgeschlagen für Strafkammern in dem Abänderungs-Antrage des Abg. Schmidt-Warburg zum Entwurfe von 1895 (Reichstagsdrucks. 1895/97 Nr. 546).

[2]) Der §. 39 des Entwurfs lautete:

Die kleinen Schöffengerichte bestehen aus dem Amtsrichter und zwei Schöffen; die mittleren Schöffengerichte aus drei Mitgliedern der Strafkammer und vier Schöffen; die großen Schöffengerichte aus drei Mitgliedern der Strafkammer des Landgerichts und sechs Schöffen.

(Drucks. des Bundesrats, Sess. 1873 Nr. 168 S. 17.)

Wenn die Laien in ersprießlicher Weise an der Rechtsprechung teilnehmen sollten, müsse die Möglichkeit, daß sie von den Berufsrichtern überstimmt würden, ausgeschlossen werden. Die Berufsrichter seien den Schöffen an Kenntnissen, dialektischer Gewandtheit und an Erfahrung ohnedies überlegen; komme die numerische Überlegenheit hinzu, so werde der Einfluß der Schöffen auf ein so geringes Maß herabgesetzt, daß das Schöffengericht seine bisherige Volkstümlichkeit verlieren müsse. Auch werde sich bei den Schöffen selbst mit dem Gefühle der Ohnmacht ein Mangel an Berufsfreudigkeit einstellen, der auf ihre Tätigkeit nur einen ungünstigen Einfluß ausüben könne. Hierfür sprächen auch die Erfahrungen, die man früher in Württemberg [1]) gemacht habe. Befänden sich die Schöffen in der Minderzahl, so kämen sie bei der nach einfacher Mehrheit erfolgenden Entscheidung über prozessuale Fragen tatsächlich kaum in Betracht, und bei der Entscheidung über das Strafmaß, die für sie die Hauptsache bilde, seien sie ohne maßgebenden Einfluß. Andererseits sei nicht zu befürchten, daß etwa die gelehrten Richter in Rechtsfragen durch die Schöffen überstimmt werden möchten; die Erfahrung habe gelehrt, daß sich die Schöffen in solchen Fragen den Gründen des gelehrten Richters nicht verschlössen.

3. Was die Zusammensetzung der mittleren Schöffengerichte in der ersten Instanz anlangt, so wurde von einer größeren Anzahl von Mitgliedern eine Besetzung mit drei Richtern und vier Schöffen befürwortet; denn bei dieser mit dem Entwurfe von 1873 übereinstimmenden Besetzung komme der Grundsatz des Überwiegens der Laien zur Geltung, während andererseits eine ausreichende Vertretung des juristischen Elements gesichert und insbesondere die Schwierigkeiten, die sich bei einer geraden Zahl dieses Elements ergeben müßten, vermieden seien.

Von anderer Seite wurde geltend gemacht, daß eine so starke Besetzung der mittleren Schöffengerichte an sich vielleicht wünschenswert, praktisch aber undurchführbar sei, weil es voraussichtlich an der erforderlichen Zahl von Schöffen fehlen werde. Hierbei komme zunächst in Betracht, daß bei einer Besetzung des mittleren Gerichts mit vier Schöffen, in das der obersten Stufe jedenfalls nicht weniger als sechs Schöffen berufen werden könnten. Ferner müsse damit gerechnet werden, daß sich die Kommission für die Einführung der Berufung gegen die Urteile der mittleren und möglicherweise auch der großen Schöffengerichte ausspreche und daß dann die Einrichtung eines noch stärker besetzten Berufungsgerichts notwendig würde. Hiernach müsse man sich mit einer geringeren Besetzung der mittleren Schöffengerichte begnügen. Übrigens zeige die Erfahrung, daß die größere Zahl der Richter nicht immer eine Gewähr für eine bessere Rechtsprechung bilde, daß sie vielmehr geeignet sei, das Gefühl der Verantwortlichkeit bei dem Einzelnen abzuschwächen. Auch würde die Besetzung des mittleren Schöffengerichts mit sieben Mitgliedern nicht immer im richtigen Verhältnisse zu der Bedeutung der vor diesen Gerichten zu verhandelnden Sachen stehen. Hiernach müsse davon ausgegangen werden, daß mit einer stärkeren Besetzung des mittleren Schöffengerichts als mit fünf Mitgliedern nicht gerechnet werden könne.

---

[1]) Art. 15 der Strafprozeßordnung vom 17. April 1868 (Regierungsblatt für das Königreich Württemberg 1868 Nr. 18 S. 4b).

Was die Verteilung dieser fünf Mitglieder auf Berufsrichter und Schöffen anlangt, so wurde zu Gunsten des Vorschlags, das Gericht mit einem Richter und vier Schöffen zu besetzen, auf die Bestimmung des §. 49 der Militärstrafgerichtsordnung[1]) Bezug genommen und auf die Vorzüge des Einzelrichtertums hingewiesen, die neuerdings eine besondere Anerkennung in dem italienischen Entwurf eines Gerichtsverfassungsgesetzes[2]) gefunden hätten, welcher für die erste Instanz Einzelrichter vorsehe. Ein sorgfältig ausgewählter Richter werde die genügende Einsicht und das nötige Ansehen haben, um den Schöffen gegenüber die maßgeblichen rechtlichen Grundsätze zur Geltung zu bringen. Die Zahl der Sitzungen, in welchen diese Richter den Vorsitz zu führen hätten, werde allerdings, da die Absetzung der Urteile ihnen allein zufiele, erheblich beschränkt werden müssen. Dies werde aber keine Schwierigkeiten bereiten, da die Besetzung mit nur einem Richter einen Wechsel unter den vorhandenen Richterkräften leicht ermögliche.

Der Vorschlag fand in der Kommission keinen Anklang. Es wurde entgegengehalten: Die Bestimmung des §. 49 der Militärstrafgerichtsordnung dürfe wegen der anders gearteten Verhältnisse nicht zum Vergleiche benutzt werden. Es werde sehr schwer sein, Richter zu finden, die geeignet und bereit wären, die verantwortungsvolle Aufgabe zu übernehmen, bei der Beratung über die rechtlich oft schwierigen Fragen vier Schöffen richtig zu leiten. Man dürfe nicht verkennen, daß in Deutschland der einzelne Richter nicht die gleiche Autorität genieße, wie beispielsweise in England, und daß daher die Bevölkerung dem mit nur einem Richter und vier Schöffen besetzten Gerichte nicht das erforderliche Vertrauen entgegenbringen werde.

Der Antrag wurde darauf zurückgezogen.

Von den weiteren Vorschlägen ging der eine dahin, das Gericht mit drei Richtern und zwei Schöffen zu besetzen, während der andere zwei Richter und drei Schöffen vorsehen, jedoch für Entscheidungen des Gerichts außerhalb der Hauptverhandlung es bei der bisherigen Besetzung mit drei Berufsrichtern belassen wollte.

Für eine Besetzung mit drei Richtern und zwei Schöffen wurde geltend gemacht: Man sei hier gezwungen, von dem an sich richtigen Prinzipe des Überwiegens der Laien abzugehen, weil eine Besetzung des Gerichts mit nur zwei Richtern praktisch undurchführbar wäre. Wenn in der Beratung sich zwischen dem Vorsitzenden und dem richterlichen Beisitzer eine Verschiedenheit der rechtlichen Auffassung ergäbe, so würden die Schöffen im Zweifel bald der milderen, bald der vom Vorsitzenden oder auch der am energischsten vertretenen Ansicht sich anschließen, die Entscheidung werde also ganz vom Zufall abhängen. Auch der Beisitzer befinde sich in solchem Falle in einer schwierigen Lage gegenüber dem Vorsitzenden, zumal wenn dieser ihm an Jahren und an Erfahrung überlegen sei. Es ergebe sich daraus eine über das erwünschte Maß hinaus-

---

[1]) Der §. 49 lautet:

Die Kriegsgerichte bestehen aus fünf Richtern, und zwar aus einem Kriegsgerichtsrat und vier Offizieren.

[2]) Zu vergl. Art. 1 Abs. 2 des Entwurfs (Atti Parlamentari, Camera dei Deputati Legisl. XXI 2a Sess. 1902/1903 Nr. 294 S. 63).

gehende Steigerung der Macht des Vorsitzenden und eine fortgesetzte Gefährdung der richterlichen Kollegialität. Ferner werde der eine Beisitzer sämtliche Urteile absetzen müssen. Hierzu sei er jedoch selbst dann nicht im Stande, wenn die jetzt übliche Zahl der in einer Sitzung zu verhandelnden Sachen mit Rücksicht auf die Schöffen in Zukunft herabgesetzt werde; denn die Geschäftslast der Gerichte werde durch die anderweitige Regelung des Vorverfahrens wieder erheblich gesteigert werden. Lasse man aber, um dieses Bedenken zu beseitigen, den Beisitzer öfters wechseln, so werde die Gleichmäßigkeit der Rechtsprechung um so empfindlicher beeinträchtigt werden, als auch der Vorsitzende nicht in allen Sitzungen mitwirken könne und die Schöffen überhaupt nicht ständig teilnähmen. Einer Besetzung des Gerichts mit nur zwei Schöffen stünden aber auch wesentliche Bedenken nicht entgegen. Bei der Schuldfrage hätten sie es stets in der Hand, eine Verurteilung zu verhindern. Die Besorgnis, daß die Berufsrichter, wenn sie eine nach ihrer Ansicht ungerechtfertigte Freisprechung voraussähen, zu einer Vertagung der Verhandlung schreiten könnten, sei nicht begründet. Bei der Bemessung der Strafe würden allerdings die drei Richter formell den Ausschlag geben können; sie würden aber die Meinung der Schöffen, wenn diese für eine mildere Bestrafung einträten, um so weniger gering anschlagen, als die Schöffen sonst leicht zu unbegründeten Freisprechungen gedrängt werden könnten.

Von anderer Seite wurde die Bedeutsamkeit dieser Gründe keineswegs verkannt, jedoch das entscheidende Gewicht darauf gelegt, daß die Schöffen, wenn man eine ersprießliche Mitwirkung von ihnen erwarten solle, nicht in der Minderzahl gegenüber den Berufsrichtern sich befinden dürften. Es wurde berichtet, daß man früher in Württemberg mit einer Besetzung von drei Richtern und zwei Schöffen ungünstige Erfahrungen gemacht habe; die Schöffen hätten einen wirksamen Einfluß nicht zu gewinnen vermocht. Zwei Schöffen würden gegenüber drei Richtern sich immer zurückgesetzt fühlen, und auch in der Bevölkerung werde ihr Einfluß nur sehr gering angeschlagen werden. Bei der Ausmessung der Strafe hätten die drei Richter von vornherein die Mehrheit, und wenn auch bei der Schuldfrage die zwei Schöffen für sich allein im Stande wären, eine Freisprechung zu erzwingen, so sei diese ihre Macht doch mehr eine scheinbare, weil es in der Praxis den rechtsgelehrten Richtern fast immer gelingen werde, wenigstens einen der beiden Schöffen für sich zu gewinnen. Diese Erwägungen führten notwendig zu einer Besetzung des Gerichts mit zwei Richtern und drei Schöffen; wie man denn auch bei den Oberkriegsgerichten und bei manchen Verwaltungsbehörden zwei Juristen neben einer Mehrzahl von Laien tätig sein lasse, ohne daß sich praktische Schwierigkeiten daraus ergeben hätten. Es sei zwar zuzugeben, daß die Schöffen in eine schwierige Lage gerieten, wenn die Ansichten der beiden Richter in rechtlicher Beziehung auseinander gingen; allein damit müsse auch bei einer Besetzung mit drei Richtern und zwei Schöffen gerechnet werden. Bei der Absetzung der Urteilsgründe müsse und könne der Vorsitzende einigermaßen sich beteiligen; im übrigen sei durch häufigen Wechsel des Beisitzers zu helfen; jedenfalls könne diesen Schwierigkeiten eine ausschlaggebende Bedeutung nicht beigemessen werden. Dem Bedenken, daß der Einfluß des Vorsitzenden, wenn nur noch ein Richter mitsitze, zu groß werde, könne dadurch begegnet werden, daß man ältere und erfahrene Richter zu Beisitzern mache.

4. Was die Besetzung der mittleren Schöffengerichte als Berufungsgerichte anlangt, so war die Kommission zunächst überwiegend darin einig, daß eine Kombination von drei Richtern und vier Schöffen hier schon deshalb ausscheiden müsse, weil die vorhandene Zahl der Schöffen nicht ausreiche und ein derartiger Verbrauch von Richterkräften mit der Bedeutung der in Betracht kommenden Sachen nicht im Einklange stehe; auch würde die zweite Instanz dann mit mehr Richtern besetzt sein als die Revisionsinstanz.

Dagegen war von einer Seite beantragt, das Berufungsgericht für die Fälle, in welchen in erster Instanz der Amtsrichter allein entschieden habe, nur mit einem Richter und zwei Schöffen zu besetzen. Hierfür wurde ausgeführt, daß auch nach dem geltenden Rechte die Strafkammer als Berufungsgericht bei Übertretungen und in den Fällen der Privatklage nur mit drei Mitgliedern besetzt sei. Dem liege die zutreffende Erwägung zu Grunde, daß eine noch größere Zahl von Richtern nicht im richtigen Verhältnisse zu der Bedeutung dieser Sachen stehen würde. Es sei nicht angemessen, wenn von der Entscheidung eines Einzelrichters an die Entscheidung von fünf Richtern appelliert werden könne; vielmehr sei es ausreichend und im Interesse der möglichsten Ersparung von Schöffen geboten, über die Berufung gegen die Urteile des Amtsrichters einen Landrichter und zwei Schöffen entscheiden zu lassen.

Gegen den Antrag wurden von vielen Seiten Bedenken laut. Es wurde insbesondere folgendes hervorgehoben: Die vorgeschlagene Einrichtung der Berufungsinstanz sei geeignet, die Stellung und das Ansehen des Amtsrichters herabzudrücken und den Anschein hervorzurufen, als ob der Landrichter, der mit zwei Schöffen die Berufungskammer bilde, höher stehe als der Amtsrichter. Dadurch würden die älteren und erfahrenen Richter noch mehr als bisher den Amtsgerichten entzogen werden. Der Antrag bedeute eine Verschlechterung des bisherigen Rechtszustandes, da namentlich in den Übertretungssachen oft schwierige Rechtsfragen zu entscheiden wären und hierüber mehrere gelehrte Richter mit einigen Schöffen besser urteilten, als ein Richter und zwei Laien. Man könne auch keineswegs sagen, daß den Landrichtern durchschnittlich eine größere Erfahrung zur Seite stehe als den Amtsrichtern. Mit Rücksicht auf die Ausdehnung, welche die Zuständigkeit des Amtsrichters im abgekürzten Verfahren nach den Beschlüssen der Kommission demnächst erfahren solle,[1]) sei es dringend geboten, eine gründliche Nachprüfung dieser Sachen durch eine vollbesetzte zweite Instanz zu sichern. Im übrigen werde auch bei Annahme des Antrags an Schöffen kaum gespart werden, da die vom Amtsrichter allein entschiedenen Sachen bei den meisten Landgerichten nicht in besonderen Sitzungen, sondern mit anderen Berufungssachen zusammen verhandelt würden, die Schöffen also immer sämtlich zu der Sitzung sich einfinden müßten.

Der Antrag wurde hierauf zurückgezogen.

5. Hinsichtlich der großen Schöffengerichte bestand Einverständnis darüber, daß drei richterliche Mitglieder erforderlich und ausreichend seien. Dagegen waren die Meinungen über die Anzahl der Schöffen geteilt.

---

[1]) Zu vergl. S. 205 flg.

Von vielen Seiten wurde eine Besetzung der großen Schöffengerichte mit sechs Schöffen befürwortet. Eine hervorragende Beteiligung des Laienelements sei hier schon deshalb erwünscht, weil dieses eine größere Gewähr dafür biete, daß bei den schwersten Verbrechen der Indizienbeweis möglichst unbefangen gewürdigt werde, und daß die Vorbereitung der Hauptverhandlung auch in Zukunft mit der gleichen Sorgfalt und Genauigkeit erfolge wie in den jetzigen Schwurgerichtssachen. Vor allem aber dürfe unter die Zahl von sechs Schöffen nicht herabgegangen werden, wenn das künftige große Schöffengericht als ein vollwertiger Ersatz für das Schwurgericht in seiner jetzigen Form angesehen werden solle.

Hiergegen wurde geltend gemacht, ein so erhebliches Übergewicht der Laienrichter sei mißlich, weil diese nicht nur bei der Strafzumessung für sich allein entscheidend, sondern auch in der Lage wären, gegen die Stimmen der drei Richter eine Verurteilung auszusprechen; hierin liege namentlich in politisch bewegten Zeiten eine gewisse Gefahr. Eine Besetzung mit nur vier Schöffen lasse diese Bedenken nicht in gleichem Maße aufkommen. Sie habe zudem den Vorzug, daß sie eine bessere Auswahl der zum Schöffenamte zu berufenden Personen ermögliche. Endlich aber werde für eine Besetzung mit sechs Schöffen die genügende Zahl von geeigneten Schöffen nicht vorhanden sein, namentlich wenn noch die Berufung gegen die Urteile der großen Schöffengerichte eingeführt werden sollte.

Ein Teil derjenigen Mitglieder, welche sich für sechs Schöffen ausgesprochen hatten, vermochte dem letztgedachten Argument eine gewisse Berechtigung nicht abzusprechen und erklärte, lediglich mit Rücksicht auf die voraussichtliche Undurchführbarkeit der Besetzung mit sechs Schöffen für eine solche mit vier Schöffen stimmen zu wollen. Ein anderer Teil derselben vertrat jedoch die Meinung, daß es auch bei einer Besetzung mit sechs Schöffen unschwer gelingen werde, die erforderliche Zahl geeigneter Personen zu finden. Nicht nur die Zahl der Bevölkerung, sondern auch die allgemeine Bildung und die Urteilsfähigkeit der unteren Kreise des Volkes nehme ständig zu, und es bestehe kein Bedenken, bei der Auswahl der Schöffen mehr als bisher auf diese Kreise zurückzugreifen.

Zu einer Abstimmung über die Frage der Besetzung der mittleren und der großen Schöffengerichte kam es noch nicht, doch wurde die Debatte darüber geschlossen.

46. Sitzung.

15. April 1904.

Bildung der Schöffengerichte. Verbesserung der Schwurgerichte. Sachliche Zuständigkeit.

Vor Eintritt in die Tagesordnung wurde beschlossen, in einer der nächsten Tagungen darüber zu beraten, wie die Behandlung der Fragen in der demnächst vorzunehmenden zweiten Lesung am zweckmäßigsten zu gestalten sei. Mit der Ausarbeitung von Vorschlägen hierüber wurde eine aus dem Vorsitzenden und zwei Mitgliedern bestehende Unterkommission beauftragt.

I. Es fand alsdann die Abstimmung über die gestern erörterte Frage der Besetzung der mittleren und der großen Schöffengerichte statt.

1. Die Kommission sprach sich mit 17 gegen 3 Stimmen dafür aus, daß bei den am Landgerichte neu zu bildenden Schöffengerichten die Zahl der an der Hauptverhandlung teilnehmenden Schöffen unter allen Umständen die Zahl der Berufsrichter übersteigen solle.

2. Sie beschloß mit 13 gegen 7 Stimmen, daß die mittleren Schöffengerichte mit zwei Richtern und drei Schöffen zu besetzen seien.

3. Sie erklärte sich einstimmig dafür, daß die mittleren Schöffengerichte als Gerichte erster Instanz und als Berufungsgerichte gleichförmig zu gestalten seien.

4. Sie beschloß endlich mit 11 gegen 9 Stimmen, daß die großen Schöffengerichte mit drei Richtern und vier Schöffen zu besetzen seien.

II. Ein Antrag,

> die gemischten Gerichte bei den Amtsgerichten Schöffengerichte, die an Stelle der Strafkammern einzuführenden gemischten Gerichte Strafkammern und die an Stelle der Schwurgerichte einzuführenden gemischten Gerichte Schwurgerichte zu benennen,

wurde, ohne daß eine Debatte stattgefunden hatte, zurückgezogen.

III. Die Kommission ging zu der Frage über, in welcher Weise die mittleren und die großen Schöffengerichte zu bilden seien.

A. Zunächst wurde folgender Antrag einstimmig angenommen:

> Jeder Schöffe wird an die bei dem Landgerichte gebildeten Schöffengerichte (nicht an das mittlere oder an das große Schöffengericht) berufen.

Der Antrag war dahin erläutert worden, daß die Schöffen für beide Gerichte aus einer gemeinsamen Liste gewählt werden sollen.

B. Sodann wurde die Frage erörtert, für welche Dauer die landgerichtlichen Schöffen zu berufen seien.

Hierzu lagen die Anträge vor:

1. Die Wahl der Schöffen, welche in die bei den Landgerichten gebildeten Schöffengerichte berufen werden, erfolgt auf die Dauer von drei Jahren.
2. Die Wahl der Schöffen geschieht alljährlich.

Damit wurde die Beratung der Frage verbunden, unter welchen Umständen eine zum Schöffenamte berufene Person wegen ihrer Heranziehung in früheren Wahlperioden die Berufung ablehnen könne.[1] In dieser Beziehung war beantragt:

3. Personen, welche in einem der letzten beiden Jahre an wenigstens acht Sitzungstagen die Verpflichtung eines Schöffen erfüllt haben, dürfen die Berufung zum Amte eines Schöffen ablehnen.
4. Personen, welche in den letzten beiden Geschäftsjahren zusammen an wenigstens zehn Sitzungstagen die Verpflichtung eines Schöffen erfüllt haben, dürfen die Berufung zum Amte eines Schöffen ablehnen.

Für den Antrag 1 wurde geltend gemacht:

Im Interesse der Rechtspflege sei es wünschenswert, daß die Schöffen bei den Landgerichten eine ständigere Tätigkeit ausübten als bei den Amtsgerichten. Sowohl das Ansehen der Gerichte höherer Ordnung als auch die größere Schwierigkeit der bei ihnen zu verhandelnden Sachen erfordere die Verwendung eines geschulten Laienmaterials. Die Erfahrung bei den Kammern für Handelssachen und bei den Gewerbegerichten zeige, daß bei einer ständigeren Heranziehung der Laien nicht nur ihr Interesse, ihre Übung und die Fähigkeit, das Strafmaß mit den Umständen des Falles in Einklang zu bringen, wachse, sondern daß sie sich der Beschäftigung auch mit mehr Lust und Eifer widmeten, eine unabhängigere Stellung den Berufsrichtern gegenüber erlangten und auch ihrerseits zur Erreichung der Ständigkeit in der Rechtsprechung beitrügen. Die Abneigung gegen den Geschworenendienst beruhe zum nicht geringen Teile darauf, daß die gegenwärtige Einrichtung der Schwurgerichte bei den Geschworenen ein Interesse an ihrer richterlichen Tätigkeit nicht aufkommen lasse. Eine ständigere Heranziehung der Schöffen werde bei ihnen das Bewußtsein hervorrufen, daß sie wirkliche Mitglieder des Gerichts seien, und werde dazu beitragen, daß der Schöffendienst, insbesondere von den höheren und gebildeteren Ständen, nicht als Belästigung, sondern als Ehre empfunden werde. Daß in den Landgerichtsbezirken eine genügende Zahl von Schöffen zu finden sei, deren wirtschaftliche Stellung die ständigere Ausübung des Amtes ermögliche, sei nicht zu bezweifeln. Im übrigen empfehle sich der Antrag auch aus praktischen Gründen, da die Aufstellung der Listen alsdann nur alle drei Jahre zu erfolgen brauche.

---

[1] Nach dem geltenden Rechte (G.V.G. § 35 Nr. 2) dürfen die Berufung zum Amte eines Schöffen ablehnen:

> Personen, welche im letzten Geschäftsjahre die Verpflichtung eines Geschworenen oder an wenigstens fünf Sitzungstagen die Verpflichtung eines Schöffen erfüllt haben.

Von den Gegnern wurde anerkannt, daß eine größere Ständigkeit der Schöffengerichte an sich wünschenswert sei; dieses Ziel lasse sich aber nur durch eine Beschränkung des Ablehnungsrechts erreichen, wie sie die Anträge 3 und 4 im Auge hätten. Dem Antrag 1 stehe das grundsätzliche Bedenken entgegen, daß er das System der Schöffenwahl, wie es für die Amtsgerichte gelte, durchbreche. Eine Sichtung des Materials der Schöffen nach ihrer Qualifikation für die Landgerichte könne vielleicht durch Verwaltungsmaßregeln erreicht werden, dagegen müsse man vermeiden, grundsätzlich zwei Klassen von Schöffen zu schaffen. In der Berufung zum Schöffendienst am Amtsgerichte würde alsdann eine Zurücksetzung gesehen und der landgerichtliche Schöffe als eine höhere Stufe betrachtet werden. Namentlich aber sei es bedenklich, die Schöffen, deren Qualifikation besonders in den größeren Bezirken sich im voraus nicht genügend beurteilen lasse, für einen so langen Zeitraum einzuberufen. Überdies sei es wegen der starken Veränderung der Bevölkerung durch Umzug, Krankheit und Tod, zumal in großen Städten, unausführbar, für den Zeitraum von drei Jahren eine Liste aufzustellen, die während dieser Dauer praktische Geltung behielte. Ferner werde das zur Verfügung stehende Schöffenmaterial erheblich beschränkt, da diejenigen Personen nicht herangezogen werden könnten, die im Laufe der Wahlperiode die untere oder obere Altersgrenze erreichten oder in den Bezirk des Landgerichts zögen. Vor allem würde aber der Vorschlag gar nicht die günstigen Wirkungen haben, die sich der Antragsteller davon verspreche. Die Vergleichung mit den Handels- und Gewerbegerichten treffe nicht zu. Bei diesen Gerichten beruhe die größere Bedeutung der Laienmitglieder auf den Sachkenntnissen, zum Teil auch auf der gesellschaftlichen Stellung der Laien. Die Heranziehung zur Teilnahme an der Rechtsprechung der bezeichneten Gerichte sei bei den Laien beliebt, weil sie durch die Mitwirkung an der Klärung der ihren Beruf angehenden Fragen zugleich ihr eigenes Interesse mitverfolgten und weil sie dadurch im Ansehen ihrer Berufsgenossen stiegen. Die Schöffen hätten dagegen an der Strafrechtspflege ein zwar oft reges, aber immerhin nur abstraktes Interesse. Es müsse gewärtigt werden, daß eine ständigere Heranziehung zum Schöffendienst, insbesondere von Gebildeten, als Last empfunden und die Volkstümlichkeit des Gerichts beeinträchtigen werde. Von einigen Mitgliedern wurde auch die Ansicht vertreten, es sei nicht einmal wünschenswert, daß die Schöffen sich eine größere Gewandtheit aneignen, da doch gerade die Mitwirkung unbefangener Laien der Zweck der gemischten Gerichte sei.

Den gegen den Antrag geltend gemachten Bedenken wurde entgegengehalten, daß die Bewegung der Bevölkerung für die vorliegende Frage von geringer Bedeutung sei, da die Schöffen aus der seßhaften Bevölkerung im günstigsten Lebensalter gewählt würden, und daß die Aufnahme ungeeigneter Elemente in die Liste durch eine sorgfältigere Prüfung bei Aufstellung der Liste vermieden werden könne.

Die Abstimmung ergab die Ablehnung des Antrags 1 mit 14 gegen 6 Stimmen. Der Vorsitzende stellte, ohne Widerspruch zu finden, fest, daß hiermit der Antrag 2 angenommen sei und zugleich der in einem besonderen Antrage formulierte Grundsatz:

Die großen Schöffengerichte treten nicht periodisch zusammen, sondern sind bei den Landgerichten ständig zu bilden.

Nachdem der Antrag 3 zurückgezogen war, wurde der Antrag 4 einstimmig angenommen.

C. Die Kommission schritt nunmehr zu der Frage der Auswahl der Schöffen für die Landgerichte.

Dazu waren folgende Anträge gestellt:

1. In jedem dritten Jahre werden in das nach §. 36 des G.V.G. aufzustellende Verzeichnis außer denjenigen Personen, welche als zur Übernahme des Schöffenamtes bei dem kleinen Schöffengerichte geeignet bezeichnet werden, auch diejenigen aufgenommen, welche zur Ausübung des Schöffenamtes an die mittleren und großen Schöffengerichte berufen werden können. Das Verzeichnis ist dem Präsidenten des Landgerichts zu übersenden. Das Landgericht erwählt sodann in einer Sitzung, an welcher fünf Mitglieder teilnehmen, aus der Liste die in die bei den Landgerichten gebildeten Schöffengerichte zu berufenden Schöffen. Erst, nachdem diese Wahl vollzogen ist, erwählt der bei dem Amtsgerichte zusammengetretene Ausschuß aus den in dem Verzeichnis aufgeführten, nicht durch das Landgericht an das mittlere und große Schöffengericht berufenen Personen die Schöffen für das kleine Schöffengericht.

   In den Jahren, in denen nur Schöffen für das kleine Schöffengericht zu wählen sind, dürfen in das Verzeichnis diejenigen Personen, welche für das betreffende Jahr in das mittlere und das große Schöffengericht berufen sind, nicht aufgenommen werden.

   In den bei den Landgerichten gebildeten Schöffengerichten soll jeder Schöffe während seiner Amtsdauer in jedem Jahre während dreier Monate, welche nicht auf einander zu folgen brauchen, allwöchentlich zu einem ordentlichen Sitzungstage hinzugezogen werden.

2. Zu Landgerichtsschöffen sollen nur solche Personen gewählt werden, welche an mindestens fünf Sitzungen eines Schöffengerichts am Amtsgericht als Schöffen teilgenommen haben.

3. Die Zahl der für jedes Landgericht erforderlichen Haupt- und Hilfsschöffen, sowie die Verteilung dieser Zahl auf die einzelnen Amtsgerichtsbezirke wird durch die Landesjustizverwaltung bestimmt.

   Die Bestimmung der Zahl der Hauptschöffen erfolgt in der Art, daß voraussichtlich Jeder höchstens zu zehn ordentlichen Sitzungstagen im Jahre herangezogen wird.

   Der bei dem Amtsgerichte zusammentretende Ausschuß (§. 40 des G.V.G.) wählt zunächst aus der Urliste diejenigen Personen im dreifachen Betrage der für den Amtsgerichtsbezirk festgesetzten Zahl aus, welche er zu Landgerichtsschöffen für das nächste Geschäftsjahr vorschlägt.

   Aus der hiernach gebildeten Vorschlagsliste wählt sodann das Landgericht in einer Sitzung, an welcher fünf Mitglieder mit Einschluß des Präsidenten und der Direktoren teilnehmen, die für die landgerichtlichen Schöffengerichte bestimmte Zahl von Haupt- und Hilfsschöffen und verteilt dieselben auf die großen und mittleren Schöffengerichte.

Die Reihenfolge, in der die Hauptschöffen an den einzelnen ordentlichen Sitzungen der landgerichtlichen Schöffengerichte teilnehmen, wird demnächst durch Auslosung in öffentlicher Sitzung der richterlichen Mitglieder jedes Schöffengerichts bestimmt. Das Los zieht der Vorsitzende.

Im übrigen finden die in den §§. 31 flg. des G.V.G. bezüglich der Besetzung der Schöffengerichte gegebenen Bestimmungen auf die Zusammensetzung der landgerichtlichen Schöffengerichte mit der Maßgabe entsprechende Anwendung, daß die Funktionen des Amtsrichters in den Fällen der §§. 47, 48, 54 des G.V.G. durch den Vorsitzenden, in den Fällen der §§. 52, 53 des G.V.G. durch die richterlichen Mitglieder der Schöffengerichte wahrzunehmen sind.

Der Antrag 1 wurde vor Beginn der Beratung zurückgezogen, weil er auf dem von der Kommission bereits abgelehnten Gedanken beruht, daß die Wahl der Schöffen auf die Dauer von drei Jahren erfolgen solle.

Zur Begründung des Antrags 2 wurde geltend gemacht: Es empfehle sich, durch eine instruktionelle Vorschrift darauf hinzuwirken, daß für die schwierigere Entscheidung der landgerichtlichen Sachen nur Schöffen berufen würden, die sich als solche schon bewährt hätten. Dem Vorschlage wurde entgegengehalten, daß die Kommission es bereits für nicht angängig erachtet habe, zwei Klassen von Schöffen zu bilden. Es sei auch nicht ersichtlich, in welcher Weise das für die Wahl der landgerichtlichen Schöffen zu berufende Organ feststellen solle, ob ein Schöffe sich bei dem Amtsgerichte bewährt habe. Ferner beschränke der Vorschlag das zur Verfügung stehende Schöffenmaterial.

Der Antrag 2 wurde darauf gleichfalls zurückgezogen.

Der Antrag 3 wurde dahin erläutert, daß die Vorschläge, soweit sie die Auswahl der Schöffen betreffen, den Bestimmungen des Gerichtsverfassungsgesetzes über die Auswahl der Geschworenen (§§. 87 bis 89) entnommen seien und sich im übrigen möglichst an die für die jetzigen Schöffengerichte geltenden Grundsätze mit der Maßgabe anschließen, daß die in der 42. Sitzung unter II (S. 376 flg.) zum §. 43 Abs. 2 des Gerichtsverfassungsgesetzes für die amtsgerichtlichen Schöffen beschlossene Erhöhung der ordentlichen Sitzungstage auf die landgerichtlichen Schöffen gleichfalls Anwendung finden solle.

Die Vorschläge fanden keinen grundsätzlichen Widerspruch. Bedenken wurden nur von einer Seite dagegen geltend gemacht, daß an der Wahl der Schöffen aus der Vorschlagsliste die Direktoren des Landgerichts unbedingt teilnehmen sollen; da den Vorsitzenden der Zivilkammern häufig die nötigen Personalkenntnisse abgingen, empfehle es sich, die Bestimmung der bei der Auswahl der Schöffen mitwirkenden Mitglieder des Landgerichts einschließlich der Direktoren lediglich dem Ermessen des Präsidenten zu überlassen. Die Anregung wurde jedoch nicht weiter verfolgt, nachdem darauf hingewiesen war, daß der Vorschlag dem §. 89 Abs. 2 Satz 1 des Gerichtsverfassungsgesetzes[1]) entspreche und daß kein Anlaß vorliege, von dieser Vorschrift abzuweichen.

Der Antrag 3 wurde darauf einstimmig angenommen.

D. Endlich gelangte folgender Antrag zur einstimmigen Annahme:

Mit Bezug auf den §. 50 des G.V.G.[2]) ist vorzuschreiben, daß ein landgerichtlicher Schöffe, falls sich durch eine mehr als eintägige Dauer einer Sitzung seine Heranziehung zu mehr als zehn Sitzungstagen im Jahre ergibt, auf seinen Antrag durch das Gericht von der darüber hinausgehenden späteren Dienstleistung zu entbinden ist. Eine fortgesetzte Verhandlung (§. 228 der Str.Pr.O.) soll hierbei nicht in Betracht kommen, jeder Schöffe, auch der amtsgerichtliche, zur Wahrnehmung einer solchen vielmehr ohne weiteres verpflichtet sein.

Zur Begründung war ausgeführt worden: Da es bei landgerichtlichen Strafsachen häufiger vorkomme, daß die Verhandlung mehrere Tage in Anspruch nehme, erfordere es die Billigkeit, daß den an einer solchen Verhandlung beteiligten Schöffen die ihnen hieraus erwachsende Mehrbelastung auf Antrag bei den weiteren Dienstleistungen entsprechend angerechnet werde. Andererseits müsse die Verpflichtung der Schöffen zur Wahrnehmung einer fortgesetzten Verhandlung außer Zweifel gestellt werden; diese in der Literatur streitige Frage gewinne bei allgemeiner Einführung der Schöffengerichte an Bedeutung und sei aus praktischen Gründen im Sinne des Antrags zu entscheiden, um die Möglichkeit einer Unterbrechung der Verhandlung von der Bereitwilligkeit der Schöffen unabhängig zu machen.

IV. Sodann wurden die unter S V des Fragebogens aufgestellten Fragen beraten:

Bedürfen für den Fall der Beibehaltung der Schwurgerichte die Vorschriften über deren Zusammensetzung und über die Bildung der Geschworenenbank einer Änderung?

Soll namentlich

1. die Zahl der Geschworenen herabgesetzt,
2. das Ablehnungsrecht der Parteien eingeschränkt werden?

(G.V.G. §§. 81 bis 99, Str.Pr.O. §§. 277 bis 289.)

A. Die Frage 1 wurde im Einklange mit zwei dahin lautenden Anträgen auf Grund folgender Erwägungen einstimmig verneint: Die gegenwärtige Zahl der Geschworenen habe in Deutschland von jeher allgemein gegolten und werde vom Volke als unzertrennlich von der Einrichtung des Schwurgerichts angesehen. Schon aus diesen Gründen könne eine Herabsetzung der Zahl, wie sie der im Jahre 1885 dem Reichstage vorgelegte, dort aber

---

[1]) In der Literatur wird die bezeichnete Vorschrift zum Teil (zu vergl. die Kommentare von Löwe, 11. Aufl., Note 4 zu §. 89 des G.V.G., Stenglein, 3. Aufl., Note 1 a. a. O.) dahin aufgefaßt, daß die Direktoren an der dort vorgesehenen Sitzung des Landgerichts nicht kraft Gesetzes teilnehmen.

[2]) Der §. 50 des G.V.G. bestimmt:

Erstreckt sich die Dauer einer Sitzung über die Zeit hinaus, für welche der Schöffe zunächst einberufen ist, so hat er bis zur Beendigung der Sitzung seine Amtstätigkeit fortzusetzen.

nicht zur Beratung gelangte Gesetzentwurf[1]) vorgeschlagen habe, nicht empfohlen werden. Überdies wäre eine solche Herabsetzung nur durchführbar, wenn gleichzeitig das Erfordernis der Einstimmigkeit für die Bejahung der Schuldfrage aufgestellt würde; das sei aber höchst bedenklich, weil erfahrungsgemäß manche Geschworene sich unter keinen Umständen zu einem Schuldspruche bewegen ließen und daher das Erfordernis der Einstimmigkeit die Gefahr sachwidriger Freisprechungen erheblich vermehre. Es wurde noch darauf hingewiesen, daß dieses Erfordernis in England zu lebhaften Klagen Anlaß gegeben, daß aber trotzdem in neuerer Zeit die überwiegende Mehrzahl der obersten Richter Englands sich gegen eine Änderung der Zahl ausgesprochen habe.

B. Zur Frage 2 lagen die Anträge vor:

1. Eine Einschränkung des Ablehnungsrechts der Parteien ist dadurch herbeizuführen, daß für die Spruchliste nur vierundzwanzig Hauptgeschworene auszulosen sind und zur Bildung der Geschworenenbank schon dann geschritten werden kann, wenn achtzehn nicht ausgeschiedene Geschworene anwesend sind.[2])
2. Das Ablehnungsrecht der Parteien soll nicht eingeschränkt werden.

Gegen den Antrag 1 wurde geltend gemacht, daß hierdurch sowohl den Angeklagten, namentlich bei einer gemeinsamen Verhandlung gegen mehrere Angeklagte (Str.Pr.O. §. 284), als auch der Staatsanwaltschaft die Möglichkeit der Ausschließung befangener Personen von der Mitwirkung als Geschworene zu sehr beschränkt werde.

Im übrigen war die Kommission der Ansicht, daß das peremtorische Ablehnungsrecht untrennbar mit dem Schwurgerichte zusammenhänge, da es eine notwendige Remedur gegen das in der Auslosung der Geschworenen liegende Spiel des Zufalls darstelle, und daß eine Beseitigung dieses Rechtes auch deshalb untunlich sei, weil durch die Begründung der Ablehnungen ein Moment der Gehässigkeit in die Verhandlung getragen werde.

Nachdem der Antrag 1 zurückgezogen war, wurde der Antrag 2 einstimmig angenommen.

C. Außerdem waren noch folgende Anträge gestellt:

1. Die Bildung der Geschworenenbank erfolgt vor der Hauptverhandlung.
2. Das Gericht kann, wenn in derselben Sitzungsperiode mehrere Hauptverhandlungen anstehen, anordnen, daß bei Beginn der Sitzungsperiode die Bildung der Geschworenenbank für alle Hauptverhandlungen oder für einen Teil derselben — für jeden Fall in Gegenwart der Staatsanwaltschaft und des beteiligten Angeklagten gesondert — erfolgt.
3. Die Spruchliste der Geschworenen ist vor dem Tage, an welchem die Bildung der Geschworenenliste erfolgen soll, dem nicht auf freiem Fuße befindlichen Angeklagten zuzustellen, bezw. für den auf freiem Fuße befindlichen Angeklagten auf der Gerichtsschreiberei niederzulegen.

---

[1]) Zu vergl. Reichstagsdrucks. 1884/85 Nr. 399.

[2]) Nach §. 91 des G.V.G. sind für die Spruchliste dreißig Hauptgeschworene auszulosen. Zur Bildung der Geschworenenbank kann nach §. 280 der Str.Pr.O. geschritten werden, wenn die Zahl der erschienenen und nicht gemäß §. 279 der Str.Pr.O. ausgeschiedenen Geschworenen mindestens vierundzwanzig beträgt.

Diese Anträge wurden, ohne daß eine Debatte stattgefunden hatte, zurückgezogen.

Das Mitglied der Kommission, welches sich in der 44. Sitzung für die Beibehaltung des Schwurgerichts ausgesprochen hatte, erklärte, daß seiner Ansicht nach zwar die Schwurgerichte in manchen Punkten verbesserungsfähig seien, daß es sich aber mit Rücksicht auf die ablehnende Stellung, welche die Mehrheit gegenüber dieser Frage einnehme, bestimmter Anträge enthalte. Der Vorsitzende stellte darauf fest, daß im übrigen die anwesenden Mitglieder der Kommission für den Fall der Beibehaltung der Schwurgerichte eine Änderung der Vorschriften über deren Zusammensetzung und über die Bildung der Geschworenenbank nicht für angezeigt erachten.

Hiermit war die Beratung der Fragen zu S des Fragebogens erledigt.

V. Die Regelung der sachlichen Zuständigkeit der Gerichte im Gerichtsverfassungsgesetze beruht auf der Dreiteilung der strafbaren Handlungen im materiellen Strafrechte. Indessen ist die Dreiteilung der sachlichen Zuständigkeit nicht streng durchgeführt, vielmehr sind zahlreiche Vergehen den Schöffengerichten und manche Verbrechen den Strafkammern zugewiesen worden. Die Novelle von 1895[1]) sah mit Rücksicht auf das praktische Bedürfnis eine Erweiterung der gesetzlichen Zuständigkeit der Schöffengerichte und der Überweisungsfähigkeit vor und wollte gleichzeitig eine Anzahl von Verbrechen, bei welchen erfahrungsmäßig rechtliche Schwierigkeiten vorwalten, von den Schwurgerichten auf die Strafkammern übertragen. In ersterer Beziehung fanden die Vorschläge die Zustimmung der XI. Kommission des Reichstags, nicht dagegen in der letzgedachten Hinsicht.[2])

Im Anschluß an diese Vorgänge sind der Kommission die Fragen vorgelegt worden:

1. Lassen sich im Falle der Beibehaltung der bisherigen Gerichte Bedenken erheben gegen die Regelung der Zuständigkeit nach Maßgabe des Gesetzentwurfs von 1895?
2. Inwieweit erscheint bejahenden Falles eine Änderung der damals in Aussicht genommenen Vorschriften angezeigt:
   a) hinsichtlich der kraft Gesetzes zur Zuständigkeit der Schöffengerichte gehörenden Straftaten?
   b) hinsichtlich der Straftaten, welche den Schöffengerichten überwiesen werden können?
   c) hinsichtlich der zur Zuständigkeit der Strafkammern gehörenden Verbrechen?

(G.V.G. §§. 27 bis 29, 73 bis 75, 80; Einführungsgesetz zum G.V.G. §. 6.)

Es fand zunächst eine Generaldebatte über diese Fragen statt.

1. Hinsichtlich der Abgrenzung der Zuständigkeit zwischen Strafkammern und Schöffengerichten war die Kommission einhellig der Meinung, daß ein erheblicher Teil der jetzigen Strafkammersachen an die Schöffengerichte gebracht werden solle. Der Entwurf von 1895 habe hierin im wesentlichen das Richtige getroffen, es könne jedoch über die damaligen Vorschläge unbedenklich noch hin-

---

[1]) Reichstagsdrucks. 1895/96 Nr. 73.

[2]) Zu vergl. S. 8, 19, 88 bis 93 des Berichts der XI. Kommission (Reichstagsdrucks. 1895/96 Nr. 294).

ausgegangen werden. Die Schöffengerichte hätten das in sie gesetzte Vertrauen gerechtfertigt und könnten mit weiteren Aufgaben betraut werden. Andererseits bedürften die Strafkammern und weit mehr noch das Reichsgericht einer Entlastung. Man werde daher den Schöffengerichten in weitem Umfange die besonders häufig vorkommenden, in der Regel leichter zu beurteilenden und geringer zu bestrafenden Delikte zuweisen müssen. Die Verhandlung dieser Sachen werde dadurch weniger kostspielig werden und sie gewönnen, ohne der Revisionsinstanz verlustig zu gehen, von selbst die Berufung. Es falle zwar mit der reichsgerichtlichen Revisionsinstanz auch eine sichere Gewähr dafür fort, daß sich in diesen Sachen die Rechtsprechung nach einheitlichen Grundsätzen gestalte. Allein dies habe weniger zu bedeuten, weil schwerwiegende Rechtsfragen in der Regel nicht zu entscheiden seien, auch könne Sorge getragen werden, daß wenigstens einzelne Delikte ähnlicher Art der Zuständigkeit der Strafkammern und somit dem Reichsgerichte verblieben. Dagegen werde im Auge zu behalten sein, daß mit der Erweiterung der gesetzlichen Zuständigkeit der Schöffengerichte für die betreffenden Sachen die Möglichkeit einer Voruntersuchung fortfalle; daß auch nicht überall die Amtsanwälte für die Bearbeitung rechtlich schwieriger oder tatsächlich verwickelter Fälle die geeignete Vorbildung besäßen; und daß endlich die Vorsitzenden der Schöffengerichte in der Lage bleiben müßten, die Verhandlungen sachgemäß zu leiten und sämtliche Urteile schriftlich abzusetzen.

Auf Grund dieser Erwägungen wurde es von vielen Seiten für zweckmäßig erachtet, vor allem die Überweisungsfähigkeit auf eine größere Anzahl jetzt zur Zuständigkeit der Strafkammern gehörender Delikte auszudehnen. Dieses Mittel werde mehr noch als die Erweiterung der gesetzlichen Zuständigkeit, für welche nicht viele Delikte in Betracht kämen, zu einer Entlastung der Strafkammern führen und es wahre der Staatsanwaltschaft die Möglichkeit, in einzelnen besonders schwierigen Fällen eine Voruntersuchung führen zu lassen oder doch wenigstens die Instruktion selbst zu übernehmen und schließlich die Anklage an die Strafkammer zu bringen.

2. Hinsichtlich der Abgrenzung der Zuständigkeit zwischen Schwurgerichten und Strafkammern gingen die Ansichten in der Kommission auseinander. Ein Teil der Mitglieder hielt auch hier die Vorschläge des Entwurfs von 1895 für angemessen, weil sie auf dem richtigen Gedanken beruhten, diejenigen Sachen, welche erfahrungsmäßig besondere rechtliche Schwierigkeiten zu bieten pflegten, den Schwurgerichten zu entziehen und auf die Strafkammern zu übertragen. Vereinzelt wurde empfohlen, die Zuständigkeit der Strafkammern noch über jene Vorschläge hinaus auszudehnen, etwa auf alle Verbrechen, welche mit Zuchthaus bis zu zehn Jahren bedroht sind. Von anderer Seite dagegen wurde geltend gemacht, es sei nicht ratsam, die Schwurgerichte durch Entziehung des erheblicheren Teiles ihrer Geschäfte lebensunfähig zu machen. Auch müsse man befürchten, daß in denjenigen Sachen, die man den Schwurgerichten nehme und den Strafkammern zuweise, die Untersuchung nicht mehr so genau geführt und die Erhebung der Anklage nicht mehr so vorsichtig erwogen werden möchte, wie dies jetzt der Fall sei.

Eine Abstimmung fand nicht statt.

47. Sitzung.

16. April 1904.

Sachliche Zuständigkeit der Gerichte. Schöffengerichte.

I. Die Kommission schritt zur Beratung der Frage, wie im Falle der Beibehaltung der bisherigen Gerichte die sachliche Zuständigkeit derselben im einzelnen abzugrenzen sei, und erörterte zunächst die Vorschriften, welche der Entwurf von 1895 behufs einer Erweiterung der Schöffengerichte in Aussicht genommen hatte. Es war damals vorgeschlagen worden, die Zuständigkeit der Schöffengerichte auszudehnen auf die Vergehen des Hausfriedensbruchs im Falle des §. 123 Abs. 3 des St.G.B., der Körperverletzung in den Fällen der nur auf Antrag eintretenden Verfolgung, der Bedrohung mit der Begehung eines Verbrechens im Falle des §. 241 des St.G.B., des strafbaren Eigennutzes in den Fällen des §. 286 Abs. 2 und der §§. 290, 291 und 298 des St.G.B., ferner die Wert- und Schadensgrenze bei den Vergehen des Diebstahls, der Unterschlagung, des Betrugs und der Sachbeschädigung von fünfundzwanzig Mark auf einhundert Mark zu erhöhen. Diese Vorschläge fanden die ungeteilte Zustimmung der Kommission. Nur bei dem Vergehen des §. 291 sprachen sich 2 Mitglieder gegen die gesetzliche Zuständigkeit der Schöffengerichte und für die Einführung der Überweisungsfähigkeit aus, weil hier unter Umständen militärische Interessen in Frage stünden, auch zuweilen mit der entwendeten Munition in der Nähe größerer Schießplätze ein förmlicher Handel getrieben werde und es deshalb zweckmäßig sei, sich die Möglichkeit einer Voruntersuchung zu erhalten. Die überwiegende Mehrheit hielt jedoch diese Bedenken nicht für durchschlagend, da es sich auch hier in der Regel um unbedeutende Vergehen und einfache Tatbestände handle. Eine Erhöhung der Wert- und Schadensgrenze bei Diebstahl rc. auf dreihundert Mark, die von einem Mitglied angeregt wurde, erschien der Kommission als zu weitgehend, da namentlich bei dem Vergehen des Betrugs mit der Größe des Schadens auch die Schwierigkeit der Beurteilung zu wachsen pflege.

II. Eine noch über die Vorschläge des Entwurfs von 1895 hinausgehende Erweiterung der gesetzlichen Zuständigkeit der Schöffengerichte bezweckte

1. der Antrag,

   Die im §. 27 Nr. 2 des G.V.G. vorgesehene Strafgrenze von drei Monaten Gefängnis und sechshundert Mark Geldstrafe auf sechs Monate Gefängnis und eintausend fünfhundert Mark Geldstrafe zu erhöhen, jedoch mit Vorbehalt der zum §. 74 des G.V.G. besonders zu bezeichnenden Fälle einer mit Ausschluß des Schöffengerichts begründeten Zuständigkeit der Strafkammer.

Der Antragsteller hatte die hierfür in Betracht kommenden Bestimmungen des Strafgesetzbuchs und der strafrechtlichen Nebengesetze in einer Anmerkung [1]) zusammengestellt und dabei in Klammern diejenigen Vergehen bezeichnet, welche er der ausschließlichen Zuständigkeit der Strafkammer vorbehalten wissen wollte.

Zur Begründung des Antrags wurde ausgeführt: Die bisher beschlossene Erweiterung der gesetzlichen Zuständigkeit der Schöffengerichte reiche nicht aus, um eine wirksame Entlastung der Strafkammern und des Reichsgerichts herbeizuführen. Man werde um so mehr in der vorgeschlagenen Weise weitergehen dürfen, als voraussichtlich auch zum §. 75 des G.V.G. eine entsprechende Erhöhung des im einzelnen Falle die Überweisung bedingenden voraussichtlichen Strafmaßes erfolgen werde. Freilich müsse eine größere Anzahl der unter diesen Rahmen fallenden Delikte, namentlich aus den Nebengesetzen, der Strafkammer vorbehalten bleiben, da sie für die Schöffengerichte sich nicht eigneten.

Hiergegen wurde geltend gemacht: Der Antrag empfehle sich schon deshalb nicht, weil er die aufzustellende Zuständigkeitsnorm durch zahlreiche Ausnahmen durchbreche und das Gesetz unübersichtlich mache. Auch lasse sich die Tragweite einer solchen allgemeinen Vorschrift schwer übersehen. Die vom Antragsteller gegebene Zusammenstellung der einschlägigen Bestimmungen sei schon bezüglich der Reichs-Nebengesetze nicht vollständig und berücksichtige das Landesrecht

---

[1]) Strafgesetzbuch §§. (116 Abs. 1), (128), 134, 136, 145, (145a), (160 Fall 2), (172), 184a, 184b, 189, 241, (271), 285, 293, 296, (296a), 300, (301), (331), (347 Abs. 2); Gesetz über die Presse vom 7. Mai 1874, §. 18; Gesetz betr. den Verkehr mit Nahrungsmitteln, Genußmitteln und Gebrauchsgegenständen vom 14. Mai 1879, §§. 10, 14; Gesetz zur Ausführung der internationalen Konvention vom 6. Mai 1882 betr. die polizeiliche Regelung der Fischerei in der Nordsee außerhalb der Küstengewässer vom 30. April 1884, §. 2; (Gesetz über den Feingehalt der Gold- und Silberwaren vom 16. Juli 1884, §. 9); Gesetz betr. den Schutz des zur Anfertigung von Reichskassenscheinen verwendeten Papiers vom 26. Mai 1885, §. 2 Fall 2: Patentgesetz vom 7. April 1891, §. 40; Gesetz betr. die Prüfung der Läufe und Verschlüsse der Handfeuerwaffen vom 19. Mai 1891, §. 9; (Gesetz über das Telegraphenwesen des Deutschen Reichs vom 6. April 1892, §. 9); (Gesetz betr. die Gesellschaften mit beschränkter Haftung vom 20. April 1892, §. 84); Gesetz betr. die Ausführung des internationalen Vertrags vom 16. November 1887/14. Februar 1893, zur Unterdrückung des Branntweinhandels unter den Nordseefischern auf hoher See vom 4. März 1894, §. 1; Gesetz zur Bekämpfung des unlauteren Wettbewerbes vom 27. Mai 1896, §. 4; (Börsengesetz vom 22. Juni 1896, §. 77); Gesetz betreffend den Verkehr mit Butter, Käse, Schmalz und deren Ersatzmitteln vom 15. Juni 1897, §. 14, (§. 15); (Gesetz betr. das Flaggenrecht der Kauffahrteischiffe vom 22. Juni 1899, §. 18); (Invalidenversicherungsgesetz vom 13. Juli 1899, §. 185); (Hypothekenbankgesetz vom 13. Juli 1899, §. 38); Gesetz betr. die Schlachtvieh- und Fleischbeschau vom 3. Juni 1900, §. 26, (Gewerbeunfallversicherungsgesetz vom 30. Juni 1900 in der Fassung der Bekanntmachung vom 5. Juli 1900, §. 150); (Unfallversicherungsgesetz für Land- und Forstwirtschaft vom 30. Juni 1900 in der Fassung der Bekanntmachung vom 5. Juli 1900, §. 160); (Gewerbeordnung in der Fassung der Bekanntmachung vom 26. Juli 1900, §. 145a); Gesetz über die privaten Versicherungsunternehmungen vom 12. Mai 1901, §. 108; (Gesetz betr. den Verkehr mit Wein, weinhaltigen und weinähnlichen Getränken vom 24. Mai 1901, §. 14); Gesetz betr. das Urheberrecht an Werken der Literatur und der Tonkunst vom 19. Juni 1901, §. 39; Süßstoffgesetz vom 7. Juli 1902, §§. 7, 8. —

überhaupt nicht, obwohl sich auch dort Delikte fänden (wie beispielsweise das Vergehen des §. 270 des Preußischen Strafgesetzbuchs — Abhalten vom Bieten bei Versteigerungen — und das Vergehen des Querulierens im Sinne der §§. 30flg. Teil III Tit. I der Preußischen Allgemeinen Gerichtsordnung), die für die Schöffengerichte nicht geeignet seien und der Strafkammer vorbehalten werden müßten. Zudem sei gerade bei den Reichs-Nebengesetzen die höchste Instanz des Reichsgerichts oft nicht zu entbehren. Unannehmbar sei in dem Antrage der Vorschlag, die Schöffengerichte für die qualifizierten Jagdvergehen (§§. 293flg. des St.G.B.) und für die Vergehen wider die §§. 10, 14 des Nahrungsmittelgesetzes für zuständig zu erklären; bei jenen müsse mit der ängstlichen Befangenheit der Schöffen gegenüber den gefährlichen Wilderern, bei diesen mit der Schwierigkeit der Rechtsfragen und der geringen Vorbildung vieler Amtsanwälte gerechnet werden. Scheide man aber auch diese Delikte noch aus, so behalte die vorgeschlagene allgemeine Zuständigkeitsnorm kaum noch eine praktische Bedeutung.

Der Antrag wurde hierauf zurückgezogen.

2. Ebenfalls in der Richtung einer weitergehenden Ausdehnung der gesetzlichen Zuständigkeit der Schöffengerichte bewegte sich der Antrag,

> das Verfahren nach dem §. 470 der Str.Pr.O.[1]) den Schöffengerichten zu überweisen.

Für den Antrag wurde ausgeführt: Die Übertretungen des §. 360 Nr. 3 des St.G.B. gehörten jetzt schon vor die Schöffengerichte; es empfehle sich, die Vergehen gegen §. 140 mit jenen zusammen zu erledigen. Diese Sachen bildeten, obwohl es sich nur um ein formularmäßiges Verfahren handle, eine große Belästigung für die Strafkammern; verweise man sie an die Schöffengerichte, so würden sie der Berufung zugänglich; die damit verbundene Einschränkung der Zulässigkeit des Wiederaufnahmeverfahrens (vergl. §. 399 Nr. 5 letzter Satz) falle demgegenüber nicht ins Gewicht.

Von anderer Seite wurde entgegnet: Eine nennenswerte Belästigung der Strafkammern durch die Verhandlung dieser Sachen sei in der Praxis nicht hervorgetreten; sie würden in der Regel angesammelt und in der Sitzung rasch erledigt; ergäben sich aber ausnahmsweise rechtliche Schwierigkeiten, so lägen dieselben meist auf staatsrechtlichem Gebiet und eigneten sich nicht für das Schöffengericht, auch sei es erwünscht, für solche Fragen die oberste Instanz des Reichsgerichts zu behalten. Hierzu komme, daß die Ersatzbehörden durch die Begründung der Zuständigkeit des Schöffengerichts gezwungen wären, für jeden Amtsgerichtsbezirk besondere Listen aufzustellen, und daß die Amtsanwälte wohl nicht immer im Stande sein würden, die für die Ladung vorgeschriebenen Förmlichkeiten genau zu beobachten.

Hierauf wurde auch dieser Antrag zurückgezogen.

III. Die Kommission erörterte nunmehr die Frage, inwieweit die Regelung der Überweisungsfähigkeit im Entwurfe von 1895 Bedenken unterliege. Es war

---

[1]) Der §. 470 der Str.Pr.O. regelt das Verfahren gegen Abwesende, welche sich der Wehrpflicht entzogen oder als beurlaubte Reservisten oder Wehrmänner ohne Erlaubnis bezw. Anzeige ausgewandert sind (§§. 140 und 360 Nr. 3 des St.G.B.).

damals in Aussicht genommen, die Überweisungsfähigkeit auszudehnen auf die Vergehen der Körperverletzung im Falle des §. 230 Abs. 2 des St.G.B., der Nötigung im Falle des §. 240 des St.G.B., des strafbaren Eigennutzes in den Fällen des §. 286 Abs. 1 und des §. 289 des St.G.B.

Diese von den Kommissionen des Reichstags in den Jahren 1896, 1899 und 1900 einstimmig angenommenen Vorschläge[1]) fanden auch in der Kommission einstimmige Billigung.

Es wurde allseitig anerkannt, daß bei diesen Delikten häufig sehr leichte Fälle vorkämen, die sich zur Aburteilung durch das Schöffengericht eigneten.

IV. Die Kommission ging sodann zur Beratung der Anträge über, welche eine Ausdehnung der Überweisungsfähigkeit noch über die Vorschläge des Entwurfs von 1895 hinaus zum Ziele hatten.

1. Der Antrag,

   die Überweisung im Falle der mit Übertretung einer Amts-, Berufs- oder Gewerbspflicht begangenen vorsätzlichen leichten Körperverletzung (St.G.B. §§. 223 und 232) zuzulassen,

wurde einstimmig angenommen. Die Kommission ging hierbei, im Einklange mit der Entscheidung des Reichsgerichts vom 17. November 1883 (Entsch. in Straff. Bd. 9 S. 204), davon aus, daß dieses Vergehen sich mit dem Delikte des §. 340 des St.G.B. nicht notwendig decke[2]) und daß die Zulassung der Überweisung, die in leichten Fällen unbedenklich erfolgen könne, zur Vereinfachung der Zuständigkeitsbestimmungen beitragen werde.

2. Der Antrag,

   die Überweisung wegen des Vergehens des Landzwanges (§. 126 des St.G.B.) zuzulassen,

wurde zurückgezogen, nachdem darauf hingewiesen war, daß das Vergehen nur selten vorkomme, in rechtlicher Beziehung Schwierigkeiten biete und bei den in der Nähe des Tatorts wohnenden Schöffen vielleicht nicht immer eine unbefangene Würdigung erfahren werde.

3. Es war ferner beantragt, die Überweisung zuzulassen,

   a) wegen des Vergehens der Kuppelei im Falle des §. 180 des St.G.B.;
   b) wegen des Vergehens der Zuhälterei (St.G.B. §. 181 a);
   c) wegen des Vergehens wider die Sittlichkeit im Falle des §. 184 des St.G.B. (Verbreitung unzüchtiger Schriften u. s. w.).[3])

Der Antrag a wurde einstimmig angenommen. Die Kommission war der Meinung, daß die Fälle der einfachen Kuppelei in der Regel besondere Schwierigkeiten nicht bieten und häufig nur eine milde Bestrafung erfordern. Allerdings komme das Schöffengericht durch die Überweisung in die Lage, auf Zulässigkeit von Polizeiaufsicht erkennen zu dürfen; allein dies könne nicht

---

[1]) Zu vergl. Reichstagsdrucks. 1895/96 Nr. 73 S. 3; Nr. 294 S. 19, 92 bis 95; 1898/99 Nr. 203 S. 9, 54, 55; 1900 Nr. 220 S. 4 und ad Nr. 220 S. 6 bis 9.

[2]) Zu vergl. Olshausen, Kommentar zum Strafgesetzbuch 6. Aufl. §. 232 Note 2 und §. 340 Note 4.

[3]) Bis zum Erlasse des Gesetzes vom 25. Juni 1900 war wegen dieses Vergehens die Überweisung gemäß §. 75 Abs. 1 Nr. 14 des G.V.G. zulässig.

entscheidend gegen den Vorschlag in das Gewicht fallen, weil das Schöffengericht schon jetzt auf Verlust der bürgerlichen Ehrenrechte und auf Überweisung an die Landespolizeibehörde erkenne; zudem sei, wenn mit der Möglichkeit der Stellung unter Polizeiaufsicht von vornherein gerechnet werden könne, die Überweisung nach dem Schlußsatze des §. 75 Abs. 1 des G.V.G. gar nicht zulässig.

Dagegen fand der Antrag b in der Kommission wenig Anklang. Es wurde hervorgehoben, daß es sich bei der Zuhälterei um ein höchst gefährliches Vergehen handele, für welches das Gesetz eine Mindeststrafe von einem Monate Gefängnis vorschreibe und welches in der Regel noch erheblich härter bestraft werde. Unter der abschreckenden Wirkung der von den Strafkammern verhängten strengen Strafen habe die Zuhälterei erheblich abgenommen; es sei fraglich, ob die Schöffengerichte in gleich energischer Weise gegen das Zuhältertum vorgehen würden. Zudem mache bei diesen Vergehen die Feststellung des Tatbestandes wegen der Unzuverlässigkeit der meisten in Betracht kommenden Zeugen besondere Schwierigkeiten; es sei zu besorgen, daß die Schöffen durch unwahre Zeugenaussagen leichter zu falschen Auffassungen verleitet werden würden, als erfahrene Richter. Der Antrag b wurde darauf zurückgezogen.

Der Antrag c endlich wurde mit 12 gegen 7 Stimmen abgelehnt, nachdem darauf hingewiesen war, daß es sich auch bei dem §. 184 des St.G.B. um gemeingefährliche Vergehen handele und namentlich die Feststellung des Begriffs der Unzüchtigkeit oft große rechtliche Schwierigkeiten biete.

4. Der Antrag,

die Überweisung wegen des Vergehens der Freiheitsberaubung im Falle des §. 239 Abs. 1 des St.G.B. zuzulassen,

wurde mit 14 gegen 3 Stimmen abgelehnt. Die Kommission erwog: Wenngleich es sich ausnahmsweise auch hier um leichte Fälle handeln könne, so sei im allgemeinen doch die Beurteilung des Tatbestandes namentlich wegen der Feststellung der objektiven und subjektiven Widerrechtlichkeit nicht leicht. Zudem sei der Antrag ohne große praktische Bedeutung, da das Delikt nicht sehr häufig vorkomme.

5. Es war ferner die Zulassung der Überweisung beantragt:

für das Vergehen der Untreue im Falle des §. 266 des St.G.B.

Der Antrag wurde jedoch, nachdem hervorgehoben war, daß es es sich in den Fällen des §. 266 Abs. 1 Nr. 1, 3 um die Verletzung öffentlichrechtlicher Pflichten handle und daß zudem bei Untreue eines Vormundes der Vorsitzende des Schöffengerichts, wenn er zugleich Vormundschaftsrichter sei, leicht in den Verdacht der Befangenheit geraten werde, auf die Fälle des §. 266 Abs. 1 Nr. 2 beschränkt.

Hierzu war von anderer Seite der Unterantrag gestellt, die Überweisung auch in diesen Fällen nur dann zuzulassen, wenn der Wert oder Schaden einhundert Mark nicht übersteigt.

Die Antragsteller wiesen darauf hin, daß die im §. 266 Abs. 1 Nr. 2 bezeichneten Vergehen der Unterschlagung ähnlich lägen, meist sogar mit solchen ideell konkurrierten, und daß die Anträge hauptsächlich den Zweck verfolgten, für solche Fälle einer Unzuständigkeitserklärung des Schöffengerichts vorzubeugen.

Die überwiegende Mehrheit hielt jedoch den Antrag auch mit diesen Beschränkungen nicht für annehmbar.

Der Begriff des „Bevollmächtigten“ biete mitunter große rechtliche Schwierigkeiten und diese bestünden auch dann, wenn es sich um die Veruntreuung geringer Summen handele. Wenn man das Vergehen des §. 266 Abs. 1 Nr. 2 des St.G.B. für überweisungsfähig erkläre, werde man dazu gedrängt, auch für die Veruntreuungsvergehen des Depotgesetzes[1]) und des Börsengesetzes[2]) die Überweisung zuzulassen. Alle diese Vergehen seien aber wegen des verwickelten Tatbestandes und der schwierigen Rechtsfragen für das Schöffengericht nicht geeignet.

Bei der Abstimmung wurde der Antrag, das Vergehen des §. 266 Abs. 1 Nr. 2 überweisungsfähig zu machen, mit 15 gegen 2 Stimmen abgelehnt. Der Unterantrag wurde sodann zurückgezogen.

6. Der Antrag,

die Überweisung in den Fällen der §§. 277 und 279 des St.G.B. (unberechtigte Ausstellung und Benutzung angeblich ärztlicher Zeugnisse) zuzulassen,

wurde zurückgezogen, nachdem auf das seltene Vorkommen dieser Delikte hingewiesen worden war.

7. Der Antrag,

die Überweisung wegen des Vergehens der fahrlässigen Brandstiftung (St.G.B. §. 309) zuzulassen, sofern nicht durch den Brand der Tod eines Menschen verursacht worden ist,

wurde einstimmig angenommen. Es war geltend gemacht worden, daß es sich hier oft um sehr leichte Fälle handele, z. B. Inbrandsetzung durch Umstoßen einer Lampe oder durch Wegwerfen einer Zigarre, und daß erfahrungsmäßig überwiegend auf geringe Geldstrafen anerkannt werde.

8. Es lagen weiter die Anträge vor, die Überweisung zuzulassen:

a) wegen des Vergehens der fahrlässigen Herbeiführung einer Überschwemmung (St.G.B. §. 314);

b) wegen des Vergehens der fahrlässigen Gefährdung eines Eisenbahntransports (St.G.B. §. 316), falls nicht durch die Handlung der Tod eines Menschen verursacht worden ist;

c) wegen des Vergehens der fahrlässigen Beschädigung einer öffentlichen Telegraphenanlage (St.G.B. §. 318);

d) wegen des Vergehens der fahrlässigen Beschädigung von Rohrpostanlagen (St.G.B. §. 318a).

Der Antrag a wurde mit Rücksicht auf das seltene Vorkommen dieses Delikts zurückgezogen.

Gegen die Anträge unter b, c und d wurden Bedenken im wesentlichen nur insoweit erhoben, als sie die Überweisung auch in denjenigen Fällen zulassen,

---

[1]) Zu vergl. §. 9 des Gesetzes betr. die Pflichten der Kaufleute bei Aufbewahrung fremder Wertpapiere vom 5. Juli 1896 (Reichs-Gesetzbl. S. 183).

[2]) Zu vergl. §. 79 des Börsengesetzes vom 22. Juni 1896 (Reichs-Gesetzbl. S. 157).

in denen die Delikte von den angestellten Aufsichtspersonen unter Vernachlässigung der ihnen obliegenden Pflichten begangen worden sind (§. 316 Abs. 2, § 318 Abs. 2, § 318a des St.G.B.). Es wurde darauf hingewiesen, daß gemäß dem §. 319 des St.G.B. der verurteilte Beamte für unfähig zu einer Beschäftigung im Eisenbahn- oder Telegraphendienst erklärt werden könne, und daß es bedenklich sei, diese einschneidende Maßregel dem Schöffengerichte zu überlassen.

Die Mehrheit hielt dieses Bedenken jedoch nicht für durchschlagend. Wenn der Fall so schwer liege, daß eine Unfähigkeitserklärung in Frage komme, werde von der Überweisung kein Gebrauch gemacht werden. Namentlich bei den im §. 316 bezeichneten Vergehen handle es sich meistens um weniger bedeutende Gefährdungen des Straßenbahnverkehrs, die jetzt die Strafkammern und auch das Reichsgericht in erheblichem Maße beschäftigten, aber unbedenklich den Schöffengerichten zugewiesen werden könnten.

Die Kommission beschloß demgemäß die Überweisung zuzulassen, und zwar für das Vergehen des §. 316 Abs. 1 des St.G.B. (mit Ausnahme des Qualifikationsfalls) einstimmig, für das Vergehen des §. 316 Abs. 2 des St.G.B. mit 15 gegen 2 Stimmen, für das Vergehen des §. 318 Abs. 1 des St.G.B. mit 12 gegen 5 Stimmen, für das Vergehen des §. 318 Abs. 2 mit 9 gegen 8 Stimmen, endlich für das Vergehen des §. 318a in Verbindung mit §. 318 des St.G.B. mit 13 gegen 4 Stimmen.

9. Der Antrag,

> die Überweisung auch im Falle des §. 326 des St.G.B. (fahrlässige Beschädigung von Wasserbauten, Störung des Fahrwassers, Beseitigung von Schiffahrtszeichen, Stranden- oder Sinkenmachen eines Schiffs, Brunnenvergiftung) zuzulassen,

wurde mit Rücksicht darauf, daß das Delikt nur sehr selten vorkommt, zurückgezogen.

10. Der Antrag,

> die Überweisung wegen des Vergehens der Bestechung im Falle des §. 333 des St.G.B. zuzulassen,

wurde einstimmig angenommen. Die Kommission erwog: Der allgemeine Charakter dieses Delikts scheine allerdings gegen die Überweisungsfähigkeit zu sprechen. Allein für die Überweisung kämen tatsächlich doch wohl nur die Fälle in Betracht, in welchen die Bestechung einen Erfolg nicht gehabt habe, da sonst die Sache zusammen mit der Anklage gegen den bestochenen Beamten (§. 332 St.G.B.) vor die Strafkammer gebracht werden würde. Gerade diese Fälle aber seien häufig von geringerer Bedeutung und würden erfahrungsmäßig überwiegend mit kleinen Strafen belegt.

11. Es war ferner beantragt,

> die Vorschriften des §. 75 des G.V.G. sind für anwendbar zu erachten auf
>
> a) das Vergehen im Falle des §. 4 des Gesetzes, betreffend die Anfertigung und Verzollung von Zündhölzern vom 13. Mai 1884;
>
> b) das Vergehen im Falle des §. 184 Abs. 2 des Invalidenversicherungsgesetzes in der Fassung der Bekanntmachung vom 19. Juli 1899;

c) das Vergehen im Falle des §. 82b des Krankenversicherungsgesetzes in der Fassung des Gesetzes vom 10. April 1892;
d) die Vergehen in den Fällen der §§. 7, 9, 10 des Gesetzes zur Bekämpfung des unlauteren Wettbewerbes vom 27. Mai 1896;
e) die Vergehen in den Fällen der §§. 1 und 2 des Gesetzes, betreffend die Bestrafung der Entziehung elektrischer Arbeit vom 9. April 1900;
f) die Vergehen in den Fällen des §. 13 des Gesetzes, betreffend den Verkehr mit Wein, weinhaltigen und weinähnlichen Getränken vom 24. Mai 1901;
g) die Vergehen in den Fällen des §. 101, §. 102 Abs. 2 Fall 2, §. 103 und §. 104 der Seemannsordnung vom 2. Juni 1902;
h) das Vergehen im Falle des §. 2 Abs. 1 des Gesetzes, betreffend Phosphorzündwaren vom 10. Mai 1903.

Bei der allgemeinen Besprechung dieses Antrags wurde von dem Antragsteller darauf hingewiesen, daß die darin aufgeführten Vergehen zum Teil einen ähnlichen Charakter trügen wie manche Vergehen wider die Gewerbeordnung und das Nahrungsmittelgesetz, die bereits jetzt vor den Schöffengerichten verhandelt würden; ferner stehe die Entziehung elektrischer Arbeit dem Diebstahle fast gleich; endlich kämen die Vergehen gegen die §§. 7, 9 und 10 des Wettbewerbsgesetzes, wenn sie im Wege der Privatklage verfolgt würden, schon nach geltendem Rechte vor die Schöffengerichte.

Von anderer Seite wurde jedoch geltend gemacht, daß die in dem Antrage bezeichneten Delikte verhältnismäßig wenig vorkämen, die Zulassung der Überweisung somit eine praktische Bedeutung kaum haben werde und die vorgeschlagene kasuistische Gestaltung des Gesetzes sich schon deshalb nicht empfehle. Hierzu komme aber, daß speziell die Vergehen gegen §. 82b des Krankenversicherungsgesetzes (rechtswidriges Behalten der den Versicherungspflichtigen in Abzug gebrachten, an die Krankenkasse abzuführenden Lohnbeträge durch die Arbeitgeber) von großer sozialer Bedeutung seien und oft erhebliche rechtliche Schwierigkeiten bieten, für die Schöffengerichte sich also nicht eignen.

Der Antrag wurde darauf zurückgezogen.

12. Ein weiterer Antrag ging dahin:

Die Vorschriften des §. 75 des G.V.G. sind für anwendbar zu erachten: für die Verbrechen des einfachen Diebstahls im Falle des §. 244 und des Betrugs im Falle des §. 264 des St.G.B., wenn der Wert oder Schaden einhundert Mark nicht übersteigt. Erachtet das Schöffengericht in diesen letztgenannten Fällen nach dem Ergebnisse der Verhandlung eine Zuchthausstrafe für verwirkt, so hat es die Sache durch Beschluß an die Strafkammer zu verweisen.

Die in dem Antrag enthaltene Beschränkung auf einen Wert oder Schaden unter einhundert Mark fand auch bei den Freunden des Antrags wenig Anklang, weil eine Wert- oder Schadensgrenze bisher für die Überweisung nicht maßgebend gewesen sei. Der Antragsteller ließ daher im Laufe der Debatte diese Beschränkung fallen.

Gegen den Antrag wurde ausgeführt: Es bedeute einen völligen Bruch des der Gerichtsverfassung zu Grunde liegenden Systems, wenn man den Schöffengerichten Verbrechen zuweisen wolle. Auch bei der Regelung des Kontumazial- und des Strafbefehlsverfahrens habe die Kommission auf diesen Gesichtspunkt entsprechende Rücksicht genommen. Die Staatsanwaltschaft greife, wenn sie in diesen Fällen die Überweisung beantrage, damit gewissermaßen der Entscheidung des Gerichts über das Vorliegen mildernder Umstände vor, da nur bei mildernden Umständen die Überweisung in Frage kommen könne. Die Schöffengerichte würden in diesem Punkte oft abweichender Ansicht sein; die dann erforderliche Zurückverweisung der Sache an die Strafkammer verursache unnötige Kosten und Zeitverlust. Weitere Kosten würden dadurch entstehen, daß die rückfälligen Verbrecher aus dem Landgerichtsgefängnis, in welches sie wegen der Unsicherheit der kleinen Gerichtsgefängnisse meist schon bald nach ihrer Verhaftung überführt würden, im Falle der Überweisung wieder an den Sitz des Schöffengerichts zurücktransportiert werden müßten. Endlich seien auch die Amtsanwälte zur Vertretung der Anklage in diesen Sachen nicht immer geeignet.

Die Mehrheit erwog demgegenüber:

Die Zuständigkeit müsse lediglich nach praktischen Gesichtspunkten geregelt werden. Bei den im Rückfalle begangenen einfachen Diebstählen und Betrügereien handele es sich aber um leicht zu beurteilende Fälle. Die Rückfallsqualität ändere den Tatbestand inhaltlich nicht, die Feststellung des Rückfalls selbst biete keine Schwierigkeit. Die Schöffengerichte und ebenso die Amtsanwälte seien daher zur Entscheidung leichterer Fälle vollkommen geeignet; weise man sie ihnen zu, so werde dadurch eine erhebliche Entlastung der Strafkammern und des Reichsgerichts bewirkt werden. Wenn die Kommission die Zulassung des Kontumazialverfahrens und des Strafbefehlsverfahrens für diese Fälle abgelehnt habe,[1] so sei dies lediglich in der Erwägung geschehen, daß ohne Gehör des Angeklagten in mündlicher Verhandlung nicht erhebliche Strafen festgesetzt werden dürften. Auf Zuchthausstrafe solle allerdings das Schöffengericht, abgesehen von dem jetzt schon möglichen Falle, daß eine Zusatzstrafe auszusprechen sei,[2] nicht erkennen. Allein die Rückverweisung an die Strafkammer werde nur selten nötig werden, da in schwereren Fällen eine Überweisung nicht erfolge. Eine solche Zurückverweisung sei übrigens auch in dem geltenden Rechte nicht ohne Vorgang (zu vergl. §. 28 des G.V.G.). Von einer vorgreifenden Entscheidung des Staatsanwalts könne nicht die Rede sein, da das Schöffengericht an dessen Auffassung nicht gebunden sei. Unnötige Transportkosten ließen sich unschwer dadurch vermeiden, daß man von dem Transporte des Verhafteten in das Landgerichtsgefängnis in Rücksicht auf die voraussichtlich rasche Beendigung des Verfahrens von vornherein absehe.

---

[1]) Zu vergl. die Protokolle der 29. Sitzung (S. 222 flg.) und der 37. Sitzung (S. 317).

[2]) Zu vergl. Löwe, Kommentar zur Strafprozeßordnung, 11. Aufl. Note 1a zu §. 492.

Bei der Abstimmung wurde zunächst der Satz 2 des Antrags für den Fall der Annahme des Satzes 1 einstimmig, sodann der Satz 1 und damit der ganze Antrag mit Ausnahme der zurückgezogenen Worte „wenn . . . . . übersteigt" mit 12 gegen 5 Stimmen angenommen.

13. Es lag endlich noch der Antrag vor:

Die Möglichkeit der Überweisung ist auszudehnen durch Erweiterung der Bestimmung am Schlusse des ersten Absatzes des §. 75 des G.V.G. dahin, daß die Überweisung erfolgen kann, wenn nach den Umständen des Falles anzunehmen ist, daß auf keine andere und höhere Strafe als auf Gefängnisstrafe von höchstens sechs Monaten oder Geldstrafe von höchstens fünfzehnhundert Mark[1]) allein oder neben Haft oder in Verbindung mit Einziehung und auf keine höhere Buße als fünfzehnhundert Mark[2]) zu erkennen sein werde.

Der Antrag wurde einstimmig angenommen. Die Kommission erwog, daß im Hinblick auf die beschlossene Ausdehnung der Überweisungsfähigkeit die vorgeschlagene Erhöhung des für die Überweisung maßgebenden voraussichtlichen Strafmaßes notwendig sei. Die Überweisung werde jetzt nicht selten auch in solchen Fällen ausgesprochen, in welchen die Möglichkeit einer höheren Strafe als drei Monate Gefängnis oder sechshundert Mark Geldstrafe nicht fern liege. Der Antrag empfehle sich auch deshalb, weil er in dieser Beziehung eine gleichmäßigere Praxis der Gerichte herbeiführen werde.

V. Der Beginn der nächsten Tagung wurde auf den 16. Mai 1904 anberaumt. Auf die Tagesordnung wurden die noch unerledigten Fragen unter T und die Fragen unter U des Fragebogens gesetzt.

---

[1]) Nach geltendem Rechte drei Monate Gefängnis oder sechshundert Mark Geldstrafe.

[2]) Nach geltendem Rechte sechshundert Mark.

48. Sitzung.

16. Mai 1904.

Sachliche Zuständigkeit der Strafkammern und Schwurgerichte.
Verfahren bei der Überweisung an das Schöffengericht.

I. Die Kommission setzte die Beratung über die Abgrenzung der sachlichen Zuständigkeit im Falle der Beibehaltung der bisherigen Gerichte fort und erörterte zunächst die Frage (T I 2c des Fragebogens), inwieweit eine Änderung der in dem Entwurfe von 1895 in Aussicht genommenen Vorschriften hinsichtlich der zur Zuständigkeit der Strafkammern gehörenden Verbrechen angezeigt erscheine. Es war damals vorgeschlagen worden, die Zuständigkeit der Strafkammern auszudehnen auf die Verbrechen:

a) des Widerstandes gegen die Staatsgewalt in den Fällen der §§. 118 und 119 des St.G.B.;
b) des Meineids in den Fällen der §§. 153, 154 und 155 des St.G.B.;
c) der Unzucht in den Fällen des §. 176 Nr. 1 und 2 des St.G.B.;
d) der Urkundenfälschung in den Fällen des §. 268 Nr. 2, des §. 272 und des §. 273 des St.G.B.;
e) auf die Verbrechen im Amte in den Fällen der §§. 349 und 351 des St.G.B.;
f) auf die nach den §§. 209 und 212 der Konkursordnung (§§. 239, 242 der neuen Fassung) strafbaren Verbrechen.

Die Kommission des Reichstags lehnte die Ausdehnung der Strafkammerzuständigkeit auf die Verbrechen des Widerstandes gegen die Staatsgewalt, des Meineids und der Unzucht in den Fällen des §. 176 Nr. 1 und 2 ab und nahm im übrigen die Vorschläge des Entwurfs an.[1] Nach den Beschlüssen der VI. Kommission der Session 1898/99 sollte die Zuständigkeit der Strafkammern noch auf die Verbrechen gegen §. 176 Nr. 1 und 2 ausgedehnt werden.[2] Die VIII. Kommission von 1900/01 dagegen wollte sowohl diese Verbrechen als auch die Amtsverbrechen aus den §§. 349, 351 den Schwurgerichten belassen und erklärte sich nur mit der Überweisung der Urkundenfälschungen und der Konkursdelikte an die Strafkammern einverstanden.[3]

Der Kommission lagen Anträge vor, welche den Vorschlägen des Entwurfs von 1895 entsprechen.

Zur allgemeinen Begründung dieser Anträge wurde hervorgehoben, es sei zweckmäßig, diejenigen Verbrechen den Strafkammern zu überweisen, bei denen

---

[1]) Reichstagsdrucks. 1895/96 Nr. 294 S. 17 bis 19, 92 bis 93.
[2]) Reichstagsdrucks. 1898/99 Nr. 203 S. 8 bis 9, 52 bis 55.
[3]) Reichstagsdrucks. 1900/01 Nr. 220 S. 9 und ad. Nr. 220 S. 6 bis 7.

eine Mitwirkung des Laienelements entweder wegen der geringeren Bedeutung der Sache nicht von besonderem Werte oder aus sonstigen Gründen nicht angebracht sei. Das letztere werde, wie schon die Begründung des Entwurfs von 1895 zutreffend hervorhebe, namentlich dann der Fall sein, wenn die richtige Beurteilung der Sache regelmäßig die Beherrschung eines verwickelten tatsächlichen Materials oder die Entscheidung ungewöhnlich schwieriger rechtlicher Fragen erfordere. Von anderer Seite wurde dagegen betont, daß eine Beschränkung der Zuständigkeit der Schwurgerichte zur Erhaltung ihrer Lebensfähigkeit tunlichst vermieden werden müsse und nur insoweit zugelassen werden könne, als durch die Erfahrung nachgewiesen sei, daß die Geschworenen zur Aburteilung gewisser Verbrechen wegen deren Eigenartigkeit nicht fähig seien.

a) Für den Antrag,

die Verbrechen des Widerstandes gegen die Staatsgewalt in den Fällen der §§. 118 und 119 des St.G.B. (qualifizierter Widerstand gegen Forstbeamte u. s. w.) den Strafkammern zu überweisen,

wurde im besonderen geltend gemacht: Die Beurteilung dieser Delikte biete mannigfache rechtliche Schwierigkeiten, da hierbei die Begriffe des Widerstandes, der Gemeinschaftlichkeit, der rechtmäßigen Ausübung des Amtes, der Verursachung einer Körperverletzung ohne darauf gerichteten Vorsatz, sowie die nach Landesrecht zu entscheidende Frage, wer Jagd- oder Forstbeamter ist, zu prüfen seien. Auch sonst seien die Geschworenen zu einer gerechten Würdigung hier wenig geeignet. Sie würden, wenn sie selbst Weidmänner seien, zu einer übermäßig strengen Beurteilung neigen und andererseits durch den Anblick gewalttätiger Wilderer leicht eingeschüchtert werden, auch in Gegenden, in welchen die Volksanschauung in der Wilddieberei keine schwere Verfehlung sehe, nicht die volle Strenge des Gesetzes walten lassen.

Die Mehrheit erwog demgegenüber: Die hier in Betracht kommenden Rechtsfragen seien nicht außergewöhnlich schwierig; mit dem Begriffe des Widerstandes habe sich auch das Schöffengericht zu befassen; der Begriff der Gemeinschaftlichkeit komme ebenso bei anderen schwurgerichtlichen Verbrechen in Frage. Zur Aufklärung etwaiger Zweifel müsse die Rechtsbelehrung des Vorsitzenden genügen. Eine Voreingenommenheit der Geschworenen könne ebensowohl bei anderen Straftaten befürchtet werden; das Bedenken, daß Jagdliebhaber zu streng urteilen möchten, gelte bei einem Kollegium von Berufsrichtern in gleicher Weise; bei den Schwurgerichten gewähre zudem das Mittel der peremtorischen Ablehnung dagegen einen ausreichenden Schutz. Auch sei der Antrag ohne größere praktische Bedeutung, da diese Verbrechen nur selten zur Aburteilung gelangten.

Der Antrag wurde darauf mit 10 gegen 7 Stimmen abgelehnt.

b) Der Antrag,

die Verbrechen des Meineids in den Fällen der §§. 153 bis 155 des St.G.B. den Strafkammern zu überweisen,

wurde, wie folgt, begründet: Die Beurteilung der Meineidsverbrechen biete besondere rechtliche Schwierigkeiten, insofern der Richter sich auch den früheren Prozeß, in welchem der Meineid geschworen sein solle, vergegenwärtigen und beide Prozesse genau auseinanderhalten müsse. Die Geschworenen seien hierzu, namentlich wenn der Eid in einem Zivilprozesse geleistet sei, kaum im Stande, da ihnen die nötige Kenntnis des Prozeßrechts und die erforderliche Schulung fehle. Hierzu kämen erhebliche Schwierigkeiten bei der Feststellung der objektiven Unwahrheit des Beschworenen. Diese Feststellung sei schon bei Parteieiden, die häufig längere Eidesformeln mit rechtlichem Inhalt aufwiesen, nicht immer leicht. Bei Zeugenaussagen komme hinzu, daß das Protokoll über das, was tatsächlich ausgesagt wurde, nicht immer ein sicheres Bild gebe. Besonders groß seien die Schwierigkeiten, wenn es sich darum handle, ob der Angeklagte Umstände, die er für erheblich gehalten, wissentlich verschwiegen habe. Die Erfahrung, insbesondere die außerordentlich große Zahl von Freisprechungen zeige denn auch, daß die Geschworenen zur Aburteilung dieser Verbrechen nicht geeignet seien. Sie beschränkten sich nicht darauf, zu prüfen, ob der Angeklagte wissentlich unwahre Angaben beschworen habe, sondern neigten dazu, auch die Bedeutung der angeblich falschen Aussage für die Entscheidung in dem Vorprozeß in Betracht zu ziehen und ein „Nichtschuldig" auszusprechen, wenn die Aussage des Zeugen für den Verlauf des Vorprozesses nach ihrer Meinung bedeutungslos gewesen sei oder zu einer von ihnen für richtig gehaltenen Entscheidung in demselben geführt habe. Weiterhin sei der Umstand, daß beim Meineide mildernde Umstände nicht zugelassen seien, für die Geschworenen häufig bestimmend, Gnade für Recht ergehen zu lassen oder ein „Schuldig" wegen fahrlässigen Falscheids auszusprechen, obwohl ein solcher nicht vorliege, vielmehr ein wissentlicher Meineid erwiesen sei. Diese Zustände hätten in der Praxis dazu geführt, daß die Heiligkeit des Eides und der Wert dieses für die Rechtspflege unentbehrlichen Beweismittels wesentlich herabgedrückt und gleichzeitig der Moral ein schwerer Schaden zugefügt sei.

Von anderer Seite wurde diesen Ausführungen entgegengehalten: Gerade die Schwere und Bedeutung des Verbrechens nötige dazu, die Zuständigkeit des Schwurgerichts beizubehalten. Zur Beurteilung des inneren Vorganges beim Eide seien Laien besser geeignet, als gelehrte Richter; sie könnten sich eher in die Auffassung dessen hineindenken, der vor Gericht einen Eid zu leisten habe. Die große Zahl der Freisprechungen erkläre sich einerseits aus mangelhaft begründeten Anklagen, die auf Grund der gerade auf diesem Gebiete besonders zahlreichen falschen Denunziationen erhoben seien, andererseits aus einer Reaktion des Rechtsbewußtseins des Volkes gegen die abnorm hohen Strafen des Meineids und gegen den Ausschluß mildernder Umstände. Eine Verurteilung Unschuldiger wegen Meineids sei vor dem Schwurgericht ausgeschlossen; bei den Strafkammern müsse man aber besorgen, daß sie, in dem Bestreben, die Heiligkeit des Eides hochzuhalten, leichter über Bedenken und Zweifel in der Beweisführung hinwegsehen könnten.

Von der Mehrheit wurde hierauf erwidert: Die Frage, ob beim Meineide mildernde Umstände zuzulassen seien, gehöre dem materiellen Strafrecht an und sei hier nicht zu erörtern. Gerade der Umstand, daß die Geschworenen bei der Beurteilung von Meineidsverbrechen vermeintlichen Mängeln des materiellen Rechtes abzuhelfen bestrebt seien, spreche dafür, diese Delikte den Schwurgerichten zu entziehen. Es könne nicht davon die Rede sein, den Grund der vielfachen Freisprechungen in mangelhaft begründeten Anklagen zu suchen. Gegenüber den zahlreichen Anzeigen wegen Meineids befleißige sich die Staatsanwaltschaft der größten Vorsicht; auf keinem anderen Gebiete werde die Anklage mit größerer Sorgfalt vorbereitet; eher sei die Frage berechtigt, ob nicht mit Rücksicht auf die geringe Aussicht einer Verurteilung manche begründete Meineidsklage unterbleibe. Wenn trotzdem so zahlreiche Freisprechungen vorkämen, so könne daraus nur gefolgert werden, daß tatsächlich eine große Anzahl von Meineiden ungesühnt bleibe. Auf der anderen Seite gehe die Behauptung, ein Unschuldiger werde von Geschworenen niemals wegen Meineids verurteilt werden, zu weit; in politisch erregten Zeiten fänden zu Unrecht Angeklagte bei den gelehrten Richtern einen besseren Schutz, als bei den mitten im politischen Leben stehenden Geschworenen. Es wurde darauf mit 15 gegen 2 Stimmen beschlossen, daß für die Verbrechen der §§. 153 bis 155 des St.G.B. die Strafkammern zuständig sein sollen.

c) Für den Antrag,

die Verbrechen wider die Sittlichkeit in den Fällen des §. 176 Nr. 1 und Nr. 2 des Str.G.B. [1]) den Strafkammern zuzuweisen,

wurde geltend gemacht: Die Fälle der Nr. 2 böten den Geschworenen wegen der damit häufig verbundenen psychiatrischen Fragen zu große Schwierigkeiten. Die Fälle der Nr. 1 lägen oft so einfach, daß die Mitwirkung der Geschworenen entbehrt werden könne. Andererseits seien die Geschworenen, namentlich in ländlichen Bezirken, leicht zu einer allzu laxen Auffassung geneigt. Es komme nicht selten vor, daß die Geschworenen grobe unzüchtige Angriffe gegen ehrbare Frauen als zwar unanständige, aber doch harmlose Scherze auffaßten und daher die Angeklagten freisprächen. Den betroffenen Frauen sei alsdann keine Genugtuung verschafft, vielmehr werde ihr Rechtsgefühl empfindlich gekränkt, es könne sogar durch eine solche Freisprechung ihre Ehre auf's neue schwer verletzt werden, insofern dadurch möglicherweise zum Ausdrucke gebracht sei, daß das Gericht den von ihnen geleisteten Widerstand nicht als ernsthaft gemeint aufgefaßt habe. Zudem solle man es mit Rücksicht auf das weibliche Schamgefühl tunlichst vermeiden, die Verbrechen gegen die Sittlichkeit vor stark besetzten Gerichten zur Verhandlung zu bringen; die Erfahrung zeige, daß ehrbare Frauen vor dem Schwurgerichte nur mit großer Mühe dahin zu bringen seien, die Einzelheiten des gegen sie verübten Verbrechens zu schildern.

Von anderer Seite war beantragt,

nur die Fälle des §. 176 Nr. 2 des St.G.B. den Strafkammern zuzuweisen.

Der Antragsteller hielt die Überweisung der Fälle des §. 176 Nr. 1 an die Strafkammern aus praktischen Gründen nicht für zweckmäßig. Bei diesen Fällen stelle sich bisweilen erst in der Hauptverhandlung, wenn die verletzte

---

[1]) §. 176 Nr. 1 und 2 lauten:

Mit Zuchthaus bis zu zehn Jahren wird bestraft, wer

1. mit Gewalt unzüchtige Handlungen an einer Frauensperson vornimmt oder dieselbe durch Drohung mit gegenwärtiger Gefahr für Leib oder Leben zur Duldung unzüchtiger Handlungen nötigt:
2. eine in einem willenlosen oder bewußtlosen Zustande befindliche oder eine geisteskranke Frauensperson zum außerehelichen Beischlafe mißbraucht.

Frauensperson unter dem Eideszwange die volle Wahrheit sage, heraus, daß der Tatbestand der Notzucht oder des Versuchs der Notzucht vorliege. Alsdann müßte sich die Strafkammer für unzuständig erklären und die Sache an das Schwurgericht verweisen. Andererseits werde eine Verweisung der Fälle des §. 176 Nr. 1 an die Strafkammern nicht den Erfolg haben, die Beurteilung jener Verbrechen den Geschworenen zu entziehen, da erfahrungsgemäß, wenn die Beschuldigung auf Notzucht gerichtet sei, den Geschworenen eine Hilfsfrage aus dem §. 176 Nr. 1 gestellt zu werden pflege.

Gegen beide Anträge wurde ausgeführt: Die Auffassungen darüber, was als unzüchtig zu gelten habe, seien nach Zeit und Ort verschieden. Die Geschworenen, die dem Volksleben näher stünden, als die gelehrten Richter, seien daher besser als diese geeignet, über Unzuchtsverbrechen zu urteilen. Die Rücksicht auf die verletzten Frauenspersonen müsse demgegenüber zurücktreten.

Die Mehrheit hielt die zur Unterstützung des Hauptantrags angeführten Gründe für durchschlagend und erwog ferner: Im Hinblick auf die Gründlichkeit, mit der die Voruntersuchung geführt zu werden pflege, sei es wenig wahrscheinlich, daß sich der Verdacht, es liege Notzucht oder versuchte Notzucht vor, erst in der Hauptverhandlung herausstelle. Eine Unzuständigkeitserklärung werde daher bei der Strafkammer kaum in Frage kommen. Die Auffassung des Volkes über die Grenzen des sittlich Erlaubten dürfe nicht schlechthin maßgebend sein; vielmehr sei es Sache der Berufsrichter, einer etwa in einzelnen Gegenden zu Tage tretenden Verwilderung der Sitten energisch entgegenzutreten.

Die Fälle des §. 176 Nr. 1 wurden darauf mit 13 gegen 4, die Fälle der Nr. 2 mit 14 gegen 3 Stimmen den Strafkammern zugewiesen.

d) Der Antrag,

den Strafkammern die Verbrechen gegen §. 268 Nr. 2, §§. 272, 273[1]) zuzuweisen,

fand einstimmige Annahme in der Erwägung, daß die rechtliche Beurteilung dieser Verbrechen in der Regel besondere Schwierigkeiten biete, denen die Geschworenen nicht gewachsen seien.

e) Ebenso war die Kommission einstimmig der Ansicht, daß die Verbrechen des §. 349 (falsche amtliche Beurkundung u. s. w. aus Gewinnsucht oder in der Absicht zu schaden) und des §. 351 (qualifizierte Unterschlagung im Amte) von den Strafkammern abzuurteilen seien. Neben dem Umstande, daß auch hier in der Regel schwierige Rechtsfragen zu entscheiden seien, war für die Beschlußfassung die Erwägung maßgebend, daß namentlich bei fortgesetzten Unterschlagungen der Tatbestand außerordentlich verwickelt und die Fragestellung sehr kompliziert sei.

---

[1]) §. 268 Nr. 2 behandelt die qualifizierte Fälschung einer öffentlichen Urkunde, §. 272 die qualifizierte intellektuelle Urkundenfälschung. §. 273 bestimmt, daß derjenige, welcher wissentlich von einer falschen Beurkundung der im §. 271 bezeichneten Art (Erklärungen u. s. w. in öffentlichen Urkunden, Büchern oder Registern) zum Zwecke einer Täuschung Gebrauch macht, sofern die Absicht dahin gerichtet war, sich oder einem Anderen einen Vermögensvorteil zu verschaffen oder einem Anderen Schaden zuzufügen, nach Vorschrift des §. 272 (mit Zuchthaus bis zu zehn Jahren) zu bestrafen ist.

f) Gegen den Antrag,

die nach den §§. 239 und 242 der Konkursordnung strafbaren Verbrechen (betrüglicher Bankerott und Vorschubleistung dazu) den Strafkammern zuzuweisen,

wurde geltend gemacht, daß unter den Geschworenen sich häufig Sachverständige befänden, die zur Beurteilung solcher Verbrechen besser geeignet seien als die mit kaufmännischen Angelegenheiten mitunter nur wenig vertrauten Berufsrichter. Ein Bedürfnis zu einer Änderung des bestehenden Rechtszustandes sei nicht nachgewiesen, da Fehlsprüche der Geschworenen auf diesem Gebiete nicht bekannt geworden seien; vielmehr pflegten die Geschworenen gerade hier mit besonderer Strenge das Gesetz anzuwenden, weil sie eine bessere Empfindung für die durch den Bankerott eintretende Schädigung des Erwerbslebens besäßen als die gelehrten Richter.

Die Mehrheit erwog demgegenüber: Es handele sich bei den Konkursverbrechen um einen rechtlich schwierigen Tatbestand, sehr häufig auch um tatsächlich verwickelte und schwer zu übersehende Verhältnisse. Die Geschworenen seien zur Beurteilung dieser vorwiegend technischen Delikte umsoweniger geeignet, als sie den Angeklagten nicht selten mit einer gewissen Voreingenommenheit entgegenträten, kaufmännische Bankerotteure oft zu streng, kleine Gewerbetreibende mit oft ungerechtfertigter Milde beurteilten. Daß regelmäßig unter den Geschworenen Sachverständige seien, könne nicht zugegeben werden, zumal da der Angeklagte erfahrungsmäßig bestrebt sei, Kaufleute abzulehnen. Auch könne ein vermeintlicher Sachverständiger, der im Beratungszimmer der Geschworenen ohne Kontrolle seinen Einfluß geltend mache, unter Umständen sehr unheilvoll wirken. Endlich komme in Betracht, daß bei diesen Verbrechen die Verhandlung sich oft über einen längeren Zeitraum erstrecke; auch aus diesem Grunde seien sie für die Schwurgerichte nicht geeignet.

Der Antrag wurde mit 12 gegen 5 Stimmen angenommen.

II. Über die Vorschläge des Entwurfs von 1895 hinaus gingen die Anträge,

den Strafkammern zuzuweisen:

1. die Verbrechen des Aufruhrs im Falle des §. 115 Abs. 2, des Auflaufs im Falle des §. 116 Abs. 2, der Gefangenen-Meuterei im Falle des §. 122 Abs. 3 und des Landriedensbruchs im Falle des §. 125 Abs. 2 des St.G.B.;[1])
2. die Verbrechen der Veränderung des Personenstandes aus Gewinnsucht (§. 169 des St.G.B.);
3. die nach dem §. 11 und dem §. 12 Abs. 2 Nr. 2 des Gesetzes, betreffend die Pflichten der Kaufleute bei Aufbewahrung fremder Wertpapiere vom 5. Juli 1896, strafbaren Verbrechen.[2])

---

[1]) Der Aufruhr, der Auflauf, die Gefangenen-Meuterei und der Landfriedensbruch gehören nach geltendem Rechte an sich als Vergehen vor die Strafkammern und nur in den oben angeführten Qualifikationsfällen als Verbrechen vor die Schwurgerichte.

[2]) §. 11 Abs. 1 lautet:

Ein Kaufmann, welcher seine Zahlungen eingestellt hat oder über dessen Vermögen das Konkursverfahren eröffnet worden ist, wird mit Zuchthaus bestraft, wenn er im Bewußtsein seiner Zahlungsunfähigkeit oder Über-

Der Antrag 2 wurde, ohne daß eine Erörterung stattgefunden hatte, zurückgezogen. Der Antrag 3 wurde auf Grund der bei den Konkursverbrechen angestellten Erwägungen mit 16 gegen eine Stimme angenommen. Dagegen wurde der Antrag 1 mit 10 gegen 7 Stimmen abgelehnt.

Für den Antrag 1 war geltend gemacht worden: Eine Verhandlung gegen sämtliche bei einem Aufruhr, Auflauf u. s. w. beteiligten Personen vor dem Schwurgerichte sei wegen der großen Zahl der Angeklagten und der dadurch bewirkten Unübersichtlichkeit der Verhandlung und Schwierigkeit der Fragestellung unzweckmäßig. Würden aber die Rädelsführer vor dem Schwurgerichte, die anderen Beteiligten vor der Strafkammer angeklagt, so werde einmal eine doppelte Verhandlung über denselben Vorfall nötig und es könne sich ferner ereignen, daß die Hauptschuldigen vom Schwurgerichte freigesprochen, die geringer Beteiligten von den Strafkammern verurteilt würden. Es wurde ferner darauf hingewiesen, daß einzelne von den bezeichneten Verbrechen (z. B. das als Landfriedensbruch zu qualifizierende sogenannte Haberfeld-Treiben) auch deshalb nicht zur Aburteilung durch das Schwurgericht geeignet seien, weil die Geschworenen Gefahr liefen, durch eine Verurteilung sich der Rache und den Gewalttätigkeiten der Angeklagten und ihrer Genossen auszusetzen.

Die Mehrheit kam zur Ablehnung des Antrags in der Erwägung, daß die Schwere dieser Delikte für die Zuständigkeit der Schwurgerichte spreche und daß ein besonderes Bedürfnis für die Änderung des bestehenden Gesetzes nicht hervorgetreten sei.

III. Nach dem §. 80 des G.V.G. sind die Schwurgerichte zuständig für die Verbrechen, welche nicht zur Zuständigkeit der Strafkammern oder des Reichsgerichts gehören. Es lag der Antrag vor,

a) dem §. 80 des G.V.G. die Worte zuzusetzen:

sowie für Vergehen, welche durch den Inhalt einer im Inland erscheinenden periodischen Druckschrift begangen sind;[1])

b) dementsprechend im §. 73 Nr. 1 des G.V.G.[2]) hinter das Wort „Zuständigkeit“ die Worte „der Schwurgerichte oder“ zu setzen.

---

schuldung fremde Wertpapiere, welche er im Betriebe seines Handelsgewerbes als Verwahrer, Pfandgläubiger oder Kommissionär in Gewahrsam genommen, sich rechtswidrig zugeeignet hat.

Nach §. 11 Abs. 2 tritt, wenn mildernde Umstände vorhanden sind, Gefängnisstrafe ein. Der §. 12 Abs. 2 Nr. 2 bedroht die entsprechenden Handlungen der Mitglieder des Vorstandes einer Aktiengesellschaft oder eingetragenen Genossenschaft, der Geschäftsführer einer Gesellschaft mit beschränkter Haftung sowie der Liquidatoren einer Handelsgesellschaft oder eingetragenen Genossenschaft mit den gleichen Strafen.

[1]) Ein gleichlautender Antrag war bei der Beratung des Entwurfs von 1895 in der XI. Kommission gestellt und abgelehnt worden (Reichstagsdrucks. 1895/96 Nr. 294 S. 15—17); er wurde wiederholt im Antrage Lenzmann-Munckel (Reichstagsdrucks. 1900/1901 Nr. 30), aber von der VIII. Kommission (Reichstagsdrucks. 1900/1901 Nr. 220 S. 10) gleichfalls abgelehnt.

[2]) §. 73 Nr. 1 lautet:

„Die Strafkammern sind als erkennende Gerichte zuständig:

1. für die Vergehen, welche nicht zur Zuständigkeit der Schöffengerichte gehören.“

Der Antragsteller erklärte, daß er selbst gegen den Antrag stimmen werde und ihn nur gestellt habe, um die Frage anzuregen und eine Ablehnung herbeizuführen. Es müsse auch in dieser Frage einheitliches Recht für ganz Deutschland geschaffen werden. Dabei könne aber nur eine Aufhebung des §. 6 des Einführungsgesetzes zum Gerichtsverfassungsgesetz in Frage kommen; denn die Geschworenen seien für die Beurteilung von politischen Vergehen, insbesondere Preßvergehen, nicht geeignet, da sie diesen Delikten leicht mit einer gewissen Voreingenommenheit zu Gunsten oder zu Ungunsten des Angeklagten gegenübertreten würden. Dem Antrage wurde ferner entgegengehalten, daß die Form und Begehungsart nicht maßgebend für die Zuständigkeit sein dürfe und daß die Aufrechterhaltung dieser Ausnahmegerichte für die Presse in keiner Weise geboten erscheine. Der Antrag wurde von keiner Seite befürwortet und mit 16 Stimmen gegen eine Stimme abgelehnt.

IV. Die Kommission schritt zur Beratung der ihr unter T I 3 des Fragebogens vorgelegten Frage:

Ist die ausschließliche Zuständigkeit der Strafkammern auf weitere Vergehen auszudehnen, und auf welche?
(G.V.G. §. 74)

Es lagen die Anträge vor:

Die Strafkammern sollen als erkennende Gerichte ausschließlich zuständig sein

a) für das Vergehen des §. 320 des St.G.B. (betreffend die Beschäftigung und Anstellung von rechtskräftig für unfähig zum Eisenbahn- oder Telegraphendienst erklärten Personen);

b) für die Vergehen des Auflaufs im Falle des §. 116 Abs. 1 des St.G.B., der Verleitung zur Abgabe einer falschen Versicherung an Eidesstatt (St.G.B. §. 160 Fall 2) und des Ehebruchs (St.G.B. §. 172).

Der Antrag a wurde einstimmig angenommen; die Kommission hielt es mit Rücksicht auf die Vorschrift im §. 27 Nr. 2 des G.V.G., wonach die Fälle des §. 320 des St.G.B. von der nach der Strafandrohung an sich begründeten gesetzlichen Zuständigkeit der Schöffengerichte ausgenommen sind, für geboten, auch die Überweisung an die Schöffengerichte für unzulässig zu erklären.[1])

Die Anträge unter b wurden damit begründet, daß zur Aburteilung dieser Fälle das Schöffengericht nicht geeignet erscheine. Von anderer Seite wurde jedoch darauf hingewiesen, daß irgend welche Mißstände nicht zu Tage getreten seien und daß es unbedenklich dem Ermessen der Behörden auch weiterhin überlassen bleiben könne, ob sie die einzelne Sache mittels der Überweisung an das Schöffengericht bringen wollten oder nicht. Der Antrag wurde darauf zurückgezogen.

V. Die der Kommission vorgelegte Frage (T I 4 des Fragebogens):

Empfiehlt es sich, die Bestimmung darüber, ob im einzelnen Falle die Aburteilung dem Schöffengericht überwiesen werden soll, ausschließlich der Staatsanwaltschaft zu übertragen?
(G.V.G. §. 75.)

---

[1]) Nach geltendem Rechte ist es streitig, ob die Überweisung zulässig ist; zu vergl. Löwe, Kommentar zur Strafprozeßordnung, 11. Aufl. Note 16b zu §. 75 des G.V.G.

ist von der Kommission bereits bei der Beratung des Vorverfahrens[1]) bejaht worden. Von einem Mitgliede wurde der Zweifel angeregt, ob die Staatsanwaltschaft auch dann noch die Anklageschrift bei dem Amtsgericht einreichen dürfe, wenn zunächst eine Voruntersuchung geführt worden sei oder nach Einreichung der Anklageschrift bei der Strafkammer von dieser noch Ermittelungen veranlaßt würden und die Staatsanwaltschaft demnächst erst zu der Auffassung gelange, daß die Sache zweckmäßig dem Schöffengerichte zu überweisen sei. Es wurde erwidert, daß die Kommission bei der früheren Beschlußfassung diese Fälle mitberücksichtigt habe und darin einig gewesen sei, auch in dem gedachten Zeitpunkte noch die Einreichung der Anklageschrift bei dem Amtsgerichte zuzulassen. Gegen diese Äußerung erhob sich kein Widerspruch.

VI. Hinsichtlich des Verfahrens bei der durch die Staatsanwaltschaft zu bewirkenden Überweisung an das Schöffengericht lag der Antrag vor:

> Der Amtsrichter darf die Anberaumung der Hauptverhandlung nicht wegen Unzuständigkeit des Gerichts ablehnen, weil auf eine andere oder höhere Strafe als die im §. 75 Abs. 1 des G.V.G. am Ende (in der von der Kommission beschlossenen Fassung)[2]) vorgesehene Strafe zu erkennen sein werde.

Die Kommission nahm den Antrag einstimmig in der Erwägung an, daß schon nach geltendem Rechte das Schöffengericht nicht gehindert sei, auf eine andere und höhere Strafe zu erkennen als auf die im §. 75 Abs. 1 am Ende bezeichnete.

VII. Es war endlich noch der Antrag zu beraten:

> Stellt sich in der Hauptverhandlung vor dem Schöffengerichte heraus, daß ein anderes als das der Anklageschrift zu Grunde gelegte Strafgesetz zutrifft oder daß ein höherer als der die Zuständigkeit bedingende Wert oder Schaden vorliegt, oder übernimmt die Staatsanwaltschaft im Privatklageverfahren die Verfolgung, so hat das Schöffengericht seine Unzuständigkeit nur dann auszusprechen, wenn die Überweisung an das Schöffengericht durch das Zutreffen eines anderen Strafgesetzes unzulässig wird oder wenn die Staatsanwaltschaft oder der Angeklagte die Unzuständigkeitserklärung verlangt.

Nachdem darauf hingewiesen war, daß die Kommission schon bei der Beratung des Privatklageverfahrens darin einig gewesen sei,[3]) der Staatsanwalt müsse, wenn er die Verfolgung übernehme, das Verfahren in der Lage, in der es sich zur Zeit der Übernahme befinde, bei dem mit der Sache befaßten Gerichte fortführen, wurde der Zwischensatz:

> „oder übernimmt die Staatsanwaltschaft im Privatklageverfahren die Verfolgung"

zurückgezogen.

---

[1]) Zu vergl. das Protokoll der 25. Sitzung S. 186flg.
[2]) Zu vergl. das Protokoll der 47. Sitzung S. 427.
[3]) Zu vergl. das Protokoll der 35. Sitzung S. 298flg.

Der Antragsteller bemerkte zur Begründung: Es solle damit einmal der Fall getroffen werden, daß die Tat von der Anklage als ein Überweisungsdelikt angesehen worden sei, nach dem Ergebnisse der Hauptverhandlung aber als ein anderes Überweisungsdelikt aufgefaßt werden müsse, und ferner der Fall, daß die Tat von der Anklage als ein zur gesetzlichen Zuständigkeit des Schöffengerichts gehörendes Vergehen angesehen worden sei, nach dem Ergebnisse der Hauptverhandlung aber als ein Überweisungsdelikt aufgefaßt werden müsse. Im ersteren Falle sehe die Praxis jetzt schon von einer Unzuständigkeitserklärung ab,[1]) und es sei angebracht, diese Übung durch eine ausdrückliche gesetzliche Bestimmung außer Zweifel zu stellen. Im zweiten Falle empfehle es sich, in weiterer Ausgestaltung des §. 28 des G.V.G. die Unzuständigkeitserklärung nur unter der Voraussetzung vorzuschreiben, daß entweder der Staatsanwalt oder der Angeklagte dieselbe verlangen. Unbedingt geboten bleibe die Unzuständigkeitserklärung daher nur dann, wenn in der Hauptverhandlung die Tat sich als eine solche darstelle, wegen deren die Überweisung gesetzlich unzulässig sei.

Gegen den Antrag wurden Bedenken nur wegen des darin vorgesehenen Rechtes der Staatsanwaltschaft und des Angeklagten auf Unzuständigkeitserklärung laut. Es wurde darauf hingewiesen, daß nach der Fassung des Antrags dieses Recht über das bestehende Gesetz hinaus auch dann gegeben sein würde, wenn der Betrag des Wertes oder Schadens abweichend von der der Anklage zu Grunde liegenden Auffassung in der Hauptverhandlung auf mehr als fünfundzwanzig Mark angenommen werde oder wenn die Tat unter einem anderen rechtlichen Gesichtspunkt überweisungsfähig erscheine. Hierzu liege eine Veranlassung nicht vor, da der Angeklagte in solchen Fällen durch die Vorschrift des §. 264 der Str.Pr.O. bereits genügend geschützt sei. Auch sei zu befürchten, daß eine solche Bestimmung dem Angeklagten zu Verschleppungen Anlaß geben werde. Ebensowenig dürfe aber der Staatsanwaltschaft jenes Recht eingeräumt werden. Einmal sei es mißlich, daß der Amtsanwalt eine von der Staatsanwaltschaft bewirkte Überweisung auf diese Weise rückgängig machen könne, und ferner führe es zu Unbilligkeiten gegen den Angeklagten und zu unnötigen Weitläufigkeiten, wenn eine fast zu Ende geführte Verhandlung lediglich aus formalen Gründen vertagt werde. Gegen eine unrichtige Behandlung der Sache durch das Schöffengericht schütze auch die Berufung.

Nachdem der Antragsteller hierauf die Worte:

> „oder wenn die Staatsanwaltschaft oder der Angeklagte die Unzuständigkeitserklärung verlangt"

gleichfalls zurückgezogen hatte, wurde der Rest des Antrags einstimmig angenommen.

---

[1]) Zu vergl. Löwe, Kommentar zur Strafprozeßordnung, 11. Aufl. Note 5a und 5b zu §. 270.

49. Sitzung.

17. Mai 1904.

Regelung der sachlichen Zuständigkeit im Falle der Umgestaltung der bisherigen Gerichte. Ausdehnung der Berufung.

I. Die Kommission schritt zur Beratung der ihr unter T II des Fragebogens vorgelegten Frage, in welcher Weise bei Umgestaltung der bisherigen Gerichte die sachliche Zuständigkeit zu bestimmen sei.

A. Hinsichtlich der Schöffengerichte bei den Amtsgerichten war die Kommission, den ihr vorliegenden Anträgen entsprechend, dahin einig, daß die Zuständigkeit nach den §§. 27, 75 des G.V.G. und den dazu ergangenen Beschlüssen der Kommission[1]) auch dann zu regeln sei, wenn die von der Kommission beschlossene Umgestaltung der anderen Gerichte Platz greifen werde.

B. Hinsichtlich der Schöffengerichte bei den Landgerichten lagen die Anträge vor:

1. Die Zuständigkeit der mittleren und der großen Schöffengerichte ist in derselben Weise zu ordnen, wie die Zuständigkeit der Strafkammern und der Schöffengerichte gegenwärtig in den §§. 73, 74 und 80 des G.V.G. geregelt ist.
2. Die Bestimmung des §. 73 Nr. 3 des G.V.G.[2]) ist zu streichen.
3. Die großen Schöffengerichte sind nur für diejenigen Verbrechen zuständig, welche mit dem Tode, mit lebenslänglichem Zuchthaus oder mit lebenslänglicher Festungshaft bedroht sind.

Bei der Beratung ging die Kommission von der Voraussetzung aus, daß die Beschlüsse der Kommission über die Änderung der Gerichtsverfassung in vollem Umfange Gesetz würden.

Demgemäß wurde der Antrag 3, welchem der durch die Kommission verworfene Gedanke der Zweiteilung der Gerichte[3]) zu Grunde lag, vor Beginn der Debatte zurückgezogen.

Der Antrag 1 wurde einstimmig angenommen. Die Kommission erwog:

Die Gründe, aus denen in der vorigen Sitzung eine Verschiebung der Zuständigkeit zwischen Schwurgericht und Strafkammer beschlossen worden sei, kämen bei Umwandlung der Strafkammern und der Schwurgerichte in Schöffengerichte

---

[1]) Zu vergl. das Protokoll der 47. Sitzung S. 418 flg.

[2]) Die Bestimmung lautet:

Die Strafkammern sind als erkennende Gerichte zuständig:

3. für die Verbrechen der Personen, welche zur Zeit der Tat das achtzehnte Lebensjahr noch nicht vollendet hatten.

[3]) Zu vergl. das Protokoll der 45. Sitzung S. 402.

sämtlich in Fortfall. In den mittleren und großen Schöffengerichten seien alsdann genügend Berufsrichter zur Klärung zweifelhafter Rechtsfragen vorhanden. Eine Erweiterung der Zuständigkeit der mittleren Schöffengerichte auf Kosten der großen könne allenfalls aus dem Gesichtspunkte des Sparens an Schöffenmaterial in Frage kommen; indessen sei der Unterschied in der Zahl der bei den mittleren und der bei den großen Schöffengerichten mitwirkenden Laien so gering, daß er zu einer Änderung des bestehenden Rechtes keinen Anlaß gebe.

Widerspruch erhob sich gegen den Antrag 2. Es wurde geltend gemacht, daß die vorgeschlagene Bestimmung durch ein praktisches Bedürfnis nicht gerechtfertigt sei, daß sie aber eine stärkere Heranziehung der Laien nötig machen werde. Die Mehrheit ging demgegenüber von der Ansicht aus, man habe den Schwurgerichten die Beurteilung der Verbrechen von Jugendlichen lediglich deshalb entzogen, weil die Feierlichkeit der schwurgerichtlichen Verhandlung den jugendlichen Angeklagten leicht verwirre und weil die Frage, ob der Angeklagte die zur Erkenntnis der Strafbarkeit seiner Handlung erforderliche Einsicht besessen habe, besser von gelehrten Richtern als von Geschworenen entschieden werde. Diese Gründe fielen bei einer Ersetzung des Schwurgerichts durch ein Schöffengericht mit drei Richtern und vier Schöffen fort. Es bestehe daher keine Veranlassung mehr, die Verbrechen der Jugendlichen den großen Schöffengerichten zu entziehen.

Der Antrag 2 wurde darauf mit 12 gegen 7 Stimmen angenommen.

C. Für den Fall, daß die jetzigen Schwurgerichte beibehalten und nur die Strafkammern durch mittlere Schöffengerichte ersetzt werden sollten, war beantragt worden:

> Die Zuständigkeit der Schwurgerichte und der mittleren Schöffengerichte ist in derselben Weise zu regeln, wie die Zuständigkeit der Schwurgerichte und der Strafkammern nach den §§. 73, 74 und 80 des G.V.G. mit den von der Kommission beschlossenen Abänderungen[1]) zu regeln sein würde.

Die Kommission erhob diesen Antrag einstimmig zum Beschluß, indem sie davon ausging, daß die für die Einschränkung der schwurgerichtlichen Kompetenz zu Gunsten der Strafkammer in der gestrigen Sitzung beigebrachten Gründe auch dann Geltung behielten, wenn anstatt der Strafkammer ein Schöffengericht urteile, in dem zwei Berufsrichter säßen. Es herrschte dabei Übereinstimmung, daß für diesen Fall die Bestimmung des §. 73 Nr. 3 des G.V.G. beizubehalten wäre.

D. Für den Fall, daß zwar das Schwurgericht durch ein Schöffengericht ersetzt, dieses aber entgegen den Beschlüssen der Kommission nicht mit vier, sondern mit sechs Schöffen besetzt werden sollte, war beantragt:

> Die Verbrechen der Urkundenfälschung in den Fällen des §. 268 Nr. 2 und der §§. 272, 273 des St.G.B. und die Verbrechen im Amte in den Fällen der §§. 349, 351 des St.G.B. dem mittleren Schöffengericht zu übertragen.

---

[1]) Zu vergl. das Protokoll der 48. Sitzung S. 428 flg.

Der Antrag wurde damit begründet, daß bei einer Besetzung des großen Schöffengerichts mit sechs Schöffen die Berufsrichter mehr in den Hintergrund träten und es sich daher empfehle, die rechtlich besonders schwierigen Tatbestände diesem Gerichte zu entziehen.

Nachdem jedoch von mehreren Seiten dieser Auffassung widersprochen und darauf hingewiesen worden war, daß es nicht angängig sei, den Beschlüssen der Kommission eine Gerichtsverfassung zu Grunde zu legen, die weder im Gesetze noch in den bisherigen Beschlüssen vorgesehen sei, wurde der Antrag zurückgezogen.

II. Nach dem §. 6 des Einführungsgesetzes zum Gerichtsverfassungsgesetze bleiben die bestehenden landesgesetzlichen Vorschriften über die Zuständigkeit der Schwurgerichte für die durch die Presse begangenen strafbaren Handlungen unberührt. Solche Vorschriften bestehen, unter verschiedenartiger Gestaltung im Einzelnen, in Bayern, Württemberg, Baden und in einem Teile von Oldenburg.[1])

Über die Erfahrungen, die man bisher mit der Rechtsprechung der Schwurgerichte in Preßsachen gemacht habe, gingen die Ansichten in der Kommission auseinander. Während aus Baden günstige Ergebnisse berichtet wurden, wurde aus Württemberg und Bayern mitgeteilt, daß die Urteile der Schwurgerichte in diesen Sachen wenig befriedigt hätten. In Württtemberg habe sich dies namentlich bei den durch die Presse begangenen Gotteslästerungen und Majestätsbeleidigungen, in Bayern auch bei sonstigen Beleidigungen gezeigt. Dies habe in Bayern zu dem unerwünschten Ergebnisse geführt, daß die Staatsanwaltschaft wegen der Aussichtslosigkeit der Strafverfolgung vor dem Schwurgerichte den Beleidigten häufig auch in solchen Fällen auf den Weg der Privatklage verweise, in welchen wohl Anlaß zum Einschreiten im öffentlichen Interesse gegeben gewesen wäre.

Für die Beibehaltung des §. 6 des Einführungsgesetzes zum G.V.G. auch in dem Falle, daß die Schwurgerichte im übrigen durch große Schöffengerichte ersetzt werden sollten, sprach sich nur ein Mitglied aus.

Ein anderes Mitglied hatte beantragt,

> den §. 6 für den Fall beizubehalten, daß an die Stelle des jetzigen Schwurgerichts ein aus drei Richtern und sechs Schöffen besetztes Schwurgericht treten sollte.

Der Antrag wurde jedoch vor Beginn der Erörterung zurückgezogen, weil eine derartige Einrichtung des obersten erstinstanzlichen Gerichts von der Kommission nicht in Aussicht genommen sei, im übrigen aber für den Fortbestand des §. 6 kein Grund vorliege.

---

[1]) Zu vergl. das bayerische Ausführungsgesetz zum G.V.G. vom 23. Februar 1879 Art. 35 (Gesetz- und Verordnungsblatt für das Königreich Bayern 1879 Nr. 15 S. 273 flg.); das württembergische Ausführungsgesetz zum G.V.G. vom 24. Januar 1879 Art. 12 (Regierungsblatt für das Königreich Württemberg 1879 Nr. 2 S. 3 flg.); das Gesetz, die Einführung der Reichs-Justizgesetze in das Großherzogtum Baden betreffend, vom 3. März 1879 §. 6 (Gesetzes- und Verordnungsblatt für das Großherzogtum Baden 1879 Nr. X S. 91 flg.) und das oldenburgische Gesetz, betreffend die Einführung des G.V.G. vom 10. April 1879 Art. 29 (Gesetzblatt für das Herzogtum Oldenburg 1879/80 Nr. 39 S. 330).

Von anderer Seite war beantragt:

Der §. 6 des Einführungsgesetzes zum G.V.G. ist, wenn die jetzigen Schwurgerichte beseitigt werden, aufzuheben.

Dies wurde von vielen Mitgliedern gebilligt. Man erwog: Die Zuständigkeit der Schwurgerichte in Preßsachen und ihre Beibehaltung durch den §. 6 beruhe auf der Erwägung, daß für politische Vergehen die Laien bessere Richter seien als die Berufsrichter. Abgesehen davon aber, daß nicht entfernt alle Preßbeleidigungen einen politischen Charakter trügen, seien inzwischen zahlreiche Preßdelikte in die Erscheinung getreten, die völlig unpolitisch seien und an die man früher kaum gedacht habe (z. B. die Vergehen wider die Gesetze zum Schutze des geistigen Eigentums, der unlautere Wettbewerb). Für alle diese Sachen treffe jene Erwägung von vornherein nicht zu. Ob sie im übrigen als sachlich berechtigt anzuerkennen sei, könne jetzt unerörtert bleiben. Denn es sei nicht zweifelhaft, daß der gedachten Erwägung in dem Augenblicke der Boden gänzlich entzogen werde, in welchem den Beschlüssen der Kommission entsprechend bei den mittleren und bei den großen Schöffengerichten den Laien eine entsprechende Mitwirkung sowohl in der Schuldfrage wie in der Straffrage eingeräumt sei. Wolle man neben den für alle Stufen eingeführten Schöffengerichten für die Preßdelikte noch Schwurgerichte in der bisherigen Verfassung bestehen lassen, so würde diesen Gerichten noch in weit höherem Maße als bisher der Charakter von politischen Ausnahmegerichten beiwohnen und gegen die Rechtsprechung der künftigen Schöffengerichte von vornherein ein ganz ungerechtfertigtes Mißtrauen zum Ausdrucke gebracht. Auch sei es praktisch unausführbar, lediglich für die wenig zahlreichen Preßdelikte die Organisation der Schwurgerichte aufrechtzuerhalten.

Nachdem noch von verschiedenen Seiten darauf hingewiesen war, daß mit der Ersetzung der Schwurgerichte durch große Schöffengerichte der §. 6 des Einführungsgesetzes zum G.V.G. ohne weiteres gegenstandslos werde, wurde schließlich die einstimmige Meinung der Kommission dahin festgestellt,

daß mit der Aufhebung der bisherigen Schwurgerichte auch der §. 6 des Einführungsgesetzes zum G.V.G. in Wegfall kommen solle.

Hiermit war die Beratung der die sachliche Zuständigkeit der Gerichte betreffenden Fragen und Anträge beendigt.

III. Die Kommission wandte sich sodann zur Frage U I des Fragebogens:

Empfiehlt es sich, von der Ausdehnung der Berufung auf die in erster Instanz ergehenden Urteile der Strafkammern oder der etwa neu zu schaffenden Schöffengerichte abzusehen, insbesondere im Hinblick auf die Schwierigkeiten, welche mit einer Durchführung der Mündlichkeit in der Berufungsinstanz verknüpft sind, und mit Rücksicht darauf, daß die bisherigen gesetzgeberischen Maßnahmen zu einem befriedigenden Ergebnisse nicht geführt haben?

Oder sprechen überwiegende Gründe dafür, an einer Ausdehnung der Berufung im Sinne des Gesetzentwurfs von 1895 festzuhalten?

Die Beratung wurde durch den Schluß der Sitzung abgebrochen.

50. Sitzung.

18. Mai 1904.

Ausdehnung der Berufung.

Die Debatte über die Berufung wurde heute zu Ende geführt, die Abstimmung indessen noch ausgesetzt.

I. Die Frage, ob im Strafverfahren eine zweite ordentliche Instanz notwendig oder entbehrlich sei, ist von der Gesetzgebung im Laufe der Zeit sehr verschieden beantwortet worden.[1] In der römischen Kaiserzeit hatte sich wie für den Zivilprozeß so auch für den Strafprozeß ein ordentliches Rechtsmittel der Appellation entwickelt, das mit dem Eindringen des fremden Rechtes auch in Deutschland Eingang fand, sich im akkusatorischen Prozeß erhielt, in dem allmählich zur ausschließlichen Herrschaft gelangenden Inquisitionsprozeß aber mehr und mehr verschwand. Seit Beginn des 19. Jahrhunderts kam dann auch für den Inquisitionsprozeß die Anschauung zum Durchbruche, daß eine Appellation zulässig sein müsse. Mit der Beseitigung des Inquisitionsprozesses und der Einführung eines auf dem Prinzipe der Mündlichkeit beruhenden Verfahrens gelangte die Frage in ein neues Stadium. Es erschien jetzt zweifelhaft, ob in einem Prozeß, in welchem das Urteil auf Grund einer mündlichen Verhandlung und nach der freien, an gesetzliche Beweisregeln nicht mehr gebundenen richterlichen Überzeugung gefunden wird, für eine Appellation überhaupt noch Raum sei.

Als der Entwurf zur Reichs-Strafprozeßordnung aufgestellt wurde, war in den einzelnen Bundesstaaten der Rechtszustand in Ansehung der Berufung mannigfach gestaltet. Übereinstimmung herrschte nur insofern, als nirgends gegen Urteile der Schwurgerichte eine ordentliche zweite Instanz gegeben war. Im übrigen ließen sich die einzelnen Staaten, in denen der mündliche Strafprozeß eingeführt war,[2] in drei Gruppen sondern:

In den Staaten der ersten Gruppe hatte man die Appellation als mit dem mündlichen Prozesse nicht vereinbar beseitigt, in Oldenburg, Braunschweig und Waldeck vollständig, in Sachsen, Württemberg, Baden, Sachsen-Altenburg und Hamburg wenigstens zum größten Teile. In einzelnen der zuletzt genannten Staaten war gegen Urteile der niedrigsten Ordnung eine Nachprüfung der Tatfrage gegeben.

---

[1]) Eine ausführliche Darstellung der Geschichte der Berufung unter besonderer Berücksichtigung des französischen Rechts und der früheren deutschen Partikularrechte ist in der Anlage 1 zu den Motiven der Strafprozeßordnung enthalten (Hahn, Materialien zur Strafprozeßordnung, 2. Aufl. S. 303 flg.).

[2]) In den beiden Mecklenburg und in den beiden Lippe bestand noch der Inquisitionsprozeß und eine Appellation im Sinne dieses Prozesses.

Die zweite Gruppe war durch Preußen und Anhalt vertreten. Hier hatte man ein Kompromiß zwischen der Appellation und dem mit ihr nicht vereinbar erscheinenden Prinzipe der Mündlichkeit zu schließen versucht, indem man die Zulässigkeit des Rechtsmittels von dem Vorbringen neuer Tatsachen oder neuer Beweismittel abhängig machte. Der Appellationsrichter durfte in seiner Entscheidung nicht lediglich auf Grund der Akten, sondern nur dann von den tatsächlichen Feststellungen des Vorderrichters abweichen, wenn neue Tatsachen oder neue Beweise oder die gänzliche oder teilweise Wiederholung der in erster Instanz stattgefundenen Beweisaufnahme eine solche Abweichung begründeten.

Eine dritte Gruppe von Staaten — Bayern, Hessen, Thüringen, auch Lübeck und Bremen — war in Ansehung der Appellation dem französischen Rechte gefolgt. Nach der Praxis, welche sich in Frankreich auf Grund der lückenhaften Vorschriften des code d'instruction criminelle über die Berufung entwickelt hatte, war das Gericht der zweiten Instanz zur mündlichen Abhörung neuer oder bereits vernommener Zeugen nicht verpflichtet; es konnte vielmehr auch lediglich auf Grund der Akten erkennen. Das Verfahren in zweiter Instanz war dadurch im wesentlichen zu einem schriftlichen geworden.

Der im Jahre 1874 dem Reichstage vorgelegte Entwurf einer Strafprozeßordnung folgte der ersten Gruppe, indem er eine Berufung überhaupt nicht vorsah. In der Reichsjustizkommission waren die Ansichten geteilt. In erster Lesung beschloß sie mit 14 gegen 13 Stimmen, die Berufung gegen die Urteile der Schöffengerichte und der Strafkammern zuzulassen. Sie gab zwar späterhin infolge des entschiedenen Widerspruchs der Regierungen diesen Standpunkt in Ansehung der Strafkammern auf, beharrte indessen auf der Forderung, daß gegen Urteile der Gerichte unterster Ordnung, wie es in Sachsen, Baden, Sachsen-Altenburg und Hamburg Rechtens war, eine Berufung zugelassen werde. Da der Bundesrat hierauf einging, kam das heute geltende Recht zustande, welches die Berufung nur gegen die Urteile der Schöffengerichte, nicht auch gegen die der Strafkammern zuläßt.

Schon bald nach dem Inkrafttreten der Strafprozeßordnung erhoben sich in der Literatur und in der Presse lebhafte Klagen über das Fehlen einer Berufung gegen Strafkammerurteile. Die auf Ausdehnung der Berufung gerichteten Bestrebungen fanden in immer weiteren Kreisen, namentlich auch im Reichstag Unterstützung. In wiederholten Initiativanträgen,[1]) die insbesondere an die Namen der Abgeordneten Munckel, Lenzmann und Reichensperger geknüpft

---

[1]) Zu vergl. die Anträge:

Munckel-Meibauer-Lenzmann, Reichstagsdrucks. Nr. 117 von 1882/83;

Munckel-Lenzmann, Drucks. Nr. 27, Reichensperger, Nr. 29 von 1884 (Kommissionsbericht dazu: Drucks. Nr. 149 von 1894);

Munckel, Drucks. Nr. 13, Reichensperger, Nr. 18 von 1884/85 (Kommissionsbericht: Drucks. Nr. 166 von 1884/85);

Reichensperger, Drucks. Nr. 11 von 1885/86 (Kommissionsbericht: Drucks. Nr. 84 von 1885/86);

Munckel, Drucks. Nr. 17, Reichensperger, Nr. 19 von 1887/88;

Reichensperger, Drucks. Nr. 158 von 1890;

Munckel, Drucks. Nr. 23, Reichensperger, Nr. 26 von 1892/93.

waren und mehrfach die Zustimmung des Reichstags fanden, wurde eine Änderung des Rechtsmittelsystems verlangt. Die verbündeten Regierungen verhielten sich zunächst ablehnend, legten aber, als die Klagen nicht verstummten, zuerst im Jahre 1894[1]) und dann im Jahre 1895[2]) dem Reichstag einen Gesetzentwurf vor, welcher die Einführung der Berufung gegen Strafkammerurteile enthielt. Dieser Reformversuch scheiterte jedoch namentlich daran, daß über die Besetzung der Gerichte bei Einführung der Berufung eine Einigung zwischen Reichstag und Bundesrat nicht erzielt werden konnte. Ebensowenig führten die mehrfach in der Folgezeit von den Abgeordneten Rintelen, Lenzmann und Munckel eingebrachten, auf Einführung der Berufung gerichteten Initiativanträge[3]) zu einem Ziele.

II. Die gestrige und die heutige Debatte zeigten, daß in der Kommission die Ansichten über eine Ausdehnung der Berufung geteilt waren. Einstimmigkeit herrschte nur insofern, als von Niemandem die Beseitigung der jetzt gegen Schöffengerichtsurteile zugelassenen Berufung verlangt wurde und als andererseits kein Mitglied die Einführung der Berufung gegen Urteile der Schwurgerichte, falls diese Gerichte in der bisherigen Form bestehen bleiben sollten, befürwortete. Auch nach dem der Kommission vorgelegten Fragebogen handelt es sich nur darum, ob gegen Urteile der Strafkammern und, falls die Strafkammern und die Schwurgerichte durch Schöffengerichte ersetzt werden sollten, gegen Urteile dieser Schöffengerichte die Berufung einzuführen sei.

III. Eine Minderheit erklärte sich gegen die Ausdehnung der Berufung und machte zur Begründung ihres Standpunkts Folgendes geltend:

Die Berufung sei mit dem Grundsatze der Mündlichkeit und Unmittelbarkeit der Verhandlung unvereinbar. Im schriftlichen Prozesse sei die nochmalige Würdigung des in den Akten festliegenden Beweismaterials durch ein zweites Gericht auf Grund von gesetzlichen Beweisregeln eine wirkliche Nachprüfung gewesen, die eine erhöhte Gewähr dafür geboten habe, daß bei der Urteilsfindung kein erhebliches tatsächliches Moment übersehen und unrichtige tatsächliche Schlußfolgerungen vermieden würden. Im mündlichen Verfahren könne aber das dem ersten Richter vorgeführte Beweismaterial unmöglich so genau und vollständig in Protokollen fixiert werden, daß es dem zur Nachprüfung

---

[1]) Reichstagsdrucks. Nr. 15 von 1894/95.

[2]) Reichstagsdrucks. Nr. 73 von 1895/96 (Kommissionsbericht dazu: Drucks. Nr. 294 von 1895/96).

[3]) Anträge Rintelen, Reichstagsdrucks. Nr. 33, Lenzmann-Munckel Nr. 67 von 1897/98;
Antrag Rintelen, Drucks. Nr. 17 von 1898/99 (Kommissionsbericht dazu: Drucks. Nr. 203 von 1898/99):
Anträge Lenzmann-Munckel, Drucks. Nr. 30, Rintelen Nr. 35 von 1901/01 (Kommissionsbericht: Drucks. Nr. 220 von 1900/01):
Zu vergl. auch Resolution Bassermann, Drucks. Nr. 281 von 1897/98 (im Plenum angenommen am 4. Mai 1898).

berufenen zweiten Richter das gleiche Bild gewähre. Selbst wenn das Berufungsgericht die Beweisaufnahme in unbeschränkter Vollständigkeit wiederhole, werde dadurch doch nicht dasselbe Ergebnis geliefert, das die Beweisaufnahme der ersten Instanz erbracht habe. Die Entscheidung des Berufungsrichters im mündlichen Prozesse könne deshalb nicht als Ausfluß einer nachprüfenden Tätigkeit betrachtet werden. Sie sei nur ein neues erstinstanzliches Urteil.

Es liege aber keine Gewähr dafür vor, daß dieses neue Urteil in Ansehung der Beweiswürdigung oder der Ausmessung der Strafe das richtigere sei. Ein höheres Gericht möge, zumal wenn es aus gelehrten Richtern bestehe, zur Entscheidung von Rechtsfragen besser geeignet sein als das untere. Es wohne ihm aber in der Regel keine größere Lebenserfahrung bei und es bestehe deshalb keine Wahrscheinlichkeit dafür, daß es in tatsächlichen Fragen nicht ebenso gut wie das Gericht erster Instanz irre; dies gelte insbesondere, wenn in beiden Instanzen Laien an der Rechtsprechung teilnähmen. Eher ließe sich befürchten, daß das Urteil der zweiten Instanz das weniger richtige sei, weil es auf weniger guten Erkenntnisquellen aufgebaut werde. Denn es liege in der Natur der Sache, daß die der Zeit nach frühere Beweisaufnahme die Wahrheit am besten an den Tag bringe. Bei der späteren Beweisaufnahme habe die Erinnerung der Zeugen schon nachgelassen. Die Ursprünglichkeit und Frische ihrer ersten Aussage fehle. Bewußt oder unbewußt vermischten sich bei ihnen die eigenen Wahrnehmungen mit den Bekundungen der anderen Zeugen, die sie während der ersten Verhandlung gehört haben. Sie seien durch die mündlich mitgeteilte Urteilsbegründung des ersten Gerichts und unter Umständen auch durch Berichte der Presse über die erste Verhandlung beeinflußt. Nachdem sie durch die Entscheidung erster Instanz erfahren, was von ihrer Bekundung abhänge, würden sie oft in ihren Aussagen unsicher und ließen sich leicht durch Mitleid mit dem vom ersten Gerichte verurteilten Angeklagten zu einer Abschwächung ihrer Aussagen verleiten. Der Angeklagte werde zudem bemüht sein, auf die Belastungszeugen der ersten Instanz bis zur zweiten Verhandlung einzuwirken. Sein eigenes Verhalten werde in der erneuten Verhandlung weniger unbefangen sein als vordem. Endlich könnten Beweismittel in der Zeit zwischen der ersten und zweiten Verhandlung verloren gehen, insbesondere Zeugen durch Tod oder auf andere Weise wegfallen.

Nur in denjenigen Fällen, in welchen der Angriff gegen das erstinstanzliche Urteil auf neue Tatsachen oder Beweismittel gestützt werde, könne allenfalls von einer zweiten Verhandlung eine richtigere Entscheidung erwartet werden. Für solche Fälle reiche aber die Berufung nicht aus, da sie an eine kurze Frist geknüpft sei und sich innerhalb dieser die neuen Beweismittel nicht immer herbeischaffen ließen. Auch liege kein Grund vor, dergleichen neue Tatsachen und Beweise vor einen anderen als den ersten Richter zu bringen. Jedenfalls sei in einem solchen Falle das Berufungsgericht nicht eine zweite, sondern eine neue erste Instanz, gegen deren Entscheidung folgerichtig abermals die Berufung zugelassen werden müßte. Alles dies weise darauf hin, daß für die Geltendmachung neuer Tatsachen und Beweismittel nicht die Berufung, sondern wie nach geltendem Rechte die Wiederaufnahme des Verfahrens das allein geeignete Mittel sei.

Die Berufung bringe ferner die Gefahr mit sich, daß sich die Lage des Angeklagten in der ersten Instanz verschlechtere. In zweifelhaften Fällen werde der Richter erster Instanz vielleicht eher zu einer Verurteilung geneigt sein, wenn der Angeklagte durch Einlegung der Berufung seine Freisprechung noch herbeiführen könne. Auch bei der Entscheidung über Beweisanträge des Angeklagten werde das Gericht durch die Zulässigkeit der Berufung unter Umständen ungünstig beeinflußt werden. Das Bewußtsein, daß eine zweite Instanz bestehe, in der etwaige Versehen wieder gut gemacht werden könnten, müsse die Gewissenhaftigkeit und das Gefühl der Verantwortlichkeit bei Richtern, Staatsanwälten und Verteidigern in hohem Grade vermindern. Sei aber der Angeklagte einmal verurteilt, so könne diese Tatsache allein schon in den Augen des Berufungsrichters ihn verdächtig erscheinen lassen.

Dem schuldigen Angeklagten werde es durch die Berufung leichter gemacht, eine ungerechtfertigte Freisprechung zu erzielen. Wenn die Beweisaufnahme in zweiter Instanz, wie es häufig der Fall sein werde, ein weniger klares Bild des Tatbestandes gebe als in erster Instanz, so werde der zweite Richter oft auch in solchen Fällen zur Annahme eines non liquet gelangen, in welchen in erster Instanz die Schuld des Angeklagten zweifelsfrei erwiesen war. Dazu komme, daß der Angeklagte das Sachverhältnis bis zur zweiten Verhandlung verschleiern, Entlastungszeugen zu falschen Aussagen verleiten oder neue Behauptungen und Beweismittel in die Verhandlung zweiter Instanz hineinwerfen könne, die dem Anscheine nach mit den Feststellungen des ersten Richters nicht vereinbar seien. Dieser vermeintliche Widerspruch werde sich häufig nicht sofort aufklären lassen, namentlich wenn die früher vernommenen Zeugen nicht alle zur Stelle seien, und dann zu unrichtigen Freisprechungen führen. Die Erfahrung bei den jetzigen Schöffengerichtssachen zeige, daß sich die Angeklagten in erster Instanz oft ganz anders verteidigen als in der zweiten.

Sodann bringe die Berufung in erheblichem Maße die Gefahr mit sich, daß frivole Angeklagte das Rechtsmittel nur einlegten, um auf diese Weise Strafaufschub zu erlangen. Ein Nachteil könne ihnen hieraus kaum erwachsen, da eine Abänderung des Urteils zu ihren Ungunsten, falls nicht etwa auch der Staatsanwalt Berufung eingelegt habe, nicht in Frage komme und sie zur Kostenzahlung ohnehin fast niemals im Stande seien.

Die Zahl der Berufungen werde voraussichtlich eine sehr große sein und die Arbeitslast der Gerichte erheblich vermehren. Es sei zwar richtig, daß heute nur verhältnismäßig wenige Urteile der Amtsrichter und Schöffengerichte mit der Berufung angefochten würden. Von der neu einzuführenden Berufung werde jedoch sicherlich ein umfassenderer Gebrauch gemacht werden, da hier weit schwerere Strafen in Frage kämen und in der Regel erheblichere Interessen des Angeklagten auf dem Spiele stünden. Die Erfahrung habe bisher gezeigt, daß in den weitaus meisten Fällen die Berufung als unbegründet zurückgewiesen werden müsse. Durch häufige Anfechtung sachlich begründeter Entscheidungen werde aber das Ansehen der Gerichte erster Instanz und damit das der Rechtspflege überhaupt beeinträchtigt.

Die größte Schwierigkeit, die auch bei der Entscheidung der prinzipiellen Frage nicht übersehen werden dürfe, liege in der praktischen Gestaltung des

Berufungsverfahrens. Über eine allseitig befriedigende Zusammensetzung der Gerichte im Falle der Ausdehnung der Berufung habe bisher eine Einigung zwischen den verbündeten Regierungen und dem Reichstage nicht erzielt werden können, obwohl auf beiden Seiten der Wunsch bestand, daß die Berufung gegen die Urteile der Strafkammern eingeführt werde. Noch schwieriger sei es, den Grundsatz der Mündlichkeit in der Hauptverhandlung vor dem Berufungsgerichte durchzuführen. Wolle man in allen Fällen, auch dann, wenn die Berufung offenbar unbegründet sei oder nur das Strafmaß betreffe, die gesamte Beweisaufnahme wiederholen, so werde dies, abgesehen von der sich für das Gericht ergebenden zwecklosen Arbeits- und Zeitvergeudung, derartige Kosten verursachen, daß der minder wohlhabende Angeklagte der Gefahr des wirtschaftlichen Ruins ausgesetzt sei und von der Benutzung des Rechtsmittels geradezu abgeschreckt werde. Außerdem brächten die wiederholten Vernehmungen für Zeugen und Sachverständige eine empfindliche Belästigung und Schädigung mit sich. Überlasse man aber dem Ermessen des Gerichts die Verwertung der im Sitzungsprotokolle der ersten Instanz niedergelegten Beweisergebnisse, so werde das Berufungsverfahren zu einem mehr oder minder willkürlichen Gemische von Mündlichkeit und Schriftlichkeit, das dem Richter schwerlich ein zutreffenderes Bild von der Sache geben könne, als die lebendige mündliche Verhandlung der ersten Instanz.

Ein praktisches Bedürfnis für die Erweiterung der Berufung sei nicht anzuerkennen. Verurteilungen Unschuldiger kämen auch heute höchst selten vor. Das zeige die geringe Zahl von Freisprechungen im Wiederaufnahmeverfahren,[1]) die nicht einmal alle auf dem Nachweise der Unschuld des Angeklagten beruhten. Schon der Umstand, daß die Ziffer der zugelassenen Wiederaufnahmeanträge im Laufe der Jahre keine erhebliche Steigerung aufweise,[2]) spreche gegen das Bedürfnis nach Ausdehnung der Berufung, da ja die Berufung vielfach zu dem Zwecke für notwendig erklärt werde, um neue Tatsachen und Beweismittel dem Gerichte vorführen zu können. Ferner sei auch die Tatsache, daß von den Urteilen der Amts- und Schöffengerichte nur wenige in der Berufungsinstanz zu Gunsten des Angeklagten abgeändert würden,[3]) ein Beweis dafür, daß Irrtümer des Gerichts zum Nachteile des Angeklagten nur selten seien.

Richtig sei es allerdings, daß sich die öffentliche Meinung in weiten Kreisen des Volkes für die Erweiterung der Berufung ausgesprochen habe und diese Erweiterung als das zweckmäßigste Mittel zur Abhilfe gegen die gegenwärtig in der Strafrechtspflege bestehenden Mißstände ansehe. Die Frage, inwieweit hierauf Rücksicht genommen werden müsse, sei jedoch politischer Natur

---

[1]) Nach der Justizstatistik Band XI S. 245 flg. haben im Jahre 1901 nur 496 Wiederaufnahmeverfahren zu Gunsten des Verurteilten stattgefunden und zwar 119 in schöffengerichtlichen und 377 in land- und schwurgerichtlichen Sachen. 47,2 Prozent sind durch sofortige Freisprechung, 41,1 Prozent durch anderweitige Aufhebung des früheren Urteils, 11,7 Prozent durch Aufrechterhaltung des früheren Urteils beendet worden.

[2]) Zu vergl. Justizstatistik Bd. XI a. a. O.

[3]) Aus der Justizstatistik Band XI S. 240 f. geht hervor, daß im Jahre 1901 40 Prozent der Berufungsurteile der Strafkammern auf Aufhebung des ersten Urteils lauteten; wieviele davon zu Gunsten des Angeklagten, ist nicht ersichtlich.

und in dieser Kommission nicht zu entscheiden. Übrigens seien die Meinungen über die Mittel zur Abhilfe keineswegs ungeteilt. Von Vielen würden an Stelle der Berufung andere Maßnahmen empfohlen, z. B. die Beseitigung des Richtermangels und damit der Überbürdung der Gerichte und der ausgedehnten Verwendung von Hilfsrichtern, die abwechselungsweise Beschäftigung der Staatsanwälte im richterlichen Dienste, vor allem aber die Verbesserung des Vorverfahrens. Den letzteren Weg habe man auch in der Gesetzgebung in Frankreich eingeschlagen, wo mit dem Gesetze vom 8. Dezember 1897 nicht die Verbesserung des mangelhaften Berufungsverfahrens, sondern die des Vorverfahrens angestrebt worden sei. Ferner gründe sich jene öffentliche Meinung hauptsächlich auf die Erwägung, daß die Interessen des Beschuldigten im heutigen Verfahren nicht in genügendem Maße sichergestellt seien, und auf das geringe Vertrauen, welches den Strafkammern mit Recht oder Unrecht entgegengebracht werde. Nun habe aber die Kommission bei der Umgestaltung der Vorschriften über das Vorverfahren, die Verteidigung und die Begründung der Urteile bereits in weitem Umfang auf eine größere Sicherung des Beschuldigten Bedacht genommen. Es sei ferner die Mitwirkung der Laien auch in den Strafkammern beschlossen und damit für die Beurteilung der Frage eine vollständig neue Lage geschaffen. Mit den Motiven zu dem Entwurfe von 1895 sei als wesentlicher Zweck der Ausdehnung der Berufung die Wiederherstellung des Vertrauens in die Rechtsprechung der Strafkammern zu betrachten. Diesem Bedürfnisse werde nach den von der Kommission gefaßten Beschlüssen schon durch die Organisation aller Gerichte erster und zweiter Instanz als Schöffengerichte Rechnung getragen. Es dürfe zuversichtlich erwartet werden, daß die Zulassung des Laienelements den an die Stelle der bisherigen Strafkammern tretenden Gerichten das Vertrauen des Publikums ebenso zuwenden werde, wie dies erfahrungsgemäß den kleinen Schöffengerichten gegenüber der Fall sei. Wenn erst diese Beschlüsse durch das Gesetz verwirklicht seien, werde der Wunsch nach einer Wiedereinführung der Berufung gegen die Urteile der mittleren Gerichte bald verstummen. Sollten aber die beschlossenen Garantien für eine gute Rechtsprechung noch nicht als genügend anerkannt werden, so möge man, anstatt die Berufung mit allen ihren Nachteilen wiedereinzuführen, lieber erwägen, ob nicht auf anderem Wege, etwa durch Ausdehnung der notwendigen Voruntersuchung und der notwendigen Verteidigung auf alle zur Zuständigkeit der Strafkammern (mittleren Schöffengerichte) gehörenden Sachen, eine noch verstärkte Sicherung des Angeklagten erreicht werden könne.

Wenn man darauf hinweise, daß die Berufung im Zivilprozeß und gegen die Urteile der Schöffengerichte zugelassen sei und zu Bedenken in der Praxis keinen Anlaß gegeben habe, so könne dieser Vergleich nicht als zutreffend erachtet werden. Das schöffengerichtliche Verfahren erstrebe eine besonders schleunige Erledigung der Sachen und sei nicht mit den Garantien umkleidet, die im Verfahren vor den höheren Gerichten zu Gunsten des Beschuldigten geschaffen seien; hier erscheine deshalb die Möglichkeit einer Nachprüfung gerechtfertigt. Im Zivilprozesse bestehe aber nicht wie im Strafprozesse für das Gericht die Pflicht zur Erforschung der materiellen Wahrheit, sondern der gesamte Prozeßstoff unterliege der Disposition der Parteien, die ein begründetes

Interesse daran haben könnten, einen Teil dieses Prozeßstoffs erst in der zweiten Instanz vorzubringen. Zudem spiele hier der Zeugenbeweis eine geringere Rolle als im Strafverfahren, und es fielen damit manche Bedenken fort, die gegen die Berufung in Strafsachen sich geltend machen ließen.

IV. Die Mehrheit der Mitglieder erklärte sich für die Ausdehnung der Berufung. Es wurde ausgeführt:

Der Strafprozeß müsse so gestaltet sein, daß möglichst jeder Schuldige der Bestrafung entgegengeführt, vor allem aber ein Unschuldiger nicht verurteilt und ein Schuldiger nicht härter bestraft werde, als er verdiene. Deshalb sei das Verfahren in erster Instanz bereits mit einer großen Reihe von Garantien umgeben. Trotzdem bleibe die Möglichkeit bestehen, daß selbst bei der größten Gewissenhaftigkeit aller an der Strafrechtspflege mitwirkenden Organe Irrtümer und Versehen im Urteile vorkämen. Es sei deshalb eine Forderung der Gerechtigkeit, im Gesetze Vorsorge dafür zu treffen, daß solche Fehler wieder beseitigt werden könnten. Diese Beseitigung könne dem ersten Richter selbst nicht überlassen werden, weil es ihm häufig an der hierzu erforderlichen Unbefangenheit fehle. Es müsse vielmehr die Möglichkeit der Verbesserung unrichtiger Entscheidungen durch ein zweites Gericht gewährt werden. Insoweit das erste Gericht lediglich bei der Anwendung des Gesetzes auf den festgestellten Sachverhalt geirrt habe, sei schon nach geltendem Rechte durch das Rechtsmittel der Revision eine Remedur in weitem Umfang ermöglicht. Dagegen seien Irrtümer der Strafkammern bei der Beweiswürdigung und bei der Strafzumessung heute beim Fehlen der Berufung meist unverbesserlich.

Allerdings könne der Verurteilte, wenn er neue Tatsachen und Beweismittel vorzubringen vermöge, eine Wiederaufnahme des Verfahrens beantragen. Allein es müsse in erster Linie verhütet werden, daß ein Unschuldiger überhaupt rechtskräftig verurteilt werde. Zudem sei ein Antrag auf Wiederaufnahme des Verfahrens in der Regel nur sehr schwer durchzusetzen und er gewähre kein Recht auf Unterbrechung oder Aufschub der Strafvollstreckung, sei auch nicht zulässig, wenn nur eine Herabsetzung der Strafe auf Grund neuer Tatsachen verlangt werde. Die Möglichkeit einer Berufung sei deshalb auch insoweit, als neue Tatsachen und Beweismittel in Betracht kämen, neben der Wiederaufnahme des Verfahrens von großer Bedeutung.

Der Irrtum des Gerichts erster Instanz bei der Entscheidung der Schuldfrage beruhe aber keineswegs immer auf einer unvollständigen Kenntnis des Sachverhalts, sondern zum Teil auch auf der unrichtigen Würdigung des vorgebrachten Beweismaterials. Gegen Fehler dieser Art sowie gegen unbillige Ausmessung der Strafe sei heute eine Korrektur gänzlich ausgeschlossen. Es wäre allerdings eine Übertreibung, wenn man behaupten wollte, daß derartige Fehler in den Urteilen der Strafkammern sehr häufig seien. Immerhin kämen sie vor, und da jedes fehlerhafte Urteil das Rechtsgefühl des Volkes auf das empfindlichste verletze, das Ansehen der Rechtspflege schädige und das Vertrauen zu den Gerichten herabmindere, so müsse ein praktisches Bedürfnis anerkannt werden, durch Einführung der Berufung die Möglichkeit einer Beseitigung solcher Entscheidungen zu schaffen.

Das Vorkommen unrichtiger Urteile lasse sich aus verschiedenen Gründen erklären: Die Erfahrung lehre, daß eine zuverlässige Feststellung des Sachverhalts im Rahmen einer Instanz nicht immer möglich sei, daß namentlich der Angeklagte in einer einmaligen Hauptverhandlung nicht die ausreichende Gelegenheit finde, sich in geeigneter Weise zu verteidigen und mit Umsicht und Verständnis die zweckmäßigen Beweisanträge zu stellen. Zuweilen verkenne er die Tragweite der Anklage, verstehe die ihm während der Verhandlung gemachten Eröffnungen nicht und unterschätze die Bedeutung der von der Anklagebehörde herbeigeschafften Beweismittel. Er werde dann erst durch das ihn verurteilende Erkenntnis über die Bedeutung der gegen ihn erhobenen Beschuldigung und den Umfang des gegen ihn sprechenden Verdachts völlig aufgeklärt. Allerdings könne diesem Übelstande durch eine Verbesserung des Vorverfahrens, wie sie von der Kommission angestrebt sei, wesentlich vorgebeugt werden, aber ganz beseitigen lasse er sich hierdurch nicht, weil auch bei noch so guter Vorbereitung der Anklage in der Hauptverhandlung neue Gesichtspunkte hervortreten könnten, deren Bedeutung für die Beurteilung der Sache dem Angeklagten nicht sogleich klar sei und denen gegenüber der §. 264 der Str.Pr.O. einen ausreichenden Schutz nicht gewähre. Wie das Gericht die Beweisergebnisse gewürdigt habe, welche Schlüsse es aus den festgestellten Tatsachen gezogen, wie es die Aussagen der Zeugen und Sachverständigen, die Äußerungen und das Gebaren des Angeklagten aufgefaßt habe, dies alles lasse sich immer erst aus dem Urteile selbst entnehmen. Dann aber sei es für den Angeklagten nicht mehr möglich, Mißverständnisse aufzuklären, durch Fragen auf die Vervollständigung der Zeugenaussagen hinzuwirken und Einwendungen gegen die Glaubwürdigkeit von Zeugen vorzubringen, von denen er angenommen habe, daß das Gericht ihnen keinen Wert beimessen werde. Bei der Strafausmessung endlich sei dem subjektiven Ermessen des Gerichts in der Regel ein so weiter Spielraum gelassen, daß Fehlgriffe leicht möglich seien, zumal die Strafe unter dem unmittelbaren Eindrucke der oft sehr bewegten Verhandlung festgesetzt werden müsse.

Aus den Erfahrungen beim Reichsgerichte sei mitzuteilen, daß man auch dort nicht ganz selten die tatsächlichen Feststellungen in den Urteilen der Strafkammern für verfehlt ansehe. Allerdings sei das Reichsgericht, da es den Sachverhalt nur aus den Akten und aus dem Urteile kenne, die schriftlichen Urteilsgründe aber den Gesamteindruck der mündlichen Verhandlung nicht wiederzugeben vermöchten, oft nicht in der Lage, die Richtigkeit der Feststellungen des Vorderrichters mit Sicherheit zu beurteilen. Wenn es aber (wie häufig bei Bedrohung, Nötigung, Erpressung, Beleidigung) nur auf den Sinn einer Äußerung oder bei klarem objektiven Tatbestande blos auf das subjektive Schuldmoment (wie bei fahrlässigem Falscheid und Verleitung zum Meineid) ankomme, dann könne sich auch der Revisionsrichter ein Urteil darüber bilden, ob die tatsächliche Feststellung zutreffend sei. Gerade in diesen Fällen seien aber häufig Zweifel laut geworden. Die Feststellung des subjektiven Tatbestandes habe auch da oft zu Bedenken Anlaß gegeben, wo die Strafkammer streitige Fragen des bürgerlichen Rechtes in einem bestimmten Sinne entschieden und gleichzeitig tatsächlich festgestellt habe, daß sich der Angeklagte der dieser Entscheidung entsprechenden Rechtslage bewußt gewesen sei. Die Urteile ließen ferner nicht selten erkennen, daß die Strafkammern bei der Beweiswürdigung von Erfahrungssätzen, wie sie in den früheren gesetzlichen Beweisregeln niedergelegt waren, ohne genügenden Grund absähen, daß sie gegen Beweisanträge eine nicht immer gerechtfertigte Abneigung hätten und mehrfach Schutzbehauptungen des Angeklagten als wahr unterstellten und für unerheblich erklärten, ohne daß ihre Unerheblichkeit zweifelsfrei feststünde. Das Rechtsmittel der Revision biete dem Reichsgerichte zuweilen die Möglichkeit, durch Aufhebung des Urteils hier einzugreifen, und es sei in solchen Fällen wiederholt die Erfahrung gemacht worden, daß die Strafkammer in der wiederholten Verhandlung auch in tatsächlicher Beziehung zu einer anderen und richtigeren Auffassung gekommen sei. Aber in der Mehrzahl dieser Fälle versage die Revision, und auch die Wiederaufnahme des Verfahrens reiche hier nicht aus. Es sei gewiß anzuerkennen, daß auch eine große Anzahl sehr guter Strafkammerurteile an das Reichsgericht gelangten. Aber die Zahl der anfechtbaren Urteile sei doch eine so beträchtliche, daß eine wirksame Abhilfe dagegen geschaffen werden müsse. Da eine solche nur in der Berufung gefunden werden könne, so habe diese unter den Mitgliedern des Reichsgerichts im Laufe der Zeit mehr und mehr Anhänger gewonnen.

Wenn man die Entbehrlichkeit der Berufung aus der geringen Zahl der im Wiederaufnahmeverfahren erfolgenden Freisprechungen herzuleiten versuche, so sei dies verfehlt. Die verhältnismäßige Seltenheit solcher Freisprechungen zeige nur, wie schwierig es sei, mit einem Antrag auf Wiederaufnahme des Verfahrens durchzudringen. Daß das Bedürfnis nach einer wiederholten Prüfung wirklich bestehe, ergebe sich deutlich aus der übergroßen Zahl der Wiederaufnahme-Anträge und aus der Häufigkeit der gegen die tatsächlichen Feststellungen und gegen das Strafmaß gerichteten oder auf eine erneute tatsächliche Würdigung abzielenden Revisionen. Die Wiedereinführung der Berufung werde daher auch die erwünschte Wirkung haben, daß das Reichsgericht von diesen Revisionen und die anderen Gerichte von zahlreichen unzulässigen Wiederaufnahmeanträgen befreit würden.

Jedenfalls werde im Volke der Mangel der Berufung lebhaft empfunden und beklagt. Man verstehe es nicht, daß bei den Verurteilungen zu schweren Zuchthaus- oder Gefängnisstrafen eine wiederholte Prüfung der Sache nicht Platz greifen solle, während für die geringfügigen Straftaten, die vor den Schöffengerichten verhandelt werden, und für jeden noch so unbedeutenden vermögensrechtlichen Anspruch, der im Zivilprozesse verfolgt werde, die Berufung gegeben sei. Auf die öffentliche Meinung habe aber in dieser Frage nicht blos der Politiker, sondern auch die Kommission Rücksicht zu nehmen, da, solange die Berufung nicht eingeführt werde, nicht zu erwarten sei, daß die Rechtsprechung im Volke das notwendige Vertrauen wiederfinde. Es sei zwar zu hoffen, daß auch die Umwandlung der Strafkammern in Schöffengerichte eine wesentliche Stärkung dieses Vertrauens zur Folge haben werde. Gleichwohl könne auch in diesem Falle auf die Berufung nicht verzichtet werden, da die sachlichen Gründe, welche für ihre Wiedereinführung sprächen, gegenüber einem aus Berufsrichtern und Laien zusammengesetzten Gericht ihre Geltung behielten. Es bestehe Einigkeit darüber, daß man die Berufung gegen die Urteile der jetzigen Schöffengerichte bestehen lassen müsse. Setze man demnächst an die Stelle der

Strafkammern und Schwurgerichte gleichfalls Schöffengerichte, so sei nicht abzusehen, weshalb man nicht auch die Urteile dieser Gerichte der Berufung unterwerfen solle. Dies werde die neuen Gerichte um so leichter in den Stand setzen, sich von vornherein das Zutrauen der Bevölkerung zu erwerben.

Daß die Berufung manche Unzuträglichkeiten im Gefolge haben werde, sei allerdings nicht zu verkennen. Die Verzögerung der Strafvollstreckung durch unbegründete Berufungen und die Notwendigkeit einer Wiederholung der Beweisaufnahme seien unbestreitbare Übelstände. Allein es gelte, einer seit Jahrhunderten bestehenden gemeinen Rechtsüberzeugung des Volkes Rechnung zu tragen, und jene Unzuträglichkeiten wögen nicht so schwer, daß man deshalb allein den Mangel der Berufung noch länger ertragen solle. Daß die Berufung durchführbar sei, beweise nicht bloß die schöffengerichtliche Berufung und das Beispiel der Militärstrafgerichtsordnung, sondern auch die Gesetzgebung des Auslandes,[1] welche fast überall die Berufung beibehalten oder wieder eingeführt habe.

Die von den Gegnern der Berufung geltend gemachten Bedenken könnten zumeist nicht als begründet angesehen werden.

Zunächst sei es nicht richtig, daß die Berufung sich mit dem Grundsatze der Mündlichkeit und Unmittelbarkeit der Verhandlung nicht vereinigen lasse. Für das Verfahren in zweiter Instanz solle dieser Grundsatz nicht weniger Geltung haben als für die erste Instanz. Allerdings sei es nicht nötig und nicht einmal erwünscht, daß die Beweisaufnahme vor dem Berufungsgericht immer genau dasselbe Bild entrolle, das dem ersten Richter vor Augen gestanden habe. Die Aufgabe der Berufungsinstanz sei nicht eine Nachprüfung der einzelnen Feststellungen und Schlußfolgerungen des ersten Richters auf Grund desselben Beweismaterials, sondern eine erneute selbständige Feststellung des Tatbestandes und eine nochmalige Würdigung des Straffalls nach jeder Richtung hin.

Wenn man ferner sage, daß auch das Urteil der Berufungsinstanz keine unbedingte Gewähr für eine richtige Entscheidung biete, so sei dies freilich insofern richtig, als jede menschliche Einrichtung mit einer gewissen Unvollkommenheit behaftet bleiben werde. Aber jenes Argument beweise zu viel; es führe zur Beseitigung aller Rechtsmittel, auch im Zivilprozesse. Es sei aber doch nicht zu verkennen, daß eine wiederholte Prüfung derselben Sache stets eine größere Gewähr für die Richtigkeit der Entscheidung biete. Dem Berufungsrichter werde nicht wie dem Gericht erster Instanz der Sachverhalt erst nach und nach zur Kenntnis gebracht, sondern schon beim Beginne der Verhandlung das Bild der Tat durch das erste Urteil vor Augen geführt. Die kritische Prüfung dieses Urteils nach Maßgabe der von den Prozeßbeteiligten dagegen gerichteten Angriffe und unter Berücksichtigung der Ergebnisse der neuen Beweisaufnahme erleichtere dem Berufungsrichter die Findung des eigenen Urteils.

Richtig sei zwar, daß unter Umständen durch ein Nachlassen der Erinnerung der Zeugen oder durch den gänzlichen Wegfall einzelner Beweismittel bis zur

---

[1]) Zu vergl. die Zusammenstellung in der Anlage A zum Entwurf von 1895, Reichstagsdrucks. 1895/96 Nr. 73 S. 56. Auch die inzwischen in Ungarn neu erlassene Strafprozeßordnung vom 4. Dezember 1896 enthält eine Appellation.

zweiten Instanz ein Verlust an Beweisstoff eintreten könne. Diesem Übelstande lasse sich aber dadurch einigermaßen begegnen, daß man für eine rasche Ansetzung der Verhandlungstermine in der Berufungsinstanz Sorge trage. Andererseits werde erfahrungsmäßig durch die Erzählung eines Vorganges der Vorgang selbst dem Gedächtnisse schärfer und dauernder eingeprägt. Auch werde der Zeuge durch wiederholte Vernehmung nicht selten von dem Einflusse der Leidenschaftlichkeit und von Irrtümern befreit. Deshalb könne man es auch nicht als einen Nachteil für die Sache ansehen, daß dem Zeugen durch die erste Verhandlung die Aussagen des Angeklagten und die der anderen Zeugen sowie die mündlich verkündeten Urteilsgründe bekannt geworden seien. Diese Kenntnis werde eher aufklärend als verwirrend wirken. Fürchte man aber das Letztere, so könne in Erwägung gezogen werden, ob nicht unter Abänderung des §. 58 der Str.Pr.O. vorzuschreiben sei, daß die Zeugen in Abwesenheit aller anderen Zeugen, nicht blos der später abzuhörenden, zu vernehmen seien und auch den Vorträgen des Staatsanwalts und des Verteidigers sowie der Urteilsverkündung nicht beiwohnen dürften. Jedenfalls aber beweise dieses gegen die Berufung vorgebrachte Argument gleichfalls zu viel. Denn auch in der erstinstanzlichen Verhandlung würden die meisten Zeugen nicht zum ersten Male vernommen; die volle Ursprünglichkeit ihrer Aussage fehle also auch dort; und in den zahlreichen Fällen, in welchen durch Vertagung oder infolge der Aufhebung eines Urteils in der Revisionsinstanz eine Wiederholung der Beweisaufnahme schon heute notwendig werde, müsse man sich mit denselben Nachteilen abfinden.

Wenn man sage, die Berufung werde die Gewissenhaftigkeit des Gerichts erster Instanz abschwächen und dieses in zweifelhaften Fällen zu einer ungerechtfertigten Verurteilung verleiten, so stehe diese Behauptung mit den Erfahrungen im Widerspruche, die man bei den Schöffengerichten und den Zivilgerichten gemacht habe. Das Bewußtsein, daß die Entscheidung nachgeprüft werde, pflege vielmehr für die unteren Gerichte ein Ansporn zu besonderer Umsicht und Sorgfalt zu sein, damit eine Aufhebung des Urteils vermieden werde.

Wie durch etwaige Aufhebung des Urteils das Ansehen des Gerichts erster Instanz geschmälert werden könne, sei nicht abzusehen. Es handle sich bei der Berufung nicht um einen Angriff gegen das Gericht, sondern gegen das Urteil, das nach der damaligen Sachlage vom Gerichte vielleicht mit vollem Rechte erlassen worden sei. Auch dieses Argument lasse sich gegen jedes Rechtsmittel verwerten. Das Ansehen der Rechtspflege werde in weit höherem Maße dadurch gefährdet, daß unrichtige Urteile erlassen würden, ohne daß das Gesetz zu ihrer Beseitigung eine genügende Handhabe biete.

Was endlich die Belästigung der Zeugen und Sachverständigen durch wiederholte Vernehmungen betreffe, so sei dieser Nachteil nicht allzuhoch anzuschlagen. Denn nur verhältnismäßig wenige Personen kämen öfter in die Lage, vor den Strafgerichten als Zeugen oder Sachverständige erscheinen zu müssen. Jedenfalls müsse die Belästigung im Interesse der Gerechtigkeit ertragen werden.

V. Von einem Mitgliede, welches die praktische Durchführbarkeit der Berufung gegen die Urteile der Gerichte mittlerer und oberer Stufe bezweifelte, es aber doch für notwendig hielt, eine Nachprüfung dieser Urteile zu ermöglichen, waren folgende Anträge eingebracht worden:

1. Als Rechtsmittel gegen die Urteile der Strafkammern und der Schwurgerichte oder der an ihre Stelle tretenden Gerichte soll nicht die Berufung, sondern der Antrag auf wiederholte Verhandlung eingeführt werden (Rechtsmittel der Wiederholung).

   Auszunehmen sind die auf Berufung gegen schöffengerichtliche Urteile (§. 354 der Str.Pr.O.) und die auf Grund wiederholter Verhandlung ergangenen Urteile.

2. Der Antrag auf wiederholte Verhandlung ist bei dem Gerichte, dessen Entscheidung angefochten wird, binnen einer Woche nach Verkündung des Urteils zu Protokoll des Gerichtsschreibers oder schriftlich zu stellen.

   Die Bestimmungen des §. 355 Abs. 2 und der §§. 356, 357 der Str.Pr.O. über die Berufung finden Anwendung.

3. Der Antrag ist spätestens binnen einer weiteren Woche nach Ablauf der Frist zur Einlegung des Rechtsmittels oder, wenn zu dieser Zeit das Urteil noch nicht zugestellt war, nach dessen Zustellung bei dem Gerichte, dessen Urteil angefochten wird, zu Protokoll des Gerichtsschreibers oder schriftlich zu begründen.

   Hierüber ist der Antragsteller zu belehren, wenn der Antrag zu Protokoll des Gerichtsschreibers gestellt wird.

   Die Begründung des Antrags ist dem Gegner mitzuteilen.

4. Zu Gunsten eines Verurteilten kann der Antrag nur darauf gestützt werden, daß die Freisprechung oder in Anwendung eines milderen Strafgesetzes eine geringere Bestrafung hätte erfolgen sollen. Dies kann auf Grund der bisherigen Beweisergebnisse oder auf Grund neu vorzubringender Tatsachen und Beweismittel geltend gemacht werden.

   Zu Ungunsten des Angeklagten kann in gleicher Weise der Antrag nur darauf gestützt werden, daß die Verurteilung oder in Anwendung eines strengeren Strafgesetzes eine höhere Bestrafung hätte erfolgen sollen.

   Aus der Begründung muß hervorgehen, ob der Antrag hierauf gestützt wird und ob die Beurteilung des bisherigen Beweisergebnisses angefochten oder auch neue Tatsachen und Beweismittel vorgebracht werden sollen. Die neuen Tatsachen und Beweismittel sind anzuführen. Solche später vorzubringen, ist jedoch gestattet.

5. Ist der Antrag verspätet gestellt oder ist die Begründung nicht rechtzeitig oder nicht mit dem vorgeschriebenen Inhalt erfolgt, so hat das Gericht, dessen Urteil angefochten wird, durch Beschluß das Rechtsmittel als unzulässig zu verwerfen.

   Andernfalls erfolgt durch die Staatsanwaltschaft die Einsendung der Akten an den Strafsenat des Oberlandesgerichts.

   Gegen den im Abs. 1 bezeichneten Beschluß kann der Antragsteller die sofortige Beschwerde einlegen. Die Vollstreckung des Urteils wird hierdurch nicht gehemmt.

6. Erachtet der Strafsenat des Oberlandesgerichts die Bestimmungen über Stellung und Begründung des Antrags nicht für beobachtet, so kann er den Antrag durch Beschluß als unzulässig verwerfen.
7. Der Strafsenat des Oberlandesgerichts hat durch Beschluß den Antrag als unbegründet zu verwerfen, wenn anzunehmen ist, daß eine wiederholte Verhandlung nicht die Freisprechung des Verurteilten oder die Verurteilung des Freigesprochenen oder in Anwendung eines anderen Strafgesetzes eine andere Bestrafung ergeben werde.

   Andernfalls verordnet das genannte Gericht durch Beschluß die wiederholte Verhandlung.

   Vor der Beschlußfassung können einzelne Beweiserhebungen, auch eidliche Vernehmungen, angeordnet werden.
8. Die wiederholte Verhandlung findet nach den Bestimmungen über die Hauptverhandlung vor dem Gerichte statt, welches das angefochtene Urteil erlassen hat.

   Der Strafsenat kann jedoch die Wiederholung der Hauptverhandlung vor einem benachbarten Gericht anordnen und hat die Wiederholung vor dem zuständigen Gericht anzuordnen, wenn das erste Gericht mit Unrecht seine Zuständigkeit angenommen hatte.

   Keiner der Richter (nicht Schöffen), welche bei dem angefochtenen Urteile mitgewirkt haben oder deren Mitwirkung dabei ausgeschlossen war (§. 23 Abs. 2, 3 der Str.Pr.O.), darf bei der wiederholten Verhandlung als Richter mitwirken.

   Die Bestimmung des §. 372 (§. 398 Abs. 2) der Str.Pr.O. findet Anwendung.
9. Die Revision findet statt gegen die Urteile, die im Berufungsverfahren (§. 354 der Str.Pr.O.) oder auf Grund wiederholter Verhandlung ergangen sind.

   Durch Einlegung der Revision wird die Vollstreckung des Urteils nicht gehemmt; das Gericht, dessen Urteil angefochten ist, oder das Revisionsgericht kann jedoch einen Aufschub sowie eine Unterbrechung der Vollstreckung anordnen.

Der Antrag war schriftlich, wie folgt, begründet worden:

Für den gemachten Vorschlag ließen sich im wesentlichen sowohl die Gründe anführen, die gegen eine Ausdehnung der Berufung sprächen, als die Gründe, die für eine solche vorgebracht würden. Die Anträge seien hervorgegangen aus Beobachtungen bei dem Beschwerdeverfahren in Wiederaufnahmesachen. Dies führe dem Strafsenate des Oberlandesgerichts eine große Anzahl und meist die bedeutenden oder zweifelhaften Sachen der Strafkammer und des Schwurgerichts zur Prüfung in beratender Sitzung vor. Die Akten, namentlich das Urteil, die Protokolle der Voruntersuchung und des Vorverfahrens sowie die Protokolle über die Hauptverhandlung, welche die wesentlichen Ergebnisse der Vernehmung über die Vorschrift des §. 273 Abs. 2 der Str.Pr.O. hinaus enthalten, ergäben erfahrungsgemäß Einblick in die Sachlage und ermöglichten im Zusammenhalte mit dem neuen Vorbringen und etwaigen Beweiserhebungen hierüber in verhältnismäßig einfachem und raschem Verfahren ohne die Umständlichkeiten einer mündlichen Verhandlung eine Entscheidung des Obergerichts darüber, ob eine Erneuerung der Hauptverhandlung angemessen, namentlich ob sie zur Freisprechung eines Verurteilten zu führen geeignet sei. Neben dem Wiederaufnahmeverfahren (§§. 399 flg. der Str.Pr.O.) sei auch die schwurgerichtliche Verweisung zur neuen Verhandlung (§. 317 der Str.Pr.O.) und die reichsgerichtliche oder oberlandesgerichtliche Zurückverweisung zur anderweiten Verhandlung (§. 394 Abs. 2 der Str.Pr.O.) in gewissem Umfang ein Seitenstück zu dem hier gemachten Vorschlage. Eine sachliche Prüfung, wie sie in den angeführten Beschwerdesachen des Wiederaufnahmeverfahrens erfolge, könnte auch unmittelbar nach Fällung des Urteils vorgenommen werden mit Berücksichtigung dessen, was der Angeklagte oder die Staatsanwaltschaft gegen das ergangene Urteil und die vorgenommene Hauptverhandlung meist sogleich einzuwenden hat, sodaß auch die für ein Rechtsmittel erforderlichen Fristen nicht allzusehr eingriffen. In Verbindung mit der Befugnis, die wiederholte Verhandlung anzuordnen, vereinige das vorgeschlagene Verfahren die beiden Hauptererfordernisse eines sachlichen Rechtsmittels im mündlichen Verfahren, zwischen denen sich die Versuche einer Ausdehnung der Berufung vergebens abmühten. Der Fall werde durch ein eigentliches Obergericht sachlich nachgeprüft und könne in vollem mündlichem Verfahren aufs neue verhandelt werden. Die Vorschläge einer Ausdehnung der Berufung gewährten entweder ein eigentliches Obergericht mit einem Mehrgehalt an Fähigkeit und Erfahrung, könnten aber dann schon wegen der geringen möglichen Zahl solcher Obergerichte und wegen der Schwierigkeiten der Vereinigung aller Zeugen und Angeklagten an deren festem Sitze oder der mangelnden Beweglichkeit des Sitzes kein volles mündliches Verfahren in tatsächlicher Ausführbarkeit gewähren, oder sie gewährten ein solches mündliches Verfahren, aber kein eigentliches Obergericht, sondern mit mehr oder weniger unwesentlicher Beimischung wieder das gleiche Gericht. Diese zweite Gestaltung des Berufungsverfahrens sei schon nahe daran, einfach eine Wiederholung der Hauptverhandlung zu bieten; aber um nicht regelmäßig erst durch zwei gleichartige Verhandlungen ein sachlich entscheidendes Urteil zu erhalten, müsse man der Wiederholung eine Schranke setzen. Hierbei könne dann zugleich in Annäherung an die ersterwähnte Gestaltung des Berufungsverfahrens die sachliche Prüfung durch ein eigentliches Obergericht in dem für dieses geeigneten schriftlichen Verfahren ermöglicht werden. Der Vorschlag werde nicht darauf hinauskommen, daß in den meisten Fällen, in denen das Rechtsmittel eingelegt wird, statt der doppelten Arbeit der ersten und zweiten Verhandlung die dreifache Arbeit, durch Hinzutreten der Tätigkeit des Obergerichts, verursacht wird; denn diese Tätigkeit erfordere nicht so viel Arbeit als eine Hauptverhandlung, und die Wiederholung der Hauptverhandlung werde in vielen Fällen vermieden werden. Wenn die bisherigen Schwurgerichte beibehalten werden sollten, so sei bei der Unmöglichkeit einer Berufung gegen ihre Urteile, die eines sachlichen Rechtsmittels nicht am wenigsten bedürften, umsomehr die Einführung eines auch gegenüber Schwurgerichtsurteilen möglichen sachlichen Rechtsmittels gerechtfertigt.

Außer dem Antragsteller sprach sich niemand zu Gunsten dieser Vorschläge aus. Es wurde vielmehr geltend gemacht:

Der Antrag habe wie die mannigfachen in der Literatur an Stelle der Berufung vorgeschlagenen Rechtsbehelfe den Fehler, daß er die Mängel des

Berufungsverfahrens nicht vermeide, gleichwohl aber die Vorzüge der Berufung nicht zur Geltung kommen lasse. Die Vorschläge kämen im Grunde auf ein Wiederaufnahmeverfahren hinaus, verschlechtert durch die kurzen Fristen, in denen ein gegen die tatsächliche Feststellung gerichtetes Rechtsmittel noch weniger gerechtfertigt werden könne als die Revision. Der Gedanke, mittels des schriftlichen Zwischenverfahrens vor dem Oberlandesgerichte die Erneuerung der Hauptverhandlung in aussichtslosen Fällen auszuschließen, sei zwar zu billigen. Dieses Ziel werde aber schwerlich erreicht werden, da frivole Angeklagte immer Mittel und Wege finden würden, durch Vorbringen einer neuen Tatsache oder eines neuen Zeugen die Wiederholung der Hauptverhandlung zu erreichen. Zudem sei das Oberlandesgericht kaum in der Lage, lediglich auf Grund der Akten eine zutreffende Entscheidung darüber zu treffen, ob die Wiederholung der Hauptverhandlung angezeigt sei. Denn die Akten enthielten ausführlich nur die Beweisergebnisse des Vorverfahrens; diese könnten sich aber in der Hauptverhandlung völlig verschoben haben, ohne daß es aus den dürftigen Sitzungsprotokollen im einzelnen zu ersehen sei. Auch die Urteilsgründe hätten nicht die Aufgabe, die Widersprüche zwischen den Ergebnissen der Hauptverhandlung und denen des Vorverfahrens besonders hervortreten zu lassen. Es sei zwar bestechend, daß der Antrag das Rechtsmittel der Wiederholung auch gegen die Urteile der jetzigen Schwurgerichte zulassen wolle. Aber gerade hier werde das Oberlandesgericht niemals die nötigen Unterlagen für die von ihm zu treffende Entscheidung in den Akten finden, da nicht einmal ein mit Gründen versehenes Urteil vorliege. Dies habe sich schon bisher bei der Prüfung der Wiederaufnahmeanträge in Schwurgerichtssachen in der Beschwerdeinstanz als ein empfindlicher Übelstand herausgestellt, wie denn überhaupt die bei den Oberlandesgerichten mit dem Wiederaufnahmeverfahren gemachten Erfahrungen keineswegs geeignet seien, die Behauptung des Antragstellers zu rechtfertigen, daß die Akten allein einen genügenden Einblick in die Sachlage ermöglichten. In einer Beziehung werde durch den Antrag die Stellung des Angeklagten im Vergleiche zu dem heutigen Rechte geradezu verschlechtert: wenn die Entscheidung des Oberlandesgerichts, die das Rechtsmittel der Wiederholung als unbegründet verwerfe, auf einem Rechtsirrtume beruhe, so stehe dem Angeklagten gleichwohl die Revision nicht zu.

51. Sitzung.

19. Mai 1904.

Bildung der Berufungsinstanz am Landgerichte.

I. Es wurden zunächst die im Protokolle vom gestrigen Tage unter V aufgeführten Anträge auf Einführung eines Rechtsmittels der Wiederholung vom Antragsteller zurückgezogen.

Sodann wurde zur Abstimmung über die Ausdehnung der Berufung geschritten.

Vor der Abstimmung stellte der Vorsitzende fest, daß kein Mitglied in seiner Stellungnahme zur Berufung einen Unterschied mache, je nachdem die bisherigen Gerichte beibehalten oder die von der Kommission beschlossenen neuen Gerichte eingeführt werden sollten.

Es wurde darauf mit 14 gegen 6 Stimmen der Beschluß gefaßt:

> Es sprechen überwiegende Gründe dafür, an einer Ausdehnung der Berufung im Sinne des Gesetzentwurfs von 1895 festzuhalten und zwar sowohl für den Fall, daß die Strafkammern beibehalten werden, als für den Fall, daß an Stelle der Strafkammern und der Schwurgerichte Schöffengerichte treten.

Es herrschte Einverständnis darüber, daß dieser Beschluß mit den Worten „Berufung im Sinne des Gesetzentwurfs von 1895" nicht eine Billigung der damals vorgeschlagenen Gestaltung des Berufungsverfahrens aussprechen, sondern nur die Ausdehnung der Berufung im Prinzipe befürworten solle.

II. Die Kommission ging zur Beratung der Frage über, ob die Berufungsinstanz bei den Landgerichten oder bei den Oberlandesgerichten zu bilden sei. Diese Frage hat die gesetzgebenden Körperschaften vielfach beschäftigt und ist verschieden beantwortet worden. Im Jahre 1886 stimmte der Reichstag einem Antrage des Abgeordneten Dr. Reichensperger zu, welcher die Bildung der Berufungsinstanz bei den Landgerichten vorgesehen hatte.[1] In dem Gesetzentwurfe von 1895 war vorgeschlagen worden, die Berufung gegen die Urteile der Strafkammern an die bei den Oberlandesgerichten zu bildenden, mit fünf Mitgliedern zu besetzenden Berufungssenate gehen zu lassen. Mit Rücksicht auf die Größe einzelner Oberlandesgerichtsbezirke sollte jedoch den Landesjustiz-

[1] Reichstagsdrucks. 2885/86 Nr. 11, 84; Sitzung vom 15. März 1886, Stenogr. Berichte S. 1500.

verwaltungen das Recht vorbehalten bleiben, die Bildung abgezweigter Strafsenate bei den vom Sitze des Oberlandesgerichts entfernteren Landgerichten anzuordnen.[1]) Diese Vorschläge wurden im Reichstage bis auf einige Abweichungen hinsichtlich der Besetzung der abgezweigten Strafsenate von der Kommission[2]) und in der zweiten Beratung auch vom Plenum[3]) angenommen. Die späteren Initiativanträge der Abgeordneten Rintelen und Lenzmann-Munckel nahmen denselben Standpunkt ein und fanden die Billigung der Kommissionen des Reichstags.[4])

Im Anschlusse hieran ist der Kommission unter U II 1a und b des Fragebogens die Frage vorgelegt,

> inwieweit Abweichungen von der in dem Entwurfe von 1895 in Aussicht genommenen Regelung des Berufungsverfahrens angezeigt erschienen, ob die Berufungsinstanz bei den Landgerichten oder bei den Oberlandesgerichten zu bilden sei und ob sich im letzteren Falle die Einrichtung abgezweigter Senate empfehle.

Die Kommission legte bei der Erörterung zunächst die Annahme zu Grunde, daß die von ihr beschlossene Umwandlung der Strafkammern und der Schwurgerichte in Schöffengerichte im Gesetze verwirklicht werde.

Für diesen Fall lagen folgende Anträge vor:

1. Die Berufungsinstanz ist bei den Landgerichten zu bilden.
2. a) Die Entscheidung über das Rechtsmittel der Berufung gegen die Urteile der mittleren und der großen Schöffengerichte ist den bei den Oberlandesgerichten zu errichtenden Berufungsgerichten zu übertragen.

   b) Durch Anordnung der Landesjustizverwaltung kann für die vom Sitze des Oberlandesgerichts entfernteren Landgerichte bei einem oder mehreren derselben ein Berufungsschöffengericht gebildet werden.

Das Ergebnis der Beratung war, daß die Kommission mit 15 gegen 4 Stimmen den Antrag 1 annahm. Die Anträge unter 2 waren durch diese Abstimmung erledigt.

III. Für die Bildung der Berufungsinstanz bei den Oberlandesgerichten war geltend gemacht worden:

Es gehöre zum Wesen der Berufung, daß sie Devolutiveffekt habe und die Sache vor ein höheres Gericht bringe. Allen Rechtsmitteln im eigentlichen Sinne, die unser gegenwärtiges Verfahren kenne, sei diese Wirkung eigen. Auch die früheren partikularrechtlichen Gesetzgebungen Deutschlands sowie die jetzt geltenden Gesetze des Auslandes[5]) hätten fast alle für die Berufung den

---

[1]) Zu vergl. Reichstagsdruckf. 1895/96 Nr. 73.

[2]) Zu vergl. Reichstagsdruckf. 1895/96 Nr. 294 S. 22 bis 25, 96, 97.

[3]) Sitzung vom 13. November 1890, Stenogr. Berichte S. 32, 33.

[4]) Zu vergl. Reichstagsdruckf. 1898/99 Nr. 17, 203; 1900/01 Nr. 30, 35; 220.

[5]) Zu vergl. die Anlage A des Gesetzentwurfs von 1895 (Reichstagsdruckf. 1895/96 Nr. 73) und die §§. 378, 381 der ungarischen Strafprozeßordnung vom 4. Dezember 1896.

Grundsatz des Instanzenzugs durchgeführt. In der Auffassung des Volkes sei der Übergang an ein höheres Gericht mit der Berufung untrennbar verbunden; eine Berufung ohne diese Wirkung werde von vornherein nicht als vollwertig anerkannt werden, des öffentlichen Vertrauens entbehren und deshalb ihren Zweck verfehlen. Aber auch aus sachlichen Gründen sei die Bildung der Berufungsinstanz bei dem höheren Gerichte geboten. Mit der erneuten Verhandlung sei notwendig eine Kritik des ersten Verfahrens verbunden und diese könne nur von einem höheren, nicht von einem gleichgestellten Richter geübt werden. Von dieser Auffassung ausgehend, habe man auch in Frankreich[1] und in Belgien[2] in den Jahren 1856 und 1849 unter Abänderung der bisherigen Gesetzgebung die Berufung an die Appellhöfe gebracht. Die Einheitlichkeit der Rechtsprechung werde besser gewahrt, die Ausgleichung von Härten bei der Strafzumessung erleichtert, wenn für größere Bezirke ein gemeinsames Berufungsgericht bestehe. Hierzu komme, daß das Oberlandesgericht eine größere Gewähr für die richtige Entscheidung biete als das Landgericht. Denn die Oberlandesgerichtsräte seien in der Regel befähigtere und erfahrenere Richter, als die Mitglieder der Landgerichte; ihr Gesichtskreis sei infolge der über einen großen Bezirk sich erstreckenden Tätigkeit und der meist großstädtischen Umgebung ein weiterer; vor allem aber sei ihre Unbefangenheit weder durch örtliche Vorurteile noch durch persönliche Beziehungen zum ersten Richter getrübt.

Bilde man dagegen die Berufungsinstanz beim Landgerichte, so werde der zweite Richter bei der Beurteilung der Sache den gleichen örtlichen Einflüssen unterliegen wie der erste Richter. Ganz besonders müsse sich dies bei den Schöffen bemerkbar machen, da nicht nur die am Tatort in der Bevölkerung verbreitete Auffassung, sondern auch die Ansicht der in erster Instanz beteiligt gewesenen Schöffen auf sie einwirken werde. Hinsichtlich der gelehrten Richter sei zu befürchten, daß sie von vornherein das angefochtene Urteil für zutreffend halten würden, wenn es etwa von einem besonders tüchtigen und angesehenen Mitgliede des Landgerichts abgefaßt sei. Andererseits müsse die Kollegialität unter den Mitgliedern des Landgerichts schweren Schaden nehmen, wenn ein Teil der Richter die Urteile des anderen Teiles nachzuprüfen und aufzuheben in der Lage sei. Besonders in kleineren Verhältnissen würden sich hieraus höchst unerquickliche Zustände ergeben. In Elsaß-Lothringen habe denn auch die Vorschrift des Gesetzes vom 14. Juli 1871, wonach in Zuchtpolizeisachen über die Berufung eine aus fünf Mitgliedern gebildete Kammer des Gerichts erster Instanz zu entscheiden hatte,[3] große Mißstände in jener Hinsicht hervorgerufen. Es werde aber ferner die Bildung der Berufungsinstanz beim Landgerichte große organisatorische und finanzielle Schwierigkeiten bereiten. Da in der Berufungsinstanz kein Richter der ersten Instanz mitwirken dürfe (Str.Pr.O. §. 23), so werde man zur Besetzung der mittleren und großen Schöffengerichte und der Berufungskammern allein neun Richter nötig haben.

---

[1]) Zu vergl. Gesetz vom 13. Juni 1856.

[2]) Zu vergl. Gesetz vom 1. Mai 1849.

[3]) Zu vergl. §. 6 des Gesetzes, betreffend Abänderungen der Gerichtsverfassung (Gesetzbl. f. Elsaß-Lothringen 1871 S. 165).

Die Mitglieder der Zivilkammer bei der Besetzung der Berufungskammer zu verwenden, sei bedenklich, da die Erfahrungen bei den Ferienkammern bewiesen, daß es für die vorzugsweise mit Zivilsachen beschäftigten Richter keineswegs leicht sei, sich in Strafsachen hineinzuarbeiten. Besonders schwierig werde es sein, die vier verschiedenen Strafgerichtshöfe am Landgerichte mit geeigneten Vorsitzenden zu besetzen. Da die Zuziehung von Hilfsrichtern nicht empfohlen werden könne, ergebe sich hiernach die Notwendigkeit einer beträchtlichen Vermehrung der Richterstellen an den Landgerichten. Die kleineren Landgerichte seien aber jetzt schon nicht überall in vollem Maße beschäftigt; dieser Mißstand werde also durch die Einrichtung der Berufungsinstanz an den Landgerichten sich weiter verschärfen.

Zuzugeben sei, daß in besonders ausgedehnten Bezirken die Bildung der Berufungsinstanz beim Oberlandesgerichte sich gleichfalls nicht ohne Schwierigkeiten werde durchführen lassen. Hier biete sich aber, wie in der Begründung zum Entwurfe von 1895 zutreffend ausgeführt sei,[1]) in der Einrichtung von abgezweigten Strafsenaten ein geeignetes und zweckmäßiges Mittel zur Abhilfe. Wenn im übrigen die Einrichtung der Berufung am Oberlandesgerichte der Bevölkerung größere Kosten und Beschwerlichkeiten auferlege, so werde sie diese mit der Berufung in den Kauf nehmen müssen.

IV. Die Mehrheit verkannte nicht, daß die Bildung der Berufungsinstanz beim Landgericht einen Bruch mit der sonstigen Einrichtung der Rechtsmittel in unserer Gesetzgebung bedeute und daß es dem natürlichen Gefühle zunächst widerstrebe, das Berufungsgericht aus demselben Körper hervorgehen zu sehen, dem das erste Gericht angehöre. Aber diese Bedenken müßten zurücktreten, wenn schwerwiegende sachliche Gründe eine solche Einreichung als unumgänglich nötig erscheinen ließen. In dieser Beziehung solle zwar kein entscheidendes Gewicht darauf gelegt werden, daß die Oberlandesgerichte infolge ihrer ganzen Organisation mehr für die Entscheidung von Rechtsfragen, als für die Verhandlung langwieriger und die Spannkraft der Richter in hohem Grade in Anspruch nehmender Strafsachen mit zahlreichen Zeugen und Angeklagten geschaffen seien und deshalb für eine zutreffende Entscheidung der Tatfrage sich vielleicht weniger eigneten als die Landgerichte. Ausschlaggebend gegen die Einrichtung der Berufung an den Oberlandesgerichten sei aber die Erwägung, daß dann der Grundsatz der Mündlichkeit, mit dem die Berufung selbst stehe und falle, in der Berufungsinstanz sich nicht werde durchführen lassen. Aus diesem Grunde sei es auch nicht angängig, daß die Gegner auf das Beispiel der ausländischen und der früheren deutschen Partikulargesetzgebung Bezug nähmen. Diese hätten zwar die Berufung an die Obergerichte geleitet, aber die Mündlichkeit der Verhandlung in zweiter Instanz niemals durchzuführen vermocht. Die Kommission habe jedoch bei dem Beschluß über die Ausdehnung der Berufung keinen Zweifel darüber gelassen, daß sie nur eine Berufung mit unbeschränkter mündlicher Verhandlung im Auge habe. Eine Berufungsinstanz, die für die Wahrheitsermittelung nicht mindestens die gleichen Garantien besitze

[1]) Zu vergl. S. 19 der Begründung.

wie die erste Instanz, habe überhaupt keinen Wert. Der Berufungsrichter könne nur dann ein besser informierter Richter sein, wenn auch er den Sachverhalt auf Grund einer völlig unbeschränkten, durch etwa beigebrachtes neues Beweismaterial noch vervollständigten mündlichen Verhandlung feststelle. Eine solche Wiederholung der gesamten Beweisaufnahme sei aber vor den Oberlandesgerichten schlechthin ausgeschlossen. Die Aufwendungen an Zeugen- und Sachverständigen-Gebühren sowie die durch den Transport verhafteter Angeklagter entstehenden Kosten würden sehr beträchtlich sein. Die Gestellung von Zeugen werde nur noch wohlhabenden Angeklagten möglich bleiben. Den Zeugen und Sachverständigen selbst mute die Reise an den Sitz des Oberlandesgerichts Opfer an Zeit und Geld zu, die durch die Gebühren nicht entfernt ersetzt würden und die vom volkswirtschaftlichen Standpunkt als sehr unerwünscht bezeichnet werden müßten. Frauen, Kinder, alte oder gebrechliche Personen würden häufig garnicht in der Lage sein, eine solche Reise zu unternehmen. Die Herbeischaffung von Zeugen noch im Laufe derselben Verhandlung werde kaum noch in Frage kommen. Beschließe das Gericht die Vertagung und die Vorladung der Zeugen zu einem neuen Termine, so ergäben sich daraus neue Kosten, das Verfahren werde verzögert und Zeit und Mühe seien umsonst aufgewendet. Lehne aber das Gericht die Vertagung ab, so werde mindestens der Schein erweckt, daß dies nicht aus sachlichen Gründen geschehe, sondern um jene üblen Folgen zu vermeiden. Das Verfahren werde sich bei den Oberlandesgerichten mehr und mehr dem schriftlichen nähern. Die Oberlandesgerichte würden, wie zu befürchten sei, jedes einigermaßen angängige Mittel, um sich die beschwerliche mündliche Verhandlung zu erleichtern, gern ergreifen und namentlich von der kommissarischen Zeugenvernehmung einen umfassenden Gebrauch machen. Die Bildung der Berufungsinstanz bei den Oberlandesgerichten müsse weiterhin eine erhebliche tatsächliche Einschränkung des Grundsatzes der Öffentlichkeit der Verhandlung zur Folge haben, da es den Angehörigen des Angeklagten, den Verletzten und den sonst beim Ausgange der Sache interessierten Personen bei der Höhe der Reisekosten nur selten möglich sein werde, der Verhandlung beizuwohnen. Endlich erführen auch die Interessen des Angeklagten eine empfindliche Schädigung. Die hohen Kosten würden es manchem Angeklagten bedenklich erscheinen lassen, ob er sich auf die Einlegung der Berufung und die Führung eines Entlastungsbeweises überhaupt einlassen solle. In der Regel werde er sich gezwungen sehen, für die zweite Instanz einen am Sitze des Oberlandesgerichts ansässigen neuen Verteidiger zu wählen. Ein persönlicher Verkehr mit diesem könne aber für den verhafteten Angeklagten ohne weiteres und für den nicht verhafteten der hohen Kosten wegen in den meisten Fällen als ausgeschlossen gelten.

Eine Möglichkeit, diesen Schwierigkeiten zu begegnen, sei nicht vorhanden. Auf eine Verkleinerung der Oberlandesgerichtsbezirke würden sich die größeren Bundesstaaten wegen der damit verbundenen organisatorischen Schwierigkeiten und im Interesse der Aufrechterhaltung einer einheitlichen Rechtsprechung nicht einlassen wollen. Die Einrichtung abgezweigter Straffenate könne nicht empfohlen werden. Wenngleich sie in der Begründung zum Entwurfe von 1895 nur als Notbehelf gedacht sei, würde sie in der Praxis doch die Regel werden.

Die abgezweigten Senate könnten aber als ein vollwertiges höheres Gericht schon deshalb nicht gelten, weil auch Mitglieder des Landgerichts in ihnen tätig seien. Auch der innere Wert ihrer Rechtsprechung müsse unter den mannigfachen Unbequemlichkeiten, welche die Reise der Oberlandesgerichtsräte an den Sitz des Landgerichts und der Aufenthalt im Gasthofe für sie im Gefolge habe, leiden. Die Erfahrungen, welche namentlich das Reichsgericht mit den Urteilen der abgezweigten Strafkammern gemacht habe, könnten zu einer weiteren Ausgestaltung dieser Einrichtung nicht anregen. Vor allem aber sei zu befürchten, daß diese abgezweigten Senate ebensowenig wie die Oberlandesgerichte selbst eine wirkliche mündliche Verhandlung durchführen würden. Man werde somit eine Einrichtung haben, die alle Schattenseiten des Oberlandesgerichts, nicht aber dessen Vorzüge an sich trage.

V. Die Mehrheit hielt auch die Bedenken, welche gegen die Bildung der Berufungsinstanz bei den Landgerichten vorgebracht waren, nicht für stichhaltig. In dieser Hinsicht wurde ausgeführt:

Es sei nicht richtig, daß jedes Rechtsmittel begrifflich Devolutiveffekt in dem Sinne haben müsse, daß die Sache an ein höheres Gericht gelange. Das Wesen des Devolutiveffekts liege vielmehr darin, daß die Sache vor ein anderes Gericht komme. Auch das Rechtsmittel des gemeinen Strafprozesses, das remedium ulterioris defensionis, habe nur die letztere Wirkung gehabt. Von einer Rechtsüberzeugung des Volkes könne in dieser juristisch-technischen Frage füglich nicht die Rede sein. Das Volk verlange die Berufung nicht deshalb, weil es in die juristische Befähigung der Landrichter, die in gleicher Weise vorgebildet seien wie die Oberlandesgerichtsräte, Zweifel setze, sondern lediglich aus dem Grunde, weil es eine wiederholte Prüfung der Sache durch einen anderen, besser informierten Richter für geboten erachte. Die amtliche Stellung und Bezeichnung des Berufungsrichters sei dem Volke gleichgültig. Auch in der Rheinprovinz und in Hannover hätten die bei den Landgerichten gebildeten Berufungskammern sich des vollen Ansehens der Bevölkerung zu erfreuen gehabt. Hierzu komme, daß man von höheren und niederen Gerichten überhaupt nur bei einer rein bureaukratischen Gerichtsverfassung sprechen könne. Wenn bei allen Gerichten, den Beschlüssen der Kommission entsprechend, die Mitwirkung von Laien Platz greife, so falle der Unterschied zwischen höheren und niederen Gerichten im wesentlichen fort. Insofern sei die Lage auch gegenüber dem auf dem geltenden Rechte fußenden Gesetzentwurfe von 1895 völlig verändert.

Die organisatorischen Schwierigkeiten, welche gegen die Bildung der Berufungsinstanz am Landgerichte in's Feld geführt würden, seien nicht durchschlagend. Bei kleinen Gerichten werde der Landgerichtspräsident unbedenklich den Vorsitz in einem der Schöffengerichte des Landgerichts übernehmen können. Auch einer Verwendung der Mitglieder der Zivilkammern in den Schöffengerichten stünden ernste Bedenken nicht entgegen; es sei vielmehr durchaus wünschenswert, wenn ein solcher Wechsel in der richterlichen Betätigung einträte. Eine mäßige Vermehrung der Richterstellen an kleineren Landgerichten werde allerdings nicht zu umgehen sein; allein bei den Oberlandesgerichten müsse, wenn ihnen die Berufung zugewiesen würde, eine weit umfassendere und kostspieligere Personalvermehrung eintreten. Landgerichte von besonders geringem Umfange könnten übrigens auch nach Maßgabe des §. 99 des G.V.G. zu einem Berufungsgerichtsbezirke zusammengelegt werden.[1])

Die Befürchtung, daß die Kollegialität unter den Mitgliedern des Landgerichts leiden werde, sei übertrieben und werde durch die Erfahrung nicht bestätigt. In der Rheinprovinz und in Hannover, ferner auch in Baden[2]) und in Hamburg[3]) seien bei einem Instanzenzug innerhalb desselben Gerichts Mißstände nicht hervorgetreten. Wenn solche aus Elsaß-Lothringen berichtet würden, so möchten sie im wesentlichen auf die schriftliche Ausgestaltung des französisch-rechtlichen Berufungsverfahrens zurückzuführen sein; denn wo dieses eingeführt sei, da könne der erste Richter allerdings nicht ohne Grund sagen, daß er in der Sache besser informiert gewesen sei, als der Berufungsrichter, welcher sein Urteil aufgehoben habe. Verfüge der zweite Richter über mindestens ebenso gute Erkenntnisquellen wie der erste, so liege für derartige Empfindlichkeiten ebensowenig Anlaß vor, wie jetzt in dem Verhältnisse zwischen dem Vorsitzenden des Schöffengerichts und den in derselben Stadt wohnenden Mitgliedern der Berufungsstrafkammern. Auch mit der Zurückverweisung eines Zivilprozesses an einen anderen Senat des Berufungsgerichts gemäß §. 565 Abs. 1 Satz 2 der Zivilprozeßordnung habe man keine schlechten Erfahrungen in dieser Richtung gemacht. Der Richter müsse sein hohes Amt ohne Rücksicht auf kleinliche Empfindlichkeiten ausüben; Reibereien seien auch jetzt in den Kollegien nicht ganz zu vermeiden; für den Gesetzgeber bestehe aber kein Anlaß, hiernach seine Entschließung in wichtigen Fragen einzurichten. Im übrigen falle jedes in dieser Richtung etwa bestehende Bedenken fort, wenn nach den Beschlüssen der Kommission auf allen Stufen der Strafgerichte Laien zur Mitwirkung berufen würden. In diesem Falle könne weder das mit der Berufung angefochtene Urteil noch das die erste Entscheidung aufhebende Berufungsurteil allein als das Produkt der berufsrichterlichen Tätigkeit angesehen werden; es fehle also an jedem Grunde zur Empfindlichkeit.

VI. Die von einem Mitgliede gegebene Anregung, die Berufung gegen die Urteile der mittleren Schöffengerichte an das Landgericht, die Berufung gegen die Urteile der großen Schöffengerichte aber an das Oberlandesgericht zu leiten, fand in der Kommission wenig Anklang. Es wurde entgegengehalten, daß, abgesehen von der dadurch geschaffenen Komplikation der Gerichtsverfassung und von den bei der Auswahl der Schöffen für die Oberlandesgerichte sich ergebenden

---

[1]) Eine ähnliche Bestimmung enthielt der von dem Reichstag angenommene Antrag Reichensperger, zu vergl. Reichstagsdrucks. 1885/86 Nr. 11 §. 78a, Nr. 84 S. 23 flg.; Stenogr. Berichte vom 15. März 1886 (S. 1506).

[2]) Nach dem §. 5 des Gesetzes über die Gerichtsverfassung vom 14. Mai 1864 (Regierungs-Bl. 1864 Nr. 18) wurden die Appellationssenate am Kreisgerichte gebildet.

[3]) In Sachen unter fünfhundert Mark Banko fand die Nachprüfung bei demselben Gerichte statt, zu vergl. §. 36b des provisorischen Gesetzes betreffend Veränderungen in der Organisation der Justiz vom 28. September 1860 (Sammlung der Verordnungen Bd. 29 S. 139 flg.).

Schwierigkeiten, die gegen eine Berufungsinstanz am Oberlandesgerichte hervorgehobenen Bedenken gerade in den großen Strafsachen in besonderem Maße sich geltend machten. Mehr noch als sonst sei hier die Durchführung der Mündlichkeit nötig. Zudem sei es wünschenswert, Kapitalfälle in der Nähe des Tatorts abzuurteilen und der Bevölkerung wie den Angehörigen des Angeklagten die Möglichkeit zu belassen, der Verhandlung beizuwohnen. Zur Leitung solcher Verhandlungen seien Eigenschaften erforderlich, die den Senatspräsidenten vielleicht nicht immer innewohnen möchten. Endlich aber diskreditiere man von vornherein die Berufungsinstanz am Landgerichte, wenn man die Berufung in den schwersten Fällen an das Oberlandesgericht leite.

52. Sitzung.

20. Mai 1904.

Besetzung der Berufungsgerichte. Bildung und Besetzung der Berufungsgerichte im Falle der Beibehaltung der Strafkammern.

I. Die Kommission erörterte zunächst die Frage, in welcher Weise die nach dem gestrigen Beschlusse bei den Landgerichten zu bildenden Berufungsgerichte zu besetzen seien, ob sich insbesondere auch hier die Mitwirkung von Laien empfehle. Dabei wurde wiederum die Annahme zu Grunde gelegt, daß die Gerichte erster Instanz durchweg als Schöffengerichte eingerichtet würden.

Es lagen die Anträge vor:

1. Für die Berufungsinstanz empfiehlt sich die Mitwirkung von Laien.
2. Es sollen entscheiden:
   a) über die Berufung gegen die Urteile des Amtsrichters und der kleinen Schöffengerichte — die mittleren Schöffengerichte;[1])
   b) über die Berufung gegen die Urteile der mittleren Schöffengerichte — die großen Schöffengerichte;[2])
   c) über die Berufung gegen die Urteile der großen Schöffengerichte — Schöffengerichte, welche mit vier Richtern und fünf Schöffen besetzt sind.

Der Antrag 1 wurde mit 20 Stimmen gegen eine Stimme angenommen. Das gegen den Antrag stimmende Mitglied führte aus: Da nach dem gestrigen Beschlusse der Kommission an jedem Landgerichte drei Berufungskammern gebildet werden müßten, so werde ein ausreichendes Material an Schöffen für die Besetzung dieser Kammern nicht vorhanden sein. Man werde daher auf die Mitwirkung der Schöffen in der zweiten Instanz verzichten müssen. Es erscheine auch unbedenklich, die Berufung von einem Schöffengericht an ein nur mit Berufsrichtern besetztes Gericht zu leiten, da diese Einrichtung bisher zu Mißständen nicht geführt habe.

Dieser Auffassung wurde von vielen Seiten lebhaft widersprochen. Die Mehrheit erwog: Die zweite Instanz, welche die definitive Entscheidung in der Tat- und Straffrage zu erlassen habe, dürfe nicht schlechter sein als die erste. Infolgedessen müsse die Mitwirkung von Schöffen, wenn sie im allgemeinen als ein Vorteil für die Rechtspflege angesehen werde, auch in der Berufungsinstanz

---

[1]) Mit zwei Richtern und drei Schöffen besetzt, zu vergl. das Protokoll der 46. Sitzung S. 409.

[2]) Mit drei Richtern und vier Schöffen besetzt, zu vergl. das Protokoll der 46. Sitzung S. 409.

eintreten. Besetze man die Berufungsinstanz ausschließlich mit Berufsrichtern, so bringe man wieder jenen Widerspruch in das System hinein, der ein Hauptfehler der heutigen Gerichtsverfassung sei. Mit den jetzigen Berufungsstrafkammern habe man auch keineswegs gute Erfahrungen gemacht; es sei nicht selten zu beobachten gewesen, daß sie richtige und auf gesunder Anschauung beruhende Urteile der Schöffengerichte durch Hineintragen doktrinärer Erwägungen verschlechtert hätten. Die erforderliche Zahl von Schöffen zur Besetzung der Berufungsgerichte werde sich finden lassen.

Gegen die Anträge unter 2 wurden Bedenken nur insofern geäußert, als ein Mitglied die zu 2c vorgeschlagene Besetzung der Berufungsgerichte für die Urteile der großen Schöffengerichte mit einer geraden Zahl von Berufsrichtern nicht für zweckmäßig hielt und statt deren eine Besetzung mit drei Richtern und sechs Schöffen anregte. Dieses Bedenken wurde von den anderen Mitgliedern nicht geteilt. In der Erörterung hierüber trat indessen auf verschiedenen Seiten die Auffassung zu Tage, daß die Bildung von drei Berufungskammern bei jedem Landgerichte neben den drei Gerichten erster Instanz doch vielleicht eine zu komplizierte Gerichtsverfassung darstelle. Die Kommission behielt sich daher ausdrücklich vor, bei der zweiten Lesung auf die von ihr früher im verneinenden Sinne entschiedene Frage, ob nicht eine Zweiteilung der Gerichte erster Instanz und folgeweise auch der Gerichte zweiter Instanz vor der Dreiteilung den Vorzug verdiene, in diesem Zusammenhange besonders zurückzukommen. Einstweilen nahm die Kommission auf der Grundlage der bisherigen Beschlüsse die Anträge unter 2 einstimmig an, indem sie erwog, daß die Berufungsgerichte mit einer ungeraden Zahl von Mitgliedern, mit mehr Laien als Berufsrichtern, und mit mehr Richtern als die erste Instanz besetzt sein müsse.

II. Die Kommission schritt alsdann zur Beratung der Frage, in welcher Weise die Berufungsinstanz zu bilden und das Berufungsgericht zu besetzen sei, *wenn die jetzigen Strafkammern beibehalten werden sollten.*

Hierzu lag der Antrag vor:

> Die Berufungsinstanz im Falle der Beibehaltung der Strafkammern bei den Oberlandesgerichten zu bilden.

Im Laufe der Erörterung ergab sich die Notwendigkeit, die unter U III 1 des Fragebogens gestellte Frage mit zur Beratung zu stellen,

> *ob es für den Fall der Einführung der Berufung angängig sei, die Zahl der Mitglieder der Strafkammern für die Hauptverhandlung herabzusetzen (G.V.G. §. 77) und damit eine der Garantien des Verfahrens, welche gegenwärtig in erster Instanz zum Ersatze für die mangelnde Berufung bestehen, wegfallen zu lassen.*

Die Regierungsvorlage von 1895 hatte als Berufungsgericht den mit fünf Mitgliedern zu besetzenden Strafsenat des Oberlandesgerichts vorgeschlagen, gleichzeitig aber das Fünfrichterkollegium in der Strafkammer beseitigen und diese durchweg mit drei Richtern besetzen wollen. Die Kommission des Reichstags war diesen Vorschlägen mit der Maßgabe beigetreten, daß die Berufungsstrafkammer in Vergehenssachen, mit Ausnahme der Privatklagesachen, fünf

Richter behalten solle.[1]) Das Plenum des Reichstags hatte jedoch in der zweiten und dritten Lesung einen das geltende Recht wiederherstellenden Antrag Munckel-Rickert angenommen,[2]) worauf seitens der verbündeten Regierungen auf eine weitere Beratung des Gesetzentwurfs verzichtet worden war.[3]) Der spätere Antrag Rintelen war in dieser Hinsicht auf die Regierungsvorlage zurückgekommen und hatte in allen Fällen eine Besetzung der Strafkammer mit nur drei Richtern vorgesehen;[4]) die VIII. Kommission war im Prinzipe hiermit einverstanden gewesen und hatte eine Besetzung der Strafkammer mit fünf Richtern nur für Verbrechen (mit Ausnahme der Rückfallsverbrechen) und für die Berufungen in Vergehenssachen (mit Ausnahme von Privatklagesachen) verlangt.[5])

In der Erörterung der zur Beratung gestellten Fragen wurde von verschiedenen Seiten hervorgehoben: Die Kommission könne sich zwar der von ihr geforderten Beschlußfassung nicht entziehen, sie sei dabei aber insofern in einer mißlichen Lage, als sie sich früher einstimmig für den Ersatz der Strafkammern durch Schöffengerichte ausgesprochen habe,[6]) somit bei der heutigen Beratung eine Gestaltung der Gerichte zu Grunde legen müsse, die sie für verfehlt ansehe und die namentlich der Einführung der Berufung und einer gedeihlichen Regelung des Berufungsverfahrens große Hindernisse bereite. Dies werde bei der Würdigung der zu fassenden Beschlüsse im Auge behalten werden müssen.

Für den Antrag, die Berufungsinstanz im Falle der Beibehaltung der jetzigen Strafkammern am Oberlandesgerichte zu bilden, erklärten sich zunächst diejenigen Mitglieder der Kommission, welche die Leitung der Berufung an die Oberlandesgerichte überhaupt für richtiger hielten und in diesem Sinne auch in der vorigen Sitzung sich ausgesprochen und abgestimmt hatten.

Seitens des Antragstellers und mehrerer anderer Mitglieder wurde der Antrag in folgender Weise begründet: Die Einführung der Berufung dürfe nicht damit erkauft werden, daß wichtige und bewährte Garantien des Verfahrens erster Instanz aufgegeben würden, sonst werde der Schwerpunkt des Verfahrens in die Berufungsinstanz verlegt und die Zahl der Berufungen in unerwünschter Weise gesteigert werden. Als eine solche Garantie sei namentlich die Besetzung der Strafkammer in erster Instanz mit fünf Richtern anzusehen. In der Fünfzahl der Richter und in dem Erfordernisse von vier Stimmen zur Verurteilung liege ein erheblicher Schutz für den Angeklagten. Auch sei die Beratung unter fünf Richtern eine gründlichere und vielseitigere als unter drei Richtern, und das Übergewicht des Vorsitzenden könne sich gegenüber vier Beisitzern nicht in dem Maße geltend machen wie gegenüber zwei Beisitzern. Die Bevölkerung werde auf diese Garantie nicht wieder verzichten. Wolle man aber an der Fünfzahl für die erste Instanz festhalten, so könne eine Berufungsinstanz

---

[1]) Reichstagsdrucks. 1895/96 Nr. 294 S. 94 bis 97.

[2]) Reichstagsdrucks. 1895/97 Nr. 550, Stenogr. Berichte vom 11. November 1896 S. 3183 und vom 15. Dezember 1896 S. 3935.

[3]) Stenogr. Berichte vom 15. Dezember 1896 S. 3935

[4]) Reichstagsdrucks. 1900/01 Nr. 35.

[5]) Reichstagsdrucks. 1900/01 Nr. 220 S. 4 bis 8 und ad Nr. 220 S. 8, 9.

[6]) Zu vergl. das Protokoll der 44. Sitzung S. 384 flg.

am Landgerichte nur in der Weise gebildet werden, daß man die Berufungskammern mit sieben Mitgliedern besetze. Dies sei jedoch wegen der organisatorischen Schwierigkeiten undurchführbar und entspreche auch in zahlreichen Fällen nicht der geringen Bedeutung der zu verhandelnden Sachen. Es bleibe daher im Falle der Beibehaltung der Strafkammern nichts anderes übrig, als die Berufung an die Oberlandesgerichte zu leiten, obwohl zugegeben werden müsse, daß die Oberlandesgerichte sich als Berufungsgerichte in Strafsachen wenig eignen, abgezweigte Senate recht unerwünscht seien und gegen die Möglichkeit der Durchführung des Grundsatzes der Mündlichkeit bei den Oberlandesgerichten die größten Bedenken bestünden. Für die Leitung der Berufung an die Oberlandesgerichte spreche ferner die Erwägung, daß die Berufung gegen die Urteile der ausschließlich aus Beamten zusammengesetzten Strafkammern nicht wohl an eine andere Kammer desselben Landgerichts geleitet werden könne, vielmehr an ein höheres Beamtengericht gebracht werden müsse. Sonst werde die Kollegialität unter den Mitgliedern des Landgerichts einen zu großen Schaden leiden und die Berufungsinstanz das Ansehen eines höheren Gerichts nicht für sich in Anspruch nehmen können.

Wieder andere Mitglieder hielten die letztgedachten Erwägungen für so durchschlagend, daß sie schon mit Rücksicht hierauf für die Bildung der Berufungsinstanz bei den Oberlandesgerichten stimmen zu wollen erklärten, obgleich sie die Fünfzahl der Richter in der erstinstanzlichen Strafkammer nicht gerade für eine unentbehrliche Garantie des Verfahrens ansahen und deshalb insoweit der Begründung des Antrags nicht beizutreten vermochten. Auch diese Mitglieder teilten die Bedenken, die in der vorigen Verhandlung und heute wieder bei der Begründung des vorliegenden Antrags gegen die Oberlandesgerichte als Berufungsgerichte vorgebracht worden waren, im vollen Maße, meinten aber, da man bei der jetzigen Erörterung genötigt sei, eine als unrichtig erkannte Gerichtsverfassung zu Grunde zu legen, so könne das Ergebnis der Beratung ein befriedigendes nicht werden.

Von verschiedenen anderen Seiten wurde demgegenüber geltend gemacht: Die Gründe, welche im allgemeinen für die Bildung der Berufungsinstanz beim Landgerichte sprächen, insbesondere das Interesse an der vollen Durchführung des Grundsatzes der Mündlichkeit, seien so entscheidend, daß sie auch hier gegen die Oberlandesgerichte den Ausschlag geben müßten. Den Rücksichten auf die Erhaltung der Kollegialität unter den Mitgliedern des Landgerichts könne vom Gesetzgeber eine maßgebende Wichtigkeit nicht beigemessen werden.

Im übrigen teilten sich die Befürworter der Berufungsinstanz am Landgerichte wieder in zwei Gruppen. Ein Teil wollte die Fünfzahl der Richter in der erstinstanzlichen Strafkammer unter keinen Umständen preisgeben. Ein anderer Teil dagegen erwog: Wenn man die Berufungsinstanz am Landgerichte bilde, so werde auf die Fünfzahl der Richter in der ersten Instanz wohl verzichtet werden müssen. Denn eine siebengliedrige Berufungskammer sei nicht möglich, und die verbündeten Regierungen würden auch nach ihrer bisherigen Stellungnahme auf eine Fünfzahl in der Strafkammer noch neben der Berufung wohl niemals eingehen. Stehe man aber vor der Frage, ob man lieber auf die Fünfzahl oder auf die Berufung verzichten wolle, so könne die Entscheidung nicht zweifelhaft sein. Es sei gewiß nicht zu verkennen, daß die Fünfzahl der Richter eine erhebliche Garantie für den Angeklagten bedeute. Andererseits habe die Dreizahl den Vorzug, daß der einzelne Richter von dem Gefühle seiner Verantwortlichkeit mehr durchdrungen sei, der Verhandlung mit größerer Aufmerksamkeit folge und an der Beratung sich lebhafter beteilige. Jedenfalls sei es besser, drei Richter mit Berufung, als fünf Richter ohne Berufung zu haben.

Die Abstimmung hatte folgendes Ergebnis:

Zunächst beschloß die Kommission mit 11 gegen 10 Stimmen, daß auch für den Fall der Beibehaltung der Strafkammern die Berufungsinstanz beim Landgerichte zu bilden sei, womit der vorliegende Antrag abgelehnt war. Sie beschloß alsdann mit 15 gegen 6 Stimmen, daß die Zahl der Richter für die Hauptverhandlung erster Instanz auf drei herabzusetzen sei. Als notwendige Folge dieser Beschlüsse stellte der Vorsitzende, ohne Widerspruch zu finden, die einstimmige Meinung der Kommission dahin fest, daß die Berufungskammern am Landgerichte mit fünf Richtern zu besetzen seien.

Die ferner noch vorliegenden Anträge waren durch die Abstimmung gegenstandslos geworden. Sie lauteten:

a) Die Strafsenate sind mit fünf Richtern zu besetzen.

b) Durch Anordnung der Landesjustizverwaltung kann für die vom Sitze des Oberlandesgerichts entfernteren Landgerichte bei einem oder mehreren derselben ein Strafsenat gebildet und demselben für den ihm zuzuweisenden Bezirk die gesamte Tätigkeit des Oberlandesgerichts in der Berufungsinstanz übertragen werden.

Die Besetzung eines solchen Strafsenats erfolgt entweder ausschließlich aus Mitgliedern des Oberlandesgerichts oder teilweise auch aus Mitgliedern eines oder mehrerer Landgerichte desjenigen Bezirkes, für welchen der Senat gebildet ist. Der Vorsitzende und sein regelmäßiger Vertreter werden ständig von der Landesjustizverwaltung bestellt; im Falle ihrer Verhinderung führt den Vorsitz dasjenige dem Oberlandesgericht angehörende Mitglied des Strafsenats, welches dem Dienstalter nach und bei gleichem Dienstalter der Geburt nach das älteste ist. Die Landesjustizverwaltung bestimmt für die Dauer des Geschäftsjahrs die Anzahl der aus dem Oberlandesgericht und der aus dem Landgerichte zu berufenden Mitglieder des Strafsenats, sowie für den Fall, daß der Bezirk des Strafsenats die Bezirke mehrerer Landgerichte umfaßt, die Anzahl der aus jedem einzelnen dieser Landgerichte zu berufenden Mitglieder desselben. Auf Grund dieser Bestimmungen der Landesjustizverwaltung werden nach Maßgabe des §. 62 des G.V.G. die Mitglieder des Strafsenats, soweit sie aus dem Oberlandesgerichte zu berufen sind, durch das Präsidium des Oberlandesgerichts, soweit sie aus den Landgerichten zu berufen sind, durch das Präsidium desjenigen Landgerichts, aus dessen Mitgliedern sie zu ernennen sind, bestellt. Im Falle der Verhinderung des regelmäßigen Vertreters eines Mitglieds wird ein zeitweiliger Vertreter durch den Präsidenten des Landgerichts, an dessen Sitze der Strafsenat gebildet ist, aus den Mitgliedern dieses Landgerichts bestellt.

Durch die Gesetzgebung eines Bundesstaats kann bestimmt werden, daß die Bezeichnung der Sitze der bei den Landgerichten zu bildenden Strafsenate und die Abgrenzung ihrer Bezirke im Wege des Gesetzes zu erfolgen hat.

III. Der Beginn der nächsten Tagung wurde auf den 5. Juli 1904 bestimmt. Auf die Tagesordnung wurden gesetzt: der Rest der Fragen und Anträge unter U des Fragebogens, die Fragen unter V des Fragebogens und die zurückgestellten Anträge über die Wiedereinsetzung in den vorigen Stand,[1]) sowie die Besprechung über die Behandlung der Fragen in zweiter Lesung.

[1]) Zu vergl. das Protokoll der 36. Sitzung zu VIII Nr. 1 S. 311 flg.

53. Sitzung.

5. Juli 1904.

Verfahren in der Berufungsinstanz.

I. Die Kommission schritt zur Beratung der ihr unter U II 2 des Fragebogens vorgelegten Frage,

> wie das Verfahren in der Berufungsinstanz auszugestalten sei,

und beriet zunächst die Unterfrage a,

> ob die Rechtfertigung der Berufung durch Aufstellung bestimmter Beschwerdepunkte vorzuschreiben sei.

Der Gesetzentwurf von 1895 hatte die obligatorische Rechtfertigung der Berufung durch Aufstellung bestimmter Beschwerdepunkte vorgeschlagen. Diesem Erfordernisse sollte genügt sein, wenn die Erklärung des Beschwerdeführers klar erkennen lasse, ob er die die Schuldfrage betreffende Entscheidung oder nur einen anderen Teil des Urteils anfechte.[1]) Die Kommission des Reichstags hatte jedoch diesen Vorschlag abgelehnt.[2])

Es war nunmehr der Antrag gestellt:

1. Es empfiehlt sich, mindestens bei Berufungen gegen Urteile der mittleren und großen Schöffengerichte vorzuschreiben, daß spätestens innerhalb der Rechtfertigungsfrist zu Protokoll des Gerichtsschreibers oder in einer Rechtfertigungsschrift zu erklären sei, inwieweit das Urteil angefochten werde, besonders ob hinsichtlich der Entscheidung der Schuldfrage oder nur im Strafpunkt oder in welchem anderen Teile.

A. Bei der Beratung des Antrags entwickelte sich zunächst eine Erörterung darüber, inwieweit überhaupt eine Beschränkung der Berufung auf einzelne Teile des Urteils mit der Wirkung, daß die nicht angefochtenen Teile der Nachprüfung des oberen Gerichts gänzlich entzogen sind, möglich sei. Der Antragsteller führte aus: Der §. 368 der Str.Pr.O. bestimme zwar: „Der Prüfung des Gerichts unterliegt das Urteil nur, soweit dasselbe angefochten ist.“ Über die Tragweite dieser Vorschrift bestünden jedoch in der Wissenschaft und Rechtsprechung Meinungsverschiedenheiten, deren Beseitigung im Gesetze selbst oder wenigstens in der Begründung zu einem neuen Gesetzentwurfe geboten erscheine. Es sei namentlich zweifelhaft, ob die Berufung mit bindender Kraft für den Berufungsrichter auf die Straffrage oder einzelne Teile der Straffrage dergestalt beschränkt werden könne, daß die Schuldfrage der Nachprüfung des Berufungsrichters gänzlich entzogen sei, und ob innerhalb der Schuldfrage eine

---

[1]) §. 358 der Vorlage, Reichstagsdrucks. 1895/96 Nr. 73.

[2]) Reichstagsdrucks. 1895/96 Nr. 294 S. 63.

Beschränkung auf die Tatfrage oder die Rechtsfrage möglich sei. Ferner sei streitig, ob, wenn die Staatsanwaltschaft die Berufung eingelegt und auf einen Teil des Urteils beschränkt habe, hierdurch eine Abänderung der anderen Teile des Urteils zu Gunsten des Angeklagten ausgeschlossen werde, oder ob die Vorschrift des §. 343[1]) der Str.Pr.O. dahin aufzufassen sei, daß ungeachtet jener Beschränkung in einem solchen Falle das ganze Urteil zu Gunsten des Angeklagten geändert werden könne. Während die Praxis der Strafsenate des Reichsgerichts schwanke, habe sich bei dem Reichsmilitärgericht eine feste Rechtsprechung entwickelt. Danach sei eine Anfechtung des Urteils nur im Strafpunkt oder in einzelnen Teilen des Strafpunkts zulässig und beschränke den Berufungsrichter auf den angefochtenen Punkt,[2]) jedoch mit der Maßgabe, daß er freizusprechen habe, wenn nach seiner Meinung auf den vom Vorderrichter festgestellten Tatbestand ein Strafgesetz überhaupt nicht anwendbar sei.[3]) Dabei sei es nach der Auffassung des Reichsmilitärgerichts gleichgültig, ob das Rechtsmittel von dem Angeklagten oder vom Gerichtsherrn eingelegt worden sei; auch im letzteren Falle werde die Beschränkung der Berufung auf den Strafpunkt als für den Berufungsrichter bindend angesehen, indem das Reichsmilitärgericht die Bestimmung des §. 367 Abs. 2 der Militärstrafgerichtsordnung[4]) dahin auslege, daß hierdurch die Frage, in welchem Umfange die höhere Instanz mit der Sache überhaupt befaßt sei, nicht berührt werde, daß die Frage vielmehr lediglich aus dem §. 394 Abs. 1 der Militärstrafgerichtsordnung[5]) zu entscheiden sei.[6]) Der Antragsteller empfahl der Kommission, den Standpunkt des Reichsmilitärgerichts zu billigen, jedoch weiterhin zu beschließen, daß auch innerhalb der Schuldfrage eine Beschränkung der Berufung auf die Rechtsfrage in der Weise erfolgen könne, daß der festgestellte Tatbestand für den Berufungsrichter maßgebend bleibe. Allerdings müsse in solchen Fällen dem Berufungsrichter gestattet sein, ergänzende tatsächliche Feststellungen zu treffen, sofern auf Grund des in erster Instanz festgestellten Sachverhalts allein eine Entscheidung nicht getroffen werden könne, da eine Zurückverweisung in die Instanz wie bei der Revision hier nicht

---

[1]) §. 343 der Str.Pr.O. lautet:
Jedes von der Staatsanwaltschaft eingelegte Rechtsmittel hat die Wirkung, daß die angefochtene Entscheidung auch zu Gunsten des Beschuldigten abgeändert oder aufgehoben werden kann.

[2]) Zu vergl. die Urteile des I. Senats vom 29. Mai und 25. Juli 1901 (Entscheidungen des Reichsmilitärgerichts Band I S. 162 flg. und 241 flg.) und die Urteile des II. Senats vom 21. Juni und 31. Dezember 1902 (a. a. O. Band III S. 108 flg. und Band IV S. 123 flg.).

[3]) Zu vergl. die Urteile des I. Senats vom 28. August 1901 (Band I S. 258 flg.) und vom 30. Januar 1902 (Band II S. 184).

[4]) §. 376 Abs. 2 der Militärstrafgerichtsordnung lautet:
Jedes seitens des Gerichtsherrn eingelegte Rechtsmittel hat die Wirkung, daß die angefochtene Entscheidung auch zu Gunsten des Angeklagten abgeändert oder aufgehoben werden kann.

[5]) §. 394 Abs. 1 der Militärstrafgerichtsordnung entspricht dem §. 368 der Str.Pr.O.

[6]) Zu vergl. die Urteile des I. Senats vom 29. Mai und 18. November 1901 (Band I S. 162 flg. und Band II S. 61 f.).

angängig sein würde. Der Antragsteller erklärte, daß die Schlußworte seines Antrags im Sinne dieser Ausführungen auszulegen seien.

Einem Teile der Mitglieder erschien es nicht angebracht, die bei der Anwendung des §. 368 der Str.Pr.O. sich ergebenden Zweifelfragen durch eine ins einzelne gehende Formulierung des Gesetzes zu entscheiden; es sei dies besser der Wissenschaft zu überlassen, da man doch nicht alle Fälle treffen könne. Die Mehrheit glaubte jedoch, daß angesichts der jetzt herrschenden Zweifel der Gesetzgeber zu diesen Fragen Stellung nehmen müsse, und beschloß daher mit 10 gegen 9 Stimmen,

> den §. 368 der Str.Pr.O. durch Bestimmungen darüber, inwieweit eine teilweise Anfechtung des Urteils erster Instanz zulässig sein solle, zu ergänzen.

In der Sache selbst stimmte die Mehrheit der Kommission der Auffassung zu, daß in der Berufungsinstanz an und für sich der Wille der Parteien den Prozeßgegenstand zu bestimmen habe; der Grundsatz des §. 153 Abs. 2 der Str.Pr.O., wonach die Gerichte bei der Anwendung des Strafgesetzes an die gestellten Anträge nicht gebunden seien, komme hierfür nicht in Betracht. Dies gelte jedoch nur insoweit, als nicht ausdrückliche Gesetzesvorschriften entgegenstünden und als eine freie und zutreffende Beurteilung des angefochtenen Teiles der Entscheidung für sich allein noch möglich sei.

Als eine entgegenstehende Gesetzesvorschrift dieser Art sah die Mehrheit den §. 343 der Str.Pr.O. an. Wenn dort ohne Einschränkung ausgesprochen sei, daß jedes von der Staatsanwaltschaft eingelegte Rechtsmittel eine Abänderung oder Aufhebung des Urteils auch zu Gunsten des Angeklagten bewirken könne, so müsse dies für den ganzen Inhalt des Urteils auch dann gelten, wenn die Staatsanwaltschaft dasselbe nur in einem Punkte angegriffen habe. Soweit aber der Angeklagte selbst durch eine Beschränkung seines Rechtsmittels die Erklärung abgebe, daß er mit dem nicht angefochtenen Teile des Urteils zufrieden sei, entfalle für den Berufungsrichter die Möglichkeit, diesen rechtskräftig gewordenen Teil des Urteils nachzuprüfen. Wenn demnach die Schuldfrage vom Angeklagten nicht angefochten werde, so habe der Berufungsrichter sich nicht mit ihr zu befassen.

Andererseits sei eine Beschränkung der Berufung auf die Rechtsfrage allein, während die Tat- und Beweisfrage unangefochten bleibe, nicht zuzulassen. Denn eine Trennung der Schuldfrage in Rechts- und Tatfrage sei in zahlreichen Fällen garnicht durchzuführen. Die Rechtsfrage und die Tatfrage seien oft derart ineinander verwebt, daß ein freies Urteil über die Rechtsfrage nur dann möglich sei, wenn auf die Tatfrage zurückgegangen werden könne. Bei der Revision sei die Trennung der Rechtsfrage von der Tatfrage eine notwendige Folge der Gestaltung des Rechtsmittels; mit dem Wesen der Berufung als eines novum judicium sei sie aber schlechthin unvereinbar.

Auf Grund dieser Erwägungen beschloß die Kommission,

a) mit 14 gegen 5 Stimmen:

> Eine Trennung der Berufung in der Weise, daß nur der Rechtspunkt, nicht aber gleichzeitig auch die tatsächliche Feststellung angegriffen wird, ist für unzulässig zu erklären.

b) mit 18 Stimmen gegen eine Stimme:

Eine teilweise Anfechtung der Strafe in ihren einzelnen Bestandteilen und eine teilweise Anfechtung der einzelnen Nebenfolgen des Urteils ist für zulässig zu erklären.

c) mit 14 gegen 5 Stimmen:

Wenn die Staatsanwaltschaft nur gegen einen Teil des Urteils Berufung eingelegt hat, soll der Berufungsrichter auch über die Grenzen der Berufung der Staatsanwaltschaft hinaus zu Gunsten des Angeklagten erkennen dürfen.

Als einstimmige Meinung der Kommission stellte der Vorsitzende, ohne Widerspruch zu finden, fest, daß auch eine Anfechtung des Urteils nur im Strafpunkte zulässig sein solle.

B. Des Weiteren bemerkte der Antragsteller erläuternd, sein Antrag wolle die obligatorische Bezeichnung der angefochtenen Teile des Urteils mit präklusivischer Wirkung, nämlich in der Weise vorschreiben, daß eine nachträgliche Ausdehnung der Berufung auf andere Teile der Entscheidung ausgeschlossen sei und die Unterlassung der Angabe die Verwerfung der Berufung als unzulässig zur Folge habe. Eine Erklärung des Angeklagten dahin, daß er unschuldig sei, solle jedoch genügen, um eine Anfechtung des gesamten Urteils als gewollt anzusehen. Zur Begründung dieses Vorschlags wurde ausgeführt: Die von der Kommission beschlossene Ausdehnung der Berufung mache es notwendig, Kautelen gegen eine etwaige mißbräuchliche Anwendung des Rechtsmittels zu schaffen. Eine solche Kautel liege darin, daß der Angeklagte gezwungen werde, sich klarzumachen, durch welchen Teil des Urteils er sich beschwert fühle. Es sei unbedenklich, von dem Angeklagten eine solche Erklärung zu verlangen, da er nach der Hauptverhandlung genau wisse, inwiefern ihm durch das Urteil Unrecht geschehen sei, zumal wenn das Vorverfahren gemäß den Beschlüssen der Kommission im Interesse einer besseren Verteidigung des Angeklagten umgestaltet werde. Hierzu komme, daß erfahrungsgemäß zahlreiche Angeklagte nur wegen des Strafmaßes Berufung einlegen wollten; es sei nicht abzusehen, weshalb sie nicht eine dahingehende ausdrückliche Erklärung zur Rechtfertigung der Berufung sollten abgeben können. Mache man dem Beschwerdeführer die Angabe der angefochtenen Teile des Urteils zur Pflicht, so habe dies den weiteren Vorteil, daß der Vorsitzende des Berufungsgerichts übersehen könne, welche Beweismittel zur Verhandlung herbeizuschaffen seien und wieviel Zeit diese voraussichtlich in Anspruch nehmen werde.

Die Kommission war zwar überwiegend der Meinung, daß es erforderlich sei, gegen den zu befürchtenden Mißbrauch der Berufung Kautelen zu schaffen. In dem vorliegenden Antrage vermochte aber die Mehrheit ein geeignetes Schutzmittel nicht zu erblicken. Es wurde ausgeführt: Der Antrag bringe den unerfahrenen Angeklagten in die Gefahr, daß er aus Unkenntnis der vorgeschriebenen Form sein materielles Recht verliere. Auch wenn er in Befolgung der Vorschrift etwa die Berufung auf die Strafe beschränkt habe, sei keineswegs ausgeschlossen, daß er seine Schuld überhaupt habe bestreiten wollen. Es werde zur Vermeidung der mit einer beschränkten Berufung verknüpften Gefahren mehr und mehr üblich werden, daß formularmäßig das Urteil seinem ganzen Inhalte nach angefochten werde; damit sei der Bestimmung die beabsichtigte Wirkung wieder entzogen. Wenn man die Berufung in ähnlicher Weise wie die Revision formalisiere, so werde man dem Rechtsmittel die Popularität und damit einen großen Teil seiner Bedeutung rauben. Man könne höchstens in Erwägung ziehen, ob nicht, nach dem Vorbilde des §. 380 der Militärstrafgerichtsordnung, der Staatsanwaltschaft die Verpflichtung zur Angabe der Beschwerdepunkte auferlegt werden solle. Es wurde darauf hingewiesen, daß in Bayern für die Nichtigkeitsbeschwerde gegen schwurgerichtliche Urteile eine derartige Bestimmung früher gegolten habe. [1])

Eine Mittelmeinung vertrat der von anderer Seite gestellte Antrag:

> 2) Ist eine Beschränkung der Berufung erfolgt, so kann das Berufungsgericht die Verhandlung und Entscheidung entsprechend beschränken, es ist aber an die Beschränkung nicht gebunden,

zu dessen Begründung folgendes ausgeführt wurde:

Dem Beschwerdeführer selbst dürfe zwar eine Ausdehnung der einmal beschränkten Berufung nicht verstattet werden, weil in der Beschränkung des Rechtsmittels ein Verzicht auf die Anfechtung der übrigen Teile der Entscheidung liege. Das starre Festhalten an der Beschränkung bedeute jedoch eine Härte gerade gegen den gewissenhaften Beschwerdeführer, der bestrebt gewesen sei, in loyaler Weise das Verfahren auf das Notwendige zu beschränken. Auch sei es ein Übelstand, daß nach dem jetzigen Rechte die auf das Strafmaß beschränkte Berufung des Angeklagten selbst dann verworfen werden müsse, wenn das Berufungsgericht die Anwendung des Strafgesetzes auf den festgestellten Tatbestand überhaupt nicht für zulässig halte. Man solle es daher dem billigen Ermessen des Berufungsrichters anheimstellen, ob er je nach dem Ergebnisse der Hauptverhandlung sich auf die von dem Beschwerdeführer angegebenen Beschwerdepunkte beschränken wolle oder nicht.

Hiergegen wurde jedoch bemerkt, daß es nicht angängig sei, ein Hinausgehen über den in der Beschränkung des Rechtsmittels liegenden teilweisen Verzicht lediglich von dem Ermessen des Gerichts abhängig zu machen.

Bei der Abstimmung wurde der erste Teil des Antrags 1:

> Es empfiehlt sich, mindestens bei Berufungen gegen Urteile der mittleren und großen Schöffengerichte, mit präklusivischer Wirkung vorzuschreiben, daß spätestens innerhalb der Rechtfertigungsfrist zu Protokoll des Gerichtsschreibers oder in einer Rechtfertigungsschrift zu erklären sei, inwieweit das Urteil angefochten werde,

mit 13 gegen 6, der Antrag 2 mit 12 gegen 7 Stimmen abgelehnt.

C. Als ein geeignetes und wirksames Mittel zur Verhütung frivoler Berufungen wurde von der Mehrheit der Kommission die Zulassung der Anschlußberufung, wie sie im Zivilprozesse bereits eingeführt ist, angesehen. Es gelangte daher ein Antrag, welcher vorschlug:

---

[1]) Zu vergl. Art. 236 Abs. 3 des Gesetzes vom 10. November 1848 (Bayerisches Gesetzblatt 1848 S. 334).

3) Auch nach Ablauf der Berufungsfrist ist Anschlußberufung zulässig; sie verliert ihre Wirkung, wenn die Berufung zurückgenommen oder als unzulässig verworfen wird.

mit 16 gegen 3 Stimmen zur Annahme.

Es wurde erwogen: Der Grundsatz, daß der Strafprozeß die Erforschung der materiellen Wahrheit zum Ziele habe, führe an und für sich dahin, daß man in der Berufungsinstanz auch eine reformatio in pejus zulasse. Indessen habe sich das Verbot der reformatio in pejus in der Rechtsauffassung des Volkes seit langer Zeit so befestigt, daß seine gänzliche Beseitigung nicht angängig sei. Dagegen lasse sich eine Abschwächung dieses Verbots, wie sie mit der Zulassung der Anschlußberufung bewirkt werde, wohl durchführen, zumal sie im Interesse einer gedeihlichen Gestaltung des Berufungsverfahrens selbst dringend geboten erscheine. Die Befürchtung, daß die Gerichte mit zahlreichen unbegründeten Berufungen befaßt werden würden, sei nicht von der Hand zu weisen; darin liege aber eine ernste Gefahr für den ordnungsmäßigen Gang der Rechtspflege; es sei daher erforderlich, dieser Gefahr vorzubeugen. Die Möglichkeit, mit den Kosten der Berufungsinstanz belastet zu werden, halte erfahrungsgemäß nur sehr wenige Angeklagte von der Einlegung frivoler Berufungen ab. Wenn der Angeklagte aber wisse, daß auch nach Ablauf der Berufungsfrist von der Staatsanwaltschaft noch Anschlußberufung eingelegt und er dadurch der Gefahr schärferer Bestrafung ausgesetzt werden könne, so werde er von der Einlegung einer unbegründeten Berufung in wirksamer Weise abgehalten werden. Dabei könne sich der Angeklagte über Unbilligkeit nicht beklagen; denn wenn sein Verschulden in der zweiten Instanz sich schwerer darstelle als in der ersten, so sei es nur gerecht, daß er dementsprechend auch mit härterer Strafe belegt werde.

Gegen den Antrag wurde eingewendet: Er führe dazu, daß in zweiter Instanz eine dem Ergebnisse der Verhandlung entsprechende strengere Bestrafung des Angeklagten vom Gerichte nur dann ausgesprochen werden könne, wenn zuvor die Staatsanwaltschaft die Anschlußberufung einlege. Es sei aber wenig angemessen, das Gericht in dieser Weise von der Entschließung der Staatsanwaltschaft abhängig zu machen. Eher würde es sich noch empfehlen, das Verbot der reformatio in pejus überhaupt zu beseitigen und die Beurteilung der Sache auch in zweiter Instanz in das freie Ermessen des Gerichts zu stellen. Ein Antrag wurde jedoch in dieser Richtung nicht gestellt.

II. In Verbindung mit dem unter I 1 erwähnten Antrage, wonach der Beschwerdeführer mit präklusivischer Wirkung zur Angabe der angefochtenen Teile des Urteils verpflichtet werden sollte, war vorgeschlagen worden:

1. Dem Gerichtsschreiber im Gesetze die Verpflichtung aufzuerlegen, den Angeklagten, dafern er die Berufung zu Protokoll einlegt oder nach Einlegung der Berufung sonstige Erklärungen zu Protokoll abgibt, zu befragen, inwieweit das Urteil angefochten und womit die Berufung gerechtfertigt werden soll.

Hierzu wurden im Laufe der Beratung folgende weiteren Anträge gestellt:

2. Sind vom Angeklagten bei Einlegung der Berufung bestimmte

Beschwerdepunkte nicht aufgestellt, ist namentlich nicht klar erkennbar, ob er die auf die Schuldfrage bezügliche Entscheidung oder welchen anderen Teil des Urteils er anfechten will, so ist er durch einen Richter darüber zu vernehmen, weshalb und inwieweit das Urteil von ihm angefochten wird.

3. Sind vom Angeklagten bei Einlegung der Berufung bestimmte Beschwerdepunkte nicht aufgestellt, so ist der Angeklagte, wenn dies zur Vorbereitung der Hauptverhandlung erforderlich erscheint, durch einen Richter oder den Gerichtsschreiber darüber zu vernehmen, weshalb und inwieweit das Urteil von ihm angefochten wird.

Die Anträge wurden auch nach Ablehnung des Antrags unter I 1 aufrecht erhalten.

Bei der Abstimmung wurde der Antrag 2 mit 17 gegen 2, der Antrag 3 mit 16 gegen 3 Stimmen abgelehnt, der Antrag 1 einstimmig angenommen.

Zur Begründung des Antrags 1 war darauf hingewiesen worden, daß es sich im Interesse einer sachgemäßen Rechtfertigung des Rechtsmittels zur Verhütung ganz aussichtsloser Berufungen und behufs Information des Vorsitzenden des Berufungsgerichts empfehle, dem Gerichtsschreiber nicht nur im Wege der Geschäftsanweisung, sondern im Gesetze selbst die Verpflichtung aufzuerlegen, den Angeklagten über den Umfang und die Gründe des beabsichtigten Rechtsmittels zu befragen.

Die Anträge 2 und 3 gingen von der Erwägung aus, daß der Gerichtsschreiber nicht immer die nötigen Rechtskenntnisse besitze, um eine sachgemäße Berufungsrechtfertigung zu entwerfen, daß er auch bei seiner dienstlichen Stellung zum erkennenden Richter zu einer das Urteil kritisierenden Tätigkeit wenig geeignet sei. Die Anträge wollten ferner die Aufstellung bestimmter Beschwerdepunkte auch dann veranlassen, wenn die Berufungseinlegung nicht zu Protokoll des Gerichtsschreibers erfolgt sei, indem sie, in Anlehnung an den §. 382 der Militärstrafgerichtsordnung eine Vernehmung des Beschwerdeführers vorschlugen. Diese Vernehmung sollte nach dem Antrage 2 durch einen ersuchten Richter erfolgen, da nur ein solcher dazu geeignet sei. Der Antrag 3 wollte je nach der Lage des Falles und der Bedeutung der Sache eine Vernehmung des Beschwerdeführers entweder garnicht oder durch einen Gerichtsschreiber oder durch einen Richter eintreten lassen.

Die Mehrheit kam zur Ablehnung der Anträge 2 und 3 auf Grund der Erwägung, daß es außerhalb des Rahmens der richterlichen Tätigkeit liege, Verurteilte über die zu ergreifenden Rechtsmittel zu beraten. Zudem werde die Vorschrift undurchführbar sein, da man den Beschwerdeführer zum Erscheinen in dem zu seiner Vernehmung angesetzten Termine nicht zwingen könne. Die militärischen Verhältnisse lägen in dieser Beziehung anders.

Dem Antrag 1 stimmte die Kommission zu, da allseitig anerkannt wurde, daß die Aufstellung bestimmter Beschwerdepunkte und die Begründung der Berufung die Vorbereitung der Hauptverhandlung und eine sachgemäße Entscheidung in der zweiten Instanz nur erleichtern könne.

III. Die ferner vorliegenden Anträge,

1. dem §. 357 der Str.Pr.O. als Absatz 3[1]) beizufügen:

   Ist der Angeklagte verhaftet, so ist das Urteil auch dem bestellten oder gewählten Verteidiger zuzustellen.

2. dem §. 358 der Str.Pr.O. als Absatz 2[2]) beizufügen:

   Erfolgte die Zustellung an den Angeklagten und den Verteidiger (§. 357 Abs. 3), so ist für die Fristberechnung die zuletzt erfolgte Zustellung maßgebend.

entsprechen den wiederholten Beschlüssen der Reichstagskommissionen[3]) und wurden, ohne daß eine Debatte stattfand, einstimmig angenommen.

IV. Der Umfang und die Art der Beweisaufnahme sind nach geltendem Rechte für die erste Instanz und für die Berufungsinstanz nicht gleichmäßig geregelt. In beiden Instanzen ist zwar nach dem Grundsatze des §. 244 Abs. 1 der Str.Pr.O., sofern nicht Staatsanwalt und Angeklagter auf die Erhebung einzelner Beweise verzichten, die Beweisaufnahme auf die sämtlichen vorgeladenen Zeugen und Sachverständigen sowie auf die anderen herbeigeschafften Beweismittel zu erstrecken.[4]) Gemäß §. 364 Abs. 2 der Str.Pr.O. kann aber in der Berufungsinstanz die Ladung der in erster Instanz vernommenen Zeugen und Sachverständigen unterbleiben, wenn deren wiederholte Vernehmung zur Aufklärung der Sache nicht erforderlich erscheint. Ferner ist in der Hauptverhandlung erster Instanz die Verlesung von Protokollen über frühere Vernehmungen grundsätzlich ausgeschlossen (§. 249); sie wird nur ausnahmsweise zugelassen, wenn die Person, um deren Wahrnehmung es sich handelt, gestorben, geisteskrank oder unauffindbar bezw. kommissarisch vernommen worden ist (§. 250), oder wenn die Verlesung eines Teiles des Protokolls zur Unterstützung des Gedächtnisses oder zur Feststellung oder Aufklärung von Widersprüchen nötig wird (§. 252). Abweichend hiervon bestimmt der §. 366 der Str.Pr.O. für die Berufungsinstanz:

> Bei der Berichterstattung und bei der Beweisaufnahme können Schriftstücke verlesen werden; Protokolle über Aussagen der in der Hauptverhandlung erster Instanz vernommenen Zeugen und Sachverständigen dürfen, abgesehen von den Fällen der §§. 250, 252 ohne

---

[1]) Absatz 2 des §. 357 der Str.Pr.O. lautet:

> Dem Beschwerdeführer, welchem das Urteil mit den Gründen noch nicht zugestellt war, ist dasselbe nach Einlegung der Berufung sofort zuzustellen.

[2]) §. 358 der Str.Pr.O. lautet:

> Die Berufung kann binnen einer weiteren Woche nach Ablauf der Frist zur Einlegung des Rechtsmittels oder, wenn zu dieser Zeit das Urteil noch nicht zugestellt war, nach dessen Zustellung bei dem Gericht erster Instanz zu Protokoll des Gerichtsschreibers odr in einer Beschwerdeschrift gerechtfertigt werden.

[3]) Reichstagsdrucks. 1895/96 Nr. 294 S. 62 f., 131; 1898/99 Nr. 203 S. 36, 92—95; 1900/1901 Nr. 220 S. 4 und ad Nr. 220 S. 50/51.

[4]) Ausgenommen sind in dem Abs. 2 des §. 244 die Verhandlungen vor den Schöffengerichten und die Berufungsverhandlungen in Übertretungs- und Privatklagesachen, in denen das Gericht den Umfang der Beweisaufnahme bestimmt.

die Zustimmung der Staatsanwaltschaft und des Angeklagten nicht verlesen werden, wenn die wiederholte Vorladung der Zeugen oder Sachverständigen erfolgt ist oder von dem Angeklagten rechtzeitig vor der Hauptverhandlung beantragt worden war.

Die Regierungsvorlage von 1895 sah den Grundsatz des §. 244 Abs. 1 der Str.Pr.O. als eine derjenigen Garantien an, die bei Einführung der Berufung fortfallen könnten. Sie wollte daher grundsätzlich die Bestimmung des Umfanges der Beweisaufnahme dem Ermessen des Gerichts überlassen und nur für die Verhandlungen vor dem Schwurgericht und vor dem Reichsgerichte die Regel des §. 244 Abs. 1 bestehen lassen. Eine Änderung der Vorschriften der §§. 364 und 366 war nicht vorgeschlagen.

Die Kommission des Reichstags lehnte die vorgeschlagene Abänderung des §. 244 der Str.Pr.O. ab[1]) und beschloß hinsichtlich des Verfahrens in der neu einzuführenden Berufungsinstanz vor dem Oberlandesgericht in zwei Lesungen,[2]) daß es zwar bei den Vorschriften des §. 364 der Str.Pr.O. sein Bewenden behalten, jedoch eine Verlesung der Aussagen der in erster Instanz vernommenen Zeugen und Sachverständigen abgesehen von dem Falle der §§. 250 und 252 ohne Zustimmung der Staatsanwaltschaft und des Angeklagten nicht zulässig sein solle. Mit Rücksicht auf den Widerspruch der Regierungen wurde in dritter Lesung dieser Beschluß wieder aufgehoben, jedoch zur Belehrung rechtsunkundiger Angeklagter ein Absatz 5 zu dem §. 364 der Str.Pr.O. hinzugefügt, wonach dem Angeklagten die von Amtswegen zu ladenden Zeugen namhaft zu machen seien und er ferner darauf hinzuweisen sei, daß er die wiederholte Vernehmung weiterer Zeugen rechtzeitig beantragen müsse, widrigenfalls die Verlesung der über ihre Aussagen aufgenommenen Protokolle ohne seine Zustimmung zulässig sei.[3])

Ein gleicher Zusatz zu dem §. 364 war auch in den späteren Anträgen der Abgeordneten Dr. Rintelen und Lenzmann-Munckel enthalten und fand die Zustimmung der Kommissionen.[4]) Zu dem §. 366 war in dem Antrage Lenzmann-Munckel ferner vorgeschlagen, daß vor den Oberlandesgerichten, an welche man damals die Berufung gegen die Urteile der Strafkammern verweisen wollte, eine Verlesung der Aussagen in erster Instanz, abgesehen von den Fällen der §§. 250 und 252, überhaupt nicht zulässig sein solle. Trotz des Widerspruchs der Regierungen nahm die Kommission des Reichstags diesen Antrag in zweiter Lesung an.[5])

Im Anschluß an diese Vorgänge ist der Kommission unter U II 2 zu b eine Unterfrage nach Umfang und Art der Beweisaufnahme und nach der Zulässigkeit der Verlesung von Zeugenaussagen gestellt.

---

[1]) Reichstagsdrucks. 1895/96 Nr. 294 S. 46 flg.

[2]) Reichstagsdrucks. 1895/96 Nr. 294 S. 63 bis 65.

[3]) Reichstagsdrucks. 1895/96 Nr. 294 S. 65 und 133.

[4]) Reichstagsdrucks. 1898/99 Nr. 203 S. 36, 94, 95; 1900/01 Nr. 220 S. 29 und ad Nr. 220 S. 50/51.

[5]) Reichstagsdrucks. 1900/01 Nr. 220 S. 29 und ad Nr. 220 S. 50—53.

Es lagen die Anträge vor:

Es empfiehlt sich,

a) auch für das Verfahren in der Berufungsinstanz an den Grundsätzen der §§. 244 Abs. 1 und 249 der Str.Pr.O. festzuhalten und die Verlesung von Zeugen- und Sachverständigenaussagen nur in dem durch die §§. 250, 252 der Str.Pr.O. bestimmten Umfange zuzulassen;

b) den Abs. 2 und den Abs. 4 des §. 364 sowie den §. 366 der Str.Pr.O. aufzuheben;

c) im Abs. 3 des §. 364 der Str.Pr.O. zu bestimmen, daß das Vorbringen neuer Tatsachen und neuer Beweismittel zulässig und sowohl dem Beschwerdeführer als auch dem Gegner gestattet ist.

Die Kommission erklärte sich zunächst einstimmig dafür, daß die Grundsätze des §. 244 Abs. 1 und der §§. 249 flg. der Str.Pr.O. an sich auch in der Berufungsinstanz gelten sollen (Antrag a). Hierfür war die Erwägung maßgebend, daß diese Grundsätze sich durchaus bewährt hätten und daher auch für die Berufungsinstanz Geltung haben müßten. Der Vorsitzende stellte ferner, ohne Widerspruch zu finden, die einstimmige Annahme des Antrags c fest, der lediglich eine deutlichere Fassung des jetzt geltenden Rechtes bezweckt.[1])

Bedenken wurden lediglich gegen den Antrag b geäußert. Zur Begründung desselben war ausgeführt worden: Die Kommission habe bereits mehrfach den Standpunkt eingenommen, daß das Verfahren in der Berufungsinstanz im gleichen Maße wie das Verfahren erster Instanz von dem Grundsatze der Mündlichkeit beherrscht sein müsse. Diesem Grundsatze widersprächen aber die Bestimmungen des §. 364 Abs. 2 und 4 und des §. 366, insofern sie, über das in erster Instanz zulässige und unvermeidliche Maß hinaus, die Verlesung von Aussagen gestatteten. Die Verlesung von Protokollen, deren Inhalt in der Regel weder von den Prozeßbeteiligten noch von dem Aussagenden selbst genehmigt worden sei, unterliege den schwersten Bedenken. Es könne nicht geleugnet werden, daß schon die Protokolle über die Schöffengerichtsverhandlungen in der Regel nur eine sehr dürftige Wiedergabe der Aussagen enthielten, obgleich dort die Aufnahme der wesentlichen Ergebnisse der Vernehmungen in das Protokoll vom Gesetze vorgeschrieben sei (§. 273 Abs. 2 der Str.Pr.O.). In noch stärkerem Maße gelte dies von den Protokollen über die Hauptverhandlungen vor der Strafkammer. Abgesehen hiervon enthalte das Protokoll immer nur dasjenige, was nach der Auffassung des Richters und des Gerichtsschreibers erster Instanz der Zeuge oder Sachverständige ausgesagt habe. Zudem seien schriftliche Gutachten Sachverständiger häufig Mißverständnissen ausgesetzt und gewännen erst durch mündliche Erläuterungen ihre richtige Bedeutung. Die Verlesung sei daher immer nur ein dürftiger Ersatzbeweis, der bei den künftig in die Berufungsinstanz gelangenden wichtigen Strafsachen nicht die Grundlage

[1]) §. 364 Abs. 3 lautet:

Neue Beweismittel sind zulässig.

Über die Ungenauigkeit dieser Fassung ist zu vergl. Löwe, Kommentar zur Strafprozeßordnung 11. Aufl. Note 5 zu §. 364.

der Entscheidung bilden dürfe. Es solle zwar nicht in Abrede gestellt werden, daß in Ausnahmefällen und bei verständiger Anwendung die Vorschrift des §. 366 von praktischem Werte und unbedenklich sein könne. Die Handhabung dieser Vorschrift sei aber nicht überall eine gleichmäßig zweckentsprechende; vielmehr bestehe bei vielen Gerichten die Neigung, von dem §. 366 auch da Gebrauch zu machen, wo die wiederholte Vernehmung angezeigt gewesen wäre. Allerdings könne der Angeklagte die Verlesung dadurch ausschließen, daß er die Vorladung der Zeugen beantrage und demnächst seine Zustimmung zur Verlesung verweigere. Allein der Angeklagte werde, selbst wenn er, wie es die Reichstags-Kommissionen beschlossen hatten und der §. 388 Abs. 2 der Militärstrafgerichtsordnung es vorschreibe, ausdrücklich hierauf hingewiesen werde, häufig die Vorladung der Zeugen unterlassen oder seine Zustimmung zur Verlesung geben, ohne daß er die Tragweite dieser Erklärung zu übersehen vermöge. Der §. 366 sei daher zu beseitigen. Gleichzeitig seien auch die Bestimmungen des §. 364 Abs. 2 und 4, welche die Auswahl der vorzuladenden Personen in das Ermessen des Vorsitzenden stellten, aufzuheben. Die allgemeine Befugnis des Vorsitzenden, die Ladung unerheblicher Zeugen abzulehnen, werde dadurch nicht beseitigt, da nach Abs. 1 des §. 364 die Vorschriften der §§. 215 bis 224 der Str.Pr.O. auch auf die Vorbereitung der Hauptverhandlung in der Berufungsinstanz Anwendung finden. Die früher von den Regierungen gegen die Aufhebung des §. 366 geäußerten finanziellen Bedenken würden an Bedeutung wesentlich verlieren, wenn nach den Beschlüssen der Kommission die Berufungsinstanz bei dem Landgerichte gebildet werde. Im übrigen werde sich gerade daraus, daß grundsätzlich alle in erster Instanz vernommenen Personen neu zu laden seien, für den Beschwerdeführer die im Interesse der Rechtspflege wünschenswerte Veranlassung ergeben, zur Vermeidung unnötiger Kosten bestimmte Beschwerdepunkte anzugeben.

Demgegenüber wurde ausgeführt: Man dürfe den Grundsatz der Mündlichkeit nicht auf die Spitze treiben. In der Berufungsinstanz sei aus praktischen Gründen die Verlesung von Zeugenaussagen in weiterem Umfang unentbehrlich. Häufig sei über den Inhalt der in erster Instanz gemachten Aussagen kein Streit und nur die aus den feststehenden Tatsachen zu ziehenden Schlußfolgerungen seien zweifelhaft; in solchen Fällen sei eine Verlesung unbedenklich. Das Gleiche gelte, wenn aus der protokollierten Aussage schon hervorgehe, daß der Zeuge etwas nicht ausgesagt habe, was der Angeklagte in zweiter Instanz in sein Wissen stelle. Nicht immer seien die Sitzungsprotokolle erster Instanz unvollständig und zur Verlesung ungeeignet; namentlich gelte dies von den Aussagen der Sachverständigen, die oft nur ihr schriftliches Gutachten bestätigten. Die Anwendung des §. 366 sei in vielen Landesteilen eine durchaus maßvolle und verständige; seine Aufhebung werde viele Weitläufigkeiten und unnötige Kosten verursachen. Keinesfalls aber — und in diesem Sinne sprachen sich auch einige Mitglieder aus, die den §. 366 beseitigt wissen wollten — sei eine Aufhebung des §. 364 Abs. 2 und 4 erforderlich. Wenn ein Zeuge in erster Instanz erklärt habe, er wisse von der Sache nichts, und besondere Bedenken gegen seine Glaubwürdigkeit nicht bestünden, so wäre es zweckwidrig, ihn gleichwohl zur Hauptverhandlung in zweiter Instanz wieder vorzuladen. Der

Angeklagte verliere dabei nichts; denn er habe das Recht, den Zeugen selbst zu laden und könne, wenn sich dessen wiederholte Vernehmung nachträglich als erforderlich herausstelle, bis zum Schlusse der Beweisaufnahme die Vorladung desselben beantragen.

Für den Fall der Ablehnung des Antrags b wurde im Laufe der Beratung von anderer Seite der Antrag gestellt,

> dem §. 366 der Str.Pr.O. am Schlusse die Worte beizufügen: „oder in Gemäßheit des § 364 Abs. 2 der Str.Pr.O. unterblieben ist,"

wodurch, wie der Antragsteller erläuternd bemerkte, die Zulässigkeit der Verlesung in allen Fällen (mit Ausnahme der §§. 250, 252 der Str.Pr.O.) von der Zustimmung der Beteiligten abhängig gemacht werden würde. Der Antragsteller erklärte, daß er in erster Linie für die Aufhebung des §. 366 und des §. 364 Abs. 2 sei und nur im Falle der Beibehaltung des §. 366 eine Verlesung der Aussagen der nicht wieder vorgeladenen Personen ohne Zustimmung der Staatsanwaltschaft und des Angeklagten ausgeschlossen wissen wolle.

Bei der Abstimmung lehnte die Kommission die Aufhebung des §. 364 Abs. 2 mit 13 gegen 5 Stimmen und die Aufhebung des Abs. 4 des §. 364 der Str.Pr.O. einstimmig ab. Dagegen wurde mit 11 gegen 7 Stimmen beschlossen, den §. 366 der Str.Pr.O. aufzuheben. Der für den Fall der Beibehaltung desselben gestellte Antrag war hiermit erledigt.

Die Kommission war darin einig, daß die sämtlichen heute gefaßten Beschlüsse auch für den Fall der Beibehaltung der jetzigen Gerichtsverfassung Geltung haben sollten.

54. Sitzung.

6. Juli 1904.

Verfahren in der Berufungsinstanz. Revision.

I. Nach §. 370 der Str.Pr.O. ist im Falle des unentschuldigten Ausbleibens des Angeklagten in der Hauptverhandlung, insoweit der Angeklagte die Berufung eingelegt hat, dieselbe sofort zu verwerfen, insoweit die Staatsanwaltschaft die Berufung eingelegt hat, über diese zu verhandeln oder die Vorführung oder Verhaftung des Angeklagten anzuordnen. Der Angeklagte kann binnen einer Woche nach der Zustellung des Urteils die Wiedereinsetzung in den vorigen Stand beantragen, sofern die Voraussetzungen des §. 44 der Str.Pr.O. vorliegen, d. h. wenn er durch Naturereignisse oder andere unabwendbare Zufälle am Erscheinen verhindert worden ist.

Nach der Vorlage von 1895 sollte das Gericht über die Berufung des Angeklagten auf dessen Antrag in seiner Abwesenheit verhandeln können, wenn sein Erscheinen wegen großer Entfernung seines Aufenthaltsorts besonders erschwert ist oder er sich nicht auf freiem Fuße befindet, dagegen sollte es dabei verbleiben, daß die Berufung des unentschuldigt ausgebliebenen Angeklagten sofort zu verwerfen sei, und die Kommission des Reichstags nahm diese Vorschläge mit der Maßgabe, daß die Befreiung des Angeklagten vom Erscheinen in der Hauptverhandlung dem Ermessen des Gerichts unterliegen solle, an;[1]) das Plenum des Reichstags beschloß dagegen in der zweiten Lesung, daß beim unentschuldigten Ausbleiben des Angeklagten, auch wenn er selbst die Berufung eingelegt habe, entweder über diese zu verhandeln oder die Vorführung oder Verhaftung anzuordnen sei.[2]) Diesem Beschluß entsprach der in dem Antrage des Abgeordneten Dr. Rintelen[3]) vom Jahre 1898 aufgenommene §. 370, der im wesentlichen von der damaligen Reichstagskommission gebilligt und in der von dieser beschlossenen Fassung auch seitens der Kommission des Jahres 1900 angenommen wurde.[4])

Im Anschluß an diese Vorgänge ist unter U II 2c die Frage gestellt,

welche Folgen das Ausbleiben des Angeklagten in der Hauptverhandlung vor dem Berufungsgerichte haben solle. (Str.-Pr.O. §. 370.)

---

[1]) Reichtagsdrucks. 1895/1896 Nr. 294 S. 65, 132 bis 135.

[2]) Stenogr. Bericht der Sitzung vom 27. November 1896 S. 3536 bis 3538 und Reichstagsdrucks. 1895/1896 Nr. 587.

[3]) Reichstagsdrucks. 1898/1899 Nr. 17.

[4]) Reichstagsdrucks. 1898/1899 Nr. 203 S. 36, 95; 1900/1901 Nr. 220 S. 30 und ad Nr. 220 S. 53.

Die Kommission war zunächst darin einig, daß diese Frage für den Fall der Beibehaltung wie für den Fall der Änderung der bisherigen Gerichtsverfassung gleichmäßig zu entscheiden sei. Übereinstimmung bestand auch darüber, daß eine gänzliche Aufhebung des §. 370 der Str.Pr.O., wie sie seinerzeit in dem Antrage des Abgeordneten Dr. Reichensperger vorgeschlagen und von der zur Beratung dieses Antrags eingesetzten Kommission des Reichstags beschlossen worden war,[1] sich nicht empfehle. Man erwog hierbei, daß die Anwesenheit des Angeklagten in der Hauptverhandlung der Berufungsinstanz nicht in dem gleichen Maße wie in erster Instanz notwendig erscheine und daß die uneingeschränkte Anwendung der in den §§. 229 flg. der Str.Pr.O. für die erste Instanz gegebenen Vorschriften auf das Verfahren in der Berufungsinstanz leicht zu Verschleppungen führen könne. Dagegen gingen die Ansichten darüber, wieweit in der Berufungsinstanz in Abwesenheit des Angeklagten verhandelt werden könne und welche Folgen sein Ausbleiben haben solle, auseinander.

Es lag der Antrag vor, den §. 370 der Str.Pr.O. folgendermaßen zu fassen:

1. Ist das Erscheinen des Angeklagten nach dem Ermessen des Gerichts besonders erschwert oder befindet sich derselbe nicht auf freiem Fuße, so kann das Gericht auf seinen Antrag beschließen, daß in seiner Abwesenheit zu verhandeln sei.

   Im übrigen kann, wenn beim Beginne der Hauptverhandlung weder der Angeklagte noch in den Fällen, wo solches zulässig, ein Vertreter desselben erschienen und das Ausbleiben nicht genügend entschuldigt ist, entweder in Abwesenheit des Angeklagten verhandelt oder seine Vorführung oder Verhaftung angeordnet werden.

   Der Angeklagte kann binnen einer Woche nach Zustellung des Urteils die Wiedereinsetzung in den vorigen Stand unter den in den §§. 44, 45 bezeichneten Voraussetzungen beanspruchen.

Für diesen Antrag, der wörtlich mit den Beschlüssen der letzten Reichstagskommissionen übereinstimmt, wurde geltend gemacht:

Die Bestimmung des §. 370 der Str.Pr.O. führe zu großen Härten, da der Angeklagte infolge eines entschuldbaren Versehens der Berufung verlustig gehen könne. Die Vorschrift beruhe, wie aus ihrer Entstehungsgeschichte hervorgehe,[2] auf der Vermutung, daß der ausgebliebene Angeklagte auf die von ihm eingelegte Berufung verzichte. Es sei aber in hohem Grade bedenklich, auf eine solche unsichere Vermutung den Verlust eines Rechtsmittels zu begründen. In der Tat sei es in zahlreichen Fällen keineswegs die Absicht des ausgebliebenen Angeklagten, auf die Berufung zu verzichten, vielmehr beruhe das Ausbleiben häufig auf Unkenntnis des Gesetzes oder auf zufälligen Umständen, wie Verspätung oder Verfehlung des Terminszimmers. Wenngleich auch im Strafprozesse Formen und Fristen nicht entbehrt werden könnten und der Satz: jura

---

[1]) Reichstagsdrucks. 1885/1886 Nr. 11, 84.

[2]) Zu vergl. Hahn, Materialien zur Strafprozeßordnung 2. Aufl. Bd. I S. 1019.

vigilantibus sunt scripta bis zu einem gewissen Grade auch hier gelte, so dürfe man doch im Strafverfahren den Formalismus nicht so weit treiben, daß infolge eines vielleicht verzeihlichen Versehens dem Angeklagten materielles Unrecht geschehe. Das unentschuldigte Ausbleiben des Angeklagten im Verhandlungstermine der Berufungsinstanz habe für den Angeklagten weit schlimmere Folgen als das Ausbleiben einer Partei im Zivilprozesse, da hier gegen Versäumnisurteile der Einspruch gewährt sei, ohne daß die Partei ihr Ausbleiben irgendwie zu entschuldigen brauche. Wenn aber die Bestimmung des §. 370 schon jetzt, wo nur verhältnismäßig geringfügigere Strafsachen in die Berufungsinstanz gelangten, bedenklich wirke, so werde sie bei einer Ausdehnung der Berufung vollends unerträglich sein. Die Wiedereinsetzung in den vorigen Stand biete dem Angeklagten keinen genügenden Schutz, da das Ausbleiben häufig als entschuldbar gelten könne, auch wenn es nicht gerade auf einem Naturereignis oder einem unabwendbaren Zufalle beruhe. Insbesondere aber könne nach dem bestehenden Gesetze die Wiedereinsetzung in den vorigen Stand dem Angeklagten dann nicht gewährt werden, wenn er vor dem Termine sein Ausbleiben entschuldigt habe, die Entschuldigung aber nicht rechtzeitig an das Gericht gelangt sei. Im übrigen leide der §. 370 auch insofern an einer Inkonsequenz, als vor dem Termine jegliche Entschuldigung genüge, um die Verwerfung der Berufung des Angeklagten zu verhüten, während nach dem Termine der Angeklagte das gegen ihn erlassene Versäumnisurteil nur unter den strengen Bedingungen des §. 44 wieder zu beseitigen vermöge. Um diesen Übelständen abzuhelfen, empfehle es sich in erster Linie, in der Berufungsinstanz in weiterem Umfang als bisher eine Verhandlung in Abwesenheit des Angeklagten zuzulassen. Es sei dies unbedenklich, da der Angeklagte in erster Instanz bereits gehört und seine wiederholte Anwesenheit in der zweiten Verhandlung tatsächlich vielfach unnötig sei; auch das geltende Recht lasse, wenn die Berufung von der Staatsanwaltschaft eingelegt sei, eine Verhandlung in Abwesenheit des Angeklagten zu. Es solle daher dem Gerichte die Befugnis gegeben werden, auf Antrag des Angeklagten, wenn dessen Erscheinen besonders erschwert sei, vor dem Termine zu beschließen, daß in seiner Abwesenheit über die Berufung zu verhandeln sei (Absatz 1 des Antrags). Im einzelnen könne die Beurteilung der besonderen Erschwerungsgründe dem Ermessen des Gerichts überlassen bleiben. Es müsse weiterhin für den Fall des unentschuldigten Ausbleibens des Angeklagten im Termine die Möglichkeit des Erlasses eines Versäumnisurteils beseitigt, vielmehr dem Gerichte nur die Wahl gelassen werden, entweder ohne den Angeklagten über dessen Berufung zu verhandeln oder die Verhandlung zu vertagen. Sei in Abwesenheit des Angeklagten über die Berufung desselben entschieden worden, sein Ausbleiben aber durch einen die Wiedereinsetzung in den vorigen Stand rechtfertigenden Umstand veranlaßt gewesen, so müsse ihm endlich, wie Absatz 3 des Antrags vorsehe, das Recht bleiben, mittels der Wiedereinsetzung eine Wiederholung der Verhandlung in seiner Anwesenheit zu verlangen.

Der im Abs. 1 des Antrags gemachte Vorschlag fand keinen erheblichen Widerspruch. Ein Mitglied gab zu erwägen, ob es sich nicht empfehle, dem Ermessen des Gerichts, wie im §. 232 der Str.Pr.O. und in den dazu von der

Kommission gefaßten Beschlüssen[1]), insofern eine Grenze zu ziehen, als in Abwesenheit des Angeklagten über ein bestimmtes Strafmaß hinaus nicht erkannt werden dürfe. Ein Antrag wurde jedoch in dieser Richtung nicht gestellt.

Erheblichen Bedenken begegnete aber die im Abs. 2 des Antrags vorgeschlagene Beseitigung des Versäumnisurteils. Es wurde ausgeführt: Es könne nicht zugegeben werden, daß die sofortige Verwerfung der Berufung des Angeklagten im Falle seines unentschuldigten Ausbleibens sich als eine Härte darstelle. In den meisten derartigen Fällen treffe die Vermutung, daß der Angeklagte auf die Berufung verzichten wolle, tatsächlich zu. Dies ergebe sich sowohl aus der ziemlich großen Anzahl der jährlich ergehenden Versäumnisurteile, die unmöglich auch nur zu einem erheblicheren Teile auf bloße Versehen des Angeklagten zurückgeführt werden könnten, und ferner aus der Tatsache, daß der Erlaß von Versäumnisurteilen im öffentlichen Strafverfahren viel häufiger stattfinde als in dem von den Beteiligten mit besonderer Leidenschaftlichkeit verfolgten Privatklageverfahren.[2]) Der Verzicht werde häufig nur deshalb nicht ausdrücklich ausgesprochen, weil der Angeklagte durch sein Ausbleiben im Berufungstermin eine weitere Hinausschiebung der Strafvollstreckung erzielen wolle.

Des weiteren sei aber die Stellung des Angeklagten in der Berufungsinstanz eine wesentlich andere als in der ersten Instanz. In dieser werde der Angeklagte im öffentlichen Interesse von der Staatsanwaltschaft angegriffen; da seien alle Kautelen für ein zutreffendes Urteil geboten. In der Berufungsinstanz aber werde der bereits vom Gerichte für schuldig erklärte Angeklagte selbst zum Angreifer; da müsse und könne man von ihm verlangen, daß er die nötige Sorgfalt anwende, um vor Gericht zu erscheinen und das Urteil anzufechten; bleibe er ohne Entschuldigung aus, so dürfe er sich nicht beklagen, wenn sein Angriffsmittel ohne weiteres zurückgewiesen werde. Der Angeklagte habe es in der Hand, durch rechtzeitige Entschuldigung vor dem Termine den Erlaß eines Versäumnisurteils zu verhüten; bei den heutigen Verkehrsmitteln sei er in der Lage, auch eine in letzter Stunde eingetretene Behinderung dem Gerichte noch rechtzeitig anzuzeigen; sei dies ausnahmsweise nicht der Fall, so werde in der Regel ein Antrag auf Wiedereinsetzung in den vorigen Stand nach §. 44 der Str.Pr.O. sich begründen lassen; Versäumnisse aber, die auf bloßer Verspätung, Verfehlen des richtigen Terminszimmers oder ähnlichen Umständen beruhten, könne der Gesetzgeber nicht berücksichtigen. Es sei ohnedies zu besorgen, daß die Wiedereinführung der Berufung die Schnelligkeit und Energie der Strafverfolgung in gewissem Maße abschwächen werde; dies werde in fast unerträglicher Weise gesteigert, wenn auch bei unentschuldigtem Ausbleiben des Angeklagten die ganze Beweisaufnahme stattfinden oder die Verhandlung vertagt werden müsse. Die Befugnis des Gerichts, den Angeklagten verhaften oder vorführen zu lassen, sei praktisch nicht von großer Bedeutung. Zur Verhaftung wegen bloßen Ausbleibens im Termine pflegten

[1]) Zu vergl. das Protokoll der 29. Sitzung S. 231 flg.

[2]) Im Jahre 1902 erledigten sich im Deutschen Reiche in der Berufungsinstanz durch Urteil auf sofortige Verwerfung der Berufung: 4,4 % der Privatklagesachen — worin auch die Berufungen des Privatklägers mitenthalten sind — und 8,2 % der anderen Strafsachen.

die Gerichte erfahrungsgemäß nur ungern zu schreiten, und der Vorführung könne der Angeklagte, namentlich in größeren Städten, sich unschwer für mehrere Termine entziehen. Sollte die Sache so liegen, daß die Berufung des ausgebliebenen Angeklagten augenscheinlich begründet sei, so werde die Staatsanwaltschaft stets in der Lage sein, durch Erhebung der Anschlußberufung gemäß dem gestrigen Beschlusse der Kommission auf eine entsprechende Abänderung des Urteils erster Instanz zu Gunsten des Angeklagten hinzuwirken.

Von anderer Seite wurde ausgeführt, es sei zwar richtig, daß der Erlaß von Versäumnisurteilen gemäß dem §. 370 der Str.Pr.O. unter Umständen zu Härten führen könne; die vorgeschlagene Bestimmung führe jedoch wieder in anderer Hinsicht zu unerwünschten Ergebnissen. Die gänzliche Beseitigung des Versäumnisurteils werde zur Folge haben, daß die Gerichte in zahlreichen Fällen über die Berufung des ausgebliebenen Angeklagten in dessen Abwesenheit verhandelten; auch hierin müsse aber eine unbillige Härte gegenüber dem Angeklagten erblickt werden, der oft nur infolge eines geringen Versehens den Termin versäume und sich nunmehr nicht wirksam verteidigen könne. Gelinge es dem Angeklagten, weil er durch einen unabwendbaren Zufall am Erscheinen verhindert gewesen sei, die Wiedereinsetzung in den vorigen Stand durchzusetzen, so müsse die ganze Verhandlung wiederholt werden und die erste, in seiner Abwesenheit stattgehabte Verhandlung habe die Zeit und Arbeitskraft des Gerichts und der Zeugen nutzlos in Anspruch genommen. Es sei deshalb richtiger, das Versäumnisurteil an sich beizubehalten, seine Härten aber dadurch zu mildern, daß man die Bedingungen für die Wiedereinsetzung in den vorigen Stand allgemein erleichtere, etwa in der Weise, daß jede unverschuldete Versäumnis einen Wiedereinsetzungsgrund darstelle. Dies empfehle sich um so mehr, als die strenge Vorschrift des §. 44 der Str.Pr.O. auch sonst wenig befriedige und zu ungerechtfertigten Härten führe.

Die letztgedachte Auffassung wurde wieder von anderer Seite als zu weitgehend bezeichnet, auch wurde betont, daß die Folgen einer Fristversäumnis nicht ohne weiteres in derselben Weise geregelt werden könnten wie die Folgen einer Terminsversäumnis.

Von einem Mitgliede wurde speziell zu dem Abs. 3 des Antrags bemerkt, daß diese Vorschrift in der Wahrung der Interessen des Angeklagten insofern nicht weit genug gehe, als sie ihm die Wiedereinsetzung in den vorigen Stand nur dann gewähre, wenn er durch einen unabwendbaren Zufall am Erscheinen in der Hauptverhandlung verhindert worden sei, nicht aber auch dann, wenn er sich vor dem Termine bei Gericht entschuldigt habe und mit Rücksicht hierauf ausgeblieben sei, die Entschuldigung jedoch nicht rechtzeitig an das Gericht gelange. Es erscheine geboten, dem Angeklagten auch in einem solchen Falle die Wiedereinsetzung in den vorigen Stand zu gewähren, sofern das rechtzeitige Eintreffen der Entschuldigung bei Gericht durch einen unabwendbaren Zufall verhindert worden sei. Auf Grund dieser Erwägungen, denen mehrere andere Mitglieder zustimmten, wurde im Laufe der Beratung der Unterantrag gestellt,

2. den Abs. 3 des Antrags folgendermaßen zu fassen:

Wenn der Angeklagte durch Naturereignisse oder durch andere unabwendbare Zufälle am Erscheinen in der Hauptverhandlung oder an der rechtzeitigen Mitteilung genügender Entschuldigung verhindert ist, so kann er binnen einer Woche nach Zustellung des Urteils die Wiedereinsetzung in den vorigen Stand beanspruchen.

Da im Laufe der Erörterungen mehrere Mitglieder erklärt hatten, ihre Stellungnahme zu den vorliegenden Anträgen davon abhängig machen zu wollen, ob die Fassung des §. 44 der Str.Pr.O. eine Erweiterung erfahre oder nicht, so legte der Vorsitzende der Kommission zunächst die Frage zur Abstimmung vor:

Soll die Entscheidung über Änderungen des §. 370 der Str.Pr.O. ausgesetzt werden, bis die Beratung über den §. 44 der Str.Pr.O. beendet ist?

Diese Frage wurde mit 11 gegen 8 Stimmen bejaht, womit die Beratung der vorliegenden Anträge für heute erledigt war.[1]

II. Es wurde darauf der Antrag beraten:

Es empfiehlt sich, den Grundsatz des §. 397 der Str.Pr.O.[2] auch für die Berufung festzustellen.[3]

Zur Begründung des Antrags wurde ausgeführt:

Die Vorschrift des §. 397 der Str.Pr.O. entspreche einem Gebote der Gerechtigkeit; das Rechtsgefühl widersetze sich dem Gedanken, daß ein von der Revisionsinstanz als unrichtig befundenes Urteil an einem Mitverurteilten, der das Rechtsmittel der Revision nicht eingelegt habe, gleichwohl vollstreckt werde. Dieselben Erwägungen träfen aber auch bei der Berufung zu. Schon heute habe sich das Bedürfnis gezeigt, die Vorschrift des §. 397 auf die Berufung auszudehnen. Dieses Bedürfnis werde sich bei der Ausdehnung der Berufung noch vergrößern.

Die Ausführungen fanden in ihrem Grundgedanken die allgemeine Zustimmung der Kommission; jedoch wurden in dreifacher Hinsicht Bedenken laut. Es wurde geltend gemacht:

a) Wenn man sich auch über das mehr theoretische Bedenken, ob es gerechtfertigt sei, einen Angeklagten, der sich bei seiner Verurteilung beruhigt habe, gewissermaßen gegen seinen Willen in ein neues Verfahren hineinzuziehen, hinwegsetzen könne, so dürfe dies doch keinesfalls zu einer Schädigung des Angeklagten führen. Es müsse mit der Möglichkeit gerechnet werden, daß das dem Angeklagten günstige Berufungsurteil in der Revisionsinstanz auf die Revision der Staatsanwaltschaft hin wieder geändert und schließlich das ur-

---

[1]) Über die Fortsetzung der Beratung vergl. S. 513.

[2]) Der §. 397 der Str.Pr.O. lautet:

Erfolgt zu Gunsten eines Angeklagten die Aufhebung des Urteils wegen Gesetzesverletzung bei Anwendung des Strafgesetzes, und erstreckt sich das Urteil, soweit es aufgehoben wird, noch auf andere Angeklagte, welche die Revision nicht eingelegt haben, so ist zu erkennen, als ob sie gleichfalls die Revision eingelegt hätten.

[3]) Dieser Antrag entspricht den Beschlüssen der Reichstagskommissionen, zu vergl. Reichstagsdrucks. 1895/96 Nr. 294 S. 65; 1898/99 Nr. 203 S. 37; 1900/01 Nr. 220 S. 31.

sprüngliche Urteil wiederhergestellt werde. Dem Angeklagten, der sich bei diesem Urteile sogleich beruhigt habe, seien dann gegen seinen Willen erhöhte Kosten entstanden; auch könne er jetzt erst die Strafe antreten, obwohl berechtigte Gründe ihm eine alsbaldige Strafverbüßung als erwünscht erscheinen lassen möchten. Man werde daher erwägen müssen, ob nicht dem Mitverurteilten wenigstens das Recht zu gewähren sei, auf die ihm zugedachte Wohltat zu verzichten, da sie ihm unter Umständen Schaden bringen könne.

b) Ferner werde das Verfahren unter Umständen Schwierigkeiten bereiten. Wenn sich in der Verhandlung die Verurteilung als ungerechtfertigt herausstelle und die Unschuld sämtlicher Angeklagter ergebe, so werde zwar ohne weiteres auch die Freisprechung desjenigen Mitverurteilten erfolgen können, der die Berufung nicht eingelegt habe. Anders aber liege die Sache, wenn zuvor noch weitere Beweiserhebungen stattzufinden hätten. In solchen Fällen könne zwar das Revisionsgericht den §. 397 in der Weise zur Anwendung bringen, daß es das erste Urteil auch bezüglich desjenigen Mitverurteilten, der keine Revision eingelegt habe, aufhebe und die Sache zur erneuten Verhandlung auch gegen ihn in die erste Instanz zurückverweise. Das Berufungsgericht müsse aber selbst in der Sache entscheiden. Es sei daher geboten, daß es durch das Gesetz die Befugnis erhalte, in solchen Fällen durch Beschluß vor dem Erlasse des Urteils die Zuziehung des Mitverurteilten, der die Berufung nicht eingelegt hat, anzuordnen, damit dieser zuvor gehört werden könne.

c) Endlich wurde hervorgehoben:

Die Fassung des vorliegenden Antrags treffe den Fall nicht, daß ein Verurteilter zunächst erfolglos Berufung und alsdann mit Erfolg Revision eingelegt habe. Nach der ratio legis müsse auch in diesem Falle die Freisprechung des in erster Instanz zu Unrecht mitverurteilten Angeklagten, der sich bei dem Urteile beruhigt habe, noch in der Revisionsinstanz möglich sein. Es werde sich daher vielleicht empfehlen, in dem §. 397 statt von der Revision allgemein von den zulässigen Rechtsmitteln zu sprechen.

Anträge in Sinne dieser Anregungen wurden nicht gestellt. Dagegen wurde aus der Mitte der Kommission in Berücksichtigung der Schwierigkeiten, die eine Anwendung des Grundsatzes des §. 397 auf die Berufungsinstanz mit sich bringe, angeregt, dem vorliegenden Antrage die folgende Fassung zu geben:

> Es empfiehlt sich, Bestimmungen zu treffen, welche dem Grundsatze des §. 397 der Str.Pr.O. für die Berufung entsprechende Anwendung geben.

somit nur das Prinzip zum Ausdrucke zu bringen und die Frage der Gestaltung offen zu lassen.

Nachdem der Antragsteller sein Einverständnis hiermit erklärt hatte, wurde der Antrag in dieser Fassung einstimmig angenommen.

III. Nach der Regierungsvorlage von 1895 sollten einige als Ersatz für die mangelnde Berufung eingeführte Garantien des Verfahrens erster Instanz bei der in Aussicht genommenen Ausdehnung der Berufung wieder fortfallen. Auch der Kommission ist unter U III die Frage vorgelegt:

> Können für den Fall der Einführung der Berufung Garantien des Verfahrens, welche gegenwärtig in erster

Instanz zum Ersatze für die mangelnde Berufung bestehen, wegfallen?

Es wurde zunächst im allgemeinen die übereinstimmende Auffassung der Kommission dahin festgestellt, daß es sich nicht empfehle, bewährte Garantien des Verfahrens erster Instanz bei der Einführung der Berufung preiszugeben und damit das erstinstanzliche Verfahren wieder zu verschlechtern. Die Kommission ging hierbei von der bereits mehrfach zum Ausdrucke gebrachten Erwägung aus, daß es vor allem darauf ankomme, das Verfahren in erster Instanz möglichst gut zu gestalten; je besser dieses sei, um so weniger werde Veranlassung zur Einlegung von Berufungen gegeben sein.

IV. Die erste der unter U III gestellten Unterfragen,

ob eine Herabsetzung der Zahl der Strafkammermitglieder für die Hauptverhandlung angängig erscheine

(G.V.G. §. 77),

hat die Kommission bereits früher erörtert. Sie hat sich dafür ausgesprochen, daß im Falle der weiteren Ausdehnung der Schöffengerichtsverfassung das mittlere Schöffengericht mit zwei und das große Schöffengericht mit drei gelehrten Richtern besetzt werden solle und daß im Falle der Beibehaltung der jetzigen Strafkammern bei Einführung der Berufung deren Mitgliederzahl auf drei herabgesetzt werden könne.[1] Die Kommission hielt mit diesen Beschlüssen die vorliegende Frage für beantwortet, da sie der einstimmigen Ansicht war, daß eine weitere Herabsetzung der Richterzahl von vornherein ausgeschlossen sei.

V. Nach §. 23 Abs. 3 der Str.Pr.O. dürfen an dem Hauptverfahren vor der Strafkammer mehr als zwei von denjenigen Richtern, welche bei der Entscheidung über die Eröffnung des Hauptverfahrens mitgewirkt haben, namentlich aber der Richter, welcher Bericht über den Antrag der Staatsanwaltschaft erstattet hat, nicht teilnehmen.

Die Vorlage von 1895 wollte diese Vorschrift beseitigen. Die Kommission des Reichstags beschloß entsprechend der Vorlage (Reichstagsdrucks. 1895/96 Nr. 294 S. 27). Den gleichen Beschluß faßte die Kommission des Jahres 1899 auf den Antrag des Abgeordneten Dr. Rintelen (Reichstagsdrucks. 1898/99 Nr. 203 S. 14). Dagegen lehnte die Kommission von 1900 die Aufhebung des §. 23 Abs. 3 mit Stimmengleichheit ab (Reichstagsdrucks. 1900/01 Nr. 220 S. 16).

Der gegenwärtigen Kommission ist unter U III unter 2 die Frage vorgelegt:

Erscheint es angängig, den Richter, welcher bei der Entscheidung über die Eröffnung des Hauptverfahrens als Berichterstatter mitgewirkt hat, zur Teilnahme an dem Hauptverfahren zuzulassen?

(Str.Pr.O. §. 23 Abs. 3).

Es lag der Antrag vor:

Diese Frage für den Fall der Beibehaltung der bisherigen Gerichtsverfassung zu bejahen, dagegen für den Fall der Einführung der von der Kommission beschlossenen Schöffengerichtsverfassung zu verneinen.

---

[1]) Zu vergl. Protok. S. 409, 467 flg.

Vor Eintritt in die Beratung erklärte der Antragsteller, er sei bei diesem Vorschlage davon ausgegangen, daß die jetzige Strafkammer, falls sie durch das mittlere Schöffengericht nicht ersetzt werden sollte, auch künftighin mit fünf Richtern besetzt sein werde. Da aber die Kommission inzwischen beschlossen habe, für diesen Fall die Mitgliederzahl der Strafkammer auf drei herabzusetzen, so beantrage er nunmehr, die gestellte Frage sowohl für den Fall der Beibehaltung als auch für den Fall der Änderung der bisherigen Organisation gleichmäßig zu verneinen.

Dieser Antrag wurde sodann in folgender Weise begründet: Der Berichterstatter bringe infolge seiner Mitwirkung bei der Eröffnung des Hauptverfahrens eine gewisse Voreingenommenheit in die Hauptverhandlung mit, die in der Regel dem Angeklagten ungünstig sein werde. Es liege aber in der menschlichen Natur, an einer vorgefaßten Meinung festzuhalten. Da auch der Vorsitzende, um die Verhandlung sachgemäß leiten zu können, die Akten vorher lesen müsse, würden von den drei an der Hauptverhandlung teilnehmenden Berufsrichtern zwei, in den mittleren Schöffengerichten sogar die beiden mitwirkenden gelehrten Richter in der Hauptverhandlung nicht mehr unbefangen sein.

Die Mehrheit vermochte sich jedoch von der Richtigkeit dieser Ausführungen nicht zu überzeugen. Es wurde ausgeführt, daß die Bestimmung des §. 23 Abs. 3 als eine besondere Garantie des Verfahrens überhaupt nicht angesehen werden könne; sie beruhe auf einer Überschätzung der Bedeutung des Eröffnungsbeschlusses und auf einem ungerechtfertigten Mißtrauen gegen die Richter. Die Aufgabe des Richters bei der Entscheidung über die Eröffnung des Hauptverfahrens sei eine ganz andere als in der Hauptverhandlung. Während es sich dort nur darum handele, ob der Verdacht ausreiche, um die Sache zur Hauptverhandlung kommen zu lassen, sei in der Hauptverhandlung die Frage zu entscheiden, ob ein genügender Beweis für die Schuld des Angeklagten erbracht sei. Es könne nicht davon die Rede sein, daß die Bejahung jener ersten Frage irgendwie der Entscheidung der zweiten Frage vorgreife. Gegen den Vorsitzenden des Schöffengerichts, der in zahlreichen Schöffensachen selbst das Hauptverfahren eröffnet habe, sei deshalb noch niemals die Besorgnis der Befangenheit ausgesprochen worden. Übrigens würde sich eine Voreingenommenheit des Berichterstatters keineswegs immer gegen den Angeklagten richten, da es nicht selten vorkomme, daß das Hauptverfahren gegen die Stimme des Referenten eröffnet werde. Die Auffassung, daß das vorherige Aktenstudium die Unbefangenheit des Richters beeinflusse, sei überhaupt unhaltbar. Auch der Vorsitzende und der Berichterstatter in der Berufungsinstanz läsen vorher die Akten, ohne daß dies zu irgend welchen Mißständen geführt habe. Die Verhandlung ergebe in vielen Fällen ein wesentlich anderes Bild, als man es sich beim Lesen der Akten gemacht habe, und zwar nicht minder zu Gunsten als zu Ungunsten des Angeklagten. Es sei aber eine ständige Erfahrung, daß auch der Berichterstatter dem Einflusse der mündlichen Verhandlung sich keineswegs entziehe. Die Kenntnis der Akten müsse geradezu als erwünscht für den Richter bezeichnet werden. Sie erhöhe das Verständnis für die Vorgänge in der Hauptverhandlung, insbesondere für die Zeugenaussagen; auch könne ein aktenkundiger Beisitzer den Vorsitzenden bei der Beweisaufnahme wirksam unterstützen und insbesondere darauf hinwirken, daß die den Angeklagten entlastenden, aus den Akten sich ergebenden Momente in der Verhandlung zu Tage kämen. Wenn der §. 23 Abs. 3 fortfalle, so werde viele Arbeit gespart werden, die jetzt nutzlos aufgewendet werden müsse. Hierzu komme, daß diese Vorschrift in der Praxis zu großen Unzuträglichkeiten geführt habe, da sie den Geschäftsgang namentlich bei kleineren Gerichten erschwere und eine Vermehrung der Richterstellen über das sachliche Bedürfnis hinaus nötig mache. Diese Mißstände würden sich bei der Ausdehnung der Berufung in verschärftem Maße geltend machen.

Einige Mitglieder waren der Meinung, daß zwar bei der jetzigen Gestaltung des Verfahrens die Aufhebung des §. 23 Abs. 3 der Str.Pr.O. unbedenklich erfolgen könne, daß jedoch die Mitwirkung des Berichterstatters in der Hauptverhandlung ernstlichen Bedenken unterliegen müßte, wenn die Beschlüsse der Kommission über das Zwischenverfahren Gesetz würden. In dieser Richtung wurde geltend gemacht: Nach den Beschlüssen der Kommission solle in Zukunft ein Eröffnungsbeschluß nur ergehen, wenn von dem Beschuldigten Einwendungen erhoben seien,[1]) und zwar müsse alsdann über diese Einwendungen zuvor mündlich verhandelt werden.[2]) Hierdurch gewinne der jetzt vielfach nur formularmäßige Eröffnungsbeschluß und damit auch die Tätigkeit des Berichterstatters eine erhöhte Bedeutung; die Mitwirkung der an dem Beschlusse beteiligten Richter trete nach außen mehr in die Erscheinung; infolge der Anhörung des Beschuldigten werde auch der von dem Richter gewonnene Eindruck bereits ein festerer sein. Wenn der Angeklagte in der Hauptverhandlung dieselben Richter vor sich sehe, die bereits seine Einwendungen gegen die Eröffnung des Hauptverfahrens verworfen hätten, so werde er diese nicht als unbefangene Richter anerkennen. Es sei sogar zu erwägen, ob man nicht alle an der Schlußverhandlung des Vorverfahrens beteiligten Richter von der Mitwirkung im Hauptverfahren ausschließen müsse.

Diesen Ausführungen wurde entgegengehalten: Die wesentliche Grundlage des Eröffnungsbeschlusses würden auch in Zukunft die Akten bilden. Eine eigentliche Verhandlung solle regelmäßig nicht stattfinden, vielmehr sei die Kommission früher darin einig gewesen, daß eine Befragung der Angeklagten und Zeugen nur ausnahmsweise stattfinden solle. Ob der Angeklagte dieselben Richter in beiden Verhandlungen vor sich sähe oder die gleichen Namen unter dem Eröffnungsbeschluß und unter dem Urteile läse, bleibe sich für die Wirkung nach außen ziemlich gleich. Dagegen sei zu beachten, daß der Eröffnungsbeschluß in Zukunft ein bestimmtes Maß von Verdacht nicht mehr bezeichnen solle.[3])

Infolge der letztgedachten Erörterungen wurde die Abstimmung getrennt. Die Kommission bejahte die Frage der Zulässigkeit einer Mitwirkung des Berichterstatters am Hauptverfahren für den Fall, daß die Beschlüsse über das Zwischenverfahren Gesetz werden sollten, mit 13 gegen 6, für den entgegengesetzten Fall mit 15 gegen 4 Stimmen. Hiermit war der vorliegende Antrag erledigt.

---

[1]) Zu vergl. das Protokoll der 26. Sitzung S. 195.

[2]) ebenda, S. 190 flg.

[3]) ebenda, S. 192 flg., 194.

VI. Die Frage U III 3,

ob es im Falle der Einführung der Berufung angängig erscheint, die Mitteilung der Anklageschrift an den Angeschuldigten vor der Entscheidung über die Eröffnung des Hauptverfahrens zu beseitigen

(Str.Pr.O. §. 199),

wurde einstimmig verneint.

Die Kommission hatte zu der Frage in diesem Sinne bereits Stellung genommen, indem sie bei ihren Beschlüssen über das Eröffnungsverfahren davon ausgegangen war, daß der die Mitteilung der Anklageschrift vorsehende §. 199 der Str.Pr.O. bestehen bleibe (Protokolle der 25. Sitzung unter VI S. 187), und jene Beschlüsse ausdrücklich auch für den Fall der Einführung der Berufung bestätigt hatte (Protokolle der 26. Sitzung unter XIV S. 198).

Im Entwurfe von 1895 war eine Beseitigung des §. 199 vorgeschlagen worden, weil er das Verfahren nur verschleppe, ohne dem Angeschuldigten einen greifbaren Vorteil zu bringen. Von mehreren Mitgliedern wurde heute ausgeführt, daß sie diese Ansicht nicht teilen könnten. Die durch Mitteilung der Anklageschrift bewirkte Verschleppung könne nur unbedeutend sein. Der Wert der Vorschrift liege aber darin, daß der Angeschuldigte und namentlich der Verteidiger genau erfahre, was von der Staatsanwaltschaft vorgebracht werde. Wenn der Verteidiger, wie es oft genug der Fall sei, erst so spät mit der Sache befaßt werde, daß er die Akten nicht mehr einsehen könne, sei die Anklageschrift das einzige zuverlässige Mittel zu seiner Information.

VII. Zur Frage U III 4,

ob es für den Fall der Einführung der Berufung angängig erscheint, die Wiederaufnahme des Verfahrens auf Grund neuer Tatsachen oder Beweismittel einzuschränken

(Str.Pr.O. §. 399 Nr. 5.),

lagen folgende Anträge vor,

1. den §. 399 Nr. 5 der Str.Pr.O. durch §. 436 Nr. 5 der Militärstrafgerichtsordnung zu ersetzen;
2. den §. 399 Nr. 5 Satz 2 der Str.Pr.O. auf alle Straffachen auszudehnen.

Nach §. 399 Nr. 5 Satz 1 der Str.Pr.O. findet die Wiederaufnahme des Verfahrens zu Gunsten des Verurteilten statt, wenn neue Tatsachen oder Beweismittel beigebracht sind, welche allein oder in Verbindung mit den früher erhobenen Beweisen die Freisprechung oder in Anwendung eines milderen Strafgesetzes eine geringere Bestrafung zu begründen geeignet sind; dagegen wird im §. 436 Nr. 5 der Militärstrafgerichtsordnung erfordert, daß die neuen Tatsachen oder Beweismittel allein oder in Verbindung mit den früher erhobenen Beweisen die Unschuld des Verurteilten, sei es bezüglich der ihm zur Last gelegten Tat überhaupt, sei es bezüglich eines die Anwendung eines härteren Strafgesetzes begründenden Umstandes, ergeben oder doch darzutun geeignet sind, daß ein begründeter Verdacht gegen den Angeklagten nicht mehr vorliegt.

Andererseits können nach §. 399 Nr. 5 Satz 2 der Str.Pr.O. in den vor den Schöffengerichten verhandelten Sachen nur solche Tatsachen oder Beweismittel beigebracht werden, welche der Verurteilte in dem früheren Verfahren einschließlich der Berufungsinstanz nicht gekannt hatte oder ohne Verschulden nicht geltend machen konnte, während die Militärstrafgerichtsordnung eine entsprechende Einschränkung nicht kennt.

1. Ein dem Vorschlag unter 1 entsprechender Antrag war bereits bei der Beratung der Vorschriften über das Wiederaufnahmeverfahren gestellt, aber abgelehnt worden (Protokolle S. 276 flg.) Heute wurde mit 17 gegen eine Stimme beschlossen: den §. 399 Nr. 5 Satz 1 der Str.Pr.O. durch §. 436 Nr. 5 der Militärstrafgerichtsordnung zu ersetzen. Es wurde ausgeführt: Damals sei für die Kommission insbesondere die Erwägung maßgebend gewesen, daß eine Erschwerung des Wiederaufnahmeverfahrens ohne gleichzeitige Ausdehnung der Berufung nicht in Frage kommen könne. Nachdem nunmehr die Kommission die Ausdehnung der Berufung auf alle Urteile erster Instanz beschlossen habe, könne den übrigen bei der früheren Beratung geltend gemachten Bedenken eine entscheidende Bedeutung nicht mehr beigemessen werden. Vielmehr müsse der §. 399 Nr. 5 der Str.Pr.O., der die Berufung habe ersetzen sollen, im Interesse der Achtung vor der rechtskräftigen Entscheidung nunmehr eingeschränkt werden.

Das einzige Mitglied, welches von einer Änderung des geltenden Rechtes absehen wollte, hatte sich dahin ausgesprochen, daß es der Frage des Fortbestandes des §. 399 Nr. 5 im Falle der Wiedereinführung der Berufung zwar keine erhebliche Bedeutung beilege, aber eine Einschränkung der Bestimmung nicht für notwendig halte, da eine mißbräuchliche Anwendung derselben durch die Gerichte angesichts der bisherigen strengen Handhabung auch in Zukunft nicht zu besorgen sei.

2. Zu Gunsten des Antrags 2 wurde ausgeführt, daß die Vorschrift bisher nur deshalb auf die Schöffengerichte beschränkt gewesen sei, weil gegen die Urteile der anderen Gerichte eine Berufung nicht bestanden habe. Bei einer Ausdehnung der Berufung fehle jeder Grund für die fernere Beschränkung der Vorschrift auf die Schöffengerichte.

Eine Minderheit wollte die Vorschrift des §. 399 Nr. 5 Satz 2, entsprechend dem Antrag 1, gänzlich beseitigen. Sie glaubte, daß es im Strafprozesse, dessen Ziel die Ermittelung der objektiven Wahrheit sei, nicht darauf ankommen dürfe, ob der Angeklagte einzelne Tatsachen oder Beweismittel schon früher hätte vorbringen können. Diese Erwägung müsse um so mehr durchgreifen, als nach der in Aussicht genommenen neuen Fassung des §. 399 Nr. 5 die Wiederaufnahme des Verfahrens auf Grund neuer Tatsachen oder Beweismittel im wesentlichen nur noch für wirklich Unschuldige in Frage komme.

Der Antrag 2 wurde mit 10 gegen 8 Stimmen angenommen, womit der Antrag 1, soweit er den Satz 2 des §. 399 Nr. 5 betrifft, erledigt war.

VIII. Die Kommission wandte sich sodann zur Beratung der Vorschriften über die Revision.

Zuständig für die Verhandlung und Entscheidung über die Revision gegen die in erster Instanz ergehenden Urteile der Strafkammern ist regelmäßig das Reichsgericht, ausnahmsweise jedoch, sofern nämlich die Revision ausschließlich auf die Verletzung einer in den Landesgesetzen enthaltenen Rechtsnorm gestützt wird, das Oberlandesgericht (§§. 123 Nr. 3, 136 Nr. 2 des G.V.G.).

Unter V I des Fragebogens ist der Kommission die Frage vorgelegt,

ob es sich empfiehlt, für den Fall, daß von der Ausdehnung der Berufung abgesehen wird, die Zuständigkeit der Oberlandesgerichte in der Weise zu ändern, daß diejenigen Sachen, in denen es sich wesentlich um Verletzung von Landesrecht handelt, den Oberlandesgerichten auch überwiesen werden, wenn die Revision nicht ausschließlich auf eine solche Verletzung gestützt ist.

(G.V.G. §. 123 Nr. 3, §. 136 Nr. 2, St.Pr.O. §. 388).

Hierzu war von einer Seite der Antrag gestellt,

1. die gestellte Frage zu bejahen, jedoch mit der Maßgabe, daß die Zuständigkeit des Reichsgerichts beizubehalten ist, wenn das mit nicht blos formellen Rügen angefochtene Urteil die reichsrechtliche Gültigkeit eines zur Anwendung stehenden Landesrechtssatzes erörtert oder diese Gültigkeit von der Revision ausdrücklich bemängelt oder behauptet wird.

Zur Beleuchtung seiner Tragweite, nicht als vorzuschlagende Formulierung war dem Antrage folgende Fassung des §. 123 Nr. 3 beigefügt:

Die Oberlandesgerichte sind zuständig für die Verhandlung und Entscheidung über die Rechtsmittel . . . . . .

3. der Revision gegen Urteile der Strafkammern in erster Instanz, sofern nur eine nach Landesrecht strafbare Handlung den Gegenstand der angefochtenen Aburteilung bildet und nicht die reichsrechtliche Gültigkeit eines zur Anwendung stehenden Landesrechtssatzes entweder in dem nicht bloß wegen Verletzung einer Rechtsnorm über das Verfahren angefochtenen Urteil erörtert oder zum Gegenstand einer Revisionsbeschwerde gemacht ist oder sofern die Revision ausschließlich auf die Verletzung einer in den Landesgesetzen enthaltenen Rechtsnorm gestützt wird.

Von anderer Seite war der Antrag gestellt:

2. Es empfiehlt sich, den §. 123 Nr. 3 und den §. 136 Nr. 2 des G.V.G. sowie den §. 388 [1]) der Str.Pr.O. durch eine Bestimmung folgenden Inhalts zu ergänzen:

a) Dem Reichsgericht ist die Befugnis zu gewähren, die Verhandlung und Entscheidung einer Sache dem örtlich zuständigen Oberlandesgericht auch dann zu überweisen, wenn zwar die Revision nicht oder nicht ausschließlich auf Verletzung einer in den Landes-

---

[1]) Der §. 388 der Str.Pr.O. bestimmt:

Findet das Gericht, an welches die Einsendung der Akten erfolgt ist, daß die Verhandlung und Entscheidung über das Rechtsmittel zur Zuständigkeit eines anderen Gerichts gehöre, so hat es durch Beschluß seine Unzuständigkeit auszusprechen.

Dieser Beschluß, in welchem das zuständige Revisionsgericht zu bezeichnen ist, unterliegt einer Anfechtung nicht und ist für das in demselben bezeichnete Gericht bindend.

Die Abgabe der Akten erfolgt durch die Staatsanwaltschaft.

gesetzen enthaltenen Rechtsnorm gestützt wird, aber für die Entscheidung im wesentlichen die landesrechtlichen Normen in Betracht kommen.

b) Diese Befugnis soll dem Reichsgericht auch dann zustehen, wenn sich das Oberlandesgericht bereits durch Beschluß als unzuständig erklärt und das Reichsgericht als zuständig bezeichnet hat.

c) Es empfiehlt sich, diese Bestimmung auch für den Fall zu erlassen, daß den Beschlüssen der Kommission entsprechend die Berufung ausgedehnt wird.

Der Antrag 1 wurde mit 13 gegen 5 Stimmen abgelehnt, der Antrag 2 darauf einstimmig angenommen.

Die Regelung der Zuständigkeit zur Entscheidung über die Revisionen in Strafsachen, wie sie im Gerichtsverfassungsgesetze vorgesehen ist, beruht auf der Erwägung, daß die Entscheidung letzter Instanz über Fragen des Landesrechts den Oberlandesgerichten zu überlassen, die höchstrichterliche Entscheidung über Fragen des Reichsrechts dagegen zur Wahrung der Rechtseinheit in der Regel dem Reichsgerichte vorzubehalten sei. Wenn daher die Revision gegen ein erstinstanzliches Urteil der Strafkammer nicht ausschließlich auf die Verletzung einer landesgesetzlichen Rechtsnorm, sondern außerdem auch auf die Verletzung reichsrechtlicher Normen gestützt wird, so soll nach dem §. 123 Nr. 3 des G.V.G. die Zuständigkeit des Reichsgerichts begründet sein. In der Kommission bestand Übereinstimmung darüber, daß diese Regelung nicht als zweckmäßig bezeichnet werden könne. Es wurde ausgeführt:

Die Zahl der an die Oberlandesgerichte gelangenden Revisionen gegen erstinstanzliche Urteile der Strafkammern sei derzeit so gering, daß die durch §. 123 Nr. 3 begründete Zuständigkeit in der Praxis nahezu bedeutungslos werde.[1]) Dagegen müsse das Reichsgericht sich mit einer großen Anzahl von Sachen befassen, bei denen im wesentlichen landesrechtliche Fragen zu entscheiden seien. Namentlich kämen hier diejenigen Strafsachen in Betracht, in welchen es sich um die Aburteilung einer nach Landesrecht strafbaren Tat handele. Bei den Revisionen in diesen sogenannten Landesstrafsachen sei die Verletzung des Landesstrafgesetzes in der Regel die Hauptsache; die daneben erhobene Rüge der Verletzung von Reichsrecht sei fast stets nebensächlicher Natur und sachlich nicht geeignet, die Zuständigkeit des Reichsgerichts zu begründen. Meistens betreffe diese Rüge angebliche Verletzung von Vorschriften des Prozeßrechts oder des allgemeinen Teiles des Strafgesetzbuchs. Nach beiden Richtungen sei aber durch die bisherige Rechtsprechung des Reichsgerichts bereits eine so feste Grundlage für die Rechtseinheit geschaffen, daß ein Bedürfnis dafür, nur wegen dieser Fragen auch in Landesstrafsachen das Reichsgericht entscheiden zu lassen, nicht behauptet werden könne. Halte man es im Interesse der Rechtseinheit für bedenklich, daß in diesen Sachen die Oberlandesgerichte auch über Fragen des Reichsrechts endgültig entscheiden

---

1) Nach der Justizstatistik Bd. XI S. 268 sind im Jahre 1900 : 21, im Jahre 1901 : 24 Revisionen gegen Urteile der Strafkammern erster Instanz bei den sämtlichen Oberlandesgerichten anhängig gewesen.

sollten, so bleibe allenfalls zu erwägen, ob man nicht in Anlehnung an den §. 28 des Gesetzes über die Angelegenheiten der freiwilligen Gerichtsbarkeit und den §. 79 der Grundbuchordnung vorschreiben wolle, daß ein Oberlandesgericht, welches bei der Auslegung einer reichsgesetzlichen Vorschrift von der Entscheidung eines anderen Oberlandesgerichts oder des Reichsgerichts abweichen will, die Sache dem Reichsgerichte vorzulegen habe. Es komme hinzu, daß die Rüge der Verletzung reichsgesetzlicher Bestimmungen in den Landesstrafsachen nicht selten völlig haltlos und augenscheinlich nur zu dem Zwecke vorgebracht werde, um die Kompetenz des Reichsgerichts zu begründen. Bei den geringen Anforderungen, welche der §. 384 der Str.Pr.O., soweit die Verletzung materiellen Rechtes in Frage komme, an die Begründung der Revisionsanträge stelle, sei ein derartiges Vorgehen mit besonderen Schwierigkeiten nicht verknüpft. Der Revident habe es daher, wenn Reichsgericht und Oberlandesgericht ein bestimmtes Landesstrafgesetz, wie es nicht selten vorkomme, verschieden auslegten, geradezu in der Hand, ob er die Revision an das eine oder das andere Gericht bringen wolle.

Für die Entscheidung der dem Landesrecht angehörenden Rechtsfragen seien aber die Oberlandesgerichte im allgemeinen besser geeignet als das Reichsgericht. Die Oberlandesgerichte seien schon bei der Entscheidung über die Revisionen in Schöffengerichtssachen mit zahlreichen Vorschriften des Landesstrafrechts befaßt; sie befänden sich in ständiger Fühlung mit den anderen Gebieten des Landesrechts und stünden auch den tatsächlichen Verhältnissen näher. Dagegen komme das Reichsgericht immer nur mit einzelnen Landesgesetzen und auch mit diesen nur verhältnismäßig selten in Berührung.

Andererseits erwachse dem Reichsgericht aus den Landesstrafsachen eine erhebliche Arbeitslast, da diese Sachen meist ein völliges Einarbeiten in ein den Mitgliedern wenig bekanntes, umfängliches und verwickeltes Gesetzgebungsmaterial erforderten. Es werde also immerhin eine nennenswerte Entlastung des Reichsgerichts bedeuten, wenn diese Sachen ihm entzogen würden.

Die Kommission hielt deshalb einhellig eine Erweiterung der Zuständigkeit der Oberlandesgerichte in dem Sinne für geboten, daß auch diejenigen Revisionen, bei denen wesentlich die Verletzung von Landesrecht in Frage steht, den Oberlandesgerichten zu überweisen seien. Mit Einstimmigkeit wurde weiterhin diese Regelung, über die Frage des Programms hinaus, auch für den Fall als wünschenswert bezeichnet, daß die Berufung nach den Beschlüssen der Kommission ausgedehnt werden sollte. Eine Beschränkung auf den Fall der Nichtausdehnung der Berufung würde nach der Auffassung der Kommission nur dann gerechtfertigt sein, wenn die Berufung gegen die erstinstanzlichen Urteile der Strafkammern abweichend von den Beschlüssen der Kommission an die Oberlandesgerichte geleitet werden sollte, weil diese nicht in denselben Sachen auch Revisionsgerichte sein könnten.

Geteilt waren aber die Ansichten über die Art und Weise, in welcher die für geboten erachtete Änderung des Gesetzes vorzunehmen sei. Im Antrag 1 war vorgeschlagen, die Zuständigkeit für die Landesstrafsachen zwischen den Oberlandesgerichten und dem Reichsgericht auch weiterhin im Gesetze selbst abzugrenzen. Nach dem Antrage 2 dagegen soll das Reichsgericht im einzelnen

Falle bestimmen, ob es die Sache selbst entscheiden oder an das Oberlandesgericht abgeben will.

1. Zu Gunsten des Antrags 1 war ausgeführt worden:

Es sei allerdings schwierig, diejenigen Revisionen, bei denen es sich wesentlich um die Verletzung von Landesrecht handele, im Gesetze selbst vollständig und bestimmt zu bezeichnen. Der Gesetzgeber dürfe sich dieser Aufgabe aber nicht entziehen. Wenn man dem Reichsgerichte die Entscheidung im einzelnen Falle überlasse, so führe das zu einem umständlichen Verfahren; das Reichsgericht werde für diese Entscheidung meist ebensoviel Arbeit und Zeit aufzuwenden haben, wie für eine Entscheidung in der Sache selbst. Es setze sich außerdem leicht dem Verdacht aus, daß es die Überweisung willkürlich, nur um sich zu entlasten, beschließe. Auch werde sich ohne jede gesetzliche Richtschnur eine einheitliche Praxis bei den Senaten des Reichsgerichts schwer durchführen lassen. Müsse man demnach die Regelung im Gesetze selbst vornehmen, so werde es zunächst bei der jetzigen Vorschrift verbleiben können, wonach die Oberlandesgerichte stets dann zuständig sind, wenn die Revision ausschließlich auf die Verletzung einer in den Landesgesetzen enthaltenen Rechtsnorm gestützt ist. Des weiteren werde man unterscheiden müssen, ob der Gegenstand der Aburteilung (sei es der Verurteilung oder der Freisprechung) eine nach Reichsrecht oder eine nach Landesrecht strafbare Handlung bilde. Im ersteren Falle könne es lediglich bei dem bestehenden Rechte verbleiben, wonach das Reichsgericht zuständig ist, sofern nicht die Revision ausschließlich auf die Verletzung von Landesrecht gegründet wird. Bilde aber eine nach Landesrecht strafbare Handlung den Gegenstand der angefochtenen Aburteilung, so werde die Sache in der Regel so liegen, daß auch für die Entscheidung über die Revision hauptsächlich Landesrecht in Frage komme. Man könne deshalb unbedenklich in diesen Fällen der Regel nach die Entscheidung über die Revision dem Oberlandesgericht überlassen. Nur dann müßte auch in diesen Sachen die Entscheidung über die Revision dem Reichsgerichte vorbehalten bleiben, wenn das Revisionsgericht — sei es durch eine ausdrückliche Revisionsrüge, sei es infolge der Erörterung der Frage in den Gründen des nicht bloß wegen Verfahrensmängel angefochtenen Urteils — in die Notwendigkeit versetzt sei, über die reichsrechtliche Gültigkeit eines zur Anwendung stehenden Landesrechtssatzes zu entscheiden. Anderenfalls werde die Wahrung des Satzes „Reichsrecht bricht Landrecht“ nahezu ausschließlich den einzelnen Oberlandesgerichten überlassen und dies sei bei der weittragenden Bedeutung dieses Grundsatzes nicht erwünscht.

2. Die Mehrheit hielt es für unmöglich, im Gesetze selbst mit der erforderlichen Genauigkeit zu bestimmen, wann es sich bei einer Revision wesentlich um die Verletzung von Landesrecht handele. Insbesondere erschien ihr der Antrag 1 zu kompliziert und in seinen Ergebnissen nicht befriedigend. Zunächst sei nicht zu billigen, daß nach dem Antrag es wesentlich darauf ankommen soll, ob das angefochtene Urteil die Handlung nach Reichsrecht oder nach Landesrecht beurteilt habe; es dürfe nur maßgebend sein, welches Gesetz nach der Ansicht des *Revisionsgerichts* bei zutreffender Beurteilung der Entscheidung hätte zu Grunde gelegt werden müssen. Ferner könne unter Umständen, auch wenn das angefochtene Urteil die Tat nach Landesrecht beurteilt habe, die Verletzung des

Landesrechts garnicht oder nur nebensächlich in Betracht kommen, z. B. wenn nur die Verletzung von Vorschriften über das Verfahren gerügt sei. Andererseits könne es sich, wenn eine nach Reichsrecht strafbare Handlung den Gegenstand der Aburteilung bilde und die Revision nicht ausschließlich auf die Verletzung von Landesrecht gestützt sei, für die Revisionsentscheidung doch im wesentlichen um die Verletzung von Landesrecht handeln. Hierher gehörten namentlich die Fälle der sogenannten Blankettstrafgesetze (z. B. der §§. 327, 328, des §. 360 Nr. 9, 12, des §. 366 Nr. 1, 10, des §. 366a, des §. 367 Nr. 2, 5 des St.G.B.), deren Rahmen durch landesrechtliche Strafvorschriften ausgefüllt sei. In diesen Fällen werde es nach dem Antrag 1 der Revident auch fernerhin in der Hand haben, ob er durch Aufstellung reichsrechtlicher Rügen die Zuständigkeit des Reichsgerichts oder durch Aufstellung von landesrechtlichen Rügen die Zuständigkeit des Oberlandesgerichts herbeiführen wolle. Endlich könne auch, wenn das angefochtene Urteil mehrere realkonkurrierende Delikte festgestellt habe, von denen das eine nach Reichsrecht, das andere nach Landesrecht beurteilt worden sei, die Rüge der Verletzung des Landesrechts die der Verletzung des Reichsrechts an sachlicher Bedeutung derart überragen, daß die Zuständigkeit des Oberlandesgerichts wünschenswert sei. Nach dem Antrag 1 werde aber die Revision in solchen Fällen stets an das Reichsgericht gehen müssen.

Die Kommission entschied sich deshalb für den im Antrage 2 vorgeschlagenen Weg, wonach die Entscheidung darüber, ob es sich bei der Revision wesentlich um Verletzung von Landesrecht handele, dem Reichsgerichte von Fall zu Fall zu überlassen ist. Das Reichsgericht soll nach Satz a des Antrags ermächtigt werden, in den geeigneten Fällen die Sache dem Oberlandesgerichte zu überweisen, auch wenn die Revision nicht oder nicht ausschließlich auf die Verletzung von Landesrecht gestützt ist. Diese Befugnis soll dem Reichsgerichte nach Satz b des Antrages, entgegen der jetzigen Vorschrift im §. 388 Abs. 2 der Str.Pr.O., auch dann noch zustehen, wenn sich das Oberlandesgericht bereits durch Beschluß für unzuständig erklärt und das Reichsgericht als zuständig bezeichnet hat.

Die Mehrheit hielt die Bedenken, welche gegen eine solche Regelung der Sache vorgebracht waren, nicht für durchschlagend. Sie war insbesondere der Ansicht, daß die Vorprüfung der Akten dem Reichsgericht eine erhebliche Mühe nicht verursachen, sich auch bei den einzelnen Strafsenaten sehr bald eine einheitliche Handhabung herausbilden werde. Sollte in einer Sache die reichsrechtliche Gültigkeit einer landesgesetzlichen Bestimmung in Frage stehen, so werde sich das Reichsgericht sicherlich niemals der eigenen Entscheidung entziehen.

IX. Nach §. 380 der Str.Pr.O. kann die Revision gegen die in der Berufungsinstanz erlassenen Urteile der Landgerichte auf die Verletzung einer Rechtsnorm über das Verfahren regelmäßig nicht gestützt werden. Die Vorlage von 1895 hatte diese Bestimmung beseitigen wollen und hierin die Zustimmung der Reichstagskommission gefunden.[1])

---

[1]) Zu vergl. Reichstagsdrucks. 1895/96 Nr. 294 S. 66.

Auf die unter VII des Fragebogens gestellte Frage,

ob die Vorschrift des §. 380 einer Änderung bedürfe,

beschloß die Kommission einstimmig,

den §. 380 zu streichen.

Maßgebend waren dabei folgende Erwägungen: Die Beseitigung des §. 380 sei zunächst im Interesse der Rechtseinheit wünschenswert. Es sei eine Folge des §. 380, daß bis heute auf weiten Gebieten des Strafprozesses eine einheitliche Handhabung des Gesetzes fehle. Das schöffen- und amtsrichterliche Verfahren, das an Kontroversen reiche Gebiet des Privatklageverfahrens, das Verfahren bei amtsrichterlichen Strafbefehlen und bei polizeilichen Strafverfügungen, das gesamte Berufungsverfahren, das sogenannte materielle Prozeßrecht, endlich die Vorschriften der Landesgesetzgebung auf dem Gebiete des Verwaltungsstrafverfahrens und des Verfahrens in Feld- und Forstrügesachen seien der Rechtsprechung der Revisionsgerichte entzogen. Bei den einzelnen Gerichten bestünden deshalb große Verschiedenheiten in der praktischen Anwendung jener Vorschriften. Des weiteren hätten aber auch die Prozeßbeteiligten einen begründeten Anspruch darauf, daß Verstöße der Berufungsstrafkammern gegen die Vorschriften über das Verfahren mittels der Revision gerügt werden könnten. Namentlich habe es sich in der Praxis als ein Übelstand herausgestellt, daß die Rüge der unzulässigen Beschränkung der Verteidigung (§. 377 Nr. 8 der Str.Pr.O.) dem Angeklagten versagt sei. Werde nach den Beschlüssen der Kommission einerseits die Zuständigkeit der Schöffengerichte, andererseits die Zulässigkeit der Berufung ausgedehnt, so könne vollends der §. 380 der Str.Pr.O. nicht mehr bestehen bleiben. Allerdings werde die Zulassung der Prozeßrügen die Zahl der Revisionen gegen Urteile der Berufungsstrafkammern nicht unbeträchtlich vermehren; allein dies könne im Hinblick auf die großen Nachteile des jetzigen Gesetzes nicht entscheidend in das Gewicht fallen.

Die von einem Mitgliede gegebene Anregung, den §. 380 nur dahin abzuändern, daß auch die unzulässige Beschränkung der Verteidigung gerügt werden könne, hielt die Kommission für bedenklich, weil damit die gebotene durchgreifende Verbesserung des Gesetzes nicht erreicht werde.

55. Sitzung.

7. Juli 1904.

Revision. Wiedereinsetzung in den vorigen Stand.

I. In der 26. Sitzung (Protokolle S. 198) hatte die Kommission es abgelehnt, eine Vorschrift zu empfehlen, wonach der Angeklagte ein Recht auf Aussetzung der Hauptverhandlung haben sollte, wenn sich während der Verhandlung der tatsächliche Inhalt des Eröffnungsbeschlusses als mangelhaft oder unvollständig ergäbe (zu vergl. Frage J I 2 d des Fragebogens). Die Kommission hatte sich damals aber vorbehalten, bei der Beratung der Vorschriften über die Revision noch zu erwägen, ob und inwieweit Mängel des Eröffnungsbeschlusses oder der nach den Beschlüssen der Kommission an seine Stelle tretenden Anklageschrift in der Revisionsinstanz zur Aufhebung des Urteils führen sollen.

Die Kommission sprach sich heute einstimmig dahin aus, daß Vorschriften in dieser Richtung nicht erforderlich seien. Maßgebend waren folgende Erwägungen:

Unter der Herrschaft des geltenden Rechtes werde nur dann, wenn der Eröffnungsbeschluß fehle oder mit Mängeln behaftet sei, die einem völligen Fehlen gleichkämen, ein die Revision begründender Mangel des Verfahrens angenommen. Es müsse dann das eingeleitete Verfahren durch Beschluß eingestellt werden, um einem neuen Verfahren Raum zu schaffen (zu vergl. Entsch. des Reichsgerichts in Straff. Bd. 10 S. 56, Bd. 24 S. 64). Die bloße Unvollständigkeit des Eröffnungsbeschlusses werde nicht als unheilbarer Mangel angesehen; geringfügigere Mängel könnten vielmehr durch besonderen Hinweis seitens des Vorsitzenden ergänzt werden und zur Aufhebung des Urteils nur unter dem Gesichtspunkt einer Beschränkung der Verteidigung führen, wenn das Gericht die wegen der Mängel etwa gestellten Anträge auf Vertagung zu Unrecht abgelehnt habe. Tatsächlich sei das Reichsgericht gegenüber Mängeln des Eröffnungsbeschlusses von weitgehender Milde. Diese Praxis beruhe wohl darauf, daß das Revisionsgericht nach §. 393 der Str.Pr.O. nur das angefochtene Urteil nebst den ihm zu Grunde liegenden Feststellungen aufheben und demgemäß die Sache zur anderweitigen Verhandlung und Entscheidung in die Vorinstanz zurückverweisen könne, eine Zurückverweisung in den vor der Eröffnung des Hauptverfahrens[1]) liegenden Abschnitt des Verfahrens aber ausgeschlossen sei.

Dieser Rechtszustand habe in der Praxis, obwohl die Eröffnungsbeschlüsse ebenso wie die Anklageschriften häufig recht mangelhaft seien, zu Mißständen bisher nicht geführt. Es könne deshalb nicht behauptet werden, daß ein Be-

[1]) Die Entscheidung des Reichsgerichts (Straff. Bd. 32 S. 79), in welcher ausnahmsweise eine solche Zurückverweisung angeordnet wird, wurde als einzig dastehend und gegenüber dem geltenden Rechte nicht unbedenklich bezeichnet.

dürfnis dafür bestehe, in weitergehendem Maße Mängel des Eröffnungsbeschlusses oder der künftig an seine Stelle tretenden Anklageschrift als die Revision begründende Formfehler anzuerkennen. Dies Bedürfnis werde noch weniger vorhanden sein, wenn die Berufung ausgedehnt werde, da dann der Angeklagte zum Mindesten durch das erste Urteil über etwaige Mängel des Eröffnungsbeschlusses aufgeklärt werde und in vollem Umfang erfahre, was ihm zur Last gelegt werde.

Vielleicht empfehle es sich aber, bei der zweiten Lesung die in der 26. Sitzung unter VII gefaßten Beschlüsse (Protokolle S. 195) in der Richtung zu ergänzen, daß der Vorsitzende, dem eine Anklageschrift zum Zwecke der Anberaumung des Termins zur Hauptverhandlung zugehe, einen die Ablehnung der Terminsbestimmung aussprechenden Gerichtsbeschluß auch dann herbeiführen könne, wenn die Anklageschrift den gesetzlichen Erfordernissen nicht entspreche. Ferner könne in Frage kommen, ob man nicht bei der künftigen Redaktion des Gesetzes für den §. 393 eine Fassung wähle, welche dem Revisionsgericht ausdrücklich die Befugnis gebe, auch das vor dem angefochtenen Urteile liegende Verfahren aufzuheben, soweit es vom Revisionsgrunde betroffen sei.[1])

II. Die Anträge,

1. dem §. 383 der Str.Pr.O.[2]) folgenden Absatz 3 hinzuzufügen:

   Ist der Angeklagte verhaftet, so ist das Urteil auch dem bestellten oder gewählten Verteidiger zuzustellen.

2. dem §. 385 als Abs. 3[3]) anzufügen:

   Erfolgte die Zustellung des Urteils an den Angeklagten und Verteidiger, so ist für die Fristbestimmung die zuletzt erfolgte Zustellung maßgebend.

wurden einstimmig angenommen. Entsprechende Vorschriften sind bereits für das Berufungsverfahren beschlossen worden (Protokolle S. 479). Die Kommission war dabei der Meinung, daß, wenn der Angeklagte mehrere Verteidiger bestellt habe, die Zustellung an einen derselben genügen solle.

III. Der Antrag:

Die Frist zur Anbringung der Revisionsanträge soll erst dann beginnen, wenn das Protokoll über die Hauptverhandlung den Prozeßbeteiligten zur Einsicht zugänglich gemacht ist.

wurde mit 12 gegen 6 Stimmen abgelehnt.

Zu Gunsten des Antrags war ausgeführt worden: In der 31. Sitzung (Protokolle S. 256) habe die Kommission beschlossen, daß sich eine Vorschrift empfehle, wonach das Protokoll innerhalb angemessener Frist fertigzustellen und

---

[1]) Nach §. 564 Abs. 2 der Zivilprozeßordnung hat das Revisionsgericht, wenn die Aufhebung des Urteils wegen eines Mangels des Verfahrens erfolgt, „zugleich das Verfahren insoweit aufzuheben, als es durch den Mangel betroffen wird.“ Zu vergl. auch § 404, § 437 Abs. 2 der Ungarischen Strafprozeßordnung vom 4. Dezember 1896.

[2]) Nach §. 383 Abs. 2 ist dem Beschwerdeführer, welchem das Urteil mit den Gründen noch nicht zugestellt war, dasselbe nach Einlegung der Revision zuzustellen.

[3]) Nach §. 385 sind die Revisionsanträge und deren Begründung spätestens binnen einer weiteren Woche nach Ablauf der Frist zur Einlegung des Rechtsmittels oder, wenn zu dieser Zeit das Urteil noch nicht zugestellt war, nach dessen Zustellung vorzubringen.

den Parteien die Möglichkeit der Einsicht zu sichern sei. Die jetzt beantragte Vorschrift sei nur eine Konsequenz jenes Beschlusses. Der Angeklagte könne eine Revision, die sich auf Mängel des Verfahrens stütze, erst nach Einsicht des Protokolls begründen, weil die Verstöße nur durch das Protokoll nachgewiesen werden könnten. Die Frist zur Rechtfertigung der Revision dürfe deshalb erst zu laufen beginnen, wenn die Möglichkeit der Einsichtnahme bestehe; dieser Zeitpunkt sei durch Zustellung einer kurzen Benachrichtigung an den Angeklagten und den Verteidiger festzustellen.

Hiergegen wurde von der Mehrheit geltend gemacht: Der Beschluß der Kommission über die rechtzeitige Fertigstellung des Protokolls nötige keineswegs zum Erlasse der jetzt vorgeschlagenen Bestimmung. Für dieselbe sei auch sonst ein Bedürfnis nicht vorhanden. Die Erfahrung zeige, daß Prozeßrügen auch ohne Einsicht in das Protokoll aufgestellt und begründet werden könnten. In Zukunft werde nach den Beschlüssen der Kommission dem Angeklagten und dem Verteidiger ein weitgehender Einfluß auf die Feststellung von Formfehlern im Protokolle zustehen (Protokolle S. 252 flg.). Zudem trete die Berufung als neues Rechtsmittel für den Angeklagten hinzu. Endlich sei zu berücksichtigen, daß die Frist zur Rechtfertigung der Revision erst von der Zustellung des Urteils an zu laufen beginne; das Protokoll sei aber in allen Fällen eher fertiggestellt und zur Einsicht bereit, als die Urteilsgründe. Der Antrag werde nur dazu führen, daß zahlreiche Protokollrügen, die die Revision nicht zu begründen vermöchten, aufgestellt würden.

Bei der Beratung wurde von einem Mitglied angeregt, in das Gesetz eine Bestimmung aufzunehmen, wonach der Angeklagte, welcher Revision eingelegt hat, darauf hinzuweisen sei, daß die Revision binnen bestimmter Frist gerechtfertigt werden müsse.[1]) Von anderer Seite wurde eine generelle Vorschrift in diesem Sinne, die auch für Anträge auf Wiederaufnahme des Verfahrens zu gelten habe, als wünschenswert bezeichnet. Dahingehende Vorschläge wurden für die zweite Lesung in Aussicht gestellt.

IV. Erfolgt die Aufhebung des Urteils durch das Revisionsgericht nur wegen Gesetzesverletzung bei Anwendung des Gesetzes auf die dem Urteile zu Grunde liegenden Feststellungen, so kann nach §. 394 Abs. 1 der Str.Pr.O. das Revisionsgericht in der Sache selbst entscheiden, sofern ohne weitere tatsächliche Erörterungen entweder nur auf Freisprechung oder auf Einstellung oder auf eine absolut bestimmte Strafe zu erkennen ist oder endlich das Revisionsgericht in Übereinstimmung mit dem Antrage des Staatsanwalts die gesetzlich niedrigste Strafe für angemessen erachtet.

Es lag der Antrag vor:

> Dem Revisionsgericht ist die Befugnis einzuräumen, auch in anderen als den im §. 394 Abs. 1 vorgesehenen Fällen in der Sache selbst zu erkennen, falls nicht

---

[1]) Nach §. 404 der Militärstrafgerichtsordnung ist der Angeklagte, welcher Revision eingelegt, jedoch binnen der dafür bestimmten Frist einen begründeten Revisionsantrag nicht eingereicht hat, durch einen Kriegsgerichtsrat über seine Anträge und deren Begründung zu vernehmen.

a) neue tatsächliche Erörterungen vorzunehmen sind, oder

b) eine anderweitige Strafabmessung stattzufinden hat.

Zur Begründung wurde ausgeführt:

Der §. 394 Abs. 1 erschöpfe nicht die Fälle, in welchen es unbedenklich und im Interesse der Vereinfachung und Beschleunigung des Verfahrens wünschenswert sei, daß das Revisionsgericht in der Sache selbst entscheide. Ein solcher Fall liege beispielsweise auch dann vor, wenn der Vorderrichter neben der im Gesetz angedrohten Strafe noch eine nicht statthafte Nebenstrafe verhängt habe, die wieder beseitigt werden müsse, oder wenn er rechtsirrig noch ein idealkonkurrierendes Delikt festgestellt oder festzustellen unterlassen habe. In einem Falle der letzteren Art habe zwar einmal das Reichsgericht selbst die nachträgliche Verurteilung wegen des weiteren Delikts ausgesprochen (Entsch. in Strafs. Bd. 4 S. 179); gegenüber dem geltenden Rechte sei diese Entscheidung aber nicht unbedenklich. Endlich sei die Zurückverweisung auch in denjenigen Fällen überflüssig, in welchen der Irrtum des Vorderrichters lediglich darin bestanden habe, daß er die festgestellten Tatsachen nicht unter das zutreffende Strafgesetz subsumierte, die Strafe selbst aber nach der Ansicht des Revisionsgerichts richtig bemessen sei. Es empfehle sich deshalb, den §. 394 dahin zu erweitern, daß das Revisionsgericht überall da in der Sache selbst entscheiden dürfe, wo weder neue tatsächliche Erörterungen vorzunehmen seien, noch eine anderweitige Strafabmessung stattzufinden habe. Früher seien schon vielfach in den Partikulargesetzen den zur Entscheidung über die Nichtigkeitsbeschwerde berufenen Gerichten ähnlich weitgehende Befugnisse gewährt gewesen. (Zu vergl. für Preußen: Gesetz vom 3. Mai 1852 Art. 116, Strafprozeßordnung von 1867 §. 398, für Baden: Strafprozeßordnung von 1864 §. 373 Nr. 6, 7, §. 385, für Hessen: Strafprozeßordnung von 1865 Art. 469, für Braunschweig: Strafprozeßordnung von 1858 §. 168.)

Es wurde entgegnet: Wenn man auch zugeben könne, daß der §. 394 Abs. 1 sich zuweilen als zu eng und wegen seiner Kasuistik unbequem erwiesen habe, so gehe der gestellte Antrag nach der Erläuterung, die ihm der Antragsteller gegeben habe, doch zu weit. Es sei ein nicht zu billigender Eingriff in den Charakter des Rechtsmittels der Revision, wenn das Revisionsgericht auch da in der Sache selbst entscheiden solle, wo ein anderes als das vom Vorderrichter angewendete Strafgesetz zur Anwendung zu bringen sei. Denn das Revisionsgericht begebe sich, indem es die erkannte Strafe als angemessen billige und unter dem von ihm für zutreffend erachteten rechtlichen Gesichtspunkte bestehen lasse, auf das ihm sonst grundsätzlich verschlossene Gebiet der Strafzumessung, und treffe seine Entscheidung sogar, ohne daß der Angeklagte zuvor auf die Änderung des rechtlichen Gesichtspunkts hingewiesen worden sei. Ebenso bedenklich lägen die Fälle, in welchen ein idealkonkurrierendes Delikt zu Unrecht festgestellt oder nicht festgestellt worden sei. Die Entscheidung des Reichsgerichts Bd. 4 S. 179 stehe deshalb auch ganz vereinzelt da.

Der Antrag wurde darauf zurückgezogen.

V. Nach §. 394 Abs. 2 der Str.Pr.O. hat das Revisionsgericht die Sache zur anderweitigen Verhandlung und Entscheidung entweder an das Gericht, dessen

Urteil auf die Revision aufgehoben ist, oder an ein benachbartes Gericht gleicher Ordnung zurückzuverweisen.

Der Antrag,

> vorzusehen, daß die Zurückverweisung auch an eine andere Kammer desselben Gerichts erfolgen könne,

wurde einstimmig angenommen.

Die Kommission erwog: Die Zurückverweisung an eine andere Kammer desselben Gerichts werde in der Regel den gleichen Zweck erfüllen wie die Zurückverweisung an ein benachbartes Gericht, empfehle sich aber häufig deshalb, weil das benachbarte Gericht den tatsächlichen Verhältnissen ferner stehe und die Verhandlung vor ihm mit erheblichen Mehrkosten sowie einer größeren Belästigung der Zeugen verbunden sei. Im Zivilprozesse habe sich eine entsprechende durch die Novelle vom 20. Mai 1898 eingeführte Vorschrift (§. 565 Abs. 1 Satz 2 der Zivilprozeßordnung) bewährt. Es sei erwünscht, sie auch in die Strafprozeßordnung aufzunehmen, wenngleich bei der Einführung von mittleren und großen Schöffengerichten wegen des größeren Wechsels der Richter die Zurückverweisung an ein anderes Gericht überhaupt nicht mehr in gleichem Maße notwendig sein werde wie heute.

VI. Der Antrag,

> dem §. 398 der Str.Pr.O. folgenden Abs. 3 hinzuzufügen:
>
> > Die einer Gesamtstrafe zu Grunde liegenden Einzelstrafen dürfen nicht höher als in dem angefochtenen Urteile bemessen werden.

wurde dahin erläutert, daß er das Verbot der reformatio in peius, solange es nicht aus dem Gesetz überhaupt beseitigt sei, mehr als bisher zur Durchführung bringen solle. Wenn eine Verurteilung wegen mehrerer Straftaten erfolgt sei, demnächst aber auf die Revision das Urteil bezüglich einzelner Delikte und in Ansehung der Gesamtstrafe aufgehoben werde, so könne das spätere Urteil des Instanzgerichts gleichwohl wieder auf dieselbe Gesamtstrafe erkennen. Dies solle durch die beantragte Vorschrift, die auch von den Reichstagskommissionen[1]) beschlossen sei und dem §. 415 Abs. 2 Satz 2 der Militärstrafgerichtsordnung entspreche, geändert werden.

Es wurde entgegnet:

Der Antrag bringe nur zum Ausdrucke, was seit der Plenarentscheidung der Strafsenate des Reichsgerichts Bd. 25 S. 297 flg. ständige Praxis des Reichsgerichts sei. Wenn aber der Antragsteller erreichen wolle, daß beim Fortfall einzelner Delikte nicht auf dieselbe Gesamtstrafe erkannt werden dürfe, so gehe dies aus der Fassung des Antrags nicht hervor, da dieselbe nicht ausschließe, daß die nicht aufgehobenen und unverändert gebliebenen Einzelstrafen vom Instanzgerichte wieder in dieselbe Gesamtstrafe zusammengezogen würden, sofern dies nach der Höhe der Einzelstrafen überhaupt möglich sei. Es erscheine aber auch nicht einmal erwünscht, daß dem Instanzgerichte das Recht zu einem solchen Verfahren genommen werde; wenn neben zahlreichen

1) Reichstagsdrucks. 1895/96 Nr. 294 S. 137, 1898/99 Nr. 203 S. 99, 1900/01 ad Nr. 220 S. 59.

schweren Einsatzstrafen nur eine geringfügige Einzelstrafe, die auf die Bemessung der Gesamtstrafe vielleicht ohne jeden Einfluß gewesen sei, in der Revisionsinstanz fortfalle, so sei dies kein Grund, der eine Herabsetzung der Gesamtstrafe zur notwendigen Folge haben müsse.

Der Antrag wurde darauf zurückgezogen.

VII. In der 31. Sitzung hatte die Kommission beschlossen, die Zulässigkeit eines Berichtigungsverfahrens hinsichtlich des über die Hauptverhandlung aufgenommenen Protokolls zu empfehlen (Protokolle S. 256). Bei der damaligen Beratung war von einer Seite beantragt gewesen, die Berichtigung in Ansehung der bereits durch die Revision gerügten Mängel zu beschränken; der Antrag war aber zurückgezogen worden, nachdem von anderer Seite angeregt war, diese Frage erst im Zusammenhange mit den Vorschriften über die Revision zu entscheiden.

Der Antrag wurde nunmehr in folgender Fassung:

> Das Recht, das unterzeichnete Protokoll durch einen Nachtrag zu ergänzen oder zu berichtigen, steht den Urkundspersonen, sobald eine Revisionsbegründung eingegangen und auf einen bestimmten Mangel in der Hauptverhandlung gestützt ist, in Bezug auf den durch die Revision gerügten Mangel nur zu, insofern durch die Ergänzung oder Berichtigung die Rüge der Revision bestätigt wird.

wiederholt und einstimmig angenommen. Die Kommission sah eine solche Vorschrift als ein Gebot der Billigkeit an. Das Reichsgericht habe zwar schon das bestehende Recht im Sinne des Antrags ausgelegt (zu vergl. Entsch. in Straff. Bd. 2 S. 76, Bd. 19 S. 367, Bd. 21 S. 200, 323), es sei aber wünschenswert, den Grundsatz in dem Gesetze selbst festzulegen.

VIII. Die Kommission wandte sich nunmehr zur Beratung der Vorschriften über die Wiedereinsetzung in den vorigen Stand.[1])

Nach §. 44 der Str.Pr.O. kann gegen die Versäumung einer Frist die Wiedereinsetzung in den vorigen Stand nur beansprucht werden, wenn der Antragsteller durch Naturereignisse oder andere unabwendbare Zufälle an der Einhaltung der Frist verhindert worden ist. Soweit in der Strafprozeßordnung (§§. 234, 370, 431, 452) auch gegen die Versäumung eines Termins die Wiedereinsetzung zugelassen wird, ist sie durch Bezugnahme auf den §. 44 an die gleichen Voraussetzungen geknüpft.

Die Bedingungen für die Wiedereinsetzung in den vorigen Stand wurden von einem großen Teile der Kommission als zu eng bezeichnet. Es wurde eine Reihe von Anträgen gestellt, die von verschiedenen Gesichtspunkten aus eine Erleichterung der Wiedereinsetzung zum Ziele hatten.

1. Zunächst lag der Antrag vor:

a) In allen Fällen, in welchen die Vertretung des Angeklagten durch einen Verteidiger oder einen Vertreter (im Sinne der §§. 322, 340 der Str.Pr.O.) zulässig ist, wird die Wiedereinsetzung des Angeklagten in

---

[1]) Zu vergl. Protokoll der 36. Sitzung zu VIII Antrag 1 (S. 311 flg.).

den vorigen Stand gegen Versäumung von Fristen und Verhandlungsterminen[1]) durch Verschulden des Verteidigers und Vertreters zuzulassen.

Bei der Begründung wies der Antragsteller darauf hin, daß nach der ständigen Rechtsprechung des Reichsgerichts (Rechtsprechung Bd. 1 S. 689, Bd. 6 S. 85, Bd. 8 S. 508) eine durch den Verteidiger verschuldete Versäumnis nicht als ein für den Beschuldigten unabwendbarer Zufall im Sinne des §. 44 anzusehen ist. Er führte aus, daß diese Rechtsprechung, der die unteren Gerichte zu folgen pflegten, in der Praxis in vielen Fällen zu Härten führe. Es sei ungerecht, daß der Beschuldigte darunter leiden solle, wenn sein Verteidiger ein Versehen begangen habe. Die Wohltat, die man dem Beschuldigten gewähre, indem man ihm erlaube, sich eines Verteidigers zu bedienen, werde dadurch wieder verkümmert. Versäumnisse des Verteidigers könnten leicht vorkommen, auch ohne daß ihn ein wirklicher Vorwurf treffe. Häufig würden sie durch Versehen seiner Angestellten verursacht. Auch ergäben sich öfter Kollisionen zwischen mehreren Terminen, ohne daß sich dies immer vorher übersehen lasse. Die Gerichte pflegten aber auf solche Kollisionen wenig Rücksicht zu nehmen. Es entspreche deshalb nur der Billigkeit, wenn man dem Beschuldigten überall da, wo die Vertretung durch einen Verteidiger oder einen Vertreter im Sinne der §§. 322, 340 der Str.Pr.O. zulässig sei, eine Wiedereinsetzung ex culpa advocati gewähre, wie sie früher schon im gemeinen Zivilprozesse bestanden habe. Daß man damit eine Ungleichheit gegenüber dem jetzigen Zivilprozeßrechte schaffe, dürfe nicht eingewendet werden. Wenn im Zivilprozeß eine Partei durch die Säumnis eines Anwalts einen Schaden erleide, so könne sie in der Regel durch einen Regreß sich schadlos halten. Im Strafprozesse sei dies anders. Dazu komme, daß im Zivilprozesse gegen Terminsversäumnisse regelmäßig der Einspruch als brevi manu restitutio bestehe und daß deshalb dort für eine Erweiterung der allgemeinen Restitution kein solches Bedürfnis vorliege wie im Strafprozesse.

2. Nach der gleichen Richtung, aber nicht so weit wie der Antrag a ging der Antrag:

b) Zu §. 44 der Str.Pr.O. ist der Zusatz zu machen:

> In den Fällen notwendiger Verteidigung, dann wenn dem Angeklagten sonst ein Verteidiger von Amtswegen oder von seinem gesetzlichen Vertreter bestellt, endlich wenn einem Privatkläger (Nebenkläger) oder Verletzten ein Rechtsanwalt als Vertreter oder zur Vornahme einzelner Prozeßhandlungen von Amtswegen zugewiesen worden ist, wird die Wiedereinsetzung in den vorigen Stand auch gegen eine Versäumung gewährt, die auf ein Verschulden des Rechtsanwalts oder Verteidigers zurückzuführen ist.

---

[1]) Es wurde in dem Antrag im einzelnen auf die Fälle der §§. 44 flg., des §. 234 (Hauptverhandlung in Abwesenheit des Angeklagten), des §. 324 (Verfahren gegen Abwesende), des § 370 (Berufungsverhandlung), des §. 382 (Versäumung der Revisionsfrist), des §. 431 (Verhandlung in Privatklagesachen) und der §§. 452, 455, 457, 461 (Verhandlung auf erhobenen Einspruch gegen Strafbefehle, auf Antrag gerichtlicher Entscheidung gegen Polizeistrafverfügungen und Strafbescheide) verwiesen.

Zur Begründung dieses Antrags wurde ausgeführt: Es erscheine bedenklich, wegen eines Verschuldens des Verteidigers oder Vertreters, wie es der Antrag a wolle, in allen Fällen die Wiedereinsetzung zu gewähren. Dies werde zu einer erheblichen Vermehrung der Wiedereinsetzungen und zu zahlreichen Verschleppungen führen, da die Vertreter dann namentlich in den weniger wichtigen Strafsachen, z. B. den Privatklagesachen, den Strafbefehlssachen, sich um die Wahrnehmung der Fristen und Termine nicht mehr wirklich bemühen würden. Es empfehle sich deshalb, das Verschulden des Verteidigers nur in solchen Fällen als Grund zur Wiedereinsetzung gelten zu lassen, in welchen der Verteidiger bestellt sei und deshalb nicht in gleichem Maße wie ein gewählter Verteidiger dem Einfluß und der Kontrolle des Beschuldigten unterliege. Zudem handle es sich in diesen Fällen stets entweder um besonders wichtige Sachen oder um wirtschaftlich schwache oder geistig minderentwickelte Beschuldigte.

3. Von dritter Seite wurde es als ungerechtfertigt bezeichnet, bei einer Erweiterung der Wiedereinsetzungsgründe nur auf das Verschulden eines Verteidigers oder anderen Vertreters Rücksicht zu nehmen. Man müsse auch Versehen des Anwalts, die als Verschulden nicht bezeichnet werden könnten, und ebenso das Verschulden eines jeden Dritten als Wiedereinsetzungsgrund gelten lassen. Andererseits wiederum sei es bedenklich, daß das Verschulden des Verteidigers oder des ihm in den Anträgen gleichgestellten Vertreters die Wiedereinsetzung selbst dann begründen solle, wenn ein Versehen des Beschuldigten damit konkurriere. Man müsse vielmehr die Frage grundsätzlich zur Entscheidung bringen, ob die Wiedereinsetzung wie bisher durch einen unabwendbaren Zufall oder nur durch den Mangel eines Verschuldens des Antragstellers bedingt sein solle.

Auf diesen Erwägungen beruhten die folgenden beiden Anträge:

c) Der §. 44 der Str.Pr.O. ist dahin zu erweitern, daß gegen die Versäumung einer Frist die Wiedereinsetzung in den vorigen Stand beansprucht werden kann, wenn der Angeklagte ohne sein Verschulden an der Einhaltung der Frist verhindert worden ist.

d) Wiedereinsetzung in den vorigen Stand gemäß §. 44 der Str.Pr.O. ist zu gewähren, wenn der Antragsteller durch Naturereignisse oder andere, auch bei Anwendung der im Verkehr erforderlichen Sorgfalt unabwendbare Zufälle an der Einhaltung der Frist verhindert worden ist.

Für den ersteren dieser Anträge, der im wesentlichen mit der Regelung der Wiedereinsetzung in der Württembergischen Strafprozeßordnung vom 17. April 1868 (Art. 239) übereinstimmt, wurde ausgeführt:

Der Begriff des unabwendbaren Zufalls sei unklar und deshalb nicht geeignet, gesetzgeberisch verwertet zu werden. Fasse man den Begriff, wie es durch die enge Verbindung desselben mit den Naturereignissen nahegelegt werde, im strengen Sinne auf, so würden darunter nur solche Ereignisse fallen, die durch Niemanden abgewendet werden könnten, sodaß Umstände, die durch das Verschulden eines Dritten entstanden seien, die Wiedereinsetzung in den vorigen Stand nicht begründen könnten. Der Gesetzgeber habe diese strenge Auffassung selbst schon insoweit gemildert, als er im §. 44 Satz 2 die unverschuldete Nichtkenntnis einer Zustellung schlechthin als Wiedereinsetzungsgrund anerkenne. Die

Rechtsprechung sei noch weiter gegangen. In einer Entscheidung der vereinigten Zivilsenate des Reichsgerichts (Entsch. in Zivils. Bd. 48 S. 411) werde der unabwendbare Zufall definiert als ein „Ereignis, das unter den gegebenen, nach der Besonderheit des Falles zu berücksichtigenden Umständen auch durch die äußerste, diesen Umständen angemessene und vernünftiger Weise zu erwartende Sorgfalt weder abzuwehren noch in seinen schädlichen Folgen zu vermeiden ist.“ Damit werde schon nahezu auf den Mangel eines Verschuldens, allerdings den einer culpa levissima abgestellt. Die Strafsenate des Reichsgerichts nähmen überall da einen unabwendbaren Zufall an, wo die Versäumung durch ein Verschulden des Gerichts verursacht worden ist (Entsch. in Strafs. Bd. 10 S. 74, Rechtsprechung Bd. 1 S. 179). In einer neueren Entscheidung (Entsch. in Strafs. Bd. 35 S. 110) sei auch die Versäumung durch Verschulden eines Angestellten des Verteidigers, sofern den Verteidiger selbst keine Schuld treffe, als Grund zur Wiedereinsetzung anerkannt worden. Die unteren Gerichte seien noch mehr bestrebt, den Begriff des unabwendbaren Zufalls in einem die Wiedereinsetzung erleichternden Sinne auszulegen. Es bestehe offenbar eine Neigung der Praxis, an Stelle des unabwendbaren Zufalls den Mangel eines Verschuldens als Voraussetzung der Wiedereinsetzung zu statuieren. Dies entspreche auch nur der Gerechtigkeit; es sei ungerecht, daß der Beschuldigte, der ohne eigenes Verschulden die Rechtsmittelfrist versäume, des Rechtsmittels verlustig gehen solle. Man müsse sich stets bewußt bleiben, daß die Ermittelung der objektiven Wahrheit das höchste Ziel des Strafprozesses sei.

Für den Antrag d wurden im wesentlichen die gleichen Gründe geltend gemacht. Nur wollte der Antragsteller es vermeiden, den Begriff des „Mangels an Verschulden“ zu verwenden, von dem schon in den Motiven zur Zivilprozeßordnung[1]) gesagt sei, daß er leicht einer laxen Interpretation ausgesetzt sei. Das Gesetz werde klarer sein, wenn es sich mehr an den bestehenden §. 44 anschließe und in Anlehnung an den §. 276 des Bürgerlichen Gesetzbuchs denjenigen Zufall als Wiedereinsetzungsgrund zulasse, der auch bei Anwendung der im Verkehr erforderlichen Sorgfalt unabwendbar sei. Der Antrag c schließe nicht aus, daß die Gerichte wie bisher eine äußerste Sorgfalt bei Abwendung des die Versäumung begründenden Umstandes verlangen würden. Statt von der „im Verkehr“ erforderlichen könne man vielleicht besser noch von der „im Rechtsverkehr“ erforderlichen Sorgfalt sprechen. Wenn aber der Beschuldigte das hiermit gekennzeichnete Maß von Sorgfalt angewendet und gleichwohl eine Frist versäumt habe, so sei es nur billig, ihm die Wiedereinsetzung in den vorigen Stand zu gewähren. Es gehe nicht an, daß man für die Innehaltung der Fristen im Strafprozeß ein größeres Maß von Sorgfalt verlange als sonst im Rechtsleben.

4. Die Anträge b, c und d bezwecken dem Wortlaute nach nur eine Abänderung des §. 44 der Str.Pr.O., beziehen sich also zunächst nur auf eine

---

[1]) Hahn, Materialien zur Zivilprozeßordnung S. 246. Bei der Begründung der Vorschriften der Strafprozeßordnung über die Wiedereinsetzung in den vorigen Stand wird auf die Motive der Zivilprozeßordnung lediglich Bezug genommen (Hahn, Materialien zur Strafprozeßordnung 2. Aufl. Bd. 1 S. 96).

Wiedereinsetzung gegen die Versäumung von Fristen. Die Antragsteller wollten aber, wie sie erläuternd bemerkten, daß die Vorschriften über die Wiedereinsetzung gegen Fristversäumnis in der abgeänderten Fassung wie bisher auch auf die Wiedereinsetzung gegen Terminsversäumnisse entsprechende Anwendung finden sollen, sofern nicht etwa die Kommission für einzelne Arten der Terminsversäumnis etwas anderes beschließen sollte.

Demgegenüber erklärte ein Mitglied, daß es zwar eine Erleichterung der Wiedereinsetzung gegen Fristversäumnisse, wie sie in den Anträgen vorgeschlagen sei, für angebracht halte, sich jedoch gegen eine Erweiterung der Wiedereinsetzung bei Terminsversäumnissen aussprechen müsse, weil sonst Gerichte und Zeugen durch vergebliche Termine in hohem Grade belästigt werden würden.

5. Eine erhebliche Anzahl von Mitgliedern sprach sich gegen die sämtlichen Anträge aus. Sie führten aus: Angesichts der milden Praxis der Gerichte in der Anwendung des §. 44 sei ein Bedürfnis für die Erleichterung der Wiedereinsetzung überhaupt nicht anzuerkennen. Die vorgeschlagenen Bestimmungen müßten aber zu zahlreichen Frist- und Terminsversäumnissen und somit zu einer erheblichen Verzögerung und Schädigung der Strafrechtspflege führen. Die Anträge c und d, wonach nur das eigene Verschulden des Beschuldigten die Wiedereinsetznng ausschließen solle, gäben dem Beschuldigten die Gelegenheit, das Verschulden eines beliebigen Dritten dem Gerichte vorzutäuschen und auf diesem Wege die Wiedereinsetzung zu erlangen. Zudem sei der Begriff des Verschuldens in diesem Zusammenhange für den Richter ebenso wenig faßbar wie der des unabwendbaren Zufalls.

Was insbesondere die Anträge a und b betreffe, so sei die Zulassung der Wiedereinsetzung wegen Verschuldens des Verteidigers oder Vertreters im Strafprozesse noch weniger notwendig als im Zivilprozesse, weil dort kein Anwaltszwang bestehe, der Beschuldigte vielmehr jederzeit selbst seine Rechte wahrnehmen könne. Der Beschuldigte müsse und könne darauf dringen, daß sein Anwalt Terminskollisionen und sonstige Hinderungsgründe rechtzeitig beseitige; ein gewissenhafter Anwalt sei hierzu auch recht wohl in der Lage. Lasse man das Verschulden des Anwalts schlechthin als Wiedereinsetzungsgrund gelten, so würden praktisch für den wohlhabenden Angeklagten, der sich einen Verteidiger nehmen könne, kaum noch Fristen bestehen, da im Falle einer Fristversäumnis fast immer ein Verschulden des Verteidigers vorliegen oder doch behauptet werden würde. Es sei jetzt schon die Beobachtung zu machen, daß die Pünktlichkeit mancher Anwälte nachlasse; die vorgeschlagenen Bestimmungen würden in dieser Beziehung zu einer weiteren Verschlechterung führen. Es müsse aber auch mit der Gefahr gerechnet werden, daß die Verteidiger mitunter Fristen und Termine absichtlich versäumen würden, weil eine Verzögerung des Verfahrens mit Rücksicht auf den Stand der Verteidigung oder aus anderen Gründen für ihren Klienten vorteilhaft zu sein scheine. Ob ein solches Vorgehen in allen Fällen als frivol bezeichnet und im Wege des ehrengerichtlichen Verfahrens geahndet werden könnte, sei mindestens fraglich. Gegenüber Verteidigern und Vertretern, die nicht Rechtsanwälte seien, kämen disziplinare Maßregeln von vornherein nicht in Betracht. Die Anträge seien daher ohne erhebliche Einschränkung nicht annehmbar.

Einige Mitglieder erklärten, allenfalls dann für den Antrag d stimmen zu können, wenn hinter dem Worte „Antragsteller" die Worte „und sein Verteidiger" eingestellt würden, sodaß die Wiedereinsetzung nur gewährt werden solle, wenn weder den Beschuldigten noch seinen Verteidiger ein Verschulden treffe.

In der gleichen Richtung bewegte sich der noch fernerhin gestellte Antrag:

e) Gegen die Versäumung einer Frist kann die Wiedereinsetzung in den vorigen Stand beansprucht werden, wenn der Antragsteller durch ein unabwendbares Ereignis ohne sein oder seines Vertreters Verschulden an der Einhaltung der Frist verhindert worden ist,

der sich an die österreichische Strafprozeßordnung (§. 364) anschließt und darauf hinausgeht, ohne wesentliche Änderung des geltenden Rechtes und unter Ausschaltung der „Naturereignisse" die Fassung des §. 44 der gegenwärtigen Rechtsprechung des Reichsgerichts anzupassen.

6. Vor der Abstimmung wurde der Antrag a zu Gunsten des Antrags c zurückgezogen.

Es wurde sodann der Antrag c mit 9 gegen 9 Stimmen, wobei die Stimme des Vorsitzenden den Ausschlag gab, abgelehnt und darauf der Antrag d mit 10 gegen 8 Stimmen angenommen. Damit waren die übrigen Anträge erledigt.

IX. Der Antrag,

zu §. 45 der Str.Pr.O. den Zusatz zu machen:

Die Vorschrift des §. 342 findet entsprechende Anwendung, die des §. 353 Abs. 2 Satz 2 nicht.

Der Antragsteller kann behufs Glaubhaftmachung seiner Behauptung zur Versicherung an Eidesstatt zugelassen werden.

und den §. 47 Abs. 2 mit den Worten beginnen zu lassen:

Das Gericht, bei dem das Gesuch anzubringen ist, kann rc.

wurde vom Antragsteller zurückgezogen, bevor es zu einer Beratung darüber kam. Von anderer Seite wurde daraufhin der Antrag gestellt,

dem §. 45 der Str.Pr.O. hinzuzusetzen:

Der §. 353 Abs. 2 Satz 2 findet entsprechende Anwendung.

Nach §. 45 muß das Gesuch um Wiedereinsetzung in den vorigen Stand binnen einer Woche nach Beseitigung des Hindernisses bei demjenigen Gericht angebracht werden, bei welchem die versäumte Frist wahrzunehmen gewesen wäre.

Im §. 353 Abs. 2 Satz 2 ist für die sofortige Beschwerde bestimmt, daß zur Wahrung der Beschwerdefrist die Einlegung der Beschwerde bei dem Beschwerdegerichte genügt, während regelmäßig die Einlegung bei dem Gericht erfolgen soll, dessen Entscheidung angefochten wird.

Zur Begründung des Antrags wurde ausgeführt: Es komme vor, daß der Beschuldigte den Antrag auf Wiedereinsetzung bei dem übergeordneten Gericht anbringe, weil er irriger Weise dieses als zur Entscheidung berufen ansehe; wenn dann der Antrag an das untere Gericht gelange, sei oft die einwöchige Frist abgelaufen. Der Antrag wolle, indem er die Einreichung des Gesuchs bei dem höheren Gericht als zur Wahrung der Frist genügend erkläre, den

Beschuldigten vor Nachteil bewahren. In neueren sozialpolitischen Gesetzen [1]) sei mehrfach in dieser Weise der mangelhaften Geschäftsgewandtheit entgegengekommen.

Der Antrag wurde mit 12 gegen 7 Stimmen abgelehnt. Die Mehrheit hielt ein Bedürfnis für die vorgeschlagene Bestimmung nicht für nachgewiesen. Es sei zu befürchten, daß dieselbe zu Verschleppungen führen werde. Der Vergleich mit der Bestimmung des §. 353 Abs. 2 Satz 2 passe nicht, weil dort das höhere Gericht über die Beschwerde zu entscheiden habe, hier aber die Entscheidung über die Wiedereinsetzung von dem unteren Gerichte zu treffen sei.

X. Die Kommission wandte sich schließlich noch zu den in der gestrigen Sitzung zurückgestellten Anträgen zum §. 370 der Str.Pr.O.

Es standen die folgenden beiden Anträge zur Beratung,

1. den §. 370 der Str.Pr.O. dahin zu fassen:

   Ist das Erscheinen des Angeklagten nach dem Ermessen des Gerichts besonders erschwert oder befindet sich derselbe nicht auf freiem Fuße, so kann das Gericht auf seinen Antrag beschließen, daß in seiner Abwesenheit zu verhandeln sei.

   Im übrigen kann, wenn bei dem Beginne der Hauptverhandlung weder der Angeklagte noch in den Fällen, wo solches zulässig, ein Vertreter desselben erschienen und das Ausbleiben nicht genügend entschuldigt ist, entweder in Abwesenheit des Angeklagten verhandelt oder seine Vorführung oder Verhaftung angeordnet werden.

   Der Angeklagte kann binnen einer Woche nach Zustellung des Urteils die Wiedereinsetzung in den vorigen Stand unter den in den §§. 44, 45 bezeichneten Voraussetzungen beanspruchen.

2. den Abs. 3 des vorstehenden Antrags dahin zu formulieren:

   Wenn der Angeklagte durch Naturereignisse oder durch andere unabwendbare Zufälle am Erscheinen in der Hauptverhandlung oder an der rechtzeitigen Mitteilung genügender Entschuldigung verhindert ist, so kann er binnen einer Woche nach Zustellung des Urteils die Wiedereinsetzung in den vorigen Stand beanspruchen.

In Anlehnung an die inzwischen beschlossene Abänderung des §. 44 wurde der Antrag 2 nunmehr dahin abgeändert:

> Der Angeklagte kann binnen einer Woche nach Zustellung des Urteils die Wiedereinsetzung in den vorigen Stand beantragen, wenn er durch Naturereignisse oder andere auch bei Anwendung der im Verkehr erforderlichen Sorgfalt unabwendbare Zufälle am Erscheinen in der Hauptverhandlung oder an der rechtzeitigen Mitteilung genügender Entschuldigung verhindert ist.

Der Urheber des Antrags 1 nahm darauf den so geänderten Antrag 2 als dritten Absatz in seinen Antrag auf, sodaß nur noch ein einheitlicher Antrag zur Abstimmung stand.

---

[1]) Zu vergl. §. 77 Abs. 3 des Invalidenversicherungsgesetzes vom 13. Juli 1899, § 72 Abs. 1, §. 76 Abs. 3 des Gewerbeunfallversicherungsgesetzes vom 30. Juni 1900.

Die Beratung beschränkte sich darauf, daß ein Mitglied erklärte: Nachdem der §. 44 wesentlich gemildert worden sei, könne es bei der im §. 370 vorgeschriebenen Verwerfung der Berufung bei unentschuldigtem Ausbleiben des Angeklagten unbedenklich verbleiben.

Bei der Abstimmung wurde sodann der Abs. 1 des Antrags einstimmig angenommen, der Abs. 2 mit 10 gegen 9 Stimmen abgelehnt, der Abs. 3 in der neuen Fassung mit 16 gegen 3 Stimmen angenommen.

56. Sitzung.

8. Juli 1904.

Kosten des Verfahrens. Programm für die zweite Lesung.

I. Es lagen zwei Anträge vor, welche die Vorschriften über die Kosten des Verfahrens betreffen, also außerhalb der Fragen des Programms liegen. Der Vorsitzende stellte fest, daß gegen die Beratung dieser Anträge von keiner Seite Widerspruch erhoben werde.

1. Der erste Antrag ging dahin,

zur Ergänzung der §§. 497, 498 folgende weitere Bestimmung in die Str.Pr.O. aufzunehmen:

Wenn gegen einen Angeklagten wegen einer schwereren strafbaren Tat Anklage erhoben war und er nur wegen eines geringeren Reats verurteilt wird, so ist er von der Tragung derjenigen Auslagen, welche durch die Erhebung der Anklage wegen der schwereren strafbaren Tat entstanden sind, oder von einem diesen Auslagen etwa entsprechenden Anteil der Gesamtkosten zu entbinden.

Der Antrag war schriftlich, wie folgt, begründet worden: Im §. 497 Abs. 1 der Str.Pr.O. sei als Regel festgesetzt, daß der Angeklagte, wenn er überhaupt zu Strafe verurteilt wird, sei es wegen der ihm in der Anklage zur Last gelegten Tat, sei es wegen eines geringeren Vergehens, sämtliche Kosten zu tragen hat. Der §. 498 Abs. 1 statuiere eine Ausnahme für den Fall, daß die Untersuchung und Anklage mehrere strafbare Handlungen umfaßt, der Angeschuldigte aber nur in Ansehung eines Teiles derselben verurteilt wird. Diesem Falle stehe aber der weitere Fall gleich, daß die Untersuchung und Anklage den Angeschuldigten wegen einer schwereren strafbaren Handlung verfolgt, derselbe aber nur wegen eines geringeren Vergehens verurteilt wird. Es sei nicht einzusehen, aus welchem Grunde für diesen Fall die im §. 498 vorgesehene teilweise Entbindung von Kosten nicht stattfinden könne. Die ratio legis des §. 498 Str.Pr.O. bestehe auch für den in dem Antrage vorgesehenen Fall. Die Schwierigkeit der Ausscheidung der Mehrkosten, welche durch die Ausdehnung der Untersuchung und der Anklage auf das schwerere Vergehen oder Verbrechen entstanden sind, bestehe im Falle des §. 498 der Str.Pr.O. gerade so wie im Falle des obigen Antrags und könne dadurch leicht beseitigt werden, daß ein entsprechender Anteil der Gesamtkosten berechnet werde.

Während der Beratung wurde der Antrag noch dahin erläutert, daß unter der Erhebung der „Anklage“ wegen einer schwereren Straftat die Erhebung einer schwereren „Beschuldigung“ ein Vorverfahren mitverstanden sein solle.

In der Kommission herrschte zwar Übereinstimmung darüber, daß der dem Antrage zu Grunde liegende Gedanke zu billigen sei. Der Antrag gab aber der Mehrheit nach zwei Richtungen hin zu Bedenken Anlaß.

a) Es wurde zunächst bemängelt, daß der Antrag zu kasuistisch sei und nicht alle Fälle treffe, in denen das geltende Recht zu Härten führe. Dahin gehöre z. B. der Fall, daß der Beschuldigte zu Unrecht noch wegen eines idealkonkurrierenden Delikts verfolgt worden und hierdurch besondere Auslagen entstanden seien; und ferner der Fall, daß bei einer auf fortgesetztes Verbrechen gerichteten Beschuldigung mehrere Einzelfälle, welche besondere Auslagen verursacht hätten, mangels Beweises demnächst ausgeschieden würden; in beiden Fällen werde der Beschuldigte auch nach dem Antrage sämtliche Auslagen zu erstatten haben. Ebensowenig beseitige der Antrag die harte Vorschrift des geltenden Rechtes, wonach Mitangeklagte, welche in Bezug auf dieselbe Tat zu Strafe verurteilt sind, für die Auslagen stets als Gesamtschuldner haften, obwohl vielleicht das Verhalten (Geständnis) des einen keinerlei Auslagen nötig gemacht haben würde.

b) Ferner wurde es als bedenklich bezeichnet, daß die beantragte Vorschrift zwingender Natur sein solle. Es sei richtiger, grundsätzlich daran festzuhalten, daß der zu Strafe verurteilte Angeklagte sämtliche Kosten zu tragen habe, aber dem Gerichte die Befugnis zu verleihen, aus Gründen der Billigkeit einen Teil der Auslagen auf die Staatskasse zu übernehmen. Damit lehne man sich an die Vorschriften des §. 504 Abs. 1 Satz 2 und des §. 505 Abs. 1 Satz 2 der Str.Pr.O. an und verschaffe dem Gerichte die Möglichkeit einer leichten Handhabung der Kostenvorschriften. Es könne dem Gerichte nicht zugemutet werden, wie es der Antrag wolle, in kleinlicher Weise nachzuprüfen, welche Auslagen durch die eine und welche durch die andere Beschuldigung entstanden seien, zumal bei der Armut der meisten Verurteilten diese Prüfung ohnehin einen praktischen Wert in der Regel nicht haben werde.

2. Um diesen Bedenken Rechnung zu tragen, war von anderer Seite der Antrag gestellt worden:

> Es empfiehlt sich eine Ergänzung des §. 497 Abs. 1 und des §. 498 Abs. 2 Satz 1 der Str.Pr.O. dahin, daß das Gericht befugt sein soll, aus besonderen Gründen der Billigkeit den zu Strafe verurteilten Angeklagten von der Tragung eines Teiles der Auslagen und den verurteilten Mitangeklagten von der Haftung für einen Teil der Auslagen zu entbinden.

Von dem Antragsteller wurde zur Erläuterung des Antrags noch bemerkt, daß derselbe den §. 503 der Str.Pr.O. zwar nicht besonders erwähne, jedoch auch für Privatklagesachen entsprechende Anwendung finden solle.

Diesem Vorschlage gegenüber beharrten die Freunde des Antrags 1 auf der Ansicht, daß eine zwingende Vorschrift vor dem Ermessen des Gerichts den Vorzug verdiene; es sei zu befürchten, daß die Gerichte sonst im fiskalischen

Interesse von der Bestimmung nicht in erwünschtem Maße Gebrauch machen würden.

Um dieser Auffassung entgegenzukommen, wurde von anderer Seite vorgeschlagen, in dem Antrage 2 die Worte „aus besonderen Gründen der Billigkeit" zu streichen.

Bei der Abstimmung wurde zunächst der Antrag 1 mit 16 gegen 3 Stimmen abgelehnt. Sodann wurde mit 11 gegen 8 Stimmen beschlossen, in dem Antrage 2 die Worte „aus besonderen Gründen der Billigkeit" zu streichen. Endlich wurde der Antrag 2 in dieser Fassung einstimmig angenommen.

II. Der Vorsitzende stellte fest, daß die Beratungsgegenstände für die erste Lesung nunmehr erschöpft seien.

Es wurde sodann erörtert, in welcher Reihenfolge die der Kommission vorgelegten Fragen demnächst in der zweiten Lesung zu beraten sein würden. Von der mit der Vorbereitung dieser Erörterung betrauten Unterkommission war folgendes Programm für die zweite Lesung vorgeschlagen:

I. Neuorganisation der Gerichte erster und zweiter Instanz.

1. Schöffengerichte an Stelle der Strafkammern und der Schwurgerichte:
Fragen S III 1 u. 2
S IV 1 u. 2.
2. Ausdehnung der Berufung und eventuell Bildung der Berufungsinstanz bei den Landgerichten oder bei den Oberlandesgerichten:
Fragen U I
U II 1a u. b.
3. Zusammensetzung der Gerichte:
Fragen S III 4a
S IV 3
S III 4b
U II 1c.
4. Umfang und Art der Mitwirkung der Schöffen:
Fragen S I
S III 3.
5. Ausnahmsweise Entscheidung durch den Amtsrichter allein:
Fragen S II u. Prinzip von K I.

II. Sachliche Zuständigkeit der (neuen) Gerichte:
Frage T II.

III. Änderungen für den Fall, daß die jetzige Organisation ganz oder teilweise bestehen bleibt:
Fragen S V
T I
U III 1
V I.

IV. Verfahren.

1. Öffentliche und Privatklage:
Fragen H u. N (bei H auch §. 154 der Str.Pr.O.).

2. Vorverfahren:
   Fragen I
   U III 3.
3. Hauptverfahren:
   Fragen U III 2
   L.
4. Verfahren in zweiter Instanz:
   Fragen U II 2.
5. Verfahren in der Revisions-Instanz:
   Frage V II.
6. Verteidigung:
   Fragen G.
7. Beschlagnahme, Durchsuchung und Untersuchungshaft.
   Fragen D. E. F.
8. Gerichtsstand und Ablehnung von Gerichtspersonen:
   Fragen A u. B.
9. Zeugen und Sachverständige:
   Fragen C.
10. Wiedereinsetzung in den vorigen Stand.
11. Öffentlichkeit:
    Fragen R.
12. Besondere Arten des Verfahrens:
    a) Abgekürztes Verfahren:
    Fragen K I u. II.
    b) Strafbefehl, Strafverfügung und Strafbescheid:
    Fragen O. P.
13. Wiederaufnahme des Verfahrens:
    Fragen M
    U III 4.

V. Strafvollstreckung und Anrechnung der Untersuchungshaft:
   Fragen Q.

Die Kommission genehmigte dieses Programm, nachdem infolge der heutigen Beratungen noch ein Abschnitt

VI. Kosten

und auf den Wunsch einzelner Mitglieder ein Abschnitt

VII. Entschädigung wegen ungerechter Verfolgung
(Beschlagnahme, Verhaftung, Verurteilung)

hinzugefügt worden war. Einer aus der Kommission gegebenen Anregung entsprechend erklärte der Vorsitzende, daß die Frage der sogenannten bedingten Verurteilung in Verbindung mit dem Verfahren in erster Instanz (Urteil) erörtert werden solle.

III. Die Beratungen wurden hierauf geschlossen. Der Beginn der nächsten Tagung wurde auf den 4. Oktober 1904 anberaumt. Auf die Tagesordnung wurden die Punkte I bis III des neuen Programms gesetzt.